Das freie Erwerbseinkommen der Ehefrau

Europäische Hochschulschriften Recht

European University Studies in Law

Publications Universitaires Européennes de Droit

Band/Volume **6846**

Edith Viola Dali

Das freie Erwerbseinkommen der Ehefrau

Die rechtliche Gestaltung in Deutschland und Frankreich im Langen 19. Jahrhundert

PETER LANG
Berlin · Bruxelles · Chennai · Lausanne · New York · Oxford

Bibliografische Information der Deutschen Nationalbibliothek
Die Deutsche Nationalbibliothek verzeichnet diese Publikation in der Deutschen Nationalbibliografie; detaillierte bibliografische Daten sind im Internet über http://dnb.d-nb.de abrufbar.

Zugl.: Gießen, Univ., Diss., 2025

Diese Publikation wurde gefördert durch die Deutsche Forschungsgemeinschaft (DFG) – Projektnummer: 39992371

DE-26
ISSN (Print) 3052-8291
ISSN (eVersion) 3052-8305
ISBN 978-3-631-93850-8 (Print)
ISBN 978-3-631-93866-9 (ePDF)
ISBN 978-3-631-93867-6 (ePUB)
DOI 10.3726/b22956

Verlegt durch Peter Lang GmbH, Berlin (Deutschland)

info@peterlang.com

www.peterlang.com

Inhaltsverzeichnis

Vorwort

Die vorliegende Arbeit wurde im Wintersemester 2024/25 von der rechtswissenschaftichen Fakultät der Justus Liebig Universität Gießen als Dissertation angenommen. Entstanden ist sie im Rahmen eines Projektes der Deutschen Forschungsgemeinschaft zum Thema „Lohngerechtigkeit in der europäischen Rechtsgeschichte“ (Projektnummer: 39992371).

Mein Dank gilt meinem Doktorvater Herrn Prof. Dr. Thorsten Keiser für die Betreuung meines Forschungsvorhabens. Danken möchte ich ebenfalls Herrn Prof. Dr. Christoph Benicke für die zügige Erstellung des Zweitgutachtens.

Ein ganz besonderer Dank gilt zudem meinen Freunden, die in dieser strapaziösen Zeit stets mit Ermutigungen und Zuspruch an meiner Seite standen. Insbesondere danke ich meinem Ehemann für die unermüdliche Unterstützung und Quelle meiner Motivation an fordernden Tagen. Schließlich widme ich diese Arbeit meinem Vater, der die Entstehung zwar nicht mehr erleben durfte, mich jedoch stets ermutigt hat meinen Weg zu gehen.

April 2025

Abkürzungsverzeichnis

AARsoc	Archives Aquitaines de la Recherche sociale
Acp	Archiv für civilistische Praxis
ADF	Allgemeiner Deutscher Frauenverein
ALR	Preußisches Allgemeines Landrecht
AnDCI	Annales de droit commercial et industriel. Français, étranger et international
AnDH	Annales de démographie historique
ArchBürgR	Archiv für Bürgerliches Recht
ARWP	Archiv für Rechts- und Wirtschaftsphilosophie
BGB	Bürgerliches Gesetzbuch alte Fassung
BTNG	Belgisch Tijdschrift voor Nieuwste Geschiedenis
BulSocCom	Bulletin mensuel de la Société de législation comparée
CC	Code Civil
DZPh	Deutsche Zeitschrift der Philosophie
GruchotsBeiträge	Beiträge zur Erläuterung des deutschen Rechts
HSW	Handwörterbuch der Sozialwissenschaften
JbGW	Jahrbuch für Gesetzgebung, Verwaltung und Volkswirtschaft im Deutschen Reich
JbWG	Jahrbuch für Wirtschaftsgeschichte
JW	Juristische Wochenschrift
KritV	Kritische Vierteljahresschrift
L'Homme ZVG	L'Homme, Zeitschrift für feministische Geschichtswissenschaft
LLS	Loi relative au libre salaire de la femme mariée et à la contribution des époux aux charges du ménage

RZZP	Rheinische Zeitschrift für Zivil- und Prozeßrecht
SEL	Société D'Études Législatives
ZPöRG	Zeitschrift für das Privat- und öffentliche Recht der Gegenwart
ZUG	Zeitschrift für Unternehmensgeschichte
ZfBG	Bankhistorisches Archiv, Zeitschrift für Bankengeschichte

Einleitung

„[...] man hat, wie die Frauenbewegung sich ausdrückt, um die Sklavenketten der Frau die Rosenguirlanden der Galanterie geflochten.“.[1]

Diese Beobachtung des Abgeordneten Albert *Traeger* im Rahmen der zweiten Beratung des BGB ist für die Ergebnisse dieser Dissertation insofern bezeichnend, als sie die Vorgehensweise der Gesetzgeber bei der Frage der Rechtsstellung der verheirateten Frau und der Behandlung ihres Arbeitserwerbs zum Ausdruck bringt.

Im Zuge eines Projektes der Deutschen Forschungsgemeinschaft zum Thema „Lohngerechtigkeit in der europäischen Rechtsgeschichte“ galt es die Gerechtigkeitsfragen der Erwerbstätigkeit verheirateter Frauen des 19. Jahrhunderts zu untersuchen. Der Kern dieser Arbeit behandelt die Frage, inwieweit die Ehefrau in dieser Zeit in ihrer Handlungs- und Geschäftsfähigkeit eingeschränkt war, sich durch Arbeit jedoch ein gewisses Maß an persönlicher und finanzieller Freiheit erkämpfen konnte. Im Zuge der Arbeiterschutzbewegung des 19. Jahrhunderts traten die spezifischen Probleme von Frauenarbeit in den Blickpunkt von Gesetzgebung und Rechtsdogmatik. Nicht nur ein Anspruch auf Lohn bei Mitarbeit im familiären Betrieb, sondern auch das Recht auf Arbeit wurde immer relevanter, da sich die Familie als selbstversorgende Kleinwirtschaft auflöste. Anknüpfend daran war nicht in erster Linie die Höhe der Vergütung relevant, sondern das Recht der Empfängerin angesichts ihres Status als Teil der Versorgungsgemeinschaft Familie. Es war

---

1 *Traeger*, Zweite Berathung im Plenum des Reichstages, 114. Sitzung am Donnerstag, den 25. Juni 1896, in: *Duncker/Meder/Czelk*, Die Rechtsstellung der Frau, S. 1003.

zu beobachten, wie sich normative Muster der Familie und die Rollenbestimmungen ihrer Mitglieder mit spezifischen Lohn- und Gerechtigkeitsfragen der Zeit verbanden. Lohngerechtigkeit bedeutete in diesem Zusammenhang Zugriff auf und Verfügung über den persönlichen Arbeitserwerb. Diese neuen Fragen der Verwertungsrechte eigener Arbeitskraft waren über den Topos der Lohnsicherung dabei weniger an den Diskurs der Lohngerechtigkeit an sich gekoppelt als an das Recht auf die eigene Wirtschaftsleistung, die freie Berufswahl und das Recht zur Selbstverwirklichung durch Arbeit. Regelmäßig verlor die Frau durch Heirat ihre rechtsgeschäftlichen Handlungsbefugnisse. Folglich stand auch ihr Arbeitslohn gesetzlich zur Disposition ihres Ehemannes. „Lohnschutz" bedeutete demnach für verheiratete Frauen auch Schutz des eigenen Lohns vor dem eventuell missbräuchlichen Zugriff des Ehemanns. Die Grundlage der Arbeit bildet daher die Herausarbeitung von Gerechtigkeitsaspekten des weiblichen Arbeitslohns im Zusammenspiel mit dem Eherecht.

Die Vergleichsgegenstände umfassen dabei die Kodifikationen Frankreichs und Deutschlands. Die Arbeit behandelt neben dem Vergleich diverser Güterrechte und ihren Nachfolgern auch deren Auswirkung auf die Rechtsstellung und finanzielle Selbstständigkeit der arbeitenden Ehefrau. Deutschland und Frankreich bilden den Fall für einen Vergleich, da die Nachbarländer auf vergleichbaren sozioökonomischen Grundlagen an der Schwelle des 20. Jahrhunderts Rechtssätze schufen, die trotz eines gemeinsamen Kerns sehr unterschiedliche Detailregelungen aufwiesen. Beide Nationen erkannten den persönlichen Arbeitserwerb der verheirateten Frau als gesetzlichen Sonderfall an, behandelten ihn jedoch grundverschieden. Dennoch verlagerten beide Gesetzgeber den Schlüssel zur vermögensrechtlichen Unabhängigkeit der verheirateten Frau durch die vermögensrechtliche Schaffung eines ihr vorbehaltenen Vermögens, welches sich aus ihrem persönlichen Arbeitserwerb zusammensetzte, in das Güterrecht. Die gesetzgeberischen Arbeiten gipfelten in Hinblick auf die Freiheit des weiblichen Arbeitserwerbs in der Schaffung des Bürgerlichen Gesetzbuches bzw. des *Loi relative au libre salaire de la femme mariée et ci la contribution des époux aux charges du ménage* von 1907. Für den Vergleich wurde eine Perspektive gewählt, die neben der Anerkennung der Frau als Rechtssubjekt auch die vielfältigen Bemühungen der Gesetzgeber zur Sicherung der ehemännlichen Autorität beleuchtet. Um die Arbeitsweisen und Ergebnisse dieser Gesetze beurteilen zu können, werden außerdem die begleitenden sozioökonomischen

Gesamtumstände der Zeit und die Einflussnahme der aufkeimenden Frauenbewegungen auf die nationalen Gesetzgebungsarbeiten beleuchtet.

In dieser Dissertation soll in vergleichender Perspektive der Kampf um die Legitimität und Sicherung des Lohns von Frauen unter den politischen und sozialen Bedingungen des 19. Jahrhunderts in seinen vielfältigen und rechtsdogmatischen Implikationen und so als Parallele die gesellschaftliche Stellung der Frau und Vormachtstellung des Mannes nachgezeichnet werden. Die Arbeit gliedert sich in sechs Hauptteile. Die Basis bildet die Darstellung der Ausgangslage der erwerbstätigen Ehefrau des 19. Jahrhunderts und der Umriss des historischen Bezugsrahmens, wobei herausgearbeitet wurde, inwiefern ihre Rolle in Haus und Familie für ihre gesellschaftliche und rechtliche Stellung maßgeblich war. Anschließend wird die Bedeutung des Eherechts für den Arbeitserwerb der verheirateten Frau beleuchtet und als Zwischenergebnis verglichen. Die Bildung vergleichbarer Sachverhalte war insbesondere aufgrund des deutschen Rechtspartikularismus vor der Geltung des BGB kein leichtes Unterfangen. Der dritte Teil untersucht die geltenden Rechtsordnungen auf normative Regelungen zur Förderung weiblicher Unabhängigkeit, um die Stellung und vermögensrechtliche Absicherung der Frau umfassend beurteilen zu können. Der vierte Teil widmet sich den wirtschaftlichen und gesellschaftlichen Veränderungen des 19. Jahrhunderts und dem Aufkommen der Frauenbewegung, die für die nachfolgenden Gesetzgebungsarbeiten von besonderer Bedeutung waren. Im Anschluss bildet der fünfte Teil den Schwerpunkt dieser Arbeit, indem der lange Weg Deutschlands und Frankreichs und die Behandlung des weiblichen Arbeitserwerbs im Zuge der Schaffung des BGB bzw. des *Loi au libre salaire* eingehend untersucht werden. Insbesondere soll auch der Alltag der damaligen Frauen in die Überlegungen miteinbezogen werden, um die Bedeutung des Güterrechts für eine autonome Lebensführung der Frauen herauszuarbeiten. Um der formulierten Zielsetzung gerecht zu werden, widmet sich der letzte Teil den Ergebnissen des Vergleichs der die Erwerbstätigkeit der Ehefrau umfassenden Facetten. Dieser abschließende Teil soll die Arbeiten der Gesetzgeber und ihre rechtlichen Detailregelungen einordnen und darüber hinaus die praktische Relevanz des BGB und des *Loi relative au libre salaire* verdeutlichen. Den Kern dieser Betrachtungen bildet dabei stets die Frage, ob und inwieweit die gesetzlichen Neuerungen tatsächlich eine Besserstellung der verheirateten Frau mit sich brachten oder vornehmlich symbolischer Natur waren.

Forschungsstand

Dem Gesetzgebungsverfahren und den Auswirkungen des Bürgerlichen Gesetzbuchs wurden aufgrund dessen Charakters als erster gesamtdeutschen Zivilrechtskodifikation eine Fülle zeitgenössischer und gegenwärtiger Arbeiten gewidmet. Dazu zählen auch ausführliche Darstellungen des Güterrechts im Rahmen umfassender Themenstellungen.

Als zeitgenössische Autoren zum Güterrecht und dessen Entwicklung sind dabei insbesondere *Roth*[2], *Stobbe*[3], *Neubauer*[4] und *Gierke*[5] zu nennen. Auch Beschreibungen und Quellensammlungen aus neuerer Zeit häufen sich mittlerweile in diesem bisher relativ unerforschten Gebiet – gerade unter Berücksichtigung der Frauenbewegung.[6] Von Interesse für diese Arbeit waren

---

2 *Roth*, System des Deutschen Privatrechts, zweiter Theil, Familienrecht, Tübingen 1881.

3 *Stobbe*, Handbuch des Deutschen Privatrechts, vierter Band, erste und zweite Aufl., Berlin 1884.

4 *Neubauer*, Das in Deutschland geltende eheliche Güterrecht, zweite Aufl., Berlin 1889.

5 *Gierke*, Otto von, Deutsches Privatrecht, vierter Band: Familienrecht. Aus dem Nachlass hg. v. Kroeschell, Karl/Nehlsen-von Stryk, Karin, Berlin 2010.

6 *Malsbenden*, Die rechtliche Stellung der Frau im ehelichen Güterrecht vom ALR zum BGB, Frankfurt am Main 1991; *Schmid*, Die Entstehung der güterrechtlichen Vorschriften im Bürgerlichen Gesetzbuch, Berlin 1990; *Buchholz*, Einzelgesetzgebung, in: Coing (Hg.), Handbuch der Quellen und Literatur der neueren europäischen Rechtsgeschichte, dritter Band, zweiter Teilband, München 1982, S. 1626–1774; Beiträge von *Buchholz*, *Dölemeyer*, *Vogel*, in: *Gerhard* (Hg.), Frauen in der Geschichte des Rechts, Von der Frühen Neuzeit bis zur Gegenwart, München 1997; *Esser*, Rechtsstellung und Ansprüche der Ehefrau gegen ihren Mann während der Ehe nach dem Allgemeinen Landrecht für die Preußischen Staaten und dem Bürgerlichen Gesetzbuch, Köln 1998; zum Thema Arbeit und Familie: *Dauchy/Scheuch* (Hg.), Arbeit und Familie in der ständischen Gesellschaft Nordwesteuropas zwischen Spätmittelalter und Früher

die Werke der Reihe *„Rechtsgeschichte und Geschlechterforschung“* des Böhlau-Verlags.[7] In den verschiedenen Bänden wurde die Rechtsstellung der Frau im Bürgerlichen Gesetzbuch und die Bedeutung der Frauenbewegung im Kontext der Rechtsentwicklung aus verschiedenen Perspektiven bearbeitet. Einen Überblick über die zeitgenössischen Quellen bietet dabei der Band *„Die Rechtsstellung der Frau um 1900: Eine kommentierte Quellensammlung“* von Stephan *Meder*, Arne *Duncker* und Andrea *Czelk*, welcher die wichtigsten Quellen und Forderungen der bürgerlichen Frauenbewegung und maßgeblichen Gesetzgebungsarbeiten bündelt. Unter gleicher Herausgeberschaft dient der Band *„Frauenrecht und Rechtsgeschichte: Die Rechtskämpfe der deutschen Frauenbewegung“* als Basis, um die Bedeutung der Frauenbewegung für Ökonomie und Recht historisch zu kontextualisieren. Der Band *„Gleichheit und Ungleichheit in der Ehe: Persönliche Stellung von Frau und Mann im Recht der ehelichen Lebensgemeinschaft 1700–1914“* von Arne *Duncker* widmet sich der Gleichberechtigung von Mann und Frau, dem zentralen Thema des Eherechts und damit auch einem Teil dieser Arbeit - der Frage nach einer gerechten Behandlung des Arbeitserwerbs der verheirateten Frau. Dabei bezieht sich *Duncker* umfassend auf die Rechtstellung beider Geschlechter im gesamten mitteleuropäischen Raum in einem Zeitraum von über 200 Jahren, wobei in der Vielzahl und Dichte der untersuchten Eherechte wertvolle Ansätze den Arbeitserwerb der Ehefrau betreffend vorzufinden sind.[8] Unterdessen erweitert und vertieft diese Arbeit die Frage des Arbeitserwerbs der Ehefrau, indem das deutsche und französische Ehe- und Güterrecht umfassend an den Möglichkeiten der finanziellen Selbstbestimmung der Ehefrau ausgerichtet und untersucht werden soll, um ein umfassendes Bild zu erhalten. Außerdem schneiden auch die Bände *„Gleiches Recht für Frau und Mann. Die bürgerliche Frauenbewegung und die Entstehung des BGB“*, eine Dissertation von Tanja-Carina *Riedel* sowie *„Die Ehefrau und ihr Vermögen. Reformforderungen der bürgerlichen Frauenbewegung zum Ehegüterrecht von 1900“*, eine Dissertation von Jens *Lehmann*, unter einer breiteren Fragestellung

---

Neuzeit. Rechts- und sozialhistorische Perspektiven / Travail et famille dans la société d'ordres d'Europe du Nord-Ouest au bas Moyen Âge et à l'époque moderne. Perspectives d'histoire du droit et d'histoire sociale, Studien zur europäischen Rechtsgeschichte 338, Frankfurt am Main 2023.

7 Beginnend mit: *Duncker*, Gleichheit und Ungleichheit in der Ehe: Persönliche Stellung von Frau und Mann im Recht der ehelichen Lebensgemeinschaft 1700–1914, Köln 2003.

8 *Duncker*, Gleichheit und Ungleichheit, S. 242 f., 375, 518 ff., 856 ff., 872 ff., 907 f., 1025.

die Themen dieser Arbeit an. Darüber hinaus bilden die Beiträge des vierten Bandes des Historisch-Kritischen Kommentars zum Familienrecht unter Herausgeberschaft von Reinhard *Zimmermann*, Mathias *Schmoeckel* und Joachim *Rückert* den idealen Ausgangspunkt, um den historischen Kontext, die Gesetzgebungsarbeiten und die Einflüsse auf die Kodifikation des Bürgerlichen Gesetzbuchs zu erfassen und die Grundlagen der nationalen Vorgänger und gesellschaftlichen Umstände darzulegen.[9]

Obwohl auf dem Arbeitserwerb der verheirateten Frau im Rahmen der Ehegesetzgebungen des Bürgerlichen Gesetzbuchs ein besonderer Fokus lag, fand dieser in der Forschung bisher kaum Beachtung.[10] Diese Arbeit behandelt daher das Güterrecht aus einem anderen Blickwinkel: Der Chance der verheirateten Frau, durch eine Erwerbstätigkeit ein Stück weit persönliche und finanzielle Unabhängigkeit zu erlangen. Dabei werden auch die praktischen Auswirkungen entsprechender Gesetze und die konkreten Vorstellungen und Einwirkungsmöglichkeiten der Frauenbewegung beleuchtet.

Der Code Civil beschäftigt die französische und auch deutsche Rechtswissenschaft nunmehr seit über zwei Jahrhunderten.[11] Die vorliegende Arbeit fokussiert sich auf den rechtlichen Umgang mit dem Arbeitserwerb der verheirateten Frau und dem Sondergesetz des *Loi relative au libre salaire de la femme mariée et ci la contribution des époux aux charges du ménage* vom 13 Juli 1907. Dieses wurde durch die zeitgenössische Rechtswissenschaft im Forum der *Société d'Études législatives* eingehend behandelt[12] und provozierte

9 Hervorzuheben für diese Arbeit ist dabei der Beitrag aus dem Historisch-Kritischen Kommentar zum BGB, Familienrecht, von David von *Mayenburg*, Eheliches Güterrecht III, Das 19. Jahrhundert.

10 Sabine *Stierstorfer* schneidet das Thema des Arbeitserwerbs der Ehefrau als Vorbehaltsgut in ihrer Dissertation „Das erste einheitliche deutsche Güterrecht. Der Entwurf der Verwaltungsgemeinschaft und seine Diskussion in der Rechtswissenschaft", Berlin 2009, S. 365–382, an.

11 So etwa: *Halpérin*, Histoire du droit privé français depuis 1804, Paris 2018; *Schubert/ Schmoeckel* (Hg.), 200 Jahre Code Civil, Die napoleonische Kodifikation in Deutschland und Europa, Köln 2005; *Schulze*, Reiner (Hg.): Rheinisches Recht und Europäische Rechtsgeschichte. Schriften zur Europäischen Rechts- und Verfassungsgeschichte. Band 24. Berlin 1998; Jacques *Bouineau*/Jérôme *Roux*, 200 ans de Code Civil, Paris 2004; Comité Scientifique de l'Université Panthéon-Assas, 1804-2004, Le Code Civil, un passé, un présent, un avenir, Paris 2004.

12 Im Mittelpunkt der zeitgenössischen Literatur standen dabei die Arbeiten Raymond *Saleilles*, insbesondere: *Saleilles*, in: *Rousseau*, Bulletin de la Société d'Études législatives, Paris 1902, S. 25, 56, 105–107, 131–148, 205–206; ders., Le principe du libre salaire de

zu seiner Zeit eine Fülle von Dissertationen,[13] welche auch auf eine Vielzahl ausländischer Kodifikationen wie das Bürgerliche Gesetzbuch Bezug nahmen. In der Gegenwart fand das *Loi relative au libre salaire* hingegen weniger Beachtung. Diese erschöpften sich fachlich jedoch regelmäßig in der Lösung vermögensrechtlicher Konflikte mit dem Güterrecht des Code Civil und einer einfachen Darstellung ausländischer Regelungen. Die Rolle und Wünsche der am Gesetz beteiligten Frauenbewegung in Form der *Avant-Courrière* wurde dabei genauso vernachlässigt wie die praktischen Auswirkungen des Gesetzes.

Sowohl in deutschen als auch französischen Arbeiten der Gegenwart fand das *Loi au libre salaire* bei der Behandlung des historischen Güterrechts wenig Beachtung und nur vereinzelt namentliche Erwähnung.[14] In Frankreich

---

la femme mariée érigé en règle d'ordre public, in: *Rousseau*, Bulletin de la Société D'Études Législatives 1907, S. 563–595.

13 H. *Basset*, Le rôle de la femme mariée dans la gestion des intérêts pécuniaires de l'association conjugale (thèse, Paris), Rousseau, 1896; J. *Rive*, De la condition civile de la femme dans le droit moderne, thèse, Lyon 1900 ; J. *Sylvestre*, Du principe d'égalité entre l'homme et la femme au point de vue du droit civil, thèse, Aix 1904; P. *Binet*, La femme dans le ménage. Essai critique sur la nature et ses pouvoirs d'après la pratique et la législation contemporaines, (thèse, Nancy), Paris 1904; A. *Guntzenberger*, De l'extension des droits de la femme mariée sur les produits de son industrie personnelle (thèse, Paris), Larose 1896; G. *Petit*, Le droit de la femme mariée sur les produits de son travail (thèse, Paris), Rousseau 1899; H. *Morche*, Les droits de la femme mariée sur les produits de son travail, thèse, Rennes 1901; V. *Dubreuil*, Protection des gains de la femme mariée, thèse, Paris 1902; P. Imbert, La protection des gains et salaires de la femme mariée, thèse, Paris 1902; P. *Huge*, Les droits de la femme mariée sur les produits de son travail, thèse, Paris 1902; G. *Pernot*, Les droits de la femme mariée sur les produits de son travail, thèse, Dijon 1904; Albert *Damez*, Libre salaire de la femme mariée et le mouvement féministe, Paris 1905, Charles *Poisson*, Le salaire des femmes, Librairie des Saints-Pères, 1906.

14 *Niort*, Homo Civilis I, S. 480 Fn. 202: JO de 1907, S. 4957; Vgl. *Halpérin*, Histoire du droit privé français, S. 18; *Dörner*, Industrialisierung und Familienrecht, S. 163 f.; *Meder/Mecke* (Hg.), Reformforderungen zum Familienrecht international, Band 1: Westeuropa und die USA (1830–1914), Köln, 2015, S. 90; *Ferid/Sonnenberger*, Das französische Zivilrecht, Band 3, Familienrecht, Erbrecht, Heidelberg 1987, S. 132, Antoine *Leca*, Introduction historique au droit de la famille, Paris 2017, S. 63 f.; Françoise Fortunet-Fiatte, La protection légale des femmes auf travail ou le modèle d'un travailleur de sexe féminin, in: Patrick *Charlot*/Éric *Gasparini*, La femme dans l'histoire du droit et des idées politiques, Dijon, 2008, S. 189–196, S. 193 ; Laurent *Aynès*/Philippe *Malaurie*, Cours de droit Civil, Band 3, La famille, Paris 1994, S. 508; knapp ohne Verweise: Arthhur *Curti*, Frankreichs Privat- und Handelsrecht, Erster Band: Personen- Familien- und

widmeten sich historische Arbeiten zum Familien- und Güterrecht dem *Loi au libre salaire* größtenteils oberflächlich und ohne Quellenverweise oder konzentrieren sich vermehrt auf spätere Gesetzgebungen, welche die zivilrechtlichen Befugnisse der Ehefrau erweiterten.[15] Zum Teil findet das Gesetz im historischen Kontext des Güterrechts des Code Civil gar keine Erwähnung[16] oder beschränkt sich auf eine punktuelle Aufzählung im Rahmen der Darstellung von Gesetzen, welche sich auf die Rechte von Frauen auswirkten.[17] Eine umfassende Darstellung des Gesetzes unter dezidierter Beachtung der Gesetzgebungsgeschichte und des Einflusses der Frauenbewegung durch die *Avant-Courrière* ist indes nicht ersichtlich.[18]

Erbrecht, Berlin 1934, S. 50, 78; Romuald *Szramkiewicz*, Histoire du droit français de la famille, Paris 1995, S. 132; Vérinoque *Antomarchi*, Politique et famille sous le IIIe République 1870-1914, 2000, S. 25 f.

15 Vgl. *Halpérin*, Histoire du droit privé français depuis 1804, Paris 2012, S. 217; Rémi *Lenoir*, Généalogie de la morale familiale, 1. Auflage, 2009, S. 349; Sébastien *Robinne*, Contribution à l'étude de la notion de revenus en droit privé, S. 285 f.; Jacqueline *Laufer*/ Catherine *Marry*/Margaret *Maruani*, Le travail du genre: Les sciences sociale du travail à l'épreuve des différences de sexes, Paris 2003, S. 317; Gérard *Cornu*, Les régimes matrimoniaux, S. 53 f.; David *Deroussin*, Histoire du droit privé, 2. Auflage, 2018, S. 223 f. ; Antoine *Leca*, Introduction historique au droit de la famille, Paris 2017, S. 50 ff., 64 ff ; Françoise *Fortunet-Fiatte*, La protection légale des femmes auf travail ou le modèle d'un travailleur de sexe féminin, in: Patrick *Charlot*/Éric *Gasparini*, La femme dans l'histoire du droit et des idées politiques, Dijon, 2008, S. 189–196, S. 191 ; Jean *Hauser*, Traité de droit civil, La famille 1, Paris 1993; Bernard Schnapper, Voies nouvelles en histoire du droit, la justice, la famille, la répression pénale, Paris 1991, S. 593–595.

16 Vgl. François *Rigaux*, Famille, droit et changement social dans les sociétés contemporaines, Brüssel 1978; Anne *Lefebvre-Teillard*, Introduction historique au droit des personnes et dc la famille, Paris 1996; Jean-Philippe *Agresti*, La demande en séparation de biens en Provence à la fin de l'Ancien Régime, in: Patrick *Charlot*/Éric *Gasparini*, La femme dans l'histoire du droit et des idées politiques, Dijon, 2008, S. 61–92, vgl. S. 87: Das *Loi au libre salaire* als Gesetz mit Pozential zur partiellen Gütertrennung wurde nicht erwähnt ; Virginie *Lemonnier-Lesage*, Le droit de la famille, in: Jacques *Krynen*, L'histoire du droit en France, Paris 2014, S. 377–400 ; Pierre *Catala*, La métamorphose du droit de la famille, in: Comité Scientifique de l'Université Panthéon-Assas, 1804–2004, Le Code Civil, un passé, un présent, un avenir, Paris 2004, S. 341–358.

17 Marie-Hélène *Renaut*, Histoire du droit de la famille, 2. Auflage, Paris 2012, S. 74; Guillaume *Bourel*/Marielle *Chevallier*/Ivan *Dufresnoy*, Initial - Dictionnaure d'Histoire cintemporaine, 2010, S. 398, Annie *Goldmann*, Les Combats des Femmes, 1998, S. 14.

18 Übersichtlich: Florence *Rocheford*: À propos de la libre-disposition du salaire de la femme mariée, les ambiguités d'une loi (1907), in: Clio, Femmes, Genre, Histoire, 7, 2005.

Zwar widmeten sich auch rechtsvergleichende Arbeiten einer Gegenüberstellung des Güterrechts des BGB und des Code Civil, diese übergingen jedoch die besondere Behandlung des Arbeitserwerbs der verheirateten Frau und die Auswirkungen des *Loi au libre salaire* auf das französische Güterrecht oder beließen es bei einer bloßen Erwähnung des Gesetzes.[19] Dabei standen sich das wenig erforschte deutsche Kündigungsrecht des Ehemannes und die grundsätzliche *incapacité* der verheirateten Frau gegenüber. Auch dem Sonderfall der verheirateten Handelsfrau bzw. *marchande public*[20] wurde rechtsvergleichend bisher kaum Aufmerksamkeit geschenkt. Dabei soll in dieser Arbeit auch auf nationaler Ebene ein Vergleich zwischen einer angestellten Ehefrau und Handelsfrau vorgenommen werden, da diese in beiden Nationen eine rechtliche Ausnahmebehandlung erfuhren. Außerdem fand die Bedeutung von Eheverträgen für die Ausgestaltung des Güterrechts der Ehefrau bisher wenig Beachtung. Auch dieses Instrument zur Sicherung weiblicher Unabhängigkeit wird in dieser Arbeit untersucht. Schließlich soll die in Frankreich bereits erkannte,[21] in Deutschland bisher jedoch übersehene Frage nach dem Potential weiblicher finanzieller Unabhängigkeit durch die rechtliche Ausgestaltung von Spar- und Rentenkassen aufgeworfen und damit dem Diskurs um die finanzielle Absicherung der Ehefrau als neue Perspektive des Wesens der Spar- und Rentenkassen hinzugefügt werden.

---

19 *Dörner*, Industrialisierung und Familienrecht. Die Auswirkungen des sozialen Wandels, dargestellt an den Familienmodellen des ALR, BGB und des französischen Code Civil. Schriftenreihe zur Rechtssoziologie und Rechtstatsachenforschung. Herausgegeben von Ernst E. *Hirsch* und Manfred *Rehbinder*. Band 30. Berlin 1974; *Gerhard*, Die Rechtsstellung der Frau, in: Jürgen *Kocka* (Hg.), Bürgertum im 19. Jahrhundert, Band III, Verbürgerlichung, Recht und Politik. Göttingen 1995, S. 167–196; Henri *DePage*, La capacité civile de la femme mariée et les régimes matrimoniaux, 1947, S. 50.

20 Aus der reichhaltigen sozialgeschichtlichen Literatur beispielsweise: Susanne *Schötz*, Handelsfrauen im neuzeitlichen Leipzig: Gewerberecht und Lebenssituationen (16. bis 19. Jahrhundert), in: Frauen in der Geschichte des Rechts. Von der Frühen Neuzeit bis zur Gegenwart, Ute Gerhard (Hg.), München 1997, S. 151–174.

21 Vgl. Marie-Hélène *Renaut*, Histoire du droit de la famille, 2. Auflage, Paris 2012, S. 74; Rémi *Lenoir*, Généalogie de la morale familiale, 1. Auflage, 2009, S. 349.

Die erwerbstätige Ehefrau im 19. Jahrhundert

Die Frage nach Gerechtigkeit ist und war eng mit den Vorstellungen von Gleichheit verbunden. Simplifiziert unterstellten bereits die Philosophen der Antike bei der Analyse von Gerechtigkeit, dass Gleiches auch gleich behandelt werden sollte.[22] Akzeptiert man diese Prämisse als Eckpfeiler der Gerechtigkeit, so ist die Untersuchung der Begründungen der Ungleichbehandlung der Geschlechter im Rahmen der Ehe im 19. Jahrhundert für die Bewertung der rechtlichen Gleichberechtigungsbestrebungen der Zeit unerlässlich. Die Basis der Ehe bildete ein patriarchalisches Familienrecht. Zu dessen besserem Verständnis ist zunächst der historisch relevante Bezugsrahmen herauszuarbeiten, der neben der wirtschaftlichen Ausgangslage erwerbstätiger Ehefrauen auch die Geschlechterideologien und Familienstruktur umfassen soll. Denn gerade dieser sozioökonomische Rahmen und dessen Wandel im Laufe des 19. Jahrhunderts bildeten den Ausgangspunkt der Gesetzesreformen zur Stellung und den Rechten der verheirateten Frau. Die Frauenerwerbstätigkeit stieg seit der Mitte des Jahrhunderts deutlich an, so waren 1895 in Deutschland knapp 36% aller Frauen berufstätig,[23] jedoch nur 17% dieser Frauen verheiratet.[24]

---

22 Vgl. *W. Müller-Freienfels*, Equality of Husband and Wife, in: IntCompLQ, 1959, S. 249–267, S. 249; *Platon*, Nomoi, Buch VI, Markierung 757; *Salomon*, Der Begriff der Gerechtigkeit nach Aristoteles, S. 24; *Coing*, Die obersten Grundsätze des Rechts, 1947, S. 30.

23 *Knapp*, Frauenarbeit I, HSR 1983, Nr. 4, S. 42–82, 49.

24 *Wienfort*, Verliebt, verlobt, verheiratet, S. 166.

1. Kapitel: Die Bedeutung der Familie als Versorgungsgemeinschaft zu Beginn des 19. Jahrhunderts

Die Bedeutung der gesellschaftlichen Rolle der Frau maß sich an ihrer Stellung innerhalb der Familie. Vor der industriellen Revolution entwickelte sich diese anhand des Archetyps der ländlichen Familie. Diese war ein sozialer Verbund, welcher sich durch eine unentgeltliche Zusammenarbeit aller Familienmitglieder auszeichnete. Die Familie war eine Produktionsgemeinschaft, die als „Ganzes Haus" funktionierte.[25] Die Bedeutung und Eigenständigkeit der einzelnen Familienmitglieder trat hinter diesen Gesamtzweck zurück. Das Haus war unter der Führung des Ehemannes als Familienoberhaupt weitestgehend wirtschaftlich autark und von der gemeinsamen Produktion abhängig. Dieser Verbund wurde noch dadurch gestärkt, dass der Familie der Schutz und die Fürsorge der Jungen, Alten und Kranken oblag. Auch Knechte und Mägde nahmen am Familienleben teil und lebten unter dem gleichen Dach. Die Familie war der Dreh- und Angelpunkt des Lebens. Zwischen Haushalt, Arbeit und Freizeit wurde nicht unterschieden, alles wurde gemeinsam bewerkstelligt.[26] Das Familienleben und der Arbeitsalltag waren untrennbar verbunden. Die Partnerwahl war neben finanziellen Aspekten an der Nützlichkeit eines Beitrages im Arbeitsalltag ausgerichtet.[27] Diese Strukturen konnten zum Großteil auf die Familien der Handwerkerschichten übertragen werden.[28]

Trotz der Arbeitsteilung und dem Verständnis der Familie als Produktionsgemeinschaft waren keineswegs alle Familienmitglieder gleichwertig. Das Patriarchat und die Vorherrschaft des Mannes im Haus waren gesellschaftlich tief verankert. Ihm fiel die Rolle des Verwalters aller wichtigen Bereiche zu, er war von der Arbeitseinteilung bis hin zu Produktion und Konsum für die Organisation verantwortlich. Für einen reibungslosen Ablauf wurde seine

---

[25] *Dörner*, Industrialisierung und Familienrecht, S. 20; *Brunner*, Das „ganze Haus", in: ders., Neue Wege der Verfassungs- und Sozialgeschichte, Göttingen 1956, S. 102ff., 111; *Babeau*, Vie rurale, S. 241.

[26] *Brunner*, Das „Ganze Haus"; S. 112 ff; *Dörner*, Industrialisierung und Familienrecht, S. 20 ff; *Egner*, Epochen im Wandel, S. 64–67.

[27] *Tolédano*, La vie de la famille, S. 12; *Babeau*, Vie rurale, S. 248; *Ariès*, L'enfant et la vie familiale, S. 29 ff.

[28] *Babeau*, Les artisans et les domestiques, S. 72, 212 ff., 177.

absolute Dispositionsbefugnis in all diesen Bereichen als unerlässlich angesehen.[29] Diese Organisation der Familie spiegelte das gesamtgesellschaftliche Wertesystem und Verständnis der Rollenverteilung der Geschlechter wider.[30]

Diese Rangordnung prägte auch die Beziehung der Ehegatten. Verbunden durch die gemeinsame Arbeit stand die Frau unter der Autorität ihres Ehemannes. Intimität und Gefühl traten hinter materiellen Nöten, dem zehrenden Alltag und den engen Verhältnissen im geteilten Familienraum zurück.[31]

Dieser Archetyp der Familie war jedoch bald nicht mehr mit dem sozioökonomischen Wandel zu vereinbaren. Bereits im 18. Jahrhundert führten die wirtschaftlichen Veränderungen vermehrt zu einer Trennung von Arbeitsplatz und Wohnraum. So beherbergte man nur noch selten Gesinde im eigenen Zuhause und durch die neu entstandene häusliche Privatsphäre entwickelte sich nicht nur die Gesellschaftsschicht des Bürgertums, sondern auch ein neues Bewusstsein der Familie.[32] Im 19. Jahrhundert wurde durch die industrielle Revolution und Entstehung neuer Wirtschaftsfaktoren das Familienbild abermals parallel zu der aufkeimenden Frauenbewegung und durch reformierende Gesetzgebungsarbeiten herausgefordert.

2. Kapitel: Die gesellschaftliche Rolle der Ehefrau als Leitbild der Güterstände

Das Familienmodell in Deutschland und Frankreich wies eine ausgeprägte eheliche Gewalt auf. Obwohl die Ehefrau oftmals formal nicht entmündigt wurde, führte eine umfassende eheliche Vormundschaft über ihre Person und ihr Vermögen zu einer enormen Einschränkung ihres Handlungskreises.

Im Zuge der Aufklärung drangen neben Gedanken des persönlichen Glücks auch naturrechtliche Prinzipien von Freiheit und Gleichheit der Menschen in die Mitte der Gesellschaft vor.[33] Die korrelierende Säkularisierung und Abwendung von der Ehe als Sakrament führte zu einem Verständnis der Ehe als zivilrechtlichem Vertrag und zog das aus der persönlichen Freiheit

---

29 *Brunner*, Das „Ganze Haus“, S. 114.

30 *Neidhardt*, Familie in Deutschland, S. 46.

31 *Neidhardt*, Familie und Wirtschaftsstruktur, S. 2 ff; *Mayntz*, Die moderne Familie, S. 20 ff., 38 ff.

32 *Ariès*, L'enfant et la vie familiale, S. 140, 422, 450 ff.

33 Vgl. *Dörner*, Industrialisierung und Familienrecht, S. 123.

fließende Recht auf Scheidung nach sich.[34] Trotz der neuen Ansätze der Aufklärung und des Naturrechts blieb die Hierarchie des „Ganzen Hauses" weiterhin tief gesellschaftlich verankert. Auf dieser Grundlage formulierten eine Vielzahl von Gelehrten und Persönlichkeiten der Zeit die gesellschaftliche Rolle der Frau. Diese dienten den Kodifikationen als Leitbild und wurden auf diese Weise durch das „Medium des Rechts" rekonstruiert.[35]

Das Verständnis der Ehe und der Rolle der Frau prägten die Kodifikationen des Ehe- und Güterrechts. Neben stark patriarchalisch ausgestalteten Güterrechtssystemen führte dies zu einer Einschränkung der Geschäftsfähigkeit und vermögensrechtlicher Freiheiten der verheirateten Frau. Ihr Handlungsspielraum und ihre Bedeutung für den Rechts- und Wirtschaftsverkehr als unabhängiges Rechtssubjekt war entsprechend durch Gesetz und Recht limitiert. Diese gesellschaftliche Wahrnehmung prägten lange Zeit nur Männer, weibliche Stimmen waren für das Verständnis von Gerechtigkeit und Gleichheit irrelevant. Es waren damit männliche Philosophen, welche die Gesetzestexte und das Geschlechterverhältnis des Eherechts im 19. Jahrhundert prägten.[36]

Das Gedankengut der Aufklärung und die Entwicklung des Naturrechts trugen die Gesetzgebungsprozesse der Französischen Revolution.[37] Die daraus resultierende Kritik am bisherigen Familientyp zielte vornehmlich auf die *Bourgeoisie* und den aufgeklärten Adel ab. Aufgrund der geringen Bedeutung dieser Schichten zu Beginn der Französischen Revolution machten das Bürgertum 8,4 % und der Adel 1,5 % der Gesamtbevölkerung aus[38] – war die Bevölkerung weiterhin vom vorrevolutionären, traditionellen Familientyp geprägt.

Um ein Gespür für die Konzeption des Eherechts des Code Civil von 1804 zu bekommen, sind wegweisende Stimmen Frankreichs und deren

---

[34] *Voltaire*, Dictionnaire philosophique, art. Adultère, art. Divorce; Vgl. *Schwab*, Ehegesetzgebung, S. 72 ff.

[35] *Grimm*, Bürgerlichkeit im Recht, in: Jürgen Kocka (Hg.), Bürger und Bürgerlichkeit im 19. Jahrhundert, Göttingen 1987, S. 149–188, 149.

[36] *Mayenburg*/HKK, Eheliches Güterrecht III, S. 658 ff.

[37] *Dörner*, Industrialisierung und Familienrecht, S. 128 ff.

[38] Dem standen 85 % Bauern gegenüber, vgl. *Léon*, Les nouvelles élites, in: Braudel/Labrousse (Hg.), Histoire économique et sociale de la France, Band II: Des derniers temps de l'âge seigneurial aux préludes de l'âge industriel (1660–1789), Paris 1970, S. 601–649, 607.

Einflussnahme auf die Kodifizierung zu begutachten. Neben dem einflussreichen Rechtsprofessor Robert-Joseph *Pothier* sollen die Überzeugungen von *Napoléon Bonaparte* selbst, dem Namensgeber des Code Napoléon, berücksichtigt werden.

Pothier war als französischer Rechtsgelehrter des 18. Jahrhunderts von der Naturrechtslehre beeinflusst und setzte sich in seinem dreibändigen Werk „*Pandectae Justinianeae in novum ordinem digestae*" für eine Neuordnung des Römischen Rechts ein[39]. Seine Publikationen setzten Maßstäbe im Rahmen der Kodifikation des Code Civil, auf die die Redaktoren wiederholt Bezug nahmen.[40] *Pothier* wird ein prägender Einfluss auf die Schaffung des Code Civil zugeschrieben.[41]

In seinem Beitrag „*Traité de la puissance du mari sur la personne et les biens de la femme*" definierte er die Ehe als Gemeinschaft, dessen „*chef*" der Ehemann sei.[42] Für die Ehe sei die Herrschaft des Mannes grundlegend. Die absolute Eheherrschaft erstreckte sich dabei nicht nur auf Angelegenheiten der Gemeinschaft, sondern auch auf die Person und das Vermögen der Frau. Dieses Rangverhältnis begründete *Pothier* mit der natürlichen Überlegenheit des Mannes.[43] Aus dieser umfassenden Eheherrschaft ergäbe sich außerdem die Notwendigkeit, dass der Ehemann in Vertragsschlüsse der Frau zu deren Wirksamkeit einzuwilligen habe. Indem *Pothier* hervorhob, dass Witwen einer solchen Einwilligung nicht bedürften, erkannte er grundsätzlich die Rechtssubjektivität von Frauen an. *Pothier* begründete die Notwendigkeit eines Einwilligungserfordernisses damit, dass nur auf diese Weise die Herrschaftsbefugnis des Mannes gewahrt werden könne.[44] Um der Vormachtstellung des Mannes gerecht zu werden, gewährte er ihm zudem die Verfügungsbefugnis an den eingebrachten Gütern der Frau. Im Eigentum der Frau sollte neben ihren Immobilien nur verbleiben, was sie sich ausdrücklich vorbehielt.[45] Dem

---

39 *Harke*, Römisches Recht, § 3 Rn. 4, 7.

40 Vgl. *Tardif*, Histoire des sources, S. 499; *Viollet*, Histoire, S. 231–135.

41 *Kleinheyer/Schröder*: Deutsche und Europäische Juristen, S. 321–323; *Thireau*, Pothier et la doctrine française des XVIe et XVIIe siècles, in: J. *Monéger* (Hg): Robert-Joseph Pothier, d'hier à aujourd'hui, S. 35–54.

42 *Pothier*, Traité de la puissance du mari, S. 1.

43 *Pothier*, ebenda.

44 *Pothier*, Traité de la puissance du mari, S. 3.

45 *Pothier*, Traité de la puissance du mari, S. 33 ff.

Charakter der ehelichen Gemeinschaft entsprechend favorisierte *Pothier „la communauté“* – die Gütergemeinschaft.[46]

Schließlich soll auf die Einstellungen *Napoléons* zum Eherecht und deren Einwirkungen auf den Code Napoléon, dessen Namensgeber er ist, eingegangen werden. Nachdem sich bereits in der Französischen Revolution der Wahlspruch *„égalité“* nicht auf eine Gleichheit der Geschlechter erstreckte, war mit *Napoléon* als neuem konservativen Machthaber der Weg zu einer liberalen Geschlechterpolitik in Frankreich in weite Ferne gerückt.

Napoléon, der die Normierung des Code Civil in Rekordzeit vorantrieb, war bei vielen Sitzungen des Tribunals anwesend und wirkte rege an den Normierungen des Eherechts mit. Insbesondere wenn es um die *obéissance* von Ehefrauen ging, wurde sein patriarchales Frauenbild überdeutlich. Durch sein Bestreben wurde die Gehorsamspflicht der Ehefrau als einer der Grundsteine des Eherechts in den Code Civil aufgenommen. Um die Gehorsamspflicht der Frau als notwendigen Teil des Eherechts voranzutreiben, kritisierte er die vermeintlich dreisten und unsittlichen Ausschweifungen der Pariser Ehefrauen. Diese seien dringend einzudämmen, weshalb der Ehemann das Recht haben müsse, die Frau in allen Lebensfragen zu führen.[47]

Die dargestellten Konzeptionen der Geschlechterverhältnisse und Ehe stimmten darin überein, dass an der Spitze eines idealen Familien- und Güterrechts ein autoritärer Ehemann mit umfassender personen- und vermögensrechtlicher Gewalt über die Frau stünde.

3. Kapitel: Faktoren für den Erwerb der verheirateten Frau

Die Auswirkungen des Ehe- und Güterrechts auf den Erwerb der verheirateten Frau ergaben sich vornehmlich aus der rechtlich verankerten Herrschaftsstellung des Ehemannes. Als Familienoberhaupt stand ihm die Autorität in finanziellen Fragen zu. Diese betraf neben dem gemeinsamen Ehevermögen regelmäßig auch die persönlichen Vermögensangelegenheiten der Ehefrau

---

[46] *Pothier*, Traité de la puissance du mari, S. 41 ff., 49 ff.

[47] Zit. nach: *Lévy/Castaldo*, Histoire du droit civil, S. 122 f.: *„La nature a fait des femmes nos esclaves. Le mari a le droit de dire à sa femme Madame, vous ne sortirez pas. Madame, vous n'irez pas à la comédie. Madame, vous ne verrez pas telle ou telle personne. C'est dire: Madame, vous m'appartenez corps et âme “*

und damit auch jene Güter, welche die Ehefrau als Teil der Versorgungsgemeinschaft aus eigener Arbeitskraft außerhalb des Hauses erwirtschaftete.

Hinsichtlich der Auswirkungen des Güterstandes auf die persönlichen Arbeitsprodukte und Lebensumstände der verheirateten Frau ist voranstellend auf schichtenspezifische Besonderheiten hinzuweisen. Für die Gesellschaftsgruppen des 19. Jahrhunderts, die kaum Überschneidungen aufwiesen, waren die Erwartungen und Anforderungen an die Ehe und die sich daraus ergebenden Güterzuordnungen so grundverschieden wie ihre Vermögensverhältnisse. Für den wohlhabenden Teil der Bevölkerung waren die vermögensrechtlichen Folgen einer Eheschließung von enormer Bedeutung. Für die Arbeiterschicht hingegen spielte eine Vermögensverteilung nach einem spezifischen Güterrecht keine Rolle, da weder vor der Heirat noch im Laufe der Ehe Vermögen erwirtschaftet wurde, welches nicht umgehend in den täglichen Bedarf des Hauses floss.

I. Zugriffsmöglichkeiten der Ehefrau

Die Arbeit der verheirateten Frau, die traditionell als Teil der Versorgungseinheit keinen eigenen Wert verkörperte und dem ganzen Haus zugeordnet war, stand regelmäßig zur Disposition des Ehemannes. Seine Entscheidungsgewalt erstreckte sich nicht nur darauf, ob die Frau einer Arbeit nachgehen konnte und so ihr angedachtes Umfeld des Haushaltes verließ, sondern auch darauf, wie im Anschluss ihr persönlicher Arbeitserwerb eingesetzt werden sollte.[48] Dabei entschied allein der Ehemann, ob dieser Erwerb in Dinge des täglichen Lebens oder sein persönliches Vergnügen floss. Darüber hinaus war der wirtschaftliche Handlungsspielraum der verheirateten Frau aufgrund ihrer eingeschränkten Geschäftsfähigkeit, sofern ihr Lohn überhaupt in ihre Hände gelangte, enorm limitiert. Abgesehen von Verbrauchsgütern für die Familie konnte sie ihre Arbeitsprodukte kaum für persönliche Bedürfnisse oder die eigene finanzielle Absicherung verwenden.[49] Eine umfassende Teilnahme von Frauen am Rechts- und Geschäftsverkehr war nicht vorgesehen und wurde insbesondere bei verheirateten Frauen aus Haftungsgründen oftmals abgelehnt.[50] Dementsprechend profitierte sie selten direkt von den Produkten

---

48 *Gestrich*, Geschichte der Familie, S. 16.
49 *Knapp*, Frauenarbeit I, HSR 1983, Nr. 4, S. 42–82, 49.
50 *Dörner*, Industrialisierung und Familienrecht, S. 52, 140 ff.

ihrer Arbeit und ihr Handlungsraum richtete sich nach dem Willen des Ehemannes. Die Ehefrau war damit regelmäßig finanziell und persönlich von ihrem Mann abhängig.

II. Die wirtschaftliche Bedeutung der Frauenarbeit

Die industrielle Revolution des 19. Jahrhunderts brachte eine grundlegende Veränderung des Wirtschafts- und Arbeitsmarktes mit sich. Damit einhergehend vollzog sich eine Wandlung der Rahmenbedingungen des weiblichen Alltags, welche sich auf die nachfolgenden Gesetzgebungsprozesse auswirkten.[51]

Die Frauenerwerbstätigkeit stieg im Laufe des Jahrhunderts stetig an.[52] Die Zahl der verheirateten erwerbstätigen Frauen explodierte in Deutschland insbesondere gegen Ende des 19. Jahrhunderts. Während 1882 allenfalls 471.000 verheiratete Frauen berufstätig waren, verdoppelte sich ihre Zahl 1907 auf rund eine Million.[53] Diese Gruppe bestand nicht allein aus Fabrikarbeiterinnen und Bäuerinnen, sondern zunehmend auch aus bürgerlichen Frauen. Bei Inkrafttreten des Bürgerlichen Gesetzbuches am 01.01.1900 erwirtschafteten diese Frauen etwa 10–20 % des Familieneinkommens.[54] Ein ähnlicher Trend war in Frankreich zu beobachten. Im Jahr 1896 wurden neben 11.612.072 berufstätigen Männern bereits 6.672.506 berufstätige Frauen gezählt, deren Löhne und Gehälter insgesamt bis zu 120 Millionen Francs betrugen.[55]

Mit der wirtschaftlichen Präsenz der Frau und der Notwendigkeit ihrer Arbeitskraft kollidierte das noch aus dem späten 18. Jahrhundert stammende Rollenbild der Frau. Mit der Erweiterung ihres Wirkungskreises erwachte ein neues weibliches Selbstbewusstsein. Die aufkommende Frauenbewegung rückte stetig in die Mitte der Gesellschaft vor und widmete sich der Reform des ehelichen Güterrechts. Die neue Rolle der Frau entfachte im Rahmen

---

51 *Maetschke*, Recht, Wettbewerb und Industrialisierung, in: Maetschke/Mayenburg/Schmoeckel (Hg.), Das Recht der industriellen Revolution, Tübingen 2013, S. 17–69, 20 f.

52 *Knapp*, Frauenarbeit I, HSR 1983, Nr. 4, S. 42–82, 49; *Wienfort*, Verliebt, verlobt, verheiratet, S. 166.

53 *Knapp*, Frauenarbeit I, HSR 1983, Nr. 4, S. 42–82, 69.

54 *Gestrich*, Geschichte der Familie, S. 16.

55 Eine Erhebung von Louis *Franck*, in: *Bermond*, Libre salaire, S. 19; *Grosjean*, in: *Journal Officiel*, Chambres annexes, no. 2280, 27.02.1905, S. 3.

der güterrechtlichen Diskurse vielfältige Kontroversen über den rechtlichen Schutz der Frau und ihr Recht auf Unabhängigkeit in vermögensrechtlichen und persönlichen Angelegenheiten.[56] Die Frauen wurden zur Frage.

4. Kapitel: Zusammenfassung

Die rechtliche und gesellschaftliche Ausgangslage der erwerbstätigen Ehefrau zu Beginn des 19. Jahrhunderts war bescheiden. Der Weg hin zu einer selbstbestimmten Arbeitstätigkeit und freien Verfügung über das eigene Vermögen zeigte sich hindernisreich. Die Gleichstellung der Ehepartner lag in weiter Ferne.

Die zu bewältigenden Hürden waren vielfältig, wobei das herrschende Verständnis von dem Wesen der Ehe und der Rolle der Ehefrau darin, mit dem Ideal der sorgenden Ehefrau und Mutter im Schutz des Hauses, maßgeblich auf Gesetz und Recht ausstrahlte. Auf der Familie als Versorgungsgemeinschaft aufbauend wurde dem Wert der Frauenarbeit, die traditionell im Haushalt oder Geschäft des Mannes geleistet wurde, zudem kein eigener Wert beigemessen. Diese Denkweise fand sich grenzübergreifend in den Arbeiten deutscher und französischer Philosophen, Politiker und Rechtswissenschaftler. Der Ehemann wurde als unangefochtenes Familienoberhaupt betrachtet, was die vermögensrechtliche und persönliche Unterordnung der Ehefrau nach sich zog. Die Begründung dieses Rangverhältnisses fiel meist oberflächlich aus und erschöpfte sich häufig in der Natur der Geschlechter und dem Wesen der Frau. Dieses Verständnis von der Rolle der Frau schlug sich bis in das Ehe- und Güterrecht der Zeit nieder und wirkte sich damit auch auf den Lohn der verheirateten Frau aus. Tätigkeiten der Ehefrau außerhalb des Hauses waren selten – Rechtsgeschäfte bedurften der Genehmigung des Ehemannes. Darüber hinaus konnte der Mann aufgrund seiner Entscheidungsmacht und Stellung als Familienoberhaupt mit dem persönlichen Arbeitserwerb seiner Frau nach Gutdünken verfahren. Die berufstätige Ehefrau profitierte persönlich kaum von ihrem erwirtschafteten Vermögen.

---

56 HKK/*Mayenburg*, Eheliches Güterrecht III, S. 656.

Die Bedeutung des Eherechts für die Erwerbstätigkeit der verheirateten Frau

Recht und Gesetz, darunter insbesondere das Privatrecht, entsprachen in einer bürgerlichen Gesellschaft der Niederlegung der geltenden Organisationsprinzipien und Wertvorstellungen.[57] Obwohl die bürgerliche Gesellschaft des 19. Jahrhunderts von Leitsätzen der Freiheit und Gleichheit geprägt war, wurden zunächst nur die Privilegien einer Ständegesellschaft angegriffen. Sowohl die Gleichheit vor dem Gesetz als auch die Freiheit des Erwerbs und des Eigentums blieben geschlechterspezifisch.[58] Zu dieser Zeit bildete die Ehe die Grundlage eines akzeptablen Zusammenlebens von Mann und Frau. Die interne Verteilung der Rechte und Pflichten war gesetzlich festgelegt. Restriktive Heiratsgesetze, welche die Eheschließung von den Vermögensverhältnissen abhängig machten, verwehrten lange Zeit vielen Arbeiterpaaren dieses gesellschaftliche Glück. Im Laufe des Jahrhunderts wurden diese Heiratsschranken durch vermehrte Armut und Bevölkerungswachstum sogar erweitert.[59] Damit war das Ehe- und Güterrecht vornehmlich für wohlhabende Verlobte von Bedeutung.

---

57 *Grimm*, Bürgerlichkeit im Recht, S. 149.

58 *Gerhard*, Die Rechtsstellung der Frau, in Kocka (Hg.), Bürgertum im 19. Jahrhundert, Band III, Verbürgerlichung, Recht und Politik. Göttingen, 1995, S. 167–196, 169.

59 *Herlyn/Scheller/Tessin*, Neue Lebensstile in der Arbeiterschaft, S. 53 ff.; *Ludyga*, Die obrigkeitlichen Verehelichungsbeschränkungen, in: Hans-Georg Hermann (Hg.), Von den leges barbarorum bis zum ius barbarum des Nationalsozialismus. Festschrift für Hermann Nelsen zum 70. Geburtstag, Köln 2008, S. 132–140, 132 ff; *Wienfort*, Verliebt, verlobt, verheiratet, S. 26 f.

Die industrielle Revolution wandelte nicht nur die Produktionsverhältnisse und Bedeutung der einzelnen Wirtschaftssektoren, auch das eheliche Güterrecht bekam den wirtschaftlichen Umschwung zu spüren. Die allenthalben geltenden Sonderregelungen des Adels und das Höferecht lösten sich auf. Infolge der Aufhebung der Leibeigenschaft bezog das Bürgertum sein Vermögen neben seinem Grundbesitz insbesondere aus unternehmerischen Betätigungen. Mit der Entstehung der Arbeiterklasse, welche auf abhängige Erwerbsarbeit angewiesen war, erhielt das Güterrecht die Aufgabe, auch die beschränkten Vermögensmassen dieser Familien angemessen zu regeln.[60] Inwieweit dies dem Ehe- und Güterrecht Frankreichs und Deutschlands gelang, soll im Folgenden untersucht werden.

1. Kapitel: Frankreich und der Code Civil

Vor dem 19. Jahrhundert herrschte in Frankreich das *droit coutumier.* Dabei handelte es sich im Wesentlichen um überliefertes Gewohnheitsrecht im Norden und *droit écrit*, Französich-Römisches Recht, im Süden.[61] Der französische Code Civil von 1804 schaffte als erstes Bürgerliches Gesetzbuch sowohl die Standesprivilegien als auch die kirchliche Bevorzugung ab. Er folgte dem wirtschaftlichen Trend des freien Marktes und schütze das Eigentum seiner *Citoyens* in besonderem Maße. Als Kontrast zu diesen fortschrittlichen Regelungen waren die ehelichen Bestimmungen des Code Civil jedoch

---

60 *Kaelble/Volkmann*, Einkommensverteilung im späten Kaiserreich, in: *Bergmann/ Brockstedt/Kaelble/Rupieper/ Steinbach/Volkmann*, Arbeit, Mobilität, Partizipation, Protest, S. 159–198, 169; *Gestrich*, Geschichte der Familie, S. 15; *Bartscher*: Artikel „Trucksystem“, in: Gabler Wirtschaftslexikon, Springer Fachmedien Wiesbaden (Hg.), Artikel „Trucksystem“, 19. Ausgabe, Wiesbaden, 2018: Zuvor wurde in großen Teilen Deutschlands eine Naturalentlohnung in Form von Kost und Logis praktiziert. In Preußen wurde in den 1860ern Inspektionen eingerichtet, die die Wahrung bestehender Verbote beaufsichtigten.

Darüber hinaus regelte § 107 der Gewerbeordnung für den Norddeutschen Bund von 1869, dass es unzulässig war, dass ein Arbeitgeber seinen Arbeitnehmern Waren gegen Ratenzahlung verkaufte und ihnen diese Waren sodann vom Arbeitsentgelt abzog.

61 *Halpérin*, Jean-Louis, Art. Code Civil, in: Albrecht *Cordes* u.a. (Hg.), Handwörterbuch zur deutschen Rechtsgeschichte (HRG), 2. Aufl. 2004 ff., Band I, Lieferung 4, Spalte 861–866.

stark patriarchalisch geprägt.[62] Dies lag unter anderem an der Reaktion der konservativen Gesetzgeber auf das „*droit intermédiaire*" der Französischen Revolution zwischen 1789 und 1795, welches die Zivilehe einführte und gleichberechtigte Bestimmungen für Frauen beinhaltete.[63] Als eines der ersten Gesetzbücher der europäischen Kodifikationsbewegung am Ende des 18. Jahrhunderts, begann die Gesetzgebungsgeschichte des Code Civil 1789 bereits mit einer Begeisterung für die Herrschaft der legislativen Gewalt, dem sogenannten *culte de la Loi.*[64] In der Verfassung von 1791 versprachen die Abgeordneten der *Assemblée Constituante* eine Kodifikation des Rechts für das gesamte Königreich: „*il sera fait un Code de lois civiles communes à tout le royaume*".[65] Die ersten Entwürfe erschienen in den darauffolgenden Jahren. Der spätere Regierungschef Frankreichs, *Jean-Jacques Régis de Cambacérès*, legte drei Fassungen eines Codes vor. Die erste Fassung von 1793, als Spross der Französischen Revolution, zeigte sich mit der Gleichberechtigung der Eheleute, der einfachen Scheidung und der Zersplitterung der Erbschaft durch gesetzliche Erbfolgeteilung, äußerst fortschrittlich.[66] Die *Convention* lehnte dies jedoch ab, die Verfassung von 1791 wurde suspendiert und *la Grande Terreur* von 1793–1794 begann.[67]

In den folgenden Jahren wurde die Unterordnung der Frau wiederhergestellt. Die sich daraus ergebenden Konzeptionen des Code Civil und dessen Auswirkungen auf den persönlichen Arbeitserwerb der Ehefrau sollen im Folgenden dargestellt werden.

---

62 *Sorge*, Die Hörigkeit der Ehefrau, S. 127 f.

63 *Gerhard*, Menschenrechte sind Frauenrechte, in: L'Homme ZVG 1997, S. 43–63, 49, 55, 60 ff.

64 *Halpérin*, Jean-Louis, Art. Code Civil, in: Albrecht *Cordes* u.a. (Hg.), Handwörterbuch zur deutschen Rechtsgeschichte (HRG), 2. Aufl. 2004 ff., Band I, Lieferung 4, Spalte 861–866.

65 „*Es soll ein Gesetzbuch verabschiedet werden, das im ganzen Königreich anwendbar ist*".

66 *Opitz-Belakhal*, Die vergessenen Töchter der Revolution, in: Grubitzsch, Helga/Cyrus, Hannelore/Haarbusch, Elke (Hg.), Grenzgängerinnen, Revolutionäre Frauen im 18. und 19. Jahrhundert: Weibliche Wirklichkeit und männliche Phantasien (Geschichtsdidaktik. Studien, Materialien), Düsseldorf 1985, S. 287–312, 297; *Halpérin*, Jean-Louis, Art. Code Civil, in: Albrecht *Cordes* u.a. (Hg.), Handwörterbuch zur deutschen Rechtsgeschichte (HRG), 2. Aufl. 2004 ff., Band I, Lieferung 4, Spalte 861–866.

67 Vgl. *Sorge*, Die Hörigkeit der Ehefrau, S. 127; *Halpérin*, Jean-Louis, Art. Code Civil, in: Albrecht *Cordes* u.a. (Hg.), Handwörterbuch zur deutschen Rechtsgeschichte (HRG), 2. Aufl. 2004 ff., Band I, Lieferung 4, Spalte 861–866.

I. Die Arbeiten am Code Napoléon

Ob die endgültige Fassung des *Code Civil* mit den Leitsprüchen der Französischen Revolution *„liberté, égalité, fraternité"*, zumindest für die Frauen des Landes, *übereinstimmte*, wurde sehr unterschiedlich beurteilt. Teilweise wurde er als ein Kompromiss zwischen dem alten Recht und der revolutionären Gesetzgebung gefeiert, von anderen als Verrat an den Werten der Revolution und Rückschritt verdammt.[68]

Mit der Schaffung eines Code Civil für ganz Frankreich wollte sich *Napoléon Bonaparte* als Gesetzgeber verewigen. Im August 1800 setzte *Bonaparte* einen vom Parlament unabhängigen Gesetzesausschuss, bestehend aus vier Mitgliedern, *Portalis*, *Tronchet*, *Bigot de Préameneu* und *de Maleville*, ein. Damit fiel seine Wahl auf vier ehemalige Rechtsanwälte und eher konservative Juristen.[69] Den innerhalb eines halben Jahres gefertigten Entwurf erörterte der *Conseil d'Etat* in 107 Sitzungen, zum Großteil mit *Bonaparte* selbst als Vorsitzendem und Diskussionsleiter. Nach einigen Änderungen wurde der Kodex in Form von 36 Verordnungen erlassen und durch das Gesetz vom 21.03.1804 vereinigt. Dieser Code Civil verband mit 2281 Artikeln das *droit coutumier* und das *droit écrit*.[70]

II. Das Familienrecht des Code Civil

Die liberalen Züge des Code Civils äußerten sich in der Säkularisierung des Zivilstandes und der Ehe. Diese wurde nicht mehr als Sakrament, sondern als zivilvertragliche Verbindung zweier Personen verstanden. Eine politische oder familiäre Heiratskontrolle gab es nicht mehr. Ohne das freie Einverständnis eines jeden Ehegatten konnte keine Ehe geschlossen werden.[71] Grundsätzlich

---

68 *Ranieri*, 200 Jahre Code Civil, in: Schubert/Schmoeckel (Hg.), 200 Jahre Code Civil, Die napoleonische Kodifikation in Deutschland und Europa, Bonn 2005, S. 85–126, 93 ff.; *Bürge*, Das französische Privatrecht, S. 1 ff.; *Halpérin*, Jean-Louis, Art. Code Civil, in: Albrecht *Cordes* u.a. (Hg.), Handwörterbuch zur deutschen Rechtsgeschichte (HRG), 2. Aufl. 2004 ff., Band I, Lieferung 4, Spalte 861–866.

69 *Halpérin*, Jean-Louis, ebenda, Vgl. Catala, Le gouverment de la famille, in : Éditions du Juris Classeur, Le discours er le Code, S. 227-234, 229 : Bei dem von *Portalis* erarbeiteten von Portalis Konzept der Familie ist auch ein hierarchisches Konzept.

70 *Halpérin*, Jean-Louis, Art. Code Civil, in: Albrecht *Cordes* u.a. (Hg.), Handwörterbuch zur deutschen Rechtsgeschichte (HRG), 2. Aufl. 2004 ff., Band I, Lieferung 4, Spalte 861–866.

71 Art. 146 CC; Zum *freien* Einverständnis der Ehegatten: *Maleville*, Analyse raisonnée, S. 164.

war die Frau als Rechtssubjekt anerkannt, sie war Trägerin eigener Rechte und Pflichten. Mit der Heirat wurden die damit verbundenen Befugnisse jedoch eingeschränkt.

1. Die allgemeinen Ehewirkungen

Der Code Civil enthielt keine Normierung eines expliziten Ehezwecks.[72] Die allgemeinen Ehewirkungen regelten jedoch die Hauptpflichten der ehelichen Verbindung. Die Eheleute waren sich wechselseitig zu Treue, Hilfe und Beistand verpflichtet. Etwaige Kinder waren zu ernähren, zu unterhalten und zu erziehen. Das Verständnis von Familie und Ehe als sozialer Hilfsverband fand seinen Ausdruck in den gegenseitigen Unterhaltspflichten der Familienmitglieder.[73]

Der Kodex trennte zwischen personenrechtlichen und vermögensrechtlichen Wirkungen der Ehe,[74] verflocht diese jedoch miteinander durch wiederholte Bezugnahmen. Personenrechtlich sind insbesondere diejenigen Vorschriften hervorzuheben, welche die Eheherrschaft des Mannes zementierten. Gemäß Art. 213 CC war der Mann seiner Frau Schutz, die Frau ihrem Manne im Gegenzug Gehorsam schuldig. Diese Gehorsamspflicht zog ein generelles Befehlsrecht des Ehemannes nach sich, welches als *puissance maritale*,[75] die Gewalt des Mannes über die Person der Frau, bezeichnet wurde.[76] Darüber hinaus oblag der Ehefrau eine Folgepflicht. Der Mann hatte seiner Frau das zum Lebensunterhalt Erforderliche zu entrichten.[77] Dies bedeutete, dass nach dem französischen Code Civil die Ehefrauen zwar eigentumsfähig, jedoch gänzlich geschäftsunfähig waren.[78]

---

[72] *Duncker*, Gleichheit und Ungleichheit, S. 242 f.; Im Gegensatz zum preußischen Allgemeinen Landrecht.

[73] Als Familienmitglieder galten die Eltern, Schwiegereltern, Großeltern und Kinder; vgl. Art. 205–211 CC.

[74] Art. 212–226 CC und Art. 1387–1581 CC.

[75] Übersetzungen des Code Civil nach F. *Lassaulx*, Kodex Napoleon, Koblenz 1807; Art. 213 CC: *Der Mann ist seinem Weibe Schutz, das Weib seinem Manne Gehorsam schuldig.*; vgl. auch Art. 1388 CC.

[76] *Duncker*, Gleichheit und Ungleichheit, S. 521.

[77] Art. 214 CC: *Das Weib ist verbunden, bei seinem Manne zu wohnen, und ihm allenthalben hin zu folgen, wo er sich aufzuhalten für dienlich findet* [...].

[78] *Gerhard*, Rechtstellung der Frau, in: Jürgen Kocka (Hg.), Bürgertum im 19. Jahrhundert, Band III, Verbürgerlichung, Recht und Politik. Göttingen 1995, S. 167–196, 179.

Die personenrechtlichen Grundlagen schlugen sich auf das vermögensrechtliche Verhältnis der Ehegatten nieder. Gemäß Art. 217 CC konnte die verheiratete Frau ohne die Einwilligung des Mannes weder erwerben noch veräußern.[79] Die *puissance maritale* setzte sich auch in den prozessualen Regelungen des Code Civil fort. Dementsprechend konnte die Frau ohne Genehmigung ihres Mannes nicht vor Gericht auftreten, sei es als *marchande publique* oder bei Vereinbarung eines besonderen Güterstandes.[80] Hintergrund dieser umfassenden Autorität war der Gedanke, dass der Ehemann seine Angetraute auf diese Weise vor gedankenlosen Rechtsgeschäften bewahren konnte.[81]

Der Gehorsamsartikel, Art. 213 CC, war zwar in seiner Rechtsbedeutung ein bloßer Auffangtatbestand, die ehemännlichen Rechte und Sonderbefugnisse waren im Familienrecht des Code Civil ausreichend konkretisiert. Er ist dennoch für das Verständnis des französischen Eherechts hervorzuheben: „*Le mari doit protection à sa femme, la femme obéissance à son mari*". Diese ungleiche Pflichtenverteilung wird das Leitbild der folgenden Darstellungen sein.

Die Gehorsamspflicht begleitete die *incapacité de la femme mariée*. Die Geschäftsunfähigkeit der verheirateten Frau wirkte sich in besonderem Maße auf die Erwerbstätigkeit und vermögensrechtlichen Befugnisse der Ehefrau aus. Obwohl Frauen als Rechtssubjekte grundsätzlich anerkannt waren, wurden die Verfügungsbefugnisse der Ehefrau nicht nur hinsichtlich des gemeinsamen, sondern auch des ihr gesetzlich zugeordneten Vermögens enorm eingeschränkt. Die zentrale Vorschrift in diesem Zusammenhang war Art. 217 CC. Ergänzend wurde im Abschnitt über die Fähigkeiten kontrahierender Vertragspartner in Art. 1124 CC die Geschäftsunfähigkeit verheirateter Frauen wiederholt und damit ihre Befugnisse mit Minderjährigen und Entmündigten gleichgestellt. Diese Einschränkungen unterbanden ein wirksames rechtsgeschäftliches Handeln der Ehefrau. Die Teilnahme am

---

79 Art. 217 CC: *Das Weib, […], kann ohne die Mitwirkung des Mannes zu dem Akt, oder dessen schriftliche Einwilligung, nichts schenken, veräussern, hypotheziren, oder irgend etwas, weder unentgeltlich, noch unter lästigen Bedingungen erwerben.*

80 Art. 215 CC: *Die Frau kann ohne Ermächtigung des Mannes nicht vor Gericht auftreten, selbst wenn sie eine öffentliche Handlung hätte, oder nicht in Gemeinschaft der Güter mit diesem lebte, oder diese Gemeinschaft aufgehoben wäre.*

81 *Locré*, La législation civile, S. 308, 316, 541.

Wirtschaftsverkehr war nur im Rahmen das *mandat tacite* möglich.[82] Die Ungültigkeit von Verträgen durch eine mangelnde Genehmigung konnte die Frau selbst, der Ehemann und deren Erben geltend machen, nicht hingegen der Vertragspartner.[83] Das machte Einschränkungen der weiblichen Verfügungsbefugnis zwar für den Rechtsverkehr praktikabler, brachte auf der anderen Seite jedoch eine enorme Haftungsunsicherheit der Gläubiger mit sich und schränkte die wirtschaftliche Teilnahme der Ehefrau weiter ein.[84] Die Geschäftsfähigkeit der Frau war mit der Heirat dermaßen eingeschränkt, dass die Ehefrau, selbst um ihren Mann aus dem Gefängnis zu befreien, oder in dessen Abwesenheit für die gemeinsamen Kinder zu sorgen, nur nach vorhergehender Genehmigung des Gerichts am Rechtsverkehr teilnehmen konnte.[85]

Der Code Civil legte außerdem fest, dass die *puissance maritale* auch durch die Eheleute selbst nicht modifiziert werden konnte. So stellte Art. 223 CC klar, dass eine Generalgenehmigung zur Änderung der Befugnisse der Ehefrau zu Ihren Gunsten hinsichtlich des gemeinsamen Ehevermögens nicht möglich war, weder durch Ehevertrag noch während der Ehe durch den Ehemann selbst. Eine allgemeine Genehmigung konnte sich nur auf die Verwaltung des weiblichen Vermögens beziehen.

Die gesetzlichen Regelungen zu den wechselseitigen Rechten und Pflichten der Ehegatten spiegelten damit die den Geschlechterrollen zugeordneten ideellen Werte der Zeit wider. Die Geschäftsunfähigkeit der Ehefrau war einer der Leitgedanken des Eherechts und verwehrte ihr eine selbstständige Erwerbstätigkeit. Auf zweiter Ebene war ihr auch die freie Verfügung über ihren persönlichen Arbeitserwerb durch die umfassende *puissance maritale* vorenthalten.

Die vermögensrechtliche Ausgestaltung und dessen Folgen für den Arbeitserwerb der Ehefrau richteten sich nach dem Güterrecht.

---

[82] Siehe oben, S. 70 f.

[83] Art. 225 CC: *Die Nullität, welche sich auf dem Mangel der Ermächtigung gründet, kann blos von der Frau, von dem Manner, oder von ihren Erben eingewendet werden.*

[84] *Dörner*, Industrialisierung und Familienrecht, S. 140 ff.

[85] Art. 1427 CC: *Die Frau kann, selbst um ihren Mann aus dem Gefängnis zu retten, oder zum Behuf der Niederlassung ihrer Kinder im Falle der Abwesenheit des Mannes, sich weder verpflichten, noch die Güter der Gemeinschaft verbindlich machen, wenn sie nicht vorher von Gerichtswegen dazu ermächtigt worden.*

2. Die Zuordnung des Vermögens – Das Güterrecht und die persönlichen Arbeitsprodukte der Ehefrau

Der Code Civil kannte drei Güterstände. Das *régime en communauté*, die séparation de biens sowie das régime dotal. Darin waren grundsätzlich drei Arten von Vermögen zu verzeichnen: Jene Vermögensmassen, die der Ehefrau zugeordnet waren; jene, die dem Ehemann zugeordnet waren und jene, die beiden Eheleuten als Gemeinschaft unterfielen. Abhängig davon, in welche dieser Gruppen ein Vermögensgegenstand fiel, war er unterschiedlichen Regelungen unterworfen.

Um das Schicksal der persönlichen Arbeitsprodukte der Ehefrau und die Bedeutung des jeweiligen Güterstandes bewerten zu können, soll im Folgenden die Struktur der verschiedenen Güterstände analysiert werden. Von besonderer Bedeutung sind dabei die Zusammensetzung der jeweiligen Vermögensmassen und die Befugnisse der Eheleute daran.

a. *Régime en communauté legale* – Die gesetzliche Gütergemeinschaft

Das *régime en communauté* war der gesetzliche Güterstand und damit als Gütergemeinschaft das Leitbild des Code Civil. Vereinzelte Kritik, dass ein gesetzlicher Güterstand gegen die Vertragsfreiheit verstoße, setzte sich nicht durch.[86] Es handelte sich bei dem *régime en communauté légale* um eine partikulare Gütergemeinschaft, die eine Mobiliar- *o*der Errungenschafts- *mi*t einer Verwaltungsgemeinschaft vereinigte. Sie bestand aus den Mobilien, welche den Eheleuten im Zeitpunkt der Heirat zugeordnet waren, und den Erwerbungen der Ehe. Immobilien waren ausgenommen. Der Code Civil unterschied zwischen dem persönlichen Vermögen der Eheleute, den *biens propres* beziehungsweise *biens personnels* und dem Gemeinschaftsvermögen, dem *commun*.

aa. DIE TEILUNG DES VERMÖGENS UND VERTEILUNG DER BEFUGNISSE

Dem persönlichen Vermögen der Ehefrau und des Ehemannes, den *biens personnels*, waren bewegliche Gegenstände in Form von Familientiteln, Familienerinnerungen, Briefen, ausdrücklich vermachte Gegenstände, nicht

---

[86] *Fenet*, Recueil complet des travaux, S. 526 ff.; *Brisset*, L'adoption de la communauté, S. 52 ff.

übertragbare Renten, Altersrenten oder Unterhaltszahlungen, für unpfändbar erklärte Leibrenten und vor der Heirat erlangte Immobilien zugeordnet.[87] Die *biens personnels* verblieben der Ehefrau. Alles Übrige bildete das Gemeinschaftsgut des Paares.

Das gemeinsame Vermögen der Eheleute, die *commune*, welche nach der herrschenden Literatur und Rechtsprechung im Miteigentum der Eheleute stand,[88] bestand aus allen Mobilien, welche im Zeitpunkt der Eheschließung im Eigentum der Ehegatten standen, sowie demjenigen, was das Ehepaar während der Ehe erwarb, erbte oder geschenkt bekam. Hinzu kamen alle Früchte, Einkünfte, Zinsen und Immobilien, welche sie in diesem Zeitraum erwarben. Durch die Einbeziehung der Frau in die ehelichen Errungenschaften grenzte sich die *communauté légale* von dem Dotalsystem ab, welches alle Einkünfte exklusiv dem Mann zuwies. Aus der Sicht der Gesetzgeber war diese Mitberechtigung aus Gerechtigkeitsaspekten auch geboten, da die Ehefrau oftmals durch betriebliche Mithilfe und eigenes Kapital am wirtschaftlichen Erfolg der Gemeinschaft teilhabe.[89]

Die vermögensrechtliche Differenzierung wurde sodann durch die umfassenden und unabhängigen Verwaltungsbefugnisse des Ehemannes unter seiner Gewalt zusammengeführt. Der Ehemann verwaltete nicht bloß die Güter der Gemeinschaft, seine Befugnisse erstreckten sich auch auf das persönliche Vermögen der Frau.[90] Mit der Ausnahme gemeinsamer Immobilien[91] konnte er über die zur *commune* gehörenden Güter ohne die Einwilligung der Ehefrau verfügen.[92] Am persönlichen Vermögen der Frau hatte der Ehemann ein Nießbrauchrecht, ihre Immobilien konnte er jedoch nicht ohne ihre Einwilligung veräußern. Die Ehefrau blieb zwar formal Eigentümerin ihres persönlichen Vermögens, konnte ohne die Mitwirkung ihres Ehegatten

---

87 *Moride*, Modifications, S. 7.

88 *Moride*, Modifications, S. 191; *Malaurie/Aynès*, Cours de droit civil, S. 39; *Bermond*, Libre salaire, S. 196.

89 *Berlier*, Présentation au corps législatif et exposé des motifs, in: P.A Fenet (Hg.), Recueil complet des travaux préparatoires du Code civil, Band XIII, Paris 1836, S. 666 f.

90 *Dörner*, Industrialisierung und Familienrecht, S. 144 ff.; *Rabaa*, Die Ehe als Rechtsinstitut, S. 107 ff.; *Lincke*, Entwicklungslinien, S. 52 ff.; *Sellschop*, Weg zum Revokationsrecht, S. 37 ff.

91 Art. 1422 f. CC.

92 Art. 1421 CC: *Der Mann verwaltet allein die Güter der Gemeinschaft. Er kann diese ohne die Einwilligung der Frau verkaufen, veräussern und hypotheziren.*

jedoch aufgrund Art. 217 CC nicht darüber verfügen. Außerdem fiel jeder Vermögenszuwachs, welchen der Mann mit dem Vermögen der Ehefrau erwirtschaftete, in die *commune*, die allein unter der Gewalt des Ehemannes stand. Diese Einordnung wurde mit der Verantwortung des Ehemannes zum Tragen des ehelichen Aufwandes und Unterhalt der Frau begründet.[93]

Um das Gefüge rund um den Lohn der verheirateten Frau beurteilen zu können, ist dessen Einordnung in die verschiedenen Vermögensstämme der *communauté légale* entscheidend. Der Code Civil, entstanden zu Beginn der industriellen Revolution, sah einen Doppelverdiener-Haushalt nicht vor und litt unter einer Gesetzeslücke, welche die vermögensrechtliche Zuordnung persönlicher Arbeitsprodukte betraf.[94] Rechtswissenschaft und Praxis waren sich jedoch einig, da während der Ehe Vermögen aus Schenkungen, Erbschaften und Kapitalanlagen in die *commune* fielen, dies erst recht für das Entgelt gelten müsse, welches infolge der Ausübung eines Berufes oder Gewerbes erworben wurde.[95] Damit fielen der Lohn der verheirateten Frau, wie auch der Verdienst des Ehemannes, als „*revenus*" gemäß Art. 1401 Abs. 2 CC in das Gemeinschaftsvermögen der Ehegatten.[96] Gleiches galt für literarische oder künstlerische Werke, welche von der Mehrheit der Rechtswissenschaftler als bewegliche Gegenstände verstanden wurden. Die Rechte daran verblieben trotz ihrer besonderen Natur nicht bei dem Schöpfer selbst, sondern wurden Teil des *commune*.[97]

---

93 Art. 1409 Nr. 5 CC: *Die Gemeinschaft besteht passiverweise: 5) Aus den Alimenten der Ehegatten, den Kosten der Erziehung und Unterhaltung der Kinder, und allen anderen Lasten der Ehe.*

94 *Baudry-Lacantinerie/Le Courtis/Surville*, Contrat de mariage, S. 220; *Planiol/Ripert*, Traité élémentaire de droit civil, S. 288.

95 *Baudry-Lacantinerie/Le Courtis/Surville*, Contrat de mariage, S. 220; *Planiol/Ripert*, Traité élémentaire de droit civil, S. 288; Andere Ansicht und Mindermeinung: *Imbert*, La protection des gains, S. 25 ff.

96 Art. 1401 Abs. 2 CC: *Die Gemeinschaft besteht aktiverweise: [...] 2) Aus allen, während der Ehe verfallenen oder bezogenen Früchten, Einkünften, Zinsen und Rückständen, von welcher Art und Gattung diese auch sein mögen, welche von denjenigen Gütern herkommen, die den Ehegatten zur Zeit des Abschlusses zugehören, so wie von denjenigen, welche ihnen, unter welchem Titel es auch immer seyn mag, zugefallen sind.*

97 *Baudry-Lacantinerie/Le Courtis/Surville*, Contrat de mariage, S. 220; *Planiol/Ripert*, Traité élémentaire de droit civil, S. 206 ff., 289; *Pouillet*, Propriété Littéraire et Artistique, S. 209.

Das Verständnis von Einkünften in Form von Arbeitsprodukten war weit gefasst. Darunter fielen Löhne und Gehälter von Arbeitern und Arbeiterinnen, Bediensteten und Beamten, das Honorar eines Arztes, Anwalts oder Sachverständigen, aber auch der Gewinn aus einem eigenen Handel oder Gewerbe. Für eine Ehefrau galt letzteres nur, insofern sie ein von ihrem Ehemann getrenntes Gewerbe ausübte. Darüber hinaus wurde auch nicht zwischen rechtmäßigen und unrechtmäßigen Gewinnen und Erwerb unterschieden.[98]

Auf zweiter Ebene sind die Rechte der Ehegatten an der *commune* zu untersuchen. Diese umfasste sowohl das Arbeitsprodukt selbst als auch die daraus entstandenen beweglichen oder unbeweglichen Surrogate. Wie bereits dargestellt stand die *commune* unter der absoluten Verwaltungshoheit des Ehemannes: Art. 1421 CC: „*Le mari administre seul les biens de la communauté. Il peut les vendre, aliéner et hypothéquer sans concours de la femme.*". Die Verwaltung war in diesem Zusammenhang weit zu verstehen. Einschränkungen erfuhren die Befugnisse des Ehemannes nur durch Art. 1422 und 1423 CC. Der Ehemann konnte durch Handlungen unter Lebenden weder über unbewegliche Sachen der *commune*, noch über das gesamte bewegliche Vermögen oder einen aliquoten Teil desselben auf unentgeltliche Weise verfügen, es sei denn zur Versorgung der gemeinschaftlichen Kinder. Schenkungen, die der Ehemann durch Testament vornahm, durften zudem seinen Anteil am *régime en communauté* nicht übersteigen. Der Ehemann haftete für die Verschlechterung der in seine Verwaltungshoheit fallenden Güter.[99]

Dieses Verwaltungsrecht hatte zur Folge, dass der Ehemann über den Lohn seiner Frau im eigenen Interesse entgeltlich oder unentgeltlich verfügen konnte und damit freigiebig Geschäfte tätigen oder Vergnügungen nachgehen konnte. Zwar war die Ehefrau Miteigentümerin der *commune*, diese formale Stellung brachte jedoch keine faktischen Partizipationsrechte in Form von Nutzungs- oder Verwaltungsrechten mit sich. Ihr Arbeitslohn fiel damit in die Hände des Mannes, was wörtlich zu verstehen war, denn dieser konnte den Arbeitserwerb der Frau von ihrem Arbeitgeber zur Auszahlung verlangen.[100]

---

[98] *Damez*, Libre salaire de la femme mariée, S. 271.

[99] Art. 1428, 1409 Nr. 4 CC.

[100] *Bermond*, Libre salaire, S. 28 ff., 81 f.

Fand die Auszahlung an die Ehefrau statt, so geschah dies aufgrund einer Duldung des Ehemannes im Rahmen eines *mandat tacite.*[101] Die Befugnisse des Mannes waren umfassend und festigten damit auch auf güterrechtlicher Ebene seine absolute *puissance maritale*. Er konnte nicht nur direkt über das Einkommen seiner Frau verfügen, sondern auch auf ihre Ersparnisse und weitere Surrogate unbeschränkt zugreifen. Damit konnte die Ehefrau mit ihrem Arbeitsverdienst weder auf die Geschicke der Familie einwirken noch dieses für persönliche Vergnügen aufwenden.

bb. DIE HAFTUNGSVERTEILUNG

Ein weiteres Hindernis zur Teilnahme am Rechtsverkehr der Ehefrau ergab sich zudem aus den Haftungstatbeständen des Code Civil. Für Schulden, welche die Frau vor der Ehe eingegangen war, haftete die *communauté* nur insofern, als dies aus einer öffentlichen, bereits vor der Ehe erstellten Urkunde ersichtlich war. Den Gläubigern der Ehefrau, die sich auf Urkunden beriefen, die nicht bereits vor der Eheschließung eine öffentliche Glaubhaftigkeit erhielten, diente nur das der Frau eigentümliche unbewegliche Vermögen als Haftungsmasse.[102]

Während der Ehe fiel jede Schuld, welche die Frau aufgrund einer allgemeinen (*mandat tacite*)[103] oder besonderen Vollmacht ihres Mannes einging, der *commune* zur Last. Die Gläubiger konnten eine Befriedigung weder von der Frau noch ihren *biens personnels* erhalten.[104] Handelte die Ehefrau ohne Einwilligung des Ehemannes, haftete die *commune* hingegen nicht. Dies machte Geschäfte mit der Ehefrau riskant, deren Vermögen üblicherweise nur aus ihrer Mitgift oder Erbschaften bestand, womit sie jedoch ebenfalls zum Unterhalt der Familie beitragen musste.[105] Hinzu kam die Unsicherheit der Gläubiger über die konkreten Vermögensbefugnisse der verheirateten Frau, da dies je nach Güterstand stark variierte und es keine dauerhaft nachvollziehbare Publizität von Eheverträgen gab. Die Verkehrssicherheit des Wirtschaftslebens litt darunter enorm. Aus diesem Grund war es bis zur Mitte des 19. Jahrhunderts nicht unüblich, dass insbesondere im *régime*

---

[101] *Moride*, Modification, S. 18.
[102] Art. 1410 CC.
[103] Siehe oben, S. 70 f.
[104] Art. 1419 f. CC.
[105] Art. 1537, 1448 CC.

dotal lebende Ehefrauen mangels eigener Verfügungsbefugnisse dies bei Vertragsabschlüssen verschwiegen.[106] Bei späterer Vollstreckung verweigerte die Frau sodann unter Hinweis auf den bestehenden Güterstand den Zugriff auf die Mitgift. Die Gläubiger standen dem meist ohnmächtig gegenüber, da sowohl die Existenz als auch der Inhalt eines Ehevertrages bei einem unbekannten Notar kaum bewiesen werden konnte. Dies hatte zur Folge, dass bei umfangreichen Verträgen mit verheirateten Frauen entweder die Vorlage eines Ehevertrages oder die Leistung einer Kaution geforderte wurde.[107]

Während der Ehemann also bereits aufgrund seiner Verfügungshoheit über die *commune* auf den Lohn der verheirateten Frau und ihr Vermögen einwirken konnte, so war ihm dies auch durch die Eingehung von Verbindlichkeiten möglich. Für eine persönliche Schuld des Ehemannes haftete neben seinen *biens personnels* auch das Gemeinschaftseigentum und damit auch das Einkommen der Ehefrau.

Was Geldbußen aus Verbrechen oder Vergehen anbelangte, so regelte Art. 1424 CC ganz im Sinne der geschlechtsspezifischen Ungleichbehandlung, dass für Geldstrafen des Mannes, vorbehaltlich eines Ersatzanspruches, das gesamte Vermögen der *commuauaté* haftete; Geldstrafen der Frau hingegen waren aus ihrem persönlichen Vermögen zu begleichen.

b. *Régime en communauté*

Bei dem *régime en communauté* légale handelte es sich wie bereits dargestellt um den gesetzlichen Güterstand. Im zweiten Teil des Kapitels „*Du régime en communauté*" des Code Civil wurde erläutert, wie und in welchem Umfang dieser ehevertraglich begründet und modifiziert werden konnte.[108]

Auf die möglichen Regelungen zur Erweiterung der weiblichen Handlungsbefugnisse und deren praktische Relevanz wird im Kapitel zur eingeschränkten Vertragsfreiheit des Code Civil eingegangen.[109]

---

[106] *Dörner*, Industrialisierung und Familienrecht, S. 147 f.; Zu dieser Entwicklung vgl. *Valette*, in: *Société Anonyme du Recueil Sirey*, Lois, décrets, ordonnances, S. 149.

[107] *Dörner*, Industrialisierung und Familienrecht, S.147 f.; Zu dieser Entwicklung vgl. *Valette*, in: *Société Anonyme du Recueil Sirey*, Lois, décrets, ordonnances, S. 149.

[108] Art. 1497 ff. CC.

[109] Siehe oben, S. 86 ff.

c. Séparation des biens

Den zukünftigen Ehegatten stand es frei, sich ehevertraglich für eine Gütertrennung, die *séparation de biens*, zu entscheiden. In diesem Fall behielt die Ehefrau die autonome Verwaltung ihres beweglichen Vermögens und konnte frei über ihre Einkünfte verfügen. Die Ausgestaltung der *séparation de biens* richtete sich nach Art. 1536–1539 CC.

Einschränkungen erfuhren beide Ehepartner nach Art. 1537 CC, wonach beide Eheleute zu den Lasten der Ehe beitragen mussten. Mangels entsprechender Übereinkünfte hatte die Frau ein Drittel ihrer Einkünfte zur Befriedigung dieser Kosten bereitzustellen. Über Immobilien konnten die Eheleute weiterhin nur unter Mitwirkung des jeweils anderen Ehegatten verfügen. Vereinbarungen, durch welche die Frau ihre unbeweglichen Sachen ohne Einwilligung ihres Mannes oder, bei dessen Weigerung, mit Genehmigung des Gerichts veräußern könne, waren nichtig.[110]

Vereinbarten die Eheleute eine *séparation des biens*, waren die Befugnisse der Ehefrau grundsätzlich mit jenen der unverheirateten Frau gleichwertig. Auf diese Weise behielt sie trotz Heirat ihren Status als Rechtssubjekt und konnte nach Befriedigung ihres Anteils der Haushaltskosten über den Rest ihres Erwerbs verfügen.

Es ist jedoch anzumerken, dass sowohl der Güterstand selbst als auch ein persönlicher Arbeitserwerb der Ehefrau in einer Größenordnung, der ausreichte, um nur mit einem Drittel zu den Haushaltskosten angemessen beizutragen, eine absolute Ausnahme darstellte. Insbesondere in Arbeiterhaushalten wurde regelmäßig der volle Erwerb beider Eheleute zum Unterhalt der Familie benötigt.

d. Régime dotal

Die letzte Alternative zum gesetzlichen Güterstand bildete das *régime dotal*.[111] Dieses strukturierte das Vermögen der Ehegatten in jenes, welchem dem Ehemann zugeordnet war und unterteilte das Vermögen der Frau in das *dot*,

---

[110] Vgl. Art. 1449 Abs. 3; Art. 1538 CC: *Die Frau kann in keinem Falle, und unter Begünstigung von keinerlei Stipulation, ihre Immöbel ohne die besondere Einwilligung ihres Mannes, und im Falle der Weigerung von seiner Seite, ohne Ermächtigung der Gerichte, veräussern. Jede allgemeine der Frau ertheilte Ermächtigung zur Veräusserung ihrer Immöbel, sie mag nun im Ehevertrag enthalten oder späterhin ertheilt worden seyn, ist nichtig.*

[111] Art. 1540–1580 CC.

den Brautschatz beziehungsweise die Mitgift, und die *biens paraphernaux*, das Paraphernalgut. Es gab grundsätzlich keine gemeinsamen Güter, jedem Ehepartner war das Eigentum an seinem gegenwärtigen und zukünftigen Besitz zugeordnet.

Als *dot* verstand der Code Civil jenes Vermögen, welches die Frau dem Mann zur Lastentragung der Ehe zubrachte. Dieses wurde regelmäßig von ihren Eltern gestellt. Der Umfang des *dot* richtete sich nach den konkreten Regelungen des Ehevertrages.[112] Die Benennung des Brautschatzes war frei. Er konnte das gesamte gegenwärtige und zukünftige Vermögen der Frau, nur Teile davon oder einzelne Gegenstände umfassen. Alles Vermögen der Frau, welches nicht zum Brautschatz gehörte, waren *biens paraphernaux*.[113] An diesen kam der Ehefrau grundsätzlich gemäß Art. 1576 Abs. 1 CC die Verwaltung und der Genuss zu – Absatz 2 bestimmte jedoch, dass sie ohne die Zustimmung ihres Mannes oder der Erlaubnis des Gerichts diese weder veräußern noch diese betreffend vor Gericht auftreten konnte. Die formal zuerkannte Verwaltungsbefugnis lief damit in Leere.

Das Schicksal des weiblichen Arbeitserwerbs hing daher von dessen Einordnung und der konkreten ehevertraglichen Ausgestaltung der *biens dotaux* und *biens paraphernaux* ab. Konstituierte der Ehevertrag als *dot* der Ehefrau bloß ihr gegenwärtiges Vermögen, so fiel der Verdienst der Ehefrau während der Ehe zweifellos in die *biens paraphernaux*.[114]

Indes war streitig, was mit dem Lohn der Frau geschehen sollte, wenn das *dot* auch ihr zukünftiges Vermögen umfassen sollte. Der französische Jurist und Rechtsprofessor an der Universität Caen, Charles *Demolombe*, war der Auffassung, dass auch in diesem Fall die Arbeitsprodukte kein Teil der Mitgift seien. Durch die Bildung des *dot* finde eine Art der Entfremdung der Güter statt und es sei nicht möglich, seinen Beruf und seine Arbeitskraft für alle Tage zu entfremden und diese für die Dauer der Ehe in den Dienst des Ehemannes zu stellen. Die Arbeitskraft der Frau stamme aus ihr selbst

---

[112] Art. 1540 f. CC, Art. 1541 CC: *Alles, was die Frau sich selbst konstituirt, oder was ihr durch den Ehevertrag gegeben wird, wird als zur Mitgift gehörig angesehen, wenn keine dem entgegengesetzte Stipulation vorliegt.*

[113] Art. 1574 CC: *Alles Vermögen der Frau, welches nicht zur Mitgift ausgesetzt worden ist, ist Paraphernalgut.*

[114] Vgl. *Bermond*, Libre salaire, S. 66: *Agen*, 09.02.1856, D. 56–2–73; *Montpellier*, 27.05.1879, D. 80–2–117; *Aubry/Rau*, Cours de Droit Civil V, S. 532, Anmerkung 7.

und habe damit den Charakter der *biens paraphernaux*.[115] Der Großteil der Literatur und Rechtsprechung lehnte diese Einordnung und Argumentation mit der Begründung ab, sie missachte den Umfang des *dot*, welches von Natur aus gegenwärtiges und zukünftiges Vermögen umfasse. Arbeitsprodukte seien gerade das: Vermögen, welches sich während der Ehe realisiere.[116] Der Diskurs wurde nicht vertieft, da die Einordnung von geringer rechtlicher Tragweite war. Er betraf nur die Klassifizierung als sogenannte „*biens propements*", jedoch kaum die Befugnisse der Ehefrau an ihrem Lohn.[117] Die herrschende Meinung verstand die persönlichen Arbeitsprodukte der Frau als *biens dotaux*.

Schließlich kam es auf die Befugnisse des Ehemannes an der Mitgift an. Da das *dot* dem Ehemann zur Befreiung der Lasten der Ehe zugebracht wurde, hatte er die Verwaltungsautonomie daran. Für den Lohn der Frau galten keine Besonderheiten. Dem Ehemann wurden die gewöhnlichen Verwaltungs- und Genussrechte nach Art. 1549 CC übertragen.[118] Er wurde Eigentümer des *dot* und haftete sodann für dessen Wert. Immobilien wurden nicht übertragen, es sei denn, der Ehevertrag enthielt eine ausdrückliche Regelung hierüber.

Ausnahmen von dieser Zuteilung waren jedoch möglich. Die Ehefrau konnte beispielsweise mit der Zustimmung ihres Ehemannes oder einer Genehmigung des Gerichts ihre *biens dotaux* zur Versorgung ihrer Kinder aus vorangegangener Ehe verwenden. Jedoch musste sie im Falle der Genehmigung durch das Gericht ihrem Mann die Benutzung vorbehalten. Außerdem konnte die Frau mit der Zustimmung des Mannes ihre *biens dotaux* stets zur Versorgung der gemeinsamen Kinder verwenden. Schließlich erlaubte die Rechtsprechung der Ehefrau, sich die Verwaltung ihrer Mitgift

---

115 *Demolombe*, Cours de Code Napoléon III, No. 315, S. 411.

116 *Aubry/Rau*, Cours de Droit Civil V, S. 532, vgl. Anmerkung 1 und 7: *Toulouse*, 17.12.1831, S. 32–2–383; *Riom*, 23.04.1881, S. 86–1–23, D. 83–2–17; Cour de Cassation 13.02.1884, S. 86–1–25, D. 84–1–325.

117 *Bermond*, Libre salaire, S. 67; *Aubry/Rau*, Cours de Droit Civil V, S. 533.

118 *Bermond*, Libre salaire, S. 67; Art. 1549 CC: *Während der Ehe steht dem Manne allein die Verwaltung der Dotalgüter zu. Er allein hat das Recht, die Schuldner und Inhaber derselben zu verfolgen, die Früchte und Zinsen derselben zu beziehen, und die Kapitalien, welche abgelegt werden, einzunehmen. Man kann jedoch durch den Ehekontrakt übereinkommen, daß die Frau jährlich, gegen ihr blosse Quittung, einen Theil ihrer Einkünfte für ihren Unterhalt und zur Bestreitung ihrer persönlichen Bedürfnisse beziehen soll.*

ehevertraglich vorzubehalten. Die Gültigkeit dieser Klausel wurde von der Rechtswissenschaft stark kritisiert.[119] Der *Cour de Cassation* berief sich in seiner Begründung auf den Grundsatz der Vertragsfreiheit und hielt an der Gültigkeit einer entsprechenden Klausel fest.[120]

Grundsätzlich wirkten sich die vermögensrechtlichen Einteilungen des *régime dotal* kaum auf die Befugnisse der Ehefrau an ihren Arbeitsprodukten aus. Damit die verheiratete Frau von ihrem Arbeitserwerb profitieren konnte, waren besondere ehevertragliche Vereinbarungen erforderlich. Entsprechende Sonderregelungen spielten jedoch kaum eine praktische Rolle und waren darüber hinaus enorm umstritten. Ein Genuss der Ehefrau an ihrem Lohn schied damit aus.

III. Zusammenfassung und Fazit

Der Umgang des Code Civil mit der Stellung der verheirateten Frau im Besonderen und die Einflechtung zeitgenössischer gesellschaftlicher Konstrukte im Allgemeinen wurden so unterschiedlich beurteilt wie die Einordnung des Kodex selbst.[121] Er wurde als revolutionär gefeiert, als Manifest einer Konterrevolution kritisiert oder als gemäßigtes Werk, der beide Strömungen vereinige, verstanden.[122] Die Kodifikation erfolgte für eine noch vorindustrielle, sich im wirtschaftlichen Aufbruch befindliche bürgerliche Gesellschaft, die das Ständesystem abschütteln wollte.[123] Passend erscheint die Bewertung des zeitgenössischen Professors der Rechtsgeschichte Ernest Désiré *Glasson*, welche er anhand des Beispiels der arbeitenden Ehefrau unterstrich: „*Notre Code civil est la loi d'une société bourgeoise et des familles*

---

119 *Tessier*, De la dot, in: Ludovic Trarieux, Prononcé à la conférence des avocats de Bordeaux, le jeudi 15 décembre 1864, Bordeaux 1864, S. 86; *Aubry/Rau*, Cours de Droit Civil V, S. 535, Anmerkung 16; *Baudry-Lacantinerie*, Précis de Droit Civil III, no. 1638, S. 277.

120 *Bermond*, Libre salaire, S. 67: Cour de Cassation 23.12.1839, D. 1840–1–1, Cour de Cassation 17.02.1886, S. 86–1–161, D. 86–1–249.

121 *Dörner*, Industrialisierung und Familienrecht, S. 132.

122 Vgl. *Tissier*, Le Code Civil et les classes ouvrières, S. 85; *Bermond*, Libre salaire, S. 3 f.; Vgl. *Dörner*, Industrialisierung und Familienrecht, S. 182, Fn. 56: *Desmottes*, De la législation révolutionnaire au CC, in: Renouveau des idées sur la famille, Cahier 18 de l'Institut national d'études démographiques, Prigent, Paris 1954, S. 58.

123 *Dörner*, Industrialisierung und Familienrecht, S. 16 f.

qui possèdent un patrimoine plus ou moins considérable, mais ce n'est pas le code du travail ni du travailleur."[124]

Das Eherecht des Code Civil war stark patriarchalisch geprägt und festigte die umfassende *puissance maritale* in den allgemeinen Ehewirkungen und güterrechtlichen Spezialregelungen. Trotz der Anerkennung der Frau als Rechtssubjekt büßte sie durch Heirat ihre Geschäftsfähigkeit ein und stand unter dem Gehorsam des Ehemannes, welcher über die Person und das Vermögen der Ehefrau die Entscheidungshoheit innehatte. Die verheiratete Frau erfuhr auf vielfältige Art und Weise eine Entmündigung, die sie mit Minderjährigen gleichstellte. In den meisten Fällen ging die Frau von der Gewalt des Vaters nahtlos in jene des Ehemannes über. Die männliche Vormachtstellung begleitet die gesamte Normierung des französischen Familienrechts. War die normierte Schutzpflicht des Mannes vornehmlich symbolischer Natur, so war die korrelierende Gehorsamspflicht der Frau im täglichen Leben durchaus relevant.[125]

Auf vermögensrechtlicher Ebene setzte sich im Güterrecht, mit Ausnahme der *séparation des biens*, die Unterordnung und Unselbstständigkeit der Ehefrau fort. Durch vielfältige gesetzliche Sonderregelungen konnte die verheiratete Frau eine selbstständige Erwerbstätigkeit damit kaum als Instrument persönlicher und finanzieller Unabhängigkeit für sich nutzbar machen.

2. Kapitel: Deutschland und das „Regionalsystem"

Vor der staatlichen Vereinheitlichung der gesetzlichen Regelungen durch das Inkrafttreten des Bürgerlichen Gesetzbuchs am 01.01.1900, dessen Schaffung politisch auf die Gründung des Deutschen Reiches 1871 zurückzuführen war,[126] galt in den deutschen Territorien eine kaum überschaubare Anzahl von Rechten. Es gab weder ein geschlossenes Deutschland noch ein einheitliches Recht. In dieser Zeit des Rechtspartikularismus kamen neben dem gemeinen Römischen Recht diverse Stadt- und Landrechte zur Anwendung.

---

[124] *Glasson*, Rapport sur le concours pour le prix du budget, in: Charles Morizot-Thibault, De L'Autorité maritale (étude critique du Code civil), Précédé d'un Rapport sur le concours pour le prix du budget (législation), par M. Glasson, Paris 1899, S. XV.

[125] *Dörner*, Industrialisierung und Familienrecht, S. 143.

[126] *Larenz*, AT des BGB, S. 15.

I. Ein Flickenteppich des Rechts

Auch mit dem Niedergang der Ständegesellschaft fand die Frau als Rechtsperson keine egalitäre Behandlung in den neuzeitlichen Kodifikationen. In den deutschen Kodifikationen des 19. Jahrhunderts war in den allgemeinen Regelungen oftmals eine Gleichstellung der Geschlechter normiert. Dennoch war beispielsweise das „allgemeine" Wahlrecht im Zuge der Reichsgründung 1871 ein reines Männerwahlrecht. Die besonderen und umfangreichen Beschränkungen der Frauenrechte waren regelmäßig im Familienrecht verortet und sicherten die Vorherrschaft des Ehemannes.

Vielerorts galt das Regionalsystem, wie etwa im Geltungsbereich des Preußischen Allgemeinen Landrechts.[127] Im Rahmen des Familienrechts bedeutete das den Vorrang regionalen Güterrechts gegenüber den gesetzlichen Regelungen der Kodifikationen in diesem Gebiet. Für Preußen führte dies zu parallelen Güterständen, deren Anwendung jedoch dem Partikularrecht der jeweiligen Region, dem Provinzialrecht, überlassen war.[128] Dies führte dazu, dass über 100 Güterrechtssysteme die deutsche Gesetzeslandschaft ausmachten.[129]

Dieses zersplitterte Recht setzte sich aus der ersten großen Kodifikation der deutschen Territorien, dem Preußischen Allgemeinen Landrecht von 1794, welches 1896 für 42,6% der Bevölkerung galt,[130] dem Gemeinen Recht, welches 29,2% ausmachte, aus modifizierten Anwendungen des Code Civil in Form des Rheinisches Rechts und des Badischen Allgemeinen Landrechts mit 16,6% sowie dem sächsischen Recht mit 10,9% und verschiedenen Stadtrechten zusammen.[131] Diese Rechtssysteme wurden auch für diese Arbeit

---

[127] Im Folgenden ALR genannt.

[128] HKK/*Mayenburg*, Eheliches Güterrecht III, S. 687 f.; *Eccius /Förster*, Preußisches Privatrecht IV, § 206, S. 31.

[129] *Gerhard*, Rechtsstellung der Frau, in: Jürgen Kocka (Hg.), Bürgertum im 19. Jahrhundert, Band III, Verbürgerlichung, Recht und Politik. Göttingen 1995, S. 167–196, 171.

[130] *Gerhard*, Rechtsstellung der Frau, in: Jürgen Kocka (Hg.), Bürgertum im 19. Jahrhundert, Band III, Verbürgerlichung, Recht und Politik. Göttingen 1995, S. 167–196, 173, Fn. 16: Auf welche Gebiete sich die einzelnen Rechtskreise verteilten, wurde übersichtlich zusammengestellt von E. *Kempin*, Die Stellung der Frau nach den zurzeit in Deutschland gültigen Gesetzesbestimmungen, Leipzig 1892, S. 9 f.

[131] *Gerhard*, Rechtsstellung der Frau, in: Jürgen Kocka (Hg.), Bürgertum im 19. Jahrhundert, Band III, Verbürgerlichung, Recht und Politik. Göttingen 1995, S. 167–196, 173; *Staudinger, Kommentar, RdNr. 24.*

als Vergleichsfaktor gewählt, da sie alle Arbeiten zum ersten Bürgerlichen Gesetzbuch beeinflussten. Andere Kodifikationsprojekte, wie etwa in Hessen-Darmstadt oder Bayern, blieben im Entwurfsstadium stecken.

Diese Zerstückelung des Güterrechts führte zu einer umständlichen Rechtsprechung und verminderte die Rechtssicherheit. Allein die Ermittlung des einschlägigen Rechts, welches regelmäßig vom aktuellen Wohnsitz der Eheleute abhing, war oftmals mit erheblichen Schwierigkeiten verbunden. So mussten die individuellen Rechte und Gewohnheiten kleiner Dörfer zunächst ermittelt und sodann ausgelegt werden.[132] Die zeitgenössische Praxis neigte dazu, diese Mühe den Parteien aufzuerlegen und erschwerte damit den ohnehin hindernisreichen und mühseligen Weg der Rechtsverfolgung.[133]

Der Fokus liegt im Folgenden auf einer Betrachtung des jeweiligen gesetzlichen Güterrechts, da die Bedeutung ehevertraglicher Abweichungen gering war.

II. Das Allgemeine Landrecht für die Preußischen Staaten von 1794

Das Preußische Allgemeine Landrecht galt für einen Großteil der Bevölkerung. Zeitgenössische Kritiker bemängelten die Stellung der Frau im ALR und nannten es aufgrund der relativ frauenfreundlichen Regelungen abschätzig „*Paradies der Weiber*“.[134] Die Ehe war als privatrechtlicher Vertrag ausgestaltet und Scheidungen gestattet, obwohl Letztere durch Reformen im Laufe des 19. Jahrhunderts erschwert wurden.

Im Folgenden sollen insbesondere die Strukturmerkmale des gesetzlichen Güterstandes der Verwaltungsgemeinschaft[135] und des Wahlgüterstandes der allgemeinen Gütergemeinschaft[136] mit besonderem Fokus auf die Behandlung der persönlichen Arbeitsprodukte der Frau untersucht werden. Das ALR ist als Vergleichsfaktor von besonderer Bedeutung, da das BGB sich an ihm orientierend für einen Güterstand mit umfassenden Verwaltungs- und

---

[132] HKK/*Mayenburg*, Eheliches Güterrecht III, S. 687.

[133] HKK/*Mayenburg*, Eheliches Güterrecht III, S. 688.

[134] *Adler*, Paradies der Weiber, in: Victoria Schmidt-Linsenhoff (Hg.): Sklavin oder Bürgerin? Französische Revolution und neue Weiblichkeit 1760–1830, Frankfurt a. M. 1989, S. 3 f.

[135] ALR II.1. §§ 205.344.

[136] ALR II.1. §§ 345–433.

Nutznießungsbefugnissen des Ehemannes entschied. Daneben war die Behandlung der Ehefrau als selbstständige Rechtsperson für den Umfang ihrer finanziellen und persönlichen Autonomie maßgeblich.

1. Die allgemeinen Ehewirkungen und die Geschäftsfähigkeit der Ehefrau

Das ALR legte den Zweck und die allgemeinen Folgen der Eheschließung ausdrücklich fest. Zentral waren die Erzeugung und Erziehung von Nachkommen sowie die wechselseitige Unterstützung der Eheleute.[137] Die Wirkungen der Ehe hatten sowohl persönliche als auch vermögensrechtliche Folgen, wobei Letztere meist im Güterrecht verortet waren. Allerdings wirkten sich auch die personenrechtlichen Regelungen auf die Vermögensverhältnisse der ehelichen Gemeinschaft aus.[138] Die Ehegatten traf die Verpflichtung einer gemeinsamen Lebensführung und damit zusammenhängend die Gründung und Führung eines gemeinsamen Haushalts. Auf diese Weise erfolgte die Zusammenführung ihrer Vermögensinteressen – wobei die Kosten des Haushalts regelmäßig Beiträge beider Eheleute verschlangen.[139]

Das ALR stellte seinem Eherecht in ALR I 1 § 24 voran: *„Die Rechte beyder Geschlechter sind einander gleich, so weit nicht durch besondre Gesetze, oder rechtsgültige Willenserklärungen, Ausnahmen bestimmt worden."*. Die Frau war damit grundsätzlich als Rechtssubjekt anerkannt. Ausnahmen fanden sich jedoch insbesondere im Familienrecht. Dort galt der Ehemann als Oberhaupt der Gemeinschaft, seine Entscheidungen waren in gemeinschaftlichen Angelegenheiten ausschlaggebend.[140] Diesem Rangverhältnis folgten die vermögensrechtlichen Regelungen.[141] Der Ehemann hatte der Frau einen standesgemäßen Unterhalt zu gewähren.[142] Die Frau hingegen war zur

---

137 ALR II.1. §§ 1, 2. Beistandspflicht in: ALR II. 1. § 179.

138 *Duncker*, Gleichheit und Ungleichheit, S. 1025; *Vogel*, Gleichheit und Herrschaft, in: Ute Gerhard (Hg.), Frauen in der Geschichte des Rechts, Von der Frühen Neuzeit bis zur Gegenwart, München 1997, S. 265–292, 275.

139 *Haack*, Der vergällte Alltag, S. 158 f.; *Wunder*, Frauen in der frühen Neuzeit, S. 95 ff.

140 ALR II 1 § 184: *Der Mann ist das Haupt der ehelichen Gesellschaft; und sein Entschluß giebt in gemeinschaftlichen Angelegenheiten den Ausschlag.*; *Duncker*, Gleichheit und Ungleichheit, S. 518 ff.

141 Siehe oben, S. 44 f., 48.

142 ALR II. 1. § 185: *Er ist verbunden, seiner Frau standesmäßigen Unterhalt zu gewähren.*

Haushaltsführung verpflichtet.[143] Die Ehefrau erhielt den Familiennamen ihres Mannes und nahm an den Rechten seines Standes teil.[144]

Der Stellung des Ehemannes als Familienoberhaupt entsprechend war die Ehefrau in der Regel ohne die Einwilligung ihres Ehemannes nicht befugt, vor Gericht aufzutreten. Dieser Verlust der Prozessfähigkeit wurzelte in der Verpflichtung des Ehemannes, die Person, Ehre und das Vermögen seiner Frau zu verteidigen.[145] Dies galt selbst dann, wenn es sich um das gesetzlich vorbehaltene Vermögen der Ehefrau handelte.[146] Allein Prozesse, welche das vertraglich vorbehaltene Vermögen der Frau betrafen oder sich gegen den Ehemann direkt richteten, konnte die verheiratete Frau selbstständig und unter Kostentragungspflicht bestreiten.[147] Parallel dazu war ihre Geschäftsfähigkeit beschränkt und sie galt ohne die Genehmigung ihres Ehemannes als verpflichtungsunfähig.[148] Dies folgte aus dem Umstand, dass dem Ehemann als Haupt der Gemeinschaft auch in Vermögensfragen absolute Autorität zukommen sollte.[149] Damit einhergehend konnte die Frau ohne die Einwilligung ihres Mannes auch keine Verbindlichkeiten hinsichtlich ihres eingebrachten Vermögens eingehen.

Diese Verpflichtungsunfähigkeit betraf auch die Berufsaufnahme der Ehefrau. Das ALR beinhaltete in ALR II. 1. § 196 eine Sonderregelung

---

143 ALR II. 1. § 194: *Sie ist schuldig, dem Hauswesen des Mannes nach dessen Stande und Range vorzustehn.*

144 *Eccius /Förster*, Preußisches Privatrecht IV, § 206, S. 31.

145 ALR II. 1. § 188: *Der Mann ist schuldig und befugt, die Person, die Ehre, und das Vermögen seiner Frau, in und außer Gerichten zu vertheidigen.*; ALR II. 1. § 189: *In der Regel kann daher die Frau, ohne Beiziehung und Einwilligung des Mannes, mit Andern keine Prozeße führen.*

146 ALR II. 1. § 228 iVm. I. 1. § 19. In ALR I. 1. § 19 betonte der Zusammenhang zwischen der Kostentragungspflicht des Ehemannes und der Notwendigkeit seiner Zuziehung. Gemäß ALR II. 1. § 228 entfiel diese Pflicht, sofern die Ehefrau über vorbehaltene Kapitalien oder Einkünfte verfügte.

147 ALR II. 1. §§ 229,330; *Eccius/Förster*, Preußisches Privatrecht, § 206, S. 35.

148 *Eccius/Förster*, Preußisches Privatrecht IV, § 206, S. 37, Fn. 38: Bei mangelnder Zustimmung des Ehemanns galt die landrechtliche Ehefrau auch als wechselunfähig (Vgl. *Rehbein*, Entscheidungen des vormaligen preußischen Obertribunals IV, S. 79). Vertragsunfähig war die Ehefrau hingegen nicht, sie konnte Rechte aus den von ihren geschlossenen Verträgen erwerben, nur konnte der Vertrag gegen sie nicht ohne weiteres geltend gemacht werden (*Rehbein*, Entscheidungen des vormaligen preußischen Obertribunals IV, S. 57).

149 ALR II. 1. § 196; *Eccius/Förster*, Preußisches Privatrecht IV, § 206, S. 33.

bezüglich der Arbeitstätigkeit der verheirateten Frau. Die Frau konnte keine Verbindungen eingehen, welche die Rechte des Ehemannes an ihrer Person verkürzten. Dazu zählten insbesondere Dienste und Arbeiten für Dritte.[150] Außerdem galt für Dienstverhältnisse des Gesindes noch die Sondervorschrift des ALR II. 5. § 7, wonach verheiratete Frauen nur mit Einwilligung ihrer Ehemänner als Ammen arbeiten oder in sonstige Dienste eintreten konnten. Wider den Willen des Ehemannes durfte sie zudem kein gesondertes Gewerbe betreiben.[151] Die zeitgenössischen Kommentierungen machen deutlich, dass die Gewalt des Mannes über die Frau dazu führe, dass dieser ein ausschließliches Recht auf ihre Person und Tätigkeit habe.[152] Dies hatte zur Folge, dass die Ehefrau zum Abschluss eines Arbeits- oder Dienstverhältnisses die Mitwirkung und Einwilligung ihres Ehemannes benötigte. Bevor die Frage der Zuweisung ihres Lohnes relevant wurde, bildete die beschränkte Geschäftsfähigkeit der Ehefrau das erste Hindernis einer wirtschaftlichen Betätigung. Das ALR blieb mithin dem deutschrechtlichen Leitbild des ehelichen Mundiums verbunden.[153]

2. Die Verwaltungsgemeinschaft

Im ehelichen Güterrecht des ALR galt das Subsidiaritätsprinzip, der gesetzliche Güterstand der Verwaltungsgemeinschaft stand damit unter dem Vorbehalt des Provinzialrechts.[154] Die Verwaltungsgemeinschaft, welche strukturell keiner Gemeinschaft, sondern vielmehr einer Gütertrennung entsprach, teilte Vermögenswerte der Ehegatten formal auf.[155] Das Vermögen des Ehemannes wurde durch Heirat nicht aufgespalten.[156] Hinsichtlich des

[150] *Eccius/Förster*, Preußisches Privatrecht IV, § 206, S. 39.

[151] ALR II. 1. § 195: *Wider den Willen des Mannes darf sie für sich selbst kein besonderes Gewerbe treiben.*

[152] *Eccius/Förster*, Preußisches Privatrecht IV, § 206, S. 39.

[153] Näher zum Mundium und der Geschlechtsvormundschaft siehe oben, S. 62.

[154] ALR II. 1. §§ 345: *Die Gemeinschaft der Güter unter Eheleuten findet nur da statt, wo sie durch Provinzialgesetze oder Statuten eingeführt ist.*

[155] Da die umfassenden Dispositionsbefugnisse des Ehemannes ein Wesensmerkmal eines Großteils der Güterrechtssysteme des 19. Jahrhunderts waren, wirkte sich die Einordnung als Gütertrennung oder Gütergemeinschaft oftmals erst im Rahmen der Auflösung der Ehe oder bei erbrechtlichen Fragen aus, vgl.: *Eccius/Förster*, Preußisches Privatrecht IV, S. 47; *Enneccerus/Lehmann*, Das Bürgerliche Recht II, S. 447.

[156] *Engelmann*, Das Bürgerliche Recht Deutschlands, S. 661; *Fischer*, Lehrbuch, S. 532.

Frauenvermögens unterschied das Gesetz hingegen zwischen vorbehaltenem und eingebrachtem Vermögen.[157] Das vorbehaltene Vermögen bestimmte sich aufgrund der negativen Auslegungsregeln in ALR II. 1. § 210 durch vertragliche oder gesetzliche Regelungen.[158] Die beiden Vermögensmassen erfuhren eine unterschiedliche Behandlung durch das ALR. Damit wurde grundsätzlich der wesentliche Teil des weiblichen Vermögens als eingebrachtes Gut qualifiziert. Das war auf die umfassende Wirkung von ALR II. 1. § 205 zurückzuführen: *Durch die Vollziehung der Ehe geht das Vermögen der Frau in die Verwaltung des Mannes über; in so fern diese Verwaltung der Frau durch Gesetze oder Verträge nicht ausdrücklich vorbehalten worden.* Zum eingebrachten Vermögen zählte neben dem gesamten Vermögen, welches die Ehefrau mit in die Ehe brachte, auch als dasjenige, was sie im Laufe der Ehe erwarb.[159] Das Vorbehaltsgut hingegen umfasste gesetzlich nur diejenigen Sachen der Frau, die ausschließlich ihrem persönlichen Gebrauch dienten.[160]

Während das Vorbehaltsgut grundsätzlich von der Ehefrau verwaltet wurde, traf ihr eingebrachtes Gut ein für das Güterrecht des 19. Jahrhunderts typisches Schicksal. Dieses wurde Teil des gemeinsamen Ehevermögens, welches der exklusiven Nutznießung und Verwaltung des Ehemannes unterlag. Seine Befugnisse erstreckten sich auf das gesamte bewegliche Ehevermögen.[161] Nur über Grundstücke, Gerechtigkeiten und Kapitalien im Namen der Ehefrau konnte der Ehemann ohne die Mitwirkung der Ehefrau oder des Vormundschaftsgerichts nicht disponieren.[162] Der Ehemann erlangte diese umfassenden Befugnisse als Ausgleich seiner gesetzlichen Verpflichtung, die Kosten des gemeinsamen Haushalts zu tragen.[163] Durch ihr eingebrachtes Vermögen unterstützte die Frau ihn bei dieser Aufgabe. Im Übrigen war er dazu befugt, das eingebrachte Vermögen in Besitz zu nehmen, frei zu

---

[157] *Engelmann*, ebenda.

[158] ALR II. 1. § 210: *Was weder durch solche Verträge, noch vermöge des Gesetzes, (§. 206. 207.) der Frau vorbehalten ist, hat die Eigenschaft des Eingebrachten. Aronius*, Im ehelichen Beistande, GruchotsBeiträge 1901, S. 253.

[159] *Stobbe*, Handbuch des Deutschen Privatrechts, S. 208; *Roth*, System des Deutschen Privatrechts, S. 208.

[160] ALR II. 1. § 206: *Zum gesetzlich vorbehaltenen Vermögen gehört, was nach seiner Beschaffenheit zum Gebrauche der Frau gewidmet ist.*

[161] *Roth*, System des Deutschen Privatrechts, S. 211.

[162] ALR II. 1. §§ 232, 222, 234–239.

[163] *Stobbe*, Handbuch des Deutschen Privatrechts, S. 205.

verwalten, anfallende Früchte zu ziehen und in gewissen Grenzen darüber zu verfügen.[164] Damit der Ehemann seine Rechte ungestört wahrnehmen konnte, wurden die Befugnisse der Ehefrau an ihrem eingebrachten Vermögen entsprechend gekürzt. Sie benötigte zukünftig die Mitwirkung ihres Ehemannes, um über diesen Teil ihres Vermögens verfügen zu können. Allein Geschäfte zur Haushaltsführung waren ihr im Zuge der Schlüsselgewalt weiterhin möglich.[165]

Der nähere Umgang des Gesetzes mit den persönlichen Arbeitsprodukten der Ehefrau hing von deren vermögensrechtlicher Einordnung ab. Eine der Sonderregelungen fand sich in ALR II. 1. § 211: *„Was die Frau in stehender Ehe erwirbt, erwirbt sie, der Regel nach, dem Manne. (§§ 219,220).“* Die Praxis wendete diese Vorschrift nur auf denjenigen Erwerb der Ehefrau an, den sie durch eine persönlich schaffende Tätigkeit, Arbeit im Hauswesen oder im Gewerbe des Ehemannes erzielte – jedoch nicht auf Güter oder Vermögen, welche die Frau durch wechselseitige Verträge mit Dritten erwarb.[166] Dies hatte zur Folge, dass die Arbeitsprodukte der verheirateten Frau, welche sie im Sinne von ALR II. 1. § 211 erarbeitete, zum Eigentum des Ehemannes wurden.[167] Dieses Ergebnis basierte auf einer Entscheidung des dritten Senats des Preußischen Obertribunals, als die Gläubiger eines Ehemannes zur Befriedigung von dessen Schulden verschiedene Färbestoffe in Beschlag nehmen wollten, welche die Ehefrau im eigenen Namen *„für sich und auf ihr persönlich bewilligten Kredit zum Zweck des […] von ihr betriebenen Gewerbes […] eingekauft“* hatte.[168]

Führte die Ehefrau hingegen ein gesondertes Gewerbe, wurde das Erworbene Eigentum der Frau. Konkret betraf dies den *„Reingewinn, welcher der Frau*

---

164 *Stobbe*, Handbuch des Deutschen Privatrechts, S. 205; *Roth*, System des Deutschen Privatrechts, S. 212 f.

165 *Roth*, System des Deutschen Privatrechts, S. 216 f.; mehr dazu siehe oben, S. 70 f.

166 *Eccius/Förster*, Preußisches Privatrecht IV, § 206, S. 39; Präjudizien 702. Sammlung I, S. 139, Entscheidung B. 13, S. 186, in: *Rehbein*, Entscheidungen des vormaligen preussischen Obertribunals IV, S. 103.

167 Preußisches Ober-Tribunal, Urteil vom 20.02.1854, in: *Striethorst*, Archiv für Rechtsfälle aus der Praxis der Rechtsanwälte des Königlichen Preußischen Obertribunals, Band 11, S. 356; *Eccius/Förster*, Preußisches Privatrecht IV, S.41 f.

168 Preußisches Ober-Tribunal, Urteil vom 20.02.1854, in: *Striethorst*, Archiv für Rechtsfälle aus der Praxis der Rechtsanwälte des Königlichen Preußischen Obertribunals, Band 11, S. 357.

aus dem Betriebe des Gewerbes schließlich verbleibt".[169] Die vermögensrechtliche Einordnung im Rahmen eines Gewerbebetriebs der Ehefrau richtete sich im Weiteren nach der Zusammensetzung des Betriebsvermögens. Gewinne zählten zum eingebrachten Gut der Ehefrau,[170] sofern das Gewerbe nicht allein aus dem ihr vorbehaltenen Vermögen betrieben wurde und mit dem Gewinn Grundstücke und Kapitalien erworben wurden.[171] Begründet wurde diese vermögensrechtliche Zuordnung bei Entwurf des ALR kaum. Die herrschende Meinung war sich zwar einig, dass dasjenige, was die Frau während der Ehe mit Einwilligung ihres Mannes durch „*Fleiß und Geschicklichkeit*" erwarb, ihr selbst zufallen sollte, die darauffolgende Einordnung als eingebrachtes Gut wurde jedoch nicht näher dargelegt.[172] Die wenig vertretene Gegenansicht ging hingegen so weit, auch den Gewinn aus einem getrennten Gewerbe der Ehefrau direkt und ausschließlich dem Eigentum des Mannes zuzuweisen. Immerhin rechne der Ehemann bei der Heirat oftmals mit diesem Gewinn und habe sich auch deswegen zur Eheschließung entschieden. Außerdem hänge die Gewerbetätigkeit von der Einwilligung des Ehemannes ab, weshalb ihm der so entstandene Gewinn zustehen müsse.[173] Damit konnte auch eine gewerbetreibende Frau kaum von ihrem wirtschaftlichen Geschick profitieren – die Zuordnung des Eigentums war für ihre vermögensrechtliche Teilhabe und ihr Mitbestimmungsrecht kaum relevant.

Die Gewalt des Ehemannes erstreckte sich insbesondere auch auf Angestelltenverhältnisse. Da er die Frau arbeiten lasse, gebühre ihm „*dafür der in seiner Person ihre ohnehin zu Gute kommende Erwerb*".[174] Die Regelungen des ALR wurden zu einem Zeitpunkt geschaffen, zu dem erwerbstätige Ehefrauen

---

169 Preußisches Ober-Tribunal, Urteil vom 24.11.1864, in: *Rehbein*, Entscheidungen des vormaligen preussischen Obertribunals IV (Nr. 310), 110 (113); RGZ 42, 32 (33/34) – III 138/98 vom 07.10.1898; *Bornemann*, Preußisches Civilrecht V, § 317, S. 81 f.; *Eccius/Förster*, Preußisches Privatrecht IV, § 206, S. 42.

170 ALR II. 1. § 220: *Sie haben aber, wenn das Gewerbe nicht bloß mit dem vorbehaltenen Vermögen der Frau getrieben, oder sonst ein Anderes ausdrücklich verabredet worden, nur die Eigenschaft des Eingebrachten.*

171 ALR II. 1. § 219: *Grundstücke und Capitalien, die von den Einkünften eines besondern Gewerbes der Frau angeschafft, und zur Zeit der Vermögensabsonderung auf ihren Namen geschrieben sind, gehören ebenfalls zum Vermögen der Frau.*

172 Svarez in: *Bornemann*, Preußisches Civilrecht V, § 317, S. 80.

173 *Schmidt*, Das preußische Familienrecht, S. 128 f.

174 *Eccius/Förster*, Preußisches Privatrecht IV, § 206, S. 39.

in Dienst- und Arbeitsverhältnissen kaum eine Rolle spielten. Dennoch war die Frage, wie der Erwerb der Ehefrau aufgrund des wirtschaftlichen Wandels einzuordnen war, zu klären. Letztlich war auch in diesem Fall ALR 1. § 211 anwendbar. Die Arbeitsprodukte fielen dem Ehemann zu. Die gesetzlichen Regelungen wurden jedoch bereits während der Redaktionsarbeiten vereinzelt als ungerecht wahrgenommen. Es wurde angemerkt, dass etwa eine berühmte Künstlerin ein Vielfaches von ihrem *„faulen"* Ehemann verdienen könne: *„Durch ihren Fleiß wird in der Ehe Kapital gesammelt. Sie hofft, sich damit in ihrem Alter, wenn sie nicht mehr arbeiten kann, zu ernähren. [...] Nun stirbt der Ehemann unvermuthet ohne Testament und ohne Kinder. Lachende Erben bemächtigen sich des gesamten Kapitals oder der größten Theiles desselben, ernten, wo sie nicht gesäet haben, berauben die arme Wittwe ihres Fleißes und stürzen sie in Dürftigkeit und Armut. Gerechtigkeit! Gerechtigkeit! Beschützest du so den Unwissenden, den Armen und Nothleidenden? Nicht einmal dasjenige, was [...] man durch seiner Hände Arbeit erworben hat, kann man behalten, habsüchtigten Erben muss es überlassen werden, der Arbeiter kann betteln gehen. [...]. ... Was von der Malerin gesagt worden ist, gilt von einer jeden Künstlerin, von einer Sängerin, Tänzerin, Komödiantin, Stickerin, ja selbst von Nätherinnen und Wäscherinnen"*.[175] Im Rahmen der Erörterungen der Redaktion des Gesetzesentwurfes wurde zwar entschieden, dass die Einkünfte aus einem Arbeitsvertrag der Ehefrau selbst verbleiben sollten.[176] Jedoch galten auch hier im Weiteren ALR II. 1. §§ 219, 220.[177] Dies hatte zur Folge, dass der Lohn einer angestellten Ehefrau als bewegliches Gut indes nicht zum Eigentum des Ehemannes wurde, jedoch als eingebrachtes Vermögen verstanden wurde und damit indirekt der ehelichen Gewalt und Nutznießung unterlag.

Mithin ist festzuhalten, dass der Erwerb der verheirateten Frau aus den vielfältigsten Betätigungsgebieten stets in das gemeinsame Ehevermögen und

175 Zitiert nach: *Bornemann*, Preußisches Civilrecht V, S. 79: Bei Entwurf von ALR § 156 von 1792 (dem späteren ALR II. 1. § 211) monierte dies der Wirkliche Geheime Rat und spätere Präsident des Geheimen Obertribunals und Mitglied des Staatsrats Heinrich Dietrich *von Grolman*. Dem schloss sich auch *Suarez* an, der die Rechtsfolgen als *„sehr hart"* empfand. Denn *„in der Natur der Sache ist kein Grund, warum nicht eine Frau, die mit Einwilligung ihres Ehemannes ein besonderes Gewerbe betreibt [...], etwas für sich sollte erwerben können"*. Vgl. *Bornemann*, Preußisches Civilrecht V, S. 80.

176 *Dörner*, Industrialisierung und Familienrecht, S. 49; *Revisor*, Motive, S. 140–144.

177 *Dörner*, Industrialisierung und Familienrecht, S. 50.

unter die Gewalt des Ehemannes fiel. Die Verteilung der Eigentumsverhältnisse wirkte sich für die Dauer der Ehe aufgrund der übermächtigen ehelichen Gewalt nicht auf die vermögensrechtlichen Befugnisse und Freiheiten der Ehefrau aus.

Die Gewalt des Ehemannes strahlte zudem bis auf das Vorbehaltsgut der Frau aus. An ihrem Vorbehaltsgut stand der Ehefrau grundsätzlich die Verwaltung, der Nießbrauch und die Disposition zu.[178] Dies galt jedoch nicht unbeschränkt, der Ehemann verfügte über diverse Kontrollrechte. Bei einem *„unwirthschaftlichen Betragen"* der Ehefrau bezüglich ihrer persönlichen Vermögensgegenstände konnte der Ehemann Maßnahmen ergreifen, um dies zukünftig zu verhindern. War der Ehefrau *„wirkliche(n) Verschwendung"* vorzuwerfen, wurde ihr Ehemann, da er als *„bester Freund der Frau"*[179] wie kein Zweiter dazu geeignet sei, vom Gericht als Kurator bestellt.[180]

Die Verwaltungsgemeinschaft war trotz der Einordnung als Gütertrennung von der umfassenden Gewalt des Ehemannes über die Person und das Vermögen der Frau geprägt. In dieser Position entschied er auch über die Verwendung der Arbeitskraft seiner Angetrauten. Diese Überordnung des Mannes wurde zudem durch die vermögensrechtlichen Zuordnungen des gesetzlichen Güterstandes und der vermögensrechtlichen Herrschaft des Ehemannes über den persönlichen Arbeitserwerb der verheirateten Frau gestärkt. Das hatte zur Folge, dass der Ehemann als Familienoberhaupt für die Dauer der Ehe in den Genuss des erwirtschafteten Frauenvermögens kam. Der Ehefrau war es kaum möglich, ihren Arbeitserwerb als Instrument für ein selbstbestimmtes Leben und finanzielle Unabhängigkeit nutzbar zu machen.

3. Die Allgemeine Gütergemeinschaft

Die Allgemeine Gütergemeinschaft fasste das Ehevermögen in einer Gesamthandsgemeinschaft zusammen. Ein persönliches Sondergut verblieb den Ehegatten nur selten, das Vermögen beider Ehegatten wurde zum Gesamtgut.[181] Kennzeichnend war, dass die Verwaltungs- und Verfügungsbefugnisse des Ehemannes noch weitreichender waren als jene der Verwaltungsgemeinschaft. Der Ehemann musste sich nicht auf die bloße Nutznießung

---

178 ALR II 1. §§ 221, 222, 318.

179 *Monetum*, zitiert nach: *Revisor*, Motive, S. 154.

180 ALR II. 1. §§ 226, 227.

181 *Roth*, System des Deutschen Privatrechts, S. 78; *Wanjeck*, Civilrecht, S. 284; *Beseler*, System, S. 589.

des weiblichen Vermögens verweisen lassen, sondern konnte auch über die Substanz des ehelichen Gesamtgutes verfügen.[182] Beschränkungen fanden sich allein in Form von Einspruchsrechten der Ehefrau hinsichtlich ihres Grundbesitzes und ihrer Kapitalanlagen.[183] Diese umfassenden Dispositionsbefugnisse führten dazu, dass der Ehemann das eingebrachte Vermögen der Frau unkontrolliert verschwenden konnte. Außerdem hatte die Haftungsgemeinschaft zur Folge, dass den Gläubigern des Ehemannes das eheliche Gesamtgut als Sicherheit diente.[184]

Der persönliche Arbeitserwerb der Ehefrau fiel in das Gesamtgut und so unter die gravierenden Verwaltungs- und Verfügungsbefugnisse des Ehemannes. Die Vereinbarung einer Allgemeinen Gütergemeinschaft wirkte sich auf den Arbeitserwerb der Ehefrau sogar noch einschränkender aus als der gesetzliche Güterstand der Verwaltungsgemeinschaft. Ein persönlicher Genuss und Disposition der Ehefrau an ihren persönlichen Arbeitsprodukten sah dieser Güterstand nicht vor.

4. Die Judikatur zur Stellung der Frau

Die Stellung der Frau im Güterrecht wurde auch kaum durch die Judikatur der Zeit gestärkt. Auf der einen Seite legte das Preußische Geheime Obertribunal zwar Generalklauseln, welche den Ehemann begünstigten, eher restriktiv aus. Im Rahmen von ALR II. 1. § 211 bedeutete dies, dass die Frau nur dasjenige, was sie durch ein *„besonderes Gewerbe“* erwirtschaftete, ihrem Mann erwarb[185] und damit keineswegs auch Vermögen, welches die Eheleute beispielsweise gemeinsam durch den Abschluss eines Kaufvertrages erstanden.[186] Andererseits wurde stetig die Sonderstellung der männlichen Eheherrschaft hervorgehoben, beispielsweise bei dessen Verwaltungsherrschaft über das Paraphernalgut,[187] aber auch bei Themenbereichen, die dem Mann ein

182 *Roth*, System des Deutschen Privatrechts, S. 82 f.; *Beseler*, System, S. 590 f.; *Arndts*, Lehrbuch der Pandekten, § 394.

183 ALR II.1. §§ 378, 379.

184 *Roth*, System des Deutschen Privatrechts, S. 88 ff.

185 Preußisches Obertribunal, Urteil des I. Senats, 7.8.1846, in: *Seligo/Kuhlmeyer/Wilke*, Präjudizien, Pr. 1765, 139.

186 Preußisches Obertribunal, Urteil des I. Senats, 17.6.1839, in: *Seligo/Kuhlmeyer/Wilke*, Präjudizien, Pr.702, 139.

187 Paraphernalgut siehe unten, S. 34.

Herrschaftsrecht gesetzlich nicht explizit zusprachen.[188] Darüber hinaus wurden Regelungen, die ein Mitspracherecht der Ehefrau vorsahen, oftmals eng ausgelegt, so etwa im Rahmen der Gütergemeinschaft, die bei der Veräußerung oder Verpfändung von Immobilien die Einwilligung der Ehefrau vorsah.[189] Dieser Einwilligungsvorbehalt sollte nicht anwendbar sein, wenn der Ehemann zwar ein Anwartschaftsrecht am besagten Grundstück besaß, dieses jedoch noch nicht übereignet war.[190] Obwohl es sich dabei bloß um einzelne Fall- und Formulierungsbeispiele handelt, wird dennoch die Neigung der zeitgenössischen Rechtsprechung deutlich.[191]

5. Zusammenfassung

Das Familien- und Güterrechtsmodell des Preußischen Allgemeinen Landrechts brachte bedeutende Umbrüche mit sich.[192] Zwar verfügte der Ehemann größtenteils unabhängig über die Güter der Familie und der vermögensrechtliche Schutz der Ehefrau war beschränkt, dennoch verleih das ALR der verheirateten Frau eine auf das Vorbehaltsgut begrenzte Geschäfts- und Verfügungsfähigkeit. Der Frau wurde die Befähigung zur Entscheidung in vermögensrechtlichen Fragen zugestanden. Damit konnte sie grundsätzlich, wenn auch stark beschränkt, neben dem Mann auf die finanziellen Geschicke der Familie Einfluss nehmen.

Viele männliche Zeitgenossen beobachteten diesen Fortschritt und die Begrenzung der männlichen Eheherrschaft mit Befremden,[193] dieses *„Paradies der Weiber“* blieb jedoch weiterhin stark patriarchalisch geprägt. Die neuen Befähigungen der Frau blieben größtenteils formaler Natur. Die Gewalt des Ehemannes dominierte die eheliche Gemeinschaft und schlug sich auch in güterrechtlichen Sonderregelungen bezüglich

---

188 HKK/*Mayenburg*, Eheliches Güterrecht III, S. 696; Preußisches Obertribunal, Urteil des II. Senats, 29.1.1844, in: *Seligo/Kuhlmeyer/Wilke*, Präjudizien, Pr. 1403, 143: *„Nach der provinziellen Gütergemeinschaft des Fürstenthums Münster ist jeder Ehegatte,* ***insbesondere*** *(Hervorhebung durch Verfasserin) der Ehemann [sic] befugt, einseitig [...] zu disponieren“*.

189 ALR II 1 § 378: *Doch konnte er Grundstücke und Gerechtigkeiten ohne Einwilligung der Frau nicht verpfänden oder veräußern.*

190 Preußisches Obertribunal, Urteil des II. Senats, 27.8.1841, in: *Seligo/Kuhlmeyer/Wilke*, Präjudizien, Pr. 1043, 143 f.

191 So auch: HKK/*Mayenburg*, Eheliches Güterrecht III, S. 696.

192 Vgl. *Revisor*, Motive, S. 139.

193 *Dörner*, Industrialisierung und Familienrecht, S. 50.

der Erwerbstätigkeit der Ehefrau nieder. Sowohl die rechtsgeschäftliche Teilnahme am Rechtsverkehr als auch der Eintritt in ein Dienst- und Arbeitsverhältnis waren ohne die Mitwirkung des Ehemannes nicht möglich. Die ehemännliche Gewalt setzt sich im gesetzlichen Güterstand der Verwaltungsgemeinschaft fort. Die Mitarbeit der Frau im Haushalt und Gewerbe des Ehemannes fand ohne finanziellen Gegenwert statt. Bei abhängiger Arbeit außerhalb des Hauses wurde der Ehefrau das Erworbene zwar formal zugeordnet, fiel jedoch durch die Einordnung als eingebrachtes Gut unter die Herrschaft und Nutznießung des Mannes. Die Allgemeine Gütergemeinschaft entzog den Arbeitserwerb gleichfalls der Ehefrau und unterstellte ihn noch umfassenderen männlichen Verwaltungsbefugnissen. Die verheiratete Frau konnte von ihrem persönlichen Arbeitserwerb für die Dauer der Ehe grundsätzlich nicht profitieren.[194]

Die widersprüchlichen Grundideen, die bei Schaffung des ALR Einfluss fanden, wurden an verschiedenen Stellen des Gesetzes deutlich. So wurde zwar der Handlungsspielraum der Ehefrau einerseits erweitert, andererseits wurde an der gesellschaftlich verankerten Familienstruktur mit dem Mann als absolutem Oberhaupt festgehalten. Der Versuch des ALR, diese Motive im Familienrecht zusammenzuführen, mündete in einem Gesetz, welches die Tür zur weiblichen Selbstständigkeit zwar einen Spalt weit öffnete, diese durch die güterrechtlichen Regelungen jedoch wieder schloss.

III. Das sächsische BGB von 1863

Das sächsische BGB von 1863 war als deutscher Ausnahmefall für die Privatrechts- und Kodifikationsgeschichte des 19. Jahrhunderts bedeutsam. Während das preußische Allgemeine Landrecht und das Badische Landrecht als angepasste Version des Code Civil noch der Vernunftrechtsepoche zugerechnet werden konnten, war das sächsische BGB die einzige Kodifikation eines deutschen Einzelstaates im Laufe des 19. Jahrhunderts. Im Bereich des ehelichen Güterrechts musste das sächsische BGB kaum regionale Angleichungen vornehmen, da bereits die Generalverordnung von 1814 und das Erbfolgemandat von 1829 diese Arbeiten übernahmen.[195]

---

194 ALR II. 1. §§ 623–627.

195 *Agricola*, Gesetzgebungsfrage, in: Schriftführer-Amt der ständigen Deputation (Hg.): Verhandlungen des zwölften Deutschen Juristentages, Bd. 2, Berlin 1874, S. 297.

Am Sachsenspiegel orientierend betrachteten die Gesetzgeber die Kodifikation als Niederschreibung traditionellen Sachsenrechts und dessen Praxis.[196]

1. Allgemeine Ehewirkungen und Geschäftsfähigkeit

Das Rechte- und Pflichtenverhältnis der Ehegatten war im sächsischen BGB ähnlich wie in anderen Kodifikationen der Zeit ausgestaltet. Die Regelungen des sächsischen BGB waren zudem traditionell und patriarchalisch, wobei das deutschrechtliche Institut der Geschlechtsvormundschaft erhalten blieb.[197] Dieses veraltete Rechtsinstitut wurde zwar 1838 für ledige Frauen durch den sächsischen Landtag aufgehoben, für die Ehefrau hingegen ausdrücklich bestätigt.[198] Der Ehemann war berechtigt, von seiner Frau neben Gehorsam auch Dienstleistungen zur Förderung des Hauswesens und Gewerbes zu verlangen,[199] woraus sich spiegelbildlich eine Gehorsamspflicht der Frau ergab.[200] Die Literatur wies jedoch darauf hin, dass der Mann im Wesentlichen nur dazu berechtigt war, seine Frau durch Bitten und Ermahnungen zur Erfüllung ihrer gesetzlichen Pflichten zu drängen. Eine Kostenerstattung, weil die Ehefrau zur Besorgung des Hauswesens unfähig, durch Krankheit behindert oder gar unwillig war, konnte keinesfalls gefordert werden. Dies würde dem Verständnis einer ungeteilten Lebensgemeinschaft widersprechen.[201] Damit schied eine zwangsweise Durchsetzung der Pflichten aus.

Darüber hinaus hatte der Ehemann seine Frau in seine häusliche Gemeinschaft aufzunehmen, sie zu beschützen und ihr beizustehen. Sein Pflichtenkatalog erstreckte sich außerdem auf einen seinen Vermögensverhältnissen entsprechenden Unterhalt. Hervorzuheben ist außerdem § 1635 sächs. BGB, wonach der Ehemann die Kosten des gemeinschaftlichen

---

[196] Motive zum sächsischen BGB, zitiert nach: *Siebenhaar/Siegmann,* Commentar Königreich Sachsen, S. 60.

[197] *Gerhard*, Rechtsstellung der Frau, in: Jürgen Kocka (Hg.), Bürgertum im 19. Jahrhundert, Band III, Verbürgerlichung, Recht und Politik. Göttingen 1995, S. 167–196, 176.

[198] *Haubold*, Lehrbuch, § 153 f.

[199] § 1631 sächs. BGB: *Der Ehemann ist berechtigt, von seiner Ehefrau Gehorsam, ingleichen Dienstleistungen zur Förderung seines Hauswesens und seines Gewerbes zu verlangen. Siebenhaar/Siegmann,* Commentar Königreich Sachsen, S. 36.

[200] § 1633 sächs. BGB: *Der Ehemann hat seine Ehefrau in seine häusliche Gemeinschaft aufzunehmen, sie zu beschützen und ihr beizustehen. Siebenhaar,* Lehrbuch, S. 190.

[201] *Siebenhaar/Siegmann,* Commentar Königreich Sachsen, S. 36.

Hauswesens zu tragen hatte. Damit hing der schlüsselgewalt-ähnliche § 1645 sächs. BGB zusammen, wonach die Ehefrau zum Abschluss die Haushaltsführung betreffender Verträge berechtigt war und dabei den Ehemann verpflichtete.[202]

Gemäß § 1638 sächs. BGB bedurfte die Ehefrau für alle Rechtsgeschäften mit Dritten, durch welche sie nicht lediglich erwarb, der Einwilligung ihres Ehemannes. Die Einwilligung bedurfte keiner besonderen Form.[203] Damit befand sich die Ehefrau im Zustand beschränkter Geschäftsfähigkeit. Eine Ausnahme galt nach § 1640 sächs. BGB für das der Ehefrau zur freien Verfügung vorbehaltene Vermögen.[204] Wurde die ehemännliche Einwilligung jedoch ohne ausreichenden Grund verweigert, so konnte diese gerichtlich ergänzt werden.[205] Diese Möglichkeit stellte eine Neuerung auf dem Gebiet des sächsischen Rechts dar.[206] Unzureichend für eine Einwilligungsverweigerung des Ehemannes wurden insbesondere Sachverhalte gewertet, die das ehemännliche Nießbrauchsrecht durch das fragliche Geschäft nicht beeinträchtigten und die Weigerung folglich in vermeintlicher Eigensucht und Schikane wurzelte.[207] Die Erwerbsfähigkeit der Ehefrau bestand im Laufe der Ehe uneingeschränkt fort. Dies galt für Zuwendungen durch Dritte, im eigenen Namen erworbene Güter sowie

---

202 § 1645 sächs. BGB: *Die Ehefrau macht durch Verträge, welche sie zum Zwecke der Führung des Haushaltes mit Dritten ohne Einwilligung des Ehemannes schließt, denselben verbindlich, ausgenommen wenn dieser erklärt, daß seine Ehefrau diese Berechtigung nicht haben solle und den Dritten vor Abschluß der Verträge diese Erklärung bekannt geworden ist. Siebenhaar/ Siegmann,* Commentar Königreich Sachsen, S. 38; *Siebenhaar,* Lehrbuch, S. 191.

203 *Siebenhaar/Siegmann,* Commentar Königreich Sachsen, S. 40.

204 § 1640 sächs. BGB: *Rücksichtlich des ihr zur freien Verfügung vorbehaltenen Vermögens wird die Ehefrau durch Geschäfte, welche sie ohne Einwilligung ihres Ehemannes schließt, nur verpflichtet, wenn sie dieselben entweder ausdrücklich mit Beziehung auf ihr vorbehaltenes Vermögen eingeht, oder dieß aus den Umständen erhellt, oder wenn sie die Erfüllung der Verbindlichkeit aus dem vorbehaltenen Vermögen verspricht, welches sie zur Zeit des Abschlusses des Geschäftes besitzt. In allen diesen Fällen haftet sie während der Ehe mit dem vor oder nach dem Geschäftsabschlusse vorbehaltenen, und nach Beendigung der Ehe mit ihrem ganzen Vermögen.;* Motive zum sächsischen BGB, zitiert nach: *Siebenhaar/ Siegmann,* Commentar Königreich Sachsen, S. 40.

205 § 1644 sächs. BGB: *Wird die ehemännliche Einwilligung ohne ausreichenden Grund verweigert, so kann sie von dem Gerichte ergänzt werden.*

206 *Siebenhaar/Siegmann,* Commentar Königreich Sachsen, S. 44.

207 *Siebenhaar/Siegmann,* ebenda.

namentlich für ihren Arbeitsverdienst.[208] Obwohl das sächsische BGB keine Sonderregelung zur selbstständigen Erwerbstätigkeit verheirateter Frauen kannte, stand der Eintritt in ein Dienst- oder Arbeitsverhältnis entsprechend der eingeschränkten Geschäftsfähigkeit unter dem Einwilligungsvorbehalt des Ehemannes.

2. Die Verwaltungsgemeinschaft

Das sächsische BGB entschied sich gemäß §§ 1655–1690 sächs. BGB für eine einheitlich anzuwendende Verwaltungsgemeinschaft. Diese war als Gütertrennung mit umfassenden Verwaltungs- und Nutznießungsrechten des Ehemannes ausgestaltet und richtete sich nach dem bekannten Schema der vermögensrechtlichen Einteilung in eingebrachte und vorbehaltene Güter. Das Verwaltungs- und Nutznießungsrecht des Ehemannes umfasste als eingebrachtes Gut das Vermögen, welches die Ehefrau zur Zeit der Eheschließung besaß oder während der Ehe erwarb. Eine Sonderregelung bezüglich der Arbeitskraft der verheirateten Frauen fand sich in § 1668 sächs. BGB: *An Demjenigen, was die Ehefrau durch Dienste erwirbt, welche weder auf das Hauswesen, noch auf das Gewerbe des Ehemannes Bezug haben, steht ihr das Eigenthum, dem Ehemanne das Recht des Nießbrauches und der Verwaltung zu. Hat die Ehefrau diesen Erwerb dem Ehemanne zur Verwendung in die Wirthschaft gegeben oder selbst in die Wirthschaft verwendet, so kann sie nach Beendigung der Ehe nicht dessen Rückerstattung verlangen.* Das sächsische BGB unterschied dabei, auf welche Art und Weise die Ehefrau ihre Arbeitskraft einsetzte. Entscheidend war, ob sie diese dem gemeinsamen Hauswesen und Gewerbe ihres Mannes bereitstellte oder anderweitig verwendete. Zu Ersterem wurden auch einfache Tätigkeiten gezählt, die der Frau ohne eine besondere Ausbildung oder Geschick möglich waren, wie etwa der Verkauf von Handarbeiten, sofern der Ehemann zum Unterhalt der Familie auf diese Leistungen der Frau angewiesen war.[209] In diesem Fall wurde ihre Tätigkeit als Erfüllung ihrer Pflicht zur Gewerbeunterstützung gemäß § 1631 sächs. BGB verstanden.[210] Gemeinsam mit der Verpflichtung der Ehefrau zur Förderung des Hauswesens führte dies dazu, dass die Ehefrau keinen Anspruch auf den

[208] *Schmidt*, Vorlesungen Königreiche Sachsen, S. 43.
[209] *Siebenhaar/Siegmann*, Commentar Königreich Sachsen, S. 58.
[210] *Siebenhaar/Siegmann*, ebenda.

Erwerb aus diesen Diensten hatte.[211] Diese einseitige vermögensrechtliche Lastenverteilung wurde mit dem umfassenden gegenseitigen Erbrecht der Ehegatten gerechtfertigt.[212]

Die Einordnung des Erwerbs der Ehefrau außerhalb des Wirkungskreises des Hauses war streitig. Einer Ansicht zufolge sollte dieser als der Ehefrau zur freien Verfügung vorbehaltenes Vermögen qualifiziert werden. Dies wurde damit begründet, dass die ehemännliche Gestattung als stillschweigendes Einverständnis dahingehend zu werten sei. Die gegenläufige Ansicht stellte diesen Erwerb rechtlich mit der Mitarbeit im Gewerbe des Ehemannes gleich. Denn durch ihre Tätigkeit entziehe sich die Frau ihrer Verpflichtung zur Haushaltsführung und sei dem Ehemann daher zum Ersatz in Form ihres Arbeitserwerbs verpflichtet.[213] Die Praxis hingegen entschied sich für einen Mittelweg. Besagte Erträge der Ehefrau sollten ihr als Eigentum zufallen, dem Ehemann stand jedoch wiederum der Nießbrauch und die Verwaltung dieser Erträge zu.[214] Verwendete der Ehemann diesen Erwerb auf die Hauswirtschaft oder gab die Ehefrau ihn aus diesem Grunde hin, so standen ihr keine Restitutionsansprüche zu. Damit sollten Fälle abgesichert werden, in welchen die Ehefrau nur geringe Mengen erwirtschaftete und diese aufgrund der persönlichen Verhältnisse der Ehegatten direkt in den Unterhalt der Familie flossen. Dies rechtfertige nämlich die Annahme, dass die Ehefrau mit der Aufnahme eines Berufes ihren Mann bei der Versorgung des Haushaltes unterstützen wolle.[215] Im Ergebnis fielen die Arbeitsprodukte der Ehefrau im Umfang des Nutznießungsrechts unter die Verwaltungshoheit des Ehemannes.

Das sächsische BGB unterwarf den *ususfructus maritalis* des Ehemannes gemäß § 1655 sächs. BGB den Restriktionen der Nutznießung, wodurch er nicht von den Freiheiten der weitverbreiteten Geschlechtsvormundschaft

---

211 Vgl. *Siebenhaar/Siegmann*, Commentar Königreich Sachsen, S. 36, Vgl. § 1668 sächs. BGB, dort wird die Frage nach dem Schicksal einer Entlohnung der Ehefrau bei Hilfe im Gewerbe des Ehemannes aufgeworfen.

212 Vgl. §§ 2049 bis 2053, §§ 2578 bis 2580 sächs. BGB; *Siebenhaar/Siegmann*, Commentar Königreich Sachsen, S. 58.

213 *Siebenhaar/Siegmann*, Commentar Königreich Sachsen, S. 59.

214 Zeitschrift für Rechtspflege und Verwaltung, zunächst für das Königreich Sachsen, N. F. Band 8, S. 258, 498 f., Band 13, S. 432 ff.; *Siebenhaar/Siegmann*, Commentar Königreich Sachsen, S. 59.

215 *Siebenhaar/Siegmann*, Commentar Königreich Sachsen, S. 59.

(*cura maritalis*) profitierte.[216] Auf den Nießbrauch des Ehemannes waren §§ 631 bis 633 und § 635 sächs. BGB anzuwenden, wobei die einzelnen Befugnisse des Ehemannes durch das Familienrecht punktuell erweitert wurden.[217] Da zudem die Rechte auf jene des Nießbrauchs und der Verwaltung beschränkt waren, standen der Ehefrau bei unrechtmäßigen Veräußerungen nach §§ 1674 ff. sächs. BGB diverse Rechtsmittel zur Restitution zur Verfügung. Zeitgenössische Juristen beurteilten den ehemännlichen Nießbrauch dahingehend, dass dieser weder seinem Zweck noch seinem Inhalt nach durch die konkreten Bedürfnisse der Ehe beschränkt war. Der Ehemann erwarb die vom weiblichen Vermögen anfallenden Nutzungen unabhängig vom Zweck der Ehe zu seinem Eigentum. Daher könnten sich die Gläubiger des Ehemannes zur Befriedigung ihrer Forderungen am Vermögen der Ehefrau bedienen. Eine Eigentumsübertragung des eingebrachten Frauenvermögens fand hingegen nicht statt.[218]

3. Zusammenfassung und Fazit

Die allgemeinen Rechte und Pflichten der Eheleute spiegelten auch im sächsischen BGB das zeitgenössische Rangverhältnis der Geschlechter und die ideelle Rollenverteilung innerhalb der Familie, bestehend aus einer gehorsamen Ehefrau und einem sorgenden Ehemann, deutlich wider.

Die Ehefrau befand sich zum Großteil in einem Zustand beschränkter Geschäftsfähigkeit. Für die Aufnahme eines Dienstverhältnisses war sie auf die Einwilligung des Ehemannes angewiesen. Nachfolgend war die Teilhabe an ihrem Arbeitserwerb von der vermögensrechtlichen Einordnung des Güterrechts abhängig. Hier entschied sich das sächsische BGB im Zuge der gesetzlichen Verwaltungsgemeinschaft gegen eine umfassende Geschlechtsvormundschaft (*cura maritalis*) und für einen *ususfructus maritalis* in Form von umfassenden Nutznießungs- und Verwaltungsrechten. Der persönliche Arbeitserwerb der Ehefrau fiel als während der Ehe erworbenes

---

216 § 1655 sächs. BGB: *Der Ehemann hat an dem Vermögen, welches die Ehefrau zur Zeit der Eheschließung besitzt oder während der Ehe erwirbt, das Recht des Nießbrauches und der Verwaltung. Er haftet dabei für absichtliche Verschuldung und für Unterlassung des Fleißes, welchen er in eigenen Angelegenheiten anzuwenden pflegt.*

217 Vgl. § 1662 sächs. BGB: *Der Ehemann ist berechtigt, von seiner Ehefrau Gehorsam, ingleichen Dienstleistungen zur Förderung seines Hauswesens und seines Gewerbes zu verlangen.*

218 *Schmidt*, Vorlesungen Königreiche Sachsen, S. 40 f.

Vermögen als eingebrachtes Gut stets unter die Herrschaftsbefugnisse des Ehemannes. Die Art und Weise des Erwerbs wirkte sich zudem darauf aus, ob der Ehemann zusätzlich Eigentum daran erlangte. Diese formalen Eigentumsverteilungen wirkten sich jedoch nicht auf die Verfügungs- und Genussrechte der Ehefrau aus. Damit blieb es der Ehefrau infolge der vermögensrechtlichen Regelungen des sächsischen BGB verwehrt, persönlich von ihrer Arbeitskraft zu profitieren oder durch Ansparungen für die Zukunft vorzusorgen. Obwohl die Befugnisse des Ehemannes nicht so weitreichend waren wie jene der Geschlechtsvormundschaft, ergaben sich kaum finanzielle oder praktische Vorteile für die erwerbstätige Durchschnittsehefrau.

IV. Das Römische Recht

Das gemeine Recht, *ius commune*, galt trotz einer voranschreitenden Kodifizierung weiterhin auf dem Gebiet der deutschen Territorien des 19. Jahrhunderts. Das Fundament des gemeinen Rechts war das römische Recht. Es gelangte zudem zur Anwendung, wenn im Rahmen eines Gerichtsverfahrens der Gebrauch lokaler Güterrechte nicht zu ermitteln war und das römische Recht daher als subsidiäres Recht herangezogen wurde.[219] Im Bereich des Eherechts waren nur einzelne Materien in Form von Rechtssätzen geregelt. Daher erfuhr nicht jeder Aspekt der Ehe eine besondere Regelung.[220] Die Ehe wurde als Rechtsverhältnis durch den Konsens der Beteiligten verstanden.[221] Im Folgenden soll das im römischen Recht geltende Güterrecht, das Dotalsystem, dargestellt werden.

1. Allgemeine Ehewirkungen

Auch im gemeinen Recht begründete die Eheschließung besondere Folgen für die Person der Eheleute. Die römische Familie verstand sich als

[219] HKK/*Mayenburg*, Eheliches Güterrecht III, S. 689; Königlich Rheinischer Appellationsgerichtshof, Urteil des 3. Senats vom 30.4.1840, Archiv für das Zivil- und Kriminalrecht der Königlich-Preussischen Rheinprovinzen 30 (1840), S. 205–211; Königlich Rheinischer Appellationsgerichtshof. Urteil des 3. Senats vom 30.4.1840, Archiv für das Zivil- und Kriminalrecht der Königlich-Preussischen Rheinprovinzen 30 (1840) S. 207, Hervorhebung DvM; Preußisches Geheimes Obertribunal, Urteil vom 22.2.1836, Neues Archiv für preussisches Recht und Verfahren, sowie für deutsches Privatrecht 4 (1837), S. 122, 123.

[220] *Bürge*, Römisches Privatrecht, S. 161.

[221] *Bürge*, Römisches Privatrecht, S. 162.

personenrechtlicher Verband unter der Organisation und Gewalt des Ehemannes. Unter dieser Hausgewalt vereinte sich der Familienverbund.[222] Die Kosten und Lasten der Ehe trafen den Ehemann.[223]

Bei der Behandlung des gemeinen Eherechts nahm die Gewalt des Ehemannes über die Frau, die *manus*, viel Platz ein.[224] Diese umfasste persönliche und vermögensrechtliche Aspekte. Der Regelfall war jedoch die *manus-freie* Ehe, wodurch die Frau regelmäßig aus der Gewalt ihres Vaters entlassen wurde. Sie blieb *sui juris* und behielt ihre rechtliche Handlungsfähigkeit.[225] Die persönlichen Verhältnisse der Eheleute wurden durch die Sitte bestimmt.[226] Ungewöhnlich ist zudem, dass aus den lateinischen Quellen kein Zwang zur Haushaltsführung oder Mithilfepflicht im Gewerbe des Ehemannes abzuleiten ist.[227]

2. Das Dotalsystem

Der Grundpfeiler des römischen ehelichen Vermögensrechts war die Trennung der Vermögenssphären der Eheleute und der durch die Ehe verbundenen Familien. Ein umfassender Vermögenstransfer war nicht vorgesehen. Eine Teilhabe am Vermögen und Unterstützung des Partners, wie es im täglichen Leben vorkam, war tatsächlich erwünscht. Eine Abrechnung sollte erst mit der Scheidung oder nach dem Tod erfolgen.[228]

War die Ehefrau im Ausnahmefall der Gewalt ihres Ehemannes unterworfen, so verfügte sie über kein eigenes Vermögen und war vermögensunfähig. Alles was sie vor der Gewaltbegründung besaß oder danach erwarb, fiel dem Ehemann zu.[229] In der *manus*-freien Ehe erwarb die Ehefrau hingegen grundsätzlich für sich selbst. Der Frau stand die Verwaltung ihres Vermögens zu. Grundsätzlich war dem römischen Recht ein mit der Ehe begründetes

---

[222] *Hausmaninger/Selb*, Römisches Privatrecht, S. 142.

[223] *Hausmaninger/Selb*, Römisches Privatrecht, S. 157; *Wächter*, Pandekten, § 233.

[224] *Bürge*, Römisches Privatrecht, S. 167. *Kaser*, Römisches Privatrecht, § 58, Rn. 6.

[225] *Bürge*, ebenda; *Hausmaninger/Selb*, Römisches Privatrecht, S. 143 f., 157.

[226] *Hausmaninger/Selb*, Römisches Privatrecht, S. 154.

[227] *Puchta*, Pandekten, S. 586, zitiert nach: *Gerhard*, Rechtsstellung der Frau, in: Jürgen Kocka (Hg.), Bürgertum im 19. Jahrhundert, Band III, Verbürgerlichung, Recht und Politik. Göttingen 1995, S. 167–196, 178 Fn. 42.

[228] *Bürge*, Römisches Privatrecht, S. 168; *Kaser*, Römisches Privatrecht, § 59 Rn. 1 f.

[229] *Hausmaninger/Selb*, Römisches Privatrecht, S. 157.

Verwaltungsrecht des Ehemannes am Vermögen seiner Frau fremd.[230] Konkret hing dies jedoch von der Ausgestaltung des Dotalsystems ab.

Das Dotalsystem trennte die Vermögensmassen der Ehegatten und der Ehefrau kam grundsätzlich die Verwaltung ihres persönlichen Vermögens zu. Der wichtigste Vermögenstransfer zwischen den Familien, zumindest im wohlhabenden Teil der Gesellschaft, stellte damit die Bestellung des weiblichen *dos*, der Mitgift, dar. Das Vermögen der Frau, welches nicht als Mitgift in die Ehe eingebracht wurde, verblieb als Teil des Paraphernalvermögens der Frau, dem Ehemann standen daran keinerlei Rechte zu.[231] Am *dos* standen dem Ehemann die Rechte eines treuhandähnlichen Verwalters zu und er wurde für die Dauer der Ehe zum Eigentümer der Mitgift.[232] Da die Lasten der Ehe den Ehemann trafen, sollte das *dos* seine erforderlichen Aufwendungen ausgleichen.[233] Daneben sollte die Lage der Frau verbessert werden, indem sie nach den sittlichen Grundsätzen der finanziellen Teilhabe auch von ihrer Mitgift profitierte. Außerdem sollte das *dos* auch nach Beendigung der Ehe zur Absicherung der Ehefrau dienen, weshalb ihr Herausgabe- und Rückersatzansprüche zustanden.[234] Die ehemännliche Verwaltung des *dos* wurde anhand der Maßstäbe der Geschäftsführung als *„notwendig*", *„nützlich*" oder als *„Luxusaufwendung*" beurteilt. Maßgeblich dabei war neben den vermögensrechtlichen Folgen für die Mitgift auch der Wille der Ehefrau.[235]

Ob der Lohn der verheirateten Frau in das *dos* und damit unter die Herrschaft des Ehemannes fiel, hing von den Modalitäten der Bestellung bei der Heirat ab. Die Mitgift konnte alles umfassen, was einen Vermögenswert innehatte und reichte von Barzuwendungen über Güter, Forderungen oder Versprechen bis hin zu Vermächtnissen.[236] Die Bestellung oblag regelmäßig dem Vater der

---

230 *Hausmaninger/Selb*, ebenda.

231 *Wächter*, Pandekten, § 233; *Windscheid*, Lehrbuch, § 507.

232 *Bürge*, Römisches Privatrecht, S. 169; *Kaser*, Römisches Privatrecht, § 59 Rn. 7; *Hausmaninger/Selb*, Römisches Privatrecht, S. 157; *Arndts*, Lehrbuch der Pandekten, § 394, § 401; *Mudgan*, Materialien IV, S. 79; *Windscheid*, Lehrbuch, § 496, § 497.

233 *Hausmaninger/Selb*, Römisches Privatrecht, S. 157; *Wächter*, Pandekten, § 233; *Windscheid*, Lehrbuch, § 492.

234 *Kaser*, Römisches Privatrecht, § 59 Rn. 7; *Hausmaninger/Selb*, Römisches Privatrecht, S. 157 f.

235 *Bürge*, Römisches Privatrecht, S. 169; *Paul*, D.25.1.8, D. 50.16.79.1.

236 *Kaser*, Römisches Privatrecht, § 59 Rn. 7; *Hausmaninger/Selb*, Römisches Privatrecht, S. 158.

Braut und war an keine besondere Form gebunden.[237] Wurde festgelegt, dass die Mitgift das gegenwärtige und zukünftige Vermögen der Ehefrau umfassen sollte, wie es das kodifizierte Dotalsystem des Code Civil vorsah, fiel der Arbeitserwerb der Ehefrau als Teil des *dos* in das Eigentum des Ehemannes und unter dessen Verwaltung. Trotz der der Grundidee des Römischen Rechts, die Vermögenssphären der Ehegatten nicht zu vermischen, fand so für die Dauer der Ehe auf Basis der Arbeitskraft der Ehefrau ein einseitiger Vermögenstransfer zugunsten des Ehemannes statt. Was die praktische Ausgestaltung des *dos* im Rahmen des gemeinen Rechts im 19. Jahrhundert betraf, konnten keine repräsentativen Vereinbarungen gefunden werden. Allerdings wurden die Grundsätze des römischen Rechts regelmäßig gewohnheitsrechtlich auf vielfältige Weise durch lokale Besonderheiten zugunsten des Ehemannes modifiziert.[238]

3. Zusammenfassung

Das Dotalsystem entsprach im Kern einer Gütertrennung, die Ehefrau war im Regelfall keiner umfassenden *manus* des Mannes unterworfen. Allein durch die Bestellung des *dos* fand ein Vermögenstransfer statt. Dieses für die verheiratete Frau augenscheinlich günstige und freie System, welches ihre Geschäftsfähigkeit erhielt, war jedoch aufgrund der mitunter vermögensrechtlichen Autorität des Ehemannes dazu geeignet, die persönlichen und finanziellen Rechte der Ehefrau umfassend einzuschränken. Umfasste das *dos*, bei dessen Bestellung und Ausgestaltung die Frau selbst kaum mitwirkte, neben ihrem gegenwärtigen auch ihr zukünftiges bewegliches Vermögen, so fiel ihr Arbeitserwerb in das Eigentum und unter die Verfügungshoheit des Mannes. Dieser haftete zwar für eine Verschlechterung und den Untergang der Mitgift, die Modalitäten der weiblichen Restitutionsansprüche führten jedoch nur zu einem unzulänglichen Schutz.[239]

V. Der Code Civil der Rheinbundstaaten

Der Geltungsbereich des Code Civil war ab dem Zeitpunkt seiner Schaffung 1804 enorm, da er auch in den von Frankreich annektierten Territorien,

---

237 *Kaser*, ebenda; *Hausmaninger/Selb*, ebenda.

238 *Gerhard*, Die Rechtsstellung, S. 178 f.; *Otto-Peters*, Einige Deutsche Gesetz-Paragraphen, S. 17.

239 Siehe oben, S. 74.

darunter auch die rheinischen Departements, Anwendung fand. Bis 1812 setzte sich als Zeichen *Napoléons* Herrschaftspolitik die Einführung des Kodex in den französischen Vasallenstaaten fort. Auch nach dem französischen Truppenabzug infolge des Wiener Kongresses 1814 blieb der Code Civil in den westdeutschen Gebieten des Rheinlandes bestehen, wodurch sich dort die Tradition des Rheinischen Rechts entwickeln konnte. Damit galt bis zur Schaffung des BGB für rund 20 % der Bevölkerung fast ein Jahrhundert lang französisches Zivilrecht.[240] Der Code Civil fand sich im linksrheinischen Gebiet der preußischen Rheinprovinz sowie in Territorien innerhalb Bayerns und Hessen-Darmstadts und dem badischen Landrecht.[241] Während einige Gebiete wie etwa Bayern und Hessen beabsichtigten, das französische Recht unverändert anzuwenden,[242] plante Preußen die Einführung des Allgemeinen Landrechts. Die Bestrebungen Preußens stießen jedoch auf Widerstand und führten zu dem langwierigen *„Kampf um das Rheinische Recht“*.[243] Die Erscheinungsformen des Code Civil innerhalb Deutschlands reichten von einfachen Übersetzungen bis hin zu individuellen Anpassungen entsprechend den regionalen Bedürfnissen und Besonderheiten, wie etwa im Großherzogtum Baden. Über das konkrete Ausmaß der Abweichungen

---

240 *Schulze*, Einleitung, in: ders. Rheinisches Recht, S. 11; Vgl. Angaben zum Entwurf des BGB, Reichstagsdrucksache Nr. 87 (1895/97), Anlage I, S. 743 f.; *Wagner*, Geltungsbereiche ausländischer Kodifikationen, Ius Commune, 1987, S. 206 ff., 296 ff.

241 Übersichtkarte mit weiteren Gebieten in: *Conrad*, Preußen und das französische Recht, in: Josef Wolffram/Adolf Klein (Hg.), Recht und Rechtspflege in den Rheinlanden, Festschrift zum 150jährigen Bestehen des OLG Köln, Köln 1969, S. 78–112, 99 ff., 111 ff. (Bearbeiter der Karte: Wolfgang *Wagner*); *Schulte-Nölke/Strack*, Rheinisches Recht, in: Reiner Schulze (Hg.), Rheinisches Recht und Europäische Rechtsgeschichte, Berlin 1998, S. 21–36, 21 f.

242 Vgl. *Engelhaupt*, Einführung hessen-darmstädter Verwaltung; S. 21 ff.; *Becker*, Die bayerische Rheinpfalz, in: E. Wadle (Hg.), Philipp Jakob Siebenpfeiffer und seine Zeit im Blickfeld der Rechtsgeschichte, Sigmaringen 1991, S. 19 ff., 25; *Fellner*, Reform, S. 23.

243 *Landsberg*, Das rheinische Recht, in: Joseph Hansen (Hg.), Die Rheinprovinz 1815–1915, hundert Jahre preußische Herrschaft am Rhein, Bonn 1917, S. 149 ff.; *Landsberg*, Die Gutachten, S. 10 ff.; *Faber*, Die Rheinlande, S. 110 ff.; *Conrad*, Preußen und das französische Recht, S. 85 ff.; *Dölemeyer*, Einführung und Geltung des Code Civil in Deutschland, in: Helmut Coing (Hg.), Handbuch der Quellen und Literatur zur neueren europäischen Privatrechtsgeschichte, Band 3, Teilband 2, München 1982, S. 1440 ff., 1504 ff.; *Schubert*, Der Rheinische Provinziallandtag, S. 123 ff.; *Becker*, Das Rheinische Recht, JUS 1985, S. 338 ff , S. 340 ff.

von der französischen Fassung auf deutschem Gebiet waren sich zeitgenössische Juristen und sind sich gegenwärtige Rechtswissenschaftler immer noch uneinig. Die deutschen Juristen des 19. Jahrhunderts nahmen hingegen an, dass die Anwendung des Code Civil aufgrund des verschiedenartigen Aufbaus und der Vorgehensweise der Rechtswissenschaft sowie der individuell geprägten Auslegung der Gerichte zu Modifikationen habe führen müssen.[244] Teilweise wurde die Ansicht vertreten, dass die fortgeschritteneren deutschen Praktiker aufgrund ihres *„tieferen Verständnisses des römischen und germanischen Rechtes"* den Code Civil besser zu handhaben vermochten als die französischen Kollegen.[245] Demgegenüber verneinten andere eine praxisrelevante Anpassung des französischen Rechts, dieses habe nämlich die gleichen Wurzeln wie das deutsche Recht und habe sich in entsprechenden Phasen entwickelt, eine abweichende wissenschaftliche Behandlung wirke sich kaum aus.[246] Tatsächlich schenkten auch deutsche Praktiker der französischen Rechtsprechung, die sie besonders fruchtbar und souverän betrachteten, besondere Beachtung – was gegen die Annahme einer originären Rechtsschöpfung im deutschen Gebiet sprach.[247]

Was das Güterrecht und die allgemeinen Ehewirkungen des Rheinischen Rechts betraf, kann daher auf die Regelungen des Code Civil verwiesen werden.[248] Massive Abweichungen, insbesondere im Bereich des Familienrechts und der Behandlung des Lohns der verheirateten Frau, sind nicht bekannt. Die rechtshistorische Forschung in diesem Bereich steht jedoch noch am Anfang. Aus diesem Grund soll eine gesonderte Darstellung des Rheinischen Familienrechts nicht erfolgen. Eine entsprechende Ausarbeitung würde den Rahmen dieser Arbeit sprengen.

VI. Zusammenfassung und Fazit

Die Anerkennung der Frau als Rechtssubjekt und die Frage ihrer Geschäftsfähigkeit mit der Heirat bildeten den Ausgangpunkt ihres persönlichen und

---

244 *Geyer*, Code Civil „richtiger" auslegen, S. 2.

245 *Geyer*, ebenda; *Puchelt*, Sammlung von civilrechtlichen Entscheidungen, in: KritV II, 1869, S. 617–622, 617 f.

246 *Crome*, Behandlung des französischen Privatrechts, RZZP, 1908, S. 6.

247 *Geyer*, Code Civil „richtiger" auslegen, S. 3; *Crome*, Behandlung des französischen Privatrechts, RZZP, 1908, S. 8; *Kohler*, Einführung, in: RZZP I, 1909, S. 1 ff., 3 ff.

248 Siehe unten, S. 24 ff.

vermögensrechtlichen Selbstbestimmungsrechts. Grundsätzlich kannten die deutschen Kodifikationen des 19. Jahrhunderts eine Geschlechtsvormundschaft im ursprünglichen Sinne nicht mehr. Die Geschlechtsvormundschaft war eng mit dem Mundium,[249] dem „*Gewehre zur rechten Vormundschaft*“[250] und der „*ehelichen Vogtei*“[251] verbunden. Das Mundium war in verschiedensten Formen Teil der deutschen Rechtskultur. Allgemeingültige Bewertungen der Entwicklungen waren daher kaum möglich.[252] Im Kern verband alle Ausformungen eine umfassende rechtliche Herrschaft des Mannes aufgrund diverser Schutzgedanken.[253] Die Rechte des Ehemannes am Vermögen seiner Angetrauten als Folge der ehelichen Vormundschaft wurden als „*Gewere zu rechter Vormundschaft*“ bezeichnet[254] und hatten nach den verschiedenen Rechten eine unterschiedliche Reichweite.[255] Diese Herrschaftsbefugnisse des Ehemannes flossen aus dem Mundium selbst und waren von den Regeln des Güterrechts unabhängig.[256] Dieses altdeutsche Grundprinzip, das auch die Basis für die Beschränkung der Geschäftsfähigkeit der Ehefrau bildete,[257] wurde bereits im Laufe des 18. Jahrhunderts immer weiter zurückgedrängt und verlor mit der Aufhebung der Geschlechtsvormundschaft seinen Halt im deutschen Rechtskreis.[258]

Damit bildete die Frage der Geschäftsfähigkeit der Frau und die Ausgestaltung des Güterrechts den zentralen Punkt der weiblichen Selbstständigkeit. In den deutschen Kodifikationen des 19. Jahrhunderts war die Frau als Rechtssubjekt grundsätzlich anerkannt und stand dem Mann formal in

249 *Schröder*, Volksrechte, S. 1.
250 *Schmidt*, Vergleichung, S. 10.
251 *Bulling*, Die deutsche Frau, S. 2.
252 *Ogris*, Werner/*Olechowski*, Thomas, Art. Munt, Muntanwalt, in: Albrecht *Cordes* u.a. (Hg.), Handwörterbuch zur deutschen Rechtsgeschichte (HRG), 2. Aufl. 2004 ff., Band III, Lieferung 23, Spalte 1683–1689.
253 *Ogris*, Werner/Olechowski, *Thomas*, Art. Munt, Muntanwalt, in: Albrecht *Cordes* u.a. (Hg.), ebenda.
254 *Planck*, Vorentwürfe, S. 476; *Mitteis*, Bemerkungen, ZPöRG, 1889, S. 545–616, 585.
255 *Bulling*, Die deutsche Frau, S. 3 f.; siehe auch: *Heusler*, Institutionen, Band II, S. 380.
256 *Heusler*, Institutionen, Band II, S. 386.
257 *Ogris*, Werner, Art. Geschäftsfähigkeit, in: *Erler*, Adalbert/*Kaufmann*, Ekkerhard (Hg.), Handwörterbuch zur deutschen Rechtsgeschichte (Vol. 1–5), Berlin 1971, Tl. 1 S. Sp. 1594–1596.
258 *Runde*, Güterrecht, S. 390.

Rechts- und Geschäftsfähigkeit gleich. Sofern sich durch das Eherecht weiterhin ein Unterordnungsverhältnis ergab, wurzelte dies nicht mehr in der vormundschaftlichen, sondern in der „*hausherrlichen Stellung des Mannes*".[259] Ausgangspunkt sollte nicht mehr die rechtliche Unselbstständigkeit der verheirateten Frau sein, sondern die unterschiedliche und natürliche Aufgabenverteilung innerhalb des ehelichen Verbunds. Im Ergebnis blieb der deutsche Rechtskreis jedoch stark patriarchalisch geprägt und eine „*Bevormundung*" der Frau fand durch die allgemeinen Ehewirkungen und das Güterrecht statt.

Das gemeine Römische Recht erwies sich aus sich selbst heraus aufgrund einer *manus-freien* Ehe und Vermögenstrennung als liberal, dennoch konnte die Ehefrau durch umfassende Bestellungen der Mitgift oftmals ihre vermögensrechtliche Selbstständigkeit wieder einbüßen. Die allgemeinen Ehewirkungen der ALR und sächsischen BGB führten zu einer Einschränkung der Geschäftsfähigkeit der Ehefrau und beschnitten ihre vermögensrechtlichen Befugnisse und Teilnahme am Rechtsverkehr, die sich in den güterrechtlichen Vorschriften fortsetzten und konkretisierten. Die eingeschränkte Geschäftsfähigkeit verhinderte insbesondere eine unabhängige Arbeitsaufnahme der Ehefrau, da die weibliche Arbeitskraft dem Ehemann als Familienoberhaupt zugeordnet wurde. Die Güterstände waren darüber hinaus mit derart umfassenden Verwaltungs- und Nießbrauchrechten des Ehemannes ausgestaltet, dass der persönliche Arbeitserwerb der verheirateten Frau regelmäßig in dessen Verfügungshoheit fiel. Eine Berufstätigkeit war damit für Ehefrauen kein adäquates Mittel zur Erreichung finanzieller und persönlicher Unabhängigkeit oder selbstständigen Versorgung der Familie.

3. Kapitel: Das französische und deutsche Familienrecht im Vergleich – Die Ausgangspunkte zukünftiger Gesetzgebungen

Die Güterrechte des Preußischen Allgemeinen Landrechts, des sächsischen BGB und gemeinen Rechts hatten mit den Regelungen des Code Civil auf den ersten Blick wenig gemeinsam. Das ALR und sächsische BGB favorisierten Formen der Verwaltungsgemeinschaft, das gemeine Recht folgte

[259] *Amt der ständigen Deputation*, Verhandlungen des Elften Deutschen Juristentages 1873, Band 1, S. 63.

dem Dotalsystem und der Code Civil entschied sich mit dem *régime en communauté légale* für eine Form der partikularen Gütergemeinschaft. Auf deutschem Gebiet war zudem aufgrund des Regionalsystems abweichendes Provinzialrecht zugelassen, Frankreich hingegen schloss bei der Schaffung des Code Civil 1804 ausdrücklich die Geltung lokaler Sonderrechte aus.

Zwischen den Juristen der beiden Länder herrschte reger Austausch. Die rechtlichen Entwicklungen des Nachbarlandes wurden nicht nur genau beobachtet und analysiert, sondern auch bei der eigenen Gesetzesentwicklung als taugliches Vorbild gewürdigt oder als mahnendes Beispiel herangezogen. In dem Spektrum des Eherechts bildeten das ALR als „*Paradies der Weiber*“ und der Code Civil als stark patriarchalisch geprägte Kodifikation die Gegenpole dieser Arbeit. Auf diese soll sich im Rahmen des anstehenden Vergleichs, ausgerichtet an der Erwerbstätigkeit der verheirateten Frau, daher vornehmlich konzentriert werden.

I. Die allgemeinen Ehewirkungen und die Geschäftsfähigkeit

Die Regelungen des Code Civil schlossen sich bezüglich der persönlichen Stellung der Eheleute dem vorrevolutionären Recht an[260] und stimmten in den zentralen Punkten mit den Regelungen des als frauenfreundlich bewerteten ALR überein. Die Gewalt des Ehemannes im innerfamiliären Bereich war umfassend, er allein trat nach außen im Rechtsverkehr für die Familie auf. Die bestimmungsgemäßen Tätigkeitsbereiche der Frau waren gesetzlich im Haushalt und gemeinsamen Heim verankert.

Grundsätzlich war die Frau als Rechtssubjekt in beiden Rechtskreisen anerkannt. Die personenrechtlichen Wirkungen des Code Civil unterschieden sich jedoch von den deutschen Regelungen wie dem ALR insbesondere durch eine noch stärker ausgeprägte Eheherrschaft des Mannes.[261] Dies äußerte sich speziell durch den Gehorsamsartikel des Art. 214 CC. Die nach dem französischen Recht handlungsunfähigen Ehefrauen standen anders als im gemeinen Recht oder ALR, das zumindest den Abschluss rechtlich vorteilhafter Geschäfte vorsah, unter der absoluten Hausherrschaft des Ehemannes.

---

260 Vgl. *Malafosse/De Ourliac*, Histoire du droit privée III, S. 145 ff.

261 *Duncker*, Gleichheit und Ungleichheit, S. 520 ff.; *Ganghofer/Poughon*, Le droit de la femme dans le Code Civil et l'ALR, in: Barbara Dölemeyer/ Heinz Mohnhaupt (Hg.), 200 Jahre Allgemeines Landrecht für die preußischen Staaten, Frankfurt am Main 1995, S. 347–370, 349 ff.; *Ramm*, Familienrecht, S. 153.

Obwohl in den Regelungen des ALR die Frau formal mit dem Mann gleichgestellt wurde, war mit der Eheschließung ihre Geschäftsfähigkeit, vergleichbar mit den Regelungen des Code Civil, enorm eingeschränkt. Während der französische Kodex sich die Frage der Frauenarbeit noch nicht stellte, schränkte das ALR die Geschäftsfähigkeit der verheirateten Frau konkret bezüglich des Abschlusses von Arbeits- und Dienstverträgen ein.

Dies führte im Ergebnis dazu, dass die Arbeitsaufnahme der verheirateten Frau, entsprechend altbekannter Gewaltverhältnisse, sowohl in Frankreich als auch dem Großteil des Deutschen Reichs unter einem Einwilligungsvorbehalt des Ehemannes stand.

II. Die Güterstände und die Verfügung über die Arbeitsprodukte der Ehefrau

Der gesetzliche Güterstand des *régime de la communauté* des Code Civil und die Verwaltungsgemeinschaft des ALR und sächsischen BGB unterschieden sich dahingehend, dass es sich bei dem *régime légal* um eine partikulare Gütergemeinschaft handelte, während die deutschen Systeme im Kern einer Gütertrennung entsprachen. Trotz der unterschiedlichen eigentumsrechtlichen Folgen für das männliche, weibliche und gemeinsame Vermögen, waren für das Schicksal des persönlichen Arbeitserwerbs der verheirateten Frau vornehmlich die vermögensrechtlichen Zuordnungen und Befugnisse der Ehegatten ausschlaggebend.

Sowohl das *régime de la communauté* als auch die Verwaltungsgemeinschaft stellten den Verdienst der Ehefrau unter die Gewalt des Ehemannes, indem sie ihn als Teil des gemeinsamen Ehevermögens klassifizierten. Mangels konkreter Regelungen erfolgte diese Einteilung durch den Code Civil pauschal für alle Erwerbsformen der Ehefrau. Das ALR und sächsische BGB, welche die Bedeutung der weiblichen Arbeitskraft erkannten, widmeten der Fragestellung konkrete Regelungen und unterschieden danach, ob die Frau im Rahmen ihrer Haushaltsführungs- und Mithilfepflicht oder außerhalb des gemeinsamen Heimes tätig war. Im Ergebnis fiel der persönliche Arbeitserwerb der Frau jedoch auch hier direkt in Form von Eigentum oder indirekt als Teil des eingebrachten Vermögens unter die Herrschaft des Ehemannes.

Das zentrale Motiv der Güterrechtsysteme war die Herrschaft des Ehemannes unter persönlicher und vermögensrechtlicher Unterordnung der

Ehefrau. Der Code Civil ging zu diesem Zweck jedoch noch weiter als die deutschen Nachbarsysteme, da er selbst im Rahmen der Vertragsfreiheit verbot, diese „*Herrenrechte*" des Mannes vertraglich zu umgehen oder auf die *puissance maritale* zu verzichten.[262]

III. Zusammenfassung und Fazit

Die Ausgestaltungen und Rechtfertigungen patriarchaler Vorrechte in Frankreich und Deutschland wiesen enorme Schnittflächen auf. Die Etablierung der ehelichen Gewalt war meist politisch motiviert.[263] Die Sicherung patriarchaler Vorrechte unter gleichzeitigem Vorantreiben des bürgerlichen Familienbildes beider Länder kann als „*Sekundärpatriarchalismus*" bezeichnet werden.[264]

Vergleichsweise rückständig blieben die Regelungen des Code Civil für verheiratete Frauen, die Entwicklung setzte sich in den durch das französische Gesetzbuch beeinflussten Regionen fort. Die Überzeugungen *Napoléons*, welcher maßgeblich an der Ausarbeitung des Eherechts 1804 beteiligt war, prägten die Konzeption des Code Civil: „*Eins ist nicht französisch, eine Frau, die tun kann, was ihr gefällt*". Sie gipfelten in dem Gehorsamsartikel, der die verheiratete Frau in allen Angelegenheiten dem Willen ihres Mannes unterwarf.[265]

Obwohl das ALR von einigen Zeitgenossen als „*Paradies der Weiber*"[266] verstanden wurde und daher einen Gegenpol zum Code Civil bildete, ähnelten sich die Grundstrukturen der beiden Kodifikationen. Dabei ist zudem hervorzuheben, dass die Verhältnisse des ALR rechtshistorisch oftmals zu günstig dargestellt wurden, da sie in einem vergleichsweise frauenfreundlichen

---

262 Art. 1388 CC; *Gerhard*, Rechtsstellung der Frau, in: Jürgen Kocka (Hg.), Bürgertum im 19. Jahrhundert, Band III, Verbürgerlichung, Recht und Politik. Göttingen 1995, S. 167–196, 179.

263 *Gerhard*, Rechtsstellung der Frau, in: Jürgen Kocka (Hg.), Bürgertum im 19. Jahrhundert, Band III, Verbürgerlichung, Recht und Politik. Göttingen 1995, S. 167–196, 192.

264 *König*, Familie und Autorität, in: *ders.* Materialien zur Soziologie der Familie, Köln 1974, S. 214–230, 218.

265 Vgl. Louis *Bridel*, La puissance maritale, étude de philosophie du droit sur la condition de la femme mariée, Lausanne 1879; zitiert nach: August *Bebel*, Die Frau und der Sozialismus: Die rechtliche Stellung der Frau (Auszüge, basierend auf der 50. Aufl. von 1910) in: *Meder/Duncker/Czelk*, Rechtsstellung der Frau, S. 59.

266 *Adler*, Paradies der Weiber, S. 1 ff.

Licht erschienen.[267] Neben der gemeinsamen rechtshistorischen Basis der Kodifikationen, stimmten vor allem die gesellschaftlichen und gesetzlichen Leitbilder von der Ehe und Stellung der Ehegatten, die sich auch in vermögensrechtlichen Aspekten niederschlug überein. Dementsprechend hatten das ALR und der Code Civil eine zumindest teilweise Entmündigung und Unterordnung der Ehefrau zur Förderung der persönlichen und finanziellen Befugnisse des Ehemannes gemeinsam.

Die gleichwohl autoritärere Entwicklung der *puissance maritale* wurde von den Juristen der Zeit unterschiedlich, und oftmals nur schwer nachvollziehbar, begründet. So erklärte der rege an den Arbeiten des BGB beteiligte Jurist Richard *Schröder* den nationalen Regelungsunterschied damit, dass französische Frauen eher der Versuchung *„freigebiger Verführer"* erlägen, weshalb diese auch zu einer unentgeltlichen Erwerbung die Zustimmung ihres Mannes benötigten. Bei deutschen Frauen sei dies jedoch nicht notwendig.[268] Die Einschränkung der Befugnisse der Ehefrau aufgrund einer vermeintlichen Anfälligkeit französischer Frauen für Charmeure ist jedoch kaum ein sachlicher Grund und hebt vielmehr die oftmals lapidare Begründung weiblicher Einschränkungen hervor.

Trotz der Verschiedenheit der Rechtsquellen handelte es sich bei der Autorität des Ehemannes und dessen Herrschaftsbefugnissen um das Leitmotiv des Familienrechts des 19. Jahrhunderts. Die Familie als sozialer und wirtschaftlicher Verbund bildete weiterhin die Basis der Ungleichbehandlungen der Geschlechter und der Vorrechte des Ehemannes. Von diesem geschlechtshierarchischen Ordnungssatz konnten sich die verschiedenen Rechtssätze nur schwer lösen. Die verheiratete Frau konnte sich mangels einer selbstständigen Berufsaufnahme und aufgrund der güterrechtlichen Rahmenbedingungen kaum einen Weg aus der persönlichen und finanziellen Abhängigkeit erkämpfen.

---

[267] *Gerhard*, Rechtsstellung der Frau, in: Jürgen Kocka (Hg.), Bürgertum im 19. Jahrhundert, Band III, Verbürgerlichung, Recht und Politik. Göttingen 1995, S. 167–196, 171.

[268] *Schröder*, Das Familiengüterrecht, S. 12.

Normative Grundlagen weiblicher Unabhängigkeit

Die verheiratete Frau unterlag im 19. Jahrhundert vielfältigen rechtlichen Handlungsbeschränkungen. Eine gleichberechtigte Teilhabe war in vielen Bereichen daher nicht möglich und auch das bürgerliche Idealbild der Ehefrau verstand ihren angestammten Platz weiterhin im gemeinsamen Heim und Haushalt. Dennoch fanden sich gesetzliche und praktische Ausnahmen, welche der Ehefrau eine begrenzte Mitgestaltung ihrer persönlichen und finanziellen Situation erlaubten.

Von zentraler Bedeutung waren dabei die Möglichkeiten der verheirateten Frau, durch vertragliche Modifikationen des Eherechts ihren Handlungsspielraum zu erweitern und darüber hinaus die praktische Bedeutung entsprechender Klauseln. Daneben sollen gesetzliche Schutzmechanismen, der Sonderfall der gewerbetreibenden Ehefrau und die besondere Rolle der Spar- und Rentenkassen beleuchtet werden. Insbesondere in Frankreich konnte der Gesetzgeber sich jedoch kaum von der *incapacité* der Ehefrau lösen. So wurde ein Gesetzesvorschlag des französischen Politikers Camille *Sée*, welcher die Geschäftsunfähigkeit der Frau verringern sollte und 1880 dem Parlament unterbreitet wurde, nicht einmal diskutiert.[269]

1. Kapitel: Gesetzliche Schutzmechanismen zugunsten der finanziellen Selbstständigkeit der Ehefrau

Als Gegengewicht zu den weiten Befugnissen des Ehemannes schufen die Gesetzgeber zugunsten der Ehefrau diverse Garantien und Rechtsmittel

---

[269] *Halpérin*, Histoire du droit privé français, S. 145.

zur Sicherung ihres Vermögens. Außerdem mussten im Interesse des Wirtschaftsverkehrs der Ehefrau Handlungsbefugnisse zur Versorgung des Haushaltes einräumt werden. Inwiefern diese punktuellen Regelungen die Interessen der verheirateten Frau tatsächlich wirksam schützten, soll nachfolgend untersucht werden.

I. Die Schlüsselgewalt und das *mandat tacite*

Der Code Civil gewährte der verheirateten Frau grundsätzlich durch ihre *incapacité* keine Möglichkeit, alltägliche Besorgungen zu tätigen und so ihrer Verpflichtung zur Haushaltsführung nachzukommen. Selbst das von der Rechtsprechung im *ancien régime* entwickelte und schlüsselgewaltähnliche Instrument des „*mandat tacite*“[270] war im Code Civil nicht niedergelegt und wurde erst durch Rechtsfortbildungen des *Cour de Cassation* ab 1820 wieder aus Praktikabilitätsgründen aufgegriffen.[271] Es erlaubte der Ehefrau im Rahmen der Haushaltsbedürfnisse durch die Fiktion der Vertretung des Ehemannes Rechtsgeschäfte in dessen Namen abschließen. Als Haftungsmasse diente das gemeinsame Ehevermögen. Die Ehefrau selbst wurde nicht verpflichtet und der Ehemann konnte diese fiktive Bevollmächtigung jederzeit widerrufen.[272]

Parallel zum *mandat tacite* verfügte das deutsche Recht über das System der Schlüsselgewalt. Darin wurde der symbolische Rechtsbrauch verankert, der Frau mit der Heirat den Schlüssel des Hauses und damit die Führung des Haushalts zu übertragen. Mit der Schlüsselgewalt erlangte die Ehefrau als Leiterin des Haushaltes die Befugnis, die notwendigen Rechtsgeschäfte zur Haushaltsführung vorzunehmen, wobei der Ehemann kraft seiner Unterhaltsverpflichtung zur Erfüllung der Haushaltsgeschäfte verpflichtet wurde.[273]

---

[270] Vgl. *Desmottes*, De la législation révolutionnaire au CC, in: Renouveau des idées sur la famille, Cahier 18 de l'institut national d'études démographiques, Prigent, Paris 1954, S. 57.

[271] *Bermond*, Libre salaire, S. 54: Cour de Paris, 07.11.1820.

[272] *Damez*, Le libre salaire de la femme mariée, S. 282 ff.

[273] *Grimm*, Rechtsaltertümer I, S. 153 f., 243 f.; W. *Brauneder*, Art. „Schlüsselgewalt“, in: Erler/Kaufmann (Hg.), Handwörterbuch zur deutschen Rechtsgeschichte, Band 4, Berlin 1990, S. 1446–1450: Der Begriff „Schlüsselgewalt“ wurde erst um 1850 von der deutschen Rechtswissenschaft aus diesem bereits im Mittelalter verbreiteten Brauch abgeleitet.

Ein Großteil der Kodifikationen verfügte zunächst über keine konkrete Ausgestaltung dieses Rechtsbrauchs. Einige Rechtsgebiete, darunter der Sachsenspiegel, schlossen Verfügungen der Ehegatten über das Vermögen des Partners ohne dessen Wissen sogar aus. Eine Präzisierung der Schlüsselgewalt fand im Zuge der Kodifikationen mit dem Ende des 18. Jahrhunderts statt.[274] Das ALR legte fest, dass die Frau zu *„gewöhnlichen Haushaltungsgeschäften“* befugt war und *„der Mann dergleichen Schuld als die seinige anerkennen“* musste.[275] Das sächsische BGB regelte in § 1645, dass die Ehefrau *„durch Verträge, welche sie zum Zwecke der Führung des Haushaltes mit Dritten ohne Einwilligung des Ehemannes schließt, denselben verbindlich“* machte. Der Umfang der Schlüsselgewalt richtete sich nach dem Stand und den Vermögensverhältnissen des Ehemannes. In der Regel wurde angenommen, dass die Ehefrau nicht allein zur Deckung des täglichen Lebensbedarfs, sondern zu allen Verträgen befugt war, welche die Erhaltung des gesamten Hausstandes, insbesondere auch die Instandhaltung und Ergänzung von Haus- und Wirtschaftsgeräten, des Mobiliars oder Kleidungsstücke für sich und ihre Kinder betrafen. Die Ehefrau handelte als mutmaßliche Vertreterin ihres Ehemannes.[276]

Die Ausgestaltung des *mandat tacite* und der Schlüsselgewalt deckten sich größtenteils. Die verheiratete Frau konnte so Dinge des täglichen Lebens erwerben. Sie verpflichtete dabei ihren Ehemann und das gemeinsame Ehevermögen. In den Grenzen der Zweckbestimmung konnte die Ehefrau ihren Lohn unter dem Deckmantel ehemännlicher Vertretungsbefugnis auch ohne ein Haushaltsgeld des Ehemannes zur Führung des Haushaltes einsetzen. Ein Ersatzanspruch gegenüber dem Ehemann löste dies jedoch nicht aus. Das im Rahmen des *mandat tacite* und der Schlüsselgewalt Erworbene wurde regelmäßig entweder verbraucht oder fiel als Surrogat erneut in die Gemeinschaft. Damit stellten diese Rechtsinstitute kein adäquates Mittel zur Sicherung ihres Arbeitserwerbs und Erlangung finanzieller Selbstständigkeit dar. Die Rechtsinstitute dienten allein dem Haushaltsinteresse. Die Möglichkeit, beispielsweise ein Sparkonto zu

---

[274] W. *Brauneder*, Art. „Schlüsselgewalt“, in: Erler/Kaufmann (Hg.), Handwörterbuch zur deutschen Rechtsgeschichte, Band 4, Berlin 1990, S. 1446–1450, 1447.

[275] ALR III § 321.

[276] *Siebenhaar/Siegmann*, Commentar Königreich Sachsen, S. 45; *Siebenhaar*, Lehrbuch, S. 193.

eröffnen und den Lohn anzusparen, eröffnete das *mandat tacite* und die Schlüsselgewalt hingegen grundsätzlich nicht.[277]

II. Die Vermögensabsonderung und die *séparation des biens*

Ein weiteres Mittel vermögensrechtlicher Absicherung war die Möglichkeit der Vermögensabsonderung oder *séparation des biens.*

Gemäß Art. 1443 CC konnte die Ehefrau sich vor dem Ehemann, der das gemeinsame Vermögen aus Eigensucht unwirtschaftlich einsetzte und so ihr Eingebrachtes gefährdete, schützen, indem sie gerichtlich auf eine *séparation des biens* klagte. Infolgedessen übernahm die Frau die freie Verwaltung ihres Vermögens.[278] Damit einher ging regelmäßig die Auflösung der Gemeinschaft.[279] Diese Klage auf Vermögensabsonderung fand sich entsprechend auch im Rheinischen Recht. Diese zum Schutz der Frau geschaffene Regelung entwickelte jedoch eine Missbrauchsanfälligkeit. Sie wurde genutzt, um Vermögenswerte dem Zugriff der Gläubiger des Ehemannes zu entziehen, indem sie auf die Ehefrau übertragen oder der Gemeinschaft entzogen wurden. Den Gläubigern stand gemäß Art. 1447 CC ein Anfechtungsrecht zu, wenn die Absonderung zu einer Behinderung ihrer Ansprüche führte. Diese Geltendmachung unterlag jedoch einer einjährigen Verjährungsfrist.[280] In Deutschland stand der Einführung des Anfechtungsgesetzes 1879 den Gläubigern mit § 3 Nr. 1 Anfechtungsgesetz ein zusätzlicher Rechtsbehelf zur Seite. Dies hatte zur Folge, dass bei fragwürdigen Vorgehensweisen der Eheleute die Gläubiger auf gerichtliche Unterstützung hoffen konnten.[281] Dazu zählte unter anderem ein bloß vorübergehender Wohnortwechsel in das Anwendungsgebiet Rheinischen Rechts.[282] Nichtsdestotrotz machten die Gerichte deutlich, dass die Vermögensabsonderung der Ehefrau unabhängig von potenziellen

[277] Siehe oben, S. 116 ff., 125 f.

[278] Art. 1449 CC: *Jede Frau, welche von Tisch und Bett geschieden, oder nur in ihrem Vermögen getrennt worden ist, übernimmt wieder die freie Verwaltung desselben. Sie kann über ihre Mobiliarschaft verfügen und sie veräußern. [...].*

[279] Art. 1441 Nr. 5 CC: *Die Gemeinschaft wir aufgelöst, [...] 5) durch die Trennung der Güter.*

[280] Vgl. Preußisches Ausführungsgesetz zur deutschen Civilprozessordnung vom 24.03.1879 (PtGS, 281), § 11.

[281] HKK/*Mayenburg*, Eheliches Güterrecht III, Das 19. Jahrhundert, S. 694 f.

[282] Reichsgericht, II. Zivilsenat, Urteil vom 19.12.1890, in: Archiv für das Zivil- und Kriminalrecht der Königlich-Preussischen Rheinprovinzen 82 (1891), S. 110–115, 111.

Gläubigerrechten zustehe und daher jederzeit geltend gemacht werden könne, sofern keine Schädigungsabsicht erkennbar sei.[283] Eine Tendenz der Gerichte, zugunsten des Gläubigerschutzes oder aber im Interesse der Ehefrau zu entscheiden, ist nicht ausmachen.[284]

Das ALR und sächsische BGB kannten eine entsprechende Vermögensabsonderung im Falle einer unwirtschaftlichen Verwaltung des Ehemannes nicht.[285] Diese Möglichkeit war ohnehin für eine vermögenslose Arbeiterfrau wenig effektiv. Der Rechtsweg war langwierig, kompliziert und kostenpflichtig. Frauen konnten in dieser Situation zwar Prozesskostenhilfe beantragen, die damit verbundenen Verzögerungen ließen bei zeitkritischen Sachverhalten wie einem Ehemann, der das wenige Vermögen verprasste, das Sicherungsmittel jedoch leerlaufen.[286] Durch eine *séparation des biens* konnte die erwerbstätige Ehefrau allein ihren zukünftigen Erwerb schützen, der bereits eingetretene Schaden wurde nicht behoben. Erreichte die Frau die Vermögensabsonderung, haftete sie gemäß Art. 1448 CC im Verhältnis ihrer Mittel für die Kosten des Haushalts und der Erziehung der gemeinsamen Kinder. Sie trug die Kosten allein, sofern dem Mann nichts übrigblieb.

III. Die hypothekarische Sicherung des eingebrachten Gutes

Ein Schutzmechanismus vieler Kodifikationen zur Sicherung des eingebrachten Vermögens der Ehefrau, wozu regelmäßig ihr persönlicher Arbeitsverdienst zählte, war dessen hypothekarische Sicherung.

Der Code Civil sah vor, den Wert des eingebrachten Gutes der verheirateten Frau durch eine gesetzliche Hypothek mitsamt Vorzugsrecht sichern zu lassen.[287] Ähnliches galt im Geltungsbereich des sächsischen BGB. Danach war der Ehemann zwar nach § 1669 sächs. BGB zu keiner Sicherheitsleistung durch seine Stellung als Nießbraucher verpflichtet, die Ehefrau hatte jedoch

---

[283] Vgl.: OLG Köln, Urteil vom 21.10.1891, in: Archiv für das Zivil- und Kriminalrecht der Königlich-Preussischen Rheinprovinzen 83 (1892), S. 237–250; Reichsgericht, II. Zivilsenat, vom 19.12.1890, in: Archiv für das Zivil- und Kriminalrecht der Königlich-Preussischen Rheinprovinzen 82 (1891), S. 110–115, S. 114 f.

[284] HKK/*Mayenburg*, Eheliches Güterrecht III, Das 19. Jahrhundert, S. 695.

[285] Zur Rückforderung des Eingebrachten nach dem ALR, siehe oben, S. 77.

[286] *Chauvin*, Proposition de loi, in: Publications de l'Avant-Courrière, Paris 1893, S. 1–5, 1; *Bermond*, Libre salaire, S.62.

[287] Art. 2121 Abs. 1 CC: *Folgenden Rechten und Forderungen ist eine gesetzliche Hypothek beigelegt: den der verheyratheten Frauen auf die Güter ihrer Männer*; [...].

das Recht, die Eintragung einer Kautionshypothek zu verlangen, sofern der Ehemann über Grundstücke verfügte.[288] Auch das ALR sah vor, dass die Ehefrau ihr eingebrachtes Vermögen hypothekarisch sichern lassen konnte, und zwar ohne besonderen Grund.[289] Darüber hinaus konnte sie eine Sicherheitsleistung einfordern, wenn *„sich Umstände ereignen, welche die wahrscheinliche Besorgniß eines bevorstehenden Verlustes begründen"*[290].

Diese Möglichkeiten stellten jedoch nur wirksame Sicherungsmittel dar, sofern der Ehemann auch über Immobilien und Grundbesitz verfügte. Sie waren nicht dazu geeignet, den Lohn einer erwerbstätigen Ehefrau innerhalb eines verarmten Arbeiterhaushalts, in dem ohnehin selten eingebrachtes Gut vorhanden war, zu schützen. Verfügte eine Familie hingegen über Grundbesitz, war eine erwerbstätige Ehefrau ohnehin der Ausnahmefall.[291]

IV. Restitutionszahlungen, Rückerstattungsansprüche, Verzicht – Die Haftung des Ehemannes

Ein weiterer Aspekt der finanziellen Absicherung der Ehefrau bildete die Haftung des Ehemannes ihr gegenüber. Der Code Civil sah vor, dass die Ehefrau im Fall der Auflösung der ehelichen Gemeinschaft auf die *communauté* verzichten konnte, die sogenannte *rénoncation à la communauté*.[292] Dieses Rechtsmittel kam infrage, wenn der Ehemann die Gemeinschaft durch unsachgemäße Verwaltung derart überschuldete, dass die Schulden den Anteil der Frau an der *commune* überstiegen. In diesem Fall war jedoch der Arbeitserwerb der Frau als Teil der *commune* verloren.[293] Ein solcher

---

[288] *Siebenhaar/Siegmann*, Commentar Königreich Sachsen, S. 60; § 390 sächs. BGB: *Kraft des Gesetzes hat die Ehefrau, so lange die Ehe besteht, wegen ihres dem Ehemanne bei Eingehung oder während der Ehe eingebrachten beweglichen Vermögens einen Rechtsgrund zur Erwerbung einer Hypothek an den Grundstücken ihres Ehemannes.*

[289] ALR II. 1. § 254: *Wenn der Mann Grundstücke besitzt: so kann die Frau, auch ohne besondre Einwilligung desselben, die wegen ihres Eingebrachten ihr zukommenden Rechte in dem Hypothekenbuche vermerken lassen.*

[290] ALR II. 1. § 255: *Außer diesem Falle kann die Frau besondere Sicherheitsbestellung, wegen ihres Eingebrachten, von dem Manne nur alsdann fordern, wenn sich Umstände ereignen, welche die wahrscheinliche Besorgniß eines bevorstehenden Verlustes begründen.*

[291] Zu der Bedeutung des persönlichen Arbeitserwerbs und der Auswirkung des Güterrechts auf die verschiedenen Gesellschaftsschichten, siehe oben, S. 374 ff, 255 f.

[292] Art. 1453 ff. CC.

[293] *Bermond*, Libre salaire, S.62; *Baudry-Lacantinerie*, Précis de Droit Civil III, S. 503.

Verzicht war daher nur sinnvoll, wenn sie über vorbehaltenes Vermögen und *biens personells* verfügte, die auf diesem Weg den Gläubigern der Gemeinschaft entzogen werden konnten. Entsprechend handelte es sich dabei primär um einen Schutzmechanismus für wohlhabende Frauen, der den Gegebenheiten einer arbeitenden Durchschnittsehefrau nicht gerecht wurde.

Daneben verfügte der Code Civil auch über Rückerstattungsansprüche. Die Ehefrau konnte diese geltend machen, sofern der Mann durch eine nachlässige Nutznießung und Verwaltung ihr Vermögen minderte. Dazu zählte etwa die Rückerstattung der *biens doteaux* im Falle des *régime dotal* nach Art. 1564 ff. CC.[294] Der Anspruch auf *restitution de la dot* konnte jedoch, wie auch die anderen Erstattungsansprüche der Ehefrau, erst mit Auflösung der Ehe geltend gemacht werden.[295] Dieser Fälligkeitszeitpunkt hatte zur Folge, dass eine verschwenderische und unwirtschaftliche Verwaltung des Ehemannes so lange voranschreiten konnte, bis die Ehefrau sich zu dem radikalen Schritt der Auflösung der Ehe durchrang. Damit bestand die Gefahr, dass kein Vermögen mehr zur Erstattung ihres Schadens übrig war. Neben einem komplizierten und langwierigen Gerichtsverfahren hielt sie zudem oftmals das gesellschaftliche Stigma und die weiteren Folgen der Auflösung zurück. In vermögenslosen Arbeitshaushalten war mit einer Erstattung ohnehin nicht zu rechnen. Das gleiche Muster zeigte sich im Rahmen des *régime de la communauté*. Bediente der Ehemann während der Ehe persönliche Schulden mit dem Vermögen der *commune*, stand der Ehefrau ein Ersatzanspruch zu.[296] War der Ehemann bei Auflösung der Gemeinschaft zahlungsunfähig, lief dieser Rückgriff, *la récompense*, leer.[297]

---

294 Art. 1564 CC: *Besteht die Aussteuer im Immöbeln; oder in Möbeln, welche in dem Ehekontrakt nicht abgeschätzt sind, oder deren Werth darin angegeben ist, jedoch mit dem Zusatze, daß ihre Abschätzung der Frau das Eigenthum derselben nicht benehmen soll, so kann der Mann oder seine Erben gezwungen werden, sie nach Auflösung der Ehe unverzüglich zurückzuerstatten.*

295 Vgl. *Moride*, Modifications, S. 17; *Bermond*, Libre salaire, S. 10, 62; *Chauvin*, Proposition de loi, in: Publications de l'Avant-Courrière, Paris 1893, S. 1–5, 1.

296 Art. 1428 Abs. 4 CC: *Dem Manne steht die Verwaltung aller der Frau persönlich zugehörigen Güter zu. […] Er ist für jeden Verlust (dépérissement), den seine Frau in ihrem persönlichen Vermögen durch die Unterlassung von konservatorischen Akten erlitten hat, verantwortlich.*

297 *Moride*, Modifications, S. 17.

Eine Haftung des Ehemannes im Fall unwirtschaftlicher Verwaltung des Frauengutes war auch auf deutschem Boden bekannt. Gemäß § 1655 sächs. BGB haftete der Ehemann bei vorsätzlichem Verschulden und Unterlassung des Fleißes, welchen er in eigenen Angelegenheiten anzuwenden pflegte, wenn infolgedessen das Vermögen der Ehefrau gemindert wurde. Bei einer Gefährdung des weiblichen Ehevermögens durch eine unordentliche Wirtschaft des Ehemannes konnte die Frau die Verwaltung ihres Vermögens, unbeschadet des ehemännlichen Nießbrauches, zurückverlangen.[298] Dabei genügte es nicht, wenn der Ehemann bloß mittellos oder insolvent war, ohne dass ihm der Vorwurf der unordentlichen Wirtschaft gemacht werden konnte. Die Ehefrau war in diesem Fall auf die Regelungen zur Sicherstellung ihres Vermögens verwiesen.[299] Der Ehemann konnte zudem über die Substanz des weiblichen Vermögens nicht ohne deren Einwilligung verfügen. Bei einer Zuwiderhandlung schuldete er nicht bloß persönlich Ersatz, es entstand auch ein Vindikationsanspruch der Ehefrau gegen den dritten Besitzer.[300] Das sächsische BGB sah außerdem vor, dass Gegenstände aus dem Vermögen der Ehefrau, die dem Ehemann zugebracht und deren Wert vermerkt wurde, zwar ins Eigentum des Mannes übergingen, er jedoch die Untergangsgefahr trug und nach der Auflösung der Ehe den angegebenen Wert zu erstatten hatte.[301] Der Sinn dieser Vorschrift war es, dem Ehemann das Wahlrecht zwischen der Rückgabe einer Sache gleicher Gattung und Güte und dem Wertersatz zu entziehen.[302] An die Stelle von mit dem Einverständnis der Ehefrau veräußerten nicht-vertretbaren Gegenständen trat der erzielte Geldbetrag,[303] da oftmals das gesamte

---

[298] § 1684 sächs. BGB: *Wenn der Ehemann durch unordentliche Wirthschaft das eheweibliche Vermögen in Gefahr bringt, so kann die Ehefrau verlangen, daß ihr die Verwaltung desselben, unbeschadet des Nießbrauches des Ehemannes, überlassen wird.*

[299] *Siebenhaar/Siegmann*, Commentar Königreich Sachsen, S. 68.

[300] *Schmidt*, Vorlesungen Königreiche Sachsen, S. 42.

[301] § 1672 sächs. BGB: *Werden Gegenstände des Vermögens der Ehefrau unter Angabe des Werthes dem Ehemanne zugebracht, so wird er deren Eigenthümer, trägt deren Gefahr und erstattet nach Auflösung der Ehe den angegebenen Werth.*

[302] *Siebenhaar/Siegmann*, Commentar Königreich Sachsen, S. 60.

[303] § 1674 sächs. BGB: *Veräußert der Ehemann während der Ehe mit Einwilligung der Ehefrau nicht vertretbare Gegenstände des eheweiblichen Vermögens, oder erwirbt er selbst solche Gegenstände von der Ehefrau, so ist anzunehmen, daß der Preis an die Stelle dieser Gegenstände treten soll.*

Vermögen der Ehefrau eingebracht wurde.[304] Sie konnte bereits während der Ehe eine Klage auf Rückgabe dieser Gegenstände erheben.[305]

Auch das ALR stellte der Ehefrau Rechtsmittel zur Vermögenssicherung zur Seite. So konnte die Frau gemäß ALR II 1 § 255 eine Sicherheit am Vermögen des Ehemannes fordern, wenn die Umstände die „*wahrscheinliche Besorgnis eines bevorstehenden Verlustes*" am eingebrachten Gut begründeten.[306] Daneben konnte die Ehefrau ihr Eingebrachtes zurückfordern, wenn der Ehemann trotz der Einkünfte aus dem eingebrachten Vermögen und seinem persönlichen Vermögen seiner Pflicht eines standesgemäßen Unterhalts der Familie nicht mehr nachkam.[307] In diesem Fall konnte sie sogar den Konkurs über das Vermögen des Mannes beantragen. Die Entziehung des weiblichen Vermögens aus der Gemeinschaft endete, wenn sich die Vermögenslage des Ehemannes stabilisierte und die Gefährdung der Vermögensverhältnisse nicht auf nachlässige oder verschwenderische Wirtschaft des Mannes zurückzuführen war.[308] Allein die Verweigerung eines standesgemäßen Unterhalts durch den Ehemann begründete keine Rückforderung des Eingebrachten, sondern führte zu einer Verurteilung zur Gewährung des Unterhalts.[309]

Auch das römische Recht kannte neben der Haftung des Ehemannes auch Herausgabeansprüche der Ehefrau am *dos*. Dies war auf die Zweckbestimmung des Brautschatzes zurückzuführen, der Ehefrau auch nach Beendigung der Ehe als Lebensgrundlage zu dienen. Der Maßstab der Haftung war im Gegensatz zum ALR und sächsischen BGB weniger die eigenübliche Sorgfalt, sondern vielmehr vorsätzliches und schuldhaftes Handeln. War

---

304 *Siebenhaar/Siegmann*, Commentar Königreich Sachsen, S. 61

305 § 1675 sächs. BGB: *Veräußert der Ehemann dergleichen Gegenstände ohne Einwilligung seiner Ehefrau, so ist die letztere schon während der Ehe zur Anstellung der auf Wiedererlangung dieser Gegenstände gerichteten Klage berechtigt.*

306 *Eccius/Förster*, Preußisches Privatrecht IV, S. 58; *Striethorst*, Archiv für Rechtsfälle, Band 44, S. 5, *Striethorst*, Archiv für Rechtsfälle, Band 43, S. 299.

307 ALR II 1 § 256: *So lange der Mann seiner Frau, und den mit ihr erzeugten Kindern, den nach Verhältniß ihres Standes nothwendigen Unterhalt gewährt, ist die Frau ihm die Verwaltung und den Nießbrauch des Eingebrachten zu entziehen nicht berechtigt.*; ALR II 1 § 258: *Wenn aber der Mann diese Verbindlichkeit (§. 256.) nicht mehr zu erfüllen vermögend ist: so kann die Frau ihr Eingebrachtes zurückfordern, und allenfalls auf Eröffnung des Concurses über das Vermögen des Mannes antragen.; Eccius/Förster* Preußisches Privatrecht IV, S. 54.

308 Vgl. ALR II 1 §§ 262–265; *Eccius/Förster* Preußisches Privatrecht IV, S. 55.

309 Entscheidung B. 68, S. 29 in: *Striethorst*, Archiv für Rechtsfälle, Band 86, S. 126; *Rehbein*, Entscheidungen des vormaligen preussischen Obertribunals IV, S. 143.

der Wert des Brautschatzes als schätzungsweise festgehalten, ging hingegen die Gefahrtragung auf den Ehemann über und er haftete auch für dessen zufälligen Untergang.[310] Auch im römischen Recht sollte eine Abrechnung erst mit der Auflösung der Ehe oder nach dem Tod des Ehemannes erfolgen.

Die Rechtsmittel der finanziellen Absicherung der Ehefrau liefen regelmäßig auf eine Substanzbewahrung des weiblichen Vermögens und nicht auf die Erlangung wirtschaftlicher Selbstständigkeit hinaus. Dennoch war auch dieser Vermögensschutz regelmäßig unzureichend ausgestaltet. Der Zeitpunkt der Geltendmachung entsprechender Ansprüche war für die effektive Wahrnehmung der Rechtsmittel maßgeblich. Die Fälligkeit war im Code Civil und römischen Recht regelmäßig mit der Auflösung der Ehe verknüpft. Damit war die Gefahr, dass der Ehemann jegliches Frauengut bereits verschwendet und zu keiner Restitution mehr fähig war, allgegenwärtig. Im sächsischen BGB und ALR war eine Anspruchsdurchsetzung jedoch grundsätzlich nicht von der Auflösung des Ehebandes abhängig, weshalb besagtes Rechtsmittel besser auf zeitkritische Sachverhalte der Vermögenssicherung zugeschnitten war.

V. Fazit zur Effektivität der gesetzlichen Schutzmechanismen

Die gesetzlichen Schutzmechanismen stellten regelmäßig keinen wirksamen Schutz für den Arbeitserwerb der Ehefrau dar und waren auch kaum auf ihre Arbeitsprodukte zugeschnitten. Sie bezogen sich im Allgemeinen auf das eingebrachte Gut der Frau und zielten wie etwa das *mandat tacite* keineswegs auf eine dauerhafte persönliche oder vermögensrechtliche Unabhängigkeit der Ehefrau ab, sondern sollten ihr nur im Interesse der Familie eine überschaubare Teilnahme am Wirtschaftsverkehr ermöglichen und darüber hinaus in wirtschaftlichen Ausnahmesituationen das Vermögen der Frau vor vollständigem Verfall schützen. Außerdem war die Durchsetzung vieler Rechtsmittel an die Auflösung der Ehe geknüpft, weshalb sie einen Großteil ihrer Effektivität einbüßten. Eine Ehefrau konnte sich dieser Rechtsmittel mithin nicht zur unabhängigen Arbeitsaufnahme oder freien Verfügung ihres Lohnes bedienen. Überdies waren die Schutzmechanismen regelmäßig nur für Frauen aus wohlhabenden Haushalten von Bedeutung, die

---

310 *Kaser*, Römisches Privatrecht, § 59, Rn. 23, *Hausmaninger/Selb*, Römisches Privatrecht, S. 159 f.

indes selten einer Erwerbstätigkeit nachgingen. Die vermögensrechtliche Sicherheit der Ehefrau war auch im Falle eines verschwenderischen oder wenig verantwortungsvollen Ehemannes dessen Position als Familienoberhaupt untergeordnet.

2. Kapitel: Der Sonderfall der gewerbetreibenden Ehefrau

Im 19. Jahrhundert bestand eine enge Verbindung zwischen dem ehelichen Güterrecht und dem Handelsrecht. Betrieb eine verheiratete Frau ein von ihrem Mann unabhängiges Gewerbe, stand der Rechtsverkehr stets vor der Frage ihrer Handlungsbefugnisse und Geschäftsfähigkeit, welche üblicherweise mit der Heirat stark beschnitten wurden. Um der gewerbetreibenden Ehefrau dennoch eine Teilnahme am Wirtschaftsverkehr zu ermöglichen, gewährte das deutsche und französische Handelsrecht eine begrenzte Erweiterung ihrer Befugnisse. Die Ausgestaltung der Befugnisse soll im Folgenden näher betrachtet werden.

I. Die Handelsfrau vor der Einführung des BGB

In den deutschen Territorien regelten das Allgemeine Deutsche Handelsgesetzbuch (ADHGB) von 1861[311] und die Gewerbeordnung für den Norddeutschen Bund von 1869 die Handlungsbefugnisse verheirateter Handelsfrauen.[312] Aufgrund des Zusammenspiels von Eherecht und Handelsrecht besprachen die Verantwortlichen im Zuge der Kodifikationsarbeiten im Jahr 1848 zum ADHGB sogar, ob das eheliche Güterrecht in das Handelsrecht zu implementierten und dort zu regeln sei. Dem Projekt mangelte es jedoch an Zeit.[313]

Das Güterrecht regelte regelmäßig den Fall der gewerbetreibenden Ehefrau. Das Preußische Allgemeine Landrecht regelte bereits in ALR II 1 § 494, dass die Eheschließung einer Handelsfrau ihre Rechte und Pflichten aus dem Gewerbe nicht beeinträchtigen sollte. Dies folge aus dem Umstand, dass der Mann an der Person der Frau mit der Heirat keine anderen Rechte

---

311 Im folgenden ADHGB.

312 Das Handelsgesetzbuch von 1897 soll später in Zusammenspiel mit den Regelungen des Bürgerlichen Gesetzbuches betrachtet werden, siehe oben, S. 383.

313 *Baums*, Entwurf Handelsgesetzbuch, S. 55, 82 f.

erwerben könne, als sie ihm zuzubringen vermochte.[314] Diese Regelung galt jedoch nur vorbehaltlich seines Rechts, die Fortsetzung des Gewerbes während der Ehe zu untersagen, denn gegen den Willen des Ehemannes durfte die Frau kein unabhängiges Gewerbe betreiben.[315] Im Geltungsbereich des sächsischen BGB führte eine erweiternde Auslegung von § 1638 sächs. BGB[316] zu dem Erfordernis einer ehemännlichen Genehmigung zum Betrieb des Handelsgeschäfts, die jedoch auch stillschweigend erteilt werden konnte. Grundsätzlich war eine allgemeine Genehmigung des Mannes, welche sich auf alle mit dem Handelsgewerbe zusammenhängenden Geschäfte erstreckte, zulässig.[317] Das ADHGB entschied sich für eine ähnliche Normierung.

Das ADHGB trat stufenweise in den deutschen Territorien in Kraft und wirkte sich nicht unwesentlich auf das regionale Güterrecht aus. Für verheiratete Frauen galt Art. 6 ADHGB: *„Eine Frau, welche gewerbsmäßig Handelsgeschäfte betreibt (Handelsfrau), hat in dem Handelsbetriebe alle Rechten und Pflichten eines Kaufmannes[...].“*. Diese Gleichstellung umfasste alle Rechtsverhältnisse. Die Gesetzgeber beabsichtigten, die Handelsfrau dem Kaufmann auch bezüglich derjenigen Verhältnisse gleichzustellen, deren Regelungsmaterie anderen Gesetzen zugeordnet war. Dadurch sollte das Geschlecht in Beziehung auf den Geschäftsbetrieb keinen Unterschied machen.[318] Dies galt jedoch nicht für Frauen, die im Gewerbe ihres Mannes bloß als Gehilfin tätig waren.[319] Dieser Vorstoß in Richtung Geschlechteregalität wurde jedoch postwendend von Art. 7 Abs. 1 ADHGB relativiert: *„Eine Ehefrau kann ohne Einwilligung ihres Ehemannes nicht Handelsfrau sein.“*. Die Gesetzgeber betonten, dass die Eheschließung nicht die Fähigkeit der Frau zum Betreiben des Gewerbes beeinträchtige, nur der Betrieb selbst hinge vom Willen des Ehemannes

---

[314] ALR II 1 § 494 galt auch nach Inkrafttreten des ADHGB fort: *Die Verheirathung einer Frauensperson, welche Eigenthümerin einer Handlung ist, ändert ihre Rechte und Verbindlichkeiten, in Absicht der Handlung und deren Betriebes, an und für sich nicht ab.*; vgl.: *Koch*, Allgemeines deutsches Handelsgesetzbuch, Art. 6, Anmerkung 11, S. 130.

[315] ALR II 1 § 195: *[...] wider den Willen des Mannes darf sie für sich selbst kein besonderes Gewerbe betreiben.*

[316] § 1638 sächs. BGB: *Eine Ehefrau bedarf zu allen Rechtsgeschäften mit Dritten, durch welche sie nicht lediglich erwirbt, der Einwilligung ihres Ehemannes.*

[317] *Siebenhaar*, Lehrbuch, S. 194.

[318] *Koch*, Allgemeines deutsches Handelsgesetzbuch, Art. 6, Anmerkung 10, S. 130.

[319] *Koch*, ebenda.

ab.[320] Dem Ehemann stand es danach auch frei, eine zunächst stillschweigend erteilte Genehmigung jederzeit zurückzuziehen.[321] Diese Regelung führte für Ehefrauen zu einer Verschlechterung in jenen Gebieten, die eine ehemännliche Zustimmung im Rahmen des Eherechts nicht kannten, nun jedoch in den Geltungsbereich des ADHGB fielen.[322] Während des Gesetzgebungsprozesses vorgetragene Änderungsvorschläge hinsichtlich einer vorrangigen Geltung abweichenden Landesrechts wurden mit der Begründung abgewiesen, dass sich das Zustimmungserfordernis des Mannes direkt aus dem Wesen der Ehe ergäbe.[323]

Das ADHGB regelte in Art. 8 auch den Umfang der weiblichen Handlungsbefugnisse und wirkte sich entsprechend auf die Vermögensstrukturen des jeweiligen Güterrechts aus: *„Eine Ehefrau, welche Handelsfrau ist, kann sich durch Handelsgeschäfte gültig verpflichten, ohne daß es zu den einzelnen Geschäften einer besonderen Einwilligung ihres Ehemannes bedarf. Sie haftet für die Handelsschulden mit ihrem ganzen Vermögen, ohne Rücksicht auf die Verwaltungsrechte und den Nießbrauch oder die sonstigen, an diesem Vermögen durch die Ehe begründeten Rechte des Ehemanns. Es haftet auch das gemeinschaftliche Vermögen, soweit die Gütergemeinschaft besteht; ob zugleich der Ehemann mit seinem persönlichen Vermögen haftet, ist nach den Landesgesetzen zu beurtheilen*“. Damit regelte das Handelsrecht auch die Haftung der Eheleute. Durch den Vorrang landesrechtlicher Regelungen bedeute dies für den Geltungsbereich des ALR, dass alle Regelungen weiterhin Anwendung fanden, wonach der Ehemann für die Schulden seiner Gattin auch ohne das Vorliegen einer Gütergemeinschaft haftete.[324] Diese Haftungsmöglichkeit zog die Rechtsprechung heran, um dem Mann den Widerruf der Einwilligung zum Handelsgeschäft seiner Frau nach *„freiem Ermessen*“ zu gestatten.[325] Da die Haftung von entsprechenden landesgesetzlichen Regelungen abhängig und damit keinesfalls zwingend war, schien diese Argumentation weniger in der wirtschaftlichen Gefahr als

---

320 *Koch*, Allgemeines deutsches Handelsgesetzbuch, Art. 7, Anmerkung 14, S. 131.

321 *Koch*, ebenda.

322 So etwa in Österreich, da im Geltungsbereich des Allgemeinen Bürgerlichen Gesetzbuches von 1812 die Ehefrau auch ohne Konsens ihres Ehemannes Handel treiben konnte und vermögensrechtlich unabhängig war.

323 *Koch*, Allgemeines deutsches Handelsgesetzbuch, Art. 7, Anmerkung 14, S. 131.

324 *Koch*, Allgemeines deutsches Handelsgesetzbuch, Art. 19 prEG-ADHGB, Anmerkung 49.

325 IV. Zivilsenat, Urteil vom 14.02.1895, RGZ 35, 32–34.

vielmehr der Herrschaftsstellung des Ehemannes zu wurzeln.[326] Aus diesem Grund war neben einer Einwilligungsersetzung durch das Gericht auch eine Aufhebung des ehemännlichen Widerrufs ausgeschlossen. Auf dem Gebiet des Rheinischen Rechts gingen die Befugnisse des sogar Ehemannes so weit, dass eine im unwiderruflichen Ehevertrag erteilte Genehmigung jederzeit entzogen werden konnte.[327]

Die Gewerbeordnung des Norddeutschen Bundes, später Rechtsgewerbeordnung genannt, verfügte in § 11 über eine ähnliche Vorschrift wie Art. 6 ADHGB: „*Das Geschlecht begründet in Beziehung auf die Befugniß zum selbstständigen Betriebe eines Gewerbes keinen Unterschied. Frauen, welche selbstständig ein Gewerbe betreiben, können in Angelegenheiten ihres Gewerbes selbstständig Rechtsgeschäfte abschließen und vor Gericht auftreten, gleichviel, ob sie verheirathet oder unverheirathet sind. […]*“. Diese Regelung ließ jedoch das geltende Eherecht unberührt. Mit der Folge, dass die Einwilligung des Ehemannes für den Betrieb eines Handelsgeschäfts maßgeblich war.[328]

Trotz der Öffnung der beschränkten Geschäftsfähigkeit der Ehefrau in den Grenzen ihres Handelsgeschäfts bildete das Leitbild der Eheherrschaft des Ehemannes einen für die verheiratete Handelsfrau kaum überwindbaren Gegenpol. Das Handelsrecht wurde von dem patriarchalischen Eherecht überlagert. Die handelsgesetzlichen Regelungen bedachten zwar auch güterrechtliche Gesichtspunkte, diese behandelten jedoch primär Aspekte des Gläubigerschutzes und die Vormachtstellung des Ehemannes. Der Widerspruch, verheirateten Frauen in komplexen Geschäftsangelegenheiten umfassende Handlungsbefugnisse zuzugestehen, sie jedoch im Übrigen ihrem Ehemann zu unterstellen, fand keine Beachtung. Auch die Frage der persönlichen Verfügungsbefugnis der Frau über ihre Wirtschaftsprodukte wurde nicht thematisiert. Das bedeutete, dass die verheiratete Handelsfrau über ihren Gewinn zwar im Interesse des Handelsgeschäfts verfügen konnte, dieser im Übrigen jedoch das güterrechtliche Schicksal weiblicher Arbeitsprodukte teilte und in das gemeinsame Ehegut und unter die Verwaltungshoheit des Ehemannes fiel. Persönliche Anschaffungen oder Verfügungen im Interesse der Familie blieben ihr damit verwehrt. Auf die finanzielle

---

326 Vgl. *Duncker*, Gleichheit und Ungleichheit, S. 872, Fn. 3909.

327 RG, II. Zivilsenat, Urteil vom 08.07.1890, Rep. II 112/90, RZG 27, S. 4–7, 5.

328 *Koller*, Die Gewerbeordnung für den Norddeutschen Bund, S. 47 f.

Selbstständigkeit der Handelsfrau wirkte sich eine Geschäftsfähigkeit im Rahmen ihres Handelsgeschäfts mithin nicht aus. Diese Durchbrechung der Geschäftsunfähigkeit der Ehefrau fand im Interesse des Rechtsverkehrs statt.

II. Die *marchande publique* im Code Civil

Die *incapacité* der Ehefrau war gemäß Art. 212–225 CC derart umfassend ausgestaltet, dass die verheiratete Frau praktisch handlungsunfähig wurde. Eine handlungsunfähige Frau war jedoch nicht mit einem schnelllebigen Wirtschaftsverkehr vereinbar, weshalb Ausnahmeregelungen für Handelsfrauen zur Teilhabe am Rechtsverkehr notwendig waren. Dies erforderte ein Zusammenspiel des Eherechts des Code Civil und des *Code de Commerce*.

Im Eherecht wurde die *marchande publique* in Art. 220 CC geregelt, wonach die Ehefrau, die einen öffentlichen Handel führte, sich auch ohne die Ermächtigung des Ehemannes im Rahmen ihres Handelsbetriebs verbindlich machen konnte. In diesem Fall verpflichtete eine im *régime de la communauté de biens* lebende die Ehefrau ebenfalls ihren Ehemann zur Vertragserfüllung. Um der Mithilfepflicht im Gewerbe des Ehemannes gerecht zu werden, war es erforderlich, dass sie als *marchande publique* einen von ihrem Mann getrennten Handel betrieb.

Das Eherecht ergänzten die Regelungen des *Code de Commerce*. Dabei wiederholte Art. 5 *Code de Commerce* im Wesentlichen die *autorisation générale* des Code Civil, welche der Ehefrau ein rechtsgeschäftliches Tätigwerden im Rahmen ihres Handelsbetriebs ohne die jeweilige Erlaubnis des Ehemannes ermöglichte.[329] Dies war im Interesse des Geschäftsverkehrs erforderlich, da eine schriftliche Genehmigung des Ehemannes für jedes Handelsgeschäft den Betrieb eines Gewerbes unmöglich gemacht hätte.[330] In den Genuss dieses Privilegs einer sachlich umgrenzten Geschäftsfähigkeit als *marchande publique* kamen verheiratete Frauen jedoch nur, wenn sie gemäß Art. 4 *Code*

---

[329] Art. 5 Code de Commerce: *La femme, si elle est marchande publique, peut, sans l'autorisation de son mari, s'obliger pour ce qui concerne son négoce; et, audit cas, elle oblige aussi son mari, s'il y a communauté entre eux. Elle n'est pas réputée marchande publique, si elle ne fait que détailler aux marchandises du commerce de son mari; elle n'est réputée telle que lorsqu'elle fait un commerce séparé.*

[330] *Boistel*, Droit commercial, S. 69.

de Commerce von ihrem Ehemann zur Gewerbe- oder Handelsführung ausdrücklich oder stillschweigend ermächtigt wurden.[331]

Vermögensrechtliche Einzelheiten regelte Art. 7 *Code de Commerce.*[332] Die Befugnisse der *marchande publique* erstreckten sich auch auf die Vermietung, Veräußerung und Verpfändung von Immobilien, denen sonst im Code Civil eine Sonderbehandlung zuteil würde. Sofern auf die Ehe das *régime dotal* anwendbar war, durfte die Ehefrau ihr *dot* nur entsprechend den Regelungen des Code Civil verpfänden oder veräußern. Auch Handelsfrauen waren damit den Rahmenregelungen des Güterrechts unterworfen.

Im Laufe des 19. Jahrhunderts entbrannte eine Kontroverse darüber, ob die Ermächtigung des Ehemannes zum Betrieb des Handelsgeschäfts im Falle seiner Verweigerung gerichtlich ersetzt werden konnte. Den Ausgangspunkt dieser Regelung bildeten Art. 217 bis 219 CC, die vorsahen, falls der Ehemann aus Willkür oder Hass seine Ermächtigung verweigerte, insbesondere wenn er bereits gerichtlich von der Frau getrennt war, diese gerichtlich ersetzt werden konnte. Die herrschende Meinung war davon überzeugt, dass diese Option jedoch nicht für die Ermächtigung gemäß Art. 4 *Code de Commerce* gelte, da das Gericht nur konkrete Ermächtigungen ersetzen könne,[333] jedoch keine *autorisation générale.* Lebten die Ehegatten im *régime de communauté*, sei eine Ersetzung ohnehin ausgeschlossen, da der Ehemann durch Handlungen seiner Gattin mitverpflichtet würde und dies ohne seine Zustimmung nicht möglich sei.[334] Darüber hinaus würden Verpflichtungen der *marchande publique* das Nießbrauch- und Verwaltungsrecht des Ehemannes in den übrigen Güterrechtssystemen beeinträchtigten, dessen er ohne Zustimmung ebenfalls nicht beraubt werden dürfe.[335]

Außerdem konnte der Ehemann jederzeit seine Ermächtigung zum Betrieb eines Handelsgeschäfts widerrufen und der Frau so ihre Stellung als *marchande*

---

331 Art. 4 Code de Commerce: *La femme ne peut être marchande publique sans le consentement de son mari.*

332 Art. 7 Code de Commerce: *Les femmes marchandes publiques peuvent également engager, hypothéquer et aliéner leurs immeubles. Toutefois leurs biens stipulés dotaux, quand elles sont mariées sous le régime dotal, ne peuvent être hypothéqués ni aliénés que dans les cas déterminés et avec les formes réglées par le Code Napoléon.*

333 Vgl. Art. 223 CC: *Jede allgemeine, selbst im Ehekontrakte bedungene, Ermächtigung ist nur für die Verwaltung der Güter der Frau gültig.*

334 *Boistel*, Droit commercial, S. 70.

335 *Boistel*, ebenda.

publique entziehen.[336] Er bedurfte grundsätzlich keiner Begründung, da der Ehemann dem Wesen des Code Civil entsprechend nicht auf seine *puissance maritale* verzichten konnte.[337] Aus diesem Grund konnte der Ehemann seine Ermächtigung sogar widerrufen, wenn diese in den Ehevertrag aufgenommen wurde, da aufgrund der Unwiderruflichkeit des Ehevertrages seine *puissance maritale* durch eine solche Klausel geschädigt würde.[338] Dennoch konnten vereinzelte Verweise gefunden werden, dass ein gänzlich willkürlicher Widerruf nicht erfolgen sollte. So konnte eine Ehefrau behaupten, dass der Entzug ungerechtfertigt sei und bei Gericht beantragen, die Ermächtigung aufrechtzuerhalten, um zumindest noch nicht abgeschlossene Geschäfte abzuwickeln.[339] Damit der Widerruf den Geschäftspartnern der Ehefrau gegenüber wirksam erfolgen konnte, musste der Ehemann ihn öffentlich bekanntgeben.[340]

Ein weiterer Kontrollmechanismus zugunsten des Ehemannes fand sich in Art. 215 CC, da auch eine *marchande publique* ohne Genehmigung ihres Mannes nicht vor Gericht auftreten konnte. Die Rechtsprechung legte diese Regelung jedoch sehr großzügig aus und ließ die Ehefrau auch allein vor Handelsgerichten zu, wenn der Ehemann zur gleichen Zeit geladen war, jedoch nicht erschien.[341]

Im Ergebnis waren die Stellung der Ehefrau als *marchande publique* und die damit zusammenhängenden Befugnisse von dem guten Willen und den Launen ihres Ehemannes abhängig. Darüber hinaus konnte die Ehefrau aufgrund der güterrechtlichen Regelungen, welche vom Handelsrecht kaum berücksichtigt wurden, den Gewinn ihres Geschäfts

---

336 *Barazetti*, Eherecht nach dem Code Napoléon, S. 558, *Boistel*, Droit commercial, S. 72.

337 *Boistel*, Droit commercial, S. 71; *Lyon-Caen/Renault*, Manuel Droit Commercial, S. 69 ff.; *Cubain*, Droits des Femmes, S. 92, 363.

338 *Boistel*, ebenda; *Lyon-Caen/Renault*, ebenda; Eine entsprechende Klausel war gemäß Art. 1388 CC ohnehin nichtig: *Die Ehegatten können weder denjenigen Rechten, welche aus der Gewalt des Mannes über die Person seiner Frau und seiner Kinder herfliessen, oder welche dem Manne als Familienoberhaupt zustehen, […] Abbruch tun.*

339 *Bermond*, Libre salaire, S. 85; *Boistel*, Droit commercial, S. 72; *Lyon-Caen/Renault*, Manuel Droit Commercial, S. 70; anderes Ergebnis: *Barazetti*, Eherecht nach dem Code Napoléon, S. 558: Der Ehemann könne die Bewilligung jederzeit „*willkürlich zurücknehmen*".

340 *Barazetti*, ebenda; *Boistel*, Droit commercial, S. 73.

341 *Bermond*, Libre salaire; S. 85; *Moride*, Modifications, S. 162.

nicht für persönliche oder häusliche Bedürfnisse verwenden oder ansparen. Die freie Verfügung ihres Gewinnes war ihr nur möglich, wenn dieser erneut in den Handelsbetrieb floss. Der Gewinn fiel im Rahmen des *régime de communauté* wie alle persönlichen Arbeitsprodukte als Erwerb im Sinne von Art. 1401 CC in das gemeinsame Ehevermögen und so unter Herrschafts- und Verwaltungsbefugnisse des Ehemannes. Damit bereicherte eine noch so geschickte und fleißige *marchande publique* für die Dauer der Ehe bloß ihren Ehemann.

III. Vergleich und Fazit

Sowohl in Deutschland als auch Frankreich waren das Ehe- und Handelsrecht eng miteinander verwoben. Obwohl in beiden Ländern das Handelsrecht die Erweiterung der Geschäftsfähigkeit der verheirateten Handelsfrau in den Grenzen ihres Erwerbsgeschäfts zuließ, waren ihre Befugnisse weiterhin von den güterrechtlichen Vermögensregelungen und der Gewalt des Ehemannes überlagert. Die Einwilligung des Mannes zum Betrieb eines unabhängigen Erwerbsgeschäfts der Ehefrau war weiterhin erforderlich. Aufgrund des Vorrangs des Güterrechts erlitt, in Deutschland und Frankreich der Gewinn der Handelsfrau das Schicksal ihrer anderen Arbeitsprodukte und fiel unter die Verwaltungshoheit des Ehemannes als Familienoberhaupt, der dadurch von ihrem wirtschaftlichen Geschick profitierte. Die Kontrolle des weiblichen Handelsbetriebs durch den Ehemann war in Frankreich noch stärker ausgeprägt als in Deutschland, da der Ehemann sogar eine zuvor ehevertraglich erteilte Einwilligung jederzeit willkürlich widerrufen konnte. Im Ergebnis erlange die verheiratete Frau zwar ein gewisses Maß an persönlicher und finanzieller Freiheit als Handelsfrau, davon konnte sie in ihrer Rolle als Ehefrau oder gar Privatperson indes nicht profitieren.

3. Kapitel: Der Ehevertrag als Instrument zur Sicherung weiblicher Selbstständigkeit?

Die Vertragsfreiheit war in den europäischen Zivilrechtssystemen als Grundsatz der Privatautonomie bereits im 19. Jahrhundert tief verankert. Der Ehevertrag vereinte das rechtliche Verständnis der ehelichen Einheit mit der vertraglichen Unabhängigkeit der Eheleute. Die Ehegatten besaßen damit die Möglichkeit, durch Eheverträge von den gesetzlichen Güterrechtsregelungen abzuweichen. Eheverträge waren zu jener Zeit jedoch, insbesondere in Arbeiterfamilien, selten und führten kaum zu einer Erweiterung der Befugnisse der Ehefrau. Dies lag neben fehlenden Vermögenswerten auch an der Unerfahrenheit der Vertragspartner und dem Einfluss der Eltern auf die Vertragsgestaltungen.[342] Im Folgenden soll untersucht werden, inwieweit es Frauen möglich war, durch entsprechende Klauseln ihre persönliche und vermögensrechtliche Autonomie auszuweiten und ob diese Chance tatsächlich wahrgenommen wurde.

I. Die eingeschränkte Vertragsfreiheit des Code Civil und der ordre public

Die Ideologie des napoleonischen Kodex ging davon aus, dass es zwischen den Eheleuten keine Interessengegensätze gebe. Die Frage einer Interessenkollision aufgrund einer erwerbstätigen Ehefrau stellte sich aufgrund der wirtschaftlichen Unbedeutendheit der Frau bei der Schaffung der Code Civil kaum.[343] Das Gesetz goss die persönlichen Beziehungen der Eheleute in strenge Formen, von denen vertraglich jedoch grundsätzlich abgewichen werden konnte. Gemäß Art. 1387 CC gingen ehevertragliche Regelungen den gesetzlichen Güterständen vor. Eheverträge unterlagen dem Erfordernis der notariellen Beurkundung.[344] Der Grundsatz der Vertragsfreiheit erfuhr jedoch eine nicht unwesentliche Einschränkung im Bereich des Eherechts.

Der Vertragsschluss stand unter der Prämisse, dass Eheverträge nicht gegen die guten Sitten verstießen.[345] Darüber hinaus durften gemäß Art. 1388 CC die Rechte, welche dem Mann aufgrund seiner *puissance maritale* über die Person seiner Frau oder als Familienoberhaupt zustanden, vertraglich

---

[342] So berichtet *Saleilles*, in: *Rousseau*, Bulletin de la Société D'Études Législatives 1907, S. 563–595; *Rocheford*, À propos la femme mariée S. 2; Rede des Senators *Guillier* in der Senatssitzung vom 14.05.1907, in: *Journal Officiel*, 15.05.1907, S. 620; *Bermond*, Libre salaire, S. 59 ff.

[343] *Malaurie/Aynès*, Cours de droit civil, S. 80 f.

[344] Art. 1394 CC: *Alle Matrimonialkonventionen müssen vor der Ehe in einem Notariatsakt abgefaßt werden.*

[345] Art. 1387 CC: *Das Gesetz regiert die eheliche Gesellschaft, in Hinsicht auf das Vermögen, nur in Ermangelung einer besondern Uebereinkunft, welche die Ehegatten ganz nach ihrem Gutdünken treffen können, vorausgesetzt jedoch, daß sie den guten Sitten nicht zuwiderlaufe, und noch ausserdem unter folgenden Einschränkungen.*

nicht eingeschränkt werden. Diese Regelung betraf auch die allgemeinen Regelungen über die Rechte und Pflichten der Ehegatten. Das hatte zur Folge, dass von den in Art. 212 ff. CC festgelegten Grundsätzen, wie der Folge- und Gehorsamspflicht der Ehefrau, ihrer beschränkten Prozessfähigkeit und der *incapacité* der Ehefrau, nicht abgewichen werden konnte. Damit erwuchs infolge Art. 1388 CC die umfassende *puissance maritale* zu einem Grundsatz des *ordre public.*[346] Die Möglichkeiten einer Verlobten, sich durch Klauseln des Ehevertrags mehr persönliche und finanzielle Freiheit zu erkämpfen, waren mithin sehr begrenzt. Diese Einschränkungen führten unter anderem dazu, dass eine Generalgenehmigung zugunsten der Ehefrau zum Abschuss von Verträgen und so zur Eingehung von Arbeitsverhältnissen nicht möglich war.[347] Zur Stärkung der Güterstände des Code Civil und um eine Vereinheitlichung des Rechts zu stärken, legte Art. 1390 CC außerdem fest, dass Ehen sich nicht mehr nach den zuvor geltenden Gewohnheiten und Statuten richten durften.[348]

Eine weitere Besonderheit des französischen Rechts bestand darin, dass nach der Heirat weder von den Regelungen des Vertrages abgewichen, noch weitere Regelungen hinzugefügt werden konnten. Die Eheverträge des Code Civil waren unabänderbar.[349] In Frankreich blickte diese Bestimmung auf eine lange Rechtstradition zurück. Aus Aspekten des Gläubigerschutzes wurde bereits zu Beginn des 16. Jahrhunderts festgelegt, dass eine beliebige Modifikation der Güterstände aufgrund fehlender Publizität nicht möglich sein solle.[350] Damit waren die Ehegatten an Vertragsklauseln, die oftmals unter Einfluss der Eltern und unter anderen sozioökonomischen Umständen geschlossen wurden, gebunden. Im Übrigen reichte die durch den Code Civil normierte Vertragsfreiheit so weit, dass individuelle Regelungen verschiedenster Vermögensinteressen grundsätzlich möglich waren.

---

346 *Malaurie/Aynès*, Cours de droit civil, S. 29, „*caractère impératif*»; *Moride*, Modifications, S. 25, 84; *Bermond*, Libre salaire, S. 36, 59; *Saleilles*, Le principe du libre salaire, in: Rousseau, Bulletin de la Société D'Études Législatives 1907, S. 563–595, 565.

347 Vgl. Art. 223 CC: *Jede allgemeine, selbst im Ehekontrakte bedungene, Ermächtigung ist nur für die Verwaltung der Güter der Frau gültig.*

348 *Dörner*, Industrialisierung und Familienrecht, S. 145.

349 Art. 1395 CC: *Sie können nach dem Abschluß der Ehe keine Veränderungen mehr erleiden.*

350 *Stabel*, Institutionen des französischen Civilrechts, S. 462; *Hachenburg*, Das Badische Landrecht, S. 465.

1. Möglichkeiten der Gestaltung

Unter Beachtung der Regelungen der Art. 1387 ff. CC konnten die Eheleute erklären, mit der Heirat entweder in den Wahlgüterstand des *régime de la communauté*, *régime dotal* oder *régime de la séparation des biens* einzutreten. Die Regelungen zu den Güterständen enthielten ihrerseits weitere Bestimmungen zu den potenziellen Vertragsklauseln. Gemäß Art. 1497 CC stand es den Ehegatten frei, die *communauté légale* zu modifizieren, solange dabei nicht gegen die Regelungen der Art. 1387, 1388, 1389 und 1390 CC verstoßen wurde. Die vorgeschlagenen Änderungen des Gesetzes waren vielfältig, weshalb nur ein Blick auf jene geworfen werden soll, die die Vermögens- und Verwaltungsbefugnisse der Ehefrau betrafen. Dazu zählte unter anderem Art. 1497 Nr. 2) CC, wonach es den Eheleuten freistand, gegenwärtiges oder zukünftiges Mobiliarvermögen nicht, oder nur zum Teil, in die *commune* fallen zu lassen. Den Regelungsumfang konkretisierten Art. 1500 ff. CC. Demzufolge waren Klauseln möglich, die künftige persönliche Arbeitsprodukte der Frau der *communauté* und Verfügungsgewalt des Ehemannes entzogen.[351] Außerdem ist Art. 1502 CC hervorzuheben, wonach der Nachweis, dass ein Wert der Ehefrau tatsächlich eingebracht wurde, durch eine Quittung des Ehemannes zu führen war. Anderenfalls blieb sie in Höhe der versprochenen Einlage Schuldnerin der Gemeinschaft.[352] Diese, im Code Civil verbreitete, Konstruktion einer weiblichen Nachweisführung durch Quittungen des Ehemannes trieb die Ehefrau regelmäßig auch im Rahmen von Regelungen, welche ihre finanzielle Unabhängigkeit erweitern sollten, in die Anhängigkeit des Ehemannes.

Daneben war gemäß Art. 1497 Nr. 5) CC eine Klausel denkbar, wonach durch einen Verzicht auf die Gemeinschaft die Frau ihr Eingebrachtes frei und ohne Schulden zurücknehmen konnte.[353] Diese Modifikation hatte für die Ehefrau den Vorteil, dass sie zumindest nach Auflösung der *communauté* ihr eingebrachtes Vermögen zurückerlangen konnte, auch wenn die

---

351 *Bermond*, Libre salaire, S. 60 f.: Für *Bermond* war eine entsprechende Klausel bloße Theorie, da ein Ehemann keinesfalls einer Modifikation der *communauté* zugunsten der Ehefrau in Bezug auf ihren persönlichen Arbeitserwerb zustimmen würde.

352 Art. 1502 CC: *[…] In Hinsicht auf die Frau, wird dasselbe hinlänglich durch eine, ihr oder denen, welche sie ausgestattet haben, von ihrem Manne ertheilte Quittung erwiesen.*

353 Gemeint war die Möglichkeit des Verzichts auf die Gemeinschaft nach deren Auflösung gemäß Art. 1441 ff. und 1453 ff. CC.

Gemeinschaft verschuldet war. Die genaueren Regelungsmodalitäten fanden sich in Art. 1514 CC und beschränkten die Gestaltung einer solchen Klausel jedoch auf jenes Mobiliar, welches die Frau zum Zeitpunkt der Heirat eingebrachte. Eine Ausweitung auf Güter, die sie während der Ehe erwarb, wie ihre persönlichen Arbeitsprodukte, war nicht vorgesehen. Damit konnte der Lohn der verheirateten Frau durch eine entsprechende Verzichtsregelung nicht vor einem verschwenderischen Ehemann geschützt werden.

Auch Klauseln, welche die Gemeinschaft ausschlossen, waren nach Art. 1529 ff. CC, als *régime sans communauté*, denkbar. Die Wirkung einer solchen Vereinbarung wurde jedoch dahingehend reguliert, dass die Ehefrau dadurch weder das Recht erhielt, ihr Vermögen zu verwalten, noch Einkünfte daraus zu beziehen.[354] Es wurde angenommen, dass sie die Einkünfte dem Mann zubrachte, um damit die Lasten der Ehe zu bestreiten. Gemäß Art. 1534 CC konnte die Ehefrau nur in den Genuss eines Teils ihres Vermögens gelangen, wenn sie mit ihrem Mann übereinkam, dass sie jährlich eine gewisse Summe ihrer Einkünfte für ihren persönlichen Unterhalt und ihre Bedürfnisse erhielt. Auch eine solche Regelung eröffnete der Frau mithin keinen unabhängigen Zugang zu ihren persönlichen Arbeitsprodukten.

Schließlich konnten die Ehegatten auch eine Gütertrennung, das *régime de la séparation des biens*, gemäß Art. 1536 ff. CC, vereinbaren. Dies hatte zur Folge, dass die Frau die volle Verwaltung ihres beweglichen und unbeweglichen Vermögens behielt und damit grundsätzlich in den Genuss ihrer Einkünfte und Arbeitserwerbs kam.[355] Allein die Beitragspflicht des Art. 1537 CC zu den ehelichen Lasten begrenzte ihre Dispositionsfreiheit. Im Zweifelsfall betrug diese ein Drittel ihrer Einkünfte. Das *régime de la séparation des biens* gab den Frauen die weitestgehenden Rechte und erreichte nach Ansicht einiger zeitgenössischer Feministinnen eine gerechte Gestaltung der finanziellen Beziehungen der Ehegatten.[356] Dennoch bestand auch im Rahmen der Gütertrennung die *puissance maritale* des Ehemannes fort. Aufgrund dessen war die Ehefrau zwar formal Verwalterin ihres Vermögens,

---

[354] *Bermond*, Libre salaire, S. 61 f.; *Baudry-Lacantinerie/Le Courtis/Surville*, Contrat de mariage, no. 1463, S. 19.

[355] *Bermond*, Libre salaire, S. 69 f.; *Aubry/Rau*, Cours de Droit Civil Français V, No. 532, S. 319; *Guillouard*, Traité du Contrat mariage III, No. 1679.

[356] *Bermond*, ebenda; *d'Héricourt*, La femme affranchie, S. 67 f.

konnte dieses jedoch nicht wirksam verpflichten.[357] Das Problem, die eheliche Gewalt mit der *séparation des biens* in Einklang zu bringen, beschäftigte Rechtswissenschaft und Praxis viele Jahre.[358]

Daneben konnten sich die Ehegatten auch für das *régime dotal* gemäß Art. 1540 ff. CC entscheiden. Um der Ehefrau die Verfügung über ihren Lohn zu sichern, durfte dieser nicht in das *dos* fallen, welches der Herrschaft des Mannes unterlag, sondern musste Teil ihrer *biens paraphernaux* gemäß Art. 1576 CC werden. Dies erforderte eine ausdrückliche vertragliche Regelung.[359] Darüber hinaus war zu beachten, dass im Rahmen des *régime dotal* das Verwaltungsrecht der Frau an den *biens paraphernaux* aufgrund Art. 1576 CC rein formeller Natur war, sie konnte also ohne das Einverständnis ihres Mannes oder des Gerichts nicht am Rechtsverkehr teilnehmen. Damit liefen potenzielle Verwaltungsrechte am persönlichen Arbeitserwerb letztlich ins Leere.

Im Ergebnis eröffneten Eheverträge der verheirateten Frau kaum die Möglichkeit, durch entsprechende Klauseln ein selbstständiges Verfügungsrecht über die eigenen Arbeitsprodukte zu erlangen. Allein die Klausel gemäß Art. 1497 Nr. 2 CC und die Wahl des *régime de séparation des biens* waren geeignet, den Lohn der Verwaltungshoheit des Ehemannes zu entziehen. Dabei ist zu beachten, dass eine Klausel, die den zukünftigen Arbeitserwerb der Frau der *communauté* entzog, wohl kaum von praktischer Relevanz war. Die Erwebstätigkeit der Ehefrau nahm nur selten einen entsprechenden Stellenwert ein, um diesen vertraglich zu schützen. Auch eine entsprechende juritische Vorbildung der Ehefrau oder Interessenvertretung durch die Eltern der Braut kann angezweifelt werden, weshalb das Erfordernis einer entsprechenden Regleung wohl kaum erkannt wurde. Im Folgenden soll untersucht werden, inwieweit Eheverträge der gesellschaftlichen Praxis entsprachen und die Eheleute eine *séparation des biens* vereinbarten, wodurch die Ehefrau zumindest theoretisch die Verwaltung ihres Vermögens behielt.

---

357 Art. 217 ff. CC; *Baudry-Lacantinerie/Le Courtis/Surville*, Contrat de mariage, Nr. 1496, S. 52.

358 Vgl.: *Baudry-Lacantinerie/Le Courtis/Surville*, Contrat de mariage, Nr. 1497, S. 52 f.

359 *Bermond*, Libre salaire, S. 65 ff., 68; *Aubry/Rau*, Cours de Droit Civil V, No. 342, S. 532; *Guillouard*, Traité du Contrat mariage IV, no. 1792, S. 120.

2. Die Wahrnehmung einer vertraglichen Regelung durch die Eheleute

Um die Relevanz ehevertraglicher Modifikationen des gesetzlichen Güterrechts nachvollziehen zu können, soll zunächst überprüft werden, inwiefern heiratswillige Franzosen des 19. Jahrhunderts überhaupt von Eheverträgen Gebrauch machten. Der Rechtshistoriker Jean-Louis *Halpérin* stellte fest, dass an der Wende des 20. Jahrhunderts die Zahl der Eheverträge zurückging. Während 1893 noch 39 % der Eheleute einen Ehevertrag abschloss, sank diese Zahl bis 1898 auf knapp 29 %.[360] Um einen detaillierteren Einblick in den Verlauf des Jahrhunderts zu erhalten, wurden wissenschaftliche Arbeiten, welche notarielle Archive, Pfarr- und Zivilregister auswerteten, zurate gezogen und unter der Fragestellung dieser Dissertation untersucht.[361] Diese Arbeiten beschränkten sich aufgrund der enormen Anzahl von Eheverträgen auf einzelne Departements und überschaubare Zeitabschnitte.

Die Analyse der Güterrechtsregime der Ober- und Mittelschicht wurde erst durch zahlreiche Notarnotierungen möglich. Eine erleichterte Auswertung des Vorkommens von Eheverträgen versprach das Gesetz „*Valette*" vom 10. Juli 1850, welches festlegte, dass in Heiratsurkunden die Existenz eines Ehevertrages vermerkt werden sollte.[362] Vergleiche von Notararchiven und Heiratsurkunden ergaben jedoch, dass das Gesetz nur selten befolgt wurde.[363] Bei der Analyse kam erschwerend hinzu, dass der Ort der Errichtung des Ehevertrages und jener der Hochzeit oftmals auseinanderfielen. Ein reines Gegenüberstellen der Anzahl von Eheverträgen und Heiratsurkunden in einem Departement war daher wenig aufschlussreich.[364]

Eine Studie der katholischen Universität von Louvain unter Professor Philippe *Godding* überwand diese Divergenz unter Mithilfe seiner Studenten. Eine Stichprobenerhebung wertete insgesamt über 4000 Eheverträge auf

---

360 *Halpérin*, Histoire privée du droit, S. 22 f.

361 *Robine*, Les archives notariales, in: Annales de démographie historique, 1974, S. 59–97; *Garden*, mariages parisiens à la fin du XIXe siècle, AnDH, 1998/1, S. 111–133; *Godding*, les contrats de mariage dans la première moitié du 19ème siècle, BTNG 1983/1-2, S. 91–114.

362 *Bulletin des lois de la République française*, 10. Juli 1850, no. 288, S. 72.

363 *Robine*, Les archives notariales, in: Annales de démographie historique, 1974, S. 59–97, 64.

364 *Robine*, Les archives notariales, in: Annales de démographie historique, 1974, S. 59–97, 61.

dem Anwendungsgebiet des Code Civil aus.[365] Um eine möglichst genaue Quote zu ermitteln, wurden nur Eheverträge aus Departments herangezogen, die aufgrund ihrer Größe über eigene Notare verfügten und gleichzeitig dem Wohnsitz des Paares zum Zeitpunkt der Eheschließung entsprachen.[366] Durch dieses Vorgehen konnte in den ersten Jahren nach Einführung des Code Civil im Jahr 1804 ein Abschluss von Eheverträgen, je nach Region, zwischen 11 % bis 24 % ermittelt werden.[367] Damit nahm nur ein kleiner Teil der französischen Eheleute die Möglichkeit ehevertraglicher Regelungen wahr. Darüber hinaus zeigte die Sichtung der Eheverträge, dass in der Regel kaum persönliche Angaben über die Parteien im Vertrag vermerkt wurden. Gewohnheitsmäßig wurde zwar der Beruf des Ehemannes genannt, in nur 2,7 % der untersuchten Verträge fehlte diese Information, bei Ehefrauen wurde hingegen in rund 60 % der Verträge keine Berufsbezeichnung angeführt.[368] Diese Diskrepanz war indes auch darauf zurückzuführen, dass in diesen Bevölkerungsschichten die Ehefrau nach der Heirat nur selten einer Beschäftigung nachging.

Eine weitere Untersuchung des Historikers Maurice *Garden* fokussierte sich auf das Ende des 19. Jahrhunderts und deckte im Rahmen einer Analyse Pariser Eheverträge interessante Muster auf. So waren Ehemänner im Schnitt 3 Jahre und 6 Monate älter als ihre Frauen. Der Anteil der in Paris geborenen Frauen, die vor ihrem 25. Geburtstag heirateten, lag bei 80 %. Bei Pariser

---

365 Die Studie der belgischen französischsprachigen Universität betraf geografisch zwar Teile Belgiens, aufgrund des enormen französischen Einflusses und der Anwendung des Code Civil sollen die Ergebnisse dennoch als Wegweiser dienen.

366 *Godding*, les contrats de mariage dans la première moitié du 19ème siècle, BTNG 1983/1–2, S. 91–114, 97 f.

367 Vgl.: *Godding*, les contrats de mariage dans la première moitié du 19ème siècle, BTNG 1983/1–2, S. 91–114, 98: In Nivelles wurden zwischen 1805 und 1810 in fünf Jahren 201 Ehen eingegangen, davon schlossen 30 Ehepaare einen Ehevertrag, dies entsprach 14,9 %. In Wavre kamen von 1817 bis 1822 auf 154 Ehen 27 Eheverträge und damit 17,5 %. Neuf-Château konnte von 1810 bis 1815 nur 45 Eheschließungen verzeichnen, wovon mit 5 Verträgen sich 11,1 % der Ehepaare für eine vertragliche Regelung entschieden. Im Jahr 1810 wurden in Mons 110 Eheschließungen gezählt, davon verfügten 25 Paare, also 22,7 %, über einen Ehevertrag. 1810 wurden in Tournai 189 Ehen eingegangen, davon schlossen 45 Ehepaare einen Ehevertrag, dies entsprach 23,8 %.

368 *Godding*, les contrats de mariage dans la première moitié du 19ème siècle, BTNG 1983/1–2, S. 91–114, 95.

Männern lag das Alter der ersten Heirat zwischen 29 und 31 Jahren.[369] Des Weiteren waren von eintausend jungen Frauen, die im Januar 1885 heirateten, 245 minderjährig. Mehr als ein Dutzend benötigte die Genehmigung ihres Familienrates, da Eltern und Großeltern bereits vorverstorben waren.[370] Diese Daten bekräftigen die Einschätzungen zeitgenössischer Rechtswissenschaftler, die ehevertragliche Regelungen zur Durchsetzung weiblicher Interessen aufgrund ihres eingeschränkten Mitbestimmungsrechts und ihrer Unerfahrenheit als wenig wirksam und relevant einstuften.[371] Die Ehe stand unter dem Zustimmungserfordernis der Eltern des Brautpaares. Viele junge Frauen gingen von der Obhut und Vormundschaft ihres Vaters schon vor ihrer Volljährigkeit in jene ihres Ehemannes über. Die Eltern entschieden darüber, welche Vermögenswerte sie mit ihn die Ehe nahm und ob weitere Klauseln in den Ehevertrag aufgenommen wurden. Eine selbstbestimmte und selbstbewusste Durchsetzung persönlicher Interessen durch die Ehefrau war damit kaum möglich.

Eine weitere Statistik stammte aus den Arbeiten des französischen Finanzministeriums aus dem Jahr 1898.[372] Bei der *Direction générale de l'enregistrement* wurden in diesem Jahr 287.179 Eheschließungen registriert, von denen mit 82.346 knapp 29% ehevertraglichen Regelungen unterlagen. Damit unterlagen der Großteil von 204.833 Ehen und damit 71% dem *régime de la communauté légale.*[373] Diese Statistik stimmt mit den Zahlen *Halpérins* überein.

Die Statistiken lassen erkennen, dass die Popularität von Eheverträgen im Laufe des 19. Jahrhunderts von nur 10 % nach der Verabschiedung des Code Civil 1804 auf 39 % im Jahr 1882 anwuchs, bevor die Zahl der Eheverträge im Jahr 1898 wieder auf knapp 29 % zurückging. Außerdem waren Eheverträge nur für höhere Gesellschaftsschichten von Bedeutung.

---

369 *Garden*, mariages parisiens à la fin du XIXe siècle, AnDH, 1998/1, S. 111–133, 117.

370 *Garden*, mariages parisiens à la fin du XIXe siècle, AnDH 1998/1, S. 111–133, S. 112, Fn. 6.

371 *Bermond*, Libre salaire, S. 79 f.; *Chauvin*, Proposition de loi, in: Publications de l'Avant-Courrière, Paris 1893, S. 1–5, 1; *Schmahl*, Aux législateurs français, S. 2 f., Saleilles, in: *Rousseau*, Bulletin de la Société d'Études législatives, 1902, S. 202 ff.

372 Bulletin de statistique er de législation comparée, Ministère des Finances, 1899, 1re partie, S. 141–145.

373 Bulletin de statistique er de législation comparée, Ministère des Finances, 1899, 1re partie, S. 142 f.

3. Die Auswertung der Empirie hinsichtlich des Vorkommens der Güterrechtsregimes

Auf zweiter Ebene erfolgt eine Analyse der gewählten Güterrechtssysteme. Die Auswertungen *Goddings* verdeutlichten zur ersten Hälfte des 19. Jahrhunderts, dass der Großteil der Eheleute am *régime de communauté* festhielt und dieses nur in Teilen modifizierte, indem etwa eine *communauté d'acquêts* vereinbart wurde. Dabei folgten wiederum über 95 % der Eheleute dem gesetzlichen Leitsystem und nutzen Ehevertragsklauseln meist zur Regelung erbrechtlicher Angelegenheiten.[374] Die Untersuchungen ergaben darüber hinaus, dass die Wahl eines anderen Güterstandes als der *communauté légale* auch von dem Lebensmittelpunkt, Beruf und sozialen Rang der Eheleute unterschiedlich abhängig war. Darüber hinaus waren städtische Eheverträge entsprechend einer größeren sozioökonomischen Vielfalt abwechslungsreicher ausgestaltet als jene in ländlichen Regionen.[375] Abweichungen vom *régime de communauté* waren wie bereits festgestellt selten, kam ein solcher Sonderfall dennoch vor, entschied sich das Ehepaar regelmäßig für das Güterrecht der *séparation des biens*. So beispielsweise in Wavre, der Hauptstadt der Provinz Brabant wallon, wo rund 4,5 % des wohlhabenden Klientels eine *séparation des biens* vereinbarte. Von 700 Vertragsschlüssen in Brabant wallon konnten 15 Verträge der *séparation des biens*, vier der *communauté universelle*, sieben des *régimes sans communauté*, eine *communauté des meubles* und ein *régime dotal* verzeichnet werden.[376]

---

[374] *Godding*, les contrats de mariage dans la première moitié du 19ème siècle, BTNG 1983/1–2, S. 91–114, 103 f, Fn. 29–32: In Ittre: 95 %; Nivelles (Notar Delbruyère): 97 %; Wavre: 95,4 % (Notar Decorte) und 99 % (Notar Fortamps); Rebecq: 97,5 %; Tubize: 100 % ; In Waterloo entschieden sich bei sieben Eheverträgen zwischen 1804 und 1816 sechs Eheleute für die *communauté légale*; Mons (Notare Matthieu und Harmignies von 1804 bis 1810): 97 %; Tournai (fünf Notare für den Zeitraum von 1810–1819): 94 %; Chièvres: 96 %; Brugelette: 97 %; Flobecq: 100 %; Enghien: 95 % (Notar Bruneau); In Braine-le-Comte war die Verteilung etwas morderater: 89 %. In Enghien (Notar Slingeneyer) kam die *communauté légale auf* 78 %; in Ollignies (Notar J.Ph. Haubourdin) 68 % zwischen 1809 und 1820; Sibret: 95 %; Neufchâteau (drei ansässige Notare): 93 %; La Roche-Marche: 100 %; in der Provinz Namur: 77 % (Notar Humblet); 80 % (Notar Delbecq); 90 % (Notar Bougard); 92,5 % (Notar Gislain); Eghezée: 93 %; Taviers: 93 %.

[375] *Godding*, les contrats de mariage dans la première moitié du 19ème siècle, BTNG 1983/1–2, S. 91–114, 104.

[376] *Godding*, les contrats de mariage dans la première moitié du 19ème siècle, BTNG 1983/1–2, S. 91–114, 105 Fn. 39.

Im Allgemeinen war die Wahl des Güterrechtsregimes an den spezifischen Bedürfnissen der Parteien ausgerichtet. Entsprechend vereinbarten oftmals wohlhabende Personen wie Witwer oder Witwen, Kaufleute und Adlige die Anwendbarkeit der *séparation des biens.* Außerdem entschieden sich wohlhabende Verlobte, die unterhalb ihres sozialen Niveaus heirateten, gerne für eine Gütertrennung. Diese Bündnisse erkannte man regelmäßig daran, dass der Ehepartner aus einer niederen Schicht den Vertrag aufgrund fehlender Bildung weder lesen noch unterschreiben konnte.[377] Im Adel überwog das *régime dotal.*[378] Im Übrigen ergab eine nähere Analyse eine überproportionale Zuordnung ungewöhnlicher Güterrechtsregime zu einzelnen Notaren, sodass auch die Präferenzen und Praktiken des Notars selbst für die Ausgestaltung der güterrechtlichen Regelungen durchaus ausschlaggebend sein konnten.[379] Die Gütertrennung hatte insgesamt damit dennoch Seltenheitswert.

Eine umfassende Aufschlüsselung für das Ende des 19. Jahrhunderts lieferte die *Direction générale de l'enregistrement* aus dem Jahr 1898 und listete die Wahlgüterstände folgendermaßen auf:

Communauté de meubles et d'acquêts	866
– réduite aux acquêts	67.288
– universelle	258
Régime exclusif de communauté	1.694
Régime dotal	10.112
Séparation des biens	2.128[380]

Damit machte das *régime de la séparation des biens* weniger als 3 % der Eheverträge aus[381]. Weshalb folglich die *séparation des biens*, in welchem die

[377] *Godding*, les contrats de mariage dans la première moitié du 19ème siècle, BTNG 1983/1–2, S. 91–114, 106 Fn. 42.

[378] *Godding*, les contrats de mariage dans la première moitié du 19ème siècle, BTNG 1983/1–2, S. 91–114, 106.

[379] *Godding*, les contrats de mariage dans la première moitié du 19ème siècle, BTNG 1983/1–2, S. 91–114, 105 f.

[380] Bulletin de statistique er de législation comparée, Ministère des Finances, 1899, 1re partie, S. 143 f.

[381] Bulletin de statistique er de législation comparée, Ministère des Finances, ebenda; *Halpérin*, Histoire privée du droit, S. 22 f.; siehe auch: *Malaurie/Aynès*, Cours de droit civil, S. 34 f.

Ehefrau eine gewisse vermögensrechtliche Selbstständigkeit genoss, nur in 0,74 % der Eheschließungen Anwendung fand.

Schließlich zeichneten auch die persönlichen Wahrnehmungen zeitgenössischer Rechtswissenschaftler ein eindrückliches Bild der Praxis. So berichtete Pierre *Bermond*, ohne die Quelle seiner Statistik zu nennen, von einem abnehmenden Abschluss von Eheverträgen in der zweiten Hälfte des 19. Jahrhunderts. Im Jahr 1874 schlossen noch 40 % der Brautpaare einen Ehevertrag, 1884 sank die Zahl auf 37 %, 1894 auf 30 %, 1898 schließlich auf 28 %.[382] Er hob hervor, dass Eheverträge durchaus auch von berufstätigen Frauen wahrgenommen würden, diese seien regelmäßig Teil des Bürgertums und von Beruf Autorinnen, Malerinnen, Ärztinnen oder Lehrerinnen. Sie entschieden sich meist für *„la communauté réduite aux acquêts"*, eine Form der Errungenschaftsgemeinschaft[383]. *Bermond* begründete den Rückgang der Eheverträge, neben einem Misstrauen der breiten Öffentlichkeit gegenüber öffentlichen Ämtern und den Hürden des Gesetzes, vor allem mit einer Unkenntnis der Eheleute von Gesetz und Recht.[384]

Die Sichtung und Auswertung der gesammelten Daten macht deutlich, dass ehevertragliche Regelungen kaum die Rechtsbeziehungen von Arbeiterfamilien bestimmten. Eheverträge waren der wohlhabenden Bevölkerung vorbehalten. Entschied sich ein Ehepaar für einen Ehevertrag, hielten dieses regelmäßig am *régime de la communauté* fest, wodurch keine Änderungen der weiblichen Verfügungsbefugnisse und ihrer finanziellen Unabhängigkeit stattfanden. Entschieden die Eheleute sich in seltenen Fällen für eine *séparation des biens*, so war dies meist darauf zurückzuführen, dass beide Eheleute über ein nicht geringes eigenes Vermögen verfügten und dieses sichern wollten. Die Wahl war nicht von einem Wunsch nach Verbesserung der weiblichen Vermögensbefugnisse oder gar Bewahrung des persönlichen Arbeitserwerbs der Ehefrau motiviert.

4. Zusammenfassung und Fazit

Im Frankreich des 19. Jahrhunderts war der Ehevertrag als Sicherungsinstrument weiblicher Unabhängigkeit zum Großteil ungeeignet. Das erste Hindernis war

382 Diese Zahlen decken sich größtenteils mit den Angaben *Halpérins* in *Histoire privée du droit* und der *Direction générale de l'enregistrement.*

383 *Bermond*, Libre salaire, S. 79 f.

384 *Bermond*, ebenda.

dabei bereits die einschränkte Vertragsfreiheit hinsichtlich der Ausweitung weiblicher Befugnisse durch die korrelierende Einschränkung der ehemännlichen Vormachtstellung, die als *ordre public* im Code Civil verankert war. Eine begrenzte vermögensrechtliche Unabhängigkeit der Ehefrau erlaubte zwar das *régime de la séparation des biens*, auch dieses stand jedoch weiterhin unter dem Leitmotiv der *puissance maritale*. Ehevertragliche Regelungen genossen im Laufe des Jahrhunderts unterschiedliche Popularität, für eine Gütertrennung wurde sich jedoch nur in Ausnahmefällen entschieden. Sie erwies sich vielmehr als das Mittel der Wahl bereits vermögender Parteien zur Sicherung persönlicher Vermögenswerte. Verarmte Familien oder Arbeiterhaushalte, die oftmals auf ein unabhängiges Handeln der Ehefrau und Mutter angewiesen waren, um ihr Existenzminimum zu sichern, bedienten sich dieser Regelungsmöglichkeit nicht. Die Auswertungen zeigten, dass für den Großteil der Verlobten und Familien, die über kein Vermögen verfügten, die Eheverträge kaum eine Rolle spielten.

Eine zusätzliche Schwierigkeit ergab sich aus der Unabänderbarkeit von Eheverträgen gemäß Art. 1395 CC. Die jungen Eheleute heirateten in der Regel zu Beginn ihrer beruflichen Tätigkeit. Änderten sich mit den Jahren ihre finanziellen Umstände, konnten sie weder ungünstige Vertragsklauseln modifizieren noch im Laufe der Ehe erstmals Regelungen treffen. Damit war ein Ehepaar für die Dauer seiner Verbindung an Vereinbarungen gebunden, die möglicherweise unter anderen Umständen und Absichten eingegangen wurden.

Im Ergebnis war es Ehefrauen nicht möglich, sich mithilfe eines Ehevertrags persönliche oder finanzielle Freiheit zu erlangen, die es ihnen ermöglichten, unabhängig einen Beruf zur Versorgung der Familie zu ergreifen oder ihre persönlichen Arbeitsprodukte zu sichern und frei am Rechtsverkehr teilzunehmen.

II. Eheverträge in deutschen Territorien

Im 19. Jahrhundert breitete sich die vertragliche Gestaltung von Rechtsbeziehungen stetig aus und fand auch in private Lebensbereiche Einzug.[385] Diese Entwicklung beeinflusste auch das eheliche Güterrecht. Durch den wirtschaftlichen und sozialen Fortschritt, der die Gewerbefreiheit und

---

[385] *Sumner Maine*, Ancient Law, S. 170.

arbeitsvertragliche Regelungen für breite Teile der Bevölkerung mit sich brachte, gewannen die persönlichen Arbeitsprodukte für das Ehe- und Haushaltsvermögen zunehmend an Bedeutung. Das Bedürfnis nach individuellen Regelungen wuchs. Nachdem die Ehe ihren sakramentalen Charakter verlor, wurde auch sie dem allgemeinen Vertragsrecht zugänglich.[386] Der Richter und promovierte Jurist Julius *Weil* veröffentlichte 1870 in einer Zeitschrift des Lette-Vereins einen Beitrag mit dem Namen „*Die Frauen im Recht*".[387] Darin beschrieb er den Abschluss eines Ehevertrags als Ausnahmefall, da weite Teile der Bevölkerung eheliche Vermögensfragen nicht öffentlich vor einem Notar oder gar vor Gerichten diskutieren wollten.[388] Auch andere zeitgenössische Juristen wie zum Beispiel der Handelsgerichts-Präsident Dr. Siegfried *Albrecht* erklärten, dass die meisten Paare die Ehe ohne Vertrag eingingen.[389] Insofern stellt sich die Frage, inwieweit eine vertragliche Regelung der Ehe praktisch relevant war.

Zwischen 1852 und 1864 wurde in Württemberg noch über 800 Ehepaaren in Ermangelung hinreichenden Vermögens die Heirat verwehrt.[390] Auch nach einer schrittweisen Öffnung der Ehe für jedermann beeinträchtigte das Güterrecht Arbeiterehen kaum.[391] Die vermögensrechtlichen Folgen der Eheschließung waren vor allem für den wohlhabenden Teil der Bevölkerung von Bedeutung, sie interessierten sich für individuelle Regelungen zum Schutz des persönlichen Vermögens. Für Arbeiterfamilien standen jedoch Fragen der Sittlichkeit im Vordergrund, denn nur im Rahmen der ehelichen Vereinigung konnten sich die Geschlechter ohne gesellschaftliches Stigma begegnen.[392]

---

386 *Müller-Freienfels*, Systematische Einordnung des Familienrechts, RabelsZ, 1973, 609–659, 638; *Schwab*, Ehegesetzgebung, S. 77, 83 ff, 138 ff.

387 Die Zeitschrift des Lette-Vereins wurde 1870/71 herausgegeben und nannte sich „*Der Frauen-Anwalt*"; *Weil*, Die Frauen im Recht, in: Der Frauen-Anwalt, 1872, Nr. 11, S. 407-419, 448–455.

388 *Weil*, Die Frauen im Recht, in: Der Frauen-Anwalt, 1872, Nr. 11, S. 407–419, 448–455, 415: „Man wird doch darüber nicht zum Notar oder gar auf das Gericht gehen! Wie sähe das aus!".

389 *Albrecht*, in: Amt der ständigen Deputation, Verhandlungen des Zwölften Deutschen Juristentages 1875, Band 3, S. 48.

390 HKK/*Mayenburg*, Eheliches Güterrecht III, S. 652.

391 *Rosenbaum*, Proletarische Familien, S. 128–137.

392 *Rosenbaum*, ebenda.

Eine Untersuchung der Eheverträge deutscher Territorien ist vor dem Hintergrund des rechtlichen Flickenteppichs eine Herkulesaufgabe, zu der bisher kaum empirische Studien vorliegen. Zeitgenössische Wissenschaftler schnitten das Thema zwar an, stellten jedoch keine statistischen Grundlagen vor.[393] Die Herausarbeitung einer deutschen Leitkultur im Rahmen ehelicher Gestaltung ist daher kaum möglich. Die Durchsicht regional begrenzter Arbeiten und die Bearbeitung regionaler Stichproben lassen jedoch Rückschlüsse auf die Erweiterung weiblicher Befugnisse zu. Diese Linie soll im Folgende herausgearbeitet und dargestellt werden.

1. Die Vertragsmodalitäten in den deutschen Territorien

Im Rahmen der Vertragsfreiheit waren Abweichungen von regionalen Ehestatuten ehevertraglich möglich. Dabei bestimmten güterrechtliche Gestaltungen die Vertragspraxis.[394] Vertragsklauseln, welche die Eheherrschaft als Ganzes betrafen, blieben theoretischer Natur, vereinzelt wurde jedoch das männliche Wohnortsbestimmungsrecht ausgeschlossen oder modifiziert.[395] Die männliche Herrschaft galt als juristisch verbindliches Leitbild, auch gegen den Willen eines Ehepaares, und zog sich wie ein roter Faden durch das territoriale Eherecht.

Im römischen Recht wurden die ehelichen Pflichten zunächst von der „*Sitte*“ bestimmt. Eheverträge durften nicht gegen das Wesen der Ehe verstoßen, was insbesondere die Eheherrschaft des Mannes umfasste. Individuelle Ehevereinbarungen ließen damit nur wenig Raum für Regelungen, die nicht rein vermögensrechtlicher Natur waren und der Ehefrau mehr Freiheiten verschafften.[396]

Im Preußischen Allgemeinen Landrecht regelte ALR II. 1. §§ 198, 199 das Recht zum Abschluss von Eheverträgen.[397] Dabei schloss das Gesetz keine

---

393 *Völderndorff und Waradein*, Über das eheliche Güterrecht, S. 6: So berichteten beispielsweise der deutsche Jurist Otto von *Völderndorff und Waradein*, dass in Bayern sich insbesondere die „*gebildeten Klassen*“ für die Vereinbarung des römischen Dotalrechts entschieden, führte dies jedoch nicht weiter aus.

394 *Duncker*, Gleichheit und Ungleichheit, S. 908; *Lehmann*, Ehevereinbarungen, S. 43.

395 *Duncker*, Gleichheit und Ungleichheit, S. 907 f.

396 *Duncker*, Gleichheit und Ungleichheit, S. 375; *Jörs/Kunkel/Wenger*, Römisches Privatrecht, S. 171 f.

397 ALR II. 1. § 198. *In allen Fällen, wo die Frau in stehender Ehe zu etwas, wozu sie die Gesetze nicht verpflichten, dem Manne, oder zu dessen Vortheile verbindlich gemacht werden soll,*

Vertragsgestaltungen aus. Hervorzuheben ist jedoch ALR II. 1. § 682,[398] welcher Eheverträge über einen Kernbereich der männlichen Eheherrschaft, nämlich der Wohnortsfolge, ausdrücklich anerkannte. Diese Regelung wurde im Laufe des 19. Jahrhundert heftig kritisiert, da ein solcher Vertrag dem Wesen der Ehe widerspräche, wurde jedoch bis zur Einführung des BGB aufrechterhalten.[399] Einen Rückschluss auf die ehevertragliche Praxis, auch weitere Herrschaftsbereiche des Mannes einzuschränken, lässt diese Regelung jedoch nicht zu.

Das sächsische BGB griff die sich im 19. Jahrhundert ausbreitende Auffassung der Ehe als überpersonale sittliche Ordnung auf und legte in § 1692 fest, dass die *„wesentlichen persönlichen Rechtsverhältnisse […] durch Ehestiftungen nicht aufgehoben werden konnten*". Im Zuge der Ausarbeitung des sächsischen BGB umfasste eine *wesentliche* persönlichen Beziehung vor allem den Verzicht der Ehefrau auf künftigen Unterhalt oder eine erleichterte Ehescheidung.[400] Wesentlich war auch der Kern des männlichen Bestimmungsrechtes wie die Wohnortsfolgepflicht der Frau, auf welche der Mann daher nicht wirksam verzichten konnte.[401] Darüber hinaus waren jedoch Übereinkünfte über Teile der Eheherrschaft möglich, wie etwa die Ehefrau von der Gewerbehilfe- und Haushaltsführungspflicht zu befreien.[402] Hervorzuheben ist zudem § 1693 sächs. BGB, wonach die Ehefrau sich die freie Verfügung über ihr Vermögen vorbehalten und sich durch entsprechende Vereinbarungen umfassende Befugnisse an ihrem Arbeitslohn sichern konnte.[403]

---

muß der Vertrag, oder die Verhandlung, gerichtlich vollzogen werden.; ALR II. 1. § 199. *Aus bloßen außergerichtlichen Verträgen zwischen dem Manne und der Frau, können daher für die letztere zwar Befugnisse, aber keine Verbindlichkeiten entstehen.*

398 ALR II. 1. §. 682. *Ingleichen, wenn der Frau die Pflicht, dem Manne zu folgen, durch einen vor der Heirath geschlossenen Vertrag erlassen worden.*

399 *Schubert*, Gesetzesrevision V, S. 384 f.

400 *Siebenhaar/Siegmann*, Commentar Königreich Sachsen, § 1692, S. 72

401 *Siebenhaar/Siegmann*, Commentar Königreich Sachsen, § 1636, S. 38.

402 *Siebenhaar*, Lehrbuch, S. 210.

403 § 1693 sächs. BGB: *Hat die Ehefrau mit Einwilligung des Ehemannes sich die freie Verfügung über ihr Vermögen oder über einen Theil desselben vorbehalten, oder hat ein Dritter, welcher der Ehefrau Vermögen zuwendet, bestimmt, daß die Ehefrau die freie Verfügung darüber haben soll, so kann die Ehefrau, in Ermangelung einer anderen Bestimmung, ohne Mitwirkung des Ehemannes über dieses vorbehaltene Vermögen verfügen, dasselbe verwalten, dessen Früchte für sich ziehen und diese für sich verwenden.*

Die Judikatur wies im Bereich des Güterrechts keine Besonderheiten auf. Die Privatautonomie der Eheleute wurde gewürdigt und an den allgemeinen Regeln des Vertragsrechts festgehalten.[404] So entschied das preußische Obertribunal bei Anwendung des ALR, dass in Gütergemeinschaft lebende Eheleute, trotz ALR II. 1. § 413, wonach *„Provinzialgesetze oder Statuten [...] auch mit Bewilligung beyder Eheleute, in der Regel nicht"* aufgehoben werden konnten, aufgrund ALR II. 1. § 418[405] Modifikationen am Innenverhältnis der Eheleute vornehmen konnten, da die Gütergemeinschaft die *„Vertragsfreiheit der Eheleute an sich keinesfalls"* aufhebe.[406]

Dem Eherecht der deutschen Territorien war gemein, dass die Vertragsfreiheit durch *„das Wesen der Ehe"* beschränkt wurde. Dies umfasste regelmäßig die Beachtung und Wahrung der ehemännlichen Gewalt. Welche Teile der Eheherrschaft jedoch für die eheliche Gemeinschaft wesentlich waren, wurde unterschiedlich beurteilt und unterlag auch territorialen Eigenheiten. Grundsätzlich ließen diverse Vertragsmodalitäten eine günstigere Ausgestaltung der weiblichen Vermögensbefugnisse und sogar persönliche Freiheiten der verheirateten Frau zu. Die Erarbeitung einer für das gesamte Deutsche Reich gültigen Vertragspraxis ist damit ein umfangreiches Projekt der Zukunft.

2. Das Gebiet des Badischen Landrechts

Als eines der wenigen Werke, welches eine empirische Analyse regionaler Eheverträge auf deutschem Gebiet zum Inhalt hat, soll zunächst ein Blick auf die Dissertation von Kai-Oliver *Giesa*, *„Eheverträge im Großherzogtum Baden in der 2. Hälfte des 19. Jahrhunderts"*, geworfen werden. *Giesa* wertete 279 Eheverträge aus den Akten des Amtsgerichts Freiburg aus. Die betreffenden Ehepaare lebten entweder in dem Gerichtsbezirk oder wählten diesen später als Wohnsitz. Der Großteil dieser Verträge stammte aus dem Bestand Freiburger Notare. *Giesa* stellte fest, dass auch auswärtige Verträge einer ähnlichen Vertragsgestaltung folgten.[407] Auf die untersuch-

[404] HKK/*Mayenburg*, Eheliches Güterrecht III, S. 697 f.

[405] ALR II 1 § 418: *Ueberhaupt stehet es den Eheleuten zu allen Zeiten frey, die Folgen der Gemeinschaft, so weit sich dieselben nur auf ihre künftige Succession erstrecken, durch Verträge aufzuheben oder abzuändern.*

[406] Preußisches Obertribunal, Urteil des Ersten Senats vom 3.11.1862, in: *Decker/Voßwinkel/Heinsius*, Entscheidungen, Nr. 32, 195, 198.

[407] *Giesa*, Eheverträge im Großherzogtum Baden, S. 26.

ten Verträge war das Badische Landrecht vom 1. Januar 1810 anwendbar, welches zum Großteil die Regelungen des Code Civil übernahm. Neben dem Badischen Landrecht waren die Gesetze, „*die Gebühren für die Geschäfte der Rechtspolizeiverwaltung betreffen*", bedeutend, da diese die Kosten der Vertragserrichtung regelten. Zudem ergaben sich aus den Gesetzen über die Verwaltung der freiwilligen Gerichtsbarkeit und über das Notariat gemeinsam mit diversen Notariatsverordnungen die Zuständigkeit und das Verfahren der Errichtung.[408] Einleitend sei *Giesas* Erkenntnis erwähnt, welche mit den französischen Studien übereinstimmt, wonach Eheverträge insbesondere von den mittleren und oberen Bürgerschichten wahrgenommen wurden, da aufgrund ihres Wohlstandes vermögensrechtliche Individualvereinbarungen von Bedeutung waren.[409]

Das Badische Landrecht gestaltete die Vertragsfreiheit der Eheleute wie sein französisches Vorbild. Dementsprechend durften ehevertragliche Klauseln, welche die eheliche Gewalt über die Person der Frau und der Kinder oder die Rechte des Mannes als Oberhaupt der Familie betrafen, nicht schmälern.[410] Mithin konnte der Ehemann auf seine Verwaltungs- und Verfügungsbefugnisse am gemeinschaftlichen Ehevermögen nicht wirksam verzichten.[411] Im Übrigen konnten die Eheleute die gesetzliche Gütergemeinschaft innerhalb der gesetzlichen Grenzen modifizieren oder ein anderes Güterrechtssystem vereinbaren. Darüber hinaus bedurften Eheverträge der notariellen Beurkundung und die Eheleute waren trotz Ehemündigkeit bis zur Vollendung des 21. Lebensjahres auf das Einverständnis ihrer Eltern angewiesen, wobei deren Anwesenheit bei Vertragserrichtung also solches gewertet wurde.[412] Der Vertrag vor der Heirat

---

408 *Giesa*, Eheverträge im Großherzogtum Baden, S. 28.

409 *Giesa*, Eheverträge im Großherzogtum Baden, S. 319 ff.

410 BLR S. 1388: *Kein Vertrag darf die Rechte schmälern, die zu der Gewalt des Manns über die Person der Frau und der Kinder gehören, oder die dem Mann als Haupt der Familie zustehen; keiner darf die Rechte, welche dem überlebenden Theil der Ehegatten unter dem Titel von der elterlichen Gewalt, und unter dem Titel von der Minderjährigkeit, der Vormundschaft und Gewalts-Entlassung beygelegt sind, verändern; keiner darf etwas festsezen, was gegen verbietende Verfügungen dieses Gesezbuchs anstößt.*

411 *Behaghel*, Der Ehevertrag, S. 25 f.; *Grether*, Das Güterrecht, S. 44.

412 *Behaghel*, Das Badische Bürgerliche Recht, S. 122, 125; ders., Der Ehevertrag, S. 18; *Grether*, Das Güterrecht, S. 53; *Stabel*, Institutionen des französischen Civilrechts, S. 462; *Mayer*, Leitfaden Badisches Landrecht, S. 244.

zu schließen und konnte im Anschluss nicht mehr modifiziert werden.[413] Diese Übernahme aus dem Code Civil stellte eine deutliche Einschränkung der bisher in Baden geltenden Vertragsfreiheit dar, deren Rechtsordnung vor Einführung des Badischen Landrechts weder eine voreheliche Errichtung noch eine spätere Unabänderbarkeit vorschrieb.[414]

Aufgrund der vergleichbaren gesetzlichen und sozioökonomischen Ausgangslage der Eheleute mit Frankreich liegt im Folgenden der Fokus auf der Vereinbarung einer Gütertrennung zur Maximierung der weiblichen Vermögensbefugnisse – auch wenn dies wohl kaum Intention entsprechender Vereinbarungen war. Um die Relevanz der Gütertrennung und der daraus resultierenden Verfügungsbefugnisse der Ehefrau über ihren Arbeitserwerb beurteilen zu können, soll zunächst ein Blick auf die Wahrnehmung ehevertraglicher Regelungen geworfen werden. *Giesa* fand Gerichtsakten mit 305 Eheverträgen aus der zweiten Hälfte des 19. Jahrhunderts, wovon er 279 auswertete. Daneben zog er Angaben des Statistischen Landesamtes zurate.[415] Daraus ergab sich, dass zwischen 1868 und 1900 jährlich durchschnittlich 12.129 Ehen geschlossen wurden, wovon 5.024 über einen Ehevertrag verfügten. Damit lag der Durchschnitt der Ehen, die durch einen Ehevertrag geregelt wurden, bei 41 %.[416] *Giesa* merkte jedoch an, dass dieses Ergebnis verfälscht sein könnte, da einige Ehepaare mehrere Verträge abschlossen, um Vertragsmodifizierungen, notwendigerweise noch vor der Heirat, zu erreichen. Da jedoch regelmäßig zwischen dem Vertragsschluss und der Heirat nur wenige Tage lagen, kann davon ausgegangen werden, dass eine Verzerrung der Quote durch Mehrfachverträge marginal ist.[417]

Eine differenzierte Analyse der einzelnen Jahrgänge bis zu Beginn des 20. Jahrhunderts ergab, dass die relative Anzahl der Eheverträge abnahm. Noch 1868 ließen 45 % der Brautpaare ihre ehelichen Vereinbarungen notariell

---

413 BLR S. 1395: *Nach geschlossener Ehe leiden sie keine Veränderung.*

414 *Stabel*, Institutionen des französischen Civilrechts, S. 462.

415 *Giesa*, Eheverträge im Großherzogtum Baden, S. 139 ff.; Die weiteren Angaben wurden den statistischen Jahrbüchern für das Großherzogtum Baden und den Beiträgen zur Statistik der inneren Verwaltung des Großherzogtums Baden entnommen.

416 Vgl.: *Giesa*, Eheverträge im Großherzogtum Baden, S. 140, Fn. 3: Im Landgerichtsbezirk Freiburg lag die Quote der Vertragsabschlüsse höher: 1868 und 1869 lag sie bei 52 % und fielen 1870 auf 47 % (Quelle: Statistisches Jahrbuch für das Großherzogtum Baden des jeweiligen Jahrgangs).

417 *Giesa*, Eheverträge im Großherzogtum Baden, S. 140.

beurkunden. Diese Quote erreichte ihren Höhepunkt 1878 mit 48 %. Die nachfolgenden Jahre verzeichneten jedoch rückläufige Zahlen. Im Jahr 1884 schlossen noch 41 % der Paare einen Ehevertrag, 1899 jedoch nur noch 34 % der Eheleute.[418] Dieser Rücklauf könnte mit dem baldigen Erlass des BGB, welches die Aufhebung einiger ehe- und erbvertraglicher Regelungen in Aussicht stellte, zu begründen sein. Darüber hinaus ermöglichte das BGB den Ehepaaren, Vereinbarungen auch während der Ehe zu treffen, übereilte Vereinbarungen waren nicht mehr notwendig. Tatsächlich konnte *Giesa* nach dem Erlass des BGB erneut einen leichten Anstieg der Vertragsschlüsse auf 37 % ausmachen. Dieser Trend setzte sich jedoch nicht langfristig fort, weshalb die Entwicklung abfallender Vertragsschlüsse, die bereits vor den Arbeiten am künftigen BGB in den 1870ern begann, sich auch im neuen Jahrhundert fortsetzte.[419]

Giesas weitere Analyse zeigte, dass die Mehrheit der Eheleute Eheverträge zur Modifizierung des Güterrechts nutzte. Die individuelle Regelungsmöglichkeit der Vermögensverhältnisse schien der primäre Antrieb zum Abschluss eines Vertrages zu sein.[420] Von den 279 untersuchten Eheverträgen enthielten nur 10 keine güterrechtlichen Bezugnahmen. Das Badische Landrecht enthielt Güterrechtsmodelle, denen sich die Eheleute durch einfache Vereinbarung anschließen konnten, eröffnete jedoch auch die Möglichkeit, die einzelnen Systeme zu modifizieren oder zu kombinieren.[421] Knapp 96 % der Ehepaare nutzten die Verträge, um von dem gesetzlichen System der Fahrnisgemeinschaft abzuweichen. Nur ein Paar beließ es bei einer einfachen Modifikation der Fahrnisgemeinschaft.[422] Die Großzahl der Verträge vereinbarte die Übernahme eines der gesetzlichen Güterrechtsmodelle. Die entsprechende Klausel leitete regelmäßig als eine der ersten Vereinbarungen den Vertrag ein. Rund 77 % der Eheleute entschieden sich für die

---

418 *Giesa*, Eheverträge im Großherzogtum Baden, S. 140 f.

419 *Giesa*, Eheverträge im Großherzogtum Baden, S. 142 f

420 *Giesa*, Eheverträge im Großherzogtum Baden, S. 148.

421 BLR S. 1527: *Was in den obigen acht Abschnitten gesagt ist, hat die Absicht nicht, die Verträge, welche bey der bedungenen Güter-Gemeinschaft statt haben können, gerade auf diese Verfügungen einzuschränken.*

Die Ehegatten dürfen vielmehr jedes andere Geding eingehen, laut des 1387. Sazes, vorbehaltlich der Einschränkungen, welche in den Säzen 1388, 1389 und 1390. beschrieben sind. [...].

422 *Giesa*, Eheverträge im Großherzogtum Baden, S. 148.

eingeschränkte Verliegenschaftung als Unterfall der Gütergemeinschaft. In 15 Verträgen war eine reine Errungenschaftsgemeinschaft oder die allgemeine Gütergemeinschaft festgelegt.[423] Mit 18 Eheverträgen und damit knapp 6 % der Vertragsschlüsse vereinbarten die Brautpaare die Vermögensabsonderung als Form der Gütertrennung, welche der Ehefrau die größte vermögensrechtliche Unabhängigkeit gewährleistete. Insgesamt lebten damit weniger als 3 % der Eheleute in diesem Güterrechtsystem.[424] Die Vereinbarung einer Gütertrennung war damit für die Erreichung weiblicher Selbstständigkeit kaum von Bedeutung.

Da die eingeschränkte Verliegenschaftung das Gütermodell der Wahl vieler badischer Ehepaare war, soll genauer untersucht werden, wie diese sich auf den Erwerb der Ehefrau auswirkte. Die Vertragsabsprache sah für gewöhnlich vor, dass die Brautleute jeweils einen Betrag gleicher Höhe in die Gemeinschaft einwarfen und für denselben Schuldner der Gemeinschaft wurden. Weitere gegenwärtige und zukünftige Mobilien schlossen die Ehegatten von der Gemeinschaft aus und erklärten diese zur Liegenschaft gemäß BLR S. 1500 ff. Den Hauptteil ihres jeweiligen Privatvermögens enthielten die Eheleute regelmäßig der Gemeinschaft vor.[425] Die Vertragspraxis offenbarte, dass die geläufige Klausel der eingeschränkten Verliegenschaftung vorsah, dass die Ehegatten durch konkrete Benennungen die Eigentümer ihrer eingebrachten Fährnisse blieben und auch die Verbindlichkeiten trennten. Im Vergleich zum gesetzlichen Güterrechtssystem der Fahrnisgemeinschaft reduzierte das Brautpaar das gemeinsame Vermögen erheblich und behielt sich einen Großteil der gegenwärtigen und zukünftigen Fahrnis vor.[426] Dies betraf indes nicht den Arbeitserwerb der Ehefrau, da man zur *„künftiger Fahrniß“*[427] nur die während der Ehe anfallenden Erbschaften, Vermächtnisse oder Schenkungen zählte. Der Arbeitserwerb der Ehefrau fiel als eingebrachtes Gut in die Gemeinschaft und unterlag damit der Autorität des Ehemannes. Daneben verwaltete der Ehemann neben dem Gemeinschaftsvermögen auch die vorbehaltenen Sondergüter, und auch die Nutzungen der

---

[423] *Giesa*, Eheverträge im Großherzogtum Baden, S. 149.
[424] Gemessen an der durchschnittlichen Wahrnehmung von Eheverträgen durch Ehepaare.
[425] *Giesa*, Eheverträge im Großherzogtum Baden, S. 151.
[426] *Giesa*, Eheverträge im Großherzogtum Baden, S. 149, 324 f., 333 f.
[427] BLR S. 1500 ff.

verliegenschafteten Fährnisse waren dem Gemeinschaftsvermögen zugeordnet.[428] Damit wirkte sich die eingeschränkte Verliegenschaftung nicht auf die vermögensrechtlichen Befugnisse der Ehefrau an ihrem Arbeitserwerb aus.

Im Zuge der untersuchten 15 Verträge, welche die Errungeschaftsgemeinschaft wählten, waren zwar die *„beygebrachten und künftigen eigenen Schulden eines jeden, und alle ihre beederseitige beygebrachte und künftige Haabe von der Gemeinschaft ausgeschlossen“*,[429] der persönliche Arbeitserwerb der Ehefrau fiel jedoch in die eheliche Gemeinschaft. Im Vergleich zur gesetzlichen Fahrnisgemeinschaft wurde zwar das Gemeinschaftsgut erheblich reduziert, betraf jedoch nicht den zukünftigen Erwerb der Eheleute.

Giesa untersuchte auch einen Zusammenhang zwischen der Berufswahl und dem vereinbarten Güterrecht. Dabei fiel auf, dass nur die Berufe der Bräutigame derart festgehalten wurden, dass die Prüfung eines entsprechenden Zusammenhangs möglich war. Die Berufsbezeichnung oder Ausübung von Bräuten wurde lediglich in 16 Vereinbarungen erwähnt, wobei die Mehrzahl dieser Verträge nach 1880 geschlossen wurde. Es handelte sich dabei um Berufe aus dem Dienstleistungssektor und Handwerk. Auffällig war, dass jede vierte dieser Ehen, und damit überdurchschnittlich viele, das System der Vermögensabsonderung vereinbarten.[430] Inwieweit andere Bräute keinem Beruf nachgingen, diesen mit der Eheschließung aufgaben oder die weibliche Tätigkeit als nicht erwähnenswert betrachtet wurde, lässt sich nicht rekonstruieren.

Außerdem beobachtete *Giesa*, dass die Vermögensabsonderung in der Mitte des 19. Jahrhunderts in Baden noch bedeutungslos war, in Freiburg hingegen am Ende des Jahrhunderts jeder fünfte Ehevertrag eine Vermögensabsonderung festlegte. Dieser Trend war punktuell auch in Großstädten wie Karlsruhe und Mannheim zu erkennen.[431] Ob dies auf die anstehende Verabschiedung des BGB oder eine voranschreitende weibliche Unabhängigkeit zurückzuführen war, bleibt jedoch offen. Die Relevanz der Vermögensabsonderung

---

428 OHG, Jb,N.F., 6. Jg. (1840/41), S. 164; *Grether*, Das Güterrecht, S. 208.

429 BLR S. 1498: *Wo unter den Ehegatten die Güter-Gemeinschaft auf die Errungenschaft beschränkt ist, da sind die beygebrachten und künftigen eigenen Schulden eines jeden, und alle ihre beiderseitige beygebrachte und künftige Haabe von der Gemeinschaft ausgeschlossen. [...]*. .

430 *Giesa*, Eheverträge im Großherzogtum Baden, S. 355 ff.

431 *Giesa*, Eheverträge im Großherzogtum Baden, S. 176.

für eine freie Verfügung über den persönlichen Lohn der Ehefrau blieb, nicht zuletzt auch aufgrund der Sonderstellung der ehemännlichen Autorität, begrenzt. Die Badener Vertragspraxis zeigte, der französischen Leitlinie folgend, dass die Bevölkerung die Modelle der Gütertrennung kaum wahrnahm.[432] Eheverträge waren kaum zur Erlangung persönlicher und finanzieller Unabhängigkeit der verheirateten Frau geeignet.

3. Stichproben aus Hessen

Im Rahmen dieser Arbeit wurden aufgrund des regionalen Bezugs der Bearbeiterin auch Stichproben zur Sichtung der ehevertraglichen Praxis auf dem Gebiet des heutigen Hessen, dem damaligen Kurfürstentum Hessen und Nassau untersucht. Insgesamt wurden 15 Eheverträge des 19. Jahrhunderts aus regionalen Archiven begutachtet.[433] Mangels einer großflächigen Kodifikation im Kurfürstentum war sowohl das gesetzliche Güterrecht als auch die vertragliche Ausgestaltung unübersichtlich. Eheschließungen waren auf diesem Gebiet zwischenzeitlich durch das Gesetz vom 22. Dezember 1823 eingeschränkt, welches die Ehe zu einem sozialen Privileg erhob. Der Bräutigam war verpflichtet, im Zuge der obligatorischen Eheanzeige einen von der Gemeinde ausgestellten Vermögensnachweis über Substanzmittel zum Unterhalt der

---

[432] Vgl. *Giesa*, Eheverträge im Großherzogtum Baden, S. 24, Fn. 7: Diesbezüglich widersprach die badische Rechtstradition vielen Regionen des Deutschen Reiches, in denen eine Form der Gütertrennung vorherrschte. Diese waren jedoch regelmäßig mit umfassenden Verwaltungsrechten des Ehemannes ausgestattet, welche die Gütertrennung im Interesse der ehelichen Gewalt zu einer Gemeinschaft zusammenführte.

[433] 17. 06.1805, Gr. Ferdinand Carl zu *Leiningen* mit Marianne v. *Syberg*; 08.02.1819, Obermörlen, Ludwig Friedrich von *Wernborn* mit der Jungfer Anna Maria *Pfeifferin* von Obermörlen; 28.02.1800, Philipp *Leimberger* und Jungfer Maria Sabina *Jacobin*; 19.12.1819, Johannes *Kamm* und die tugendhafte Maria Christina *Hardt*; 30.08.1800, Wießbaden, Georg Ludwig *Schneider* und Angelika *Elisabetha*; 05.10.1818, Niederneisen, Carl *Hatzmann* und Elisabetha *Schwenckin*; 29.04.1820, Hadamar, Johann Georg *Hartmann* und Elisabetha *Zimmermann*; 25.03.1822, Montabaur, Schlomo *Salomon* und Rachael *Kächberger*; 11.08.1823, Hadamar, Abraham *Aron* und Elena *Abraham*; 22.03.1833, Hadamar, Franz *Burckhardt* und Katharina *Flügel*; 25.08.1815, Usingen, Johannes *Diehl* und Anna Dorothea *Döpfer*; 04.12.1845, Nidda, Heinrich *Scheerer* und Katharina *Pitz*; 28. 07.1886, Inheiden, Wilhelm *Stoll* und Auguste *Eiser*; 03.01.1884, Friedrich Wilhelm *Konrad* und Marie *Schmid*.

Familie vorzulegen.[434] Zweifelte der Gemeinderat an dem Ausreichen der Substanzmittel, konnte der Heirat widersprochen werden.[435] Ziel war es, in Zeiten des Bevölkerungswachstums und einer verringerten Wirtschaft die Entstehung von Sozialfällen zu verhindern.[436] Eheverträge mussten grundsätzlich ein Protokoll über die Vermögenswerte der Ehegatten enthalten, konnten jedoch auch nach der Heirat abgeschlossen werden. Im Rahmen der Eheanzeige hatten die Eheleute die Wahl, entweder einen Ehevertrag zu errichten oder zu erklären, unter welchem Landrecht sie heiraten wollten.[437]

Die Wahrnehmung der Bedeutung von Eheverträgen im Kurfürstentum Hessen wurde unterschiedlich beurteilt. Berichte von Heimatforschern des hessischen Hinterlandes beschreiben für das Dorf Gönnern sowie den Landratsbezirk Battenberg beispielsweise den Abschluss eines Ehevertrages als die übliche Vorgehensweise.[438] Dieses Bild widerspricht sowohl der in Baden aufgezeigten Häufigkeit von Vortragsschlüssen als auch *Weils* Beurteilung.[439]

Die von der Bearbeiterin untersuchten hessischen Stichproben benannten keinen konkret anwendbaren Güterstand. Sie bezifferten indes regelmäßig das einbrachte Gut, die Ausstattung, Braut- oder Morgengabe der Ehefrau aus der Tasche der Eltern sowie die Mitgaben an den Bräutigam. Aus der Gesamtschau der Eheverträge war ersichtlich, dass stets zumindest ein Teil des Paares über Vermögen verfügte oder aus dem mittleren Bürgertum stammte.[440] Die güter-

---

434 *Sibeth*, Eherecht und Staatsbildung, S. 235; *Roth/Meibom*, Kurhessisches Privatecht I, S. 323 f.

435 *Bamberger*, Ehe- und Übergabeverträge in Hessen, S. 24, 56.

436 *Bamberger*, ebenda.

437 *Bamberger*, Ehe- und Übergabeverträge in Hessen, S. 24.

438 *Debus*, Geschichten aus unserem Dorf Gönnern, S. 427; *Huth*, Landkreis Biedenkopf, S. 50.

439 Siehe unten, S. 106, *Weil*, Die Frauen im Recht, in: Der Frauen-Anwalt, 1872, Nr. 11, S. 407–419, 448–455.

440 Beispielhaft: 08.02.1819, Obermörlen, Ludwig Friedrich von *Wernborn* mit der Jungfer Anna Maria *Pfeifferin* von Obermörlen: Der Bräutigam bringt seine von seinen „*Eltern angeschlagene Hofraith mitsamten dazu gelegenen Garten von 300 Fl. […] in die Ehe*"; 28. 02.1800 Philipp Leimberger und Jungfer Maria Sabina Jacobin: „[…] *zeittige Nahrung und Morgen gab betreffent Gut, so giebt uns setzet der Vater sein eigenes Wohnhauß und was darum Land und nagelfest ist seinem Sohn dem Hochzeiter für den rechtlichen Anschlag für fünfhundert Gulden*[…]"; 05.10.1818, Niederneisen, Carl *Hatzmann* und Elisabetha *Schwenckin*: „*Bringt der Bräutigam Carl Hatzmann die von seinen Eltern überkommene Mahlmühle mit allen Zubehörungen in dem Anschlage von 2300 Fl. in die Ehe ein […]*",

rechtlichen Folgen waren entweder aus den verwendeten Rechtsbegriffen und Festlegungen herauszulesen[441] oder durch einen Verweis auf landesrechtliche Regelungen bestimmt.[442] Bei der Umschreibung des anwendbaren Güterrechts wählten von elf Verträgen, die einen Rückschluss zuließen, zwei eine Form der Errungenschaftsgemeinschaft, zwei legten den Umfang der Braut- bzw. Morgengabe fest und fünf benannten die Summen und Wertgegenstände, welche die Verlobten in die Ehe einzubringen beabsichtigten. Darüber hinaus legten drei Eheverträge fest, dass diese unwiderruflich

---

„Die Braut Elisabetha Schwenckin bringt ebenfalls das von ihren verstorbenen Eltern bereits vererbte in allenfalls achtzehn Morgen Akerland bestehendes und ongefehr zu 3000 Fl. taxirtes Vermögen, wie solches die Vormundschafts Rechnung ausweise, in die Ehe ein.“; 25. März 1822, Montabaur, Schlomo *Salomon* und Rachael *Kächberger*: *„Bringt die Braut in diese Ehe ausser ihrer Kleidung und Schmuck ein Vermögen von baaren 2850 Fl., Buchstäblich Zwei Tausend Acht Hundert Fünfzig Gulden und 24 Fl. Fuß, welche bei Herrn Joseph Kronstetter zu Limburg zu dem Ende bereits deponiret wurden.“*.

441 11.08.1823, Hadamar, Abraham *Aron* und Elena *Abraham*: *„Alles was aus dem beiderseitigen Zubringen errungen und erworben wird, ist unter beiden Eheleuten zu gleichen Theilen gemeinschaftl.“*; 25.03.1822, Montabaur, Schlomo Salomon und Rachael Kächberger: *„Was aus den beiderseiten Einbringungen erworben wird, davon soll die eine Hälfte auf den Seiten des Ehemannes und zum anderen Hälfte auf der Seite der Ehefrau fallen.“*; 29.04.1820, Hadamar, Johann Georg *Hartmann* und Elisabetha *Zimmermann*: *„Alles Mo- und Immobiliar Vermögen, welches die Verlobten während ihrer Ehe erwerben werden, ist gemeinschaftl. und sie fügen sich in dieser Hinsicht den bestehenden Landesherrlichen Gesetzen.“*; 05.10.1818: Der Vertrag bestimmt nur die Summen und Wertgegenstände, die die Verlobten in die Ehe einbringen; 30.08.1800, Wiesbaden, Georg Ludwig *Schneider* und Angelika *Elisabetha*: *„beziehe sie die Braut, wie ohnehin rechtlich dereinst die halbe Errungenschafft und ihre Illata.“*; 19.12.1819, Johannes *Kamm* und Maria Christina *Hardt*: Der Vertrag erwähnt den Umfang der Brautgabe; 28.02.1800, Philipp *Leimberger* und Maria Sabina *Jacobin* : Der Vertrag erwähnt nur den Umfang der Morgengabe; 08.02.1819, Obermörlen, Ludwig *Friedrich* und Anna Maria *Pfeifferin*: Es wird im Vertrag festgehalten, was die Eheleute in die Ehe einbringen; 04.12.1815, Nidda, Heinrich *Scheerer* und Katharina *Pitz*: *„Die Verlobten wenden ihr gegenwärtiges und zukünftiges Vermögen in diese Ehe. Die Braut wendet namentlich ein*: [...]“; 28.07.1886, Inheiden, Wilhelm *Stoll* und Auguste *Eiser*: Die Eheleute beschreiben, was sie in die Ehe einwenden.

442 25.08.1815, Usingen, Johannes *Diehl* und Anna Dorothea *Döpfer*: Streitigkeiten sollen nach den *„Amts Cleeberger Rechten“* entschieden werden; 04.12.1815, Nidda, Heinrich *Scheerer* und Katharina *Pitz*: Nach der Bennenung der Güter, die in die Ehe eingebracht werden sollen, folge die Klausel *„Im Übrigen verbleibt es bei den gesetzlichen Bestimmungen“*; 03.01.1884, Friedrich Wilhelm *Konrad* und Marie *Schmidt*: *„Im Weiteren wollen die Verlobten ihre Vermögensverhältnisse nach Solmser Landrecht beurtheilt wissen.“*.

waren.[443] Alle Eheverträge beinhalteten erbrechtliche Regelungen, zwei wurden exklusiv für die Ordnung des Nachlasses verwendet.[444] Rückschlüsse auf die Berufe der Eheleute waren, außer in den Fällen, in denen konkrete Arbeitsgegenstände wie etwa eine Mühle in die Ehe eingebracht wurden, nicht möglich.

Die Stichprobe von 15 Verträgen ist zu klein, um ein güterrechtliches Präferenzmuster herauszuarbeiten, bestärkt jedoch die Schlussfolgerung, dass Eheverträge primär von vermögenden Paaren wahrgenommen wurden. Außerdem verdeutlicht sie die Problematik der Gerichte, in Ehestreitigkeiten das anwendbare Güterrecht zu bestimmen. Die Bestimmung des Güterrechts wurde durch die Geltung des Regionalsystems erschwert und durch die Klauseln eines Ehevertrages in einem nicht kodifizierten Rechtsgebiet kaum erleichtert, die Eheverträge oftmals nicht eindeutig waren und nur selten auf das anwendbare Recht verwiesen. Inwiefern sich die besondere Bedeutung von Eheverträgen im hessischen Hinterland auf andere Regionen des Kurfürstentums erstreckte, kann nicht nachvollzogen werden. Einen Ehevertrag zur Sicherung weiblicher Vermögensbefugnisse konnte die Recherche nicht zutage fördern, entsprechende Klauseln waren im Einklang mit der badischen und französischen Praxis wohl kaum von Bedeutung.

4. Der Fall Marianne Weber

Zeitgenössische Juristen beschrieben den potenziellen Schutz von Ehefrauen durch vertragliche Regelungen als wenig effektiv, auch aufgrund der schwächeren Verhandlungsposition und juristischen Unerfahrenheit der Ehefrau. Als Exkurs zu den Mitwirkungsbefugnissen und Interessenwahrnehmungen der Ehefrau bei der Ausgestaltung von Eheverträgen soll exemplarisch der Ehevertrag von Max und Marianne *Weber* von 1893 untersucht werden.[445] Dieser Ehevertrag wurde gewählt, da Marianne *Weber* sich zu Fragen des

---

443 30. August 1800, Wiesbaden, Georg Ludwig *Schneider* und Angelika *Elisabetha*; 29. April 1820, Hadamar, Johann Georg *Hartmann* und Elisabetha *Zimmermann*; 17.07.1805, Gr. Ferdinand Carls zu *Leiningen* mit Marianne v. *Syberg*.

444 22.03.1833, Hadamar, Franz *Burckhardt* und Katharina *Flügel*; 25.08.1815, Usingen, Johannes *Diehl* und Anna Dorothea *Döpfer*.

445 Abgedruckt in: *Buchholz*, Ein Ehe- und Erbvertrag, in; Marion Ascheri, „Ins Wasser geworfene Ozeane durchquert", Festschrift für K. W. Nörr, Köln 2003, S. 57–72, 57 ff.

BGB als Vertreterin der Frauenbewegung hervortat,[446] selbst jedoch keine Erweiterung ihrer Befugnisse im Ehevertrag erreichte.

Mit 23 Jahren heiratete die geborene Marianne *Schnitger* am 20. September 1893 den Soziologen, Nationalökonom und frischgebackenen außerordentlichen Professor für Handelsrecht Maximilian Carl Emil *Weber*. Max *Weber* hielt als Rechtsprofessor die Ausgestaltung der Güterregelungen in der Hand.[447] Beide Eheleute konnten aufgrund einer engen Verwandtschaft aus dem gemeinsamen Familienvermögen schöpfen, eine Sicherung des solchen vor dem jeweils anderen durch vertragliche Regelungen war grundsätzlich nicht erforderlich. Durch den Wohlstand der Industriellenfamilie *Weber* waren die Eheleute nicht auf ein geregeltes Einkommen angewiesen.[448] Mangels eines finanziellen Ungleichgewichts zwischen den Verlobten lag das Motiv des Ehevertrages anderswo. Stephan *Buchholz*, der den Vertrag bereits eingehend analysierte, sah in besagtem Ehevertrag einen *„Musterfall kautelarjuritischer Sicherung einer ehevormundschaftlichen Konzeption des Güterrechts“*.[449] Dieser These kann sich vor dem Hintergrund der getroffenen Regelungen nur angeschlossen werden.

Das Ehepaar entschied sich bei der Vertragsgestaltung in § 1 für die Anwendung des Preußischen Allgemeinen Landrechts, schloss das Güterrecht eines künftigen Ehewohnsitzes aus und erklärte die allgemeine

---

[446] Marianne *Weber* beanstandete in ihrem Hauptwerk „Ehefrau und Mutter in der Rechtsentwicklung“ von 1907 insbesondere die sich im BGB manifestierende Grundhaltung *Plancks* zur gesellschaftlichen Stellung der Frau. Sie forderte eine Neugestaltung des Güterrechts auf der Grundlage gleichberechtigter Partner in Form einer Gütertrennung. Die gesetzliche Verwaltungsgemeinschaft verurteilte sie als nicht mehr zeitgemäß. Die Erweiterung des Vorbehaltsgutes auf den selbstständigen Arbeitserwerb der Frau sei zwar der Beginn einer neuen Bewegungsfreiheit der Frau, führe jedoch kaum zu praktischen Änderungen, da das patriarchalische Idealbild der Frau weiterhin eine erwerbstätige Ehefrau ablehne; Vgl. *Weber*, Ehefrau und Mutter, S. 407 ff., 414 f, 433 ff.; *Borchert*, Marianne Weber, in: Stephan Buchholz (Hg.), Überlieferung, Bewahrung und Gestaltung in der rechtsgeschichtlichen Forschung, Paderborn 1993, S. 23 ff.

[447] *Allert*, Die Gefährtenehe, S. 212 ff., in: Hubert Treiber/Karol Sauerland (Hg.), Heidelberg im Schnittpunkt intellektueller Kreise. Zur Topographie der „geistigen Geselligkeit“ eines „Weltdorfes“, Opladen 1995, S. 210–241; *Buchholz*, Ein Ehe- und Erbvertrag, S. 57–72.

[448] *Roth*, Max Webers Familiengeschichte, S. 539 ff.

[449] *Buchholz*, Ein Ehe- und Erbvertrag, S. 58.

Gütergemeinschaft für anwendbar.[450] Um diese Entscheidung auf die Qualität der weiblichen Bewegungsfreiheit hin beurteilen zu können, ist ein Vergleich der zur Auswahl stehenden Güterrechtssysteme, insbesondere der gesetzlichen Verwaltungsgemeinschaft, erforderlich. Wie bereits oben dargestellt[451] handelte es sich bei der allgemeinen Gütergemeinschaft um ein Güterrechtssystem, welches der Ehefrau nur in Ausnahmefällen persönliches Sondervermögen beließ und dem Ehemann umfassende und souveräne Verwaltungs- und Verfügungsbefugnisse an dem ehelichen Gesamtgut und eingebrachten Vermögen der Frau erteilte. Der aus weiblicher Sicht einzige Vorteil dieses Güterstandes bestand in den erbrechtlichen Folgen, wonach die überlebende Witwe einen hohen Anteil am Gesamtgut erhielt. Vor diesem Hintergrund vereinbarte das Ehepaar *Weber*, gemessen an den weiblichen Freiheiten und Befugnissen, einen nach den Möglichkeiten des ALR denkbar ungünstigen Güterstand. Mangels finanzieller Motive kann hinter dieser Entscheidung nur die Absicherung der ehemännlichen Vorherrschaft vermutet werden. Dieses Ergebnis ist umso erstaunlicher, da nicht nur Marianne *Weber* die gesetzliche Verwaltungsgemeinschaft des BGB als patriarchalisch veraltet kritisierte und als selbstbewusste Verfechterin der Frauenbewegung auftrat, sondern auch Max *Weber* als Förderer der Frauenbildung galt und an der Emanzipation der Frau Interesse zeigte.[452] Der Ehevertrag des Paares folgte jedoch dem Leitbild männlicher Vorherrschaft und stand damit im starken Gegensatz zu Marianne *Webers* ehepolitischen Zielen und Argumenten.

In Anbetracht dessen muss das Potenzial von Ehestatuten und der Vertragsfreiheit als Instrument zur Sicherung finanzieller und persönlicher Interessen der Frau kritisch betrachtet werden. Obwohl Marianne *Weber* mit Max *Weber* ein starker Vertragspartner gegenüberstand, scheiterte auch sie als gebildete und finanziell unabhängige Frau, die im Übrigen für ein egalitäres

---

450 Abgedruckt in: *Buchholz*, Ein Ehe- und Erbvertrag, S. 70: „§ 1 – *Unter Ausschluß des in Berlin oder an einem anderen Domicil, welches wir jetzt oder künftig etwa erwerben sollen, gesetzlich geltenden ehelichen Güterrechts soll zwischen und auf Grund der gegenwärtigen Vereinbarung die allgemeine Gütergemeinschaft mit denjenigen Wirkungen eintreten, welche im Teil II Titel 1 Abschnitt 6 d. preuß. Allgem. Landrecht bezeichnet sind.*".

451 Siehe unten, S. 40 ff.

452 *Wienfort*, Max Weber, Frauenemanzipation, in: Detlef Lehnert (Hg.), Max Weber 1864–1920: Politik-Theorie-Weggefährten, Köln 2016, S. 295–314, 295 ff.

Eherecht kämpfte, ihre Interessen bei der Gestaltung des Ehevertrages zu wahren. Auch für den Fall Marianne *Weber* setzt sich damit die Einschätzung fort, dass dem Ehevertrag als Einfalltor weiblicher Unabhängigkeit kaum Bedeutung zukam.

5. Fazit

Die Bedeutung der Eheverträge in deutschen Territorien lässt sich mangels Daten nicht abschließend beurteilen. Während die empirischen Auswertungen der Verträge des Großherzogtums Baden eine moderate Wahrnehmung von Eheverträgen durch das besitzende Bürgertum erkennen lässt, war indes auch ersichtlich, dass nur in absoluten Ausnahmefällen ein Güterrechtssystem die Gütertrennung vereinbart wurde, welche den Ehefrauen unabhängige Verfügungsbefugnisse und Möglichkeiten zur Wahrung ihrer Vermögensinteressen gewährte.

Das von Heimatforschern gezeichnete Bild einer standardmäßigen Wahrnehmung von Eheverträgen in Hessen kann nicht als allgemeingültig bestätigt werden. Die hessischen Stichproben unterstreichen die Einschätzung, dass auch in anderen deutschen Rechtsgebieten das Ehestatut kaum dazu verwendet wurde, das eheliche Güterrecht zugunsten weiblicher Mitbestimmungsrechte zu modifizieren. Diese Bewertung wird auch von der Einzelfallstudie des Vertrages des Ehepaares *Weber* untermauert, welches sich als Interessenten der Frauenfrage und Emanzipation dennoch für ein höchst patriarchalisch geprägtes Güterrechtssystem entschied.

Es kann mithin davon ausgegangen werden, dass es kaum Frauen gelang, sich im Ehevertrag eine Erweiterung ihrer gesetzlichen Freiheiten zu erstreiten, sei es aufgrund der gesetzlichen Grenzen, aus Unerfahrenheit, weil sie ihren zukünftigen Männern vertrauten, dem Einfluss der Eltern unterlagen oder infolge einer schwächeren Verhandlungsposition.

III. Vergleich und Ergebnis

Vergleicht man die Auswertungen der französischen und deutschen Ehevertragspraxis des 19. Jahrhunderts, so ist trotz der unterschiedlichen Rechtsgrundlagen ein gewisser Gleichlauf zu erkennen. Dabei ist es jedoch nicht zu vernachlässigen, dass die aussagekräftigste deutsche Analyse von Eheverträgen auf dem Geltungsgebiet des badischen Landrechts erfolgte, welchem der Code Civil als Vorlage diente.

Ein grundlegender Unterschied zwischen dem französischen Code Civil und seinen Ablegern auf der einen Seite und den Regelungen des Allgemeinen Preußischen Landrechtes, des Allgemeinen Römischen Rechts und des sächsischen BGB auf der anderen Seite, lag im Umfang der Vertragsfreiheit in Ehefragen. Die Beschränkungen in den französisch geprägten Rechtsgebieten zugunsten der *puissance maritale* fanden sich in anderen Kodifikationen und Gewohnheitsrechten nicht in dem gleichen Ausmaß wieder. Während der Code Civil die die eheliche Gewalt als *ordre public* verankerte, war der Maßstab in den deutschen Rechtsgebieten das Wesen der Ehe. Obwohl dieses ebenfalls den Kern der ehelichen Gewalt umfasste, waren Abweichungen in gewissen Grenzen möglich. Ob diese Vertragsfreiheit von Frauen indes dazu genutzt wurde, die männliche Vorherrschaft einzudämmen, darf bezweifelt werden. Übereinstimmend kann von einer primären Wahrnehmung der ehevertraglichen Regelungen durch das Bürgertum gesprochen werden, wobei im Verhältnis zu der Gesamtzahl der Eheschließungen rund 35–40 % der Ehepaare von einem Vertrag Gebrauch machten. Darüber hinaus wurde in beiden Ländern gleichlaufend nur in Ausnahmefällen ein Güterrechtssystem in Form der Gütertrennung vereinbart, welches der Ehefrau unabhängige Verfügungsbefugnisse und Möglichkeiten zur Wahrung ihrer Vermögensinteressen gewährte. Die ohnehin begrenzte Eignung von Eheverträgen als Instrument weiblicher Unabhängigkeit wurde mithin auch kaum genutzt.

4. Kapitel: Bedeutsame Institutionen: Die Gesetze und Praxis der Spar- und Rentenkassen

Im Laufe der zweiten Hälfte des 19. Jahrhunderts übernahm infolge des Abrückens von dem traditionellen Bild der Familie als Versorgungsgemeinschaft zunehmend der Staat die Aufgabe der sozialen Sicherung und entwickelte entsprechende Versicherungs- und Finanzsysteme. Bis diese Anwendung fanden, hingen die Existenz und der Unterhalt der Familie jedoch weiterhin von der Ausgestaltung des Güterrechts ab.[453] Damit Ehefrauen ihren erarbeiteten Lohn für sich nutzbar machen konnten, bedurften sie einer

---

[453] HKK/*Mayenburg*, Eheliches Güterrecht III, S. 654; *Repgen*, Aufgabe des Privatrechts, S. 388.

gewissen Verfügungsfreiheit. Neben der Notwendigkeit, Dinge des täglichen Lebens zur Sicherung des Existenzminimums zu erwerben, zählte dazu die Bildung von Ersparnissen für Notfälle oder zur Altersvorsorge. Aus diesem Grund sollen im Folgenden französische und deutsche Institute der Spar- und Rentenkassen auf ihr Potenzial untersucht werden, der verheirateten Frau finanzielle Sicherheit zu gewähren.

I. Die Gesetze der *Caisse D'Épargne*

Im Jahr 1818 wurde in Frankreich mit der *Caisse D'Épargne* eine private Sparanstalt geschaffen, die grundsätzlich allen Sparwilligen zugänglich sein sollte. Da nach den Regeln der Eheherrschaft des Code Civil die Ehefrau jedoch der *puissance maritale* unterlag, benötigte sie sowohl für die Eröffnung eines eigenen Sparbuchs als auch für jede Einzahlung oder Abhebung die Einwilligung ihres Ehemannes. Darüber hinaus gehörte das Sparguthaben entsprechend den Regelungen des *régime en communauté légale* zum Gemeinschaftsgut. Dem Ehemann stand damit das Recht zu, unkontrolliert Abhebungen vom Sparbuch der Frau vorzunehmen. Sparen war damit für die verheiratete Frau nicht nur wenig praktikabel, sondern auch stets mit dem Risiko verbunden, die Ersparnisse an die Willkür des Ehemannes zu verlieren.

Die wirtschaftlichen Veränderungen, die neue Gewohnheit von Sparern, auch sehr kleine Geldbeträge anzulegen und schließlich auch die neue Rolle der Frau, die als Wirtschaftsakteurin nun von ihrer Arbeit leben konnte, führten zu einem Bedürfnis der Praxis, von den traditionellen Regeln des Eherechts abzuweichen.[454] Infolge ministerieller Anordnungen vom 17. Dezember 1852 und 4. Juni 1857[455] gegenüber der *Caisse D'Épargne* sollte die Einwilligung des Ehemannes daher nur noch für die erste Einzahlung der Ehefrau erforderlich sein. Darüber hinaus sollte der Ehemann ohne eine gerichtliche Genehmigung nicht mehr zu Abhebungen ohne die Mitwirkung seiner Ehefrau befugt sein.[456] Diese Vorgehensweise der *Caisse D'Épargne* wurde jedoch von der Rechtsprechung sanktioniert, da sie dem gesetzlich

---

454 *Bermond*, Libre salaire, S. 149; *Aftalion*, Lois relatives, S. 42.

455 *Instruction ministérielle de 1857, § 14 : „Les versements postérieurs au premier sont reçus sur la présentation du livret, sans qu'il y ait à fournir d'autre justification.“*.

456 *Bermond*, Libre salaire, S. 150; *Aftalion*, Lois relatives, S. 61.

verankerten Grundsatz, dass die Rechte des Ehemannes über seine Frau und als Familienoberhaupt gemäß Art. 1388 Code Civil nicht eingeschränkt werden konnten, zuwiderlaufe.[457] Diese Praxis der *Caisse D'Épargne* war zudem auch unzureichend, da der Ehemann weiterhin die erste Einzahlung der Frau verhindern konnte und die Ehefrau darüber hinaus ohne die Mitwirkung des Mannes keine Abhebungen tätigen konnte.

Als knapp 15 Jahre später im Jahr 1872 die Nationalversammlung diskutierte, ob es verheirateten Frauen erlaubt sein sollte, mit ihren persönlichen Arbeitsprodukten Ersparnisse zu bilden und sie dafür ohne die Einwilligung ihrer Ehemänner Zugang zu der *Caisse D'Épargne* haben sollten, entfachte diese Idee eine hitzige Debatte und stieß auf enormen Widerstand.[458] Eine entsprechende Gesetzesänderung wurde mit der Begründung abgelehnt, dass der Vorschlag gegen zwei grundlegende Prinzipien des Zivilrechts verstoße: Die *puissance maritale* und die Zusammensetzung der *communauté*.[459]

Dennoch wurde mit der Zeit das Bedürfnis nach einer Gesetzreform wahrgenommen. Nach zahlreichen Legislativvorschlägen mündeten die Reformbestrebungen zunächst im „*Loi du 9 avril 1881 qui crée une Caisse d'Épargne postale*".[460]

1. Das Gesetz vom 9. April 1881

Nachdem die Projekte zur Reform der *Caisses D'Épargne* bei den Rechtsgelehrten der Abgeordnetenkammer wiederholt auf Ablehnung trafen, griff der Senat 1881 auf die Grundsätze des *mandat tacite* zurück, um das unabhängige Sparpotential der verheirateten Frau mit der ehelichen Autorität in Einklang zu bringen.[461] Mit dem Gesetz vom 9. April 1881 wurde ein nationales Postsparkassensystem geschaffen, welches viele Parallelen zu den privaten *Caisses D'Épargne* aufwies.[462] Bei deren Schöpfung wurde jedoch der Sicherung des Vermögens verheirateter Frauen durch Art. 6 des Gesetzes explizit Rechnung

---

457 *Tribunal de la Seine*, 26. Januar 1875 und 10. November 1875; *Centre national des Caisses D'Épargne*, Journal des Caisses D'Epargne 1887, S. 75.

458 *Rousseau*, Bulletin de la Société d'Études législatives, 1902, S. 59.

459 *Rousseau*, ebenda.

460 *Ministère des postes et des télégraphes*, Direction de la Caisse Nationale D'Épargne, S. 83.

461 *Rousseau*, Bulletin de la Société d'Études législatives, 1902, S. 60.

462 *Loi du 9 avril 1881 qui crée une Caisse d'Épargne postale*, in: *Ministère des postes et des télégraphes*, Direction de la Caisse Nationale D'Épargne, S. 83.

getragen: „*Les femmes mariées, quel que soit le régime de leur contrat de mariage, seront admises à se faire ouvrir des livrets sans l'assistance de leurs maris ; elles pourront retirer sans cette assistance les sommes inscrites aux livrets ainsi ouverts, sauf opposition de la part de leurs maris.* ". So wurde verheirateten Frauen die Befugnis eingeräumt, ohne die Mitwirkung des Ehemannes und sogar bei dessen Widerspruch Sparbücher zu eröffnen und Einzahlungen vorzunehmen. Außerdem konnten die Ehefrauen grundsätzlich unkontrolliert auf ihr Erspartes zugreifen, es sei denn der Ehemann widersprach einer Abhebung ausdrücklich.

Die absolute Eheherrschaft des Ehemannes schien so zum Teil ausgehebelt. Diese Abweichung vom Gewohnheitsrecht stieß im Rahmen der Gesetzgebung jedoch auf Ablehnung, wie die Debatte zweier Senatoren im Rahmen der parlamentarischen Sitzung vom 28. März 1881 verdeutlichte. Der Senator Philippe *Le Royer* sah durch diese Regelung den Ehemann von seinen Verwaltungs- und Besitzrechten beraubt und fürchtete gar, das Wesen der Ehe mit dem Mann als Oberhaupt sei in Gefahr.[463] Dieser Besorgnis trat jedoch der Senator Edouard *Laboulaye* entschieden entgegen, der es als grausam verurteilte, der Ehefrau das Recht zu verweigern, einen kleinen Bruchteil ihres Verdienstes zurückzulegen.[464]

Die Gesetzgeber von 1881 erklärten, dass durch Art. 6 keineswegs von den Grundsätzen des Code Civil abgewichen werde. Die Befugnisse der Ehefrau im Rahmen der *Caisses D'Épargne* wurden auf das *mandat tacite* gestützt. Begründet wurde die Anwendung des *mandat tacite* damit, dass eine Einlage bei den *Caisses D'Épargne* als notwendiger Akt der ordentlichen

---

[463] *Journal Officiel*, Débats parlementaires, Chambre des députés, 28.03.1881: „*C'est le mari qui est le maître et l'administrateur de la communauté, et toute somme qui est prélevée et, passez-moi l'expression quelque dure qu'elle soit, une soustraction. [...] Si le mari est annulé dans la circonstance, privé de tous ses droits de direction, de possession, mais alors voilà la femme émancipée ! Et que devient dans ces conditions le mariage? Que devient l'autorité maritale?* ".

[464] *Journal Officiel*, Débats parlementaires, Chambre des députés, 28.03.1881 : „*Le mari est la dépense de la maison, la femme est la recette. Cela n'est pas contestable. C'est elle qui économise, c'est elle qui s'occupe des enfants, c'est elle qui s'occupe du grand fléau de l'ouvrier, le loyer, qui revient si souvent. Et vous voulez refuser à la femme le droit de prendre sur ses économies une pièce de vingt ou quarante sous qu'elle ira porter à la caisse d'épargne ! Et cela par amour pour les principes du mariage! Mais votre amour pour le mariage est une cruauté pour la femme!* ".

Haushaltsverwaltung anzusehen sei und daher zu den Fällen zähle, für die das *mandat tacite* zu vermuten sei.[465] Damit handele die Ehefrau aufgrund einer fingierten Einwilligung des Ehemannes. Die Kritiker dieser Konstruktion bemängelten, dass es sich bei der Regelung von Art. 6 *Loi du Caisse d'Epargne* nicht bloß um eine Ausgestaltung des *mandat tacite* handele, da der Ehemann einer Einzahlung der Ehefrau gerade nicht widersprechen und ihr auf diese Weise die Ermächtigung entziehen könne.[466]

Die Befugnisse der verheirateten Frau wurden zudem durch die Praxis der *Caisses D'Épargne* gestärkt, indem hohe Anforderungen an den Widerspruch eines Ehemannes gegen das Auszahlungsverlangen der Frau gestellt wurden. Den Gesetzeswortlaut „*opposition*" legten die *Caisses D'Épargne* streng aus, weshalb der Widerspruch in Form eines außergerichtlichen Schriftstücks eines Gerichtsvollziehers zu erfolgen hatte, und wählte so eine für die Ehefrau besonders günstige Auslegung.[467] Die Erlangung eines solchen Schriftstückes war nicht nur zeitaufwendig, sondern auch mit Kosten verbunden und stellte damit für den Ehemann kein geringes Hindernis dar.

Insgesamt eröffnete das Gesetz vom 9. April 1881, gestärkt durch die Anwendung der Praxis, der Ehefrau ein tatsächliches Verwaltungsrecht über einen Teil des gemeinsamen Ehevermögens und ermöglichte es ihr, einen Teil ihres persönlichen Vermögens vor einem verschwenderischen Ehemann zu schützen. Auf diese Weise hatte sie die Chance, ihre Arbeitsprodukte auch zur finanziellen Selbstbestimmung zu nutzen.

2. Das Gesetz vom 20. Juli 1895

Die praktische Auslegung durch die *Caisses D'Épargne* kongruierte nicht mit den gesetzgeberischen Absichten von 1881. Es bestand jedoch Einigkeit dahingehend, dass die Vorgehensweise der *Caisses D'Épargne* sinnvoll war und daher gesetzlich verankert werden sollte. Aus diesem Grund wurde 1890 ein entsprechendes Gesetzesvorhaben eingeleitet.[468] Zunächst zeigten sich die Gesetzgeber den geplanten Neuerungen gegenüber aufgeschlossen und strichen in einer Kammerberatung das Widerspruchsrecht des Ehemannes

---

[465] Journal Officiel, 02.06.1880, S. 5871.

[466] *Pont/Hélie u.a.*, Revue critique de la législation 1882, S. 42 ff.

[467] *Aftalion*, Lois relatives, S. 92 ff.; *Centre national des Caisses D'Épargne*, Journal des Caisses D'Epargne, 1890, S. 312.

[468] *Bermond*, Libre salaire, S. 153; *Aftalion*, Lois relatives, S. 66 f.

vollständig aus dem Gesetzestext. Als das Gesetz jedoch den Senat erreichte, wurde die Anwendung des *mandat tacite* für Bankgeschäfte aufgegeben und die Wiederherstellung des Widerspruchsrechts des Ehemannes beschlossen. Im Ergebnis blieb das als Reform geplante Gesetzesvorhaben damit hinter der Handhabung der Praxis zurück.[469] Art. 16 Abs. 3 u. 4 des Gesetzes vom 20. Juli 1895 besagten: „*Les femmes mariées, quel que soit le régime de leur contrat de mariage, seront admises à se faire ouvrir des livrets, sans l'assistance de leur mari; elles pourront retirer, sans cette assistance les sommes inscrites aux livrets ainsi ouverts, sauf opposition de la part du mari. Dans ce cas, il sera sursis au retrait du dépôt, et ce pendant un mois à partir de la dénonciation qui en sera faite à la femme, par lettre recommandée, à la diligence de la Caisse d'Epargne. Passé ce délai et faute par la femme de s'être pourvue contre ladite opposition par les voies de droit, le mari pourra toucher seul le montant du livret, si le régime sous lequel il est marié lui en donne le droit.*". Damit wurden die freien Befugnisse der Ehefrau zur Eröffnung eines Sparbuches und zu Einzahlungen beibehalten. Widersprach der Ehemann einer Abhebung, traf die verheiratete Frau nun die Verpflichtung, innerhalb einer Monatsfrist gerichtlich gegen denselben vorzugehen. Auf diese Weise wurde die Ehefrau mit einem zeitintensiven und kostspieligen Verfahren zur Sicherung ihres Vermögens belastet. Unterließ sie es, gegen den Widerspruch des Mannes vorzugehen, erlangte dieser nach Maßgabe des jeweiligen Güterstandes den alleinigen Genuss an den Ersparnissen der Frau und konnte diese einziehen. Diese Gesetzesänderung führte dazu, dass der Ehemann, anstatt selbst entsprechende Schritte in die Wege leiten zu müssen, wie es die *Caisse D'Épargne* im Rahmen des Gesetzes von 1881 erforderte, nun nur noch auf den Fristablauf warten musste. Das bedeutete für die Ehefrau eine Verschlechterung des Status quo.

Der Widerruf des *mandat tacite*, welches die Grundlage des Gesetzes von 1881 bildete, hatte nach den Regelungen des Code Civil zur Folge, dass die *Caisse D'Épargne* die Ersparnisse zu Händen des Ehemannes auszahlen musste.[470] Auch in diesem Fall griff die Praxis erneut korrigierend in die Anwendung des Gesetzes vom 20. Juli 1895 zugunsten der Ehefrau ein.

---

[469] *Bermond*, Libre salaire, S. 154: Pierre *Bermond* bezeichnete diesen Gesetzgebungsprozess, der mit der Absicht eingeleitet wurde, der Ehefrau ein partielles Verwaltungsrecht zu verleihen und damit endete, die Situation der verheirateten Frau weiter zu verkürzen, als „*Admirable logique de notre législateur!*".

[470] *Rousseau*, Bulletin de la Société d'Études législatives, 1902, S. 61.

Damit wäre die Reform wirkungslos gewesen. Die *Caisse D'Épargne* betrachtete den Ehemann daher nicht als Eigentümer der Ersparnisse, sondern als Gläubiger, und verwies ihn darauf, den Widerspruch unter Zuhilfenahme eines gebührenpflichtigen Gerichtsvollziehers einlegen zu müssen.[471] Kam der Ehemann mit einem entsprechenden Titel zurück, verwies die *Caisse D'Épargne* ihn aufgrund seiner einfachen Gläubigerstellung sodann auf eine gerichtliche Geltendmachung. Damit war der Ehemann gezwungen, ein gerichtliches Verfahren anzustrengen, um die Beschlagnahme der Ersparnisse wirksam geltend zu machen. Damit schuf die *Caisse D'Épargne* ein ernsthaftes Hindernis. Die Sparkassen gingen damit kein Prozesskostenrisiko ein. Die Gerichte, das *Tribunal de la Seine* im Besonderen, billigten die Praxis der *Caisse D'Épargne* befreiten sie von den Kosten des Verfahrens und legten diese stattdessen den Eheleuten auf.[472] Darüber hinaus musste der Mann seine Identität, seinen Status als Ehemann und das ihm durch den Güterstand zustehende Recht auf Auszahlung des Sparbetrages nachweisen. Schließlich musste er belegen, dass keine Scheidung oder Vermögensabsonderung vorlag. Um an das Sparguthaben seiner Frau zu gelangen, musste der Ehemann mithin bereit sein, Zeit und Geld zu investieren, was für viele ein zu großes Hindernis darstellte.[473] Auf diese Weise wurde das Sparguthaben der Ehefrau erneut durch die Handhabungen der *Caisses D'Épargne* vor dem Zugriff verschwenderischer Ehemänner geschützt. Dies galt jedoch nur bis zu einer Gesamtsumme von 1500 Francs, der maximalen Sparsumme eines Sparbuches der *Caisse D'Épargne*.

3. Die Auswirkungen und Annahme durch die verheiratete Frau

Um die Bedeutung der gesetzlichen Bestimmungen und die praktische Vorgehensweise der *Caisse D'Épargne* für die weibliche Unabhängigkeit beurteilen zu können, soll ein Blick auf die Bedeutung des Instituts im Leben verheirateter Frauen geworfen werden.

---

471 *Rousseau*, Bulletin de la Société d'Études législatives, 1902, S. 61; *Bermond*, Libre salaire, S. 154 f.; *Centre national des Caisses D'Épargne*, Journal des Caisses D'Epargne, 1893, S. 65; *Aftalion*, Lois relatives, S. 67 f.

472 *Rousseau*, Bulletin de la Société d'Études législatives, 1902, S. 61.

473 *Bermond*, Libre salaire, S. 154 f.; *Centre national des Caisses D'Épargne*, Journal des Caisses D'Epargne, 1893, S. 65.; *Aftalion*, Lois relatives, S. 67 f.

Die Gesetzesreform des Postsparkassensystems, welches im Jahre 1881 begann, wurde von vielen Ehefrauen geschätzt und willkommen geheißen. Einer Statistik der *Caisse D'Épargne* zufolge beantragten im Jahre 1882 bereits 52.345 Ehefrauen die Eröffnung eines Sparbuchs. Traditionsgemäß lag in der Mehrheit von 30.803 Fällen noch eine Autorisierung des Ehemannes vor. In 22.542 Fällen erfolgte eine Einzahlung indes ohne die Mitwirkung des Ehemannes.[474] Nur wenige Jahre später drehte sich dieses Verhältnis um. Als sich die verheiratete Frau ihrer Rechte bewusstwurde, stand ihr bei der Sparbucheröffnung immer seltener ein Ehemann zur Seite. Im Jahr 1898 zählten die *Caisse D'Épargne* und *Caisse postale* gemeinsam über 1.500.000 Sparbücher verheirateter Frauen. Seit dem Gesetzeserlass nahmen damit durchschnittlich im Jahr knapp 100.000 Ehefrauen ihre Rechte wahr.[475]

Um den Erfolg und die Akzeptanz des Gesetzes in der breiten Öffentlichkeit bewerten zu können, ist die Häufigkeit und Wirksamkeit von Einsprüchen des Ehemannes gegen eine unabhängige Sparbuchführung der Ehefrau zu untersuchen. Die Gesetzgeber befürchteten, dass der Ehemann die neuen Rechte der Frau als Angriff auf seine Stellung als Familienoberhaupt verstehen könnte und diese daher *„avec jalousie"* zu untergraben versuchen würde.[476] Diese Prognose bestätigte sich nicht. Der Widerstand der Ehemänner war mit knapp 75 Widersprüchen im Jahr kaum von Bedeutung. Diese geringe Zahl wurde weniger auf die durch die *Caisse D'Épargne* erzeugten Schwierigkeiten als auf eine allgemeine Akzeptanz der Ehemänner zurückgeführt.[477] Eine Auswertung der Widersprüche aus 12 Jahren ergab, dass von 385 die große Mehrheit von 270 Widersprüchen wieder fallengelassen wurden oder eine Auszahlung an beide Ehegatten erfolgte. 115 Widersprüche blieben ungelöst und nur 12 wurden gerichtlich verhandelt.[478]

Damit lieferte die *Caisse D'Épargne* der verheirateten Frau ein wirksames Mittel zur Sicherung ihrer persönlichen Arbeitsprodukte und unterstützte sie beim Aufbau eines Notgroschens. Die Statistiken unterstreichen, dass die gesetzlichen Möglichkeiten von Ehefrauen wahrgenommen und von

---

[474] *Rousseau*, Bulletin de la Société d'Études législatives, 1902, S. 60.
[475] *Rousseau*, Bulletin de la Société d'Études législatives, 1902, S. 60 f.
[476] *Rousseau*, Bulletin de la Société d'Études législatives, 1902, S. 61.
[477] *Rousseau*, ebenda.
[478] *Rousseau*, Bulletin de la Société d'Études législatives, 1902, S. 62.

Ehemännern akzeptiert wurden. Vereinzelte Rückschritte des Gesetzgebers wurden von der Praxis der *Caisse D'Épargne* abgefangen. Die Schaffung der Sparkassen kann damit aus weiblicher Sicht als Schritt in Richtung finanzielle Unabhängigkeit gewertet werden.

II. Die Gesetze der *Caisse Nationale de Retraites*

Nach der Untersuchung der Sparanstalten in Form der *Caisse D'Épargne* soll auch ein Blick auf die staatliche Alterssicherung Frankreichs geworfen werden. Während der *Deuxième République* entwickelte die Nationalversammlung zunächst einen Plan zur Errichtung der „*Caisses de secours mutuels*", welche zweifach vom ehelichen Gewohnheitsrecht zugunsten der Ehefrau abwichen. Es war geplant, die Einwilligung des Ehemannes zur ersten Einzahlung der Ehefrau als unwiderruflich und umfassend zu werten und für nachfolgende Zahlungen fortwirken zu lassen. Verweigerte der Ehemann die Genehmigung, so konnte die Ehefrau diese durch ein Friedensgericht ersetzen lassen. Die darin verankerte Loslösung von der allumfassenden *puissance maritale* und alleinigen Verwaltungsbefugnis des Ehemannes erinnert an die Praxis der *Caisse D'Épargne*. Dieses Projekt schlug jedoch fehl.[479]

Damit war es die Chance der Gesetze der *Caisse Nationale de Retraites*, eine Alterssicherung zu schaffen, die auch der verheirateten Frau eine autonome Rente ermöglichte.

1. Das Gesetz vom 18. Juni 1850

Mit dem Gesetz vom 18. Juni 1850 wurde die *Caisse Nationale de Retraites* geschaffen. Das Rentenkapital sollte durch freiwillige Zahlungen aufgebaut werden. Art. 4 des Gesetzes bedachte dabei auch die Ehefrau, dort hieß es „*Le versement fait, pendant le mariage, par l'un des deux conjoints, profite séparément, à chacun deux, par moitié.*". Damit kam die während der Ehe von einem der beiden Ehegatten geleistete Zahlung jedem von ihnen zur Hälfte zugute. Damit profitierte die Ehefrau hälftig von den Einzahlungen des Ehemannes, selbst wenn sie keine Einzahlungen vornehmen konnte. Dabei stand ihr ein selbstständiges Recht an diesem Teil des Rentenkapitals zu,

479 *Bermond*, Libre salaire, S. 146; *Marrasi*, Assemblée Nationale, Le Moniteur universel, No. 67, S. 4 ff.; *Aftalion*, Lois relatives, S. 42.

entgegen den Regeln des *régime de la communauté légale* fiel dieser Teil nicht in das Gemeinschaftsgut und die Verfügungsbefugnis des Ehemannes.[480]

Dennoch verblieb die Möglichkeit, unabhängig eine Rente aufzubauen, ein Vorrecht des Ehemannes. Wollte die Ehefrau Einzahlungen tätigen, war sie bei jeder Einzahlung auf die Einwilligung des Mannes angewiesen. Damit blieb die Möglichkeit der Ehefrau, sich selbstständig eine Alterssicherung aufzubauen, unpraktikabel und dürftig.

2. Das Gesetz vom 20. Juli 1886

Diverse Bestrebungen zur Reform der Rentengesetze mündeten schließlich in dem Gesetz über die *Caisse Nationale de Retraites* vom 20. Juli 1886. Artikel 13 dieses Gesetzes füllte die Lücken seines Vorgängers von 1850 und legte fest: „*Les femmes mariées, quel que soit le régime de leur contrat de mariage, sont admises à faire des versements, sans l'assistance de leurs maris.*". Damit war die Ehefrau für Einzahlungen nicht mehr auf die Mithilfe des Mannes angewiesen. Diese Abweichung von den Regeln der *puissance maritale* erlaubte es der berufstätigen Ehefrau, unabhängig eine Altersrente aufzubauen. Im Übrigen profitierte jeder Ehegatte weiterhin hälftig von den Einzahlungen des anderen. Die Leistungen kamen jedoch dem Ehegatten selbst zugute, wenn der andere die Höchstrente erreichte.[481] Verheiratete Einleger, die im *régime de la séparation de biens* lebten oder eine gerichtliche Vermögensabsonderung nachweisen konnten, schöpften ausschließlich selbst aus dem angesparten Rentenfond. Das gleiche galt auch nach entsprechender Entscheidung des Friedensgerichts, wenn der andere Ehegatte über ein Jahr abwesend war und die Familie verlassen hatte.[482]

---

[480] *Duvergier*, Collection complète des lois, 1850, S. 287.

[481] *Sourdois*, Les droits de la femme mariée sur les produits de son travail, S. 563; *Bermond*, Libre salaire, S. 146 ff.

[482] Vgl. Art. 13 des Gesetzes der *Caisse Nationale de Retraites* vom 20.06.1886: [...] *Peut, néanmoins, profiter à celui des conjoints qui l'effectue, versement opéré après que l'autre conjoint a atteint le maximum rente ou après que les versements faits dans l'année au profit de celui-ci, soit antérieurement au mariage, soit par donation, ont atteint le maximum des versements annuels. Le déposant marié qui justifiera, soit de sa séparation de corps, soit de sa séparation de biens contractuelle ou judiciaire, sera admis à effectuer des versements à son profit exclusif. En cas d'absence ou d'éloignement d'un des deux conjoints depuis plus d'une année, le juge de paix peut accorder l'autorisation faire des versements au profit exclusif du déposant. [...].*

Darüber hinaus fielen jedoch auch nach den Regelungen des Code Civil jene Vermögenswerte in das Eigentum der Ehefrau, die durch Gesetz oder Vereinbarung für nicht übertragbar und unpfändbar erklärt wurden. Darunter fielen gemäß Art. 1981 CC Unterhaltszahlungen und lebenslange Renten; auch diejenige der *Caisse Nationale de Retraites* und andere zivile Altersrenten.[483] Damit erweiterte das neue Gesetz der *Caisse Nationale de Retraites* die Chancen einer autonomen Alterssicherung der Ehefrau und verlieh ihr ein gewisses Maß an finanzieller Unabhängigkeit.

III. Die Sparkassen

In Deutschland soll aufgrund des großen Einlegerkreises die Rolle der Sparkassen im Leben der verheirateten Frau untersucht werden. In der zweiten Hälfte des 19. Jahrhunderts standen, gemessen an den gewährten Finanzierungsleistungen, die Sparkassen noch vor den Kreditbanken an der Spitze der Geldinstitute der Zeit.[484]

Die erste Sparkassengründung, die „*Ersparungsclasse*", fand 1778 in Hamburg als allgemeine Versorgungsanstalt statt. Im Jahr 1801 folgte die „*Spar- und Leih-Casse*" Göttingen als erstes kommunales Kreditinstitut. Dieses Modell der kommunalen Sparkassen entwickelte sich in Deutschland zum Regelfall.[485] Die Resonanz der Bevölkerung auf die Sparkassen war groß. In Preußen wuchs infolge des Erlasses des Preußischen Sparkassenreglement, eine Rahmengesetzgebung von 1838, die Zahl der öffentlichen Sparkassen von 85 auf 932 in 1870 – im gesamten Deutschen Reich gab es um die Jahrhundertwende rund 2.500 Sparkassen.[486]

Das Ziel der Sparkassen war es, die Ersparnisbildung breiter Bevölkerungsschichten zu fördern und das Kapital in die regionale wirtschaftliche Entwicklung zurückzuführen. So sollte auch der ärmeren Bevölkerung die Möglichkeit eröffnet werden, kleinste Kapitalanlagen verzinslich

---

483 *Sourdois*, Les droits de la femme mariée sur les produits de son travail, S. 563; *Bermond*, Libre salaire, S. 146 ff.

484 *Wysocki*, Untersuchungen der deutschen Sparkassen, S. 119.

485 *Kositzki*, Das öffentlich-rechtliche Kreditgewerbe, S. 12 f; *Schmitt-Wellbrock*, Freie Sparkassen, S. 142.

486 *Hagenmüller*, Der Bankbetrieb, S. 121 f; *Ashauer*, Die Bedeutung der preußischen Sparkassen, ZfBG, 1998, S. 55 ff., 60.

zurückzulegen.[487] Diese Absicht fand regelmäßig ihren Niederschlag in den Satzungen der kommunalen Sparkassen. Durch die im Deutschen Reich stark ausgeprägte eheliche Gewalt standen sowohl die Eröffnung eines Sparkontos als auch einzelne Einzahlungen und Abhebungen grundsätzlich unter der Voraussetzung der ehemännlichen Einwilligung. Außerdem konnte die Ehefrau aufgrund des Güterrechts regelmäßig nicht über ihren Lohn und ihr Vermögen verfügen. Umfassende Recherchen zu der Frage, ob und wie einzelne Sparkassen die ehemännliche Autorität zugunsten der Ehefrauen wie in Frankreich durchbrachen oder kleine Bankgeschäfte im Rahmen der Schlüsselgewalt zuließen, würden aufgrund der fehlenden Bearbeitung dieser Frage in Wissenschaft und Praxis den Rahmen dieser Arbeit sprengen. Stattdessen wurden einzelne Satzungen kommunaler Sparkassen dahingehend untersucht, ob geschlechtsspezifische, beziehungsweise ehespezifische, Unterscheidungen der Einleger- und Sparerkreise vorgenommen wurden.

In einzelnen Statuten der Sparkassen wurden teilweise die Zielgruppen der Institute klar benannt. Beispielhaft dafür führten die Statuten der Sparkasse Trier von 1837 als Einleger „Dienstboten, Tagelöhner, Soldaten bis zum Grad eines Unteroffiziers“ sowie „Beamte bis zu einem Monatsgehalt von 12 Talern“ an.[488] Die ursprünglichen Zielgruppen umfassten Dienstboten, Gesinde und Handwerker, erweiterten sich jedoch in der zweiten Jahrhunderthälfte insbesondere auch auf Industriearbeiter.[489] Preußische Sparkassen schlossen zudem meist keinen Sparerkreis von vornherein aus.[490] Geschlechtsspezifisch äußerte sich § 94 der Satzung der Hamburger „*Ersparungsclasse*“ von 1778:

---

[487] Vgl. § 94 der Satzung der „Ersparungsclasse“ 1778 in Hamburg, abgedruckt in: *Wysocki*, Untersuchungen der deutschen Sparkassen, S. 18; Statuten der Berliner Spar-Casse vom 21. April 1818, abgedruckt in: *Malchus*, Sparcassen in Europa, S. 192; *Ashauer*, Die Bedeutung der preußischen Sparkassen, ZfBG, 1998, S. 55 ff., S. 57.

[488] Statuten abgedruckt in: *Malchus*, Sparcassen in Europa, S. 234.

[489] *Ashauer*, Die Bedeutung der preußischen Sparkassen, ZfBG, 1998, S. 55 ff., 71; *Wysocki*, Untersuchungen der deutschen Sparkassen, S. 11.

[490] *Ashauer*, Die Bedeutung der preußischen Sparkassen, ZfBG, 1998, S. 55 ff., 55 ff. Außerdem vgl. die Statuten der Sparkasse Kiel: „*Alle und jede, welche von ihrem Lohne oder sonstigen ehrlichen Erwerbe erübrigen und zurücklegen wollen, können das Erübrigte in diese Sparkasse einlegen.*“ Sparkasse Darmstadt: „*Diese Kasse ist vorzüglich für Gesellen, Dienstboten, Tagelöhner und dergleichen Personen bestimmt. Aber auch andere und namentlich Kinder können von ihr Gebrauch machen.*“, abgedruckt in: *Wysocki*, Untersuchungen der deutschen Sparkassen, S. 18 f.

„Die Ersparungsklasse dieser Versorgungsanstalt ist zum Nutzen geringer fleißiger Personen beiderlei Geschlechts, als Dienstboten, Tagelöhner, Handarbeiter, Seeleute errichtet, um ihnen Gelegenheit zu geben, auch bei Kleinigkeiten etwas zurückzulegen[...].“. Damit wurden konkret auch weibliche Sparer als Zielgruppe definiert. Jedoch wurden durch geschlechtsunspezifische Satzungen weibliche Einleger keineswegs rigoros ausgeschlossen. Von einem Ausschließlichkeitscharakter oder einer sozialen Begrenzung von Einlegern kann nur bei einem geringen Teil der Satzungen ausgegangen werden. So ergab eine von Josef *Wysocki* durchgeführte Untersuchung von 110 Sparkassensatzungen, dass nur 25 davon berufliche und soziale Beschränkungen vorsahen.[491] Darüber hinaus waren die Satzungstexte nur selten deckungsgleich mit der Realität – formale Restriktionen schränkten den wirklichen Kundenkreis der Sparkassen nur vereinzelt ein.[492] Verheiratete Frauen wurden nur selten explizit eingeschlossen.

Die geänderten Statuten der Sparkasse Nürnberg zur Mitte des 19. Jahrhunderts zeigten einen differenzierenden Umgang mit verheirateten Frauen. Die Satzung wurde dahingehend erweitert, dass zukünftig auch unverheiratete Frauen und Witwen zur Sparkasse zuzulassen seien.[493] Obwohl wie bereits festgestellt die Benennung des Sparerkreises im Rahmen der Satzungen selten bindend war, lässt diese Ergänzung um ausdrücklich bloß unverheiratete Frauen und Witwen den Rückschluss zu, dass verheiratete Frauen keinen signifikanten Teil der Kunden ausmachten und nicht Teil der Zielgruppe waren. Sie wurden nicht als selbstständige Einleger wahrgenommen. Diese Einschätzung lässt sich nicht als gemeingültig auf die übrigen deutschen Sparkassen übertragen. Der Eindruck einer fehlenden Wahrnehmung der verheirateten Frau durch die Sparkassen stimmt jedoch mit der eingeschränkten Geschäftsfähigkeit der Ehefrau und ihrer begrenzten Teilnahme am Wirtschaftsverkehr überein.

IV. Die Alterssicherung

Bis zum Ende des 19. Jahrhunderts gab es in Deutschland keine staatlich organisierte Alterssicherung. Dies änderte sich mit der sozialpolitischen

---

491 *Wysocki*, Untersuchungen der deutschen Sparkassen, S. 29.

492 *Wysocki*, Untersuchungen der deutschen Sparkassen, S. 18, 77 ff.: So schlossen als Ausnahmefall die Sparkassen Hamburg, Oldenburg und Altona zunächst andere, höhere Gesellschaftsschichten aus.

493 *Schiener*, Städtische Sparkasse, S. 196.

Gesetzgebung durch Otto Fürst von Bismarck in den 1880er Jahren, welche im Gesetz zur Invaliditäts- und Altersversicherung von 1889 mündete.

1. Vielfältige Formen der Altersvorsorge

Eine wichtige Form der beruflichen Altersvorsorge, welche jedoch Beamten vorbehalten war, bildeten die staatlichen Pensionssysteme, die bereits am Ende des 18. Jahrhunderts aufkamen. Im Fall der Arbeitsunfähigkeit erhielt ein Beamter einen Anspruch auf unterstützende Leistungen.[494] Diese Option der Altersvorsorge kam jedoch für verheiratete Frauen nicht in Betracht. Zum einen waren Frauen mit Beamtenstatus im 19. Jahrhundert sehr selten, zum anderen war in Deutschland die Zölibats-Klausel im öffentlichen Dienst verbreitet.[495] Mit dem Reichsbeamtengesetz von 1873 als Vorbild kodifizierten einige Länder ihre Beamtengesetze neu und fügten eine entsprechende Klausel ein.[496] Diese bestimmte, dass Beamtinnen mit ihrer Heirat den Dienst quittieren mussten. Aus diesem Grund wurden nur alleinstehende oder verwitwete Frauen eingestellt.[497] Die staatlichen Pensionssysteme spielten damit für eine autonome Alterssicherung verheirateter Frauen keine Rolle.

Aufgrund des ungewöhnlich gefährlichen und schädlichen Arbeitsumfeldes hatte auch die berufliche Altersvorsorge im Bergbau und unter Tage durch regionale Knappschaftsvereine eine lange Tradition.[498] Diese männlich geprägten Domänen waren vielen Frauen durch die ersten Arbeitsschutzmaßnahmen nicht zugänglich. Im Jahr 1867 wurde in Preußen und später auch in Sachsen die Beschäftigung von Frauen unter Tage und in Bergwerken verboten.[499]

---

[494] *Hardach*, Altersvorsorge im 19. und 20. Jahrhundert in Deutschland, ZUG, 2003, S. 13.

[495] *Gerhard*, Frauen in der Geschichte des Rechts, S. 608 f.

[496] Bayern mit dem Gesetz vom 16.08.1908; Württemberg mit dem Gesetz vom 23.07.1910; Vgl. *Tilse*, Die Stellung der Frau als Beamtin, S. 25 ff.; *Süersen*, Die Frau im deutschen Reichs- und Landesstaatsdienst, S. 19, 32.

[497] Für Baden: § 134 des Gesetzes vom 24.07.1888, GVBl. F. B. 1881, S. 441.

[498] *Hardach*, Altersvorsorge im 19. und 20. Jahrhundert in Deutschland, ZUG 2003, S. 13.

[499] Vgl. *Schmitt*, Sozialreformbewegung, in: J.B. Metzler (Hg.), Der Arbeiterinnenschutz im Deutschen Kaiserreich. Ergebnisse der Frauenforschung, Stuttgart 1995, S. 80 f.; *Landmann*, Arbeiterschutzgesetzgebung (Deutschland), in: HSW, Band I, 1909, S. 593–634, 617 f.

Bereits zu Beginn des 19. Jahrhunderts boten einzelne Unternehmen eine betriebliche Altersvorsorge in Form von spezialisierten Pensionskassen an. Inwiefern Unternehmen so auch verheirateten Frauen eine Chance auf Alterssicherung eröffneten, wurde bisher nicht eingehend untersucht. Jedoch soll die Vorgehensweise des Geschäftsbetriebes der Hypo-Vereinsbank um 1904 hervorgehoben werden. Frauen waren dort als Arbeitskraft akzeptiert und nach einem Antrag des Aufsichtsrates wurde auch dem weiblichen Personal Zugang zu der Pensionskasse gewährt.[500] Dabei wurden jedoch nur unverheiratete Frauen in die Kasse aufgenommen. Diese Praktik wurde damit begründet, dass es die Pflicht des Ehemannes sei, sich um die Absicherung der Familie zu kümmern, nicht die der Ehefrau oder des Arbeitgebers.[501] Trat eine Frau nach der Heirat pflichtgemäß aus der Pensionskasse aus, wurden die geleisteten Beiträge voll erstattet. Die Bayerische Vereinsbank verfügte über vergleichbare Regelungen ihre weiblichen Angestellte betreffend.[502] Damit liegt die Einschätzung nahe, dass auch andere Unternehmen im Rahmen ihrer betrieblichen Altersvorsorge verheiratete Frauen von den Leistungen der Pensionskassen ausschlossen.

Verheirateten Frauen waren damit eine Vielzahl von Altersvorsorgeformen vorenthalten. Ihre Chancen auf eine unabhängige und selbstbestimmte Alterssicherung durch eigene Arbeitsleistung standen damit schlechter als jene der männlichen Bevölkerung.

2. Die Invaliditäts- und Altersversicherung

Bismarcks Sozialgesetzgebung mündete in dem Gesetz über die Invaliditäts- und Altersversicherung vom 22. Juni 1889, welches 1891 in Kraft trat. Es leistete Rentenzahlungen bei Invalidität oder ab einem Rentenalter von

---

500 Historisches Archiv der HypoVereinsbank, Sitzungsprotokoll des Aufsichtsrates der Bayerischen Hypotheken- und Wechsel-Bank AG, Nr. 6, 19.09.1904: *„Seine Excellenz, Herr Reichsrat von Auer hat heute Mittag ein Schreiben an die Gesamtdirektion übergeben, worin Seine Excellenz zum Zwecke gutachterlicher Aeusserung Kenntnis von seinem Antrag an den Aufsichtsrat gibt, dass bei teilweiser – in grossen Zügen angegebener – Abänderung der Satzungen künftig auch den weiblichen Angestellten die Wohltaten unserer Pensions- und Sterbekasse zugänglich gemacht werden sollen.“*

501 *Weidner*, Beschäftigung von Frauen in der Bankwirtschaft, ZfBG 2005, S. 107–133, 123.

502 Vgl. Historisches Archiv der HypoVereinsbank, Beilage zum Sitzungsprotokoll des Aufsichtsrates der Bayerischen Hypotheken- und Wechsel-Bank AG, Nr. 6, 19.09.1904.

70 Jahren, wobei diese eher als Zuschuss zum Lebensunterhalt, denn als ausreichende Alterssicherung verstanden wurden.[503] Die Beschränkung auf einen minimalen Zuschuss war für den Gesetzgeber erforderlich, da ansonsten die „*Aufsaugung alles sozialen individuellen Tätigkeiten durch die alleinige erdrückende Macht des Staates*" drohe und dieser sich in ausschließliche Angelegenheiten der Familien hineindränge, wie die Versorgung ihrer Alten oder des hauseigenen Gesindes.[504] Die durchschnittliche monatliche Rentenleistung betrug 1892 zehn Mark und erreichte damit nicht einmal ein Viertel eines durchschnittlichen Monatslohns.[505]

Durch diesen Teil der Sozialreform sollte die Integration der Arbeiterklasse in den bürgerlichen Staat gefördert werden.[506] Eine Versicherungspflicht betraf daher alle Arbeiter mit niedrigem Einkommen. Die Beiträge waren entsprechend gering, auch um den Kritikern der Pflichtversicherung den Wind aus den Segeln zu nehmen. Für einen Anspruch auf Invalidenrente galt eine Wartezeit von fünf Jahren, bei der Altersrente von 30 Jahren. Das Institut wurde 1911 um eine Versicherung für Angestellte erweitert.[507]

Zu dem Versichertenkreis zählten 1889 gemäß § 1 des Gesetzes „*Personen, welche als Arbeiter, Gehülfen, Gesellen, Lehrlinge oder Dienstboten gegen Lohn oder Gehalt beschäftigt werden*", „*Betriebsbeamte sowie Handlungsgehülfen und Lehrlinge […] deren Lohn oder Gehalt aber zweitausend Mark nicht übersteigt[…]*".[508] Das System der Absicherung war eng an die konkreten Erträge aus eigener Erwerbstätigkeit geknüpft. Die mithilfe eines Lohnklassensystems erreichbaren Renten konnten sich erheblich unterscheiden, gegebenenfalls um mehr als 100 % zwischen der ersten und vierten, der letzten, Lohnklasse.[509] Dabei rechnete man insbesondere in der ersten Lohnklasse mit einem hohen Frauenanteil – entsprechend gering waren ihre

---

503 Memorandum zur Alters- und Invalidenversicherung, Mai 1886, Bundesarchiv Berlin R 1501/100017.

504 *Haerendel*, Die Anfänge der gesetzlichen Rentenversicherung, S. 96; Stenographische Berichte Reichstag, VII. LP, IV, Session 1888/89, Bd. 2, S. 1092 ff.

505 Statistisches Jahrbuch für das Deutsche Reich 1893, S. 189; Statistisches Jahrbuch für das Deutsche Reich 1915, S. 380 ff.; *Hohls*, Arbeit und Verdienst, S. 88 f.

506 *Hardach*, Altersvorsorge im 19. und 20. Jahrhundert in Deutschland, ZUG, 2003, S. 9.

507 *Hardach*, ebenda.

508 § 1 des Invaliditäts- und Altersversicherung Gesetzes vom 22.06.1889.

509 Vgl. *Haerendel*, Die Anfänge der gesetzlichen Rentenversicherung, S. 119, Tabelle 2: Nach 30 Beitragsjahren betrug die jährliche Invalidenrente nach Lohnklasse I 141,20

Einzahlungen und erreichbaren Renten.[510] Dabei galt für die verheiratete Frau § 30 des Gesetzes über die Invaliditäts- und Altersversicherung vom 22. Juni 1889: „*Weiblichen Personen, welche eine Ehe eingehen, bevor sie in den Genuß einer Rente gelangt sind, steht ein Anspruch auf Erstattung der Hälfte der für sie geleisteten Beiträge zu, wenn die letzteren für mindestens zweihundert Wochen entrichtet worden sind. Dieser Anspruch muß binnen drei Monaten nach der Verheiratung geltend gemacht werden. Mit der Erstattung erlischt die durch das frühere Versicherungsverhältnis begründete Anwartschaft.*“. Damit erlosch zwar nicht automatisch die Zwangsmitgliedschaft der Ehefrauen, da Frauen jedoch häufig nach der Heirat ihre versicherungspflichtige Tätigkeit beendeten, erreichten viele nicht die Voraussetzungen eines späteren Rentenempfangs.[511] Der Rückgewähranspruch dieser Ehefrauen war derart ausgestaltet, dass die vom Arbeitgeber geleisteten Beiträge einbehalten wurden. Damit profitierte die Versicherungsanstalt von dem Ausscheiden der Frauen. Es zeigte sich, dass sich durch den Rückgewähranspruch einige Frauen dazu hinreißen ließen, ihre Rentenanwartschaften frühzeitig zugunsten einer einmaligen „*Mitgift*“ aufzulösen.[512] Nach dem Ausscheiden konnte die Versicherung zwar auf freiwilliger Basis fortgesetzt werden, von dieser Befugnis wurde jedoch wohl nur in seltenen Fällen Gebrauch gemacht.[513] Die Ehefrau konnte nach ihrer Heirat auch erneut eine die Versicherungspflicht begründende Tätigkeit aufnehmen oder die bisherige Tätigkeit mitsamt Versicherungspflicht fortsetzen. Damit entstand jedoch ein neues Versicherungsverhältnis und die Auszahlungsmodalitäten mussten von

---

Mark und nach Lohnklasse IV 312,80 Mark, die Altersrente in Lohnklasse I 106,40 Mark und in Lohnklasse IV 191,00 Mark.

510 *Haerendel*, Die Anfänge der gesetzlichen Rentenversicherung, S. 124.

511 Vgl. zum typischen Lebensverlauf von Arbeiterfrauen im Kaiserreich: *Fait*, Arbeiterfrauen, JbWG 1997/1, S. 171–205, 176.

512 *Fait*, Arbeiterfrauen, JbWG 1997/1, S. 171–205, 198 f; *Landmann/Rasp*, Kommentar zum Invalidenversicherungsgesetz, § 42, S. 393.

513 § 117 des Invaliditäts- und Altersversicherung Gesetzes vom 22. Juni 1889; Vgl. Die Arbeiter-Versorgung Nr. 13. Der Vermögensausgleich unter den Invaliditäts- und Altersversicherungsanstalten, 3. Mai 1898, in: Die Arbeiter-Versorgung Centralorgan für das gesamte Kranken- Unfall- Invaliditäts- und Altersversicherungswesen im Deutschen Reiche 15 (1898). S. 213–220, Begründet von J. *Schmiß*, Herausgegeben von Dr. jur. B. *Honigmann*, Berlin. Der Artikel ist unterzeichnet mit H[onigmann], abgedruckt in: *Ayass/Tennstedt*, Quellensammlung. III. Abteilung, 6. Band, S. 356.

Neuem erarbeitet werden.[514] Die zeitgenössischen Juristen und Autoren eines Kommentars zur Neuerung des Invalidengesetzes vom 13. Juli 1899, *Landmann* und *Rasp*, bewerteten es *„weitaus vorteilhafter, unter Verzicht auf die Erstattung sich die Fortdauer der Anwartschaft zu erhalten"*.[515] Außerdem hoben sie hervor, dass aufgrund des Wortlauts des Invalidengesetzes der Ehemann ohne Ermächtigung der Frau eigenständig keine Erstattung begehren könne.[516] Es wurde jedoch auch die gegenteilige Ansicht vertreten, nämlich dass der Ehemann nach Maßgabe des ehelichen Güterrechts den Rückgewähranspruch aus eigenem Recht geltend machen könne.[517] Folglich könnte der Ehemann im Einzelfall über eine nicht unbedeutende Summe, welche zur Alterssicherung seiner Frau bestimmt war, im eigenen Interesse verfügen.

Gelang es der verheirateten Frau, trotz dieser Hindernisse einen Rentenanspruch zu erarbeiten, so fielen die Auszahlungen entsprechend dem geltenden Güterstand gegebenenfalls dennoch unter die Verfügungsbefugnis des Ehemannes. Eine Partizipation an ihrer Alterssicherung konnte ihr somit unter Umständen abgeschnitten werden.

Vor dem Hintergrund, dass die Aufnahme der versicherungspflichtigen Tätigkeit unter dem Einwilligungsvorbehalt des Mannes stand,[518] der regelmäßigen Einordnung in eine niedrige Lohngruppe, geringen Auszahlungen und der güterrechtlichen Beeinflussung der Verwaltung der eigenen Rente, war Invaliditäts- und Altersversicherung eine nur unzureichende Alterssicherung für verheiratete Frauen.

---

514 *Landmann/Rasp*, Kommentar zum Invalidenversicherungsgesetz, § 42, S. 395.

515 *Landmann/Rasp*, Kommentar zum Invalidenversicherungsgesetz, § 42, S. 396.

516 *Landmann/Rasp*, ebenda; so auch nach dem Invalidenversicherungsgesetz vom 13. Juli 1899, § 42 Erstattung von Beiträgen: *[1] Weiblichen Personen, welche eine Ehe eingehen, bevor ihnen die eine Rente (§§ 15, 16) bewilligende Entscheidung zugestellt ist, steht ein Anspruch auf Erstattung der Hälfte der für sie geleisteten Beiträge zu, wenn die letzteren vor Eingehung der Ehe für mindestens zweihundert Wochen entrichtet worden sind. Dieser Anspruch muß bei Vermeidung des Ausschlusses vor Ablauf eines Jahres nach dem Tage der Verheiratung geltend gemacht werden. Der zu erstattende Betrag wird auf volle Mark nach oben aufgerundet. [2] Mit der Erstattung erlischt die durch das frühere Versicherungsverhältnis begründete Anwartschaft.*

517 *Landmann/Rasp*, Kommentar zum Invalidenversicherungsgesetz, § 42, S. 396.

518 Mit Verabschiedung des BGB stand die Erwerbstätigkeit der Ehefrau unter dem Kündigungsrecht des Ehemannes. Siehe unten, S. 344 f.

V. Vergleich und Fazit

Durch die Gesetze der *Caisse D'Épargne* und *Caisse Nationale de Retraites* erhielt die Ehefrau die Chance, einen Teil ihres Lohnes selbstständig zu verwalten und der Willkür des Ehemannes zu entziehen. Die damit einhergehende Durchbrechung der *puissance maritale* im Interesse ihrer finanziellen Unabhängigkeit kam der Ehefrau zugute, sofern sie auf Vermögen, insbesondere in Form ihres persönlichen Arbeitserwerbs, Zugriff hatte. Der Ehemann konnte jedoch weiterhin verlangen, dass der Lohn der Frau direkt an ihn auszuzahlen war und damit diese neuen Befugnisse von vornherein beschneiden.[519] Bei den Regelungen der *Caisse Nationale de Retraites* ist zu beachten, dass der grundsätzliche Vorteil der Frau, hälftig an den Einzahlungen des Mannes beteiligt zu sein, sich bei einem faulen oder verschwenderischen Ehemann auch in das Gegenteil kehren konnte, da dieser in gleichem Maße an der Rente der Frau beteiligt war. Es ist indes auffällig, dass die französischen Gesetzgeber bei den Arbeiten zur *Caisse D'Épargne* und *Caisse Nationale de Retraites* die besonderen Hürden verheirateter Frauen im Blick hatten, diese explizit adressierten und an einer vertretbaren und praktikablen Lösung im Interesse der Ehefrau interessiert waren. Außerdem sind die Bemühungen der Praxis hervorzuheben, für die verheiratete Frau ungünstige Regelungen durch geschickte Auslegungen des Gesetzes zu umgehen.

Vergleichbare Bemühungen waren in Deutschland nicht ersichtlich. Der deutsche Gesetzgeber schenkte der verheirateten Frau nur durch § 30 des Gesetzes über die Invaliditäts- und Altersversicherung vom 22. Juni 1889 Beachtung, um offensichtliche Ungerechtigkeiten zu vermeiden, die entstehen würden, wenn die Frau nach jahrelangen Einzahlungen mit der Heirat jegliche Gegenleistung verlöre. Die eheliche Gewalt blieb unangetastet. Während man in Frankreich auf freiwillige Einzahlungen in die Altersrente setzte, kam in Deutschland die Versicherungspflicht der Frau zugute, da auf diese Weise ihre Einzahlungen nicht unter dem Einwilligungserfordernis des Mannes standen. Aufgrund der geringen Ausschüttung im Alter war sie jedoch zur finanziellen Absicherung wenig effektiv. Außerdem war die Ehefrau aus vielen Formen betrieblicher Altersvorsorge explizit ausgeschlossen.

---

[519] Vgl. *Chauvin*, Proposition de loi, in: Publications de l'Avant-Courrière, Paris 1893, S. 1–5, 2.

In Frankreich erzielte die *Caisse D'Épargne* einen größeren Erfolg als die *Caisse Nationale de Retraites*. Der zeitgenössische französische Rechtswissenschaftler Albert *Damez* sah in den Gesetzen der *Caisse D'Épargne* und *Caisse Nationale de Retraites* jedoch eher eine zufällige Verbesserung der finanziellen Lage verheirateter Frauen. Die Gesetze seien vornehmlich im Interesse der Arbeiterfamilien geschaffen worden, um ihnen zu ermöglichen, ihr Los durch Rücklagen zu verbessern.[520] Ob der Erfolg nun durch die Gesetzgeber beabsichtigt war oder bloß eine Nebenfolge darstellte, kann dahinstehen, da diese die Sonderstellung der erwerbstätigen Ehefrau erkannten und infolgedessen die *puissance maritale* über die Arbeitsprodukte der Frau lockerten. Mit dieser fortschrittlichen gesetzlichen und praktischen Handhabung konnte weder der deutsche Gesetzgeber noch die deutsche Praxis mithalten. Das Bedürfnis einer Sonderbehandlung der erwerbstätigen Ehefrau vor dem Hintergrund der ausgeprägten ehelichen Gewalt wurde im Deutschen Reich außerhalb des Eherechts nicht wahrgenommen.

---

520 *Damez*, Libre salaire de la femme mariée, S. 318.

Die Frauen werden zur Frage – Ein gesellschaftlicher Umbruch

Im Laufe des 19. Jahrhunderts nahm die Frauenbewegung stetig Fahrt auf. Es entstanden verschiedene Vereine und Strömungen, ihre Mitglieder begannen sich zu organisieren, zu vernetzen und Öffentlichkeitsarbeit zu betreiben. Die Frauen wurden zur Frage. Auch durch die neue wirtschaftliche Bedeutung der Frau im Zuge der industriellen Revolution entwickelte sich ein neues weibliches Selbstbewusstsein – viele Frauen erhoben ihre Stimmen auch bei politischen und rechtlichen Fragen. Von einer Begegnung auf Augenhöhe mit den männlichen Gesetzgebern konnte jedoch keine Rede sein. Dennoch gelang es einzelnen Vereinen und bedeutsamen Führerinnen der Frauenbewegung, sich in den wichtigen Fragen des Eherechts und dessen Umgang mit der Frau Gehör zu verschaffen. Ihre Hindernisse und Vorgehensweisen sollen im Folgenden dargestellt werden.

1. Kapitel: Das Idealbild der Frau im Spannungsfeld der Industrialisierung

Der Ausschluss der Frau aus Rechtsentwicklung und Politik war vor allem auf die Geschlechterideologie des erstarkenden Bürgertums zurückzuführen, welches die Ungleichheit der Geschlechter und Unterordnung der Frau aus der Natur derselben ableitete.[521] Die Frau wurde als emotional, duldsam und

[521] *Hausen*, Polarisierung der Geschlechtscharaktere, in: Werner Conze (Hg.), Sozialgeschichte der Familie in der Neuzeit Europas, Stuttgart 1976, S. 363–393, 363 f.; *Frevert*, Bürgerliche Meisterdenker, in: dies. (Hg.), Bürgerinnen und Bürger: Geschlechterverhältnisse im 19. Jahrhundert: zwölf Beiträge, Göttingen 1988, S. 17–48, 18 ff.

passiv verstanden, der Mann als Gegenstück rational, willensstark und aktiv. Der Platz der Frau war das Haus, während der Mann in Politik, Wissenschaft und Wirtschaft tätig war.[522] Trotz der voranschreitenden Säkularisierung war der „*heilige Respekt*“ der Frau vor ihrem Mann eine der Säulen der Gesellschaft und ersetzte lange Zeit die Religion als Fundament der zivilen und politischen Gesellschaft. Die einzige politische und soziale Identität der Frau war diejenige der Ehefrau und Mutter.[523] Dieses Idealbild bestimmte über das 19. Jahrhundert hinweg den Umgang mit dem weiblichen Geschlecht. Mit dem Argument des Schutzes der Frau als schwächeres Geschlecht wurde beispielsweise 1889 die Nachtarbeit von Frauen gesetzlich verboten.[524] Dieses Verbot sollte dem Erhalt der Familie dienen und gleichzeitig einen Teil des Arbeitsmarktes vor dem weiblichen Einfluss bewahren. Die Bemühungen der Frauenbewegung um mehr Rechte und Mitsprache wurden daher als dem Wesen der Frau zuwiderlaufend diskreditiert.

Dieses Meinungsbild der Gesellschaft befand sich jedoch im Umbruch. Die Motoren des sozialen Wandels waren neben der Arbeiterbewegung auch die Entstehung und Organisation der Frauenbewegung. Sie veränderten die Auffassung von Gleichheit und sozialer Gerechtigkeit, indem neben einer formalen rechtlichen Gleichheit einer ausgewogeneren Verteilung der Wirtschafts- und Kulturgüter auch eine Teilnahme am politischen Diskurs gefordert wurde.[525] Die Arbeiterin, das paradigmatische Gegenstück zur Figur einer häuslichen Mutter, rückte im Laufe des 19. Jahrhunderts in den Mittelpunkt der Aufmerksamkeit.[526] Sie symbolisierte die durch die Frauenarbeit und Industrialisierung hervorgerufenen gesellschaftlichen Sorgen, während die Mutterschaft weiterhin das weibliche Ideal verkörperte.

In Frankreich sprachen sich die feministischen Führer Maria *Deraismes* und Léon *Richer* deutlich gegen Regelungen des Arbeitsmarktes und den

---

522 *Paletschek*, Adelige und bürgerliche Frauen, in: Elisabeth Fehrenbach (Hg.), Adel und Bürgertum in Deutschland 1770–1848: Kolloquium zum Thema „Adel und Bürgertum in Deutschland 1770–1848“ vom 6. bis 9. Juli 1992 im Historischen Kolleg gehalten, München 1994, S. 159–185, 162.

523 *Rocheford*, À propos la femme mariée, S. 2.

524 *Zancarini-Fournel*, Archéologie de la loi, in: ders./Leora Auslander (Hg.), Différence des sexes et protection sociale (XIXe–XXe siècles), Paris 1995, S. 75–92, 78 ff.

525 *Gerhard*, Einleitung, in: dieselbe, Frauen in der Geschichte, S. 14.

526 *Rocheford*, À propos la femme mariée, S. 2 f.

Ausschluss der Frau unter dem Deckmantel des Schutzes aus.[527] Die feministische und republikanische Herangehensweise an die Frauenfrage schienen sich dabei unvereinbar gegenüberzustehen. Mit Tommy *Fallots* philanthropisch protestantischer Bewegung änderte sich das jedoch ein Stück weit. Seine Auffassung von der sozialen Rolle der Frau war durch eine protektionistische Strukturbildung grundsätzlich mit dem republikanischen Modell vereinbar. Diese moralische Herangehensweise an die soziale Frage der Frau strukturierte sich in Form von Lastern und Tugenden, Opfern und Tätern.[528] Dadurch landete insbesondere der Mann auf der Anklagebank. Dessen Ausschweifungen, Alkoholismus und Missbrauch der ehelichen Autorität wurden als Plagen betrachtet, die eine staatliche Intervention erforderten. Dabei sei es nicht nur der Mann, der moralisiert werden müsse, sondern auch das Gesetz, dass ihm ein solches Handeln erlaube.[529] Im Zuge dessen wurde erkannt, dass dazu auch der Schutz der Arbeitsprodukte der Frau gehört. Entsprechende Gesetzesinitiativen waren zwar erfolglos, schlussendlich führte diese philanthropische Linie jedoch dazu, dass viele Parlamentarier die Autorität des Ehemannes infrage stellten. Diese Entwicklung mündete am Ende des 19. Jahrhunderts in öffentliche Debatten über die Rechte der Frau und Grundsätze der *puissance maritale*.[530] Auch der deutsche Politiker und Sozialist August *Bebel* kreidete den rechtlichen Zustand französischer Frauen an. Er bemängelte, dass sich der Ehemann den Erwerb seiner Frau auszahlen lassen und verprassen konnte. Vor diesem Hintergrund sei es Frauen nicht zu verdenken, gar gänzlich auf eine „*frivole Eheschließung*" zu verzichten.[531] Mit dem Zugang der Frau zu immer mehr Berufen wich die Figur der Arbeiterin dem Bild einer aktiven, bürgerlichen Frau. Legislativvorschläge und Rechtsstudien bezogen sich nicht mehr nur auf Arbeiterinnen, sondern auch auf Anwältinnen, Ärztinnen, Telefonistinnen, Stenografinnen, Kassiererinnen, Verkäuferinnen oder in Kunst und Literatur anerkannte

527 *Rocheford*, ebenda.

528 *Rocheford*, ebenda.

529 *Rocheford*, ebenda; siehe oben, S. 156, 412: Das *Loi au libre salaire* sollte Moral und Recht in Einklang bringen.

530 *Vogel*, Gleichheit und Herrschaft, S. 268 ff.

531 August *Bebel*, Die Frau und der Sozialismus: Die rechtliche Stellung der Frau (Auszüge, basierend auf der 50. Aufl. von 1910), in: *Meder/Duncker/Czelk*, Rechtsstellung der Frau, S. 59.

weibliche Talente. Durch diese Modelle des Bürgertums, welche zur Zeit der *Belle Epoque* aufkamen, gewannen die Frauen, auch die Ehefrauen, einen neuen Stellenwert und Selbstwert.[532]

Die Frauenbewegungen des 19. Jahrhunderts begannen schließlich auch die Frauenfrage als Rechtsfrage zu stellen. Sie setzten sich vermehrt für eine rechtliche Gleichbehandlung der Geschlechter und die Einbeziehung weiblicher Lebensumstände in Gesetz und Recht ein.[533] In Deutschland war der Allgemeine Deutsche Frauenverein unter der Führung von Louise *Otto-Peters* für das Vorantreiben dieser Agenda verantwortlich.[534] Ihre vorrangigen Ziele waren im Rahmen der Gleichwertigkeit der Geschlechter die Wahrnehmung der besonderen Beiträge und Leistungen von Müttern, die Schaffung neuer Bildungsmöglichkeiten und die Reform der internen Ehebande. Indem der verheirateten Frau auch bei der Erfüllung aller gesellschaftlichen und rechtlichen Pflichten als Ehefrau und Mutter in Konfliktsituationen keine Rechte gegen den Mann zur Seite standen, wurde durch die anhaltenden Unrechtserfahrungen der Frauen ab den 1870er Jahren auch eine Reform des Güterrechts gefordert.[535]

Zu Beginn des 20. Jahrhunderts veränderten sich die mit der Frauenfrage zusammenhängenden rechtlichen Debatten. Die meisten Beteiligten zeigten sich entschlossen, der Unterlegenheit der Frauen ein Ende zu bereiten und die offenkundigsten Ungleichheiten zu beseitigen. In Frankreich wurde die von *Portalis* oder Napoléon *Bonaparte* formulierten Leitlinien des Eherechts des Code Civil als veraltet und für die Moderne ungeeignet angeprangert. Die *incapacité* verheirateter Frauen und daraus resultierende zivile Nichtexistenz schien nicht mehr vertretbar.[536] In Deutschland entbrannten im Rahmen der Gesetzgebungsarbeiten des BGB vielfach Diskussionen um

---

532 *Rochefort*, À propos la femme mariée, S. 2 f.

533 *Gerhard*, Einleitung, in: dieselbe, Frauen in der Geschichte, S. 13.

534 *Gerhard*, Rechtsstellung der Frau, in: Jürgen Kocka (Hg.), Bürgertum im 19. Jahrhundert, Band III, Verbürgerlichung, Recht und Politik. Göttingen 1995, S. 167–196, 172; *Otto-Peters*, Vorwort, Einige Deutsche Gesetzesparagraphen, S. 3.

535 *Vogel*, Gleichheit und Herrschaft, S. 291; Vgl. *Buchholz*, Das BGB und die Frauen, in: Ute Gerhard (Hg.), Frauen in der Geschichte des Rechts. Von der Frühen Neuzeit bis zur Gegenwart, München, 1997, S. 670–682, 680 f.

536 Jedoch wurde erst mit dem Gesetz vom 18.02.1938 „*l'incapacité de la femme mariée*" aufgehoben und die Gehorsamspflicht der Frau gegenüber ihrem Ehemann abgeschafft.

die Ausgestaltung der ehelichen Gewalt die Geschlechtsvormundschaft galt als überholt.[537]

2. Kapitel: Die Facetten des Feminismus in Frankreich

Der Begriff Feminismus wurde 1882 von Hubertine *Auclert* entwickelt und in der von ihr herausgegebenen Zeitschrift *La Citoyenne* populär gemacht. Er sollte den Gegenpol zu dem, ihrer Meinung nach, im 19. Jahrhundert gesellschaftlich vorherrschenden Maskulinismus bilden. In den folgenden Jahren breitete sich der Begriff aus und wurde teilweise synonym mit der Frauenbewegung benutzt.[538]

Nach dem Deutsch-Französischen Krieg wurde Frankreich regelrecht von einer Welle der Frauenbewegung ergriffen. Mit dem Ende des zweiten Kaiserreiches 1870 und der Zuerkennung der Presse- und Versammlungsfreiheit für Frauen bildete sich eine Vielzahl feministischer Initiativen und Vereinigungen. Die Frauenbewegung begann sich zu organisieren.[539] Um die 1869 erschienene Zeitschrift *Le Droit des femmes*, gegründet von einem der bedeutendsten Unterstützer der Frauenfrage Léon *Richer*, gruppierten sich tatkräftige Frauen – darunter Maria *Deraismes*, die gemeinsam mit *Richer L'Association pour le Droit des femmes*, die erste Frauenrechtsorganisation Frankreichs, ins Leben rief.[540] *L'Association pour le Droit des femmes* wurde von Persönlichkeiten wie Louise *Michel* oder Paule *Minck* unterstützt. Letztere wurde aufgrund ihrer Beteiligung am Aufstand der *Pariser Commune* von 1871 verurteilt und verbannt. Der Krieg und die Niederwerfung der *Commune* zerrissen die Frauenbewegung, wobei sich die Bestrebungen der Sozialistinnen und bürgerlichen Republikanerinnen gegenüberstanden.[541] Diese Lagerbildung wurde auch von den Gesetzgebern der Zeit wahrgenommen. Eines der Hindernisse eines gesetzgeberischen Erfolgs des französischen Feminismus schien insbesondere eine fehlende Teilhabe und Einflussnahme an Sitzungen

537 *Gerhard*, Die Rechtsstellung, S. 189 f.

538 *Gerhard*, Frauenbewegung und Feminismus, S. 8, 67.

539 *Hervé*, Französische Frauen, Via Regia 1995, Heft 24, S. 2; *Wallat*, Der erste internationale Frauenkongress, in: *Meder/Mecke*, Reformforderungen zum Familienrecht international, Köln, 2015, Band 1, S. 107 f.

540 *Bascou-Bance*, La mémoire des femmes, S. 233.

541 *Gerhard*, Frauenbewegung und Feminismus, S. 52.

des Parlaments. Dies war insbesondere darauf zurückzuführen, dass viele Parlamentarier die Programmsätze und Vorgehensweisen der bekannten Feministinnen ablehnten. In den Gesetzgebungsmaterialien und juristischen Diskursen wiederholten die männlichen Beteiligten die Auffassung, dass die Ideen und Gedanken der „*gemäßigten*" Feministinnen grundsätzlich interessant und erstrebenswert seien, mit ihren „*radikalen*" Geschlechtsgenossinnen sei hingegen kein Dialog oder Übereinkunft möglich.[542]

Obwohl viele Parlamentarier inzwischen die umfassende *puissance maritale* infrage stellten, blieben sie zu Beginn der 1890er Jahre hinsichtlich des Ausbaus weiblicher Bürgerrechte zurückhaltend. Durch die breite Öffentlichkeitsarbeit feministischer Vereinigungen kam ab 1896 die Gesetzgebung indes langsam in Schwung und weite Teile der Gesellschaft begannen sich für das feministische Programm zu interessieren.[543] So forderte 1894 eine Gruppe von etwa 40 Parlamentsabgeordneten, wenn auch noch erfolglos, die Emanzipation der verheirateten Frau.[544] Im Jahr 1900 wurde auf dem *Congrès international de la condition et des droits de la femme* ein Programm verabschiedet, welches beabsichtigte, der ehelichen Autorität ein Ende zu setzen.[545] Obwohl sich viele Juristen weiterhin in Zurückhaltung gegenüber den Zielen der Frauenbewegung übten, beurteilten immer mehr von ihnen die *incapacité de la femme mariée* aufgrund der wirtschaftlichen Entwicklung und moralischer Bedenken als untragbar.[546]

I. Der „gemäßigte" und der „radikale" Feminismus – Die Spaltung

Die Einordnung des Feminismus durch die zeitgenössischen Juristen in „*gemäßigte*" und „*radikale*" Vertreterinnen vollzog sich in den Reihen der Frauenbewegung bereits auf dem ersten Frauenrechtskongress 1878.[547] Der Deutsch-französische Krieg, der revolutionäre Schrecken und die

---

[542] Vgl.: *Rousseau*, Bulletin de la Société d'Études législatives, 1902, S. 138; *Rousseau*, Bulletin de la Société d'Études législatives, 1902, S. 25; Vgl. ebenda: Jeanne *Schmahl* wurde bewusst als „*gemäßigte*" Vertreterin des Feminismus geladen.

[543] Broschüre in: Avant-Courrière, *Opinions et liste des journaux favorables aux revendications de l'Avant-Courrière*.

[544] *Halpérin*, Histoire du droit privé français, S. 16.

[545] *Halpérin*, ebenda.

[546] *Halpérin*, Histoire du droit privé français, S. 16.

[547] *Wallat*, Der erste internationale Frauenkongress, S. 108.

Gewalt rund um die Geschehnisse der *Commune* 1871 veranlassten viele Frauenrechtlerinnen zu einer Mäßigung in ihren Forderungen. Beim Aufbau der *Troisième République* galt ihr Augenmerk der Bildungspolitik und Reform des patriarchalischen Code Civil, bevor sie es wagten, gleiche Rechte als Staatsbürgerinnen einzufordern. Die meist aus bürgerlichen Republikanerinnen bestehende Gruppierung griff die traditionelle Rolle der Frau nicht an und forderte vielmehr gleiche juristische, berufliche und politische Rechte.[548] Die Aufteilung der Frauenbewegung zeichnete sich nicht nur durch ihre verschiedenen Ziele, sondern auch durch ihre Vorgehensweisen aus. Die „*radikale*" Strömung definierte sich durch die Idee des Gleichheitsfeminismus. Ziel war nicht nur die rechtliche Gleichstellung, sondern alle Arten des Maskulinismus wurden abgelehnt.[549]

Bereits zu Beginn der 1870er Jahre begannen die Konflikte innerhalb der Frauenbewegung und zwischen den drei Protagonistinnen *Deraismes*, *Richer* und *Auclert* zu schwelen. *Auclert* begann sich auf das Frauenwahlrecht zu konzentrieren[550] und erregte dadurch das Missfallen ihrer Mitstreiterinnen *Deraismes* und *Richer*, die zur Erreichung der Gleichstellung der Geschlechter eine „*politique de la brèche*" verfolgten.[551] Diese Politik der kleinen Schritte war die zentrale Taktik der als gemäßigt geltenden Vertreterinnen der Frauenbewegung. Die Einforderung des Frauenwahlrechts gefährdete diese Vorgehensweise. Die feministischen Strömungen arbeiteten zu diesem Zeitpunkt zwar getrennt voneinander, tauschten sich jedoch aus und standen einander regelmäßig bei der Verfechtung gemeinsamer Ziele bei. Der Konflikt um die richtige politische Strategie sollte auf dem ersten internationalen Frauenkongress für die Rechte der Frauen von 1878 in Paris eskalieren und zu einem Bruch innerhalb der Frauenbewegung führen, der die weitere Zusammenarbeit sabotierte.[552] Auf dem ersten internationalen Frauenkongress versuchten *Deraismes* und *Richer* zu verhindern, dass *Auclert*, die später als radikale Gefahr eingestuft wurde, erneut die Frage nach dem

---

[548] *Bard*, Die Frauen in der französischen Gesellschaft, S. 103 ff.

[549] *Bard*, Die Frauen in der französischen Gesellschaft, S. 105 f.

[550] *Wallat*, Der erste internationale Frauenkongress, S. 115.

[551] *Wallat*, Der erste internationale Frauenkongress, S. 116; *Deraismes*, Ce que veulent les femmes, S. 75, 121 ff.

[552] *Wallat*, Der erste internationale Frauenkongress, S. 122.

Wahlrecht thematisierte, und so die „*Politik der kleinen Schritte*" bedrohte.[553] Nach diesem Zerwürfnis drifteten die Vorgehensweisen und Einstellungen der Lager noch weiter auseinander. *Auclert* erregte als Teil der als radikal geltenden *Suffragettes* durch Praktiken, wie dem Überfall eines Wahllokals oder der Zerstörung eines Exemplars des Code Civil während einer Sitzung der Abgeordnetenkammer, den Unmut der überwiegend konservativen Bevölkerung.[554] Ein Dialog mit einflussreichen Staatsmännern und damit zumindest indirekte Einflussnahme auf die politische Landschaft war kaum möglich.

Zu der Gruppe der gemäßigten feministischen Vereinigungen zählte unter anderem die *Avant-Courrière*, der es durch den gesetzlichen Schutz des Arbeitserwerbs der Ehefrau gelang, die Rechtsstellung der verheirateten Frau zu verbessern.[555]

II. Jeanne *Schmahl* und die *Avant-Courrière*

Die französische Feministin Jeanne Elizabeth *Schmahl* erlebte als Medizinstudentin in Paris die Unzulänglichkeiten des Code Civil für verheiratete Frauen aus erster Hand, nachdem sie von einer Patientin erfuhr, dass diese dazu gezwungen sei, ihren Lohn an ihren gewalttätigen und alkoholabhängigen Ehemann abzugeben. Nachdem die Frau ihren Arbeitgeber darum gebeten habe, den Lohn nicht mehr direkt an ihren Ehemann auszuzahlen, habe sie ihre Anstellung verloren. *Schmahl* war davon überzeugt, dass der französische Code Civil dringend eine dem englischen *Married Women's Property Act* von 1882 ähnliche Reform benötigte.[556]

Das erste Projekt, das sich explizit mit dem persönlichen Arbeitserwerb von Arbeiterinnen beschäftigte, ging 1886 von der protestantischen Bewegung rund um den Pfarrer Tommy *Fallot* aus.[557] *Fallots* Gesetzesvorschlag, sah vor, dass die Ehefrau nach richterlicher Entscheidung über ihren Lohn verfügen

553 *Gerhard*, Frauenbewegung und Feminismus, S. 53.

554 *Hervé*, Französische Frauen, Via Regia 1995, Heft 24, S. 3; *Adams*, Women and the vote, S. 294 f.

555 Siehe oben, S. 142.

556 *McMillan*, France and Women, S. 194.

557 *Rocheford*, Prostituée et l'ouvrière, in: Françoise Lautman, Ni Eve ni Marie. Luttes et incertitudes des héritières de la Bible, Genève 1998, S. 34; *Rocheford/Klejman*, L'égalité en marche, S. 54 f.

könnte, wenn das Verhalten des Ehemannes die Interessen des Haushaltes gefährde. Das Vorhaben scheiterte jedoch.[558]

Schmahl war bereits 1878 ein aktives Mitglied der Gruppierungen rund um *Deraismes* und *Fallot* und entdeckte dabei ihr Interesse an den Rechten der Frau. Sie trat in den folgenden Jahren der *Société pour l'Amélioration du Sort de la Femme* sowie der von *Richer* gegründeten *Ligue française pour le droit des femmes* bei.[559] Die verschiedenen feministischen Vorschläge zur zivilen Gleichstellung der Geschlechter fanden jedoch wenig Beachtung bei den Parlamentariern. Mit der Zeit gelangte *Schmahl* zu der Überzeugung, dass die Strategie der Gruppierungen rund um *Richer* und *Deraismes*, genauer die Vermischung von Religion, Politik und den Anliegen der Frauenrechtler, ein Fehler sei. Sie glaubte, dass diese Vorgehensweise einer der Hauptgründe für den fehlenden Erfolg der französischen Frauenbewegung sei. *Schmahl* entschied sich daher, ihre Bemühungen auf konkrete Fragestellungen zu konzentrieren und gründete im Januar 1893 die *Avant-Courrière*, deren Agenda sich explizit auf zwei Punkte beschränkte[560]: Die gesetzliche Fixierung des Rechts der Frau, in Zivilrechtsverfahren als Zeugin auftreten zu können und das Recht verheirateter Frauen, über die Produkte ihrer Arbeit frei zu verfügen.[561] *Schmahl* verurteilte den Code Civil, der darauf abziele „*le rétablissement inébranlable de la famille antique et la consolidation de la puissance maritale et paternelle*" und dafür die Frauen, Ehefrauen und Mütter geopfert habe. Dieses Leitbild schade der modernen Familie und Republik. In einer Ansprache an die französischen Gesetzgeber von 1894 kritisierte sie, dass die Auswirkungen des napoleonischen Gesetzbuches nicht mehr zeitgemäß seien. Frauen seien mittlerweile zum Studium der bildenden Künste und Wissenschaften zugelassen. Durch die Erlangung verschiedener Abschlüsse und Auszeichnungen und nicht zuletzt aufgrund ihrer neuen Wirtschaftsrolle, habe die Frau eine neue Würde entdeckt, die mit dem demütigenden Verlust der Geschäftsfähigkeit

---

558 *Actes du Congrès des Oeuvres et Institutions féminines* 1890, S. 126; *Stora-Lamarre*, Loi du 24 juillet 1889, AARsoc 1990, no. spécial, S. 29–40, 32 f.

559 *Metz*, Jeanne Schmahl et la loi, https://www.archivesdufeminisme.fr/metz-jeanne-schmahl-loi-libre-salaire-femme/, zuletzt abgerufen am 20.02.2025; *Bidelman*, Politics of French Feminism, in: Historical Reflections/Réflexions Historiques. Vol. 3, No. 1, New York, 1976 , S. 93–120, 94.

560 *Bell/Offen*, Women and Freedom, S. 98.

561 Zielsetzungen der Avant-Courrière, in: *Schmahl*, Aux législateurs français, S. 1–3.

durch die Heirat nicht mehr vereinbar sei. Es verlange die Frau danach, diesen Zustand zu ändern.[562] In der Broschüre *„L'Avenir du mariage"* aus dem Jahr 1896 erklärte *Schmahl*, dass die einzige Chance zur Rettung der ehelichen Güterstände darin bestünde, die Rechte des Ehemannes über die Person und das Vermögen der Frau abzuschwächen und so dem Zeitgeist anzupassen.[563]

Schmahls Vorhaben richteten sich an moderate bis konservative Frauen der Mittel- und Oberschicht. Schnell schlossen sich als finanzieller Motor die Duchesse d'Uzés Anne de *Rouchechouart de Mortemart*, die spätere Gründerin der Zeitung *La Française* Jane *Misme*, sowie die erste französische Doktorin der Rechtswissenschaft Jeanne *Chauvin* der *Avant-Courrière* an.[564] Um die Öffentlichkeit auf die Missstände des Code Civil und die Ziele der Vereinigung aufmerksam zu machen, veröffentlichte *Schmahl* die Zeitschrift *L'Avant-Courrière*. Die Mitgliederzahl wuchs schnell auf über 200 an.[565] Es gelang der *Avant-Courrière*, die Unterstützung großer Druckhäuser zu gewinnen, welche kostenlos Poster und Flugblätter fertigten, um in Paris und großen Provinzstädten das Interesse der Öffentlichkeit zu wecken.[566] Den ersten Erfolg verzeichneten die *Avant-Courrière*, als der Senat am 7. Dezember 1897 ein Gesetz verabschiedete, welches Frauen erlaubte, in Zivilverfahren in den Zeugenstand zu treten und auszusagen.[567]

Dieser einzelfallorientierte Ansatz *Schmahls* führte dazu, dass Senatoren, Rechtswissenschaftler und Gesetzgeber sie als *„moderat"* und *„vernünftig"* wahrnahmen und einen Dialog zuließen.[568] Auf diese Weise kam sie unter anderem mit dem Senator Léopold *Goirand* in Kontakt, der nach einer Zusammenarbeit mit *Schmahl* im Jahr 1896 einen Gesetzesvorschlag über

---

[562] *Schmahl*, Aux législateurs français, S. 1.

[563] Die Broschüre „L'Avenir du mariage", wiedergegeben in: *Le Temps*, Ausgabe vom 26. Dezember 1896, S. 1; *La Femme*, Ausgabe vom 1. Februar 1897, S. 18 ff.

[564] *Metz*, Jeanne Schmahl et la loi, https://www.archivesdufeminisme.fr/metz-jeanne-schmahl-loi-libre-salaire-femme/, zuletzt abgerufen am 20.02.2025; *Bell/Offen*, Women and Freedom, S. 99.

[565] *McMillan*, France and Women, S. 194.

[566] *Bell/Offen*, Women and Freedom, S. 101.

[567] *Journal Officiel*, 07.12.1897.

[568] Neben dem Senator Léopold *Goirand* war sie auch an der Ausarbeitung an einer Gesetzesvorlage der *Société d'Études législatives* beteiligt, vgl.: *Rousseau*, Bulletin de la Société d'Études législatives, 1902, S. 25. Vgl. auch dort: Jeanne Schmahl wurde bewusst als „gemäßigte" Vertreterin des Feminismus geladen.

„Le libre salaire de la femme mariée" dem Parlament vorstellte. Obwohl die Presse nach diesem ersten Gesetzesentwurf über den freien Lohn verheirateter Frauen *„qui sera sans doute bientot accomplie"* diskutierte, sollte es bis zur Verabschiedung eines entsprechenden Gesetzes noch über elf Jahre dauern.[569] Das schließlich 1907 verabschiedete *„Loi relative au libre salaire de la femme mariée et ci la contribution des époux aux charges du ménage"* wurde vereinzelt sogar als *„Loi Schmahl"* bezeichnet.[570]

3. Kapitel: Die Frauenfrage in Deutschland

Hervorgerufen durch die Revolutions- und Bürgerrechtsbewegungen von 1848, begann sich die Frauenbewegung in Deutschland in der zweiten Hälfte des 19. Jahrhunderts zu etablieren. Louise *Otto-Peters*, Gründerin der ersten deutschen Frauen-Zeitung *„für höhere weiblichen Interessen"* 1849, gilt bis heute als die Mutter der deutschen Frauenbewegung.[571] Unter dem Leitsatz *„Dem Reich der Freiheit werb ich Bürgerinnen"* beschäftigte sich die Zeitschrift mit den gesellschaftlichen und politischen Folgen der deutschen Revolution und wurde von den Regierenden als destruktiv und gefährlich eingestuft.[572] Die 1850er Jahre bremsten die aufblühende Frauenbewegung zunächst wieder aus. Verschiedenen Pressegesetze, wie etwa im Königreich Sachsen, welches nach § 12 nur männlichen Personen die Redaktion einer Zeitschrift erlaubte, verboten den Frauen damit Öffentlichkeitsarbeit und *Otto-Peters* wurde mit einem Berufsverbot belegt – das Gesetz wurde daher auch *„Lex Otto"* genannt.[573] Hinzu kamen Vereinsgesetze, welche Frauen sowie Minderjährigen die Mitwirkung in politisch ausgerichteten Vereinen und deren Gründung verbot.[574] Das Verbot weiblicher politischer Teilnahme

---

569 *Le Temps*, Ausgabe vom 26.12.1896, S. 1.

570 So bezeichnet in der ersten Veröffentlichung des Gesetzes in der von Jane *Misme* gegründeten Zeitschrift *La Française* vom 28. Juli 1907; Weiter so dargestellt in: *Wegener*, Medical Women, in: Jill Rudd, Val Gough (Hg.), Charlotte Perkins Gilman: Optimist Reformer, Iowa 1999, S. 45–73, 69; *Hause*, Feminism of the Belle Epoque, S. 55.

571 Vgl. *Gerhard*, Unerhört, S. 37.

572 Vgl. *Gerhard*, Unerhört, S. 64.

573 Vgl. *Gerhard*, Unerhört, S. 69 ff.

574 Vgl. *Gerhard*, Unerhört, S. 73; Vgl. § 8 des preußischen Vereinsgesetzes vom 11. März 1850: *„Für Vereine, welche bezwecken, politische Gegenstände in Versammlungen zu erörtern, gelten […] nachstehende Beschränkungen: Sie dürfen keine Frauenspersonen […]*

durch die Vereinsgesetze sollte teilweise bis in das neue Jahrhundert wirksam bleiben.[575]

Die Frauenbewegung der 1848er umfasste vielfältige politische Interessen und Zielsetzungen. Während bürgerlichen Frauen vor allem die Erziehung und Bildung von Frauen wichtig waren, wollten sich Arbeiterinnenvereine der Arbeiterbewegung der Männer anschließen und sprachen sich für ein gemeinsames Handeln aus. Schließlich gab es auch demokratische Frauenvereine, die auf der Seite der Revolutionäre standen.[576] Es gab daher nicht „*die eine*" Frauenbewegung, sie war von vielfältigen politischen Interessen geprägt und verteilte sich auf verschiedene Arenen.

Der proletarische Arm der Frauenbewegung schenkte den Fragen des Eherechts und der Gesetzgebung auch in späteren Jahren wenig Aufmerksamkeit,[577] weshalb sich im Folgenden auf die Bestrebungen des Allgemeinen Deutschen Frauenvereins und dessen Gründerin Luise *Otto-Peters* konzentriert werden soll.

I. Der erste Frauenverein: Luise *Otto-Peters* und der ADF

Die politische Lähmung der Frauen löste sich in den 1860er Jahren mit dem preußischen Thron- und Regierungswechsel. Auch weitere Bundesstaaten entschärften Koalitions- und Zensurverbote.[578] Im Oktober 1865 wurde in Deutschland die erste Frauenkonferenz organisiert, im Rahmen derer der Allgemeine Deutsche Frauenverein gegründet wurde. Dessen erste Vorsitzende war Louise *Otto-Peters*, gefolgt von der Lehrerin und Schriftstellerin Auguste *Schmidt*. Das Ziel des ADF war „*die erhöhte Bildung des weiblichen Geschlechts*

---

aufnehmen; sie dürfen nicht mit anderen Vereinen gleicher Art zu gemeinsamen Zwecken in Verbindung treten [...]. Frauenspersonen [...] dürfen den Versammlungen und Sitzungen solcher politischen Vereine nicht beiwohnen. Werden dieselben auf Aufforderung des anwesenden Abgeordneten der Obrigkeit nicht entfernt, so ist Grund zur Auflösung der Versammlung oder Sitzung vorhanden.".

575 Vgl. *Riedel*, Gleiches Recht, S. 11: in Preußen und Bayern bis 1908.

576 *Riedel*, ebenda.

577 HKK/*Mayenburg*, Eheliches Güterrecht III, S. 772 f.; *Schmid*, Entstehung, S. 107.

578 *Gerhard*, Unerhört, S. 74 f.; Zu der Materie weiterführend: Thomas *Nipperdey*, Deutsche Geschichte, München, 1983, S. 699; James J. *Sheehan*, Der deutsche Liberalismus, München 1983, S. 114 ff.; Reinhard *Rürup*, Deutschland im 19. Jahrhundert, 1815–1871, in: Deutsche Geschichte, R. *Rürup*, H.-U. *Wehler*, G. *Schulz* (Hg.), 3. Band, Göttingen 1985.

und die Befreiung der weiblichen Arbeit von allen Hindernissen".[579] Die bürgerliche Frauenbewegung befasste sich nur langsam mit den rechtlichen Aspekten der Stellung der Frau. Das Engagement wuchs erst im Zusammenhang mit den Arbeiten am BGB. Eine Verknüpfung zwischen den Arbeitsprodukten der Ehefrau und einer konkreten Modifikation des Eherechts fand noch nicht statt. Für den ADF war vielmehr eine Verbesserung der sozialen und gesellschaftlichen Stellung durch eine Berufstätigkeit maßgeblich. Anders als die Frauen des Proletariats, die zur Sicherung des Existenzminimums auf Arbeit angewiesen waren, konzentrierte sich der bürgerliche Verein auf ein unabhängiges Recht der Frau auf Erwerb und Beseitigung beruflicher Beschränkungen.[580] Die prekäre Erwerbsrealität von Arbeiterinnen fand in der Agenda des ADF kaum Beachtung.[581] Außerdem trat in den 1870er Jahren durch die wachsende Einflussnahme *Schmidts* ein gewisser Stillstand im Kampf um die Frauenfrage ein. Das war insbesondere auf *Schmidts* Fokus auf die Frauenbildung und ihrem Festhalten an altbekannten weiblichen Tugenden zurückzuführen.[582]

Erst im Laufe des 19. Jahrhunderts, als die Beratungen zum BGB begannen, erkannten die deutschen Frauen, dass die Frauenfrage nicht zuletzt auch eine Rechtsfrage war, und begannen sich mit den juristischen Feinheiten einer Gleichberechtigung der Geschlechter zu beschäftigen.[583]

II. Die Spaltung der bürgerlichen Frauenbewegung

In den 1880er Jahren vollzog sich auch in Deutschland eine Spaltung der Frauenbewegung. Der bürgerliche Teil rund um den ADF zerbrach in ein konservatives und ein radikales Lager. Dieser Bruch war insbesondere auf die Frustration vieler Mitglieder über die Vorgehensweise *Schmidts* zurückzuführen, die als Aufgabe des Kampfes um Emanzipation wahrgenommen wurde.[584] Das konservative Vorgehen des Vorstandes des ADF wurde für gescheitert erklärt. Diese radikalen Frauen lehnten die Vorherrschaft des Mannes ab und waren davon überzeugt, dass neue Rechte nur zu erlangen seien, wenn sie

579 *Nave-Herz*, Die Geschichte der Frauenbewegung in Deutschland, S. 17.
580 *Riedel*, Gleiches Recht, S. 3.
581 *Otto-Peters*, Das Recht der Frauen auf Erwerb, S. 14.
582 Vgl. *Gerhard*, Unerhört, S. 123 f.
583 Siehe oben, S. 338.
584 *Augsburg/Heymann*, Erlebtes-Erschautes, S. 84 f.

lautstark und bestimmt verlangt würden.[585] Diese gegensätzliche politische Taktik und Zielsetzung führten zu stetigen Konflikten zwischen den beiden Richtungen. Die Arbeit der radikalen Frauen verlagerte sich aus diesem Grund in eigene Vereine, wie etwa den *„Verband fortschrittlicher Frauenvereine"* und den *„Verein für Frauenstimmrecht"*. Ein bedeutender Verein dieser Kategorie war außerdem der Verein *„Frauenwohl"* unter der Leitung Minna *Cauers*.

4. Kapitel: Zusammenfassung und Vergleich

Als *„französische Verspätung"* bezeichnete man das lange Scheitern der Frauenrechtsbewegung in Frankreich.[586] Obwohl in der Französischen Revolution Menschenrechte für Männer erkämpft wurden, waren gleiche Rechte für Frauen durch die konservative und patriarchalische Reaktion von Gesellschaft und Politik lange Zeit unerreichbar. Dieses Spannungsverhältnis schlug sich auch auf die französische Frauenbewegung nieder. Befeuert durch die Frage des Frauenwahlrechts kam es zu einer Spaltung, da umfassende Gleichstellungsbestrebungen aus Loyalität zur Dritten Republik von vielen Feministinnen als zu radikal bewertet wurden und die mühsame Vorgehensweise der *„politique de la brèche"* gefährdeten. Jedoch kam auch in Deutschland die Frauenbewegung nur langsam in Schwung und machte die Frauenfrage nur zögerlich zur Rechtsfrage. Auch hier zerbrach die Frauenbewegung in einen gemäßigten und einen radikalen Flügel, da sowohl betreffend die politische Zielsetzung als auch die beste Vorgehensweise eine unüberbrückbare Uneinigkeit herrschte. In beiden Ländern begannen sich die Strömungen getrennt voneinander zu organisieren. Dabei waren es in beiden Nationen vor allem Teile des gemäßigten oder konservativen Lagers, die sich mit konkreten Rechtsfragen beschäftigten und einen Dialog mit männlichen Verbündeten und Parlamentariern suchten. Deren zurückhaltende und aus Sicht der Männer *„vernünftige"* Vorgehensweise fand zumindest teilweise ihren Weg in die Gesetzgebungsverfahren.

---

[585] *Augsburg/Heymann*, Erlebtes-Erschautes, S. 85 f.

[586] Vortrag von Ute *Gerhard*, vom 05. Juli 2017 *„Frauenbewegungen und Recht. Frankreich und Deutschland im Vergleich"*, veröffentlicht durch das Franz von Liszt-Institut, zusammengefasst von Vera Strobel, https://www.uni-giessen.de/de/fbz/fb01/fakultaet-institutionen/franzliszt/mediathek/dateien/forschung/gender-studies/vortrag-frauenbewegungen-und-recht-giessen.pdf, zuletzt abgerufen am 20.02.2025.

Der lange Weg: Die gesetzliche Berücksichtigung der erwerbstätigen Ehefrau

Das 19. Jahrhundert war von wirtschaftlichen und gesellschaftlichen Umbrüchen gezeichnet. Im Folgenden soll untersucht werden, wie die männlichen Gesetzgeber mit der Frauenfrage im Rahmen der Gesetzgebungsarbeiten umgingen und inwiefern dabei auch weibliche Stimmen Beachtung fanden. Diese Fragestellung soll vor dem Hintergrund des juristischen und gesellschaftlichen Diskurses um den neuen Wirtschaftsfaktor der Arbeitskraft der Frau betrachtet werden. Insbesondere der Umgang Deutschlands und Frankreichs mit dem Arbeitserwerb der verheirateten Frau im Bezugsrahmen des ehelichen Güterrechts soll dabei als Grundlage des Vergleichs dienen. Die Schwerpunkte bilden dabei die Beweggründe für den jeweiligen Lösungsweg der Gesetzgeber, die Hebel einer finanziellen Besserstellung der verheirateten Frau und die Auswirkungen für die erwerbstätige Ehefrau des frühen 20. Jahrhunderts.

1. Kapitel: Loi relative au libre salaire de la femme mariée et ci la contribution des époux aux charges du ménage du 13 juillet 1907

Nachdem auch in Frankreich die Frauen zur Frage wurden und sich mit der *Avant-Courrière* unter Jeanne *Schmahl* eine Vereinigung zusammenschloss, welche die erforderlichen Gesetzesreformen klar definierte, nahm die Umgestaltung der ehemännlichen Vormachtstellung zu Beginn der 1890er ihren Anfang. Im Jahr 1893 organisierte *Schmahl* eine umfassende Pressekampagne rund um einen freien Arbeitserwerb der verheirateten

Frau, die nicht nur auf das Thema aufmerksam machte, sondern auch über den rechtlichen Zustand und die juristischen Stellschrauben des weiblichen Erwerbs aufklärte.[587] *Schmahl* erkannte dabei, dass für den Erfolg der geplanten Projekte neben einer juristischen Aufarbeitung der Materie vor allem der Zugang und Kontakt zum Parlament entscheidend waren.[588] Die möglichen Ansatzpunkte einer Reform waren genauso vielfältig wie die Meinungen über die erforderliche Reichweite einer gesetzlichen Neuordnung. Dies galt umso mehr, als ein freier Lohn der verheirateten Frau[589] in einem enormen Widerspruch zu dem Güterrecht des Code Civil stand und daher die Hürden einer gesetzlichen Implementierung besonders hoch waren. Die Vorstellungen einer angemessenen Umsetzung gingen weit auseinander. Die lange Entstehungsgeschichte des entsprechenden Gesetzes zeugte von dem Widerstand gegen diese Art von Emanzipation der verheirateten Frau.

Im Folgenden sollen neben den bedeutenden Beiträgen und Vorstellungen der Frauen rund um die *Avant-Courrière* vor allem der juristische Diskurs und der Gesetzgebungsprozess im Vorfeld des „*Loi relative au libre salaire de la femme mariée et ci la contribution des époux aux charges du ménage*" vom 13. Juli 1907 dargestellt und analysiert werden.

I. Der Gesetzesvorschlag von Jeanne *Chauvin* 1893 – Die partielle Gütertrennung als Hoffnung finanzieller Unabhängigkeit

Einleitend soll die Vorstellung einer gerechten Lohnverwertung, wie sie von der *Avant-Courrière* publiziert wurde, vorgestellt werden. Nach ihrer Gründung widmete sich der Frauenverein einer gerechten Lohnverfügungsbefugnis der Ehefrau und wurde dabei von einer der ersten französischen Juristinnen unterstützt. Jeanne *Chauvin* schloss 1890 in Frankreich als zweite Frau das Studium der Rechtswissenschaften ab und erwarb als erste Frau die juristische Doktorwürde an der Universität von Paris. Ihre Disputation wurde von

---

[587] *McMillan*, France and Women, S. 194; *Bidelman*, Politics of French Feminism, in: Historical Reflections/Réflexions Historiques. Vol. 3, No. 1, New York, 1976, S. 93–120, 94; *Bell/Offen*, Women and Freedom, S. 98; Die Broschüre „*L'Avenir du mariage*", wiedergegeben in: *Le Temps*, Ausgabe vom 26. Dezember 1896, S. 1; *La Femme*, Ausgabe vom 1. Februar 1897, S. 18 ff.

[588] *McMillan*, ebenda; *Bidelman*, ebenda; *Schmahl*, Aux législateurs français, S. 1.

[589] Mit „*libre salaire*", einem „freiem Lohn", war dir Befreiung des Lohns der verheirateten Frau von der Verfügungs- und Verwaltungshoheit des Ehemannes gemeint.

protestierenden männlichen Studenten gestört und ihre Darlegungen der Rechte der Frau von den prüfenden Professoren beanstandet.[590] Nachdem eine Zulassung zur Rechtsanwaltschaft aufgrund der damaligen Gesetzeslage aussichtlos war, widmete sich *Chauvin* der juristischen Lehre an weiterführenden Schulen und wurde als rechtliche Beraterin der *Avant-Courrière* aktiv.[591] In dieser Eigenschaft veröffentlichte *Chauvin* 1893 als Teil der „*Publications de l'Avant-Courrière*" einen Gesetzesvorschlag, welcher verheirateten Frauen die Möglichkeit eröffnen sollte, frei über ihre persönlichen Arbeitsprodukte zu verfügen.[592]

Bei der Aufarbeitung der aktuellen Gesetzeslage hob *Chauvin* zunächst die Misere der *communauté légale* hervor, die es dem Ehemann erlaubte, nach seinem freien Ermessen über das gesamte bewegliche Vermögen der Frau zu verfügen. Im Weiteren würdigte sie die Verwendung zulässiger Ehevertragsklauseln, die der Frau zwar potenziell weitreichende Freiheiten einräumen konnten, der Abschluss eines entsprechenden Vertrages jedoch insbesondere zugunsten der Frau der Arbeiterklasse beinahe gänzlich ausgeschlossen und mithin praktisch kaum von Bedeutung seien.[593] Für einen kostspieligen Ehevertrag würden sich regelmäßig nur Eheleute entscheiden, die bereits bei der Heirat über Vermögen verfügten, um dieses zu sichern. Für den großen Teil der Bevölkerung, der von der Hand in den Mund lebte, waren güterrechtliche Modifikationen wenig relevant.[594]

Chauvin war der Überzeugung, dass die Vorherrschaft des Ehemannes – welche in dem Glauben geschaffen worden sei, dem Interesse der Ehefrau und der ganzen Familie zu dienen, indem der erfahrenere und fähigere Ehemann die Verwaltung des gesamten Vermögens erhalte – sich ins Gegenteil gekehrt habe und die Wurzel des Elends vieler Familien sei. Der Ehemann missbrauche leider allzu oft seine Befugnisse und verschwende den Verdienst der Ehefrau für die eigene Vergnügungssucht. Die Schutzmechanismen des

590 *Clark*, Women and Achievement, S. 225 f.; *Brakeman*, Chronology of Women, S. 90.

591 *Metz*, Jeanne Schmahl et la loi, https://www.archivesdufeminisme.fr/metz-jeanne-schmahl-loi-libre-salaire-femme/, zuletzt abgerufen am 20.02.2025.

592 *Chauvin*, Proposition de loi, in: Publications de l'Avant-Courrière, Paris 1893, S. 1–5, 1.

593 Zulässig war eine Klausel, die vorschrieb, dass das bewegliche Vermögen der Ehefrau nicht in das Vermögen der Gemeinschaft fiel und dementsprechend der Verwaltungsherrschaft des Ehemannes entzogen war.

594 *Chauvin*, Proposition de loi, in: Publications de l'Avant-Courrière, Paris 1893, S. 1–5, 1.

Gesetzgebers, welche die Frau vor einem verschwenderischen Ehemann verteidigen sollten, seien zudem vollkommen unzureichend.[595] *Chauvin* sah die Lösung dieses Missstandes darin, die Ehefrau auf die gleiche Ebene einer unverheirateten, verwitweten oder geschiedenen Frau zu stellen. Letztere konnten nämlich frei über die Produkte ihrer Arbeit verfügen. Um dies gesetzlich zu verwirklichen, schlug sie eine Modifikation einiger Artikel des Code Civil vor.[596] Genauer hatte sie eine Anpassung der Artikel 217, 1421, 1422, 1427, 1428 und 1534 des Code Civil im Sinn.[597]

Die eingeschränkte Geschäftsfähigkeit der Ehefrau gemäß Art. 217 CC sollte um folgenden Zusatz ergänzt werden: „ *[…]; – néanmoins, la femme mariée a seule le droit, et sans l'autorisation du mari ni de la justice, de toucher le produit de son travail ou de son industrie personnel, et d'en disposer à titre gratuit et onéreux, lorsque cette industrie n'est pas alimentée ou entretenue en majeure partie des deniers du mari ou de la communauté.*"[598] Die Reformation des Artikels drehte sich im Wesentlichen darum, den persönlichen Arbeitserwerb der Ehefrau zugänglich zu machen. Ein Punkt, dem *Chauvin* zufolge auch die Gesetze zur *Caisse D'Épargne* und *Caisse Nationale de Retraites* trotz ihrer beabsichtigen Absicherung der verheirateten Frau, bisher nicht Herr wurden.[599] Nur der direkte Empfang des Arbeitserwerbs könne die unabhängige Verwaltung des Lohnes durch die Ehefrau gewährleisten. Ohne die Geschäftsfähigkeit der Ehefrauen im Übrigen zu erweitern, müsse sie über ihren Lohn disponieren können, ohne dabei auf eine Erlaubnis des Ehemannes oder der Gerichte angewiesen zu sein.[600] Dabei sollte die *incapacité* nur durchbrochen werden, wenn das Erwirtschaftete nicht aus Mitteln des Ehemannes oder der Gemeinschaft gewonnen wurde.

Damit wollte *Chauvin* die Autorität des Ehemannes als Familienoberhaupt nur hinsichtlich des Lohnes der verheirateten Frau aufheben. Dieser Vorstoß im

---

[595] *Chauvin*, Proposition de loi, in: Publications de l'Avant-Courrière, Paris 1893, S. 1–5, 1 f.

[596] *Chauvin* lehnte ihre Überlegungen an dänische und englische Gesetzesvorlagen an: England verabschiedete bereits am 09.08.1860 ein Gesetz, welches verheirateten Frauen den Verdienst ihrer Arbeit und ihres Gewerbes zur freien Verfügung gab. In Dänemark sah ein Gesetz vom 07. Mai 1880 hinsichtlich des Lohnes verheirateter Frauen eine Art der Gütertrennung vor.

[597] *Chauvin*, Proposition de loi, in: Publications de l'Avant-Courrière, Paris 1893, S. 1–5, 2.

[598] *Chauvin*, Proposition de loi, in: Publications de l'Avant-Courrière, Paris 1893, S. 1–5, 3 f.

[599] *Chauvin*, Proposition de loi, in: Publications de l'Avant-Courrière, Paris 1893, S. 1–5, 3 f.

[600] *Chauvin*, Proposition de loi, in: Publications de l'Avant-Courrière, Paris 1893, S. 1–5, 3 f.

Rahmen der allgemeinen Ehewirkungen wirkte sich auch auf die Regelungen der Gütersysteme aus. So müssten die Art. 1421, 1422, 1427 und 1428 CC der *communauté légale* dahingehend ergänzt werden, dass der Ehemann vorbehaltlich der Wirkungen des Art. 217 CC über die Güter der Gemeinschaft verfügen könne, die persönlichen Arbeits- und Gewerbeprodukte der Ehefrau würden entsprechend nicht in die *communauté* fallen.[601] *Chauvin* beabsichtigte schließlich noch Art. 1534 CC, die vertragliche Vereinbarung der *séparation de biens* betreffend, dahingehend ergänzen, dass der neue Art. 217 CC keiner Ehevertragsklausel zuwiderlaufe, die der Ehefrau einen Anteil ihrer Einkünfte zur Erfüllung ihres Unterhalts und ihrer persönlichen Bedürfnisse zuordnete.[602]

Chauvin favorisierte damit eine Gesetzesreform in Form einer Gütertrennung, begrenzt auf den persönlichen Arbeitserwerb der Ehefrau, indem punktuelle Änderungen des bestehenden Rechts zugunsten der Ehefrauen vorzunehmen seien. Den Ausgangpunkt bildete dabei die Durchbrechung der *incapacité* der Ehefrau und Kürzung der ehemännlichen Verwaltungs- und Nutznießung im Rahmen des Güterrechts. Sie war der Überzeugung, dass auf diese Weise der Lohn der arbeitenden Ehefrauen hinreichend geschützt sei. *Chauvin* ging allerdings nicht so weit, die ehemännliche Vorherrschaft gänzlich aufheben zu wollen. Ihr Reformvorschlag beschränkte sich auf punktuelle Änderungen, sie war sich wohl auch darüber im Klaren, dass zu radikale Vorgehensweisen keine Befürworter unter den männlichen Gesetzgebern fänden. *Chauvins* Änderungsvorschlag einer partiellen Gütertrennung, wurde jedoch weder von der Rechtswissenschaft noch von den Gesetzgebern in den folgenden Jahren aufgegriffen. Die Ausgestaltung von Gesetzen blieb Männersache.

II. Die Behandlung des freien Lohns der Ehefrau in der Rechtswissenschaft

Nach und nach rückte die Frage der finanziellen Freiheit der verheirateten Frau auch in den Fokus der Rechtswissenschaft. So wurden zwischen 1896 und 1905 mindestens zwölf Dissertationen zu diesem Thema veröffentlicht.[603]

601 *Chauvin*, Proposition de loi, in: Publications de l'Avant-Courrière, Paris 1893, S. 1–5, 4.
602 *Chauvin*, Proposition de loi, in: Publications de l'Avant-Courrière, Paris 1893, S. 1–5, 5.
603 Siehe unten, S. 8.

Auch die 1901 gegründete *Société d'Études législatives (SEL)*, bestehend aus den Professoren juristischer Fakultäten, Richtern und Anwälten, bearbeitete die Fragestellung wiederholt und veröffentlichte ihre Ergebnisse. Die *SEL* machte es sich zur Aufgabe, die Regeln des positiven Rechts an den „*état social*" anzupassen, um so die Reform der Gesetzbücher und Gesetze zu erleichtern, indem sie alle praktischen und theoretischen Schwierigkeiten eines Rechtsproblems aufarbeiteten und Lösungsvorschläge entwickelten.[604] Als Gegenstück zum Deutschen Juristentag soll im Folgenden ein Blick auf die Arbeiten der *SEL* rund um den Lohn der verheirateten Frau geworfen werden.

1. *Société d'Études législatives*: Einblicke in die Praxis des weiblichen Arbeitserwerbs

Der Generalsekretär und das Gründungsmitglied der *SEL* Raymond *Saleilles* war ein langjähriger Verfechter der größeren finanziellen Selbstständigkeit der verheirateten Frau.[605] Dessen Beiträge bildeten im Rahmen der Arbeitsgruppe „*Des modifications à apporter aux droits et pouvoirs de la femme mariée quant aux biens et aux produits du travail et de l'industrie*" regelmäßig den Ausgangspunkt des juristischen Diskurses.[606]

Nachdem der Gesetzgebungsprozess über den freien Lohn der verheirateten Frau bereits 1896 angestoßen wurde, sodann jedoch vorübergehend in Vergessenheit geriet,[607] griff die *SEL* die Thematik 1901 wieder auf. Zur Beleuchtung der maßgeblichen Fragestellungen wurden neben Juristen auch bewusst Personen anderer relevanter Lebenskreise eingeladen, um zu den Löhnen verheirateter Frauen Stellung zu nehmen. Dazu zählten bekannte Industrielle oder auch die Direktorin der *Avant-Courrière* Jeanne *Schmahl.*[608] Das Ziel der Vereinigung war ein Gesetzesentwurf, welcher die aufgeworfenen Probleme der geladenen Gäste überwände.[609] Dabei streute *Saleilles*

---

604 Artikel 3 der Gründungsstatuten, in: *Rousseau*, Bulletin de la Société D'Études Législatives 1902, S. 5.

605 *Halpérin*, in: Saleilles, Fabienne Orsi, Judith Rochfeld, Marie Cornu-Volatron (Hg.), Dictionnaire des biens communs, S. 880; *Niort*, Homo Civilis II, S. 989.

606 *Rousseau*, Bulletin de la Société d'Études législatives, 1902, S. 25, 56, 105–107, 131–148, 205–206; *Halpérin*, Saleilles, in: Fabienne Orsi/Judith Rochfeld/Marie Cornu-Volatron (Hg.): Dictionnaire des biens communs, Paris 2017, S. 880.

607 *Journal Officiel*, 28.02.1896.

608 *Rousseau*, Bulletin de la Société d'Études législatives, 1902, S. 25.

609 *Rousseau*, Bulletin de la Société d'Études législatives, 1902, S. 56.

gerne rechtsvergleichende Analysen des brandneuen deutschen BGB in den juristischen Diskurs, mit dem er sich bereits 1901 intensiv auseinandersetzte.[610]

Zu den Referenten zählte der Generalsekretär der *Société des Houillères* Herr *Grüner*, der in einem Brief an die *SEL* erklärte, dass zwar keine Frauen in den Bergwerken arbeiteten, normalerweise jedoch Ehefrauen den Lohn ihrer Männer abholten. Der Kohleunternehmer schilderte weiter, dass wenn der Ehemann am Zahltag hingegen persönlich erschien, er den Lohn ohne das Wissen seiner Frau für private Angelegenheiten verwenden wolle.[611] Ähnliches beschrieb Herr *Hughes*, der Bürgermeister Saint-Quentins und Mitglied der Abgeordnetenkammer, über die Praktiken im Umfeld der Weberinnen. Seine gesammelten Informationen zeigten, dass die Fälle, in denen der Ehemann von seinem Recht auf den Lohn der Frau tatsächlich Gebrauch mache, eine absolute Ausnahme seien. Käme es dennoch vor, werde dies von den Betroffenen umgehend als Rechtsmissbrauch beanstandet und nicht als ordnungsgemäße Rechtsausübung akzeptiert.[612]

Saleilles war der Überzeugung, dass die meisten Arbeiter und Arbeiterinnen überrascht darüber wären zu erfahren, dass dem Ehemann als Oberhaupt der Gemeinschaft die Verfügungsbefugnis über den Lohn der Ehefrau zustand. Sie glaubten vielmehr intuitiv, dass alles, was die Frau erwirtschaftete, auch ihr gehöre und ein Eingriff einen rechtswidrigen Akt darstelle. Wenn ein Ehemann den Lohn seiner Frau an sich nehme, dann stets in der Annahme, rechtswidrig zu handeln. Dieses Bauchgefühl der Arbeiter stimme auch mit der Haushaltsführungspflicht der Ehefrau überein, die es ihr erlauben müsse, beide Löhne eines Doppelverdiener-Haushaltes zu verwenden. Es sei daher höchste Zeit „*de mettre la loi d'accord avec les moeurs*".[613] Der Einklang von Gesetz und Moral sollte sich wie ein roter Faden durch seine Bearbeitung des Lohnes der verheirateten Frau ziehen.

Auch Jeanne *Schmahl* meldete sich in den Sitzungen der *SEL* zu Wort. Sie hob hervor, dass die Basis einer Gesetzesreform rund um die Arbeitsprodukte der verheirateten Frau nicht allein der hypothetische Machtmissbrauch des Ehemannes bilden könne. Echte Machtmissbräuche seien zugegebenermaßen

---

610 *Saleilles*, Le nouveau Code Civil Allemand, S. 1 ff.

611 *Rousseau*, Bulletin de la Société d'Études législatives, 1902, S. 106.

612 *Rousseau*, Bulletin de la Société d'Études législatives, 1902, S. 106 f.

613 *Rousseau*, Bulletin de la Société d'Études législatives, 1902, S. 107.

selten und könnten teilweise durch Vorsicht und List der Ehefrau umgangen werden.[614] Sofern die Ehefrau jedoch der Brutalität des Mannes nicht entgehen könne, halte der Code Civil nur ein Rechtsmittel zu deren Schutz bereit, die Scheidung. Es sei jedoch unzumutbar, zu diesem Mittel greifen zu müssen, um die gesetzlichen Unzulänglichkeiten auszugleichen. Aus diesem Grund müsse im Namen der Menschenwürde und Emanzipation eine Abschwächung der ehemännlichen Macht und Unterordnung der Frauen erfolgen.[615] Ein neues Gesetz dürfe sich daher nicht allein an einem Missbrauchsschutz messen lassen, sondern vielmehr daran, ob es mit der höchsten Auffassung von Gerechtigkeit in Einklang stehe und so zu einer höheren Moral führe.[616] Das Problem der aktuellen Gesetzeslage läge nicht in einem Missbrauch des Ehemannes, sondern darin, dass das Gesetz ihm überhaupt diese Macht über das Vermögen die der Ehefrau verleihe. Die gegenwärtigen wirtschaftlichen Entwicklungen, unter denen ein Mann durch seine Arbeit allein kaum die Bedürfnisse seiner Familie befriedigen könne und der Ehefrau immer mehr Belastungen und Verantwortung auferlegten, seien die Ursache der sozialen und wirtschaftlichen Unruhen. Vor diesem Hintergrund sei das Ungleichgewicht der ehelichen Befugnisse nicht mehr tragbar.[617] Ein Gesetz über die Neuregelung der Befugnisse der verheirateten Frau und ihrer persönlichen Arbeitsprodukte könne daher nur der Anfang sein, daneben müssten dringend die Arbeitszustände der Frau untersucht und reformiert werden.[618]

2. *Tissiers* Idee von dem *pécule* réservée

Im weiteren Verlauf der Diskussion kam, eingeführt durch einen rudimentären Gesetzesentwurf des Professors der juristischen Fakultät von Dijon, Armand *Tissier*, die Idee einer teilweisen *„séparation des biens"* in Bezug auf *„les biens réservés"* der verheirateten Frau auf, worunter zukünftig auch der Lohn der Frauen gezählt werden sollte.[619] Der Gesetzesentwurf war von allgemeiner Bedeutung, da *Tissier* alle Konfliktpunkte einer Reform untersuchte.

---

[614] *Rousseau*, Bulletin de la Société d'Études législatives, 1902, S. 107, 115.
[615] *Rousseau*, Bulletin de la Société d'Études législatives, 1902, S. 107 f.
[616] *Rousseau*, Bulletin de la Société d'Études législatives, 1902, S. 107.
[617] *Rousseau*, Bulletin de la Société d'Études législatives, 1902, S. 108.
[618] *Rousseau*, ebenda.
[619] *Rousseau*, Bulletin de la Société d'Études législatives, 1902, S. 26 ff.: Sitzung am 20.02.1902.

Er war der Überzeugung, dass dringender Handlungsbedarf bestehe, da eine Zeit gekommen sei, in der die Moral und sozialen Umstände nicht mehr mit dem Code Civil übereinstimmten. Dies zeige sich insbesondere anhand der Rolle der verheirateten Frau, für die die Anwendung des Gesetzes zu großen Ungerechtigkeiten führe. Dies beginne mit den Bestimmungen zur *incapacité* der Frau, die vollkommen übertrieben, unklar und ungerechtfertigt seien, und setze sich im Güterstand des *régime de communauté* fort.[620] Im Rahmen des Güterrechts, welches dem Ehemann als Oberhaupt der Familie ein exorbitantes und maßloses Verwaltungsrecht verleihe, sei der Schaden umso größer, da die *communauté* das gesamte bewegliche Vermögen der Frau absorbiere. Die Unvereinbarkeit von Moral und Recht werde noch deutlicher, wenn man an die Unmengen von Arbeiterfamilien denke, bescheidene Haushalte, deren Bestand von der Unabhängigkeit der Ehefrau abhingen. Es sei daher an der Zeit, mit Gerechtigkeit und Vernunft eine Verbesserung der Stellung der verheirateten Frau in allen Gesellschaftsschichten herbeizuführen.[621]

Neben einer generellen Verbesserung der Rechte der verheirateten Frauen konzentrierte sich *Tissier* primär auf die Befugnisse, die ihre persönlichen Arbeitsprodukte betreffen[622]. Um die Stellung der Frau zu verbessern, werde von einigen die Abschaffung der ehelichen Autorität und *incapaticé* der Ehefrau gefordert, um auf diese Weise die völlige Gleichheit der Ehegatten zur Grundlage der Ehe zu machen. Diese vollkommene Gleichheit impliziere das *régime de la séparation de biens légale*, damit jeder Ehegatte seine Interessen separat lenken könne.[623] Denn eine funktionierende Gemeinschaft, bestehend aus einer gemeinsamen Vermögensmasse und gleichberechtigten Verwaltern, sei kaum vorstellbar.[624] Diesen Kurs lehnte *Tissier* jedoch ab. Entgegen einiger seiner Kollegen verstand er den gesetzlichen Vorrang der *séparation des biens* zwar nicht als Herabstufung und Demoralisierung der Familie, dennoch widerspreche diese dem gemeinen französischen Recht. Eine entsprechende Reform sei kaum zu realisieren und erfordere tiefgreifende Änderungen des gesamten Rechts.[625]

---

620 *Rousseau*, Bulletin de la Société d'Études législatives, 1902, S. 26.
621 *Rousseau*, Bulletin de la Société d'Études législatives, 1902, S. 27.
622 *Rousseau*, Bulletin de la Société d'Études législatives, 1902, S. 28.
623 *Rousseau*, Bulletin de la Société d'Études législatives, 1902, S. 29.
624 *Rousseau*, Bulletin de la Société d'Études législatives, 1902, S. 30.
625 *Rousseau*, ebenda.

Bei der Behandlung des Arbeitserwerbs der verheirateten Frau konzentrierte sich *Tissier* auf die Wurzel der meisten Missstände: Der Ehemann komme seinen Pflichten als Haushaltsvorstand nicht nach und führe so den Untergang der Familie herbei.[626] Dabei dürfe die Frau nicht mehr zur Scheidung gedrängt werden, um finanzielle Unabhängigkeit zu erlangen.[627] Um eine Besserstellung der verheirateten Frau zu erreichen, müsse die Theorie des *mandat tacite* aufgegeben werden.[628] Im Gesetz müsse endlich verankert werden, was das öffentliche Gewissen bereits praktiziere.[629] Wenn der Ehemann zukünftig den Lohn seiner Frau vereinnahme, dürfe dies nicht mehr im Einklang mit dem Gesetz geschehen, sondern müsse einer Gesetzesverletzung entsprechen.[630]

Tissier zufolge drehe sich eine Reform um eine Reihe von Kernfragen. Zunächst müsse über den Anwendungsbereich der Reform gesprochen werden. Wie eine Reihe ausländischer Gesetzgebungen zeige,[631] werde dort zwischen den Löhnen der Arbeiterfrau, dem Verdienst aus freien Berufen wie bei Ärztinnen oder Künstlerinnen und den Gewinnen aus einem Handelsgeschäft unterschieden, wobei Letztere oftmals keinen Schutz erführen.[632] *Tissier* war jedoch der Überzeugung, dass Gewinne aus Kleinunternehmen der Ehefrau ebenso respektabel und schützenswert seien wie etwa die Löhne von Arbeiterinnen und daher von dem Anwendungsbereich erfasst sein müssten.[633] Nachfolgend stelle sich die Frage, ob die freie Verfügungsbefugnis der Ehefrau gesetzlich verankert werden solle. Diesen Weg wählte die Abgeordnetenkammer bereits 1896.[634] Dennoch sprachen sich einige gegen eine entsprechende Normierung aus, da diese nur in seltenen Fällen des Missbrauchs erforderlich sei.[635] Man befürchtete, durch eine gesetzliche

---

626 *Rousseau*, Bulletin de la Société d'Études législatives, 1902, S. 34.
627 *Rousseau*, Bulletin de la Société d'Études législatives, 1902, S. 35.
628 *Rousseau*, ebenda.
629 *Rousseau*, Bulletin de la Société d'Études législatives, 1902, S. 36.
630 *Rousseau*, Bulletin de la Société d'Études législatives, 1902, S. 37.
631 *Rousseau*, Bulletin de la Société d'Études législatives, 1902, S. 39: So schützte beispielsweise das belgische Gesetz vom 10. März 1900 nur den Lohn angestellter Frauen bis zur Höhe von 3.000 Francs.
632 *Rousseau*, Bulletin de la Société d'Études législatives, 1902, S. 38 f.
633 *Rousseau*, Bulletin de la Société d'Études législatives, 1902, S. 39.
634 Zum Gesetzgebungsprozess: Siehe oben, S. 177 ff.
635 *Rousseau*, Bulletin de la Société d'Études législatives, 1902, S. 40.

Verankerung viele Familien in eine Gütertrennung zu drängen. Aus diesem Grund sollte die freie Verfügung der Ehefrau nur als Rechtsmittel im Falle eines Missbrauchs ausgestaltet werden.[636] Für *Tissier* war dieses Vorgehen in Form von Rechtsmitteln jedoch unzulänglich. Neben den bereits dargelegten Gesichtspunkten der Gerechtigkeit und Vernunft sei es erforderlich, der Ehefrau ein Recht auf ihren Lohn zu geben, ohne sie auf den einschüchternden und kostenintensiven Weg eines gerichtlichen Verfahrens zu verweisen. Dieses sei nicht nur energieraubend, sondern verlange von der Ehefrau regelmäßig kaum zu bewältigende Darlegungspflichten. Aus diesem Grund müsse der Ehefrau ein direktes Recht an ihren Arbeitsprodukten verliehen und die Bürde des Rechtswegs im Fall eines Missverhaltens auf den Ehemann verlagert werden.[637]

Der wichtigste Punkt der Reform war für *Tissier* die Zusammensetzung des vorbehaltenen Sondervermögens (*pécule réservé*) der Frau.[638] Einige Kodifikationen, wie etwa in Schweden, der Schweiz und Belgien, beschränkten den gesetzlichen Schutz auf die direkten persönlichen Arbeitsprodukte der Ehefrau.[639] Auch im Rahmen der Debatten um den Gesetzesentwurf von 1896 sprachen sich viele Beteiligte dafür aus, dass das Eigentum, welches die Ehefrau mit ihrem Erwerb anschaffte, wiederum in die *communauté* fallen sollte. Damit hätte sich das Recht der Ehefrau, ihren Lohn auszugeben oder anzusparen, bereits in dem Moment erschöpft, in welchem sie ihren Lohn in der Hand hielt.[640] Bliebe der Wirkungskreis der Reform derart beschränkt, so sei sie *Tissier* zufolge ungenügend und widerspreche dem eigentlichen Ziel der Reform. Bei einer derart kurzsichtigen Vorgehensweise sei der Lohn der Frau nach einmaliger Umwandlung erneut den Gläubigern des Ehemannes zugänglich. Der Ehemann könnte die Ersparnisse der Frau aufbrauchen, ihr Möbel verkaufen oder verschenken – ihr Verdienst wäre weiterhin ein Kreditelement des Mannes. Eine derart beschränkte Reform gehe kaum über eine symbolische Wirkung hinaus.[641]

636 *Rousseau*, ebenda.
637 *Rousseau*, Bulletin de la Société d'Études législatives, 1902, S. 41.
638 *Rousseau*, Bulletin de la Société d'Études législatives, 1902, S. 41 f.
639 *Rousseau*, Bulletin de la Société d'Études législatives, 1902, S. 42.
640 *Rousseau*, ebenda.
641 *Rousseau*, Bulletin de la Société d'Études législatives, 1902, S. 43.

Die Schaffung des *pécule réservé* sollte indes keineswegs zu einer *séparation partielle des biens* führen. Der Verdienst der Frau, ihre Ersparnisse und das damit erworbene Eigentum blieben Teil der *commune*. Es handelte sich dabei um Gemeinschaftseigentum, das jedoch der Verwaltung des Mannes entzogen und der Verwaltung der Ehefrau anvertraut werde. Damit gäbe es eine Vermögensmasse mit zwei Verwaltern.[642] Dies sei zwar eine Abweichung von den Befugnissen des Ehemannes als Oberhaupt der Gemeinschaft, jedoch kein Verzicht auf das *régime de la communauté*.[643]

Weitere klärungsbedürftige Punkte waren für *Tissier* die Prozessführungsbefugnis der Ehefrau die *pécule réservé* betreffend,[644] der Zugriff der Gläubiger auf dieselbe[645] sowie deren Behandlung bei der Auflösung der Gemeinschaft[646]. Die Regelungen der *pécule réservé* sollten darüber hinaus unabhängig vom gewählten Güterrecht der Ehegatten anwendbar sein. Eine Verankerung in Form eines neuen *ordre public* lehnte *Tissier* ab. Bei der geplanten Reform handele es sich um eine Maßnahme der Emanzipation, weshalb es wenige Sinn ergebe, gleichzeitig Einschränkungen der Vertragsfreiheit einzuführen.[647]

Schließlich betonte *Tissier*, dass es unumgänglich sei, anlässlich der Reform auch das Recht der Ehefrau auf Arbeit zu behandeln. Denn der Schutz des Lohnes impliziere den vorherigen Schutz des Rechts auf Arbeit.[648] Er hegte daher die Hoffnung, dass der französische Gesetzgeber sich zumindest zu einer Regelung durchringen werde, die es der verheirateten Frau erlaube, ihre Arbeit mit der ausdrücklichen oder stillschweigenden Genehmigung des Ehemannes auszuüben. Läge eine solche Genehmigung nicht vor, müsse diese durch einen einfachen Antrag der Ehefrau und nach vorheriger Anhörung oder Anrufung des Ehemannes durch den Friedensrichter ersetzt werden können.[649]

Auf der Grundlage dieser Erwägungen erstellte *Tissier* einen sechs Artikel umfassenden Reformentwurf, welcher die güterrechtlichen Regelungen des

---

642 *Rousseau*, Bulletin de la Société d'Études législatives, 1902, S. 44.
643 *Rousseau*, Bulletin de la Société d'Études législatives, 1902, S. 45.
644 *Rousseau*, Bulletin de la Société d'Études législatives, 1902, S. 45 f.
645 *Rousseau*, Bulletin de la Société d'Études législatives, 1902, S. 46 f.
646 *Rousseau*, Bulletin de la Société d'Études législatives, 1902, S. 49 f.
647 *Rousseau*, Bulletin de la Société d'Études législatives, 1902, S. 48 f.
648 *Rousseau*, Bulletin de la Société d'Études législatives, 1902, S. 49.
649 *Rousseau*, Bulletin de la Société d'Études législatives, 1902, S. 50.

Code Civil ergänzen sollte.[650] *Tissier* fokussierte sich bei dem Entwurf nicht auf den Ausnahmefall eines Machtmissbrauchs des Ehemannes. Vielmehr fand er es moralisch und richtig, der berufstätigen Ehefrau, die zumindest in den Haushalten der Arbeitsklasse meistens die Ideale von Ordnung und Sparsamkeit vertrete, die Verfügungsbefugnis über das Produkt ihrer Arbeit zuzugestehen. Dies stünde im Einklang mit den höheren Prinzipien des Rechts: Der Achtung, Würde und Unabhängigkeit des Menschen.[651]

3. Die Angst vor der Gütertrennung

Der Vorschlag *Tissiers* zur Schaffung einer weiblichen *pécule réservé* führte in der Sitzung vom 20. März 1902 zu intensiven Diskussionen, an denen sich auch Jeanne *Schmahl* beteiligte. Viele Mitglieder der *SEL* nutzten den Diskurs, um ihrem Ärger Ausdruck zu verleihen.

---

650 *Rousseau*, Bulletin de la Société d'Études législatives, 1902, S. 55.
Art. 1: *Sous quelque régime qu'elle soit mariée, et sauf clause contraire dans son contrat de mariage, la femme aura seule qualité pour recevoir les gains provenant de son travail, de sa profession, de son commerce ou de son industrie, et aura le droit d'en disposer librement.*
Elle aura de même le droit d'administrer les biens par elle acquis au moyen de ses gains et d'en disposer librement.
Ces droits ne s'appliqueront pas aux gains résultant d'une profession, d'un commerce ou d'une industrie exercée en commun par les deux époux, ni aux gains provenant d'un commerce ou d'une industrie entretenue ou alimentée à l'aide de fonds du mari ou de la communauté.
Art. 2: *La femme mariée pourra ester en justice, sans autorisation, pour toute instance relative aux biens dont elle aura la disposition conformément à l'article premier.*
Art. 3: *Elle sera tenue sur ses biens de toutes ses dettes, même de celles par elle contractées sans autorisation de son mari ni de justice.*
Art. 4: *Les biens dont la femme mariée aura la disposition conformément à l'article premier ne seront pas susceptibles de saisie de la part des créanciers du mari, à moins qu'il ne s'agisse de dettes contractées pour les besoins du ménage.*
Art. 5: *En cas de contestation, la femme devra établir la consistance des biens dont elle a l'administration et la disposition. Cette preuve pourra se faire par tous les moyens admis par la loi.*
Art. 6: *A la dissolution du mariage, les biens dont la femme mariée aura eu l'administration, conformément à l'article premier, seront réunis à la masse des autres biens de la communauté.*
La femme ou ses héritiers auront le droit d'en exercer la reprise en renonçant à la communauté.

651 *Rousseau*, Bulletin de la Société d'Études législatives, 1902, S. 35.

Zu Beginn der Debatte bemühte sich *Schmahl*, die komplexe und weitreichende Reform, auf deren Kern zu fokussieren, das Wohlergehen der Familie.[652] Die Argumente der Mitglieder der *SEL* antizipierend, beschwor sie die Anwesenden, die Rechte der verheirateten Frau hinsichtlich der freien Verfügung ihrer Arbeitserträge nicht allein für den Fall eines Machtmissbrauchs des Ehemannes zu beschränken.[653] Im Namen des Respekts und der Menschenwürde müsse eine Abschwächung der ehelichen Macht angestrebt werden. *Schmahl* betonte, dass die Reform nicht allein als Palliativmaßnahme zur Linderung des gegenwärtigen Elends betrachtet werden dürfe. Die Ansprüche der Frau gegen die Allmacht des Ehemannes seien keine Revolte gegen die häusliche Herrschaft, sondern der logische Beginn ihrer Ansprüche.[654] Der Traum eines organisierten Sozialstaates, in dem der Ehemann alleine seine Familie ernähren könne, werde von Fakten widerlegt. Die Lebenssituation der Frauen habe sich erschwert und der Gesetzgeber habe die Pflicht, unverzüglich einzugreifen.[655]

Die anschließenden Beiträge machten deutlich, dass viele durch die Reform die Grundpfeiler der ehelichen Gemeinschaft in Gefahr sahen. Die Befürchtungen wurden durch den stellvertretenden Staatsanwalt und Berater am Pariser Berufungsgericht Charles *Morizot-Thibault* eingeleitet. Er betonte, dass der Vorschlag *Tissiers* keineswegs den Konsens der Kommission wiederspiele, sondern dessen persönliche Arbeit sei.[656] Es sei essenziell, das *régime de la communauté légale* aufrechtzuerhalten, denn mit dieser uralten Rechtstradition zu brechen wäre ein schlechter Wegweiser für den Gesetzgeber. Allein dieses System stärke die Verbindung der Ehepartner.[657] Die von *Tissier* vorgeschlagene Verfügungsfreiheit der Ehefrau verwische zudem die Grenzen zur Gütertrennung. Unter dem Aspekt der Gleichberechtigung müsse sodann außerdem auch der Ehemann frei über seinen Verdienst und seine Ersparnisse verfügen können. Dies spalte jedoch die Gemeinschaft in zwei Vermögensmassen mit zwei Verwaltern. Die Grundprinzipien des *régime*

---

652 *Rousseau*, Bulletin de la Société d'Études législatives, 1902, S. 107.
653 *Rousseau*, Bulletin de la Société d'Études législatives, 1902, S. 108.
654 *Rousseau*, Bulletin de la Société d'Études législatives, 1902, S. 109.
655 *Rousseau*, Bulletin de la Société d'Études législatives, 1902, S. 110.
656 *Rousseau*, ebenda.
657 *Rousseau*, Bulletin de la Société d'Études législatives, 1902, S. 110.

de la communauté würden so aufgelöst.[658] Außerdem sei zu befürchten, mit einer derart weitreichenden Reform eine nachteilige Veränderung des Alltags der verheirateten Frau zu provozieren. In der Arbeiterklasse habe die Ehefrau bereits heute die faktische Kontrolle über den Haushalt und könne über die erwirtschafteten Mittel frei verfügen. *Morizot-Thibault* war überzeugt, dass die Einführung einer besonderen Machtstellung der Frau zu einem Gegenschlag des Ehemannes führen könnte, der sich in seiner Autorität bedroht fühle und daher seine eigene Rolle in Zukunft auch auf den Haushalt ausweiten wolle.[659] Darüber hinaus blieben bei getrennten und individuellen Verwaltungsrechten der Ehegatten keine Ressourcen zum Unterhalt der Gemeinschaft übrig. Eine Vermögensmasse mit zwei Verwaltern schließe eine Gemeinschaft aus, denn jeder gebe frei aus, was er verdiene. Beide Ehegatten liefen Gefahr, ihren Verdienst für persönliche Bedürfnisse zu vergeuden, ohne an Haushalt und Kinder zu denken. Im Vergleich zu *Tissiers* Entwurf sei sogar das *régime de la séparation des biens* haushaltsfreundlicher, da immerhin die Beitragspflicht der Ehefrau durchdacht geregelt sei.[660] Für *Morizot-Thibault* verstieß die Reform gegen die Grundsätze der Gemeinschaft und der *puissance maritale.*[661]

Ein weiterer Beitrag stammte von dem Pariser Handelsrechtsprofessor Edmond-Eugène *Thaller.*[662] Auch er stand einer Reform äußerst kritisch gegenüber. Er war der Auffassung, dass das *régime de la communauté* unangetastet bleiben müsse,[663] hatte zwei wesentliche Kritikpunkte an *Tissiers* Reformvorschlag und begann mit dem generellen Nutzen einer entsprechenden Reform. Der Entwurf sei rechtlich unklar und sabotiere damit den Erfolg. Obwohl die Löhne der verheirateten Frau auf erster Ebene in die *commune* fielen, scheine es so, als seien sie sodann einem *régime de séparation des biens* unterworfen.[664] Eine solche Zuteilung der Löhne sei zwar möglich – er selbst sei bei seinen Arbeiten für den Kongress für Sozialwirtschaft zu dem Ergebnis gekommen, dass der Lohn der Frau ihr eigener verbleiben müsse, wenn man bedenke, dass umgekehrt die vom Ehemann verdienten

658 *Rousseau*, Bulletin de la Société d'Études législatives, 1902, S. 111.
659 *Rousseau*, Bulletin de la Société d'Études législatives, 1902, S. 111 f.
660 *Rousseau*, Bulletin de la Société d'Études législatives, 1902, S. 112 ff.
661 *Rousseau*, Bulletin de la Société d'Études législatives, 1902, S. 114.
662 *Rousseau*, Bulletin de la Société d'Études législatives, 1902, S. 118 ff.
663 *Rousseau*, Bulletin de la Société d'Études législatives, 1902, S. 119.
664 *Rousseau*, Bulletin de la Société d'Études législatives, 1902, S. 120.

Löhne sein Eigentum blieben – er bezweifelte jedoch, dass eine wesentliche Veränderung erreicht werden könne. Gewalttätige Ehemänner würden sich von einer entsprechenden Reform nicht aufhalten lassen und könnten der Ehefrau weiterhin ihren Lohn entreißen. Bei gutmütigen Ehemännern hingegen bestehe bereits der Effekt der geplanten Reform.[665] Daher sei die Reform nutzlos. Es sei sinnvoller, konkret dem Missbrauch entgegenzutreten, da eine solche Vorgehensweise auch mehr Befürworter fände.[666] *Thallers* zweiter Kritikpunkt betraf die Ausweitung der freien Verfügungsbefugnis auf den Gewinn selbstständiger Handelsfrauen und Gewerbetreibender. Der Status von Händlerinnen dürfe nicht beeinträchtigt werden. Mit dem *régime de la communauté* sei nicht vereinbar, die Gewinne dieser Frauen der *commune* vorzuenthalten. Dies sei darauf zurückzuführen, dass stets Kapital in dem Gewerbe stecke, das einen Wert der *commune* darstelle.[667] Den Gewinn einem Sondervermögen zuzuordnen, führe daher zu der kaum lösbaren Schwierigkeit, diesen von dem Grundkapital des Unternehmens zu trennen. Die möglichen Lösungswege dieses Dilemmas, davon war *Thaller* überzeugt, würden nicht mehr dem Geist von *Tissiers* Vorschlag entsprechen, da zur Gliederung der gewerblichen Vermögensverhältnisse stets eine gerichtliche Beteiligung erforderlich wäre.[668]

Die Basis des Diskussionsbeitrags des Wirtschafts- und Rechtswissenschaftlers Paul *Cauwés* bildete dessen Ablehnung einer Beeinträchtigung der Grundpfeiler der *communauté*.[669] Dieses System habe sich als gemeines Recht bewährt und entspreche den wirtschaftlichen Bedürfnissen der meisten Franzosen.[670] Eine Modifizierung des geltenden Güterrechts berge unbekannte Gefahren, welche die aktuell gute Situation der Frau gefährdeten. Auch er betonte, dass ein Machtmissbrauch des Ehemannes selten sei. Durch die Ausschöpfung der Regelungen der *Caisse D'Épargne*, die rege genutzt würden, könnte sich die Ehefrau im Hinblick auf ihre Ersparnisse emanzipieren. Es sei daher nicht klug, die gesamte Ökonomie des Rechtssystems umzustürzen, um einer Situation gerecht zu werden, die einen absoluten Ausnahmefall

665 *Rousseau*, ebenda.
666 *Rousseau*, Bulletin de la Société d'Études législatives, 1902, S. 121.
667 *Rousseau*, ebenda.
668 *Rousseau*, Bulletin de la Société d'Études législatives, 1902, S. 122.
669 *Rousseau*, Bulletin de la Société d'Études législatives, 1902, S. 125.
670 *Rousseau*, Bulletin de la Société d'Études législatives, 1902, S. 126.

darstelle.[671] Der Ehefrau müsse jedoch nicht nur repressiver, sondern auch präventiver Schutz gewährt werden.[672] Der Anlass des präventiven Schutzes sei jedoch die Heirat selbst. Sinnvoller als die Reform *Tissiers* sei daher, im Rahmen der Eheschließung vor einem Standesbeamten erklären zu können, ob die Ehefrau sich die freie Verfügung ihres beweglichen Vermögens und Arbeitsprodukte vorbehalte.[673]

Eine ähnliche Kritik übte auch J. *Challamel*, Anwalt am Pariser Berufungsgericht, der mit dem Hinweis auf praktische Gesichtspunkte den Nutzen der Reform infrage stellte.[674] Es ginge bei der vorliegenden Reform um den Schutz des Verdienstes der Ehefrau, der unter normalen Bedingungen dem Haushaltsbedarf und Unterhalt der Kinder zugutekäme. Es sei bereits festgestellt worden, dass die Ehefrau im Regelfall ihr Gehalt frei verwalten könne. Man müsse sich daher davor hüten, das Projekt auf das gesamte Kapital aus den Einkünften und Löhnen der Ehefrau auszudehnen. Der Erwerb sei bereits ausreichend durch die *Caisse D'Épargne* gesichert. *Challamel* fragte daraufhin, ob dies denn nicht genug sei.[675] Eine Ausdehnung der Verfügungsfreiheit auf Surrogate und Ersparnisse ging seiner Meinung nach viel zu weit.[676] Vielmehr müsse sich die Reform in der freien Verfügung des Lohnes im Kontext der Haushaltskosten und damit gesetzlichen Verpflichtung der Frau erschöpfen.[677]

Auf noch größeren Widerstand stieß der Umstand, dass die Frau im Umfang der *pécule réservé* rechtsverbindlich handeln und auch den Klageweg einschlagen können sollte. Damit sahen die Kritiker den Grundsatz der *puissance maritale* verletzt.[678] Ein weiterer Wortbeitrag *Schmahls*, in dem sie die Aufmerksamkeit der Beteiligten auf den wirtschaftlichen Wert der häuslichen Arbeit der verheirateten Frau zu lenken versuchte, blieb im weiteren Verlauf der Diskussion unbeachtet.[679]

---

671 *Rousseau*, ebenda.
672 *Rousseau*, Bulletin de la Société d'Études législatives, 1902, S. 126 f.
673 *Rousseau*, Bulletin de la Société d'Études législatives, 1902, S. 127.
674 *Rousseau*, Bulletin de la Société d'Études législatives, 1902, S. 129 f.
675 *Rousseau*, Bulletin de la Société d'Études législatives, 1902, S. 130.
676 *Rousseau*, ebenda.
677 *Rousseau*, Bulletin de la Société d'Études législatives, 1902, S. 130.
678 *Rousseau*, Bulletin de la Société d'Études législatives, 1902, S. 130 f.
679 *Rousseau*, Bulletin de la Société d'Études législatives, 1902, S. 124.

Tissiers Reformvorschlag wurde damit vorgeworfen, die Möglichkeiten und Grenzen der *séparation de biens* zu verwischen, zu widersprüchlichen und inkonsistenten Ergebnissen zu führen und die Grundsätze der *puissance maritale* zu verletzen.[680]

4. *Tissiers* Replik: Das Fortbestehen der ehelichen Gemeinschaft

Nach der umfangreichen Kritik seines Reformprojektes sah sich *Tissier* dazu angehalten, auf einige der Bemängelungen seines Entwurfs einzugehen.[681] Seiner Reform sei vorgeworfen worden, die Grundsätze der *séparation de biens* anzugreifen und zu unübersichtlichen Rechtsfolgen zu führen. Diese Kritiker hätten jedoch verkannt, dass die *pécule réservé* ein Teil der *commune* bliebe, weshalb sie auch nicht die traditionelle Familienstruktur mit dem Mann als Oberhaupt der Gemeinschaft torpediere. Diese Vermögenswerte seien bloß der weiblichen Verwaltung vorbehalten. Außerdem bestehe durch die weibliche Mithaftung für die Haushaltslasten auch keine absolute Verfügungsfreiheit der Ehefrau.[682]

Auch einen vermeintlichen Angriff auf die *puissance maritale,* indem die Frau im Umfang ihrer *biens réservés* Rechtsverbindlichkeiten eingehen und Klage erheben können sollte, bestritt *Tissier.* Aus der freien Verwaltung des Arbeitserwerbs müsse folgerichtig und zwangsläufig ein Klagerecht sowie die Teilnahme am Rechtsverkehr erwachsen.[683]

In seiner Replik ging *Tissier* auch auf konkrete Kritikpunkte ein, darunter das Argument, dass im Sinne der Gleichberechtigung dem Ehemann das gleiche Recht zur Verwaltung und Verfügung des Arbeitserwerbs zustehen müsste wie der Ehefrau. Dieses scheinbare Dilemma sei jedoch konstruiert, da der Mann als Oberhaupt der Gemeinschaft in der Tat das Recht habe, frei über die gemeinsamen Güter, einschließlich seiner Einkünfte und Ersparnisse, zu verfügen. Dies werde auch durch die Reform nicht geändert.[684] Es gebe daher keine Ungleichheit oder gar Unterordnung des Mannes. Die Erträge und Ersparnisse der Ehefrau seien meist derart gering, dass der Ehemann auch

---

680 *Rousseau,* Bulletin de la Société d'Études législatives, 1902, S. 120 ff.

681 *Rousseau,* Bulletin de la Société d'Études législatives, 1902, S. 200–203.

682 *Rousseau,* Bulletin de la Société d'Études législatives, 1902, S. 200., Vgl. Artikel 4 des Entwurfes von *Tissier.*

683 *Rousseau,* Bulletin de la Société d'Études législatives, 1902, S. 201.

684 *Rousseau,* Bulletin de la Société d'Études législatives, 1902, S. 202.

weiterhin das Oberhaupt der Gemeinschaft bilde. An der Zusammensetzung der Gemeinschaft ändere sich nichts.[685]

Auch die Befürchtung, dass eine Vermögensmasse mit zwei Verwaltern eine Gemeinschaft ausschließe, da jeder frei ausgebe, was er verdiene, sei unbegründet. *Tissier* erklärte, dass die Kritiker der Reform sich wiederholt an dem gleichen Wortlaut aufhängten, dabei läge der Fragestellung ein vollkommen anderer Sachverhalt zugrunde. Es ginge nicht darum, einem jeden Ehegatten eine unbedingte Verfügungsgewalt zu verleihen. Die Reform beabsichtige eine Änderung der Verwalter der *commune* für einige wenige Güter. Ein Bruchteil der Befugnisse des Ehemannes würde auf die Frau übertragen, ohne an der Einteilung der übrigen *biens communs* etwas zu ändern. Es gäbe zwar zwei Verwalter, dem Ehemann obläge dabei die Verwaltung der gesamten Gemeinschaft, der Ehefrau bloß diejenige ihrer *pécule réservé*.[686]

Schließlich sei der Reform vorgeworfen worden, versäumt zu haben, auf die Beteiligung der Frauen an den Haushaltskosten hinzuweisen. Dies sei jedoch nicht der Zweck der Reform und ergebe sich ohnehin aus dem Code Civil selbst.[687]

Tissier zeigte sich überrascht darüber, den Entwurf des Reformgesetzes gegen den Vorwurf verteidigen zu müssen, es sei unmoralisch und undurchführbar, da es den Grundsätzen der *communauté* und *puissance maritale* zuwiderlaufe. Das Gegenteil sei der Fall – die Reform konkretisiere nur die Zustände, die bereits durch die Gewohnheiten und gesellschaftlichen Umbrüche existierten. Zweifelsohne könnten Anwendungsschwierigkeiten auftreten, die Praxis und Rechtsprechung sei jedoch gewappnet, diese Hindernisse zu überwinden.[688]

5. *Saleilles* Verteidigung des weiblichen Sonderverwaltungsrechts

Im weiteren Verlauf der Diskussion entstand die Idee einer teilweisen „*séparation*" bezüglich der „*biens réservés*" der verheirateten Frau und persönlichen Arbeitsprodukte der Ehefrau.[689] Dabei war insbesondere *Saleilles*

685 *Rousseau*, ebenda.

686 *Rousseau*, Bulletin de la Société d'Études législatives, 1902, S. 202.

687 *Rousseau*, Bulletin de la Société d'Études législatives, 1902, S. 202 f.

688 *Rousseau*, Bulletin de la Société d'Études législatives, 1902, S. 203.

689 *Rousseau*, Bulletin de la Société d'Études législatives, 1902, S. 26 ff.: Sitzung am 20.02.1902.

darum bemüht, die umgehend ablehnende Reaktion einiger Mitglieder der *SEL*, die er als *„erschreckend“* beschrieb, abzufangen.[690] Entgegen seinen besorgten Kollegen hielt er die Konstruktion eines *pécule réservé* unbedingt mit dem nationalen Ehe- und Güterrecht vereinbar. Denjenigen, die ein Verfügungsrecht der Ehefrau mit dem *régime de la communauté* für unvereinbar hielten, entgegnete er, dass die *communauté* selbst unter dem Deckmantel einer fiktiven Miteigentümerstellung der Frau und ausschließlichen Kontrolle des Ehemannes keineswegs mit dem eigentlichen Wesen einer ehelichen Gemeinschaft vereinbar sei.[691] Diese Konstruktion entspreche nicht dem französischen Brauch einer ehelichen Gemeinschaft, in welcher die Frau eine vollwertige Partnerin und Miteigentümerin sei. Denn in einem System unteilbaren Miteigentums müssten beide Rechtsinhaber gemeinsam zu den Verfügungshandlungen beitragen können. Es sei daher möglich, dass die Eheleute entsprechend ihren Aufgaben und in Übereinstimmung mit ihren jeweiligen Rollen über das gemeinsame Eigentum über die Grenzen des *mandat tacite* hinaus verfügten.[692] *Saleilles* betonte, dass eine Gesetzesreform sich keineswegs darauf beschränken dürfe, wie es *Tissier* vorschlug, der Ehefrau ihren persönlichen Arbeitserwerb zuzuordnen, um diesen zur Sicherung umgehend in die *Caisse D'Épargne* einzuzahlen. Damit werde bloß die bereits existierende Handhabung des *mandat tacite* gesetzlich verankert und der unzureichende Status quo aufrechterhalten.[693] *Saleilles* stellte sich ausdrücklich auf die Seite *Schmahls*, indem er einen umfassenden Schutz der Ehefrau forderte, denn der Ehemann könnte den Lohn der Frau sonst weiterhin im Zweifelsfall mit der Faust einfordern.[694] Zum finanziellen Schutz der Frau reiche es nicht aus, einen Machtmissbrauch zukünftig nicht mehr als Rechtsausübung einzustufen oder die Scheidung zu erleichtern.[695] Es müssten Rechtsmittel entwickelt werden, welche die Institution der Ehe schützten und die Frau nicht in die Scheidung trieben. Im Rahmen der geplanten Reform sei es essenziell, die freie Verfügungsbefugnis der Ehefrau nicht nur auf den Lohn selbst auszuweiten, sondern auch auf damit gebildete Ersparnisse und

690 *Rousseau*, Bulletin de la Société d'Études législatives, 1902, S. 131.
691 *Rousseau*, ebenda,
692 *Rousseau*, Bulletin de la Société d'Études législatives, 1902, S. 131 f.
693 *Rousseau*, Bulletin de la Société d'Études législatives, 1902, S. 132.
694 *Rousseau*, ebenda.
695 *Rousseau*, Bulletin de la Société d'Études législatives, 1902, S. 133.

Surrogate. Auf diese Weise könne die Ehefrau langfristig für sich und den Haushalt vorsorgen und sei nicht dazu verführt, ihren Lohn umgehend für Nutzlosigkeiten und Frivolitäten auszugeben.[696] Außerdem bewahre man die Arbeiterfrau so vor dem unangenehmen, aber bisher notwendigen Umstand, dem Mann ihre Ersparnisse zu verheimlichen. Denn wisse der Mann von einem Guthaben, über welches er als Oberhaupt der *communauté* frei verfügen könne, so müsste sie stets damit rechnen, dass er es für eigene Zwecke verwende.[697]

Zudem sei es erforderlich, im Zuge der Reform auch die Handelsfrauen zu berücksichtigen. Der Status quo, wonach der Gewinn eines Handelsgewerbes in das Gemeinschaftsgut und unter die Verfügungsbefugnis des Ehemannes fiele, sobald das Gewerbe nicht allein aus dem Kapital der Frau betrieben werde, sei unhaltbar und ungerecht. Sei man im Rahmen der Gesetzesreform nicht bereit so weit zu gehen, brächte sie keine Veränderungen mit sich. Es sei an der Zeit, die alten Rechtskonstruktionen der geänderten Realität anzupassen.[698]

Obwohl *Saleilles* für die finanzielle Unabhängigkeit der verheirateten Frau eintrat, sah er in der Erwerbstätigkeit der Ehefrau keineswegs den Ausdruck eines weiblichen Selbstbestimmungsrechts oder ein Instrument finanzieller Unabhängigkeit, wie es Teile der bürgerlichen Frauenbewegung taten. Er nahm sie vielmehr als Plage der modernen Wirtschaftsgesellschaft und zerstörerisches Element von Ehe und Familie wahr.[699] Da die Frau jedoch gezwungenermaßen auf die Rolle einer Arbeiterin reduziert wurde, müsse sie selbstständig über ihre Wirtschaftsprodukte verfügen können. Der Erwerb der Frau müsse zwar weiterhin der *commune* zugeordnet werden, jedoch als Sondervermögen, über das die Frau allein verfügt.[700] Denn gerade eine Aufteilung von Befugnissen entspreche dem Wesen einer Gemeinschaft – nicht die Absorption aller Befugnisse durch einen der Beteiligten. Die Beschränkung der ehemännlichen Verfügungsbefugnisse, die bereits hinsichtlich der Immobilien der Ehefrau bestünden und daher keineswegs neues

---

696 *Rousseau*, ebenda.

697 *Rousseau*, Bulletin de la Société d'Études législatives, 1902, S. 133.

698 *Rousseau*, ebenda: „*Ce qu'il faut défendre, ce sont les ressources de l'avenir, c'est l'épargne de la femme.*".

699 *Rousseau*, Bulletin de la Société d'Études législatives, 1902, S. 133 f.

700 *Rousseau*, Bulletin de la Société d'Études législatives, 1902, S. 134.

juristisches Terrain seien, müssten nun auf den Lohn der Frau ausgeweitet werden.[701] *Saleilles* sprach wiederholt seine Verwunderung darüber aus, dass so viele seiner Kollegen diesen Ansatz als Verstoß gegen die Grundprinzipien der ehelichen Gemeinschaft auffassten. Immerhin sei eine partielle Trennung des Eigentums nach Gattungen schon lange bekannt.[702] *Saleilles* betrachtete eine soziale und wirtschaftliche Interessenvereinigung auf Grundlage der *communauté* keineswegs im Widerspruch zu einer partiellen Trennung des Eigentums oder der Verfügungsbefugnisse.[703]

Bei der Behandlung der Frage des weiblichen Arbeitsverdienstes war es *Saleilles* wichtig, nicht diejenigen Eheleute zu vergessen, die am Tag ihrer Hochzeit über Vermögen verfügten und daher nicht damit rechneten, dass die Ehefrau eines Tages arbeiten müsse, um den Haushalt zu unterstützen. In diesen Fällen führten Eheverträge, die den Verdienst der Eheleute allein der Verfügungshoheit und Eigentum des Mannes zuteilten, Jahre später unter unvorhergesehenen Umständen zu einer enormen Schädigung der Ehefrau. Es sei daher notwendig, eine gesetzliche Lösung zu schaffen, die auch vor einem falsch kalkulierten Ehevertrag schütze.[704]

Um unter allen Güterrechtsregimen einen angemessenen Schutz zu gewährleisten, beabsichtige *Saleilles*, die Reform möglichst allgemein und weitreichend zu fassen. Er fand die für ihn einzig geeignete Formulierung dabei in dem von ihm so oft untersuchten deutschen Recht. Dem BGB entsprechend sollten der Ehefrau an ihren *biens réservés* die gleichen Befugnisse zustehen, die ihr nach der *séparation des biens* an ihrem Vermögen zustünden.[705] Diese Idee einer partiellen Gütertrennung wurde zu *Saleilles* Richtschnur. Neben einem gemeinsamen Vermögen der Eheleute, hauptsächlich bestehend aus beweglichen Vermögensgegenständen, entwarf er ein separates Sondervermögen. Dieses Sondervermögen bestand aus dem Arbeitserwerb der Ehefrau und

---

[701] *Rousseau*, Bulletin de la Société d'Études législatives, 1902, S. 134.

[702] *Rousseau*, Bulletin de la Société d'Études législatives, 1902, S. 135.

[703] *Rousseau*, ebenda: *Saleilles* sah den Hauptanwendungsfall einer Gesetzesreform in der Beeinflussung des *régime de la communauté*, da dieses in der Arbeiterschaft am weitesten verbreitet sei.

[704] *Rousseau*, Bulletin de la Société d'Études législatives, 1902, S. 135.

[705] *Rousseau*, ebenda: „*Il n'y a qu'une seule formule qui convienne à tous les régimes, c'est celle qu'a employée le droit allemand, celle que reproduit l'avant-projet du Code civil suisse; c'est de dire que la femme aura sur ses biens réservés les mêmes pouvoirs que ceux qui lui appartiennent sur ses biens personnels en cas de séparation de biens.*".

den daraus angehäuften Ersparnissen.[706] Der Zweck dieses *„petit patrimoine séparé“* sei es, zum gemeinsamen Haushalt beizutragen. Entziehe sich die berufstätige Frau dieser Verpflichtung, könne der Mann gerichtlich feststellen lassen, dass sie in einem verhältnismäßigen Maß zum Haushalt beizutragen habe und sich daher in dieser Höhe ihren Arbeitserwerb auszahlen lassen.[707] *Saleilles* war der Überzeugung, dass sich eine Kombination der Güterstände durchsetzen werde. Die Befürchtungen seiner Kollegen, dass die nationale Tradition der Gemeinschaftssysteme verschwinden könnte, teilte er nicht. Auch die Sorge, dass die finanzielle Unabhängigkeit der Ehefrau die gemeinsamen Interessen der Ehe untergrabe, verwarf er als unberechtigt. Er sah in einer Anpassung des *régime de la communauté* vielmehr die einzige Chance, das System der *communauté* vor dem Untergang zu retten. Man müsse dem Güterrechtssystem genügend Flexibilität verleihen, um sich zukünftigen Veränderungen anzupassen. Nur so könnte man radikalen Revolutionen, die in einer kompletten Zerstörung des bestehenden Rechts mündeten, vorbeugen.[708]

Saleilles verstand unter einer Aufteilung der Verfügungsbefugnisse keineswegs einen Zusammenbruch der *„union domestique“*, sondern einen Friedenspakt des gemeinsamen Heims. Die Ehefrau müsse für eine Vermögenssicherung nicht auf eine Vermögensabsonderung oder die Scheidung zurückgreifen. Sie sei auch nicht mehr darauf angewiesen, mit List und Heimlichtuerei ihr Vermögen vor dem Ehemann zu verbergen.[709] Den Kritikern, welche dadurch, dass der Ehemann für zwei arbeite und verdiene, die Frau hingegen nur für sich, eine Ungleichheit der Eheleute und Verstoß gegen die *communauté* monierten, hielt er entgegen, dass die Rolle des Ehemannes nicht der Rolle der Ehefrau im Haushalt gleichzusetzen sei.[710] Denn es sei die Aufgabe und das Wertgefühl des Mannes, den Lebensunterhalt für alle Familienmitglieder zu verdienen. Was er außerhalb des Hauses verdiene, verdiene er damit immer für zwei. Darin liege die Grundlage der Gemeinschaft. Die

---

706 *Rousseau*, Bulletin de la Société d'Études législatives, 1902, S. 137.

707 *Rousseau*, ebenda.

708 *Rousseau*, Bulletin de la Société d'Études législatives, 1902, S. 138: *Saleilles* verwies dabei auf die Geschehnisse in England, gemeint war wohl der *Married Women's Property Act* von 1882.

709 *Rousseau*, Bulletin de la Société d'Études législatives, 1902, S. 139.

710 *Rousseau*, Bulletin de la Société d'Études législatives, 1902, S. 140.

Frau hingegen gehöre in den Haushalt, und verdiene sie etwas durch Arbeit außerhalb des Hauses, so widerspreche dies ihrer Natur.[711] Es entspreche kaum dem sozialen Ideal der Ehefrau und Mutter, sich aus ihrem Aufgabenbereich zu entfernen und das Haus verlassen zurückzulassen. All dies sei für die Gemeinschaft schädlich, aufgrund der harten sozialen Anforderungen der Zeit jedoch insbesondere für die Frauen der Arbeiterfamilien unerlässlich.[712] Wenn die Ressourcen des Ehemannes nicht ausreichten und die Frau durch dessen schlechte Verwaltung dazu gezwungen sei, Haus und Herd zu verlassen, so müsse die Arbeit der Frau an erster Stelle dem Haushalt, Unterhalt der Kinder und der Befriedigung ihrer persönlichen Bedürfnisse dienen.[713] Eine Gesetzesreform nehme dem Ehemann nicht das Wenige, was die Frau verdiene, sondern gewähre der Ehefrau ein wenig mehr Würde und Respekt für ihre harte Arbeit.[714]

6. *Saleilles* Gesetzesentwurf um die *biens réservés*

Saleilles stellte aufgrund dieser Erwägungen im Rahmen der Sitzungen der *SEL* einen eigenen Gesetzentwurf vor, welcher ebenfalls neben den bestehenden Güterrechtsvorschriften des Code Civil Anwendung finden sollte.[715] In der sieben Artikel umfassenden Ausarbeitung präzisierte er, angelehnt an das deutsche Vorbild, den Umfang und die Folgen der *biens réservés*.[716]

---

711 *Rousseau*, Bulletin de la Société d'Études législatives, 1902, S. 141.
712 *Rousseau*, Bulletin de la Société d'Études législatives, 1902, S. 143 f.
713 *Rousseau*, Bulletin de la Société d'Études législatives, 1902, S. 145 f.
714 *Rousseau*, Bulletin de la Société d'Études législatives, 1902, S. 147.
715 *Rousseau*, Bulletin de la Société d'Études législatives, 1902, S. 205–206.
716 *Rousseau*, Bulletin de la Société d'Études législatives, 1902, S. 205 f.:
Art. 1er: *Sont bien réservés de la femme, quel que soit le régime sous lequel elle se trouve mariée :*
1° Ses gains et salaires et tous les produits résultant de son travail personnel; 2° Les économies réalisées par elle sur les produits de son travail et tous les biens et valeurs acquis de ces économies; 3° Les bénéfices retirés par elle d'un commerce exercé avec des fonds dont elle eût la libre disposition, ou, s'il s'agit de fonds, mis à sa disposition par le mari ou par la communauté, sous le régime de communauté, ces mêmes bénéfices, défalcation faite de la part correspondant aux fonds qui lui ont été fournis. Ne sont pas compris parmi les biens réservés de la femme, les acquisitions ou plus-values résultant de ses travaux domestiques dans l'intérieur du ménage ou de sa collaboration au travail ou aux affaires du mari.
Art. 2: *La femme, pour ce qui est de ses biens réservés, peut en faire le recouvrement, en faire emploi et en disposer librement ; elle peut, pour toutes les actions qui en concernent le*

Artikel 1 des Entwurfs sah vor, dass sich unabhängig von dem anwendbaren Güterrecht die *biens réservés* aus dem Lohn der verheirateten Frau, allen Produkten ihrer persönlichen Arbeit, den daraus resultierenden Ersparnissen und Surrogaten sowie den Gewinnen aus einem selbstständigen

---

recouvrement, l'emploi ou la libre disposition, ester en justice sans autorisation ; et d'une façon générale, elle a, sur ses biens réservés, les droits et la capacité appartenant à une femme séparée de biens sur son patrimoine séparé.

Art. 3: *La femme, pour faire emploi ou pour disposer de ses biens réservés, n'a aucune justification d'origine à fournir vis-à-vis des tiers. Il lui suffit de faire la preuve qu'elle exerce une profession lucrative : cette preuve peut être faite par un simple titre de reconnaissance émanant du mari. Le mari ou ses représentants ou les créanciers du mari, et le cas échéant, ceux de la communauté, sont toujours admis à prouver que les fonds dont il a été disposé n'étaient pas de ceux dont la femme avait la libre disposition. Pour ce qui est des créanciers, ils peuvent exiger de la femme la preuve que les placements faits par elle ne sont pas hors de proportion avec les bénéfices qu'elle a réalisés. Si la femme ne fait pas cette justification, il y a présomption, à l'égard des créanciers, qu'elle a disposé de fonds dont elle n'eût pas la libre disposition. Dans tous les cas, s'il est établi que la femme a disposé de fonds dont elle n'eût pas la libre disposition, cette preuve, lorsque les garanties exigées par le présent article ont été fournies aux tiers, n'engage pas la responsabilité de ces derniers.*

Art. 4: *N'ont action sur les biens réservés de la femme, quel que soit le régime, que les créanciers personnels de la femme, soit que la créance ne concerne que les intérêts propres de la femme, soit qu'elle ait son fondement dans une dépense relative à l'entretien du ménage.*

Art. 5: *La part non capitalisée des biens réservés doit être affectée aux dépenses du ménage dans la proportion du montant des gains personnels de la femme par rapport à l'ensemble des revenus du ménage. S'il y a lieu de craindre que cet emploi ne soit pas effectué, le mari peut exiger que cette part contributoire de la femme lui soit remise. Si les revenus du ménage ne suffisent pas aux dépenses domestiques, et que le ménage n'ait pas d'autres ressources, le mari peut exiger que les sommes dont il a besoin pour cet usage, soient faites sur la part capitalisée des biens réservés. Le juge de paix décide souverainement sur toutes les difficultés qui interviennent à cet égard.*

Art. 6: *Lorsque les époux sont mariés sous le régime de la communauté, la femme, à la dissolution de la communauté, garde ses biens réservés à titre de propriété personnelle, toutes les fois que la dissolution a lieu du vivant de la femme, soit que cette dernière accepte la communauté, soit qu'elle y renonce. Si la communauté est dissoute par le prédécès de la femme, les biens réservés de la femme sont réunis aux biens constituant le patrimoine de la communauté, sans effet rétroactif à l'égard des tiers.*

Art. 7: *Lorsque les époux sont mariés sous le régime de la communauté, les acquisitions faites régulièrement au nom de la communauté ne sont pas nulles, sauf le cas de fraude, par cela seul qu'il serait établi qu'elles eussent été faites en tout ou en partie avec des fonds provenant des biens réservés de la femme. Il n'en est pas dû récompensé à cette dernière, sauf convention contraire.*

Gewerbebetrieb zusammensetzten.[717] Über diese vorbehaltenen Güter sollte die Ehefrau gemäß Artikel 2 frei verfügen können. Entsprechend einer in *séparation des biens* lebenden Ehefrau sollte es ihr möglich sein, ohne Einwilligung des Ehemannes oder gerichtliche Genehmigung, alle Handlungen, welche auf die Rückgewinnung, Nutzung oder freien Verfügung der *biens réservés* abzielten, vorzunehmen.[718]

Saleilles behielt dabei auch die praktische Handhabung der Normen im Hinterkopf und legte daher in Artikel 3 fest, dass die Ehefrau im Rechtsverkehr über ihre *biens réservés* keinen Herkunftsbeweis führen müsse, sondern dass ein allgemeiner Nachweis einer Erwerbstätigkeit, etwa durch eine einfache Anerkennungsbescheinigung des Ehemannes, ausreiche. Außerdem erhielten nur die persönlichen Gläubiger der Ehefrau Zugriff auf ihr Vorbehaltsgut. Dies sei der Fall, sofern der Anspruch der Gläubiger allein im Interesse der Frau oder im Haushaltsinteresse entstand.[719] Damit die Ehefrau ihre Beitragspflicht zum gemeinsamen Hauswesen nicht vernachlässigte, statuierte Artikel 5, dass ein Teil der *biens résérves*, gemessen am Verhältnis des persönlichen Einkommens der Frau zu dem gesamten Haushaltseinkommen, auch für Haushaltsausgaben aufzuwenden sei. Sei zu befürchten, dass die Ehefrau dieser Verpflichtung nicht nachkam, könne der Ehemann in Folge eines gerichtlichen Verfahrens den beitragspflichtigen Anteil herausverlangen. Auch ergänzende Modalitäten zur Auflösung der Ehe bedachte *Saleilles*. So sollten der Ehefrau im Fall des *régime de la communauté* bei der Auflösung der Gemeinschaft ihre *biens réservés* als persönliches Eigentum zufallen. Auf diese Weise profitierte die Frau von einem Vermögenszuwachs im Laufe der Ehe.[720]

Saleilles berücksichtigte als Verfechter einer partiellen Gütertrennung vor allem die Interessen der Arbeiterfrau, deren Erwerb für die Erhaltung der Familie unerlässlich war. Durch die Schaffung der *biens réservés* gewährte er ihr auch unter Regimen der Gütergemeinschaft eine gewisse finanzielle

---

[717] Im Falle eines selbstständigen Gewerbebetriebs fiel der Gewinn in die *biens réservés*, sofern die Ehefrau ihn mit dem ihr frei zur Verfügung stehenden Vermögen betrieb. Wenn der Ehemann der Frau Gemeinschaftsvermögen zur Verfügung stellte, fiel der Gewinn abzüglich des ihr bereitgestellten Vermögens in die *biens réservés*.

[718] *Rousseau*, Bulletin de la Société d'Études législatives, 1902, S. 205.

[719] *Rousseau*, ebenda.

[720] *Rousseau*, Bulletin de la Société d'Études législatives, 1902, S. 206.

Unabhängigkeit. Indem dieser Vermögensteil der willkürlichen Verwaltung des Ehemannes entzogen war, bestand die Möglichkeit, dass die verheiratete Frau ihren Verdienst für familiäre oder sogar persönliche Bedürfnisse aufwenden konnte.

Obwohl *Saleilles* sich in Rahmen der Reform auf weibliche Interessen konzentrierte und offen die Ziele der *Avant-Courrière* unterstützte, sah er in der Erwerbstätigkeit verheirateter Frauen keine Chance auf weibliche Selbstbestimmung. Vielmehr betrachtete er Frauenarbeit als Manifestation des Übels des sozialen und wirtschaftlichen Wandels. Das Erfordernis einer Verfügungsbefugnis der verheirateten Frau über ihren Arbeitserwerb wurzelte seiner Ansicht nach damit vornehmlich in einem Versagen des Ehemannes. Diese Motive spielen für das Ergebnis und die potenzielle Reichweite seines Gesetzesentwurfes jedoch eine bloß untergeordnete Rolle. Im Ergebnis zeigte sich die Gestaltung *Saleilles* ähnlich effektiv wie der Vorschlag Jeanne *Chauvins*. Diese sah die Lösung ebenfalls in einer partiellen Gütertrennung, bloß direkt in den Code Civil durch eine Modifizierung einzelner Regelungen inkorporiert. Der Entwurf *Saleilles* blieb jedoch in einem ganz entscheidenden Punkt hinter den Vorstellungen *Chauvins* zurück. *Saleilles* begnügte sich mit einer Anpassung des Güterrechts, ließ jedoch die *incapacité* der verheirateten Frau durch die allgemeinen Ehewirkungen unbeachtet. Damit vernachlässigte er es, das größte Übel des unselbstständigen Arbeitserwerbs der verheirateten Frau an der Wurzel zu packen.

7. Zusammenfassung und Fazit

Das Meinungsspektrum und die Reformvorstellungen in den Reihen der *SEL* waren breit gefächert. Den reformistischen Kräften von *Tissier* und *Saleilles* standen die Befürchtungen vieler Mitglieder vor zu starken Umbrüchen der *puissance maritale* und den Grundsätzen der *communauté* gegenüber. In der Schaffung einer *pécule* oder von *biens réservés* zur eigenen Verwaltung der Ehefrau sahen die Kritiker der Reform eine Aufweichung des urfranzösischen *régime de la communauté* und die Einführung einer Gütertrennung, die nicht nur die Stellung des Ehemannes als Oberhaupt angreife, sondern auch die Organisation der Familie zerreiße. Demgegenüber waren *Tissier* und *Saleilles* davon überzeugt, dass es an der Zeit sei, Gesetz und Moral in Einklang zu bringen und der Ehefrau jene Rechte gesetzlich zuzusichern, die ihr die Praxis und Werte der Gesellschaft bereits zuschrieben. Die Studien und

Berichte der Praxis, die den Eindruck vermittelten, dass die verheiratete Frau im Regelfall bereits ihren Lohn beziehe und darüber hinaus ein Missbrauch des Ehemannes eine absolute Ausnahme darstellte, dienten der Opposition wiederum als Argument, eine Anpassung des Gesetzes für unnötig zu erklären. Sie bevorzugten es, anstatt einer freien Verfügungsbefugnis der Frau, die Missbrauchsvorschriften des Ehemannes zu verschärfen und in diesem Zusammenhang wirksamere Rechtsmittel zu entwickeln.

Die Gesetzesentwürfe *Tissiers* und *Saleilles* stimmten darin überein, dass die verheiratete Frau unabhängig vom anwendbaren Güterrechtssystem über ihre persönlichen Arbeitsprodukte verfügen können sollte. Beide hatten ein weites Verständnis vom Umfang des geschützten Vermögens, indem sie auch den Gewinn von Handelsfrauen sowie Ersparnisse und Surrogate erfassten – wobei *Saleilles* eine ausdrückliche und differenziertere Regelung wählte. Auch die Prozessfähigkeit der Ehefrau in Bezug auf ihr geschütztes Sondervermögen, welches *Saleilles* als *biens réservés* bezeichnete, regelten beide Reformisten. *Saleilles* ging jedoch insofern über die Regelungen *Tissiers* hinaus, als dass er aufgrund praktischer Erwägungen eine Nachweispflicht über die Herkunft der *biens réservés* ausschloss und stattdessen einen Nachweis der Erwerbstätigkeit genügen ließ. Außerdem griff *Saleilles* die Argumente der Reformkritiker auf und regelte die Beitragspflicht der Ehefrau zu den Haushaltskosten angemessen.

III. Die Entwicklung des Gesetzes über den freien Lohn der verheirateten Frau

Auch wenn die Frage einer Gesetzgebung zum freien Lohn der verheirateten Frau von der *SEL* erst mit dem Beginn des 20. Jahrhunderts aufgegriffen wurde, trieb Jeanne *Schmahl* an der Spitze der *Avant-Courrière* bereits im Jahr 1893 eine entsprechende Gesetzesinitiative voran. Sie war ein wesentlicher Faktor der Gesetzesverabschiedung am 13. Juli 1907, weshalb das Gesetz teilweise als „*Loi Schmahl*" bezeichnet wurde.

Von den ersten Gesetzesvorschlägen der Senatoren Léopold *Goirand* und Joseph-Auguste *Jourdan* im Jahr 1894 bis hin zum *Loi relative au libre salaire de la femme mariée et ci la contribution des époux aux charges du ménage* dreizehn Jahre später war es ein langer Weg. Im Laufe der Zeit wuchs auch auf Seiten der Parlamentarier die Bereitschaft zur Beantwortung der Frauenfrage. Obwohl viele Abgeordnete und Rechtswissenschaftler an den traditionell patriarchalischen Grundsätzen des Code Civil festzuhalten versuchten, häuften sich am Ende des 19. Jahrhunderts Gesetze, welche die männliche Autorität aufzuweichen begannen.[721]

1. Der Beginn: Die Gesetzesinitiativen vom 9. Juli 1894

Am 9. Juli 1894 nahm die Erarbeitung eines Gesetzes über den Arbeitserwerb der verheirateten Frau mit zwei Gesetzesinitiativen ihren Anfang. Zwei Senatoren verschiedener politischer Lager stellten ihre Reformvorstellungen der Abgeordnetenkammer vor. Die Entwürfe von Léopold *Goirand*, unter Einflussnahme von Jeanne *Schmahl*, und Joseph-Auguste *Jourdan* bildeten den Ausgangspunkt des Gesetzgebungsverfahrens.

a. Léopold *Goirand* als Verbündeter der *Avant-Courrière*

Den ersten Schritt hin zu einem freien Lohn der Ehefrau unternahmen die Frauen der *Avant-Courrière*, als *Schmahl* den Dialog mit dem Abgeordneten der *Gauche radicale*, Léopold *Goirand*, suchte. *Schmahl* überzeugte den Abgeordneten von der Wichtigkeit ihrer Agenda, woraufhin sie gemeinsam einen Gesetzesentwurf erarbeiteten, welcher am 9. Juli 1894 dem Parlament vorgestellt wurde. Um die Initiative bis in das Parlament zu begleiten, musste *Schmahl* einige Zugeständnisse machen. Der zentrale Punkt war dabei, die Ersparnisse und Surrogate aus dem persönlichen Arbeitserwerb der Ehefrau weiterhin in die eheliche *commune* fallen zu lassen. Dieser Kompromiss schien erforderlich, da die Idee eines freien Lohns der verheirateten Frau vor dem Parlament nur zu verteidigen wäre, wenn die Vermögensstruktur des *régime de la communauté légale* im Wesentlichen bestehen bliebe. *Schmahl* befürchtete, dass ein weiterreichendes Projekt keine Befürworter fände.[722]

Als *Goirand* die Initiative vorstellte, erklärte er, dass die Benachteiligung der verheirateten Frau durch den Code Civil nicht auf der Annahme einer natürlichen Unwürdigkeit der Frau basiere, sondern das Resultat des

[721] Ein Gesetz von 1893 erlaubte es Frauen, die noch legal verheiratet waren, jedoch von ihren Männern getrennt lebten, ihre volle Handlungs- und Geschäftsfähigkeit zu erlangen; 1895 folgte das Gesetz der *Caisses d'Epargne*; Ein Gesetz von 1905 erlaubte es verheirateten Frauen, mit der Erlaubnis eines Friedensrichters den Klageweg zu beschreiten, auch wenn sie die Erlaubnis des Ehemannes nicht einholten.

[722] *Rocheford*, À propos la femme mariée, S. 2.

gesetzlichen Güterrechts des *régime de la communauté* sei.[723] Dieses sei, mangels Eheverträge, das Güterrechtssystem der Mittellosen und Arbeiterfamilien. *Goirands* Argumentation sollte im Laufe des Gesetzgebungsprozesses wiederholt beinahe wortgenau aufgegriffen werden: „*Dans la familles pauvres, cette omnipotence du mari peut etre un obstacle insurmontable aux efforts de la femme et la cause déterminante d'une irrémédiable misère*". Durch die Regelungen der *communauté* sei die ganze Familie im Falle eines verschwenderischen und tyrannischen Ehemannes jeglicher Chance einer besseren Zukunft beraubt.[724]

Goirand stellte drei Ansatzpunkte zur Lösung dieser Misere vor. Zunächst könnte die *séparation des biens* zum gesetzlichen Güterstand erklärt werden. Andererseits könnte der Code Civil dahingehend modifiziert werden, die Frau dazu zu ermächtigen, über die Früchte ihrer Arbeit zu verfügen und damit bewegliche und unbewegliche Sachen zu erwerben. Schließlich könnte das Verwaltungsrecht des Ehemannes begrenzt werden, indem der Lohn der Frau ein Sondervermögen bilde, welches ihr allein zugeordnet sei.[725] Bei seiner Suche nach einer praktikablen und gerechten Lösung, die auch die Gläubiger der Familie berücksichtigte, entschied sich *Goirand* dafür, dass zwei Modifikationen des Gesetzes notwendig seien. Zum einen sei das Verwaltungsrecht des Ehemannes zu beschränken und zum anderen seien der Ehefrau an ihren Arbeitsprodukten die gleichen Rechte zu verleihen, wie sie dem Ehemann an der *commune* zustanden. Dabei hielt er ein den Code Civil ergänzendes Gesetz in Form eines einzigen Artikels ausreichend:

> „*Article unique – Quel que soit le régime adopté par les époux, la femme a le droit de recevoir, sans le concours de son mari, les sommes provenant de son travail personnel et d'en disposer librement. Les pouvoirs ainsi conférés à la femme ne feront point échèc aux droits des tiers contre les biens de la communauté.*»[726]

Das bedeutete, dass die Ehefrau unabhängig vom anwendbaren Güterrecht ihren Lohn erhalten und darüber ohne Mitwirkungen ihres Mannes frei verfügen können sollte. Im Übrigen sollten die Befugnisse der Ehefrau die Rechte

---

[723] *Journal Officiel*, Chambres annexes, No. 801, 1894, S. 1133; *Lange/Duvergier*, Collection complète des lois, S. 349.

[724] *Journal Officiel*, Chambres annexes, ebenda; *Lange/Duvergier*, ebenda.

[725] *Journal Officiel*, Chambres annexes, No. 801, 1894, S. 1133; *Lange/Duvergier*, Collection complète des lois, S. 349.

[726] *Journal Officiel*, Chambres annexes, ebenda; *Lange/Duvergier*, ebenda.

Dritter am Eigentum der *communauté* nicht beeinträchtigen. Das hatte zur Folge, dass mit den Arbeitsprodukten erworbene Surrogate oder Ersparnisse wiederum in die *commune* und unter die *puissance maritale* fielen.[727]

Dieser Entwurf, den *Goirand* mit dem Argument vorstellte, mittellose Familien nicht in einer „*ausweglosen Armut*" stecken lassen zu wollen, schien die Verwendung und Verwaltung des Lohnes verheirateter Frauen nicht ganz durchdacht zu haben. Die Reichweite war gering. Diese Lösung ermöglichte es der Ehefrau nicht, sich einen Ausweg aus der Armut zu erarbeiten, da sie keinen Notgroschen ansparen oder weitere Vermögenswerte bilden konnte. Darüber hinaus war eine einzige Regelung kaum in der Lage, die sich in Zusammenschau mit dem Code Civil ergebenden rechtlichen und praktischen Probleme zu lösen. Auf die vielfältigen Konflikte, wie etwa der vermögensrechtlichen Einordnung des persönlichen Arbeitserwerbs im Rahmen des Güterrechts, ging er nicht ein.

Goirands Gesetzesinitiative konnte nach vielen Kompromissen als halber Sieg *Schmahls* gewertet werden, der jedoch vornehmlich symbolischer Natur war und die Zurückhaltung der Politik gegenüber den Rechten verheirateter Frauen unterstrich. Eine echte vermögensrechtliche Unabhängigkeit wurde den Ehefrauen auf dieser Grundlage nicht gewährt.

b. Joseph-Auguste *Jourdan*: Die Verfügung über den weiblichen Erwerb unter Vorbehalt

In derselben Sitzung am 9. Juli 1894 stellte neben *Goirand* auch der Anwalt und Abgeordnete der *radicaux-socialistes* Joseph-Auguste *Jourdan* ein Gesetz zum Schutz des Verdienstes verheirateter Frauen vor.[728] Bereits mit dem ersten Artikel wurde seine sehr zurückhaltende Einstellung gegenüber der Rechtsausweitung der Ehefrau deutlich: „Art. 1er : *Lorsque le mari met par son inconduite les intérêts du ménage en péril, la femme peut, sans demander la séparation de biens, obtenir de la justice le droit de toucher elle-même les produits de son travail et d'en disposer librement.*"[729] Die Grundlage seines Vorschlages bildete das Konzept, der Ehefrau erst die freie Verfügung über den Ertrag ihrer

---

[727] *Journal Officiel*, Chambres annexes, No. 801, 1894, S. 1133; *Lange/Duvergier*, Collection complète des lois, S. 349.

[728] *Journal Officiel*, Chambres annexes, no. 803, 1894, S. 1135; *Lange/Duvergier*, ebenda.

[729] *Journal Officiel*, Chambres annexes, ebenda; *Lange/Duvergier*, Collection complète des lois, S. 349 f.

Arbeit zu gewähren, wenn ein Verfahren vor dem Friedensgericht bestätigte, dass der Mann durch ein Fehlverhalten und missbräuchliche Verwaltung den Haushalt gefährdete.[730] Damit blieb sein Vorschlag noch hinter dem seines Abgeordnetenkollegen *Goirand* zurück. *Jourdan* verwehrte der verheirateten Frau eine originäre Verfügungsbefugnis über ihren Arbeitserwerb. Indem sie zur Sicherung ihrer Arbeitsprodukte auf ein gerichtliches Verfahren verwiesen wurde, war ihre finanzielle Selbstständigkeit an hohe Hindernisse geknüpft. Der Entwurf entsprach damit eher einem Rechtsmittel im Missbrauchsfall, welches sich die Ehefrau erstreiten musste, um sich aus einer bereits unzumutbaren Situation mühsam zu befreien.

Auch dieser Vorschlag ermöglichte es der Ehefrau kaum, Rücklagen zu bilden. Der Vorschlag *Jourdans* zielte nicht auf eine freie Verfügungsbefugnis der Ehefrau ab, sondern sollte die Frau allein gegen einen Missbrauch der *puissance maritale* schützen und glich damit bereits bekannten Regelungen des Code Civil, die vielfach als ungenügend bewertet wurden.

2. Die Beschränkung auf die unmittelbaren Arbeitsprodukte

Die Vorschläge *Goirands* und *Jourdans* bildeten die Grundlage des anschließenden Diskurses. Am 14. November 1895 beendete der Gesetzesausschuss seine Arbeiten und bereitete einen entsprechenden Gesetzesentwurf vor. Im Rahmen der Sitzung stellte *Goirand* selbst die Analyse der als gegensätzlich betrachteten Entwürfe des Vorjahres durch die Abgeordneten vor und dokumentierte die Bemühungen, diese in einem einzigen Gesetz zu vereinigen.[731] Dabei schloss sich die Gesetzgebungskommission zunächst den Erwägungen *Goirands*, wonach es der Frau möglich sein sollte, frei und ohne Mitwirkung des Mannes oder juristische Formalitäten über ihren Arbeitsverdienst zu verfügen, an. Die Frau solle nicht dazu gezwungen sein, ihren Ehemann vor ein Gericht zu zitieren, um das legitime Ziel zu erreichen, auf ihren Lohn zuzugreifen.[732] Auf diese Weise sollten Konflikte innerhalb der Ehe reduziert und Trennungen vermieden werden. Die Kommission erkannte jedoch, dass ein einziger Artikel nicht ausreichte, um die durch diese Reform entstehenden

---

730 *Journal Officiel*, Chambres annexes, no. 803, 1894, S. 1133; *Lange/Duvergier*, ebenda.

731 *Journal Officiel*, Chambres annexes, no. 1609, S. 1472 ff.; *Lange/Duvergier*, Collection complète des lois, S. 350.

732 *Journal Officiel*, Chambres annexes, no. 1609, S. 1472; *Lange/Duvergier*, ebenda.

Fragen und Rechtsprobleme umfassend zu regeln. Außerdem bedürfe es darüber hinaus auch einer von *Jourdan* angedachten Missbrauchskontrolle, welche allerdings beiden Ehepartnern zugänglich sein sollte. Trage einer der Eheleute nicht in angemessenem Umfang zu den Haushaltskosten bei, so müsse der jeweils andere die Möglichkeit haben, dies gerichtlich einzufordern. Die Höhe eines angemessenen Haushaltbeitrages sei zudem von der Existenz und Anzahl der Kinder abhängig zu machen.[733] Die Kommission machte deutlich, dass die Ehefrau nur über ihren Verdienst verfügen können sollte, welcher nach der Erfüllung ihrer Beitragspflicht übrigblieb. Ohne gemeinsame Kinder müsse der Arbeitserwerb zum Großteil der verheirateten Frau allein zufallen, da grundsätzlich dem Ehemann allein die Versorgung der Familie obliege. Aus diesem Grund sollte der Ehefrau ein Teil des Erwerbs des Mannes zustehen, wenn dieser die eheliche Wohnung verließ und nicht in angemessener Weise zum Unterhalt des Haushaltes beitrug.[734]

Die von der Kommission geplante Missbrauchskontrolle der Eheleute unterschied sich aufgrund der unterschiedlichen Pflichtenverteilung in ihrer Qualität. Während der Ehemann jederzeit die Wirtschaftlichkeit des Handelns seiner Frau durch einen Friedensrichter überprüfen lassen konnte, stand dies der Ehefrau nur zu, wenn der Mann den ehelichen Haushalt verließ. Diese Unterscheidung sei erforderlich, um die gewohnheitsrechtliche *puissance maritale* nicht zu untergraben und keine zusätzlichen Konflikte zwischen den Eheleuten zu provozieren. Könnte die Frau jederzeit die Wirtschaftlichkeit der Ausgaben ihres Ehemannes überprüfen, hätte sie die gleiche Autorität über das gemeinsame Vermögen wie ihr Gatte.[735]

Auch die Reichweite des weiblichen Verfügungsrechts wurde von den Gesetzgebern eingehend diskutiert. Damit die Ehefrau durch ihre neuen Befugnisse die Stellung des Mannes innerhalb der Gemeinschaft nicht ersetze, müsse das mit ihrem Lohn Erworbene wiederum in die *commune* fallen. Die Abgeordneten waren sich einig, dass die Ehefrau ihren Lohn für die Bedürfnisse der Familie und im Ausnahmefall auch für sich selbst verwenden zu könne – mehr jedoch nicht. Durch das Gesetz solle insbesondere

---

733 *Journal Officiel*, Chambres annexes, ebenda; *Lange/Duvergier*, Collection complète des lois, S. 350.

734 *Journal Officiel*, Chambres annexes, no. 1609, S. 1473; *Lange/Duvergier*, ebenda.

735 *Journal Officiel*, Chambres annexes, ebenda; *Lange/Duvergier*, Collection complète des lois, S. 350.

kein System geschaffen werden, welches der Frau erlaube, ein persönliches Sondervermögen zu bilden und dieses gar in betrügerischer Absicht den Gläubigern des Ehemannes oder der *communauté* zu entziehen.[736]

Auf der Grundlage dieser Erwägungen schlug *Goirand* einen überarbeiteten und nun sieben Artikel umfassenden Gesetzesentwurf vor. Von wesentlicher Bedeutung für das Güterrecht des Code Civil waren die ersten beiden Artikel dieses Entwurfes:

> „*Article premier: Quel que soit le régime adopté par les époux, la femme a le droit de recevoir, sans le concours de son mari, les sommes provenant de son travail personnel et d'en disposer librement. La présente disposition n'est pas applicable aux gains résultant du travail commun des deux époux.*
>
> *Les biens acquis par la femme avec ses gains personnels appartiennent à la communauté.*
>
> Art. 2: *En cas d'abandon par le mari du domicile conjugal, la femme peut obtenir du juge de paix l'autorisation de saisir-arrêter et de toucher des salaires ou des émoluments du mari une part en proportion de ses besoins et du nombre de ses enfants.*
>
> *Le même droit appartient au mari, en cas d'existence d'enfants, si la femme ne subvient pas spontanément dans la mesure de ses facultés aux charges du ménage.* “[737]

Die Kommission verlieh der Ehefrau zunächst eine freie Verfügungsbefugnis an den direkten Erträgen ihrer Arbeit, begrenzte diese jedoch auf eine einmalige Verfügung, da anschließend Surrogate sowie Ersparnisse in die

---

[736] *Journal Officiel*, Chambres annexes, no. 1609, S. 1474; *Lange/Duvergier*, ebenda.

[737] *Journal Officiel*, Chambres annexes, ebenda; *Lange/Duvergier*, Collection complète des lois, S. 350; Die weiteren Artikel des Entwurfs:
Art. 3: *Le mari et la femme sont appelés devant le juge de paix par un simple billet d'avertissement du greffier de la justice de paix, sur papier libre, en la forme d'une lettre missive recommandée à la poste.*
Art. 4: *Le mari et la femme doivent comparaître en personne, sauf le cas d'empêchement justifié.*
Art. 5: *La signification aux conjoints et au tiers débiteur du jugement autorisant l'un des époux à toucher une partie des salaires ou émoluments de son conjoint, vaut attribution à son profit des sommes dont la saisie a été autorisée, sans qu'il soit besoin d'aucune procédure.*
Art. 6: *Tous les jugements rendus en ces matières sont essentiellement provisoires. Ils sont exécutoires nonobstant opposition ou appel.*
Art. 7: *Les actes de procédure, les jugements et les significations nécessaires pour l'exécution de la présente loi sont dispensés des droits de greffe, de timbre et d'enregistrement.*

communauté fielen. Die Gesetzgeber hielten an der vermögensrechtlichen Oberhauptstellung des Ehemannes fest, indem die Verfügungsbefugnis der Ehefrau wiederholt eingeschränkt wurde – so wurden Einkünfte aus gemeinsamer Arbeit der Eheleute allein dem Mann zugeordnet. Artikel 2 normierte die Missbrauchskontrolle und orientierte sich an den Bedürfnissen des gemeinsamen Haushaltes. Die Kontrollbefugnisse der Ehefrau waren enorm eingeschränkt, da sie den Anspruch auf Unterhalt nur geltend machen konnte, wenn der Ehemann die eheliche Wohnung aufgab.

Auch dieser Reformvorschlag förderte kaum die finanzielle Unabhängigkeit und Absicherung der verheirateten Frau. Die Kommission konzentrierte sich auf das Haushaltsinteresse und ordnete die Befugnisse der Ehefrau der *puissance maritale* unter. Auch die Missbrauchskontrolle war nur ein enorm beschränktes und unzureichendes Rechtsmittel. Durch die Zweckbindung der freien Verfügungsbefugnis regelte diese Reform primär die Beitragspflicht der Ehefrau zu den Haushaltskosten und vernachlässigte den eigentlichen Anlass der Gesetzgebung: Der Ehefrau die Chance zu eröffnen, über ihren Arbeitserwerb frei zu verfügen („*disposer librement*").

3. Die Abstimmung der Abgeordnetenkammer: *Proposition hypocrite*

Die *Chambre des députés* nahm am 27. Februar 1896, nach einer *déclaration d'urgence,* den überarbeiteten Vorschlag *Goirands* an und leitete ihn kurz darauf am 2. März an den Senat weiter.[738] Trotz der Dringlichkeitserklärung schlummerte die Gesetzesinitiative jedoch die nächsten Jahre in den Archiven der *Haute Assemblée*. Als *Goirand* 1898 seinen Abgeordnetensitz verlor, wurde die Gesetzesthematik nicht weiterverfolgt und geriet zunächst in Vergessenheit.

Jeanne *Schmahl* musste 1894 im Zuge ihrer Zusammenarbeit mit *Goirand* erhebliche Kompromisse eingehen, um ihn als Unterstützer der Gesetzesvorlage zu gewinnen. Sie kritisierte den Entwurf vom am 27. Februar 1896 als „*proposition hypocrite*".[739]

---

[738] *Journal Officiel*, Chambres annexes, no. 1094, 1894, S. 2233; *Journal Officiel*, Chambres annexes, no. 1609, 1895, S. 1472, *Journal Officiel*, Chambres annexes, no. 47, 1896, S. 117; *Lange/Duvergier*, Collection complète des lois, S. 349.

[739] *Rochefort*, À propos la femme mariée, S. 3.

4. Georges *Grosjean*: Vorschlag vom 27. Februar 1905 – Der Ausbau der weiblichen Verfügungsbefugnisse

Die *puissance maritale* wurde zur Wende des 20. Jahrhunderts zunehmend kritisch betrachtet. Infolge des veränderten politischen und gesellschaftlichen Klimas griff der Abgeordnete Georges *Grosjean* am 27. Februar 1905 den in der Versenkung verschwundenen Gesetzesvorschlag zum Lohn der verheirateten Frau von 1896 wieder auf. Im Rahmen eines Großprojekts bereitete er eine eigene Vorlage an die Abgeordnetenkammer vor.[740] Er beabsichtigte dabei auch feministischen Ansprüchen gerecht zu werden. Den Entwurf von 1896 verurteilte er als *„timide, vague et contradictoire“*,[741] da dieser weder das Ausmaß der weiblichen Befugnisse bestimmte noch die Bereiche, in denen die Ehefrauen diese ausüben durften. Der Entwurf ignoriere die alltäglichen Schwierigkeiten der *marchande publique* und die Notwendigkeit, im Fall einer finanziellen Gewerbebeteiligung des Ehemannes bei den Gewinnen zwischen der Beteiligung der Ehegatten zu unterscheiden. In dem einzigen Punkt, in welchem die Gesetzesinitiative eine klare Erklärung abgebe, nämlich der Beschränkung der Verfügungsbefugnisse auf die direkten Arbeitsprodukte der Ehefrau, hebe die Reform sich auf und laufe leer.[742] Im Weiteren stellte *Grosjean* klar, dass er keineswegs das weibliche Geschlecht verherrliche oder beabsichtige, die *„Droits de la femme“* auszurufen. Er wolle bloß den Interessen der Familie als soziale Gemeinschaft dienen.[743]

Grosjeans sechs Artikel umfassendes Projekt, welches sich auch auf den Gewinn von Handelsfrauen erstreckte, fokussierte sich darauf, der Ehefrau ein güterrechtsunabhängiges Verfügungsrecht über ihren Verdienst zu verleihen, sofern sie eine generelle Berufstätigkeit nachweisen konnte. Diese Vorgehensweise wies viele Ähnlichkeiten zu dem Programm der *Avant-Courrière* auf, welche er in Auszügen sogar wörtlich übernahm. In seinen Ausführungen lobte er wiederholt diese Programmsätze und sprach seine

---

740 *Journal Officiel*, Chambres annexes, no. 2280, 1906, S. 441; *Lange/Duvergier*, Collection complète des lois, S. 349; *Grosjean*, Chambre des députes, no. 2280, Annexe au procès-verbal du 27.02.1905, S. 1–13.

741 *Grosjean*, Chambre des députes, no. 2280, Annexe au procès-verbal du 27.02.1905, S. 6.

742 *Grosjean*, Chambre des députes, ebenda; *Lange/Duvergier*, Collection complète des lois, S. 349.

743 *Grosjean*, Chambre des députes, no. 2280, Annexe au procès-verbal du 27.02.1905, S. 5.

Bewunderung gegenüber Jeanne *Schmahl* aus.[744] *Grosjean* war es außerdem wichtig, dass die Ehefrau sich mit ihrem Lohn ein Sondervermögen aufbauen konnte, welches ihr allein vorbehalten wäre und worüber sie frei verfügen könnte.[745] In diesem Umfang sah er auch eine Prozessführungsbefugnis der verheirateten Frau vor. Was die Haftungsfrage betraf, sollte dieses Sondervermögen der Ehefrau den Gläubigern des Ehemannes nur zur Verfügung stehen, wenn

---

[744] *Rocheford*, À propos la femme mariée, S. 4; so auch die Idée *Saleilles*, in: *Rousseau*, Bulletin de la Société d'Études législatives, 1902, S. 205 f.; *Grosjean*, Chambre des députes, no. 2280, Annexe au procès-verbal du 27.02.1905, S. 5 f.

[745] *Grosjean*, Chambre des députes, no. 2280, Annexe au procès-verbal du 27.02.1905, S. 12 f.:
Art. premier: Sous tous les régimes, sauf clause contraire dans son contrat de mariage, la femme a seule qualité pour recevoir les gains provenant de son travail, de sa profession, de son commerce et de son industrie personnelle.
Elle a le droit d'administrer les biens acquis par elle au moyen de ses gains et d'en disposer à titre onéreux ou même à titre gratuit pour l'établissement de ses enfants par mariage ou autrement.
Ces droits ne s'appliquent pas aux gains résultant d'une profession, d'un commerce ou d'une industrie exercée en commun par les époux, ni aux gains provenant d'un commerce ou d'une industrie exercés par la femme à l'aide des fonds mis à sa disposition par le mari ou la communauté.
Art. 2: En ce qui concerne les biens dont l'article premier lui assure la disposition, la femme mariée peut ester en justice sans autorisation.
Art. 3: Elle est tenue sur ses biens de toutes ses dettes, même de celles contractées sans autorisation du mari ni de justice.
Elle répond également des dettes faites pour les besoins du ménage par le mari, mais seulement en cas d'insuffisance des biens de celui-ci ou de la communauté.
Art. 4: A l'égard des tiers, la femme, dès qu'elle aura prouvé, fût-ce par un simple titre de reconnaissance émanant du mari, qu'elle exerce une profession lucrative, sera présumée d'agir dans l'étendue des droits à elle conférés par l'article premier.
Art. 5: Cette présomption ne s'applique pas aux créanciers du mari. En ce qui les concerne la femme doit, au contraire, prouver que les placements faits par elle ne sont pas hors de proportion avec les bénéfices qu'elle a réalisés. Faute de cette justification, elle sera considérée comme ayant disposé des fonds dont elle n'avait pas le libre emploi.
La responsabilité des tiers qui ont exigé les garanties prévues à l'article précédent n'est jamais engagée.
Art. 6: Dans le cas d'abus par la femme des pouvoirs qui lui sont conférés dans l'intérêt du ménage, le mari peut en demander le retrait, total ou partiel, au tribunal de première instance, siégeant en chambre du conseil, le ministère public entendu.
S'il y a urgence, le président autorisera, par simple ordonnance, le mari à faire opposition aux actes projetés par la femme. Celle-ci pourra se pourvoir contre cette ordonnance dans la huitaine de la signification qui lui en est faite. Il sera statué sur ce recours dans les formes ci-dessus prescrites.

dieser die Verbindlichkeiten im Interesse des Haushalts einging und weder sein persönliches Vermögen noch das der *communauté* ausreichte. Schließlich plante *Grosjean* im Fall eines Befugnismissbrauchs der Ehefrau, dass der Ehemann ihr diese Befugnis infolge eines Verfahrens ganz oder teilweise entziehen konnte.

Das Projekt *Grosjeans* ging damit weit über die durch die *Chambre des Députés* vereinten Vorhaben *Goirands* und *Jourdans* hinaus und orientierte sich an den Zielsetzungen der *Avant-Courrière*. Außerdem bedachte er, wie auch *Saleilles*, den Rechtsverkehr, indem er einen generellen Beschäftigungsnachweis für die Ausübung der Befugnisse zur vereinfachten Handhabung des Gesetzes genügen ließ. Durch den Ausbau der Reichweite der Verfügungsbefugnisse auf Surrogate und Ersparnisse wollte er darüber hinaus den Aufbau eines Sondervermögens der Ehefrauen ermöglichen, um ihnen so eine Grundlage finanzieller Unabhängigkeit zu verschaffen.

Der Gesetzesentwurf *Grosjeans* wurde jedoch nicht umgesetzt und mit dem Ende der Legislaturperiode bereits 1905 hinfällig.[746]

5. Antonin *Gourju*: Vorschlag vom 26. Juni 1906 – *„Le libre salaire de la femme mariée"*

Am 14. Februar 1906 wurde Leópold *Goirand* erneut in die *Haute Assemblée* gewählt und drängte seine Kollegen, das Gesetzgebungsverfahren von 1896 wieder aufzunehmen. Am 26. Juni 1906 griff der Senator Antonin *Gourju* das Großprojekt *Grosjeans* auf und entwickelte daraus eine eigene Gesetzesinitiative mit dem Namen *„Le libre salaire de la femme mariée"*.[747] Diese

---

Art. 7: Sous les régimes qui comportent un patrimoine de communauté, les biens dont l'administration est réservée à la femme sont, au moment de la dissolution du régime, compris dans les biens communs.

Toutefois, la femme ou ses héritiers auront le droit d'en exercer la reprise, même en renonçant à la communauté.

Art. 8: L'article 1388 du Code civil est ainsi modifié :

Les époux ne peuvent déroger ni aux droits résultant de la puissance maritale sur la personne de la femme ou des enfants, ni aux droits conférés au survivant des époux par le titre de la puissance paternelle, et par celui de la minorité, de la tutelle et de l'émancipation, ni aux dispositions prohibitives du présent Code.

746 *Roy*, Le libre salaire, Bulletin des lois usuelles, September-Oktober 1907, no. 9–40, S. 521.

747 Proposition de loi relative au libre salaire de la femme mariée, déposée par M. *Gourju*, le 26 juin 1906: *Journal Officiel*, Chambre de annexes, No. 304, 26 oct. 1906, S. 740.

war, dem Titel entsprechend, stark von egalitären Prinzipien beeinflusst.[748] In der Präambel seines Vorschlags bezeichnete *Gourju* den Feminismus als breite Bewegung von Meinungen und Interessen, die legitim und ehrenwert seien. Ihm sei es wichtig, den Frauen im Namen von Gerechtigkeit und Gleichheit ein „*droit propre*" zur Seite zu stellen.[749]

Gourju hielt im Wesentlichen an *Grosjeans* Grundentscheidungen fest, entschied sich jedoch im Detail vereinzelt für abweichende Regelungen.[750] Während *Grosjean* eine Sonderregelung hinsichtlich des Herkunftsnachweises der *biens réservés* geplant hatte, hielt *Gourju* an den Beweisregeln des Code Civil fest. Dies hätte zur Folge, dass der Frau die zweifache Beweislast obläge, neben einer Erwerbstätigkeit zusätzlich nachzuweisen, dass das fragliche Vermögen auch das Produkt dieser Arbeit war.[751] Ein weiterer Punkt betraf den Umfang der *biens réservés*. *Grosjean* schloss das Einkommen aus einem Gewerbe, welches auch mit dem Kapital des Ehemannes geführt wurde, von dem Schutzbereich des Gesetzes aus.[752] Demgegenüber beabsichtigte *Gourju*, die Verfügungsgewalt der Frau auch auf dieses Vermögen auszubreiten, darüber hinaus außerdem auf dasjenige, was der Ehemann seiner Frau als einfache Entschädigung für ihre Fürsorge des Haushalts zahlte. Auf diese Weise könnte der Ehemann seine Frau bei dem Aufbau eines unabhängigen Notgroschens, ungeachtet der gesetzlichen Bestimmungen, unterstützen.[753]

Gourju zielte darauf ab, dass die Ehefrau die Möglichkeit erhielt, auch Teile der *commune* für Haushaltsinteressen einzusetzen. Zudem sollte beiden Ehepartnern das Recht zustehen, im Falle eines Missbrauchs das eheliche Vermögen zu schützen.[754] Trotz der freien Verfügungsbefugnis der Ehefrau betonte *Gourju*, dass das vermögensrechtliche Schicksal der weiblichen Arbeitsprodukte weiterhin vom gesetzlichen Güterstand abhänge und daher im Fall des *régime de la communauté* in die Gemeinschaft fielen. Die erweiterten Befugnisse der verheirateten Frau dürften nicht dazu führen, dass das

---

748 *Rocheford*, À propos la femme marié, S. 5.
749 *Journal Officiel*, Chambre de annexes, No. 304, 26 oct. 1906, S. 740.
750 *Aucoc/Lyon-Caen/Planiol*, Revue critique, S. 168.
751 *Bermond*, Libre salaire, S. 212.
752 Vgl. Art. 2 IV des *Gourju* Entwurfs.
753 *Aucoc/Lyon-Caen/Planiol*, Revue critique, S. 168.
754 *Journal Officiel*, Chambres annexes 1906, No. 304, 26.06.1906.

traditionelle System der *communauté* zerstört und durch eine Gütertrennung ersetzt werde.[755] Darüber hinaus war *Gourju* nicht daran gelegen, die neuen Verfügungsbefugnisse der Ehefrau als *ordre public* zu verankern. Das System der übergeordneten *puissance maritale* sei zu respektieren.[756]

6. Die abschließenden Regelungsaspekte

Der Senator der *Républicains progressistes* Pierre-Ernest *Guillier*[757] teilte am 20. März 1907 einen ausführlichen Bericht mit den Mitgliedern des Parlaments, worin er die Entwürfe seiner Kollegen *Grosjean* und *Gourju* sowie die Rechtsauffassungen und Beiträge von Abgeordneten und zeitgenössischen Juristen wie *Saleilles* vorstellte. Auf dieser Grundlage stellte er einen zehn Artikel umfassenden Gesetzesentwurf vor, welcher die Basis der weiteren Gesetzgebungsarbeiten bildete.[758]

a. Der Bericht von Pierre-Ernest *Guillier* als Wegweiser

Bei der Analyse der Entwürfe *Grosjeans* und *Gourjus* würdigte *Guillier* insbesondere deren Potenzial zur Gewährung einer Verfügungsfreiheit der verheirateten Frau und den Schutz vor einem Missbrauch der *puissance maritale*. Darüber hinaus fasste er die Meinungsströmungen des Parlaments zu den relevanten Streitpunkten zusammen.

Den Ausgangspunkt von *Guilliers* Untersuchungen bildete die vielfach angeprangerte Ungerechtigkeit des Code Civil. Diese äußerte sich *Guillier* zufolge insbesondere in der Unterlegenheit und Abhängigkeit der verheirateten Frau durch ihre *incapacité* sowie der absoluten *puissance maritale* und gipfele darin, dass der Mann über den hart erarbeiteten Verdienst seiner Frau verfügen könne. Indem der Mann nicht nur über den Lohn der Frau verfüge, sondern auch seine Gläubiger Zugriff darauf hätten, werde die Haushaltführung enorm gefährdet. In seiner Begründung griff *Guillier* wortgetreu die bereits von *Goirand* 1894 verwendete Argumentation auf: „*Dans les familles pauvres, cette omnipotence du mari peut être un obstacle insurmontable aux*

[755] *Journal Officiel*, Chambres annexes 1906, ebenda.
[756] *Journal Officiel*, Chambres annexes 1906, No. 304, 26.06.1906.
[757] *Jolly*, Dictionnaire des parlementaires français: Pierre-Ernest *Guillier*, Senator des Départements Dordogne, Mitglied der Union républicaine von 1901 bis 1927.
[758] *Journal Officiel*, Chambres annexes, 1907, No. 77, S. 54.

efforts de la femme et la cause déterminante d'une irrémédiable misère.»[759] Zwar könnten Frauen dieser Allmacht des Mannes durch die Wahl der *séparation des biens* entkommen, diese Möglichkeit sei jedoch im Leben und Alltag der Arbeiterfrauen nicht präsent. Zudem seien auch die Schutzmechanismen des Code Civil unzureichend.[760] *Guillier* erklärte, dass diese Folgen nicht böswillig seien, da bei der Schaffung des Code Civil 1804 die veränderten Lebensbedingen und veränderte Stellung der Frau kaum vorherzusehen waren. Es sei daher an der Zeit, inspiriert von britischer und deutscher Gesetzgebung, die von den Feministinnen so eifrig geforderte Reform endlich abzuschließen.[761]

Guillier wies darauf hin, dass nach den Vorschlägen *Goirands* und *Jourdans* nun auch die Initiative *Grosjeans* mit dem Ende der Legislaturperiode hinfällig geworden sei. Bei der Prüfung der Gesetzesinitiative von 1896[762] sei sich die Kommission einig, dass diese enorm zu erweitern und ergänzen sei. Aus diesem Grund solle die Initiative *Grosjeans*, gemeinsam mit dem umfassenden Entwurf *Gourjus* aus dem Vorjahr, die Grundlage der Reform bilden.[763]

aa. DIE VORGEHENSWEISE

Zunächst warf *Guillier* die Frage auf, ob im Zuge der Reform die allgemeinen Regeln des Ehe- und Güterrechts modifiziert und ergänzt werden sollten oder ein spezielles System zu schaffen sei, welches an das bestehende Recht anknüpfe.

Bedeutende zeitgenössische Juristen wie *Glasson* oder *Jourdan* sprachen sich dafür aus, das Eherecht nicht anzutasten und stattdessen der Ehefrau in einem schnellen, aber gebührenpflichtigen Verfahren die Möglichkeit zu eröffnen, die *séparation des biens judiciaires* und freie Verfügung über ihre

---

759 *Journal Officiel*, Chambres annexes, 1907, No. 77; S. 54 f., Vgl.: *Journal Officiel*, Chambres annexes, 1894, No. 801, S. 1133; *Lange/Duvergier*, Collection complète des lois, S. 349.

760 *Guillier* bezog sich dabei auf die hohen Anforderungen der richterlichen *séparation des biens*, die mitunter schwer zu rechtfertigen waren und mit Verzögerungen und Kosten verbunden waren. Außerdem führte die Offenbarung intimer Familienprobleme und Einschränkung des Ehemannes oft zu einer tiefen Spaltung des Haushaltes und führte damit, ebenso wie die Scheidung, zu einem Zusammenbruch der Ehe.

761 *Journal Officiel*, Chambres annexes, 1907, No. 77, S. 54 f.; Vgl.: *Journal Officiel*, Chambres annexes, 1894, No. 801, S. 1133; *Lange/Duvergier*, Collection complète des lois, S. 349.

762 Siehe unten, S. 180 ff.

763 *Journal Officiel*, Chambres annexes, 1907, No. 77, S. 54 f.

Arbeitsprodukte zu erbitten, um auf diese Weise einfacher eine finanzielle Unabhängigkeit zu erlangen. Demgegenüber hielten viele Kollegen, wie etwa M. *Chauvès*, an der Überzeugung fest, dass eine entsprechende Erklärung im Ehevertrag zum Schutz der Frauen vollkommen ausreiche.[764]

Gegen den Vorschlag einer vereinfachten *séparation de biens judiciaires* führte *Guillier* an, dass ein System, welches erst dann eingreife, wenn der Ehemann bereits den Lohn seiner Frau verbrauche und die Frau zu einem Verfahren dränge, zu spät ansetze. Es störe stets die Harmonie des gemeinsamen Haushaltes und entspreche im Kern weiterhin dem bekannten System der *séparation des biens*, welches in der Vergangenheit wenig effektiv gewesen sei.[765] Auch eine ehevertragliche Befugnis-Erweiterung der Ehefrau sei nicht erfolgversprechend, wie die Praxis der Zeit verdeutliche. Bei der Heirat dächten nur die wenigsten Frauen daran, ihre zukünftigen persönlichen Errungenschaften gegen ihren Ehemann verteidigen zu müssen. Eine entsprechende Erklärung würde zudem regelmäßig als Zeichen des Misstrauens verstanden. Die Eheverträge handelten ohnehin gewöhnlich die Eltern der Eheleute aus, die eine entsprechende Klausel für die Tochter gar nicht im Sinn hätten.[766]

Guillier kam daher zu dem Schluss, dass es für den wirksamen Schutz der Ehefrau notwendig sei, ihr die Verfügung über ihren Erwerb von Rechts wegen zu gewähren. Es sei essenziell, dies rechtlich niederzulegen und nicht bloß aus einem widerruflichen *mandat tacite* herzuleiten, wie es etwa das Gesetz der *Caisses d'Épargne* von 1881 täte. Um eine Modifikation des gesamten Familienrechts zu vermeiden, sei idealerweise ein den Code Civil ergänzendes Gesetz zu entwerfen.[767]

bb. DIE BEGÜNSTIGTEN DES *PÉCULE RÉSERVÉ*

Zunächst beschäftigte sich *Guilliers* mit der Reichweite der Reform. Dabei war es ihm wichtig, dass ein Gesetz ausnahmslos alle arbeitenden Frauen schütze. Aus diesem Grund sei dem Umfang des Notgroschens der verheirateten Frau besondere Aufmerksamkeit zu schenken. Es müsse der Ehefrau

---

[764] *Journal Officiel*, Chambres annexes, 1907, No. 77, S. 55.
[765] *Journal Officiel*, Chambres annexes, ebenda.
[766] *Journal Officiel*, Chambres annexes, 1907, No. 77, S. 55 f.
[767] *Journal Officiel*, Chambres annexes, ebenda.

möglich sein, eine Art *„pécule réservé"*, bestehend aus den Produkten ihrer Arbeit, aufzubauen.[768] *Guillier* zufolge sei ein Gesetz, welches sich nur auf den Arbeitserwerb als solchen bezöge, nutzlos. Nur wenn auch Ersparnisse und Surrogate erfasst seien, könnte die Haushaltsführung gesichert werden. Dabei seien auch die Gewinne von Händlerinnen und Kauffrauen eingeschlossen, welche einige Ökonomen gerne von der Reform ausschließen wollten.[769] *Guillier* schloss sich damit der Mehrheit der Kommission an, die der Meinung war, dass jede Frau, welche ihre Arbeitskraft außerhalb des Hauses einsetze, um zum Unterhalt beizutragen, an diesen Früchten ihrer Bemühungen partizipieren können müsse. Bei Unternehmensgewinnen solle es auch keine Unterscheidung zwischen Gewinnen aus eingesetztem Kapital oder Arbeit geben.[770] Die geplante Gesetzesreform umfasse daher mit den *„produits de son travail personnel"* unterschiedslos alles, was eine Frau durch Arbeit erwirtschafte.[771] Dieser Lösungsweg sei erforderlich, da es das Ziel vieler Frauen sei, mit ihren Ersparnissen ein kleines Unternehmen zu gründen. Es sei nicht ersichtlich, weshalb ein Gesetz, welches der Ehefrau das Recht zugestehe, über ihre Ersparnisse zu verfügen, ihr das Recht verweigern solle, mit der gleichen Unabhängigkeit Gewinne aus einem Unternehmen zu schöpfen, welches sie mit den Produkten ihrer persönlichen Arbeit aufgebaut habe.[772]

cc. DIE ERSPARNISSE

Als Nächstes beschäftigte sich *Guillier* mit dem geschützten Vermögen selbst. Er erinnerte daran, dass der Gesetzestext von 1896 die Rechte der Frau auf die unmittelbaren Produkte ihrer Arbeit beschränkte und daher keine Ersparnisse oder Surrogate schützte. Er war der Überzeugung, dass dies die Frau dazu zwinge, unnötig Geld auszugeben, und so ihre Verschwendungssucht fördere. *Goirand*, der Autor und Berichterstatter dieses vom Parlament

---

768 Vgl. *Lange/Duvergier*, Collection complète des lois, S. 350: Damit folgte der Senat der von *Saleilles* eingeschlagenen Argumentation, wonach ein Gesetz, welches sich ausschließlich auf die Löhne der Frau bezöge, unzureichend wäre; Vgl. *Saleilles* in: *Rousseau*, Bulletin de la Société d'Études législatives, 1902, S. 138.

769 Vgl. Rede von *Guillier* in der Senatssitzung vom 14.05.1907, in: *Lange/Duvergier*, Collection complète des lois, S. 350; *Journal Officiel*, 15.05.1907, S. 620.

770 Damit schloss sich *Guillier* der weiten Ausgestaltung *Gourjus* an.

771 *Journal Officiel*, Chambres annexes, 1907, No. 77; S. 54 f.

772 *Journal Officiel*, Chambres annexes, ebenda.

angenommenen Vorschlags, begründete diese Vorgehensweise damit, dass die Ersparnisse der Frau in das Gemeinschaftsgut und die Verwaltungsbefugnis des Ehemannes fallen müssten, damit sie als Vermögen der *communauté* von Gläubigern beschlagnahmt und verwertet werden könnten.[773] Auf die direkten Arbeitsprodukte begrenzt stelle das Projekt jedoch *Guillier* zufolge keine ernstzunehmende Reform dar. Man verankere auf diese Weise nur die gelebte Praxis und verweise die arbeitenden Frauen weiterhin darauf, ihr Geld bei der *Caisse D'Épargne* zu deponieren. Erhebe der Mann jedoch Einwände gegen eine Abhebung oder verlange eine Auszahlung des Gehaltes an sich selbst, so stünde ihm dies von Rechts wegen weiterhin offen. Dies führe dazu, dass die Gier des Mannes sogar noch mehr von den Ersparnissen der Frau als durch den Lohn allein geweckt werde.[774]

Guillier wies in seinem Bericht darauf hin, dass die Kommission diesbezüglich die Rechtsauffassung von *Saleilles* teile, demzufolge die Ersparnisse der Ehefrau häufig kleine Kapitalreserven seien, die meist ohne das Wissen des Ehemannes angelegt würden. Dies sei der Alltag kleiner Arbeiterhaushalte, welche die Reform vornehmlich im Blick haben müsse. Selbst ein ausschweifender Ehemann würde im Zweifel der Ehefrau noch ihren Lohn überlassen. Erfahre er hingegen von Ersparnissen, über welche er als Herr der Gemeinschaft nach Gutdünken herrschen könne, so würde er mit ihnen entgegen den Interessen des Haushaltes selbstsüchtig verfahren. Die Frau könnte ihren Notgroschen unter diesen Umständen nur bewahren, wenn sie ihn vor ihrem Mann verheimliche. Aus diesem Grund sei ein Gesetz, das bloß den Lohn als solchen betreffe, vollkommen nutzlos.[775] Erst wenn es auch die Ressourcen der Zukunft verteidige, die Ersparnisse der Ehefrau, könne die Reform etwas bewirken. Wenn das Gesetz nicht so weit ginge, so könne man *Guillier* zufolge auch mit dem Status quo zufrieden sein.[776]

dd. DIE BEFUGNISSE DER EHEFRAU

Im Anschluss diskutierte *Guillier* den Umfang der Befugnisse der Ehefrau. Es genüge nicht, dass die verheiratete Frau ihren mühsam verdienten Lohn frei

[773] *Journal Officiel*, Chambres annexes, No. 801, 1894, S. 1133; *Lange/Duvergier*, Collection complète des lois, S. 349.
[774] *Journal Officiel*, Chambres annexes, 1907, No. 77, S. 56 f.
[775] *Journal Officiel*, Chambres annexes, ebenda.
[776] *Journal Officiel*, Chambres annexes, 1907, No. 77, S. 56 f.

entgegennehmen könne, sie müsse auch in der Lage sein, diesen zu verwalten. Daher solle sich ein Gesetzesvorschlag an den Verwaltungsrechten orientieren, die Art. 1449 CC der Ehefrau verlieh, und eine Vermögensabsonderung vollzog, wodurch die Ehefrau ihre Ersparnisse für den Kauf von Wertpapieren oder Immobilien verwenden könnte.[777]

Guillier wies darauf hin, dass die Erweiterung der Befugnisse der verheirateten Frau keineswegs das *régime de la communauté* zerstöre und durch jenes der *séparation des biens* ersetze. Das zur Diskussion stehende Gesetz habe zudem keine vermögensrechtlichen Auswirkungen auf die Bestimmungen eines Ehevertrages. Wenn nach den Regeln des anwendbaren Eheregimes die Produkte der persönlichen Arbeit der Frau in die *communauté* fielen, sei dies auch nach der Verabschiedung des Gesetzes der Fall. Die Ersparnisse der Frau bildeten in diesem Fall auch kein separates, gegenüber dem Ehemann privilegiertes Vermögen, sondern blieben *biens communs*.[778] Durch die Reform solle die Frau nur ausnahmsweise über einen Bruchteil der *biens communs*, den sie selbst erwirtschaftete im Interesse des Haushaltes verfügen können. Dadurch entstehe ein Vermögen mit zwei Verwaltern, die *communauté* bliebe jedoch bestehen. *Guillier* beabsichtigte mit dieser vermögensrechtlichen Einordnung, dass die Reform nicht den egoistischen Interessen einer Ehefrau dienen, sondern den Bedürfnissen des gemeinsamen Haushalts zugutekommen sollte.[779]

ee. DER VERZICHT AUF DIE *COMMUNAUTÉ*

Auch die verschiedenen Auswirkungen auf die *renonciation à la communauté* wurden von *Guillier* untersucht. Die Regelungen des Code Civil sahen vor, dass die Ehefrau bei dem Verzicht auf die Gemeinschaft das Recht an ihren Ersparnissen, genau wie an den anderen *biens communs*, verlor. Die Abgeordnetenkommission sprach sich jedoch dafür aus, dass die Ehefrau in diesem Fall das Recht an ihren Ersparnissen behalten solle. Dieses Vorrecht sei notwendig, um die Frau gerade vor den Begebenheiten, welche zu einer Auflösung führten – wie Misshandlungen und Ausschweifungen des Ehemannes – für die Dauer der Ehe zu schützen. Die Methodik des

[777] *Journal Officiel*, Chambres annexes, 1907, No. 77, S. 57.
[778] *Journal Officiel*, Chambres annexes, 1907, No. 77, S. 57 f.
[779] *Journal Officiel*, Chambres annexes, 1907, No. 77, S. 56 f.

Code Civil sei untragbar, denn während die Ehefrau durch die Auflösung der Gemeinschaft ihren Notgroschen verliere, profitiere demgegenüber niemand Schützenswertes. Weder die Gläubiger der Ehefrau noch jene der Gemeinschaft erlangten einen Vorteil, da ihr Erspartes bereits als Sicherheit diene. Allein die Gläubiger des Ehemannes, die sonst keine Chance hätten, auf dieses Sondervermögen zuzugreifen, begünstigte diese Regelung, indem sie im Nachhinein Vollstreckungsrechte erhielten, mit denen die Gläubiger im Zeitpunkt der Verpflichtungseingehung nicht rechneten.[780]

Um die Folgen des Code Civil zu umgehen, sollte der Ehefrau ein Wahlrecht zustehen. Käme sie aufgrund ökonomischer Erwägungen zu dem Schluss, dass es günstiger wäre, das Gemeinschaftsgut den Gläubigern ihres Mannes zu überlassen, könne sie die *biens de la communauté* aufgeben und stattdessen ihr erwirtschaftetes Sondervermögen behalten. Wäre es hingegen vorteilhafter, die *communauté* anzunehmen und damit die übliche Vermögensaufteilung vorzunehmen, würden ihre Ersparnisse in die Gemeinschaft zurückgeführt. Anschließend könnte sie ihren Teil am Gemeinschaftsvermögen abschöpfen.[781] *Guillier* hob hervor, dass dieses Wahlrecht auch mit dem *régime de communauté* vereinbar sei, da gemäß Art. 1514 CC die Frau sich vertraglich ausbedingen konnte, bei einem Verzicht auf die Gemeinschaft ihr eingebrachtes Vermögen als freie Einlage ganz oder zum Teil zurückzunehmen. Die Gesetzesreform könne daher das Produkt der persönlichen Arbeit mit der Einlage (*l'apport*) der Frau gleichsetzen.[782]

Im Zuge der Behandlung der *renonciation à la communauté* ging *Guillier* außerdem der Frage nach, ob die Arbeitskraft der Ehefrau, welche regelmäßig ihr einziger Reichtum sei, nicht ebenso energisch geschützt werden müsse wie das Vermögen des Brautschatzes. Auf das *dot* hätten regelmäßig nur die direkten Erben der Frau ein Anrecht und auch die Opfer, welche die Frau durch ihre Erwerbstätigkeit bringe, erfolgten im Interesse der Kinder. Es sei daher nicht gerechtfertigt, dass die Ersparnisse den Kindern von den persönlichen Gläubigern des Ehemannes weggenommen würden. Der persönliche

[780] *Journal Officiel*, Chambres annexes, 1907, No. 77, S. 56 f.
[781] *Journal Officiel*, ebenda.
[782] *Journal Officiel*, Chambres annexes, 1907, No. 77, S. 56 f.

Arbeitserwerb müsse in gleicher Weise geschützt werden wie das *dot* der Ehefrau.[783]

ff. DIE RECHTE DER GLÄUBIGER

Auch die Rechte der Gläubiger mussten bei der Ausarbeitung des Gesetzes berücksichtigt werden. Dabei erklärte *Guillier*, dass es sich von selbst verstehe, dass das Eigentum der Frau von ihren Gläubigern beschlagnahmt werden könne. Dies gelte auch für Gläubiger des Ehemannes, sofern diese nachwiesen, dass das Familienoberhaupt die Verbindlichkeit im Interesse des gemeinsamen Haushaltes eingegangen sei. Schwierigkeiten ergäben sich bei der Frage, ob es sich bei bestimmten Vermögenswerten um *biens réservés* handele oder nicht. Im Konfliktfall müsse die Ehefrau daher einen Herkunftsbeweis führen. Die Nachweispflicht sei erfüllt, wenn die Ehefrau einen Tätigkeitsnachweis vorlege und darüber hinaus beweise, dass der von den Gläubigern beanspruchte Vermögenswert mit den Produkten ihrer Arbeit erworben wurde. Dabei stünden ihr alle Beweismittel des *droit commun* zur Verfügung, mit Ausnahme des *commune renommée.*[784]

Guillier war darüber hinaus davon überzeugt, dass ein Anstieg der persönlichen Ersparnisse der Ehefrau, entgegen einigen Befürchtungen, zu keiner Benachteiligung der Gläubiger führe. Vielmehr hätten nun bloß beide Ehegatten die Chance, Geschäfte im Hausinteresse abzuschließen, da beide Ehepartner über selbst aufgebautes Eigentum verfügten.[785]

gg. DER MISSBRAUCHS-SCHUTZ

Schließlich wurden auch die Aspekte eines Missbrauch-Schutzes von *Guillier* näher betrachtet. Er betonte, dass die Kommission sich einig sei, dass die Befugnisse der Ehefrau nicht unkontrolliert bestehen könnten. Die Frau sei dazu verpflichtet, von ihren Verfügungsrechten im Interesse des Haushaltes Gebrauch zu machen und diese nicht zu missbrauchen.[786] Im Falle eines Missbrauchs habe der Ehemann die Möglichkeit, durch ein gerichtliches Eilverfahren eine vollständige oder teilweise Rücknahme der

---

783 *Journal Officiel*, ebenda.

784 *Journal Officiel*, Chambres annexes, 1907, No. 77, S. 56 f.; *Preuve par commune renommée*: Beweis durch Hörensagen.

785 *Journal Officiel*, Chambres annexes, ebenda.

786 *Journal Officiel*, Chambres annexes, 1907, No. 77; S. 56 f.

Sonderbefugnisse anordnen zu lassen. Im Notfall solle der Ehemann mittels einer einstweiligen Verfügung den rechtsgeschäftlichen Handlungen widersprechen können.[787] Bereits 1896 habe die Abgeordnetenkammer zu Recht erkannt, der Ehefrau im Fall der Aufgabe der ehelichen Wohnung durch den Ehemann ein Rechtsmittel zur Beschlagnahme der Löhne und Bezüge des Mannes zur Seite zu stellen. *Guillier* kam zu dem Ergebnis, dass dem Ehemann ebenfalls ein Rechtsmittel zu gewähren sei, sofern gemeinsame Kinder vorhanden waren und die Frau den Haushalt nicht entsprechend ihren Möglichkeiten unterstützte.[788] Die Kommission billigte daher die Idee, im Rahmen des Rechtsmittels nicht zwischen den Geschlechtern der Ehepartner zu unterscheiden. Das Recht eines jeden von ihnen, den Lohn des anderen pfänden zu lassen, begründe sich jeweils, sobald dieser es versäumte, angemessen zum Unterhalt des gemeinsamen Haushaltes beizutragen. Die Aufgabe der ehelichen Wohnung durch einen der Eheleute galt als Spezialfall.[789]

Darüber hinaus wollte die Kommission die Möglichkeit der Pfändung jedoch nicht von der Existenz gemeinsamer Kinder abhängig machen. Die Pflicht der Ehegatten zur Unterstützung sei absolut und gegenseitig – unabhängig davon, ob es Nachkommen gebe.[790]

Der zentrale Aspekt rund um die Missbrauchskontrolle war damit die Frage nach dem Beitrag zu den gemeinsamen Haushaltskosten, die auch im Übrigen die Ausgestaltung des Gesetzes prägte.

b. Der Gesetzesentwurf

Auf der Grundlage von *Guilliers* Analyse legte die Gesetzgebungskommission dem Parlament einen Gesetzesentwurf vor, welcher nach zwei weiteren Senatssitzungen am 13. Juli 1907 als „*Loi relative au libre salaire de la femme mariée et ci la contribution des époux aux charges du ménage*" verabschiedet werden sollte. *Guillier* war davon überzeugt, dass die Kommission die Interessen der Familie priorisierte und damit eine Reform einleitete, unter der sich alle Männer, denen Gerechtigkeit und Gleichheit am Herzen lägen, zusammenschließen würden.[791] Der Gesetzesentwurf bestand aus zehn Artikeln, die

---

787 *Journal Officiel*, Chambres annexes, ebenda.
788 *Journal Officiel*, Chambres annexes, 1907, No. 77; S. 56 f.
789 *Journal Officiel*, Chambres annexes, ebenda.
790 *Journal Officiel*, Chambres annexes, 1907, No. 77; S. 56 f.
791 *Journal Officiel*, Chambres annexes, 1907, No. 77; S. 58.

den Gesetzestext von 1986 entsprechend den Vorstellungen der Kommission anpassten und modifizierten.[792]

Artikel 1 des Gesetzesanwurfs sah vor, der Ehefrau unter allen Güterrechtsregimen sowohl an ihren Arbeitsprodukten als auch den daraus resultierenden

---

792 Entwurf vom 20.03.1907:

Art. 1er: Sous tous les régimes, et sauf clause contraire portée au contrat de mariage, la femme a, sur les produits de son travail personnel et les économies en provenant, les mêmes droits d'administration que l'article 1449 du code civil donne à la femme séparée des biens.

Elle peut en faire emploi en acquisition des valeurs mobilières ou immobilières.

Elle peut, sans l'autorisation de son mari, aliéner à titre onéreux, les biens ainsi acquis.

La présente disposition n'est pas applicable aux gains résultant du travail commun des deux époux.

Art. 2: En cas d'abus par la femme des pouvoirs qui lui sont conférés, dans l'intérêt du ménage, par l'article précédent, le mari pourra en faire prononcer le retrait, soit en tout, soit en partie, par le tribunal civil statuant en chambre du conseil, le ministère public entendu.

En cas d'urgence, le président du tribunal peut, par simple ordonnance, lui donner l'autorisation de s'opposer aux actes que la femme se propose de passer avec un tiers.

Art. 3: Les biens ainsi réservés à l'administration de la femme pourront être saisis par ses créanciers.

Ils pourront l'être aussi par les créanciers du mari qui ont contracté avec lui dans l'intérêt du ménage, alors que, d'après le régime adopté, ils auraient dû, antérieurement à la présente loi, se trouver entre les mains du mari.

La preuve que la dette a été contractée par le mari dans l'intérêt du ménage incombe au créancier.

Art. 4: En cas de contestation sur la consistance des biens réservés, ainsi saisis, la femme pourra la prouver par les moyens de droit commun, et même par témoins, quel que soit le chiffre de la demande, sauf par la commune renommée.

Art. 5: A la dissolution de la communauté, les biens réservés entreront dans le partage du fonds commun.

Si la femme renonce à la communauté, elle les gardera francs et quittes de toutes dettes autres que celles dont elles étaient antérieurement le gage, en vertu de l'article 3 de la présente loi.

Cette faculté appartiendra à ses héritiers en ligne directe.

Art. 6: La femme pourra ester en justice sans autorisation, dans toutes les contestations relatives aux droits qui lui sont reconnus par ta présente loi.

Art. 7: Faute par l'un des époux de subvenir spontanément, dans la mesure de ses facultés, aux charges du ménage, l'autre époux pourra obtenir du juge de paix du domicile du mari, l'autorisation de saisir-arrêter et de toucher des salaires ou du produit du travail de son conjoint, une part en proportion de ses besoins.

Art. 8: Le mari et la femme seront appelés devant le juge de paix par un simple avertissement du greffier, en la forme d'une lettre missive recommandée à la poste.

Ils devront comparaître en personne, sauf les cas d'empêchement absolu.

Ersparnissen und Surrogaten, den sogenannten *biens réservés,* ein Verwaltungsrecht zu gewähren. Der Umfang des Verwaltungsrechts entsprach demjenigen der Vermögensabsonderung durch die Auflösung der Gemeinschaft gemäß Artikel 1449 Code Civil. Es stand den Eheleuten jedoch frei, von dem Gesetz ehevertraglich abzuweichen. Darüber hinaus wurde daran festgehalten, die Produkte aus gemeinsamer Arbeit der Eheleute ausschließlich dem Ehemann als Familienoberhaupt zuzuordnen.

Anschließend sah Artikel 2 des Entwurfs vor, dass im Falle des Missbrauchs der Befugnisse durch die Ehefrau der Ehemann ihre Befugnisse nach eigenem Ermessen, ganz oder teilweise, gerichtlich entziehen lassen und dies in dringenden Fällen auch direkt gegenüber Dritten geltend machen konnte.

Neben persönlichen Gläubigern der Frau hatten gemäß Artikel 3 auch die Gläubiger des Ehemannes Zugriff auf den Lohn und die Ersparnisse der Ehefrau, sofern dieser Geschäfte im Interesse des gemeinsamen Haushaltes abschloss. Dabei oblag den Gläubigern die Beweisführung, dass die Verbindlichkeit tatsächlich im Interesse des Haushaltes eingegangen wurde. Artikel 4 regelte, dass im Streitfall über die Beschaffenheit und Herkunft der durch Gläubiger beschlagnahmten *biens réservés,* die Ehefrau, unabhängig von der Höhe der Forderung, mit den Mitteln des *droit commun* und durch Zeugen die Beweisführung antreten konnte.

Bei der Auflösung der ehelichen Gemeinschaft wurden die *biens réservés* der Frau grundsätzlich gemäß Artikel 5 in das gemeinsame Ehegut zurückgeführt. Der Ehefrau stand jedoch ein Wahlrecht zu. Verzichtete sie auf die *communauté*, war sie von allen Schulden, mit Ausnahme derjenigen, die unter den Voraussetzungen nach Artikel 3 eingegangen wurden, freizustellen und behielt ihre *biens réservés.*

Außerdem sollte die Ehefrau im Rahmen von Streitigkeiten, die aus den Befugnissen des Gesetzes erwuchsen, gemäß Artikel 6 eine Prozessführungsbefugnis erhalten.

Die Beiträge der Eheleute zu den Haushaltskosten bildeten den zweiten Regelungsschwerpunkt des Gesetzes. Gemäß Artikel 7 konnte jeder Ehegatte,

---

Art. 9: La signification aux conjoints et au tiers débiteur du jugement autorisant l'un des époux à toucher une partie des salaires ou émolument de son conjoint vaut attribution à son profit des sommes dont la saisie a été autorisée sans qu'il soit besoin d'aucune autre procédure.

Art. 10: Les jugements rendus en ces matières seront exécutoires nonobstant opposition ou appel. Ils pourront être modifiés, si la situation des parties l'exige.

mit Hilfe einer Genehmigung des Friedensrichters, den Lohn des anderen entsprechend den Bedürfnissen des gemeinsamen Hauses pfänden lassen, sofern dieser versäumte, unmittelbar und nach bestem Wissen und Gewissen zu den Kosten des Haushaltes beizutragen.

Die übrigen Artikel des Entwurfs regelten verfahrens- und vollstreckungsrechtliche Fragen.

Der Gesetzesausschuss entschied sich zunächst dafür, an einigen gewohnten Aspekten des Code Civil festzuhalten. Der Entwurf wurde in den nachfolgenden Senatssitzungen nicht unwesentlich zugunsten der verheirateten Frau modifiziert. Insbesondere das patriarchalische Leitbild des Code Civil wurde durch die Schaffung eines neuen *ordre public* aufgeweicht.

7. Die erste Senatssitzung vom 14. Mai 1907: Der Umfang der *biens réservés* und die Konkretisierung der Missbrauchsvoraussetzungen

Nachdem der Gesetzesentwurf der Kommission am 20. März 1907 vorgestellt wurde, zeigte sich Jeanne *Schmahl* bereits sechs Wochen später zunehmend ungeduldig und wies die Gesetzgeber darauf hin, dass es keinen Grund für ein weiteres Zögern des Parlaments gebe und das Gesetz nun voranzutreiben sei.[793]

Die erste Beratung des Entwurfs fand im Zuge der Senatssitzung vom 14. Mai 1907 statt.[794] Der erste Diskussionspunkt umfasste die Regelungsfolgen des ersten Artikels des Reformvorschlags durch den Verweis auf Art. 1449 CC. Dieser Verweis allein war unzureichend, da die Rechte berufstätiger Frauen weiter reichen sollten als jene der Vermögensabsonderung, die der Ehefrau die Veräußerung ihrer Immobilien weiterhin nur mit der Zustimmung des Ehemannes gestattete. Art. 1 Abs. 3 des Gesetzesentwurfs sah daher vor, dass die Ehefrau über jedes angesparte Vermögen, unabhängig von dessen Form, frei disponieren konnte. Diese Kapazitätserweiterung der weiblichen Befugnisse auf Immobilien wurde mitunter heftig kritisiert. So war für den Senator Louis *Legrand* nicht ersichtlich, weshalb durch das geplante Gesetz sogar eine Besserstellung der Frauen innerhalb des *régime de la communauté des biens* gegenüber der in *séparation des biens* lebenden Ehefrauen erfolgen

---

793 *Le Temps*, 8. Mai 1907, S. 16 f.

794 *Journal Officiel*, 15.05.1907, S. 623 ff.

solle. Ihm erschien es im Gegenteil sinnvoller, der Ehefrau über Güter, die in die *commune* fielen, weniger Macht zu verleihen. Der Gesetzesvorschlag sei mit dem Code Civil unvereinbar, da der Frau umfangreichere Befugnisse verliehen würden als jene, die dem Ehemann über sein Eigentum und den Gütern der *communauté* zustünden.[795] Die von *Legrands* Kritik angestoßene Diskussion wurde jedoch ausgebremst, nachdem der Senator Gustave de *Lamarzelle* einen entsprechenden Diskurs als wenig zielführend beanstandete. Immerhin bestehe ein erheblicher Unterschied zwischen jenem, was die Ehefrau durch eigene Arbeit erwirtschaftete, und ihrem übrigen Eigentum. So könnten auch faule Frauen über Eigentum verfügen, es sei jedoch die Aufgabe des Gesetzes, diejenigen Güter zu schützen, für deren Erwerb die Frau Einsatz, Willen und Können aufbringe.[796]

Damit wandte sich der Senat dem zweiten Artikel des Entwurfs zu. Nach der Anmerkung des Senators Charles *Bérenger*, der bemängelte, dass die Wahl des Wortes „*abus*" zu vage sei, wurde dieses durch „*notamment en cas de dissipation, d'imprudence ou de mauvaise gestion*" ersetzt. Ziel der Regelung sei es, die Familie vor einer verschwenderischen Ehefrau zu schützen. Diese Absicht sei zwar auch durch das Wort „*Missbrauch*" allein gedeckt, übersähe dabei jedoch die vielfältigen schädlichen Verhaltensweisen, die zu einer Gefährdung des Haushalts führen könnten. Denn auch Leichtsinn und Unerfahrenheit könnten Ursachen einer unwirtschaftlichen Verwaltung sein.[797]

8. Zweite Senatssitzung vom 24. Mai 1907: Die Detailarbeit

Im Rahmen der Senatssitzung vom 24. Mai 1907 und zweiten Beratung des Kommissionsentwurfes erhielt das Gesetz seinen Feinschliff. Dabei stellte der Senator und zukünftige Bildungsminister Maurice *Faure* einen entscheidenden Änderungsantrag, welcher von der Präsidentin der Abteilung „*travail*" des *Conseil National des Femmes Françaises*, Mme. *Pégard*, inspiriert wurde.[798] Im Weiteren wurden die Bedeutung der Haftungsfrage der

795 Senatssitzung vom 14.05.1907, in: *Journal Officiel*, 15.05.1907, S. 623 ff.

796 Senatssitzung vom 14.05.1907 in: *Journal Officiel*, 15.05.1907, S. 623 ff.

797 Senatssitzung vom 14.05.1907, in: *Journal Officiel*, 15.05.1907, S. 626.

798 Senatssitzung vom 24.05.1907, in: *Journal Officiel*, Débats parlementaires, Chambre des députés, 25.05.1907, S. 661: Senator *Faure* führte seinen Änderungsvorschlag auf einen berechtigten Aufschrei von „Mme. *Pégard*" zurück. Gemeint war damit wohl die Präsidentin der Abteilung „*travail*" des Conseil National des Femmes Françaises

Ehefrau für deren neu gewonnene Verfügungsfreiheit und die Modalitäten bei Auflösung der Ehe thematisiert.

a. Die Schaffung eines neuen ordre public

Der Gesetzesvorschlag sah vor der Senatssitzung am 24. Mai 1907 in Artikel 1 vor, dass von den Regelungen zum Lohn der verheirateten Frau ehevertraglich abgewichen werden konnte. Diese Wirkung war für Senator *Faure* unhaltbar. In einer von den anderen Kommissionsmitgliedern lautstark unterstützten Rede erklärte er,[799] dass die Löhne der Frau ihr unantastbares Eigentum bleiben müssten und nicht mehr auf skandalöse Weise von einem faulen Ehemann verschwendet werden dürften. Damit die wertvolle parlamentarische Arbeit der letzten Jahre nicht vergeudet sei, müsse jedoch diese Gesetzeslücke, welche jegliche legislative Arbeit unwirksam werden lassen könnte, geschlossen werden. Zwar habe man sorgfältige Vorkehrungen getroffen, um den Lohn der Frau vor dem Missbrauch der *puissance maritale* zu schützen, diese Bemühungen würden jedoch durch die unangebracht restriktive Formel des ersten Artikels wieder zerstört. Durch die Formulierung „*sauf clause contraire portée au contrat de mariage*", welche weder im Text der Abgeordnetenkammer von 1896 noch im Vorschlag des Abgeordneten *Gourju* von 1906 zu finden war, liefe der Schutz des Gesetzes leer.[800] *Faure* unterbreitete der Kammer daher den Vorschlag, Artikel 1 des Gesetzes dahingehend zu ändern, eine ehevertragliche Abweichung nicht mehr zuzulassen.[801] Diese Modifikation war für *Faure* und vieler seiner Kollegen unbedingt erforderlich, da man befürchtete, dass die Möglichkeit einer Abweichung durch Eheverträge bald dazu führen würde, dass eine entsprechende Klausel zu einer allgemein angewendeten Formatvorlage mutieren könnte und aufgrund der Unwiderruflichkeit der Eheverträge unvorhersehbare Gefahren berge.[802] *Faure* führte weiter aus, dass

---

Mme. *Pégard*, welche in der Generalversammlung des Conseil National des Femmes vom 07.07.1907 auf den Änderungsvorschlag von *Faure* Bezug nahm und selbst Stellung bezog; vgl.: *Conseil National des Femmes Françaises*, Quatrième Assemblée Générale, S. 49 ff.

799 In der Aufzeichnung der Senatssitzung vom 24.05.1907 wurden im Laufe von Senator *Faures* Rede wiederholt Zwischenrufe mit „*Très bien! Très bien!*" oder „*Rires approbatifs et applaudissements.*" festgehalten.

800 *Journal Officiel*, Débats parlementaires, Chambre des députés, 25.05.1907, S. 661 f.

801 *Journal Officiel*, Débats parlementaires, Chambre des députés, ebenda.

802 *Journal Officiel*, Débats parlementaires, Chambre des députés, 25.05.1907, S. 661 f.

das Gesetz ohnehin nur für diejenigen Männer eine Wirkung entfalte, die man gemeinhin als schlechte Ehemänner bezeichne und die angestrebte Reform nicht notwendig wäre, würden nur loyale und aufrechte Charaktere existieren. Nun seien es jedoch genau diese misstrauischen Ehemänner, ohne Loyalität und Rechtschaffenheit, denen die Kommission durch das Einfallstor der Eheverträge einen einfachen Weg aufzeige, das Gesetz zu umgehen und ihren Verpflichtungen zu entgehen.[803] Gerade diese Männer seien regelmäßig gerissener und besser ausgebildet als ihre Bräute, weshalb die Gefahr, dass eine unbedarfte und unwissende Verlobte, welche die verschiedenen Klauseln eines Ehevertrages und damit einen Verzicht auf die vom Gesetz geschaffenen vermögensrechtliche Unabhängigkeit widerstandslos akzeptiere, zu groß sei. *Faure* fürchtete insbesondere, dass sich durch den Einfluss und Eigennutz dieser Ehemänner aus der entsprechenden Klausel auf Rechtsverzicht eine *clause de style* entwickeln werde, welcher junge und unterfahrene Verlobte fast immer aus Unwissenheit, Schwäche oder gar Liebe zustimmen würden.[804] Er erinnerte die Kommission daran, dass es bei der Konstruktion eines neuen Gesetzes nicht allein darum gehe gute Absichten zu demonstrieren. Gleichzeitig sei es die Aufgabe des Gesetzgebers, die Folgen eines Erlasses vorherzusehen und bereits im Vorfeld alle notwendigen Vorkehrungen zu treffen, um eine rechtmäßige Anwendung zu gewährleisten und Regelungslücken zu schließen.[805]

Die Ausführungen *Faures* trafen auf viel Zuspruch in den Reihen seiner Kommissionskollegen. So stimmte Senator *Legrand* diesen Erwägungen ausnahmslos zu und hielt die beantragte Änderung darüber hinaus für sinnvoll, da die Befugnisse der Ehefrau durch die Missbrauchskontrolle und Schutzmechanismen gemäß Artikel 2 der Reform reguliert würden.[806] Den Bemerkungen *Faures* schloss sich auch der Senator Gustave de *Lamarzelle* an. Er merkte an, dass das geplante Gesetz, welches gegen die Praxis der *puissance maritale* verstoße, voraussichtlich die Mehrheit der Praktiker und

---

[803] *Journal Officiel*, Débats parlementaires, Chambre des députés, 25.05.1907, S. 662.

[804] *Journal Officiel*, Débats parlementaires, Chambre des députés, S. 660 f.: Im Anschluss an *Faures* Ausführungen entbrannte zwischen einigen Mitgliedern der Kommission eine Diskussion über die Bedeutung von Liebe in den fraglichen Ehen. *Faure* erinnerte daran, dass in allzu vielen Ehen Liebe keinen Platz habe. Kommissionsmitglieder wie *Gourju* oder De *Lamarzelle* stimmten dem zu.

[805] *Journal Officiel*, Débats parlementaires, Chambre des députés, 25.05.1907, S. 662 f.

[806] *Journal Officiel*, Débats parlementaires, Chambre des députés, 25.05.1907, S. 665 f.

Notare gegen sich haben werde. Auch er befürchtete, dass eine *clause de style* entworfen und in alle Eheverträge eingefügt würde, ohne dass die jungen Ehefrauen dies bemerkten.[807] Auf den Einwurf *Gourjus*, dass die Eltern das Brautpaar vor solchen Klauseln schützen könnten, entgegnete *Lamarzelle*, dass junge Verlobte nicht vorhersahen, ob die Ehefrau persönliche Gewinne erzielen werde und zudem der Notar als Experte regelmäßig alle Bedingungen des Vertrages festlege. Auch *Faure* war der Ansicht, dass man sich nicht auf einen Eingriff durch die Brauteltern verlassen könne.[808]

Im weiteren Verlauf der Diskussion wies der Senator *Guillier* jedoch das Argument, dass eine *clause de style* durch ein vermeintliches Interesse der Notare entstehen könnte, entschieden zurück. Menschen dächten beim Heiraten an etwas anderes als die Verteilung des zukünftigen Eigentums. Dem widersprach *Lamarzelle* damit, dass dies zwar für viele Ehefrauen gälte, jedoch nicht für die Ehemänner.[809] In dem daraufhin zwischen *Guillier* und *Lamarzelle* entbrannten Streitgespräch warfen sich beide Senatoren eine verzerrte Wahrnehmung der Realität und Motive der Eheleute vor, bis der Sitzungspräsident Antonin *Dubost*[810] das Wort an den Senator Georges *Le Chevalier* übertrug.[811] Dieser fasste den Disput der Beteiligten damit zusammen, dass das Hauptargument des energischen Widerstandes gegen *Faures* Änderungsvorschlag die Vertragsfreiheit sei. Dem hielt *Le Chevalier* wiederum entgegen, dass viele Verbrechen im Namen der Freiheit begangen würden und dass auch in diesen Fällen ebenso fadenscheinige Argumente vorgebracht würden. Es gebe zudem eine Freiheit, die schwerer wöge als die Freiheit der Verträge, nämlich die Freiheit derer, die die Macht und die Pflicht hätten, dieses Gesetz nicht aufzugeben. Denn das Recht der Frauen auf ihren Verdienst sei ein Recht von derart höchstpersönlicher Art, dass es unantastbarer sein müsse als die *puissance maritale*.[812] Schließlich nahm der Senat den Vorschlag *Faures* an, wobei diese Änderung nicht nur einen

---

807 *Journal Officiel*, Débats parlementaires, Chambre des députés, ebenda.

808 *Journal Officiel*, Débats parlementaires, Chambre des députés, 25.05.1907, S. 665 f.

809 *Journal Officiel*, Débats parlementaires, Chambre des députés, ebenda.

810 *Jolly*, Dictionnaire des parlementaires français 1960/1977: Henri Antoine *Dubost* (1842–1921) wurde am 16. Februar 1906 mit 241 von 262 Stimmen und ohne Gegenstimme zum Präsidenten des Senats berufen. Er wurde ohne Unterbrechung bis 1920 wiedergewählt und führte den Vorsitz bei fast allen Sitzungen.

811 *Journal Officiel*, Débats parlementaires, Chambre des députés, 25.05.1907, S. 666 f.

812 *Journal Officiel*, Débats parlementaires, Chambre des députés, ebenda.

Wechsel des ordre public bedeutete, sondern auch den Beginn des Rückgangs der *puissance maritale* kennzeichnete.

b. Die Haftungsfrage der Ehefrau als Teil ihrer vermögensrechtlichen Unabhängigkeit

Einen weiteren Untersuchungspunkt bildete die Haftung der Ehefrau und die Behandlung der Gläubiger. Es müsse das Ziel des Gesetzes sein, sowohl die Rechte der Gläubiger beider Eheleute an den *biens réservés*, als auch die Rechte der Gläubiger der Ehefrau am Eigentum des Ehemannes und der *communauté* festzulegen. Gemäß Artikel 1 des hafteten die *biens réservés* grundsätzlich den Gläubigern der Ehefrau, und das unabhängig von dem Grund der Anspruchsentstehung. Was die Gläubiger des Ehemannes betraf, so regelte Art. 3, dass diesen nur ein Recht zur Beschlagnahme der *biens réservés* zustand, sofern der Mann als güterrechtliches Oberhaupt die fragliche Verpflichtung im Interesse des Haushaltes eingegangen war und die Gläubiger dieses Motiv nachwiesen. Schließlich konnten durch eine ehevertragliche Regelung die *biens réservés* den Gläubigern des Mannes entzogen werden. Ging die Ehefrau eine Verpflichtung im Interesse des Haushalts ein, konnten die Gläubiger sich auch am Eigentum des Ehemannes und Vermögen der *communauté* bedienen. Damit stellte Art. 3 die Vermögensmassen der Eheleute im Interesse des Rechtsverkehrs und Gläubigerschutzes gleich. Mit dieser Einordnung zeigte sich die Kommission überaus zufrieden.[813]

Im Zuge des Haftungsumfangs der Ehefrau stellte das Parlamentsmitglied Maurice *Viollette*[814] zur Diskussion, ob sich die Ehefrau persönlich verpflichten könnte, wenn sie eine Unterschrift unter eine persönliche Schuld des Ehemannes leistete. Zu dieser Frage merkte *Faure* zunächst an, dass es den Eheleuten immer möglich sein werde, für sie nützliche und gesetzmäßige Vereinbarungen zu treffen, und es der Ehefrau freistehen müsste, ihrem Mann eine Vollmacht zu erteilen, mit welcher er ihre Einnahmen und entsprechende Verwaltungsbefugnisse erhalte. *Violette* widersprach den Ausführungen *Faures* entschlossen. Er war der Ansicht, dass eine solche Unterschrift

---

[813] *Journal Officiel*, Débats parlementaires, Chambre des députés, 25.05.1907, S. 660, 661; *Lange/Duvergier*, Collection complète des lois, S. 354 f.

[814] *Jolly*, Dictionnaire des parlementaires français: Maurice Gabriel *Violette*, Parlamentsmitglied des Départements Eure-et-Loir von 1902 bis 1919.

als null und nichtig gelten müsse und als Verstoß gegen den neuen ordre public aus Artikel 1 des Gesetzes zu werten sei. Denn es sei sinnlos, der Ehefrau unabhängige Verfügungsbefugnisse über die Produkte ihrer Arbeit zu verleihen und dieses Vermögen den Gläubigern des Mannes zu entziehen, wenn anschließend gebilligt werde, dass der Ehemann seine Frau durch Druck oder Zwang mit einer Unterschrift zu Tragung seiner Schulden verpflichten könnte.[815] Dieser Argumentation schloss sich der Berichterstatter der Sitzung, *Guillier*, an. Er fügte hinzu, dass es nicht möglich sei, während der Ehe die Bestimmungen des Ehevertrages zu modifizieren, entsprechend dürfte auch nicht durch individuelle Vereinbarungen von den Prinzipien der Ehe abgewichen werden. Auf dieser Grundlage stellte *Guillier* eine dreigliedrige Rechtsanalyse vor: Vorerst sei die Unabänderbarkeit der Eheverträge eine Regel des französischen Rechts. Zudem überließen Eheverträge, die sich nicht über die Befugnisse der Frau an ihren *biens réservés* äußerten, diese der freien Verfügung der Ehefrau. Schließlich dürfe die Frau ihrem Ehemann nach dem Abschluss eines Ehevertrages keine Vollmacht, sei es allgemein oder speziell, ausdrücklich oder stillschweigend, erteilen, durch welche ihm das Recht zufiele, über die *biens réservés* seiner Frau zu verfügen oder diese zu erhalten.[816] An dieser Schlussfolgerung bestehe auch kein Zweifel, da sich der Senat ausdrücklich dafür entschieden habe, dass eine ehevertragliche Abweichung nicht möglich sei. Dies habe zur Folge, dass die Ehefrau nicht ihre gesetzlich verliehenen Befugnisse verzichten könne.[817] Der Umstand, dass im Gegensatz dazu eine Ehefrau durchaus eine Vollmacht zum Erhalt und zur Verfügung über den Lohn ihres Mannes erhalten könnte, sei kein gewichtiges Gegenargument. Immerhin fehle es dem Ehemann gerade an jener Schutzbedürftigkeit, die den Erlass dieses Gesetzes notwendig mache. Würde man Individualvertretungen zulassen, bestünde die Gefahr, dass diese zum Regelfall würden und der unredliche Ehemann die Unterschrift der Frau missbrauche. Diese Einschränkung führe zwar zu der Diskrepanz, dass eine Ehefrau einem außenstehenden Dritten eine Vollmacht erteilen könne,

---

815 *Journal Officiel*, Débats parlementaires, Chambre des députés, 25.05.1907, S. 660, 661; *Lange/Duvergier*, Collection complète des lois, S. 354 f.

816 *Journal Officiel*, Débats parlementaires, Chambre des députés, ebenda; *Lange/Duvergier*, ebenda.

817 *Journal Officiel*, Débats parlementaires, Chambre des députés, 25.05.1907, S. 660, 661; *Lange/Duvergier*, Collection complète des lois, S. 354 f.

nicht jedoch ihrem Ehemann – dies sei allerdings aus Gesichtspunkten des Rechtsschutzes erforderlich. Darüber hinaus seien die beiden Sachverhalte nicht vergleichbar, da eine Ehefrau sich gegen unredliche Verlangen Außenstehender besser schützen könne.[818]

Dieser Diskurs um die Haftungsfragen führte zu keiner Änderung des Gesetzestextes, verdeutlichte jedoch die Absicht des Gesetzgebers zu verhindern, die Wirkungen des Gesetzes durch indirekte rechtliche Vorgehensweisen oder Listen nicht umgehen zu können. Der neue ordre public sollte umfassende Geltung erhalten.

c. *Die Auflösung der Ehe*

Weiteren Änderungsbedarf sah die Kommission bei den Modalitäten zur Auflösung der Ehe gemäß Artikel 5. Ursprünglich stipulierte der Gesetzesentwurf, dass *„à la dissolution de la communauté, les biens réservés entreront dans le partage du fonds commun"* und mithin die *biens réservés* mit der Auflösung der Gemeinschaft wieder in das gemeinsame Ehevermögen zurückfielen.[819] Der Änderungsantrag des Senators Géry *Legrand*,[820] unterstützt durch René *Bérenger*,[821] rügte die unklare Formulierung der Regelung. Die beiden bemängelten, dass auf diese Weise in Gütersystemen wie dem *régime dotal*, die keine Gemeinschaft vorsahen, eine solche bei der Auflösung der Gemeinschaft geschaffen würde. Der Senat müsse eine Regelung entwickeln, die den verschiedenen Güterrechtsystemen Rechnung trage. Es sei daher festzulegen, dass die persönlichen Arbeitsprodukte im Falle der Auflösung der Gemeinschaft den allgemeinen Güterrechtsregelungen der Eheleute folgten. Dadurch fielen die *biens réservés* der Ehefrau nur in das gemeinsame Vermögen, wenn die Ehe einem System der *communauté* unterlag. In allen übrigen Güterständen blieben sie ihr indes vorbehalten.[822]

---

[818] *Journal Officiel*, Débats parlementaires, Chambre des députés, ebenda; *Lange/Duvergier*, ebenda.

[819] *Journal Officiel*, Débats parlementaires, Chambre des députés, ebenda; *Lange/Duvergier*, Collection complète des lois, S. 355.

[820] *Jolly*, Dictionnaire des parlementaires français: Géry *Legrand*, Senator des Départements Seine-et-Oise als Mitglied der centre gauche von 1900 bis 1909.

[821] *Jolly*, Dictionnaire des parlementaires français, 1960/1977: Réne *Bérenger* (1830–1915), Sénateur inamovible de 1876 à 1915.

[822] *Journal Officiel*, Débats parlementaires, Chambre des députés, 25.05.1907, S. 660, 661; *Lange/Duvergier*, Collection complète des lois, S. 355.

Auch *Guillier* beteiligte sich an der Diskussion um die Auflösung der Ehe. Er merkte an, dass die Kommission die Schaffung eines Wahlrechts und die Privilegierung der *biens réservés* für erforderlich erachte, um die Ehefrau vor einem verschwenderischen Ehemann zu schützen. Fielen die Ersparnisse in die *biens communs*, so würden davon nur die Gläubiger des maßlosen Ehemannes profitieren.[823] Darüber hinaus seien die Ersparnisse regelmäßig deutlich von dem Gemeinschaftsgut abzugrenzen und die Ehefrau sei auf diese im Zeitpunkt der Auflösung der Ehe, wenn sich ihre wirtschaftliche Situation gewöhnlich verschlimmerte, angewiesen.[824]

Die Kommission entschied sich infolge des Diskurses dafür, den Wortlaut von Artikel 5 wie folgt zu ändern: „*S'il y a communauté ou société d'acquêts, les biens réservés entreront dans le partage du fonds commun. Si la femme renonce à la communauté, elle les gardera francs et quitte de toutes dettes autres que celles dont elles étaient antérieurement le gage, en vertu de l'art. 3 de la présente loi.*“[825]

Auf diese Weise wurde den vielfältigen Güterrechtsregimen des Code Civil Rechnung getragen und verhindert, dass ihnen zuwiderlaufende und nicht geregelte Vermögensmassen entstanden.

9. Zusammenfassung und Fazit

Die umfassende Gesetzesreform zum Arbeitserwerb der verheirateten Frau stieß wiederholt auf Widerstand und wurde von vielen Parlamentariern als unangemessen abgelehnt. Insbesondere der Umstand, dass ein Machtmissbrauch der *puissance maritale* – oder besser gesagt die Wahrnehmung des vollen Umfangs der ehelichen Autorität durch den Ehemann – selten zu sein schienen, diente als Argument, die Anpassungen als nicht erforderlich zurückzuweisen. Letztendlich setzten sich jedoch die Befürworter der Reform durch, die endlich Gesetz und Moral in Einklang bringen wollten, um damit im Interesse der Familie der erwerbstätigen Ehefrau eine Chance auf finanzielle Sicherheit zu gewähren.

---

823 *Journal Officiel*, Débats parlementaires, Chambre des députés, ebenda; *Lange/Duvergier*, Collection complète des lois, S. 356.

824 *Journal Officiel*, Débats parlementaires, Chambre des députés, 25.05.1907, S. 660, 661; *Lange/Duvergier*, Collection complète des lois, S. 357.

825 *Journal Officiel*, Débats parlementaires, Chambre des députés, ebenda; *Lange/Duvergier*, Collection complète des lois, S. 356.

Die Gesetzgebungsarbeiten waren gekennzeichnet durch die Vorarbeiten der *SEL*, in denen auch Jeanne *Schmahl* als Teil der Frauenbewegung Gehör fand, deren Beiträge offen zur Diskussion gestellt und vielfach zustimmend entgegengenommen wurden. Darüber hinaus war bemerkenswert, dass Studien und Erfahrungsberichte aus der Praxis eingeholt wurden, um die Handhabung der Arbeitgeber und den Umgang der Frauen selbst mit ihrem persönlichen Arbeitserwerb nachzuvollziehen und entsprechende Schutzmechanismen zu entwickeln.

Im Zuge der Gestaltung des Gesetzes wurde jedoch deutlich, dass eine fehlende Verfügungsbefugnis der Frau über ihre Arbeitsprodukte als ungerecht empfunden wurde, das zentrale Element der Diskurse jedoch die Furcht vor einem Machtverlust des Ehemannes bildete. Insbesondere auch durch die französische Rechtstradition der *communauté*, welche eine Erhebung der Frau auf die Ebene des Ehemannes ausschloss und den Referenzrahmen des neuen Gesetzes bildete, schien ein schnelles Voranschreiten der Reform zu hemmen. Darüber hinaus ist festzustellen, dass, obwohl der Feminismus in Rechtswissenschaftlern wie *Saleilles* starke Verbündete fand, die beiden bedeutendsten Etappen des Gesetzgebungsverfahrens – nämlich dessen Beginn und die Schaffung eines neuen *ordre public* – indirekt von Frauen, genauer Jeanne *Schmahl* und Mme. *Pégard*, angestoßen wurden.

IV. Die Struktur des *Loi relative au libre salaire*

Im Anschluss an die lebhafte Diskussion rund um die Anpassungen des Gesetzes nahm der Senat die Vorschläge von *Faure*, *Legrand* und *Bérenger* an und entschied sich, den Titel des Gesetzentwurfs zu „*Proposition de loi relative au libre salaire de la femme mariée et à la contribution des époux aux charges du ménage*“[826] zu ändern. Dieser Entwurf wurde der Abgeordnetenkammer am 30. Mai 1907 übermittelt[827] und am 28. Juli 1907 vom Abgeordneten *Violette* in den Senat eingebracht. Dabei betonte er, dass der Code Civil aufgrund seiner teilweisen fatalen Auswirkungen nicht mehr zu den Gegebenheiten eines modernen Lebens passe.[828]

[826] Im Folgenden Loi au libre salaire (LLS).
[827] *Journal Officiel*, Chambres annexes, No. 991, 1907, S. 410.
[828] *Journal Officiel*, Chambres annexes, ebenda.

Wie der Titel der Reform es bereits ankündigte, lag dem Gesetz eine doppelte Neuerung zugrunde. Durch die Schaffung der *biens réservés* sollte der Ehefrau eine Chance auf finanzielle Sicherheit eröffnet werden. Daneben gab das Gesetz den Ehefrauen ein Mittel zur Hand, mithilfe dessen sie den Ehemann dazu verpflichten konnten zu den Bedürfnissen des Haushalts beizutragen.[829]

Nach einer Dringlichkeitserklärung vom 12. Juli 1907 wurde der Entwurf ohne weitere Erörterungen angenommen und als Gesetz am 13. Juli 1907 im Amtsblatt der Französischen Republik veröffentlicht. Das aus elf Artikeln bestehende Gesetz erzeugte ein vielfältiges Echo sowohl in Rechtswissenschaft und in der Praxis als auch der breiten Öffentlichkeit und Frauenbewegung:

> **Art. Première:** *Sous tous les régimes, et à peine de nullité de toute clause contraire portée au contre de mariage, la femme a, sur les produits de son travail personnel et les économies en provenant, les mêmes droits d'administration que l'article 1449 du Code civil donne à la femme séparée des biens.*
>
> *Elle peut en faire emploi en acquisitions de valeurs mobilières ou immobilières.*
>
> *Elle peut, sans l'autorisation de son mari, aliéner, à titre onéreux, les biens ainsi acquis.*
>
> *La validité des actes faits par la femme sera subordonnée à seule justification, faite par un acte de notoriété, ou par tout autre moyen mentionné dans la convention, qu'elle exerce personnellement une profession distincte de celle de son mari; la responsabilité des tiers, avec lesquels elle a traité en leur fournissant cette justification, n'est pas engagée.*
>
> *Les dispositions qui précèdent ne sont pas applicables aux gains résultant du travail commun des deux époux.*
>
> **Art. 2:** *En cas d'abus par la femme des pouvoirs qui lui sont conférés, dans l'intérêt du ménage, par l'article précédent, notamment en cas de dissipation, d'imprudence ou de mauvaise gestion, le mari pourra en faire prononcer le retrait soit en tout, soit en partie, par le tribunal civil du domicile des époux, statuant en chambre du conseil, en présence de la femme, ou elle dûment appelée, le ministère public entendu.*
>
> *En cas d'urgence, le président de ce tribunal peut, par ordonnance de référé, lui donner l'autorisation de s'opposer aux actes que la femme se propose de passer avec un tiers.*
>
> **Art. 3:** *Les biens réservés à l'administration de la femme pourront être saisis par ses créanciers.*
>
> *Ils pourront l'être aussi par les créanciers du mari qui ont contracté avec lui dans l'intérêt du ménage, alors que, d'après le régime adopté, ils auraient dû, antérieurement à la présente loi, se trouver entre les mains du mari.*

[829] *Journal Officiel*, Chambres annexes, No. 1128, 1907, S. 960; *Lange/Duvergier*, Collection complète des lois, S. 355: Dabei bezog *Valette* sich wohl auf Art. 7 des Gesetzes, der eine dem Familienunterhalt ähnliche Verpflichtung normierte.

La preuve que la dette a été contractée par le mari dans l'intérêt du ménage incombe aloi créancier.

Le mari n'est responsable ni sur les biens ordinaires de la communauté, ni sur les siens des dettes et obligations contractées autrement que dans l'intérêt du ménage par la femme, même lorsqu'elle a agi dans la limite des droits que lui confère l'article 1er, mais sans autorisation maritale.

Art. 4: *En cas de contestation, la femme pourra, tant vis-à-vis des tiers, établir par toutes preuves de droit, même par témoins, mais non par la commune renommée ; la consistance et la provenance des biens réservés.*

Art. 5: *S'il y a communauté ou société d'acquêts, les biens réservés entreront dans le partage du fond commun.*

Si la femme renonce à la communauté, elle les gardera francs et quittes de toutes dettes autres que celles dont elles étaient antérieurement le gage, en vertu de l'article 3 de la présente loi.

Cette faculté appartiendra à ses héritiers en ligne directe.

Sous tous les régimes qui ne comportent ni communauté ni société d'acquêts, ces biens sont propres à la femme.

Art. 6: *La femme pourra ester en justice sans autorisation, dans toutes les contestations relatives aux droits qui lui sont reconnus par la présente loi.*

Art. 7: *Faute par l'un des époux de subvenir spontanément, dans la mesure de ses facultés, aux charges du ménage, l'autre époux pourra obtenir du juge de paix du domicile du mari,l'autorisation de saisir-arrêter et de toucher des salaires ou du produit du travail de son conjoint une part en proportion de ses besoins.*

Art. 8: *Le mari et la femme seront appelés devant le juge de paix par un simple avertissement du greffier, en la forme d'une lettre missive recommandée à la poste, indiquant la nature de la demande.*

Ils devront comparaître en personne, sauf les cas d'empêchement absolu et dument justifie.

Art. 9: *La signification du jugement rendu en conformité de l'art. 7 qui précède, faite au conjoint et aux tiers débiteurs à la requête de l'époux qui en bénéficie, lui vaut attribution des sommes dont la saisie a été autorisée, sans autre procédure.*

Art. 10: *Les jugements rendus en vertu des art. 2 et 7de la présente loi seront exécutoires par provision, nonobstant opposition ou appel et sans caution. Ils pourront, même lorsqu'ils seront devenus définitifs, être modifiés, si la situation respective le justifie.*

Art. 11: *Les dispositions de la présente loi pourront être invoquées même par les femmes mariées avant sa promulgation.*[830]

---

[830] *Lange/Duvergier*, ebenda; *Journal Officiel*, 16.07.1907.

1. Die Neuerungen des Gesetzes

Mit dem Erlass des „*Loi relative au libre salaire de la femme mariée et ci la contribution des époux aux charges du ménage*" am 13. Juli 1907 unterlagen die persönlichen Arbeitsprodukte der berufstätigen Ehefrau unabhängig von dem anwendbaren Güterrechtssystem dem Schutz dieses Gesetzes. Der Gesetzgeber konzentrierte sich darauf, das Einkommen der verheirateten Frau vor einem missbräuchlichen und verschwenderischen Ehemann zu schützen und gleichzeitig die Bedürfnisse des gemeinsamen Haushaltes zu sichern. Im Folgenden soll eine Übersicht über die maßgeblichen Neuerungen und die konkrete Ausgestaltung des Schutzgesetzes gegeben werden. Darüber hinaus wird auch das Zusammenspiel mit den Regelungen des Code Civil beleuchtet.

a. Die incapacité der verheirateten Frau

In Frankreich galt mit der Einführung des Code Civil 1804 der Ehemann über ein Jahrhundert lang als unangefochtenes Oberhaupt der Familie, ausgestattet mit umfassenden Herrschafts- und Entscheidungsbefugnissen. Gemäß Art. 213 CC war die Ehefrau ihrem Mann zum Gehorsam verpflichtet und ohne Genehmigung ihres Mannes nicht prozessfähig. Darüber hinaus statuierte Art. 217 CC, dass eine verheiratete Frau ohne Einwilligung ihres Ehemannes keine Rechtsgeschäfte eingehen konnte. Diese ehemännlichen Vorrechte und Sonderbefugnisse waren im Familienrecht des Code Civil darüber hinaus vielfach derart konkretisiert, dass die Handlungsbefugnisse und Geschäftsfähigkeit der Ehefrau umfassend eingeschränkt waren. Dies hatte zur Folge, dass eine Frau von der Vormundschaft ihres Vaters nahtlos in jene ihres Ehemannes überging. Durchbrochen wurde diese Unfähigkeit im Frankreich des 19. Jahrhunderts durch das *mandat tacite*, um der Ehefrau eine Teilnahme am Rechtsverkehr im Interesse des Haushalts zu ermöglichen.

Das *Loi au libre salaire* hätte mit der Abschaffung der *incapacité* einen großen Schritt in Richtung Gleichberechtigung der Geschlechter gehen können. Diese Intention lag dem Gesetz von 1907 jedoch nicht zugrunde. An der grundsätzlichen Pflichtenverteilung der ehelichen Gemeinschaft wollten die Gesetzgeber nicht rütteln dies wird sowohl anhand der Diskussionen im Rahmen des Gesetzgebungsverfahrens als auch im Gesetzestext deutlich. Der Ehefrau sollte nur eine partielle Rechtserweiterung gewährt werden, aber keine dem Ehemann gleichwertige Unabhängigkeit. Artikel 1 LLS demonstrierte, dass die durch das neue Gesetz gewährten Rechte auf die persönlichen

Arbeitsprodukte der Frau beschränkt waren. Die Handlungsbefugnisse der Ehefrau wurden nur für diejenigen Geschäfte erweitert, die mit diesen Produkten oder deren Surrogaten geführt wurden. Nur in diesen Fällen konnte sie auf das grundsätzliche Genehmigungserfordernis ihres Ehemannes verzichten.

Die Absicht, dass die Regeln der *incapacité* grundsätzlich nicht angetastet werden sollten, unterstrich darüber hinaus, dass auch das Gesetz von 1907 für die Gültigkeit weiblicher Rechtshandlungen den Nachweis forderte, dass die Frau einen von ihrem Mann unabhängigen Beruf ausübte. Indem an die Handlungen der Ehefrau zusätzlich derartige Beweisanforderungen geknüpft wurden, die im Zweifelsfall von ihrem Ehemann selbst erstellt werden mussten, wurde sich deutlich gegen eine Aufhebung der *incapacité* entschieden.[831] Auch Art. 6 LLS gewährte der Ehefrau nur eine partielle Prozessfähigkeit im Umfang des Gesetzes.

Damit vernachlässigte die Reform einen maßgeblichen Ansatzpunkt zur Gewährleistung finanzieller Sicherheit der Ehefrau. Das Gesetz regelte nicht das Bedürfnis der Ehefrau, eine Erwerbstätigkeit ohne die Genehmigung des Ehemannes aufnehmen zu können. Es war vielmehr nur für die Fälle ausgestaltet, in denen die Frau bereits aus Notwendigkeit oder mit einer Genehmigung des Ehemannes einer Arbeit nachging. Die *incapacité* der Ehefrau wurde nur für klar definierte Geschäfte durchbrochen, wodurch ihr Handlungskreis, vergleichbar mit dem *mandat tacite*, weiterhin erheblich eingeschränkt war. Der rechtliche Charakter der Befugnisse der Ehefrau wurde vielfach diskutiert.[832]

b. Die biens réservés und die Beeinflussung der Güterstände

Das Gesetz vom 13. Juli 1907 wirkte sich auch auf das Ehe- und Güterrecht des Code Civil aus. Insbesondere der Kern der Reform, die Schaffung einer neuen ehelichen Vermögensmasse durch die *biens réservés*, musste in die vermögens- und eigentumsrechtliche Struktur des bestehenden Güterrechts eingepasst werden. An das deutsche Vorbehaltsgut angelehnt, setzte es sich aus

---

[831] Während gemäß Art. 1 Abs. 4 LLS die Ehefrau ihrer Nachweispflicht mit einem *acte de notoriété*, einer Offenkundigkeitsurkunde, genügen konnte, waren im Streitfall die Anforderungen infolge Art. 4 LLS durch formale Beweismittel höher.

[832] Siehe oben, S. 215 f., 229 ff., 237f., 241 ff.

den Arbeitsprodukten der Ehefrau und den daraus resultierenden Surrogaten und Ersparnissen zusammen.

Bis dato fielen im *régime de la communauté légale* die Arbeitsprodukte der Frau in die *commune* und damit unter die Verwaltungshoheit des Ehemannes. Die *biens réservés* bildeten nun ein Sondervermögen, an dem die Ehefrau gemäß Art. 1 LLS die Befugnisse infolge einer *séparation judiciaire des biens* zustanden. Dabei gingen die durch das Gesetz gewährten Rechte sogar über jene Vermögensabsonderung gemäß Art. 1449 CC hinaus, da nach Art. 1 Abs. 2 LLS die Ehefrau mit ihrem Arbeitserwerb auch Immobilien erwerben und veräußern konnte.[833] Sowohl der Gesetzeswortlaut als auch eine historische Auslegung ließen keinen eindeutigen Rückschluss dahingehend zu, inwiefern die *biens réservés* ein von der *commune* getrenntes Eigentum der Ehefrau darstellten oder Teil des gemeinsamen Ehevermögens, jedoch unter der Verwaltungshoheit der Ehefrau, blieben. Inwiefern sich diese Frage auf die Güterstände der *communauté* und des *régime dotal* auswirkte, war ein von der Rechtswissenschaft vielfach behandeltes Thema.[834]

Saleilles betrachtete die *biens réservés* als ein von der *commune* abtrennbares Vermögen – dieses sei jedoch keineswegs vermögensrechtlich mit dem persönlichen Vermögen der Ehefrau infolge einer Vermögensabsonderung gleichzusetzen.[835] Neben der Zweckbestimmung in Art. 2 LLS entsprächen weder die Regelungen zum Entzug der Verfügungsbefugnisse noch die Regelungen zur Auflösung der Gemeinschaft den Rechten einer in *séparation judiciaire des biens* lebenden Frau.[836] Vielmehr handele es sich um ein kleines Sondervermögen als Teil der *commune*, das infolge eines gesetzlichen Mandats der Verwaltung der Ehefrau unterliege.[837]

Darüber hinaus beschäftigte sich auch eine Fülle von Dissertationen mit den Auswirkungen des *Loi au libre salaire*. In seiner renommierten Dissertation von 1910 erläuterte der Rechtswissenschaftler Pierre *Bermond*, dass das Gesetz von 1907 durch die Schaffung der *biens réservés* keine teilweise Eigentumstrennung und damit Ungleichbehandlung der Ehegatten

---

833 *Journal Officiel*, Chambres annexes, 1907, No. 77, S. 56 f.

834 Siehe oben, S. 229, S. 237 f., 241 ff.

835 *Saleilles*, in: *Rousseau*, Bulletin de la Société D'Études Législatives 1907, S. 575 f.

836 Genauer dazu siehe oben, S. 224 f., S. 234, S. 241 ff.

837 *Rousseau*, Bulletin de la Société D'Études Législatives 1907, S. 575; siehe oben, S. 224, S. 234 f., S. 241 ff.

herbeiführe. Dies unterstreiche insbesondere Art. 5 LLS, wonach bei der Auflösung der Ehe die *biens réservés* im Falle einer *communauté* in das gemeinsame Ehevermögen fielen. Entsprechend bleibe der Erwerb der Ehefrau Teil der *commune*, unterscheide sich jedoch hinsichtlich der jeweiligen Verwaltungsbefugnisse.[838]

Mit der Auswirkung des neuen Gesetzes auf den gesetzlichen Güterstand des *régime de la communauté* beschäftigte sich darüber hinaus die Dissertation des Juristen Pierre *Moride*. Auch er sah die bedeutendste Neuerung darin, dass der Gesetzgeber mit den *biens réservés* ein Gemeinschaftsvermögen schaffe, welches den Befugnissen des Ehemannes entzogen sei. Im Wesentlichen habe das Gesetz eine Umverteilung der ehelichen Befugnisse zur Folge.[839] *Moride* schloss sich *Saleilles* Ausführungen dahingehend an, dass die *communauté* nun über zwei „*chefs*" mit verschiedenen Zuständigkeiten verfüge. Dabei unterlägen die Befugnisse der Ehefrau nicht den Einschränkungen von Art. 1422 CC, sondern den Voraussetzungen von Art. 2 LLS.[840] Für den gesetzlichen Güterstand bedeutete dies neben einem Befugnisgewinn der Ehefrau einen spiegelbildlichen Machtverlust des Ehemannes. Die Befugnisse der Ehefrau ergäben sich dabei nicht aus einer fingierten Vertretung des Ehemannes in Form eines *mandat tacite*, sondern wurzelten in den Rechten der verheirateten Frau. Dies lasse sich aus den Gesetzgebungsarbeiten entnehmen, da die Bearbeiter sich gegen das *mandat tacite* und für die Gewährung originärer Befugnisse aussprachen.[841] *Moride* begründete die Befugnisse der Ehefrau, wie auch *Saleilles*, mit einem *mandat légale*, welches mit den Befugnissen des Ehemannes aus Artikel 1388 und 1421 Code Civil vergleichbar sei.[842]

---

[838] *Bermond*, Libre salaire, S. 194 f.; genauer siehe unten, S. 224 f., S. 234 ff., S. 241 ff.

[839] *Moride*, Modifications, S. 85. Dissertation mit dem Titel *Des Modifications apportées par la loi du 13 juillet 1907 relative au libre salaire de la femme mariée*" von 1908

[840] *Moride*, Modifications, S. 86; *Rousseau*, Bulletin de la Société D'Études Législatives 1907, S. 566; Art. 1422 CC: *Er kann weder über die Immöbel der Gemeinschaft, noch über die Gesammtheit die reinen bestimmten Betrag der Mobiliarschaft unentgeltlich durch Schenkungen zwischen Lebenden verfügen, ausgenommen wenn es zum Behut der Niederlassung gemeinschaftlicher Kinder geschieht.*

[841] *Moride*, Modifications, S. 88; *Rousseau*, Bulletin de la Société D'Études Législatives 1904, S. 41 ff, S. 63 ff.

[842] *Moride*, Modifications, S. 89; Damit folgte *Moride* der Auffassung *Saleilles* zur Beurteilung der Befugnisse der Ehefrau, vgl.: *Rousseau*, Bulletin de la Société D'Études Législatives 1907, S. 567.

Allerdings sei der Begriff *mandat légale* im konkreten Fall mit Grundsätzen der Vertretungslehre streng genommen nicht vereinbar, weshalb es ausreichend sei, von einem Recht zu sprechen, welches die Ehefrau direkt aus dem Gesetz ableiten könne.[843]

Der Großteil der zeitgenössischen Juristen betrachtete die vermögensrechtliche Einordnung der *biens réservés* in den gesetzlichen Güterstand des *régime de la communauté* damit nicht als Sondereigentum der Ehefrau. Vielmehr wurde sich unterschiedlichster Begründungen bedient, die *biens réservés* zu den *biens communs* zu zählen, an welchen der Frau gesetzlich garantierte Verwaltungsbefugnisse zustanden, um das traditionelle System der *communauté* nicht übermäßig aufzuweichen.

c. *Die Verwaltungsbefugnisse: Der Umfang und die Grenzen*

Mit der Schaffung der *biens réservés* waren auch die damit gewonnen Verwaltungsbefugnisse der Ehefrau näher zu definieren. Die freie Verfügung über die persönlichen Arbeitsprodukte erstreckte sich auch auf Surrogate und Ersparnisse. Entgegen Art. 217 CC ermöglichte es Art. 1 LLS, dass die verheiratete Frau im Umfang der *biens réservés* sogar Wertpapiere und Immobilien erwerben und veräußern konnte, sofern sie einer vom Ehemann getrennten Beschäftigung nachging. Damit verfügte sie im Rahmen der *biens réservés* über ähnlich weitreichende Verwaltungsbefugnisse wie der Ehemann als Familienoberhaupt.

Eine Einschränkung der Befugnisse erfolgte durch eine Zweckbestimmung der *biens réservés* nach Maßgabe von Art. 2 LLS.[844] Der Artikel zur Missbrauchskontrolle verlieh dem Ehemann umfassende Kontrollrechte, weshalb die Ehefrau ihre Befugnisse ordnungsgemäß im Interesse des Haushaltes wahrzunehmen hatte. Persönliche Bedürfnisse oder gar Luxusartikel konnten und sollten erst befriedigt werden, wenn nach den Haushaltsaufwendungen noch Vermögen übrigblieb.[845]

Eine Voraussetzung der weiblichen Befugnisse war zudem, dass ihre Vermögenswerte aus persönlicher und unabhängiger Arbeit stammten. Aus diesem Grund regelte Art. 1 Abs. 4 LLS die Notwendigkeit eines

---

843 *Moride*, Modifications, S. 89 f.

844 Siehe unten, S. 209.

845 Mehr zur Missbrauchskontrolle: Siehe oben, S. 218.

entsprechenden Nachweises. Für die Gültigkeit weiblicher Rechtshandlungen war erforderlich, durch einen *acte de notoriété* oder ein anderes taugliches Beweismittel nachzuweisen, einen vom Ehemann getrennten Beruf auszuüben.[846] Bei einem entsprechenden Nachweis unterstellte das Gesetz, dass es sich bei dem eingesetzten Vermögen um Arbeitserwerb aus dem Schutzumfang von Art. 1 Abs. 1 LLS handelte. Damit entschied sich der Gesetzgeber gegen die von *Gourju* noch im Juni 1906 vorgeschlagene doppelte Beweisführungspflicht und modifizierte die Beweisregeln zugunsten der verheirateten Frau. Infolgedessen musste die Ehefrau auf zweiter Stufe nicht belegen, dass das eingesetzte Vermögen tatsächlich ein Produkt dieser Arbeit war. Die Schwierigkeit eines entsprechenden Nachweises wurde bereits von *Saleilles* im Rahmen seiner Studien der *SEL* als unpraktikabel kritisiert und aufgrund dessen vom Parlament verworfen.[847] Trotz dieser erleichterten Beweisführung schränkte diese Bestimmung die weiblichen Befugnisse erheblich ein. Die Absicht des Gesetzgebers, die verheiratete Frau vor einem missbräuchlichen Ehemann zu schützen, lief praktisch leer, da oftmals der Nachweis einer Beschäftigung eine entsprechende Bestätigung ihres Ehemannes selbst erforderte und er damit weiterhin ihr Verfügungsrecht in der Hand hielt.[848]

d. Die Haftung der *biens réservés*

Um einen umfassenden Schutz der persönlichen Arbeitsprodukte der Frau zu gewährleisten, war auch eine Neugliederung der Haftungstatbestände erforderlich. Der Gesetzgeber widmete sich dieser Aufgabe in Art. 3 *Loi de libre salaire*, wobei erneut die Zweckbestimmung der *biens réservés*, der Vorrang des gemeinsamen Haushaltsinteresses, den Bezugsrahmen der Gläubigerrechte bildete. Die Zugriffsrechte der Gläubiger richteten sich entsprechend danach, ob eine Verpflichtung im Interesse des Haushalts eingegangen wurde.

---

[846] *Acte de notoriété:* Eine Übersetzung ist mit eidesstattlicher Versicherung möglich. Es handelte sich konkret um die von einem Notar oder Richter nach Aussagen mehrerer Personen ausgestellte Offenkundigkeitsurkunde.

[847] *Rousseau*, Bulletin de la Société d'Études législatives, 1902, S. 103.

[848] *Bermond*, Libre salaire, S. 214; *Adam*, Note sur l'application de la loi française du 13 juillet 1907, BulSocCom 1909, S. 280–285, 280 ff.; *Grinberg*, La Loi de 1907 est-elle appliquée?, in: *La Française*, 18.01.1930, S. 1; *Grinberg*, L'application de la loi, in: *La Française*, 22.03.1930, S. 14.

Grundsätzlich haftete im *régime de la communauté* der Erwerb der Ehefrau als Teil der *commune* für die Schulden des Ehemannes. Im Rahmen des *régime dotal* hing die Haftung vom Umfang der Mitgift und der Einteilung des weiblichen Vermögens in Dotal- d er Paraphernalgut ab. Im *régime de la séparation des biens* stand den Gläubigern des Ehemannes ein Pfändungsrecht am Vermögen der Frau gemäß Art. 1166 iVm. 1537 CC zu, sofern diese nicht im angemessenen Umfang zu den Haushaltskosten beitrug.[849]

Der gesetzgeberische Fokus des Haushaltsinteresses wurde abgebildet, indem das *Loi au libre salaire* neben den persönlichen Gläubigern der Frau nur denjenigen Gläubigern des Ehemannes Zugriff auf die *biens réservés* gewährte, denen der Nachweis gelang, dass die betreffende Verbindlichkeit dem Haushaltsinteresse diente. Auf diese Weise sollte der weibliche Erwerb nicht mehr für die Verschwendungs- und Vergnügungssucht des Ehemannes herhalten. Diese Einordnung war mit den Grundsätzen des *mandat tacite* gleichgeschaltet, welches der Ehefrau gestattete, Geschäfte im Haushaltsinteresse einzugehen und vertretungsweise den Ehemann zu verpflichten. Das Gesetz ließ nun auch eine spiegelbildliche Verpflichtung der Ehefrau zu.

Handelte die Ehefrau im Übrigen rechtsgeschäftlich ohne Genehmigung des Mannes, haftete sie allein mit den *biens réservés*. Bei einer Genehmigung des Ehemannes diente das gesamte Vermögen der Gemeinschaft, die *biens réservés*, die *biens communs* und das Eigentum des Ehemannes, als Sicherheit. Wurde der Mann hingegen in eigenen Angelegenheiten tätig, hafteten die *biens communs* und sein persönliches Eigentum. Die im Vergleich zur Frau umfangreichere Haftungsmasse des Ehemannes wurde ihm als Familienoberhaupt und Entscheidungsträger in Vermögensfragen zuerkannt. Zur Deckung der Haushaltskosten sollten alle Vermögensreserven der Ehegemeinschaft beitragen.[850] Das hatte zur Folge, dass für eine Verpflichtung der Eheleute im Interesse des Haushaltes sowohl die *biens réservés* der Ehefrau, als auch die *biens communs* und die persönlichen Vermögenswerte des Ehemannes hafteten. Entsprechend stellte Art. 3 LLS die Eheleute in Haftungsfragen zum Erhalt

849 Der „angemessene Umfang“ belief sich für Ehefrauen mangels anderslautender Bestimmungen gemäß Art. 1537 CC auf ein Drittel ihrer Einkünfte. Art. 1166 CC: *Doch können die Gläubiger alle Rechte und Klagen ihres Schuldners, mit Ausnahme jedoch derjenigen, welche ausschließlich seiner Person ankleben, geltend machen.*

850 *Journal Officiel*, Chambres annexes, No. 1128, 1907, S. 961.

der Familie auf die gleiche Stufe. Mit dieser Gliederung des Gläubigerschutzes zeigte sich die Kommission überaus zufrieden.[851]

e. *Die Implikationen der Missbrauchskontrolle und das Zusammenspiel mit der Beitragspflicht*

Die neu gewonnene Autonomie der Ehefrau stand unter einer einseitigen Missbrauchskontrolle des Ehemannes gemäß Art. 2 LLS. In Fällen von Verschwendung, Unvorsichtigkeit und Misswirtschaft konnte der Ehemann der Frau ihre Befugnisse ganz oder teilweise gerichtlich entziehen lassen. Auch dieses Rechtsmittel sollte dem Haushaltsinteresse dienen. In dringenden Fällen konnte der Mann auch durch eine einstweilige Anordnung den Rechtshandlungen der Frau gegenüber dem Vertragspartner direkt widersprechen. Entscheidungen in dieser Angelegenheit waren gemäß Art. 10 LLS unbeschadet eines Widerspruchs vorläufig vollstreckbar.[852]

Die Missbrauchskontrolle beschränkte den Geltungsbereich des neuen Gesetzes nicht unbedeutend. Sie verdeutlichte, dass die neuen Befugnisse der Ehefrau entgegen dem Titel des Gesetzes nicht frei – *libre* – waren, sondern dem Haushaltsinteresse unterstanden. Vor diesem Hintergrund konnte auch die vielfach geäußerte Kritik der Missbrauchsvoraussetzungen, insbesondere, dass diese zu weit gefasst seien und allein die Ehefrau adressierten, die Gesetzgeber nicht überzeugen.[853] Der vage Gesetzestext, genauer die Frage, wann *abus, imprudence* und *mauvaise gestion* vorlagen, war dazu berufen, Streitigkeiten zwischen den Ehepartnern zu veranlassen.[854] Im Einzelfall hing der Handlungskreis der Ehefrau von der Beurteilung und Ermessensentscheidung des zuständigen Richters ab.

Außerdem bestand die Schwierigkeit, die Voraussetzungen von Art. 2 LLS mit jenen der Beitragspflicht gemäß Art. 7 LLS abzugrenzen und in Einklang zu bringen. Denn unter ähnlichen Bedingungen konnten der Ehefrau ihre Befugnisse entweder im Rahmen der Missbrauchskontrolle entzogen werden oder sie infolge der Beitragspflicht dazu verpflichtet werden, im Rahmen ihrer Möglichkeiten zu den gemeinsamen Haushaltskosten beizutragen. Dabei war

---

851 *Journal Officiel*, Débats parlementaires, Chambre des députés, 25.05.1907, S. 660, 661; *Lange/Duvergier*, Collection complète des lois, S. 354 f.

852 Siehe unten, S. 209.

853 *Journal Officiel*, Chambres annexes, 1907, No. 77; S. 56 f.

854 *Bermond*, Libre salaire, S. 186, 227 f.; *Saleilles*, Le principe du libre salaire, in: *Rousseau*, Bulletin de la Société D'Études Législatives 1907, S. 563–595, 574.

die Rechtsfolge des Art. 7 LLS, welche einen Teil der persönlichen Arbeitsprodukte der Frau den Haushaltsbedürfnissen zuordnete, ihre Befugnisse darüber hinaus jedoch nicht antastete, das mildere Kontrollinstrument. Der im Einzelfall schwierigen Anwendbarkeit der alternativen Artikel widmete sich weder die Rechtswissenschaft noch Praxis übermäßig. Aus diesem Grund blieb auch die Analyse der Artikel durch den Rechtsprofessor und ersten Ehrenpräsidenten des *Cour de Cassation*, Léon *Lyon-Caen*, zum Großteil unbeachtet.[855] Dieser sah den methodischen Fehler der Legislative in dem Versuch, verschiedene Gesetzesvorlagen zu einem Gesamtwerk zusammenzufügen. Art. 7 LLS sei dem achten Artikel von *Gourjus* Gesetzesvorschlag von 1896 und dem *Loi Genèvoise*[856] nachempfunden, demzufolge Ehefrauen, die nach besten Kräften zu den gemeinsamen Haushaltskosten beitrugen, mit dem Überschuss ihres Vermögens frei verfahren konnten. Art. 2 LLS hingegen orientiere sich an Artikel 30 des belgischen Gesetzes vom 10. März 1900[857] sowie an den Arbeiten der *SEL*, die darauf abzielten, das gesamte vorbehaltene Vermögen den Bedürfnissen des Haushalts zuzuordnen, weshalb die Ehefrau nur in den Grenzen des Haushaltsinteresses über ihre *biens réservés* verfügen können sollte.[858] Die Vorbilder der jeweiligen Regelung folgten damit verschiedenen Konzeptionen und könnten in einem gemeinsamen Gesetz vereint kein kohärentes System bilden. Zu einer gerichtlichen Auflösung dieses Widerspruchs kam es jedoch in den Folgejahren nicht, da die Anwendung des Gesetzes weit hinter seiner antizipierten Bedeutung zurückblieb.[859]

f. Die marchande publique

Das Gesetz vom 13. Juli 1907 schützte, trotz des Einspruchs einiger Ökonomen, neben angestellten erwerbstätigen Frauen auch Händlerinnen

855 *Moride*, Modifications, S. 49 f., 198; *Bermond*, Libre salaire, S. 194 f.; *Damez*, Libre salaire de la femme mariée, S. 447.

856 Loi Genèvoise vom 7. November 1894.

857 Zitiert nach: *Damez*, Libre salaire de la femme mariée, Art. 30: *Sous quelque régime qu'elle soit mariée, la femme peut, sans le concours et à l'exclusion de son mari, mais sauf opposition de ce dernier, toucher son salaire et en disposer pour les besoins du ménage. L'alinéa précédent n'est pas applicable au gain résultant du travail commun des époux.*

858 *Moride*, Modifications, S. 49 f., 198 f.; *Bermond*, Libre salaire, S. 194 f.; *Damez*, Libre salaire de la femme mariée, S. 447.

859 *Moride*, Modifications, S. 198; *Bermond*, Libre salaire, S. 194 f.; *Damez*, Libre salaire de la femme mariée, S. 447.

und gewerbetreibende Ehefrauen.[860] Dies ergab sich sowohl aus Art. 1 LLS als auch aus den klaren Erläuterungen des Senators Pierre-Ernest *Guillier* kurz vor der Verabschiedung der Reform, wonach das Gesetz ausnahmslos alle hart arbeitenden Frauen schütze.[861] Damit fielen auch die Gewinne der *marchande publique* aus dem Betrieb und aus Kapitalanlagen in den Schutzbereich der *biens réservés*. Um unangemessene Ergebnisse zu vermeiden, fand das Gesetz indes keine Anwendung, wenn ein Gewerbe mit Hilfe des Vermögens des Ehemannes betrieben wurde.[862]

Um von einer unabhängigen *marchande publique* sprechen zu können, stellte sich jedoch die Frage, ob sich das *Loi au libre salaire* auch auf das Ermächtigungserfordernis des Ehemannes gemäß Art. 4 *Code de Commerce* auswirkte. Bis dato konnte der Ehemann seine Ermächtigung zur Gewerbeführung widerrufen und die Ehefrau konnte selbst bei Willkür nur schwer gerichtliche Hilfe einholen.[863] Gemäß Art. 2 LLS stand dem Ehemann eine Missbrauchskontrolle zu.[864] Aufgrund der Divergenz der Regelungen des *Code de Commerce* und des *Loi au libre salaire* entwickelte die Rechtswissenschaft die Hypothese, dass ein Ehemann die Ermächtigung der Frau zur Gewerbeführung zukünftig nur unter den Voraussetzungen des Art. 2 LLS widerrufen könne.[865] Eine Weiterentwicklung und Entscheidung dieser Theorie durch Rechtsprechung und Praxis fand jedoch nicht statt.

Darüber hinaus kollidierten die Haftungsvoraussetzungen des Ehemannes für Geschäfte der Ehefrau mit den Regelungen des *Code de Commerce* und des *Loi au libre salaire*. Gemäß Art. 5 *Code de Commerce* haftete der Ehemann nach den allgemeinen Grundsätzen des *régime de communauté* für alle geschäftlichen Verpflichtungen der Frau. Der letzte Absatz von Art. 3 LLS normierte hingegen, dass weder das Vermögen der *communauté* noch das persönliche Vermögen des Ehemannes haftete, sofern die Ehefrau ohne ehemännliche

---

860 *Moride*, Modifications, S. 156.

861 *Journal Officiel*, 15.05.1907, S. 620.

862 Dabei wurde den Erwägungen der *Société d'Études législatives* gefolgt: *Tissier*, in: *Rousseau*, Bulletin de la Société D'Études Législatives 1902, S. 55.

863 *Valéry*, Femmes commerçantes, AnDCI, 1907, S. 397; *Bermond*, Libre salaire, S. 85; *Boistel*, Droit commercial, S. 72; *Lyon-Caen/Renault*, Manuel Droit Commercial, S. 70; Anderes Ergebnis: *Barazetti*, Eherecht nach dem Code Napoléon, S. 558: Der Ehemann könne die Bewilligung jederzeit „*willkürlich zurücknehmen*".

864 Siehe unten, S. 218 f.

865 *Valéry*, Femmes commerçantes, AnDCI, 1907, S. 398.

Genehmigung im Rahmen ihrer Befugnisse gemäß Art. 1 LLS handelte, jedoch nicht im Interesse des Haushaltes. Die für das Handelsgeschäft erteilte Allgemeinermächtigung war nicht als eheliche Genehmigung in diesem Sinne zu verstehen, sondern meinte eine Ermächtigung für den Einzelfall.[866] Damit verschob sich die Haftung des Ehemannes und richtete sich auch bei Handelsgeschäften nach Art. 3 LLS. Dies wurde insbesondere damit begründet, dass die Ehefrau fortan gemäß Art. 5 LLS bei der Auflösung der Ehe durch einen Verzicht auf die Gemeinschaft ihr erworbenes Eigentum behalten könne. Vor diesem Hintergrund müsse der Ehemann von der Verantwortung gegenüber den geschäftlichen Gläubigern der Ehefrau befreit werden. Nach dem Grundsatz *ubi emolumentum, ibi onus*[867] sollte daher die Schuldenlast des Unternehmens der Frau auch von ihr allein getragen werden.[868] Inwiefern und ob sich der Wegfall der Mithaftung des Ehemannes überhaupt auf die Geschäfte der verheirateten *marchande publique* im Handelsverkehr auswirkte, konnte indes keiner der Quellen entnommen werden.

Schließlich konnte die Ehefrau durch Art. 6 LLS in allen Streitigkeiten, welche die durch das Gesetz gewährten Rechte betraf, ohne Genehmigung ihres Mannes Klage erheben. Damit öffnete sich die Klagebefugnis der verheirateten Handelsfrau über Art. 215 CC hinaus für Konflikte in Zusammenhang mit ihren persönlichen Arbeitsprodukten. Aufgrund der liberalen Rechtsprechung zu Art. 215 CC führte dies jedoch kaum zu bedeutenden praktischen Änderungen zugunsten der verheirateten *marchande publique.*[869] Sie war zudem weiterhin mit der Beweisführung belastet, dass der Klagegenstand eine Rechtshandlung oder Vermögen betraf, welches mit ihrem Handelsgewerbe und den Befugnissen nach Art. 1 LLS zusammenhing.

Die Neuerungen des Gesetzes führten dazu, dass die gesetzlichen Regelungen zur verheirateten *marchande publique* künftig im Licht des *Loi au libre salaire* zu betrachten waren und damit zumindest einem willkürlichen Entzug der Einwilligung zur Gewerbeführung durch den Ehemann Einhalt geboten wurde. Darüber hinaus war die bedeutsamste Änderung, dass die von der Ehefrau erwirtschafteten Gewinne im Rahmen des *régime de la*

---

866 *Valéry*, ebenda.
867 *Wo der Vorteil, dort die Last.*
868 *Valéry*, Femmes commerçantes, AnDCI, 1907, S. 398 f.
869 *Moride*, Modifications, S. 162; *Bermond*, Libre salaire, S. 85.

communauté nicht länger unter die Verwaltungs- und Verfügungsbefugnisse des Ehemannes fielen. Damit erweiterten sich die Rechte der *marchande publique*, welche bereits vor dem Gesetz von 1907 einige Privilegien genoss, ohne die *puissance maritale* des Ehemannes im Kern der Einwilligung in den Handelsbetrieb zu beschränken.

g. Die Prozessführungsbefugnis

Art. 6 LLS verlieh der verheirateten Frau eine Klagebefugnis für Streitigkeiten, welche die durch das Gesetz gewährten Rechte betraf, und stand damit im Widerspruch zu Art. 215 CC, wonach die Ehefrau ohne Genehmigung des Ehemannes nicht vor Gericht auftreten konnte. Für eine effektive Wahrnehmung der durch das Gesetz verliehenen Befugnisse war es jedoch nur konsequent, der verheirateten Frau im Umfang der gesetzlichen Befugnisse eine Rechtswahrnehmung zu ermöglichen, die nicht unter dem Vorbehalt der Mitwirkung ihres Mannes – und damit möglicherweise gerade dem Gegner eines Rechtsstreites – stand.

2. Die Bewertung des Gesetzes und die Reaktionen der Öffentlichkeit

Die Gesetzgebungsarbeiten und das verabschiedete *Loi au libre salaire* wurden von vielen Seiten aufmerksam beobachtet. Da die *Société d'Études législatives* die Reform in ihre Agenda aufnahm, rückte das Thema in den Fokus vieler wissenschaftlicher Arbeiten und auch die Frauenbewegung setzte enorme Hoffnungen auf das *Loi au libre salaire.*

a. Die Rechtswissenschaften

Die dreizehnjährige Bearbeitung des Gesetzes rief in der Rechtswissenschaft die unterschiedlichsten Reaktionen hervor. Der enorme Diskussionsbedarf des Gesetzes zeigte sich anhand einer Vielzahl von Veröffentlichung bedeutender zeitgenössischer Juristen sowie einer Fülle von Dissertationen zu dem Thema.[870] Im Folgenden soll die Analyse und Bewertung des *Loi au libre salaire* durch Raymond *Saleilles* sowie durch Pierre *Bermond* im Rahmen seiner Dissertation näher betrachtet werden. Diese beiden Juristen wurden gewählt, um die Behandlung und Wahrnehmung des Gesetzes sowohl

---

[870] Siehe unten, S. 8.

unmittelbar nach seiner Verabschiedung als auch nach einigen Jahren der Anwendung darzustellen. Darüber hinaus soll eine Momentaufnahme des Meinungsspektrums durch die Beachtung anderer Rechtswissenschaftler einen Überblick über die Bedeutung, Handhabung und Kritik des *„Loi relative au libre salaire de la femme mariée et ci la contribution des époux aux charges du ménage“* geben.

aa. RAYMOND *SALEILLES* – DIE BEURTEILUNG DES GESETZES UNMITTELBAR NACH SEINER VERABSCHIEDUNG

Raymond *Saleilles* setzte sich bereits im Laufe des Gesetzgebungsverfahrens in Zusammenarbeit mit seinen Kollegen der *Société d'Études législatives* intensiv mit den Modalitäten einer Gesetzesreform bezüglich des freien Lohns der verheirateten Frau auseinander.[871] Viele seiner Bearbeitungen flossen in die Diskussionen der Gesetzgeber ein und bildeten die Basis einzelner Ausgestaltungen.[872] Nach dem Gesetzerlass widmete sich *Saleilles* in einem Beitrag des *Bulletin de la Société d'Études législatives* mit dem Titel *„Le principe du libre salaire de la femme mariée érigé en règle d'ordre public“* noch 1907 der Reform und dessen Bedeutung für das Eherecht des Code Civil sowie der Symbolwirkung der Schaffung eines unangreifbaren *„libre salaire“* der verheirateten Frau.[873]

aaa. Die Auswirkungen auf die *incapacité de la femme mariée* und die Eigentumsverhältnisse des Güterrechts

Das Prinzip der Verwaltungsbefugnisse der Ehefrau an ihren Arbeitsprodukten und den daraus resultierenden Anschaffungen und Ersparnissen ist bereits bekannt. Im weiteren Verlauf soll *Saleilles*' Beurteilung der vermögensrechtlichen Auswirkungen der Reform, welche auf die Güterrechtssysteme des Code Civil keinen Bezug nahm, betrachtet werden.[874]

Saleilles begann seine Untersuchung mit einer Beschreibung des langsamen Umbruchs *der puissance maritale* im französischen Eherecht. Der Code Civil

---

871 *Rousseau*, Bulletin de la Société d'Études législatives, 1902, S. 25, 56, 105–107, 131–148, 205–206.

872 *Journal Officiel*, Chambres annexes, no. 2280, 1906, S. 441; *Lange/Duvergier*, Collection complète des lois, S. 349 f.; *Journal Officiel*, Chambres annexes, 1907, No. 77, S. 56 f.

873 *Rousseau*, Bulletin de la Société D'Études Législatives 1907, S. 563–595.

874 *Rousseau*, Bulletin de la Société D'Études Législatives 1907, S. 564.

habe dem Ehemann durch das gesetzliche Güterrecht über 100 Jahre hinweg das Verfügungs- und Verwaltungsrecht an dem Erwerb der Frau zugestanden. Das Gesetz von 1907 nehme dem Mann nicht nur dieses Vorrecht hinsichtlich der *biens réservés*, sondern verleihe im Gegenzug der Frau den Genuss und die Verfügungsbefugnis über diese Vermögensmasse.

Saleilles stellte fest, dass die Neuregelung der weiblichen Verwaltungsbefugnisse durch das *Loi au libre salaire* eine erhebliche Abweichung von Art. 1388 CC[875] und Art. 1421 CC[876] bedeutete, da der Ehefrau die Verwaltungsbefugnis über ein zum Gemeinschaftseigentum gehörendes Vermögen übertragen wurde. Dies habe verwaltungsrechtlich zur Folge, dass die Gemeinschaft zwei Oberhäupter bekomme, die ihre Hoheitsgewalt über verschiedene Vermögensmassen ausübten. Auf diese Weise arbeite die Frau mit dem Ehemann bei der Verwaltung der Gemeinschaft zusammen, auch wenn dem Ehemann weiterhin der erste Vorsitz der Gemeinschaft verbleibe und, bis auf über einen geringen Teil des Gemeinschaftsvermögens, sein Wille ausschlaggebend sei.[877] Für einen Bruchteil des Gemeinschaftsgutes sei nun jedoch der Wille der Ehefrau maßgeblich, wobei die weiblichen Befugnisse sogar weiter reichten als jene des Ehemannes, da sie nicht den Beschränkungen von Art. 1422 CC unterliege. Diese weitreichende Befugnis werde jedoch durch die Regelung zur Missbrauchskontrolle gemäß Art. 2 LLS kompensiert.[878] *Saleilles* war der Ansicht, dass das Gesetz grundsätzlich die Möglichkeit gehabt hätte, die *incapacité de la femme mariée* im Umfang der *biens réservés* zu beseitigen. Wie bereits in einigen Senatsdiskussionen besprochen, ging die Reform diesen Weg jedoch nicht. Die *incapacité* sei allein im Interesse des Haushaltes konstruiert und bisher durch das *mandat tacite* durchbrochen worden, weshalb keine absolute *incapacité de la femme mariée* bestanden habe. Diese Unfähigkeit sei durch die neue Gesetzgebung nicht aufgegeben, sondern vielmehr durch ein *mandat légal* für den Geltungsbereich der *biens réservés* überwunden. Dabei handele es sich um ein gesetzliches Mandat, welches

---

875 Art. 1388 CC: *Die Ehegatten können weder denjenigen Rechten, welche aus der Gewalt des Mannes über die Person der Frau […] oder welche ihm als Familienoberhaupt zustehen […] Abbruch tun.*

876 Art. 1421 CC: *Der Mann verwaltet allein die Güter der Gemeinschaft. Er kann sie ohne Beistimmung der Frau verkaufen, veräussern und hypotheziren.*

877 *Rousseau*, Bulletin de la Société D'Études Législatives 1907, S. 568.

878 *Rousseau*, ebenda.

mit jenem des Ehemannes aus Art. 1388 und Art. 1421 CC korreliere. Dieses Ergebnis entspreche nicht nur der französischen Rechtstradition, sondern sei auch das Fazit vieler seiner einflussreichen Kollegen.[879]

Vermögensrechtlich wirke sich das *Loi au libre salaire* hingegen umfassend aus. *Saleilles* beabsichtigte diese theoretische Frage nicht übermäßig zu diskutieren oder die praktischen Vorzüge der einen oder anderen Lösung aufzuzeigen, er wollte vielmehr auf den hybriden Charakter des Gesetzes hinweisen und Auslegungswege anbieten.[880] Der Code Civil verleihe dem Ehemann formell zwar bloß eine Verwaltungsbefugnis über den Erwerb der Frau, faktisch habe er jedoch die Stellung eines Eigentümers inne, denn er habe bisher über ihren Erwerb nach Gutdünken verfügen gekonnt.[881] Diese unklare Verteilung der Eigentümerbefugnisse solle das *Loi au libre salaire* nun beseitigen. Zwar regele das *Loi au libre salaire* ausdrücklich nur Verwaltungs- und Verfügungsrechte, diese könnten sich dennoch auf die zuvor bloß formal konstruierte Eigentumslage der Ehegatten niederschlagen.[882] Im französischen Eherecht stellten die Regime, welche der Ehefrau die freie Verfügung über ihr Eigentum erhielten, in Gesetz und Praxis die Ausnahme dar. Die Regel des *droit commun* seien *régimes de communauté*, die den Lohn der Ehefrau dem Gemeinschaftsgut zuordneten. Es habe lange den Prinzipien des *ordre public* entsprochen, bestätigt durch Art. 1388 CC, dass dem Ehemann als Oberhaupt der Gemeinschaft unerschütterlich die volle Verwaltungs- und Verfügungsgewalt über die *biens de la communauté* zustehe.[883] Er konnte den Lohn seiner Frau an sich auszahlen lassen und hatte er diesen erst einmal investiert, so musste er über Folgegeschäfte keine Rechenschaft ablegen.[884] Das *Loi au libre salaire* löse indes nicht, zumindest nicht ausdrücklich, die Frage des Eigentums. Im Kern sei daher zu untersuchen, ob der Erwerb der Frau weiterhin Gemeinschaftseigentum sei oder

879 *Rousseau*, Bulletin de la Société D'Études Législatives 1907, S. 568; *Saleilles* bezog sich mit dieser Bemerkung auf einen Bericht *Tissiers*, der eine ähnliche Rechtskonstruktion bereits 1901 der *Société d'Études législatives* vorstellte. Vgl.: *Rousseau*, Bulletin de la Société d'Études législatives, 1902, S. 44 f., 137 ff.

880 *Rousseau*, Bulletin de la Société D'Études Législatives 1907, S. 570; *Saleilles* bezog sich mit diesem Vergleich auf §§ 1444, 1445 ff. BGB.

881 *Rousseau*, Bulletin de la Société D'Études Législatives 1907, S. 564.

882 *Rousseau*, ebenda.

883 Vorbehaltlich der Regelung des Art. 1422 CC.

884 *Rousseau*, Bulletin de la Société D'Études Législatives 1907, S. 566.

Sondereigentum der Frau werde.[885] *Saleilles* betonte, dass die Reform keineswegs die Verantwortung über die *communauté* verlagern oder ihr gewisse Vermögenswerte vorenthalten wolle. Auf den ersten Blick schien der Wortlaut von Art. 1 LLS dieser Auslegung zu widersprechen, da die Wirkungen der *biens réservés* an die Rechte der Vermögensabsonderung gemäß Art. 1449 CC geknüpft waren, demzufolge die verheiratete Frau Eigentümerin ihrer Güter bleibe. Dies lasse die Schlussfolgerung zu, dass sich die Befugnisse aus Art. 1 LLS auch unmittelbar auf das Eigentum der Frau auswirkten.[886] Dieses Argument allein führe jedoch nicht dazu, die *biens réservés* zwangsläufig als getrenntes Eigentum zu verstehen, da insbesondere im Rahmen des *régime de la communauté* der Gesetzgeber keine Eigentums- und Verwaltungstrennung beabsichtige.[887] Zwei Regelungen des *Loi au libre salaire* sprächen explizit gegen eine solche Auslegung und unterstrichen den Willen der Gesetzgeber, die Eigentumsfrage, welche bereits durch das *droit commun* geregelt werde, nicht anzutasten. Dazu zähle zum einen Art. 3 LLS, der in Haftungsfragen erneut allein die Frage der Verwaltung regele, und zum anderen Art. 5 LLS, der bei der Auflösung der Gemeinschaft normierte, dass die *biens réservés* grundsätzlich in den *fonds commun* fielen. Diese Einordnung legt nahe, dass die *biens réservés* der Ehefrau weiterhin als Teil der *communauté* zu verstehen seien.

Gleichzeitig wies *Saleilles* jedoch auch darauf hin, dass Art. 5 LLS im zweiten Absatz regele, dass die Ehefrau im Falle eines Verzichts auf die Gemeinschaft ihre *biens réservés* behalten könne, was der Annahme einer gemeinschaftlichen Erbmasse widerspreche und damit die Bildung von Sondereigentum der Frau nahelege, weshalb die Regelung auf zwei unterschiedliche, aber gleichermaßen zulässige Weisen ausgelegt werden könne. Dies gelte bei näherer Betrachtung ebenso für Art. 3 LLS, welcher die Inanspruchnahme der *biens réservés* durch die Gläubiger der Gemeinschaft ausschloss, sofern die Verpflichtung nicht im Interesse des Haushaltes eingegangen worden sei. Der Gesetzestext allein eigne sich daher grundsätzlich für beide Auslegungsvarianten gleich gut,[888] weshalb *Saleilles*

[885] *Rousseau,* Bulletin de la Société D'Études Législatives 1907, S. 567.
[886] *Rousseau,* Bulletin de la Société D'Études Législatives 1907, S. 569.
[887] *Rousseau,* Bulletin de la Société D'Études Législatives 1907, S. 570.
[888] *Rousseau,* ebenda.

die vermögensrechtlichen Folgen des *Loi au libre salaire* aus weiteren Gesichtspunkten betrachtete. Dazu zählte die Frage, ob sich aufgrund der französischen Rechtstradition der *communauté* ein gemischtes System, welches die Gemeinschaft nach Bruchteilen zur ausschließlichen Verwaltung und Nutznießung des jeweiligen Ehegatten aufteile, dauerhaft etablieren könne. Dies verneinte *Saleilles*, eine entsprechende Konstruktion habe einen bloßen Übergangscharakter, bis der Gesetzgeber mit der Trennung der Verwaltungsbefugnisse auch eine Eigentumstrennung veranlasse. Da der Gesetzestext bereits die Möglichkeit eröffne, eine derartige Zwischenlösung zu umgehen, sei dieser halbherzige Schritt nicht zu gehen.[889]

Saleilles weitete seine vermögensrechtliche Analyse des *Loi au libre salaire* immer weiter aus. Für eine Aufteilung des Eigentums würde zudem sprechen, dass Frauen nicht länger bloß an einer Ausweitung ihrer administrativen Befugnisse interessiert seien, sondern durch die *biens réservés* gesondertes Eigentum erhalten wollten. Dabei sei jedoch ein Fehler, diese Modalitäten allein an die Vermögensabsonderung zu knüpfen, denn im Rahmen von Art. 1449 CC sei die Ehefrau nicht dazu verpflichtet, ihr Vermögen im Interesse des Haushaltes einzusetzen. Das persönliche Vermögen der Frau wäre demnach kein eheliches Vermögen, sondern freies Eigentum.[890] Gegenläufig dazu bildeten die *biens réservés* zwar ein separates Vermögen, jedoch ein kleines und zweckbestimmtes Haushaltsvermögen, welches das Gesetz der Frau nur vorbehalte, damit diese besser ihre Rolle als Hausfrau und häusliche Verrichtungsgehilfin erfüllen könne.[891]

Ein weiterer Maßstab bei der Einordnung der vermögensrechtlichen Auswirkungen war *Saleilles* zufolge die gesetzliche Pflichtenverteilung der Eheleute. Eigentlich sei es die Aufgabe des Ehemannes, der Frau die notwendigen Mittel zur Haushaltsführung bereitzustellen. In den meisten Haushalten, insbesondere in den mittellosen, sei die Frau jedoch dazu genötigt, sich aus der ihr zugedachten häuslichen Rolle zurückzuziehen, um ebenfalls zum Lebensunterhalt der Familie beizutragen. Darüber hinaus sei sie entsprechend ihrem gesetzlichen Auftrag für die Verwaltung der Ausgaben

---

889 *Rousseau*, Bulletin de la Société D'Études Législatives 1907, S. 571.

890 Ausgenommen Art. 1537 CC, wonach die in Gütertrennung lebende Ehefrau zu den Lasten der Ehe mit einem Drittel ihrer Einkünfte beitrug.

891 *Rousseau*, Bulletin de la Société D'Études Législatives 1907, S. 571.

verantwortlich. In diesem Fall benötige die Ehefrau Rücklagen, die vor äußeren Risikofaktoren geschützt seien. Bei einem genusssüchtigen Ehemann müsse die Frau die Möglichkeit haben, ihre Ersparnisse seinem Zugriff zu entziehen, um diese im Mangelfall für Haushalt und Kinder einzusetzen. Damit sei es eine Frage des *ordre public*, der Ehefrau angesichts eines unberechenbaren Ehemannes die alleinige Verfügungsgewalt über ihre geringen Ersparnisse zu gewähren, welche sie zuvor durch harte Arbeit erworben hatte.[892] Da diese Ersparnisse jedoch gemäß Art. 2 LLS der Zweckbestimmung unterlagen, im besten Interesse des Haushaltes verwendet zu werden, handele es sich bei den *biens réservés* um einen *„fonds matrimonial"*.[893] Demzufolge sei kein individualistisches Regime der Gütertrennung anwendbar, sondern die Ersparnisse seien dem Haushalt und Familienunterhalt unterworfen. Dem *droit commun* entsprechend unterlägen solche Vermögensmassen grundsätzlich der Weisungsgewalt des Ehemannes und würden für gemeinsame Ausgaben verwendet. In früheren Konzeptionen der Ehe habe es keine Ausnahmen von diesem Grundsatz der ehemännlichen Souveränität gegeben; diese kleinen Reservefonds, auch wenn sie von der Ehefrau erarbeitet wurden, fielen in die Hände des Ehemannes, entweder als *patrimoine de communauté* oder als Verwaltungs- und Genussgut.[894] Diese Vorstellung habe sich jedoch durch enorme soziale und wirtschaftliche Umwälzungen, die die häusliche Rolle der Frau angriffen, geändert. Mit der wirtschaftlichen Bedeutung der Frau wuchsen auch ihre Rechte. Da die Frau nun gezwungen sei, sich gegenüber der produktiven Rolle des Ehemannes zu behaupten, müssten ihr auch korrelative Rechte und Befugnisse zustehen. *Saleilles* erkannte die wirtschaftliche Rolle der verheirateten Frau jedoch nur an, damit die Ehefrau und Mutter auch weiterhin dem Haushalt vorstehen und die Erziehung der Kinder gewährleisten könne. Es sei nicht die Absicht, dass die verheiratete Frau fremde Arbeiten verrichte und ihr zu Hause für einen lukrativen Beruf verlasse, um das eigene Wohlbefinden zu steigern oder Luxusansprüche zu befriedigen.

---

892 *Rousseau*, Bulletin de la Société D'Études Législatives 1907, S. 572.

893 Vgl.: *Rousseau*, ebenda: *Saleilles* bezog sich mit deren Einordnung als *„fonds matrimonial"* auf die Regelungen des BGB und verstand darunter eine Vermögensmasse, die vom Ehestatus beeinflusst und modifiziert wurde.

894 Vgl.: *Rousseau*, Bulletin de la Société D'Études Législatives 1907, S. 572: Auch hier zog *Saleilles* erneut eine Parallele zum BGB, genauer dessen Gütergemeinschaft.

Nur in Ausnahmefällen könne daher die für die Familie so nachteilige neue Rollenverteilung anerkannt werden.[895]

Obwohl *Saleilles* in seiner Arbeit primär juristische Argumentationsstränge der vermögensrechtlichen Folgen des *Loi au libre salaire* aufweisen wollte, entschied er sich für eine juristische Einordnung. Er war der Ansicht, dass die *biens réservés* einen vorbehaltenen Haushaltsfonds bildeten, der durch ein *mandat légale* der Verwaltung der Ehefrau, und nicht länger der des Mannes, unterliege. Da die Frau zur Teilnahme am Wirtschaftsleben gezwungen sei, um den Haushaltsunterhalt zu sichern, müsse sie auch die Verwalterin dieser Vermögensmasse sein. Unter diesem Aspekt verliere die theoretische Frage nach den Eigentumsverhältnissen für die Dauer der Ehe ihre praktische Bedeutung. Sie werde erst im Hinblick auf die bestimmungsgemäße Verwendung der *biens réservés* relevant, wenn die Ehe nicht mehr bestehe. Aus diesem Grund habe der Gesetzgeber über die Verwaltung und Zuweisung der *biens réservés* unter allen Regimen entscheiden können, ohne die Eigentumsfrage zu klären und die Verfügungsbefugnisse und Freiheiten der Frau unabhängig von den verschiedenen Güterrechtsregimen zu regeln.[896] Die *biens réservés* bildeten zwar ein getrenntes Vermögen, seien jedoch weit davon entfernt, mit dem persönlichen Vermögen der Ehefrau infolge der *séparation des biens* gleichgestellt zu werden. Es handele sich dabei um ein kleines Sondervermögen, das jedoch kein Sondereigentum sei.[897]

bbb. Von der Etablierung eines neuen ordre public

Das *Loi au libre salaire* brachte eine grundlegende Veränderung der französischen Ehevorstellung mit sich. Art. 1 LLS, der eine ehevertragliche Abweichung von den Wirkungen des Gesetzes unterband, brach mit der Verwaltungsautonomie des Ehemannes. *Saleilles* verstand diese Regelung als Neuformulierung des *ordre public* innerhalb des französischen Eherechts.[898] Er sprach dem Parlament seine Hochachtung aus, da es die Arbeiten der *SEL*[899] weiterentwickelt und abgeschlossen habe, indem es eine ehevertragliche

---

895 *Rousseau*, Bulletin de la Société D'Études Législatives 1907, S. 573.
896 *Rousseau*, Bulletin de la Société D'Études Législatives 1907, S. 574.
897 *Rousseau*, Bulletin de la Société D'Études Législatives 1907, S. 575.
898 *Rousseau*, Bulletin de la Société D'Études Législatives 1907, S. 575.
899 Vgl.: *Rousseau*, Bulletin de la Société d'Études législatives 1902, S. 25, 56, 105–107, 131–148, 205 f.

Abweichung von den Grundsätzen des *Loi au libre salaire* verbot, erst auf diese Weise dem Gesetz seine volle Wirksamkeit verleihe und die freie Verwaltung der Arbeitsprodukte der Ehefrau so zu einem neuen Grundsatz des *ordre public* mache. Dies sei etwas völlig Neues und in keiner vorangegangenen Gesetzgebung zu finden.[900] Bisher habe man in den finanziellen Verwaltungshandlungen der Ehefrau eine interpretative Willensregelung des Ehemannes, ein *mandat tacite*, gesehen. *Saleilles* unterstrich, dass aufgrund der Natur dieser Ermächtigung die Ehefrau niemals gegen den Willen des Ehemannes handeln könne. Dieser Teil der *puissance maritale* könne auch ehevertraglich, aufgrund der Sicherung der ehelichen Autorität durch Art. 1388 und Art. 1421 CC, nicht untergraben werden.[901]

Der Umfang der zulässigen Abweichungen von der Reform habe im Zuge der Gesetzgebungsarbeiten zu hitzigen Diskussionen innerhalb des Parlaments geführt. Die ersten Gesetzesentwürfe über den *libre salaire* der verheirateten Frau hätten zwar nicht ausdrücklich die Vereinbarung abweichender Ehevertragsklauseln vorgesehen, diese jedoch stets als vorrangig angesehen.[902] *Saleilles* betonte, dass zur Etablierung eines *ordre public* die angestrebte Rechtsfolge ausdrücklich im Gesetz zu normieren sei, wozu sich schließlich erst der Gesetzgeber von 1907 entschied, auf diese Weise alle Unsicherheiten des gesetzlichen Wirkungsumfanges beseitigt und zudem die feministische Welt bewegt habe.[903] Die Gefahren, welche die Kommission in einem Gesetzeserlass ohne die ausdrückliche Nichtigkeit gegenläufiger Vertragsklauseln sah – wie die Entwicklung einer *clause de style* auch in der Arbeiterklasse[904] – seien angemessen abgewogen und korrekt gelöst worden. *Saleilles* wies darauf hin, dass die von Senator *Faure* eingeleitete Gesetzesänderung durch die Empörung von Mme. *Pégard* über die Aufhebung

---

[900] Vgl.: *Rousseau*, Bulletin de la Société D'Études Législatives 1907, S. 575: Allein dem Genfer Gesetz vom 7. November 1894 maß *Saleilles* einen vergleichbaren Wirkungskreis bei. Vgl. Art. 1: *„La femme mariée aura, sur le produit de son travail personnel pendant le mariage, et sur les acquisitions provenant de ses gains, les mêmes droits que la femme séparée des biens (art. 1449 C. civ.).*“. Gesetzestext in: *Rousseau*, Bulletin de la Société D'Études Législatives 1902, S. 98.

[901] *Rousseau*, Bulletin de la Société D'Études Législatives 1907, S. 576.

[902] *Rousseau*, ebenda.

[903] *Rousseau*, Bulletin de la Société D'Études Législatives 1907, S. 576.

[904] Siehe oben, S. 237 f.

der weiblichen Befugnisse durch einen Ehevertrag angestoßen wurde.[905] Damit hob er, wie so oft, die weibliche Beteiligung an der Entwicklung des Gesetzes hervor. Er erklärte weiter, dass trotz der Proteste der Kommission der Änderungsantrag im Senat zur Abstimmung gelangte und schließlich ohne weitere Diskussionen verabschiedet wurde. Diese Änderung, welche vielen Juristen exorbitant erscheine, weil sie vermeintlich gegen das Dogma der Vertragsfreiheit verstoße und gar eine männliche *incapacité* gegenüber der Ehefrau zu schaffen schien, gebe den Frauen jedoch bloß einen Teil ihrer Geschäftsfähigkeit zurück.[906]

Im weiteren Verlauf untersuchte *Saleilles* den Einwand der Kritiker, dass Art. 1 LLS die Vertragsfreiheit, sowohl in Bezug auf die Grundsätze der Privatautonomie als auch in Bezug auf die praktischen Auswirkungen untergrabe. Er erklärte, dass, sofern man die Struktur der *biens réservés* hinreichend durchdringe, zu dem Schluss gelange, dass deren Entstehung eine direkte Folge der Eheschließung sei, ebenso wie die *incapacité de la femme mariée.*[907] Die Autoren des Code Civil hätten die Geschäftsunfähigkeit der Ehefrau bewusst nicht in den Regelungen des Güterrechts verortet und damit an die Wahl eines bestimmten Regimes geknüpft, sondern in den allgemeinen Ehewirkungen behandelt und damit als Grundpfeiler der ehelichen Vereinigung verankert, da die Ehe selbst zwingend die Unterordnung der Frau erfordere.[908] *Saleilles* betonte, dass in diesem Fall niemandem in den Sinn gekommen sei, dem Code Civil einen Verstoß gegen die Vertragsfreiheit vorzuwerfen, obwohl die Vertragsfreiheit durch das *ius cogens* ebenfalls massiv eingeschränkt sei und so ihrerseits ein Grundsatz des *ordre public* sei. Dieses Prinzip weiblicher Geschäftsunfähigkeit sei niemals infrage gestellt worden, dabei handele es sich um eine ähnliche Regel wie jede des *Loi au libre salaire*. In beiden Fällen ginge es darum, eine direkte Konsequenz

905 Vgl.: *Rousseau*, Bulletin de la Société D'Études Législatives 1907, S. 576: *Saleilles* beschrieb dabei Mme. *Pégard*, die Präsidentin der Abteilung „*travail*" des *Conseil National des Femmes Françaises*, als eine der bedeutendsten, gerechtesten und großzügigsten Vertreterin der feministischen Bewegung.

906 *Rousseau*, Bulletin de la Société D'Études Législatives 1907, S. 577.

907 *Rousseau*, ebenda.

908 Um diesen Rechtsgrundsatz zu verankern, regelte Art. 1388 CC, dass die Eheleute keine Regelung treffen konnten, durch welche die Gewalt des Ehemannes, welche ihm als Familienoberhaupt zustehe, abgewichen wurde.

aus der ehelichen Verbindung eines Paares zu ziehen. Beide regelten die interne Rollenverteilung im Hinblick auf das Haushaltsvermögen. Das neue Gesetz sehe nun vor, die Verwaltung des Ehekapitals aufzuteilen, anstatt diese Befugnisse bei einer Person, dem Ehemann, zu belassen. Unter diesen Aspekten laufe das Argument der Vertragsfreiheit leer.[909]

Darüber hinaus forderte *Saleilles* eine Konkretisierung der Rechtsfolgen von Art. 1 LLS, der von „*et à peine de nullité de toute clause contraire portée au contre de mariage*" sprach. Denn das Verbot gegenteiliger Klauseln sei nur in diesem ersten Artikel niedergelegt. Er hielt es für erstrebenswert, die Prinzipien und Grenzen des neuen *ordre public* rund um die *biens réservés* klar zu definieren. Daher sei festzulegen, welche gegenteiligen Klauseln genau verboten seien und inwiefern das Nichtigkeitsgebot auch die übrigen Regelungen des Gesetzes betreffe. Anhand des geltenden Gesetzeswortlauts wäre beispielsweise eine Vereinbarung der Eheleute denkbar, welche die Rechte der Ehefrau im Falle der Auflösung der Gemeinschaft anders regele als Art. 5 LLS.[910] Dies widerspreche jedoch der Absicht des Gesetzgebers, durch die Schaffung der *biens réservés* der Ehefrau einen unabhängigen Unterhalt der Familie auch nach der Auflösung der Gemeinschaft zu ermöglichen.[911]

ccc. Das neue Verständnis der Ehe

Das *Loi au libre salaire* spiegelte für *Saleilles* auch ein neues Verständnis der Ehe wider.[912] Durch die Entwicklung der Großindustrie übte die Ehefrau immer häufiger einen unabhängigen Beruf aus. Indem die Ehefrau immer öfter dazu gezwungen sei das Haus zu verlassen, werde die Familienmoral nachhaltig geschädigt. Indessen habe der Ehemann dank des *régime de la communauté*, welches ihn bisher zum Herrn des Verdienstes seiner Frau gemacht habe, begonnen, sich auf eine zusätzliche Einkommensquelle zu verlassen. Dabei lasse der Ehemann gewöhnlich der Frau zwar das Nötigste zur Deckung der laufenden Ausgaben, erlaube es ihr jedoch nicht, Überschüsse für die Zukunft zurückzulegen, sondern verwende diese regelmäßig für den eigenen Genuss. Die Ehefrau und Mutter sei die Versorgerin des Haushaltes – der

---

909 *Rousseau,* Bulletin de la Société D'Études Législatives 1907, S. 577.
910 *Rousseau,* Bulletin de la Société D'Études Législatives 1907, S. 586 f.
911 *Rousseau,* Bulletin de la Société D'Études Législatives 1907, S. 587.
912 *Rousseau,* Bulletin de la Société D'Études Législatives 1907, S. 577.

Mann hingegen kenne die Bedürfnisse seines Heims selten und wisse nicht, wie hoch die eigenen Lebenshaltungskosten seien. Der Ehemann lebe nur von Tag zu Tag. Die Frau hingegen kenne die Zahlungsfristen und Kosten der gemeinschaftlichen Existenz. Um diese Verpflichtungen zu erfüllen, müsse die Frau über ein separates Vermögen verfügen, welches vom Ehemann unangetastet bleibe, und sei es nur, um die geringen Überschüsse anzusparen und eine Reserve für den nächsten Tag, für Arbeitslosigkeit und für Krankheit zu bilden.[913] Man könnte nicht verlangen, dass diese Reserve zwangsweise aus dem Vermögen des Mannes gebildet werde, denn dies vertausche die ehelichen Rollen und verletzte die Rechte des Mannes als Haushaltsvorstand, welche Art. 1388 CC verteidige. Wenn jedoch eine Reserve aus den Produkten der persönlichen Arbeit der Frau gebildet wurde, wäre ein Entzug nicht weniger unmoralisch und verletze die Rechte, welche sich aus ihrer Erwerbstätigkeit und Rolle als Hausfrau und Mutter ableiteten.[914] *Saleilles* war der Überzeugung, dass er in einer Zeit lebe, in der sich die Bande der Ehe auflösten, die Aufgabe der Ehewohnung durch den Mann sich in der Arbeiterklasse immer weiter verbreitete und man daher unweigerlich zum primitiven Zustand des „*Mutterrechts*" zurückkehren werde. Dieses mache die Mutter zum Mittelpunkt der Familie und zur Anführerin der Gemeinschaft noch vor dem Mann, der langsam aus deren Mitte entschwinde. Da die Kinder bei ihr blieben, läge es auch an ihr, die Fäden für den Unterhalt in der Hand zu halten. Um diese Rolle zu erfüllen, müsse sie über ihre Arbeitsprodukte verfügen können.[915]

Saleilles sah im *Loi au libre salaire* die Absicht, auch im Rahmen einer Doppelverdiener-Ehe zur Versorgung der Familie eine eheliche Verteilung der häuslichen Aufgaben vorzunehmen. Der Ehemann habe die übergeordnete Rolle, für die Familie zu verdienen und zu sparen. Der Frau hingegen lege das Budget fest und ordne die häuslichen Ersparnisse. Um diesen Aufgaben gerecht zu werden, müsste die Ehefrau den Notgroschen in den Händen halten.[916] Diese Rollenverteilung erreiche der Gesetzgeber infolge einer Ehekonzeption, welche es dem Ehegatten nicht länger gestatte,

---

913 *Rousseau*, Bulletin de la Société D'Études Législatives 1907, S. 578.

914 *Rousseau*, Bulletin de la Société D'Études Législatives 1907, S. 579.

915 *Rousseau*, ebenda.

916 *Rousseau*, Bulletin de la Société D'Études Législatives 1907, S. 579.

gesetzliche Regelungen durch besondere Vereinbarungen aufzuheben. Der Code Civil lasse zu, dass der Ehemann allein von den lukrativen Fähigkeiten der Frau profitiere und sie unwissend mit persönlichen Schulden belasteten. Durch das *Loi au libre salaire* sei nun gewährleistet, dass die Ehefrau das Brot ihrer Kinder verdienen und gleichzeitig eine Reserve für die Zukunft aufbauen könne. Solange sie Lohn beziehe, sei sie die Herrin darüber. Dieses Recht sei sozial und konzeptionell ebenso heilig wie die Rechte des Ehemannes gemäß Art. 1388 CC als Oberhaupt der Familie. Es handele sich dabei um ein *mandat légale*, welches die häuslichen Pflichten der Ehefrau umfasse. Eine Frau könne nicht ihre Pflichten als Ehefrau und Mutter aufgeben und es käme einem Verzicht auf ihre Rechte und Verpflichtungen gleich, wenn ihr nicht die Befugnisse zur Erfüllung dieser Aufgaben übertragen würden.[917]

bb. PIERRE *BERMOND* – DIE ERSTEN JAHRE DES *LOI AU LIBRE SALAIRE*

Im Weiteren soll ein Blick auf die im Jahr 1910 erschienene Arbeit des Juristen Pierre *Bermond* mit dem Titel *„Le libre salaire de la femme mariée"* geworfen werden. Darin untersuchte er eingehend die doppelte Reform des Gesetzes und deren Auswirkungen. Neben der Neuregelung der persönlichen Arbeitsprodukte der verheirateten Frau widmete er sich auch der Beitragspflicht der Ehegatten zu den Haushaltskosten. Dabei setzte er sich intensiv mit dem Schutz der Ersparnisse der Ehefrau im Rahmen der Gesetzgebungsarbeiten auseinander. Für *Bermond* war nicht nachvollziehbar, weshalb die Ausweitung des Gesetzes auf den Notgroschen der Frau für Furore sorgte, da ihre Ersparnisse anderenfalls nur den unzureichenden Schutz der *Caisse D'Épargne* erhielten.[918]

aaa. Die Vorteile des *Loi au libre salaire* im Rahmen der Güterrechtssysteme

Um den Nutzen der Gesetzesreform für die Ehefrau im Rahmen des jeweiligen Güterrechtssystems zu erarbeiten, untersuchte *Bermond* die Rechtsnatur der *biens réservés* genauer. Dabei sei der einfachste Weg zum Schutz der *biens réservés* gewesen, die Ehefrau zur Eigentümerin ihrer Arbeitsprodukte zu erklären

---

[917] *Rousseau*, Bulletin de la Société D'Études Législatives 1907, S. 580.
[918] *Bermond*, Libre salaire, S. 182.

und ein System der, zumindest teilweisen, Gütertrennung zu implementieren.[919] Leider habe sich der Gesetzgeber jedoch gegen eine solche Regelung entschieden. Wie so oft, wenn güterrechtliche Änderungsbestrebungen das Eigentum der Ehefrau tangierten, habe sich die Argumentation durchgesetzt, dass aufgrund des traditionellen französischen Eheverständnisses die Ehe eine Gemeinschaft sei und auch die weiblichen Arbeitsprodukte Teil derselben seien.[920]

Auch mit der Schaffung der *biens réservés* durch das *Loi au libre salaire* habe sich der Gesetzgeber gegen eine Eigentumstrennung entschieden, um Ungleichheit der Ehegatten zu vermeiden. Zu diesem Ergebnis kam *Bermond* infolge der Auslegung des Gesetzestextes. Insbesondere Art. 5 LLS, wonach im Fall der Auflösung der Ehe die *biens réservés* grundsätzlich in die *commune* fielen, unterstreiche dieses Ergebnis. Es sei ungerecht, die Frau an den Ersparnissen des Ehemannes bei Auflösung der Ehe zu beteiligen, während der Ehemann nicht von den Ersparnissen der Frau profitiere.[921] Eine Eigentumstrennung führe hingegen dazu, dass auch der Verdienst und die Ersparnisse des Mannes nicht mehr in die *biens communs* fielen. Dieses Ergebnis sei jedoch untragbar, da der Verdienst des Ehemannes regelmäßig ungleich höher sei als jener der Ehefrau und diese, auch wenn sie keiner persönlichen Arbeit nachgehe, aller Vorteile der ehelichen Gemeinschaft beraubt sei, zu deren Wohlstand sie dennoch kräftig beitrage. Denn auch die Tätigkeit einer Ehefrau, die sich auf den Haushalt beschränke, sei von beträchtlichem wirtschaftlichem Wert und mache sie daher zu einer „*véritable collaboratrice*" des Mannes. Infolgedessen müsse ihr eine Vergütung durch die Beteiligung am Ehevermögen zustehen.[922] Außerdem fielen gemäß Art. 5 LLS die Errungenschaften der Ehefrau auch nicht erst mit der Auflösung der Ehe in die Gemeinschaft, für die Dauer der Ehe erfolge keine Trennung des Eigentums. Dies mache deutlich, dass das Gesetz die Ersparnisse der Ehefrau der Gemeinschaft nicht endgültig entziehen oder die Ehefrau in eine *séparation des biens* drängen wolle. Vielmehr erlaube ihr Art. 5 Abs. 2 LLS durch den Verzicht auf die *communauté*, ihre *biens réservés* frei von Schulden

919 *Bermond*, Libre salaire, S. 194 f. *Bermond* bezog sich hierbei auf die Regelungen des deutschen BGB.

920 *Bermond*, Libre salaire, S. 194; Vgl. *Journal Officiel* No. 77, 1907, S. 12.

921 *Bermond*, Libre salaire, S. 194 f.

922 *Bermond*, Libre salaire, S. 195.

zu sichern und weiche dadurch von den traditionellen Regeln des Code Civil ab, wonach die Ehefrau infolge einer *renonciation* die Rechte an ihrem Vermögen verlor.[923] *Bermond* erklärte, dass diese Vorgehensweise des *Loi au libre salaire* daher keineswegs zu einer Änderung der Zusammensetzung der *communauté* führe, sondern nur einen Teil der Einkünfte der Ehefrau im Umfang der *biens réservés* davon abziehe. Auf diese Weise sei ein Teil des Gemeinschaftseigentums der Verwaltungshoheit des Ehemannes entzogen und den Verwaltungsbefugnissen der Frau unterworfen, wodurch zwei Verwalter mit getrennten Vermögenswerten entstünden.[924]

In der neuen Verwaltungshoheit der Ehefrau sah *Bermond* bloß ein *mandat légale* und keineswegs die Erlangung einer teilweisen Geschäftsfähigkeit. Er veranschaulichte, dass der Code Civil eine Mandatserteilung innerhalb der Ehe anerkenne und somit auch diverse Mandate für Vermögensbruchteile zulässig seien. Die Vereinigung aller Befugnisse in der Person des Ehemannes entspreche nicht dem Wesen der Ehe, sondern sei Ergebnis einer übertriebenen *puissance maritale*. Eine funktionale Aufteilung der ehelichen Befugnisse stehe vielmehr im Einklang mit den Prinzipien einer Gemeinschaft, in der sich die Eheleute gegenseitig unterstützten.[925]

Dennoch erkannte *Bermond*, dass die Aufteilung der Verwaltungsbefugnisse tatsächlich auch eine eigentumsähnliche Trennung des Vermögens mit sich brachte, indem das Gesetz eine Mischung von *communauté* und *séparation des biens* anstrebe.[926] Dies sei insbesondere anhand der Einwirkung des Gesetzes auf das Güterrechtssystem erkennbar. Im Rahmen des *régime dotal* wirke sich das *Loi au libre salaire* aus, indem die persönlichen Arbeitsprodukte der Frau *biens paraphernaux* würden.[927] Diese gesetzgeberische Absicht verdeutliche Art. 5 Abs. 4 LLS, wonach in allen Güterrechtsregimen, die keine Vermögensgemeinschaft kannten, der persönliche Verdienst der Frau ihr Eigentum bilde. Damit war nicht ausdrücklich geregelt, dass die *biens réservés*

---

923 Vgl. Art. 1492 CC.

924 *Bermond*, Libre salaire, S. 195.

925 *Bermond*, Libre salaire, S. 196.

926 *Bermond*, Libre salaire, S. 196 f.

927 *Bermond*, Libre salaire, S. 200 f.: Dies wurde bereits während des Gesetzgebungsverfahrens von den Abgeordneten eingehend diskutiert. Schließlich wurde sich mehrheitlich dafür ausgesprochen, die Arbeitsprodukte der Frau unter dem Dotalsystem ihrem Paraphernalgut und nicht dem *dot* zuzuordnen; vgl. *Journal Officiel*, 15.05.1907, S. 627.

als *biens paraphernaux* zu verstehen waren. Der Code Civil machte den Ehemann weder zum Eigentümer der Mitgift noch des Paraphernalvermögens; Eigentümerin blieb die Ehefrau. Dennoch legte *Bermond* das Gesetz indes dahingehend aus, dass der Erwerb der Frau zu *biens paraphernaux* wurde. Dies gelte unabhängig von der Konstitution des *dot*. Er argumentierte, dass Art. 1 LLS der Ehefrau unter allen Regimen die Verwaltungsrechte des Art. 1449 CC verleihe. Mangels formaler Bestimmungen des Gesetzes von 1907 laufe neben der Stellung des Ehemannes als Verwalter des *dot*[928] auch die Unveräußerlichkeit des *dot* sowie dessen Haftungsmodalitäten den weiblichen Befugnissen im Rahmen des *Loi au libre salaire* zuwider.[929]

Bermond behandelte die vermögensrechtlichen Auswirkungen der *Loi au libre salaire* auf die Regelungen des Code Civil im Ergebnis wie *Saleilles*. Er beurteilte die *biens réservés* als Teil der *communauté*, jedoch unter der Verwaltungshoheit der Ehefrau. Dadurch entstehe eine Gemeinschaft mit zwei Verwaltern und getrennten Vermögenswerten. Daran anschließend liege der Verfügungshoheit der Ehefrau ein *mandat légale* zugrunde – eine partielle Geschäftsfähigkeit schloss er damit aus.

Bermonds Argumentation basierte zum Großteil auf Gleichheitsaspekten, die er regelmäßig derart weiterführte, dass ein gerechtes Gesetz, und damit jede Bevorteilung oder Schutzmaßnahme zugunsten der Ehefrau, auch eine entsprechende Behandlung des Mannes erforderte. Damit ähnelte seine Denkweise der jener Abgeordneten im Rahmen des Gesetzgebungsverfahrens, die sich mit einem Rechtsgewinn der Frau zulasten des Ehemannes schwertaten, sich an der bisherigen Höherstellung des Mannes jedoch nicht störten. Aufgrund dieses egalitären Ansatzes verlor er auf der Suche nach einem absolut gerechten Gesetz daher die Gründe und Erfordernisse eines einseitigen Schutzes der Ehefrau aus den Augen.

bbb. Der ordre public-Charakter des Gesetzes von 1907

Auch *Bermond* erkannte in dem *Loi au libre salaire* vom 13. Juli 1907 eine Reform des *ordre public*. Auf diese Weise wolle der Gesetzgeber den Schutz

---

928 *Bermond*, Libre salaire, S. 203 f.; vgl. Art. 1549 CC.

929 *Bermond*, ebenda; Art. 1 und Art. 3 LLS sahen ausdrücklich die Veräußerlichkeit der Arbeitsprodukte der Ehefrau und ihrer Ersparnisse vor und schlossen darüber hinaus eine Beschlagnahme und Pfändung dieser Güter durch die Gläubiger des Ehemannes aus.

der Ehefrau gewährleisten. *Bermond* war jedoch der Überzeugung, dass die Furcht vor einer *clause de style* in Eheverträgen ungerechtfertigt gewesen sei.[930] Er sah die Modifikation von Art. 1 LLS vielmehr problematisch. Er stützte seine Überlegungen auf die von einem Mitglied der *SEL*, M. *Bufnoir*, aufgeworfene Frage über die Selbstständigkeit der Frauen: „*Pourquoi traiter la femme comme une incapable à l'epoque où elle peut stipuler en toute indépendance?*"[931] *Bermond* empfand den Änderungsantrag *Faure's* sogar als Rückschritt innerhalb des Gesetzgebungsprozesses, da Frauen in einer Zeit als unfähig behandelt würden, in der sie vertraglich ihre Unabhängigkeit vereinbaren könnten. Durch das Verbot vertraglicher Abweichungen würden die Leitsätze des Code Civil, welche der Frau weder ausreichende Intelligenz noch Erfahrung zugestanden, um ihr Vermögen frei zu verwalten, unnötigerweise wiederholt. Es widerspreche dem Anlass der Gesetzesreform, nämlich die Vorstellungen von einer schwachen und unerfahrenen Frau aufzugeben und ihr finanzielle Mitbestimmungsrechte zu verleihen, indem ihr nun die Freiheit verweigert werde, diejenigen Klauseln in den Ehevertrag aufzunehmen, die sie für richtig hielt.[932] Besonders kritisch betrachtete *Bermond* den so entstehenden Eindruck, dass die Frau nun doch nicht klug genug sei und keinen freien Willen habe, um für ihre persönlichen Interessen einzustehen. Dieser Widerspruch war für ihn nicht begründbar. Denn eine berufstätige Frau, die bisher ihre Angelegenheiten erfolgreich autonom regelte, könne auch mit ihrem zukünftigen Ehemann die Bedingungen eines Ehevertrages besprechen.[933] *Bermond* war daher der Auffassung, dass die Nichtigkeit abweichender Ehevertragsklauseln Individualregelungen ausschloss, welche die Rechte der

---

930 *Bermond*, Libre salaire, S. 187: *Bermond* bezog sich damit auf die Diskussionen im Rahmen der Senatssitzung vom 24. Mai 1907 über die Einführung einer *clause de style* durch Notare und Rechtsanwälte, um durch ehevertragliche Regelungen der Wirkung des Gesetzes zu entgehen, vgl. *Journal Officiel 1907*, Débats parlementaires, Chambre des députés, S. 660 f.

931 *Bermond*, ebenda: „*Warum Frauen als unfähig behandeln, wenn sie selbstständig bestimmen können?*"

932 *Bermond*, Libre salaire, S. 187.

933 *Bermond*, Libre salaire, S. 187 f. *Bermond* verwies bezüglich des Themenkreises der Eheverträge auf die Analyse *Saleilles*, in: *Rousseau*, Bulletin de la Société D'Études Législatives, 1907, S. 563–595. *Saleilles* sah in dem Gesetz von 1907 die Konsequenz einer neuen Auffassung der Ehe. Vor dem Hintergrund der niemals gerügten Existenz von Art. 1388 CC greife das Argument eines Verstoßes gegen die Vertragsfreiheit nicht.

Frau an den Produkten ihrer persönlichen Arbeit stärke.[934] Indes schließe der *ordre public* auch Klauseln aus, welche die Ersparnisse der Ehefrau anderen Interessen als jenen des gemeinsamen Haushaltes zuordneten. Die Ersparnisse der Frau sollten stets den Bedürfnissen der Gemeinschaft dienen.[935]

Bermond erklärte außerdem, dass die Frau während der Ehe dem Mann eine Bevollmächtigung zur Verfügung über ihre Arbeitsprodukte und Ersparnisse erteilen könne, denn diesen Weg könne auch eine Ehefrau hinsichtlich ihrer *biens personnels* wählen, wenn auf die Ehe das Güterrecht der *séparation des biens* anwendbar sei.[936]

Im Rahmen der Beurteilung des neuen *ordre public* hob *Bermond*, erneut unter dem Aspekt der Gleichbehandlung, die enorme Selbstständigkeit arbeitender Frauen hervor und bewertete die Verankerung des *ordre public* als Rückschritt innerhalb der Frauenfrage. Obwohl seine Argumentation ein erstrebenswertes Idealbild zeichnete, verkannte er, dass dies den Umständen der Zeit nicht gerecht wurde. Die verheiratete Frau war auf den unwiderruflichen Schutz des Gesetzes angewiesen, wobei auch dem symbolischen Charakter dieser Neuerung ein nicht unbedeutender Wert beizumessen war.

ccc. *Contribution des époux aux charges de ménage*

Bermond behandelte in seiner Arbeit auch den zweiten Bestandteil des Gesetzes, welcher sich den Beiträgen der Eheleute zu den Haushaltskosten widmete und dem von anderen Rechtswissenschaftlern, wie etwa *Saleilles*, kaum Aufmerksamkeit geschenkt wurde. Er begann seine Ausführungen damit, dass das *Loi au libre salaire* die Ehefrau zur *„ministre de l'intérieur du ménage*

---

934 *Bermond*, Libre salaire, S. 187.

935 *Bermond*, Libre salaire, S. 187 f.

936 *Bermond*, ebenda.; *Bermonds* Bejahung der Bevollmächtigung des Ehemannes scheint der Absicht des Gesetzgebers zuwiderzulaufen, da auf diese Weise die Wirkungen des Gesetzes umgangen werden könnten. Dies war vom Gesetzgeber gerade nicht erwünscht, was insbesondere die Diskussion der Gesetzgeber, ob die Ehefrau sich für eine Schuld des Ehemannes verpflichten könnte, verdeutlicht. Selbst diese punktuelle Verpflichtung der Frau wurde verneint, weshalb gleiches für eine entsprechende Bevollmächtigung gelten dürfte. Darüber hinaus erklärte *Bermond* selbst, dass durch das *Loi au libre salaire* die Wirkungen der *séparation des biens* nur die Verwaltungsbefugnisse der Frau betrafen und ohne vermögensrechtliche Folgen für das Güterrecht blieben. Aus diesem Grund ginge es zu weit, die Rechte der in Gütertrennung lebenden Frau an ihren *biens personnels* auf die Wirkungen des *Loi au libre salaire* auszuweiten.

ouvrier" mache. Diese Position als Innenministerin des Arbeitshaushalts erlange sie aufgrund ihrer neuen Befugnisse, welche sie nicht mehr zu einer bloßen Bevollmächtigten des Ehemannes, sondern zu der Bevollmächtigten der ehelichen Gemeinschaft mache, die sie nun wie ein Unternehmen führe.[937] Da der Ehefrau die Verwaltung des Haushaltes auferlegt sei, müsse sie über wirksame Mittel verfügen, ihren Mann zu Zahlungen im Haushaltsinteresse zu verpflichten. Diese Möglichkeit schuf Art. 7 LLS.[938] Da das Gesetz das Ehevermögen nach Verwaltern trenne, sei der Umfang festzulegen, in welchem jeder der Ehegatten zu den gemeinsamen Haushaltsausgaben beizutragen habe.[939] Art. 7 LLS beinhaltete zudem auch die Befugnis des Ehemannes, die Frau im Rahmen ihrer Möglichkeiten zur Tragung der Haushaltskosten zu verpflichten, indem er in diesem Umfang ihren Erwerb pfändete und einzog.[940] Dieses Rechtsmittel war *Bermond* zufolge neben der Missbrauchskontrolle nach Art. 2 LLS erforderlich, da die Ehefrau durch ihre beträchtlichen neuen Befugnisse zur Verschwendung ihres Lohnes verführt werde und dieser erst durch die Zweckbindung ihrer Arbeitsprodukte an die Haushaltsbedürfnisse in die richtige Richtung gelenkt würde. Für beide Rechtsmittel stand gemäß Art. 8 und 9 LLS aufgrund des Dringlichkeitscharakters der Rechtsweg eines vereinfachten Verfahrens offen.[941] *Bermond* betonte indessen, dass von Art. 7 LLS alle Frauen profitierten, nicht nur die berufstätigen. Die Bestimmungen seien derart umfassend ausgestaltet, dass es keinen Grund gebe, bei dieser Fragestellung arbeitende Ehefrauen zu bevorzugen, da der gesetzliche Auftrag zudem alle ehelichen Haushalte erreichen wolle.[942]

Bermond erklärte weiter, dass Art. 7 LLS jedoch keineswegs die Bestimmungen von Art. 1537 CC[943] hinsichtlich der *séparation de biens* bei

---

[937] *Bermond*, Libre salaire, S. 216 ff.

[938] Siehe unten, S. 209.

[939] *Bermond*, Libre salaire, S. 217: *Bermond* nannte hier als Vorbild mit vergleichbarer Regelung das BGB, wonach die Ehefrau mit dem als Vorbehaltsware qualifizierten Einkommen zu den Haushaltskosten beitragen musste, sofern ihr eingebrachtes Gut nicht ausreichte.

[940] *Bermond*, Libre salaire, S. 217.

[941] *Bermond*, Libre salaire, S. 217 f.

[942] *Bermond*, ebenda.

[943] Art. 1537 CC: *Jeder Ehegatte trägt nach den, in ihren Kontrakten enthaltenen, übereingekommenen Bestimmungen zu den Lasten der Ehe bei; wenn keine Übereinkunft in dieser*

getrenntlebenden Ehegatten ändere.[944] Hier stelle sich aber die Anschlussfrage, ob auch im Rahmen der *séparation des biens* eine Frau den Lohn ihres Ehemannes gemäß Art. 7 LLS vereinnahmen könnte. Diese Fallkonstellation entschied die Rechtsprechung bereits kurz nach dem Erlass des *Loi au libre salaire*. Vorinstanzlich entschied ein Gericht zunächst, dass Art. 7 LLS auf Eheleute, die in einer Vermögensabsonderung lebten, nicht anzuwenden sei, da das Gesetz unter „*Haushalt*“ eine Familie verstehe, die unter einem Dach lebe und sich daher alle Kosten teile, dies auf Ehepartner in separaten Wohnungen jedoch nicht zutreffe.[945] Nach einer Berufung entschied der *Cour Suprême* hingegen, dass Art. 7 LLS auch auf solche Fälle anwendbar sei. Es werde nicht danach unterschieden, ob die Ehegatten da facto zusammenlebten oder nicht.[946] *Bermond* sah diese Auffassung des Gerichts auf einer Linie mit der Intention des Gesetzgebers. Er wies dabei darauf hin, dass der Gesetzestext von 1896 noch explizit eine Beschlagnahme der Einkünfte des Mannes durch die Frau geregelt habe, wenn der Mann die gemeinsame Ehewohnung aufgab.[947] Der schließlich 1907 verabschiedete Gesetzestext sei zwar wesentlich allgemeiner gefasst, ein Bericht der Kommission enthalte jedoch den Hinweis, dass die Regelungen des Gesetzes den häufigsten aller Auflösungsfälle, nämlich die Aufgabe des ehelichen Heims durch einen der Ehegatten, mit umfassten. Dabei sollte es demjenigen Ehegatten zum Nachteil gereichen, der sich durch die Aufgabe der Ehewohnung den gemeinsamen Verpflichtungen entzog.[948]

cc. EIN MEINUNGSSPEKTRUM

Das *Loi au libre salaire* erzeugte ein wahrnehmbares Echo in der Rechtswissenschaft. Für “*heiße*” rechtliche Analysen sorgte die Arbeit von Jean *Sourdois*, “*Les droits de la femme mariée sur les produits de son travail d'après la loi du 13*

Hinsicht besteht, so trägt die Frau bis zur Konkurrenz des Drittels ihrer Einkünfte zu diesen Lasten bei.

944 Dies wurde ausdrücklich während des Gesetzgebungsverfahrens vom Abgeordneten *Violette* festgehalten, vgl.: *Journal Officiel*, Débats parlementaires, Chambre des députés, 15.05.1907, S. 962.

945 *Bermond*, Libre salaire, S. 219: Gaz. Trib. 12.03.1908, S. 1909–1–202 ; Trib. Paix de Saint-Gilles, 15.05.1908, Bull. somm. 1908, 2e, S. 33.

946 *Bermond*, Libre salaire, S. 219, Fn. 1: Sous Cass. 01.02.1909, S. 1909–1–209.

947 *Journal Officiel*, 27.02.1896, S. 147 f.

948 *Journal Officiel*, Débats parlementaires, Chambre des députés, 15.05.1907, S. 621 f.

juillet 1907".[949] Daneben sorgte insbesondere die Arbeit von Pierre *Moride* für Aufmerksamkeit, weshalb auch seine Einschätzungen für die Erstellung eines Meinungsspektrums herangezogen werden sollen. Auch dem deutschen Sozialisten und Politiker August *Bebel* entging das französische Gesetz vom 13. Juli 1907 nicht. In seinem Klassiker „*Die Frau und der Sozialismus*" lobte er den Wegfall des ehemännlichen Verfügungsrechtes über die *biens réservés* der Ehefrau. Er sah darin den ersten Vorstoß der französischen Gesetzgebung hin zur Gleichstellung der Geschlechter.[950]

Sourdois widmete sich der Analyse des LLS bereits 1907. Für ihn spiegelte die Reform den wirtschaftlichen Status verheirateter Frauen wider, dessen Entwicklung und Bedeutung nicht länger zu ignorieren gewesen sei.[951] Vor dem Hintergrund der freien Verwaltungsbefugnisse des Ehemannes seien die Forderungen der feministischen Bewegungen zum Schutz des Erwerbs der verheirateten Frau, in einem Land mit fast sieben Millionen Arbeiterinnen, vernünftig und gerechtfertigt gewesen.[952] *Sourdois* kommentierte die Gesetzgebungsarbeiten am *Loi au libre salaire* zunächst nüchtern,[953] er zeigte sich jedoch bestürzt über die jahrelange Verschleppung des Verfahrens.[954] Er untersuchte insbesondere auch die Forderungen feministischer Vereinigungen rund um das Güterrecht. Dabei beschrieb er das Verlangen nach einem gesetzlichen *régime de séparation des biens* als besonders radikal, welches insbesondere gegenüber dem gewählten System der weiblichen *biens réservés* zu anspruchsvoll und wenig praktikabel sei.[955] *Sourdois* beschrieb *das Loi au libre salaire* als bedeutenden Fortschritt. Dem Gesetzgeber sei es gelungen, ohne die Schaffung eines neuen Güterrechtsregimes und unter Beachtung der Vertragsfreiheit, die freie Verfügung der verheirateten Frau über die

---

[949] *Niort*, Homo Civilis I, S. 480 Fn. 202: Journal Officiel 1907, S. 4957. Parmi les études et commentaires „à chaud" de cette loi, voir Jean Sourdois, „Les droits de la femme mariée sur les produits de son travail d'après la loi du 13 juillet 1907», *Revue trimestrielle de droit civil*, 1907, S. 555 f.

[950] August *Bebel*, Die Frau und der Sozialismus: Die rechtliche Stellung der Frau (Auszüge, basierend auf der 50. Aufl. von 1910), in: *Meder/Duncker/Czelk*, Rechtsstellung der Frau, S. 60.

[951] *Sourdois*, Les droits de la femme mariée sur les produits de son travail, S. 555.

[952] *Sourdois*, Les droits de la femme mariée sur les produits de son travail, S. 557.

[953] *Sourdois*, Les droits de la femme mariée sur les produits de son travail, S. 565 ff.

[954] *Sourdois*, Les droits de la femme mariée sur les produits de son travail, S. 567.

[955] *Sourdois*, ebenda.

Produkte ihrer persönlichen Arbeit anzuerkennen und dem Erwerb der Frau dem Unterhalt des Haushalts zu verschreiben. Die Regelungen seien sehr überlegt ausgearbeitet worden und wahrten durch die Möglichkeit eines beschleunigten Verfahrens die Rechte und Interessen der Ehefrau wirksam.[956] Die Schaffung der *biens réservés* taste darüber hinaus die vermögens- und eigentumsrechtlichen Folgen der bestehenden Güterrechtssysteme nicht an, was insbesondere Art. 5 LLS zu entnehmen sei, wonach grundsätzlich die *biens réservés* im Falle der Auflösung in den *fond commun* fielen.[957]

Sourdois betonte ferner, dass der Ehemann sich nicht über eine Missachtung der *puissance maritale* durch die Gesetzesreform beschweren könne, da die Ehefrau nur in den Genuss der Befugnisse des Gesetzes komme, wenn sie einer unabhängigen Arbeit nachgehe – ein Umstand, den der Ehemann entsprechend Art. 219 CC weiterhin in der Hand halte, indem er die Genehmigung zur Arbeitsaufnahme verweigern konnte. Die Genehmigung könne zwar grundsätzlich gerichtlich ersetzt werden, Lehre und Rechtsprechung gingen jedoch in einigen Fällen so weit, aus moralischen Gründen die Substitution einer Genehmigung des Ehemannes durch ein Gericht abzulehnen.[958] Jedoch wies *Sourdois* darauf hin, dass es sich bei Art. 219 CC um einen „*lettre mort*" handele, der in der Praxis so gut wie nie zur Anwendung käme, da kaum einem Ehemann bewusst sei, über entsprechende Befugnisse zu verfügen.[959]

Eine Beschränkung der Ehefrau liege darin, dass sie mit ihren *biens réservés*, entgegen den Befugnissen des Ehemannes, keine unentgeltlichen Handlungen vornehmen könne. *Sourdois* sah darin eine unnötige Benachteiligung. Besser sei eine geschlechtsneutrale Regelung, die vorsehe, dass beide Ehegatten im Fall unentgeltlicher Verfügungen die Mitwirkung des anderen Ehepartners benötigten.[960] Was den Schutzumfang des *Loi au libre salaire* betraf, so sei selbstverständlich, dass das Gehalt einer Beamtin oder der Gewinn einer Händlerin ebenso heilig seien wie das Gehalt der Arbeiterin.[961]

---

956 *Sourdois*, Les droits de la femme mariée sur les produits de son travail, S. 580.

957 *Sourdois*, Les droits de la femme mariée sur les produits de son travail, S. 580 f.

958 *Sourdois*, Les droits de la femme mariée sur les produits de son travail, S. 581; Vgl. Art.4 *Code de commerce*.

959 *Sourdois*, Les droits de la femme mariée sur les produits de son travail, S. 581.

960 *Sourdois*, Les droits de la femme mariée sur les produits de son travail, S. 582.

961 *Sourdois*, ebenda.

Neben dem lobend erwähnten Fortschritt äußerte *Sourdois* jedoch auch Kritik. Diese betraf insbesondere den Umgang mit Handelsfrauen und Gewerbetreibenden, da die Produkte ihrer Arbeit regelmäßig gemischter Natur seien und sich neben einer Arbeitsvergütung auch aus der Verzinsung von Kapital zusammensetzen. Diese Produkte seien derart miteinander verflochten, dass eine Differenzierung kaum möglich sei. Das Gesetz liefere in diesem Bereich keine adäquaten Lösungshinweise.[962] Darüber hinaus beachte das Gesetz die Interessen Dritter im Rechtsverkehr nicht ausreichend. Sowohl die Nachweisregelungen als auch die Rechtsfolgen bei Auflösung der Ehe bärgen die Gefahr betrügerischer Zusammenarbeit der Eheleute in sich. In diesem Zusammenhang würden außerdem auch im Rahmen der Beitragspflicht zu den Haushaltskosten die Rechte der Gläubiger nicht ausreichend deutlich.[963]

Auch Pierre *Moride* widmete im Jahr 1908 eine Arbeit mit dem Titel „*Des modifications apportées par la loi du 13 juillet 1907 relative au libre salaire de la femme mariée au régime de la communauté légale*" den Auswirkungen der Gesetzesreform auf den gesetzlichen Güterstand. Für *Moride* war das Gesetz insbesondere von einem theoretischen Standpunkt aus bedeutsam. Vermögensrechtlich bilde sich durch die *biens réservés* eine Miteigentumsmasse, die von der *commune* getrennt und der Herrschaft des Ehemannes entzogen sei. Stattdessen unterstehe dieses Vermögen allein der Ehefrau gemäß Art. 1 LLS, weshalb die *communauté* zu einer Gemeinschaft mit zwei Verwaltern werde. Damit sei es die Ehefrau, die aufgrund eines gesetzlichen Mandats – und nicht mehr Kraft eines widerruflichen *mandat tacite* – die Aufgaben der Gemeinschaft wahrnehme. Dabei sei die Reform nur ein erster Schritt des Gesetzgebers, die übermäßigen Rechte des Mannes innerhalb der Ehe abzubauen.[964] *Moride* konzentrierte sich auch auf die praktischen Auswirkungen des Gesetzes, die er als gering beurteilte. Zunächst wüssten nur wenige berufstätige Ehefrauen von der Existenz des Gesetzes, in gleicher Weise, wie bisher nur wenige Ehemänner ihre Rechte an den Arbeitsprodukten der Frau kannten. Aus diesem Grund werde es lange dauern, bis das *Loi au libre salaire* in das Gedankengut der Arbeiterklasse

---

962 *Sourdois*, Les droits de la femme mariée sur les produits de son travail, S. 583.
963 *Sourdois*, Les droits de la femme mariée sur les produits de son travail, S. 584 f.
964 *Moride*, Modifications, S. 191.

vordringe. In vielen Fällen werde sich an dem Status quo nichts ändern. Die Ersparnisse der Ehefrau seien kaum besser geschützt, denn ob der Ehemann das Gesetz kenne oder ignoriere, könne er stets doch mit Gewalt das weibliche Vermögen vereinnahmen.[965] Die Studien der *SEL* hätten zwar ergeben, dass ein solcher Missbrauch selten sei, es sei jedoch kaum feststellbar, was genau im Haushalt eines Ehepaares vor sich ginge. Denn gerade bei Missbrauch verberge die Ehefrau diesen schmerzlichen Zustand und leide schweigend. Daran könnte nur eine Reform der Moral, jedoch keine Reform des Gesetzes etwas ändern.[966]

Darüber hinaus war *Moride* der Überzeugung, dass die Lohnpfändung infolge der Beitragspflicht gemäß Art. 7 LLS kaum Bedeutung habe. Es sei praktisch ausgeschlossen, dass eine Frau, die noch mit ihrem Ehemann unter einem Dach wohnte, es wagte, den Lohn ihres Gatten gerichtlich pfänden zu lassen. Dies sei sogar anzunehmen, wenn der Mann die gemeinsame Ehewohnung verlasse,[967] da die Ehefrau zu gehemmt sei, die „*Kriegsmittel*" des Gesetzes einzusetzen. Der Ehemann, der das gemeinsame Heim verließ, sei meistens ein Trinker oder Schläger, vor dessen Zorn sich die Frau auch weiterhin fürchte.[968]

Darüber hinaus erkannte *Moride* in dem *Loi au libre salaire* unbeabsichtigte Folgen. Insbesondere die verschiedenen Vermögensmassen würden für Verwirrung sorgen. Der in der Theorie einfache Sachverhalt, die *biens réservés* der Frau von der *commune* abzugrenzen, gestalte sich in der Praxis umständlicher. Häufig habe die Frau, um den Unterhalt des Haushalts zu organisieren, neben dem eigenen Lohn noch den Erwerb ihres Mannes zur Verfügung. Wenn sie damit ein Geschäft tätige, wisse sie selbst kaum, mit welchem Geld sie arbeite. So könnte sie über die Befugnisse des Gesetzes hinaus sogar mit dem Vermögen des Mannes Einzahlungen in die *Caisse D'Épargne* tätigen.[969] Außerdem führe die Voraussetzung, dass die Frau einen vom Ehemann getrennten Beruf ausüben müsse, zu unerwarteten Ergebnissen. So könne etwa eine Gesangslehrerin, die sich bisher von ihrem Ehemann auf

965 *Moride*, Modifications, S. 194.
966 *Moride*, Modifications, S. 195.
967 *Moride*, ebenda.
968 *Moride*, Modifications, S. 196.
969 *Moride*, Modifications, S. 197.

dem Klavier begleiten ließ, sich dazu gezwungen sehen, diese Rolle einem Fremden zu übertragen, um frei über ihren Lohn verfügen zu können.[970]

Moride zeigte sich enttäuscht darüber, dass die Gesetzesreform nicht die Chance genutzt hätte, auch die Situation der im Haus tätigen Ehefrau zu verbessern. Er betonte, dass er damit keineswegs eine Vergütung der häuslichen Tätigkeit durch den Ehemann meine, wie es einige Feministinnen verlangten. Jedoch sei die Hausfrau, die klug und sparsam den Haushalt führe, oftmals wertvoller und *„nützlicher"* als jene, die etwa in einer Fabrik arbeite. Es sei daher wünschenswert, dieser *„guten Hausfrau"* beispielsweise das Recht zu gewähren, Einzahlungen in die *Caisse D'Épargne* zu tätigen und die Ersparnisse, welche sie mit dem Verdienst ihres Mannes anhäufte, frei abheben zu können.[971] Auch wenn das *Loi au libre salaire* diverse Mängel aufwies, war *Moride* davon überzeugt, dass es in einigen Fällen zu guten Ergebnissen führe. Indem der Ehemann nicht mehr das allmächtige Haupt der Gemeinschaft sei, könne er rechtlich und faktisch nicht mehr den Lohn der Ehefrau verschleudern. Die Reform ergänze zudem hervorragend die Gesetze des *Caisse D'Épargne* von 1895. Von nun an könne die verheiratete Frau frei und ohne eheliche Intervention Ein- und Auszahlungen tätigen, wodurch das *Loi au libre salaire* die Aufmerksamkeit der Frauen auf sich ziehen und an Bedeutung gewinnen werde.[972] Dabei würden nicht nur in den Haushalten der Arbeiterklasse, sondern auch in bürgerlichen Haushalten die Auswirkungen des Gesetzes zu spüren sein. Während einige Frauen lächerlich geringe Löhne verdienten, gäbe es andere, die für ihre Arbeit oder ihr Talent angemessen bezahlt würden. Eine Sängerin, Schauspielerin, Künstlerin oder Schriftstellerin finde sich oft mit der Verwaltung einer Vermögensmasse wieder, die größer sei als jene ihres Ehemannes. In diesen Fällen würden die Rollen innerhalb der Ehe durch das *Loi au libre salaire* sogar vertauscht und die Ehefrau sei durch die Abschaffung der Allmacht des Ehemannes die Herrin der *communauté*.[973] *Moride* schloss seine Analyse damit, dass das feministische Gesetz es mehr als verdient habe, verabschiedet zu werden.[974]

---

970 *Moride*, Modifications, S. 198.
971 *Moride*, Modifications, S. 199.
972 *Moride*, Modifications, S. 200.
973 *Moride*, Modifications, S. 203.
974 *Moride*, Modifications, S. 204.

dd. ZUSAMMENFASSUNG UND FAZIT

Nach der Verabschiedung des *Loi au libre salaire* am 13. Juli 1907 beschäftigte sich die Rechtswissenschaft mit dessen Auswirkungen auf die allgemeinen Ehewirkungen sowie dessen vermögens- und eigentumsrechtliches Zusammenspiel mit dem Güterrecht des Code Civil. Daneben wurde der Entstehung des neuen ordre public besondere Aufmerksamkeit geschenkt. Die Bewertungen des Gesetzes fielen sehr unterschiedlich aus. Während einige einen enormen Fortschritt für die Gleichberechtigung annahmen, maßen andere dem Gesetz kaum praktische Bedeutung bei. Hinsichtlich der allgemeinen Ehewirkungen und insbesondere der *incapacité* der Ehefrau erkannte *Saleilles* das verschwendete Potenzial der Gesetzgebung, die umfassende Geschäftsfähigkeit der verheirateten Frau herzustellen. Er war sich mit seinen Kollegen einig, dass das Gesetz stattdessen an der *incapacité* der verheirateten Frau festhielt und ihr bloß ein *mandat légale* zur Seite stellte.

Was die vermögens- und eigentumsrechtlichen Auswirkungen des Gesetzes auf die Güterstände des Code Civil betraf, so bestand ein Konsens, dass der Verweis in Art. 1 LLS auf die Befugnisse der Vermögensabsonderung gemäß Art. 1449 CC die *communauté* nicht untergrub, indem die *biens réservés* Sondereigentum der Ehefrau bildeten. Vielmehr blieben die *biens réservés* ein Teil der *biens communs*, jedoch der Verfügungshoheit des Ehemannes entzogen und stattdessen den Befugnissen der Ehefrau zugeordnet. Was des *régime dotal* betraf, so wurden die *biens réservés* den *biens parapherneaux* zugeordnet, da dessen rechtlicher Charakter am ehesten den neuen Befugnissen der verheirateten Frau gerecht wurde.

Insbesondere die Schaffung des neuen *ordre public*, durch die Nichtigkeit der vom Gesetz abweichenden Ehevertragsvereinbarungen, wurde sehr unterschiedlich bewertet. Mitunter wurde er als erster Schritt einer Reihe von Gesetzgebungen gefeiert, welche die männliche Autorität zurückfahren und so die Ehe zu einer wahren Gemeinschaft im Sinne einer gleichberechtigten Partnerschaft leiten werde. Demgegenüber wurde diese gesetzliche Verankerung auch als absolut unnötig empfunden, da der Ehemann ohnehin kaum von seinem Vorrecht gemäß Art. 219 CC Gebrauch mache und auch seine Rechte am Vermögen der Ehefrau selten missbrauche. Daher wurde dem *ordre public* vornehmlich ein symbolischer Charakter beigemessen, dessen Wirkung es mangels Kenntnis von der Reform auch kaum bis in die Mitte der Gesellschaft schaffe. Darüber hinaus sei das *Loi au libre salaire* für Ehefrauen bedeutungslos, welche sich in gewalttätigen Verbindungen mit unmoralischen Männern befänden – in diesen Fällen werde die Frau kaum ihre gesetzlichen Rechte gerichtlich durchzusetzen. Vereinzelt wurde der ordre public außerdem als Rückschritt kritisiert, da er der Annahme des Gesetzes entgegenstehe, dass die verheiratete Frau selbstständig und klug genug sei, wirtschaftliche Entscheidungen über ihren Lohn zu treffen, und stattdessen die patriarchalischen Vorurteile des Code Civil wiederhole, dass ihr nicht zuzutrauen sei, ihren Ehevertrag unabhängig zu gestalten.

Die zahlreichen Analysen der Rechtswissenschaft widmeten sich vornehmlich den theoretischen Auswirkungen des Gesetzes. Nur wenige der praktischen Erwägungen schienen den Umständen einer arbeitenden Ehefrau aus weiblicher Perspektive Rechnung zu tragen und begnügten sich mit oberflächlichen und undifferenzierten Ausblicken. Das größte Versäumnis des Gesetzes war jedoch die Entscheidung, an der *incapacité* festzuhalten und diese nur im Umfang des *Loi au libre salaire* zu öffnen, wobei auch bei der Befugnis-Erlangung durch das *mandat légale* kaum von einer teilweisen Geschäftsfähigkeit gesprochen werden konnte, da die *biens réservés* durch die gesetzliche Missbrauchskontrolle und Beitragspflicht oftmals einer vollständigen Zweckbindung unterlagen und aufgebraucht wurden. Darüber hinaus kann sich den Erwägungen angeschlossen werden, dass die Schaffung des *ordre public* einen notwendigen Schritt des Gesetzgebers hin zur Gleichberechtigung der Eheleute darstellte. Dabei widersprach diese Verankerung auch nicht dem Auftrag des Gesetzes. Die Nichtigkeit ehevertraglicher Klauseln beschnitt nicht die Vertragsfreiheit der verheirateten Frau, sondern vielmehr jene des Ehemannes, der der Frau für die Dauer der Ehe einen unwiderruflichen Nachteil aufzubürden versuchte. Sofern die Ehefrau ihren Mann an ihrem Erwerb teilhaben lassen wollte, so konnte sie dies weiterhin auf freiwilliger Basis und im Einzelfall nach der Heirat entscheiden. Wie bereits im Zuge des Gesetzgebungsverfahrens schienen einige Männer auch das verabschiedete *Loi au libre salaire* als Angriff auf die eigene Ehre aufzufassen und wurden es nicht müde zu betonen, dass nicht alle Männer Taugenichtse seien, die den Lohn ihrer Frau verschwendeten. Letztlich stand der Gedanke des Vermögensschutzes im Vordergrund der Gesetzgebungsarbeiten und nicht die Autonomie der Ehefrau.

b. Die Reaktionen der Frauenbewegung und der Öffentlichkeit

Das *Loi au libre salaire* vom 13. Juli 1907 erzeugte sowohl in den Reihen der Frauenbewegung als auch der freien Presse ein eher verhaltenes Echo. Im Folgenden sollen die Reaktionen wichtiger Institutionen der Frauenbewegung mit besonderem Fokus auf der treibenden Kraft des Gesetzgebungsverfahrens, der *Avant-Courrière*, sowie der Umgang mit dem Gesetz durch die feministische Presse und sonstigen *Journaux* untersucht werden.

aa. *CONSEIL NATIONAL DES FEMMES FRANÇAISES*

Der Frauenverband und Teil des internationalen Frauenrats *Conseil national des femmes françaises* behandelte in seiner zweiten Quartalssitzung im Jahr 1907 das *Loi au libre salaire*. Die Präsidentin der Abteilung „*travail*", Mme. *Pégard*, stellte die Reform den versammelten Frauen vor. Sie war es auch, die den Änderungsantrag *Faures* in der Senatssitzung vom 24. Mai 1907 inspirierte, welcher zu einer Änderung des *ordre public* führte.[975] *Pégards* Agenda umfasste neben den Besitzrechten verheirateter Frauen an ihrem Arbeitserwerb auch die Wählbarkeit von Frauen in berufsständische Arbeitsgerichte, die Vertretung von Frauen im *Conseil Supérieur du Travail*, die Bildung von Gewerkschaften und die Hilfe für Mütter und Kleinkinder.[976]

In ihrem Bericht über das *Loi au libre salaire* hob sie insbesondere lobend die von Senator *Faure* initiierte Fassung von Art. 1 LLS hervor, wonach gegenteilige Ehevertragsklauseln nichtig waren. Ohne eine entsprechende Anpassung sei die Gefahr, dass Befugnisbeschränkungen der Frau im Ehevertrag zu einer „*clause d'usage*" würden, unberechenbar gewesen und der Nutzen des Gesetzes leergelaufen. Sie führte weiter aus, dass die Gemeinschaft der Frauen niemals vergessen werde, welchen Dienst ihnen *Faure* erwiesen habe, als er sich für den Änderungsantrag einsetzte.[977] *Pégard* betonte im Weiteren den unschätz-

---

975 Senatssitzung vom 24.05.1907, in: *Journal Officiel*, Débats parlementaires, Chambre des députés, 25.05.1907, S. 661: Senator *Faure* führte seinen Änderungsvorschlag auf einen berechtigten „Aufschrei" von „Mme. *Pégard*" zurück. Gemeint war damit wohl die Präsidentin der Abteilung „*travail*" des Conseil National des Femmes Françaises Mme. *Pégard*, welche in der Generalversammlung des *Conseil National des Femmes* vom 07.07.1907 auf den Änderungsvorschlag *Faures* Bezug nahm und dazu Stellung, vgl. *Conseil National des Femmes Françaises*, Quatrième Assemblée Générale, S. 41 ff.

976 *Conseil National des Femmes Françaises*, Quatrième Assemblée Générale, S. 41.

977 *Conseil National des Femmes Françaises*, Quatrième Assemblée Générale, S. 46.

baren Einsatz Jeanne *Schmahls* im Rahmen der Gesetzgebungsarbeiten. Sie habe diese Reform angestoßen und vorangetrieben und so ein Gesetz herbeigeführt, welches das Potenzial habe, Frauen neue persönliche und berufliche Perspektiven zu eröffnen. Die Reform markiere einen ersten großen Schritt auf dem Weg zur wirtschaftlichen Emanzipation der Frau.[978] Eine Auseinandersetzung mit dem Gesetz auf juristischer Ebene erfolgte hingegen nicht.

bb. DER UMGANG DER PRESSE MIT DEM *LOI AU LIBRE SALAIRE*

Entgegen der intensiven Behandlung in der Rechtswissenschaft zeichnete eine Durchsicht einschlägiger feministischer Zeitschriften sowie großer Zeitungen das Bild eines wenig aufsehenerregenden Gesetzeserlasses. Insgesamt konnten kaum Presseberichte zu dem *Loi au libre salaire* gefunden werden, und wenn, blieben diese meist oberflächlich. *L'Ouest-Éclair*, eine regionale französische Tageszeitung, welche in Westfrankreich erschien, berichtete in ihrer Ausgabe vom 18. Juli 1907 zwar vom Erlass des Gesetzes, beschränkte sich jedoch auf die Wiedergabe des Gesetzestextes.[979] Gleiches galt nach dem Gesetzeserlass zunächst auch für die feministische Zeitschrift *La Française, Journal de Progrès Féminin*.[980] Dieser knappen Auseinandersetzung mit der neuen Gesetzgebung schlossen sich auch andere Zeitungen an.[981]

Unmittelbar nach der Verabschiedung des Gesetzes veröffentlichte die konservative Pariser Tageszeitung *L'Intransigeant* eine detailliertere Auseinandersetzung mit dem *Loi au libre salaire*.[982] Ohne eine direkte Wiedergabe des Gesetzestextes erklärte der Verfasser des Beitrags, Léon *Bailby*[983], dass

---

978 *Conseil National des Femmes Françaises*, Quatrième Assemblée Générale, S. 47.

979 *L'Ouest-Éclair*, Journal républicain quotidien de la Bretagne et de l'ouest, Ausgabe vom 13.07.1901, S. 1.

980 *La Française, Journal de Progrès Féminin*, Ausgabe vom 28.07.1907, S. 2; Erst im Herbst des Erlassjahres erfolgte ein detaillierter Beitrag, Vgl. *La Française, Journal de Progrès Féminin*, Ausgabe vom 01.09.1907, S. 1 f.

981 Vgl.: *La Charente, Organ républicain quotidien*, Ausgabe vom 13.07.1907, S. 1, erwähnt in wenigen Zeilen, dass das *Loi au libre salaire* verabschiedet wurde.

982 *L'Intransigeant*, Ausgabe vom 18.07.9017, S. 2.

983 *Ropion*, Un grand patron de presse, in: Bulletin de la Société archéologique de Touraine, 2007, S. 271–275: Léon *Bailby* war ein französischer Journalist, welcher 1908 L'Intransigeant aufkaufte und Direktor der Tageszeitung wurde. Im Weiteren war er für seine wohltätigen Bestrebungen und Ausrichtungen von Wohltätigkeitsgalas zur

die Nichtigkeit gesetzeswidriger Ehevertragsklauseln und das Recht der Ehefrau, mit dem Ertrag ihrer Arbeit bewegliches oder unbewegliches Vermögen erwerben zu können, die wichtigsten Regelungen der Reform seien. Darüber hinaus erläuterte er die Haftungsverteilung der Ehegatten und schnitt die partielle Prozessfähigkeit der Ehefrau an. Der Verfasser konnte sich dabei einen Hinweis an die Damenwelt nicht verkneifen, dass die neuen Befugnisse des Gesetzes keineswegs bedeuteten, dass von nun an die Frauen ihren Verdienst für Schmuck verschwenden könnten, sondern damit zu den Haushaltsausgaben beizutragen sei. Er erklärte weiter, dass dies im Gegenzug jedoch auch bedeute, dass den Ehefrauen das Recht zukäme, einen Teil des Gehalts des Ehemannes pfänden zu lassen, um es für die Bedürfnisse des Haushaltes einzusetzen.[984] Im Übrigen gab der Artikel Reaktionen und Meinungen anderer Regierungsorgane wieder.[985] So äußerte etwa Herr *Fontaine*, ein Regierungsbeauftragter des Arbeitsministeriums, dass man das neue Gesetz von einem sozialen Standpunkt aus begrüße und das Gesetzgebungsverfahren stets unterstützt habe. Man wolle sicherstellen, dass Frauen mit ihrem Gehalt ihre Kinder erziehen und unterhalten könnten. Dennoch fügte er hinzu, dass das Gesetz auf der Hypothese eines unwürdigen Ehemannes, der das Vermögen der Frau verschwende, errichtet worden sei. Dies müsse jedoch weiterhin als absoluter Ausnahmefall betrachtet werden. Im Weiteren hob er die von Senator *Faure* angestoßene Änderung zur Nichtigkeit gesetzwidriger Ehevertragsklauseln lobend hervor, da nur so verhindert werden könne, dass die Frau bereits vor der Eheschließung die ihr durch das Gesetz zugesagten Rechte verliere. Er kritisierte, dass das Gesetz scheinbar diejenigen Ehefrauen ausgenommen habe, die ihre tägliche Arbeit im Gewerbe oder Handel des Ehemannes ableisteten. Er stellte daher die Frage, wie in diesen Fällen der Anteil ihres Verdienstes und die Beteiligung an den Haushaltsbedürfnissen zu bestimmen sei.[986]

Benjamin *Landowsky*, Präsident des *Tribunal de simple police*, war der Ansicht, dass die Ausgestaltung der gesetzlichen Regelungen und praktischen Konsequenzen des Gesetzes hinsichtlich des weiblichen Arbeitsproduktes

Bekämpfung von Knochenschwindsucht und Finanzierung von Urlaubsaufenthalten für junge und arme Pariser bekannt.

984 *L'Intransigeant*, Ausgabe vom 18.07.9017, S. 2.

985 *L'Intransigeant*, ebenda.

986 *L'Intransigeant*, Ausgabe vom 18.07.9017, S. 2.

ausgezeichnet gelungen seien. Die Artikel ergäben ein geschlossenes System, welches sich an den Regelungen zur Vermögensabsonderung orientierte. Allein Art. 2 LLS sei aus rechtlicher Sicht schwierig durchsetzbar, da er dem Ehemann weiterhin Kontrollrechte am Vermögen der Frau gab. Dabei sei es jedoch maßgeblich die genaue Anwendbarkeit von der Rechtsprechung zu erforschen.[987]

Die Rückmeldungen weiterer Persönlichkeiten beschränkten sich auf die Kenntnis von dem Erlass des *Loi au libre salaire* und waren daher wenig aussagekräftig.

Abschließend adressierte Léon *Bailby* erneut die Leserinnen direkt und betonte, dass das Gesetz keineswegs ein Sieg des Feminismus sei, sondern vielmehr der Sieg des gesunden Menschenverstandes. Ein Trunkenbold könne nun nicht mehr sein „*dummes*" Vorrecht als Ehemann beanspruchen, den Verdienst der Frau verschwenden und die eigenen Kinder hungern lassen. In Frankreich habe sich etwas geändert und das sei auch gut so. Aber das läge nicht an den „*dames portant culottes*", welche den Feminismus nicht zum Besten der Frau, sondern aus Hass auf den Mann vorantrieben. Das Gesetz gewähre den Frauen ein legitimes Recht, welches sich aus dem gesellschaftlichen Wandel ergebe, der die Frauen zwinge, arbeiten zu gehen und wie ein Mann zu leben. Man müsse kein Feminist sein, um diesen Fortschritt zu begrüßen, der bloß ein Akt der Gerechtigkeit sei. Die Männer des Gesetzesausschusses hätten in diesem Fall den Frauen so gedient, als ginge es um sie selbst.[988]

cc. DIE FEMINISTINNEN UM DIE *AVANT-COURRIÈRE* UND JEANNE *SCHMAHL*

Mit der Verabschiedung des *Loi au libre salaire* erreichten Jeanne *Schmahl* und die *Avant-Courrière* ihr zweites und damit letztes Gründungsziel. Nach der Gesetzesänderung von 1897, die es verheirateten Frauen ermöglichte, in Zivilverfahren ein Zeugnis abzulegen,[989] erfüllte sich mit der Verfügung über die persönlichen Arbeitsprodukte der verheirateten Frau ihr zweites Anliegen rund zehn Jahre später. *Schmahl* blieb ihrer zielgerichteten Art treu und löste die *Avant-Courrière* nach dem Gesetzeserlass auf.[990] Dies geschah,

---

987 *L'Intransigeant*, ebenda.
988 *L'Intransigeant*, Ausgabe vom 18.07.9017, S. 2.
989 *Journal Officiel*, 07.12.1897.
990 *Bell/Offen*, Women and Freedom, S. 100.

entsprechend ihrer so oft von männlichen Verbündeten gelobten, bedächtigen Vorgehensweise, ohne viel Federlesen und in aller Stille. Ihre erfolgreiche und gewichtige Teilhabe am Gesetzgebungsverfahren wurden weder von ihr noch anderen feministischen Gruppierungen gefeiert. Im Anschluss widmete sich *Schmahl*, gemeinsam mit Hubertine *Auclert*, dem Frauenwahlrecht.[991]

Im September des Erlassjahres setzte sich schließlich auch die von Jane *Misme*, eine langjährige Unterstützerin von *Schmahl* und der *Avant-Courrière*, gegründete Zeitschrift *La Française, Journal de Progrès Féminin*, näher mit dem *Loi au libre salaire* auseinander.[992] In dem Artikel äußerte die Verfasserin Alice *Berthet*[993] ihre Bedenken und Hoffnungen bezüglich des Gesetzes. Sie wies darauf hin, dass, so lange feministische Gesetze ausschließlich von Männern und ohne Rücksprache mit den Betroffenen erarbeitet würden, diese immer kritisch zu diskutieren seien.[994] Vor allem Art. 7 LLS zur Beitragspflicht der Ehegatten, der sehr vage und weit gefasst sei, beschneide die Interessen von Frauen. Es bereitete ihr Sorgen, in den Fragen der Gesetzesreform auf einen Friedensrichter angewiesen zu sein, welcher in einem gekürzten Verfahren die Problematiken des Gesetzestextes wie etwa „*dans la mesure de ses facultés, aux charges du ménage*" und „*en proportion de ses besoins*" interpretieren müsse. Sie bemängelte, dass ein Friedensrichter diesbezüglich kaum über die notwendige Kompetenz und Kontrollmittel verfüge. Damit hängen die Urteile vom Zufall und dem Gefallen und Nutzen des zuständigen Richters ab.[995] Sie war der Überzeugung, dass Art. 7 LLS mit den besten Absichten und mit dem Hintergedanken geschaffen worden sei, sofern der Ehemann nicht ausreichend die Bedürfnisse der Familie befriedigte, der Frau ein wirksames Rechtsmittel zur Seite zu stellen. Tatsächlich empfand *Berthet* es jedoch für viel wahrscheinlicher, dass der faule Trunkenbold den Friedensrichter davon überzeugte, dass seine Frau, welche ein ähnliches oder höheres Gehalt als er beziehe, ihm nicht das nötige Geld für seine Bedürfnisse zur Verfügung stelle. Falle der Richter darauf rein, so führe Art. 7 LLS zu einem Zustand wie vor dem Erlass des Gesetzes.[996] Dies sei keine Gerechtigkeit. Selbst wenn

991 *Bell/Offen*, ebenda.
992 *La Française, Journal de Progrès Féminin*, Ausgabe vom 01.09.1907, S. 1 f.
993 Biografische Angaben zu *Berthet* sind der Verfasserin leider nicht möglich.
994 *La Française, Journal de Progrès Féminin*, Ausgabe vom 01.09.1907, S. 1 f.
995 *La Française, Journal de Progrès Féminin*, Ausgabe vom 01.09.1907, S. 1 f.
996 *La Française, Journal de Progrès Féminin*, ebenda.

es sich nicht um böswillige Ehemänner handele, so berge dieser Artikel eine unkontrollierbare Gefahr in sich und laufe den Interessen des Haushaltes und der verheirateten Frau zuwider. So müsste bei gleichem Lohn die Ehefrau entsprechend dem Ehemann zu den Haushaltsausgaben beitragen. Dieser Anschein von Fairness stoße jedoch bitter auf, wenn man im Übrigen die Rechte und Pflichten der Ehegatten vergleiche. Die Ehefrau sei nun nicht nur dazu verpflichtet, das Haushaltsbudget zu ergänzen, ihr oblägen zudem die Pflichten der Mutterschaft, die Erziehung der Kinder und die Leitung und Führung des Haushaltes – alles Pflichten, denen ebenfalls ein gewisser Wert beizumessen sei. Die Ehefrau müsse nun den dreifachen Beitrag, sei es freiwillig oder unfreiwillig, zum Haushalt beisteuern, da sie aufgrund der Umstände und ihrer Situation als verheiratete Frau auf keine dieser Pflichten verzichten könne.[997] Aus diesem Grund laufe die Beitragspflicht, wonach die Arbeitsprodukte der Frau obligatorisch für die Bedürfnisse des Haushaltes aufzuwenden seien, den Interessen der gesamten Familie zuwider. Indem der Gesetzgeber derartige Einfallstore männlicher Kontrolle geschaffen habe, sei die Gefahr groß, dass der beabsichtigte Effekt des Gesetzes ausbleibe.[998]

Weitere Auseinandersetzungen mit der Gesetzesreform waren in den folgenden Jahren nicht Teil der Wochenzeitung, obwohl *La Française* sich regelmäßig speziellen Rubriken wie „*Feminismus im Parlament*" oder „*Gesetze, die für Frauen von Interesse sind*" widmete und sogar als Sprachrohr des anschließenden Projekts *Schmahls* zum Frauenwahlrecht, *l'Union française pour le suffrage des femmes*, diente.[999]

dd. ZUSAMMENFASSUNG UND FAZIT

Die Verabschiedung des *Loi au libre salaire* erzeugte kein auffallendes Echo in Presse und Öffentlichkeit. Selbst die der *Avant-Courrière* zugeordneten Zeitungen beschäftigten sich kaum mit den Auswirkungen des Gesetzes. Insgesamt wurde die Gesetzesreform als notwendiger und zeitgemäßer Schritt wohlwollend aufgenommen. Im Detail gingen die Beurteilungen des Gesetzes jedoch sowohl hinsichtlich dessen Anwendbarkeit als auch

---

997 *La Française, Journal de Progrès Féminin*, Ausgabe vom 01.09.1907, S. 1 f.

998 *La Française, Journal de Progrès Féminin*, Ausgabe vom 01.09.1907, S. 2.

999 *Chenut*, L'esprit antiféministe et la suffrage, in: Recherches féministes, 2012, S. 37–53, 39 ff.; *Cova*, Protection de la maternité, Revue Dynamiques, Nr. 1, März 2017, S. 1–5, 2 f.

biens réservés entsprechend den Befugnissen des Gesetzes nutzen und ohne Genehmigung des Ehemannes etwa Wertpapiere oder Immobilien erwerben wolle, sich enorme Hindernisse vor ihr auftäten. Sowohl Banken als auch Notare weigerten sich, das *Loi au libre salaire* dahingehend zu verstehen, dass eine verheiratete Frau über entsprechende Befugnisse verfüge. Man behaupte, man könne nicht wissen, ob das Geld tatsächlich aus den Arbeitsprodukten Frau stamme und ob sie dieser Tätigkeit auch weiterhin nachgehe. Ablehnungen würden damit gerechtfertigt, dass der Ehemann gegen die Rechtshandlung der Frau Einspruch erheben könne oder andere Rechtsstreitigkeiten provozieren werde.[1005] *Grinberg* kam daher zu dem Ergebnis, dass diese an Schlüsselpunkten des Rechtsverkehrs sitzenden Personen die verheiratete Frau in das Dilemma brächten, bei der Eröffnung eines Kontos oder Erstellung einer Urkunde[1006] weiterhin auf die eheliche Ermächtigung angewiesen zu sein, da ihr ansonsten die Durchführungen der Geschäfte verweigert würden. Dabei würden zwar nicht alle Banken oder Notare verheirateten Frauen ablehnend gegenüberstehen, kooperative Vertragspartner seien jedoch die Ausnahme.[1007] *Grinberg* stützte diese Einschätzung auf eine Auswertung zahlreicher Berichte von Ehefrauen aus verschiedenen französischen Provinzen, die sich in großer Zahl aufgrund einer entsprechenden Verweigerung bei ihr gemeldet hätten. Sie rief ihre Leserinnen daher auf, ihr im Interesse der Allgemeinheit diejenigen Namen und Banken zukommen zu lassen, die dem Verlangen verheirateter Frauen positiv oder negativ gegenüberstanden.[1008] *Grinberg* erklärte, sie selbst kenne einige der Frauen persönlich, darunter auch energische Feministinnen, die aufgrund der Herauszögerungs- und Verweigerungstaktik der Banken letztendlich nachgegeben und eine Genehmigung des Ehemannes eingeholt hätten. Man müsse jedoch an diejenigen Ehefrauen denken, die sich in einem Scheidungsverfahren befänden, deren Ehemänner abwesend oder vermisst

---

1005 *Grinberg*, La Loi de 1907: est-elle appliquée?, in: *La Française*, ebenda.

1006 Diese Einschätzung von *Grinberg* widerspricht hinsichtlich der Durchführung von Bankgeschäften der positiven Bewertung zeitgenössischer Juristen hinsichtlich der umfangreichen Rechte verheirateter Frauen durch die Gesetzgebung und Praxis der *Lois sur la Caisse D'Épargne*. Deren Handhabung schienen sich die übrigen Banken jedoch nicht anzuschließen.

1007 *Grinberg*, La Loi de 1907: est-elle appliquée?, in: *La Française*, 18.01.1930, S. 1.

1008 *Grinberg*, La Loi de 1907: est-elle appliquée?, in: *La Française*, ebenda.

seien, oder deren Ehemann ihnen gar eine Genehmigung verweigerte. Diese Frauen, von denen es so viele gebe, würde die Praxis die Errungenschaften des Gesetzes unrechtmäßig verweigern. Daher müssten Feministinnen das Vorzeigen einer ehelichen Genehmigung verweigern, um die Prinzipien des Gesetzes zu etablieren. Die besten und intelligentesten Ehemänner würden diese Hartnäckigkeit verstehen, ein Gesetz, das für verheiratete Frauen geschaffen wurde, auch anwenden zu wollen.[1009]

In einem Beitrag aus dem März 1930 ergänzte *Grinberg* ihre Beobachtungen. Sie wiederholte ihre These, dass das *Loi au libre salaire* für Ehefrauen nur selten zu mehr Rechtssicherheit und Autonomie führe. Zahlreiche Antwortschreiben verheirateter Frauen verschiedenster Schichten auf ihren Aufruf aus dem Januar des Jahres zeigten, dass viele Bankiers, Rechtsanwälte oder Notare weiterhin eine Genehmigung des Ehemannes forderten, wenn die Frau über ihren Lohn verfügen wollte.[1010] Um das Vorgehen der Institutionen zu verdeutlichen, gab sie einige ihrer Leserbriefe, die persönliche Erfahrungen mit der Anwendung des Gesetzes schilderten, wieder. Zum Beispiel berichtete Mme. *Baillahache* aus Paris, dass ein Börsenmakler ihr Anliegen mit der Begründung abgelehnt habe, dass er das *Loi au libre salaire* zwar kenne, jedoch keinen Ärger wolle und sie daher woanders hingehen solle. Die Bank *Comptoir d'escompte de Paris* habe ihr durch einen Brief ihres Direktors mitgeteilt, dass sein Haus unter keinen Umständen ein Konto auf den Namen einer verheirateten Frau eröffne. Eine Filiale der *Banque de France* in Nizza habe ihr die Auszahlung eines Schecks verweigert, der ihr von einem Bankangestellten aus Paris geschickt worden sei. Empört über die Geschehnisse habe sich Mme. *Baillahache* an drei Pariser Zeitungen gewandt, die ihre Erzählungen jedoch nicht für berichtenswert hielten. Sie schilderte weiter, dass sich die Bank *Crédit Lyonnais* bereit erklärt habe ein Konto zu eröffnen, sofern die verheiratete Frau von ihrem Arbeitgeber begleitet oder einen von der Polizei beglaubigten Brief vorzeigen würde.[1011]

Mme. *Chancel* aus der Provinz Valence-sur-Rhône berichtete, dass sie bereits seit 38 Jahren von ihrem Ehemann getrennt lebe, jedoch erst seit fünf Jahren auch rechtlich getrennt sei. Sie sei seit 50 Jahren berufstätig und trotz

---

1009 *Grinberg*, La Loi de 1907: est-elle appliquée?, in: *La Française*, 18.01.1930, S. 1.
1010 *Grinberg*, L'application de la loi, in: *La Française*, 22.03.1930, S. 14.
1011 *Grinberg*, L'application de la loi, in: *La Française*, ebenda.

eines Trennungsurteils habe ihr die *Comptoir d'escompte de Paris* zweimal verweigert, ein Konto zu eröffnen, um ihre geringen Ersparnisse verwalten zu können. Nur durch interne Bankkontakte sei es ihr schließlich möglich gewesen, ein Bankschließfach anzumieten, um ihre Ersparnisse sicher aufbewahren zu können. Darüber hinaus sei ihr der Kauf oder Verkauf von Wertpapieren, auch in Inhaberform, nur unter enormen Schwierigkeiten und nach unzähligen Verhandlungen möglich gewesen.[1012]

Den Ausführungen Mme. *Pouzin-Malègues* zufolge habe ihr sowohl die *Banque de France* als auch die *Westminster Bank* die Eröffnung eines Kontos verweigert. Bei der *Crédits Nantais* hingegen habe sie ohne größere Schwierigkeiten ein Konto eröffnen können. Bei der französischen Post hingegen sei es nicht möglich gewesen, ohne eine eheliche Genehmigung ein Postscheckkonto zu eröffnen. Auch für den Erwerb von Namensaktien würde die Genehmigung des Ehemannes verlangt.[1013]

Als abschließender Beispielfall war der Leserbrief von Mme. *Rivoireigon* aus Nizza wiedergegeben. Ihr sei es gelungen, bei der *Cie Algérienne* ein Bankkonto zu eröffnen, indem sie von einem Anwalt ihrer Eltern begleitet wurde, der sich in ihrem Namen auf das *Loi au libre salaire* berief. Knapp ein Jahr nach der Eröffnung habe die Bank jedoch nach einer Überprüfung ihres Kontos eine eheliche Genehmigung verlangt. Einer entsprechenden Vorlage habe sie jedoch durch eine erneute Berufung auf das Gesetz entgehen können.[1014]

Die Darstellungen *Grinbergs* und die Tatsachenberichte ihrer Leserinnen vermitteln das Bild eines nur mäßigen Erfolgs des *Loi au libre salaire*. Die Regelungen und Ziele der Gesetzgeber wurden durch die starre Praxis und die Unwissenheit vieler betroffener Frauen ausgebremst. Eine freiwillige oder gar bereitwillige Anwendung des *Loi au libre salaire* seitens des Rechtsverkehrs lag nicht vor. Selbst für Frauen, die sich ihrer Rechte bewusst waren, war die Durchsetzung derart mühselig und hindernisreich, dass sich viele der missbräuchlichen Praxis beugten und eine Einwilligung des Mannes einholten. Das Gesetz lief mithin teilweise leer. Eine gerichtliche Durchsetzung ihrer Rechte war ressourcenverschwendend und stand damit nur den wenigsten

1012 *Grinberg*, L'application de la loi, in: *La Française*, 22.03.1930, S. 14.
1013 *Grinberg*, L'application de la loi, in: *La Française*, 22.03.1930, S. 14.
1014 *Grinberg*, L'application de la loi, in: *La Française*, ebenda.

Frauen offen. Durch die Unkenntnis und fehlende Durchsetzungsmöglichkeit vieler verheirateter Frauen konnte der Rechtsverkehr nach Belieben an der, mittlerweile unrechtmäßigen, Praxis einer ehelichen Genehmigung festhalten. Damit verlieh das *Loi au libre salaire* der verheirateten Frau auch noch 1930, knapp 23 Jahren nach seinem Erlass, kaum mehr Rechtssicherheit oder Autonomie. Ob die Anwendung des Gesetzes durch wichtige Instanzen des Rechtsverkehrs verweigert wurde, weil diese die Emanzipation der verheirateten Frau grundsätzlichen ablehnten oder man, wie sich aus einzelnen Berichten der Zeitzeuginnen ergab, rechtliche Streitigkeiten mit dem betreffenden Ehemann fürchtete, kann nicht abschließend beurteilt werden. Grundsätzlich lässt das Vorgehen der Institutionen jedoch den Schluss zu, dass die Furcht vor Rechtsstreitigkeiten bei einem gesetzmäßigen Vorgehen eine bloße Schutzbehauptung zu sein schien.

b. Die Beurteilung der Rechtswissenschaft und juristische Auswirkungen

Die Rechtswissenschaft setzte in ihren Arbeiten die rechtmäßige Anwendung des Gesetzes als gegeben voraus. Sie beschäftigte sich daher nicht mehr den praktischen Auswirkungen oder der Anwendung der *Loi au libre salaire*, sondern vielmehr mit dessen juristischen Folgen.

Die herrschende Meinung ging davon aus, dass es sich sowohl bei den mit den Arbeitsprodukten aufgebauten Ersparnissen als auch den damit erworbenen Wertpapieren und Immobilien um einen Fall der dinglichen Surrogation handelte.[1015] Damit entstehe infolge Art. 1 LLS eine Summe von Gütern, die von den restlichen Vermögensgütern der Eheleute getrennt bleibe. Jeder Erwerb, der mit den *biens réservés* getätigt wurde, sei Eigentum derselben Art, der Ehefrau vorbehalten und unterliege damit nicht dem Nießbrauchrecht des Ehemannes nach dem *régime de la communauté* oder *régime dotal.*[1016] Dabei unterliege die Surrogation keinen besonderen Einschränkungen.[1017] Die hybriden Formulierungen des Gesetzes[1018] führten jedoch vereinzelt zu

---

[1015] *Baudry-Lacantinerie,* Traité Théorique et Pratique de Droit Civil III, S. 719 ff.
[1016] *Baudry-Lacantinerie,* Traité Théorique et Pratique de Droit Civil III, S. 722.
[1017] Im Gegensatz zu Art. 1434 CC wurde beispielsweise keine Erklärung im Zeitpunkt des Erwerbs verlangt.
[1018] Wie bereits von *Saleilles* näher herausgearbeitet, siehe unten, S.234 ff.

Unklarheiten, weshalb die Anwendung der Beweisführung zur Ausübung eines Berufes praktische Schwierigkeiten bereite.[1019]

Im Übrigen befassten sich Rechtswissenschaft und Rechtsprechung vornehmlich mit der Frage der erbrechtlichen Auswirkungen des *biens réservés*, die jedoch im Rahmen dieser Arbeit zu vernachlässigen sind.

Über die tatsächliche Anwendung des Gesetzes lieferten juristische Fachbeiträge und Veröffentlichungen wenig Aufschluss. Vereinzelt kam es dennoch zu Auswertungen der Anwendung des *Loi au libre salaire*. So beschäftigte sich der Jurist Léon *Adam* als Teil der *Société de législation comparée* mit der Frage, inwiefern Kreditinstitute einen Nachweis gemäß Art. 1 Abs. 4 LLS genügen ließen.[1020] Dabei stellte er fest, dass Ehefrauen, die sich auf das Gesetz von 1907 beriefen und darlegten, einen von ihrem Ehemann unabhängigen Beruf auszuüben, dennoch von Kreditinstituten mit der Begründung abgewiesen wurden, ohne die Zustimmung ihres Ehemannes zu handeln. Nach einer Kontaktaufnahme mit den Instituten hätten diese bestätigt, regelmäßig die Einwilligung des Ehemannes einzufordern. Sie beriefen sich dabei auf Art. 4 LLS,[1021] um die Wirkungen von Art. 1 LLS auszuhebeln. Denn danach genüge im Streitfall nicht mehr ein Nachweis durch einen „*acte de notoriété*", vielmehr müsse die Frau die Beschaffenheit und Herkunft der *biens réservés* durch einen Rechtsbeweis führen. Die Banken begründeten diese Vorgehensweise damit, unnötige Risiken vermeiden zu wollen und wiesen darauf hin, dass es ihnen als Geschäftsbetrieb freistehe, Geschäfte nach einer Risikoabwägung abzulehnen.[1022] Auch andere Personen des Rechtsverkehrs,

---

1019 *Brunel*, La femme mariée et les charges du ménage, S. 96: Tribunal civil Seine, 20. Dezember 1909, DP, 1910.2.286; 29. Juli 1910, D., 1912.2.65.: Im Einzelfall handhabten die Vertragspartner die Anforderungen die Nachweispflicht der Ehefrau sehr unterschiedlich, beharrten auf erschwerten Beweisführungen gemäß Art. 4 LLS und ließen die einfache Beweisführung aus Art. 1 LLS, einen *acte de notoriété*, nicht genügen. Auf diese Weise wurde die Reform enorm eingeschränkt.

1020 *Adam*, Note sur l'application de la loi française du 13 juillet 1907, BulSocCom no. 4–5 1909, S. 280–285, 280 ff.; Die Gültigkeit der von der Ehefrau vorgenommenen Handlungen erforderten einen „*acte de notoriété*" oder ein anderes in der Vereinbarung genanntes Beweismittel darüber, dass die Ehefrau einem vom Ehemann getrennten Beruf nachging.

1021 Siehe unten, S. 209.

1022 *Adam*, Note sur l'application de la loi française du 13 juillet 1907, BulSocCom 1909, S. 280–285, 281.

wie Börsenmakler oder öffentliche und private Vertriebspartner, erklärten auf Nachfragen *Adams*, dass ihnen das Gesetz von 1907 bekannt sei, sie dennoch aufgrund der *incapacité de la femme mariée* eine Genehmigung des Ehemannes forderten. Seine Nachforschungen ergaben darüber hinaus, dass sogar Beamte des öffentlichen Schatzamtes die Bestimmungen des *Loi au libre salaire* ignorierten und für die Auszahlung eines Titels eine eheliche Genehmigung verlangten.[1023]

Insbesondere die Missachtung des *Loi au libre salaire* durch öffentliche Stellen wie das Schatzamt, die leicht durch ein Eingreifen des Finanzministeriums hätte verhindert werden können,[1024] unterstrich die Unwilligkeit der Praxis, die neuartige Autonomie verheirateter Frauen anzuerkennen. Das Gesetz versuchte zwar die Beweisanforderungen des Code Civil zu verdrängen, scheiterte damit jedoch aufgrund des Widerstandes des Rechtsverkehrs.

c. *Zusammenfassung und Fazit*

Die Anwendung des *Loi au libre salaire* blieb hinter den Plänen der Gesetzgeber und Hoffnungen der Frauenbewegung zurück. Viele Rechtswissenschaftler unterstellten die rechtmäßige Anwendung des Gesetzes in ihren Arbeiten. Die intensive Behandlung des Umgangs der Praxis mit dem Gesetz durch den Juristen *Adam* deckte sich indessen mit den Erfahrungsberichten zeitgenössischer Ehefrauen und offenbarte, dass wichtige Institutionen das *Loi au libre salaire* ignorierten oder derart auslegten, dass die Ehefrau weiterhin zur Teilnahme am Rechtsverkehr auf eine Genehmigung des Ehemannes angewiesen war. Damit führte die Gesetzesreform kaum zu praktischen Änderungen zugunsten der Ehefrau. Das Ziel des Gesetzes, der verheirateten Frau die Verfügungsfreiheit über ihren persönlichen Arbeitserwerb im Interesse der Familie zu gewähren, scheiterte damit am Widerstand der Praxis.

4. Der Charakter und die Durchschlagskraft des *Loi au libre salaire*

Die *incapacité* der verheirateten Frau wurde durch das *Loi au libre salaire* zwar nicht beseitigt, durch die Annahme eines *mandat légale* jedoch in den Grenzen ihres persönlichen Arbeitserwerbs erweitert. Dieses konnte der

---

1023 *Adam*, Note sur l'application de la loi française du 13 juillet 1907, BulSocCom 1909, S. 280–285, 281 f.

1024 *Adam*, Note sur l'application de la loi française du 13 juillet 1907 BulSocCom 1909, S. 280–285, 281 ff.

Ehemann entgegen einem *mandat tacite* auch nicht mehr willkürlich widerrufen, sondern war an die Voraussetzungen des Gesetzes gebunden. Während die Gesetzesreform in der Rechtswissenschaft intensiv diskutiert wurde und insbesondere deren Auswirkung auf die *incapacité de la femme* und die Güterstände des Code Civil ganze Arbeiten gewidmet wurden, fiel die Reaktion der Frauenbewegung verhalten aus. Dennoch wurde einvernehmlich der Schaffung des neuen ordre public eine besondere Bedeutung beigemessen und als erster Schritt hin zu einer wirtschaftlichen Unabhängigkeit und Emanzipation der Ehefrau gewertet. Insbesondere auch dessen Symbolwirkung wurde hervorgehoben und als Abkehr von dem veralteten System der absoluten *puissance maritale* gefeiert. Trotz dieser Hoffnungen blieb die Durchschlagskraft des Gesetzes gering. Die Anwendung des Gesetzes scheiterte an einer starren Praxis, die weiterhin eine Genehmigung des Ehemannes zur Teilnahme der Ehefrau am Rechtsverkehr forderte und damit die Beweisregelungen des *Loi au libre salaire* ad absurdum führte. Dieser Widerwillen wurde dadurch bestärkt, dass die Anwendung des Gesetzes sich zunächst für die zeitgenössischen Zivilrechtler als sehr schwierig erwies, da die Rechte der Frau an ihren *biens réservés* mit den spezifischen Regelungen des jeweiligen Eherechts in Einklang zu bringen waren.[1025] Das *Loi au libre salaire* hatte damit nur begrenzt praktisch Bedeutung,[1026] auch, weil sich viele Frauen der Reform gar nicht bewusst waren. Die Ehefrau war damit weiterhin mit erheblichen Hindernissen konfrontiert, wenn sie ihre Ersparnisse zu investieren und verwalten versuchte. Die Reform vom 1907, die so lange auf sich hatte warten lassen, war damit unzureichend.

2. Kapitel: Das Bürgerliche Gesetzbuch vom 01. Januar 1900 und die Sonderbehandlung der Arbeitskraft der Ehefrau

Die Arbeiten am Bürgerlichen Gesetzbuch vom 01. Januar 1900[1027] fanden inmitten eines Umbruchprozesses statt, welcher die Leitbilder der vorherrschenden naturrechtlichen Kodifikationen zunehmend infrage stellte. Dieser

[1025] Vgl. *Halpérin*, Histoire du droit privé français, S. 18.

[1026] So auch überschlägig: *Halpérin*, Histoire du droit privé français depuis 1804, Paris 2012, S. 217.

[1027] Im Folgenden als BGB abgekürzt.

Vorgang vollzog sich ab der Mitte des 19. Jahrhunderts und nahm an dessen Ende noch an Fahrt auf. Der sozio-ökonomische Wandel befeuerte die Debatte um das Eherecht und die Güterstände nicht nur innerhalb der Rechtswissenschaft, sondern auch in der breiten Öffentlichkeit und wurde zu einem zentralen Punkt der Frauenfrage.

Die Gesetzgeber standen vor der Aufgabe, ein Güterrechtsmodell zu entwickeln, welches die Vermögensverhältnisse der Ehegatten angemessen regelte. Die Lösungswege waren vielfältig: Formen der Gütertrennung, Gütergemeinschaft oder Mischformen der beiden. Daneben spielte aufgrund des Regionalsystems auch die Reichweite einer neuen Kodifikation eine zentrale Rolle. Die Regelungsmöglichkeiten eines gesetzlichen Güterstandes spalteten nicht nur die Bearbeiter des BGB, auch Praktiker und die erstarkende Frauenbewegung beobachteten die Arbeiten mit Interesse und hegten eigene Hoffnungen und Regelungsvorstellungen.

Im Folgenden liegt der Fokus auf dem Entwicklungsprozess eines einheitlichen Güterrechts und dessen Auswirkungen auf den Arbeitserwerb und die finanzielle Unabhängigkeit der verheirateten Frau. Der Hebel für die Selbstständigkeit der Ehefrau war dabei, neben den allgemeinen Ehewirkungen und der Behandlung der Geschäftsfähigkeit, insbesondere der Umgang mit der weiblichen Arbeitskraft im Rahmen des gesetzlichen Güterrechts. Vor diesem Hintergrund soll die Beschränkung der weiblichen Unabhängigkeit zwecks Erhaltung einer patriarchalischen Familienstruktur herausgearbeitet werden. Um die Motive und rechtliche Entwicklung nachzuzeichnen, werden die verschiedenen Etappen des BGB, von den Arbeiten der Vorkommission von 1874 bis zur Abschlusslesung im Reichstag 1896, untersucht. Den Ausgangpunkt bildet die rechtswissenschaftliche Aufarbeitung im Vorfeld der Gesetzgebungsarbeiten. Daneben sollen die Zielsetzung und Einflussnahme der deutschen Frauenbewegung auf das Gesetzgebungsverfahren und deren Mitgestaltungsmöglichkeiten begutachtet werden.

I. Der Ausgangspunkt: Die Entwicklung des Familienrechts und die Behandlung der erwerbstätigen Ehefrau durch die Rechtswissenschaft

Der im 19. Jahrhundert erwachte Wunsch einer deutschen Einheit schlug sich auch in dem Verlangen nach einem einheitlichen Bürgerlichen Gesetzbuch nieder. Die treibende Kraft dabei war der Rechtswissenschaftler Anton Friedrich Justus *Thibaut*. Im Rahmen seiner 1814 erschienenen Arbeit „*Ueber die Nothwendigkeit eines allgemeinen bürgerlichen Rechts in Deutschland*" sprach er sich für eine Vereinheitlichung und gegen die Rechtszersplitterung aus.[1028] Damit widersprach er explizit Friedrich Carl von *Savigny*, der noch im selben Jahr der zeitgenössischen Rechtswissenschaft die Befähigung zu einer einheitlichen Kodifizierung absprach und die Zukunft einer willkürfreien Rechtsschaffung in der regionalen Rechtswissenschaft sah.[1029] Der enorme Einfluss *Savignys* auf die historische Rechtsschule hatte zur Folge, dass in großen Teilen der Wissenschaft die Schaffung eines gesamtdeutschen Gesetzbuches zunächst aufgegeben wurde.[1030] Die Argumente *Thibauts* und *Savignys* wurden in den folgenden Jahren kontinuierlich für oder gegen eine einheitliche Kodifikation herangezogen. Frühe Kodifikationsbestrebungen scheiterten zunächst an dem Widerstand deutscher Fürsten, die einer Vereinheitlichung entgegenwirkten und dem Deutschen Bund keine entsprechenden Gesetzgebungsbefugnisse zugestanden.[1031]

Die Idee eines nationalen Kodex als Grundpfeiler eines Nationalstaats wurde erneut in der Paulskirchenverfassung von 1849 aufgegriffen und in Artikel XIII § 64 niedergelegt.[1032] Auch auf den Germanistentagen begannen entsprechende Forderungen vermehrt aufzutauchen.[1033] Parallel dazu entwickelte sich aus der historischen Rechtsschule ein wissenschaftlicher Positivismus, welcher beabsichtigte, das geltende Recht systematisch und begrifflich zu strukturieren.[1034] Dieses Umdenken wurzelte in der Einsicht, dass die Streitfragen rund um das römische Recht und die Probleme der Rechtszersplitterung die Rechtswissenschaft vor unlösbare Probleme stellte.[1035] Damit war es insbeson-

---

1028 Vgl. *Schubert*, Besitz, S. 3.

1029 Friedrich Carl von *Savigny*, 1814, Vom Beruf unserer Zeit für Gesetzgebung und Wissenschaft, vgl. in: *Schubert*, Besitz, S. 4.

1030 *Schubert*, Besitz, S. 5; *Thieme*, Die deutsche historische Rechtsschule Savignys, in: Ders., Ideengeschichte und Rechtsgeschichte. Gesammelte Schriften von Hans Thieme, Köln/Wien 1896, Band 2., S. 1090 ff.

1031 *Schubert*, ebenda.

1032 Artikel XIII § 64: *Der Reichsgewalt liegt es ob, durch die Erlassung allgemeiner Gesetzbücher über bürgerliches Recht, Handels- und Wechselrecht, Strafrecht und gerichtliches Verfahren die Rechtseinheit im deutschen Volke zu begründen.*

1033 So auf dem Frankfurter Germanistentag von 1846 durch den Hessen-Darmstädtischen Staatsratspräsident Heinrich Karl *Jaup* (vgl. *Staudinger*, Kommentar, Buch 1, Einleitung zum BGB, Rn. 20) und auf dem Lübecker Germanistentag von 1847 (vgl. *Schubert*, Besitz, S. 6).

1034 *Wieacker*, Privatrechtsgeschichte, S. 253 ff.

1035 *Schubert*, Besitz, S. 7.

dere der 1860 gegründete Deutsche Juristentag,[1036] der die Idee einer gesamtdeutschen Kodifikation vorantrieb und entsprechende Gestaltungsvorschläge sammelte und strukturierte.[1037] Die dort diskutierten Modelle eines einheitlichen Ehe- und Güterrechts spiegelten das juristische Meinungsbild wider und hatten für das anschließende Gesetzgebungsverfahren Vorbildcharakter. Mit dem Gesetzgebungsverfahren des BGB hatten die Sitzungen des DJT gemein, dass weibliche Diskussionsbeiträge in den von Männern dominierten Foren kein Gehör fanden.[1038]

1. Ein holpriger Start: Die ersten Juristentage

Bereits auf der ersten Sitzung des DJT von 1860 beantragte der Jurist und Hochschullehrer Carl Joseph Anton *Mittermaier*, anknüpfend an seine Bestrebungen im Rahmen der vorangegangenen Germanistentage, den Entwurf eines einheitlichen deutschen Güterrechts.[1039] Sein Antrag fand jedoch zu diesem Zeitpunkt kaum Beachtung und wurde ohne Beratung im Plenum im zuständigen Ausschuss abgelehnt. Der Ausschuss diskutierte jedoch eingehend über die Frage, ob der Juristentag sich überhaupt mit einem entsprechenden Entwurf an die Regierung wenden könne.[1040] Denn obwohl viele der Beteiligten eine gemeinsame deutsche Zivilgesetzgebung nicht bloß wünschenswert, sondern als dringendes Bedürfnis erachteten, sei diese Aufgabe momentan, aufgrund organisatorischer und finanzieller Hürden, nicht ausführbar. Außerdem seien andere Projekte, wie ein einheitliches Handelsrecht, vorrangig zu verwirklichen.[1041]

Ein einheitliches Güterrecht kam erneut auf dem dritten DJT 1862 zur Sprache. Der Kreisgerichts-Rath Hugo *Geck* beantragte: *„Der Deutsche Juristentag wolle erklären:1) daß ein gemeinsames Ehegüterrecht für Deutschland*

[1036] Im folgenden DJT abgekürzt.

[1037] *Repgen*, Aufgabe des Privatrechts, S. 390–393; *Hartwich*, Juristentag, S. 107–118.

[1038] Vgl. HKK/*Mayenburg*, Eheliches Güterrecht III, S. 726.

[1039] *Amt der ständigen Deputation*, Verhandlungen des Ersten Deutschen Juristentages 1860, S. 127.

[1040] *Amt der ständigen Deputation*, Verhandlungen des Ersten Deutschen Juristentages 1860, S. 225 ff., 230.

[1041] *Amt der ständigen Deputation*, Verhandlungen des Ersten Deutschen Juristentages 1860, S. 229 f.

anzustreben;2) daß die Gütergemeinschaft als das der Deutschen Ehe vorzugsweise entsprechende System zu empfehlen.“[1042]

Diesen Antrag ergänzte *Geck* anschließend nur unzureichend in Form eines knappen Referats, welches unter anderem die konkrete Ausgestaltung einer Gütergemeinschaft vermissen ließ.[1043] Seine Wahl der Gütergemeinschaft begründete *Geck* damit, dass diese bisher nicht durch das gemeine Recht verdrängt wurde und damit anderen Systemen überlegen sei.[1044] Seine Vorliebe für die Gütergemeinschaft in deutschlandweiter Anwendung[1045] schien jedoch eher darin zu wurzeln, dass er bereits 1861 die Neuregelung des westfälischen Güterrechts kommentierte und diese als Herzstück des westfälischen Familienrechts eine bekannte Größe darstellte.[1046]

In der sich anschließenden Debatte zerpflückten den Antrag namhafte Juristen der Zeit wie Rudolph von *Jhering*, der sich überrascht zeigte, dass *Gecks* Begründung sich mit dem Wesen der Ehe begnügte.[1047] Dieses könne nicht pauschal für die Vermögensverhältnisse der Ehegatten herangezogen werden, da insbesondere auch die Gläubiger der Ehegatten bei einer Kodifikation zu berücksichtigen seien.[1048] Die Kritik *Jherings* fand großen Anklang[1049] und auch weitere Mitglieder verwiesen, mitunter spöttisch, auf die Schwächen des Antrags, der sodann abgelehnt wurde.[1050]

1042 *Amt der ständigen Deputation*, Verhandlungen des Dritten Deutschen Juristentages 1862, Band 1, Vorlage Nummer 6, Einführung.

1043 *Amt der ständigen Deputation*, Verhandlungen des Dritten Deutschen Juristentages 1862, Band 1, S. 205 f.

1044 *Amt der ständigen Deputation*, Verhandlungen des Dritten Deutschen Juristentages 1862, Band 1, S. 206.

1045 *Amt der ständigen Deputation*, Verhandlungen des Dritten Deutschen Juristentages 1862, Band 1, S. 215.

1046 Vgl.: Hugo *Geck*, Die eheliche Gütergemeinschaft. Ein vergleichender Kommentar zu dem Gesetze vom 16. April 1860 betreffend das eheliche Güterrecht in der Provinz Westfalen und den Kreisen Rees Essen und Duisburg, Soest, 1861.

1047 *Amt der ständigen Deputation*, Verhandlungen des Dritten Deutschen Juristentages 1862, Band 1, S. 205 f.

1048 *Amt der ständigen Deputation*, Verhandlungen des Dritten Deutschen Juristentages 1862, Band 1, S. 209 f.

1049 *Amt der ständigen Deputation*, Verhandlungen des Dritten Deutschen Juristentages 1862, Band 1, S. 210: Ausrufe von „*Bravo! Sehr gut!*“.

1050 *Amt der ständigen Deputation*, Verhandlungen des Dritten Deutschen Juristentages 1862, Band 1, S. 206–213.

Damit wurde die Frage eines einheitlichen Güterrechts zunächst nicht Teil der Agenda der DJT. Das Thema wurde, trotz anderer Vereinheitlichungen im Schuld- und Handelsrecht, nicht bereitwillig diskutiert. Die Beiträge dazu stammten exklusiv von Hochschullehrern, die Praktiker schwiegen noch zu dieser brisanten Regelungsmaterie.[1051]

2. Die Juristentage ab 1871: Die Ausführbarkeit eines einheitlichen Güterrechts

Mit der Reichsgründung 1871 stellte sich aufgrund der Gesetzgebungskompetenz für das gesamte Zivilrecht erneut die Frage eines einheitlichen Güterrechts. Eingeleitet wurde die Thematik durch das Gutachten *„Ist es wünschenswerth und ausführbar, das eheliche Güterrecht für ganz Deutschland durch ein einheitliches Gesetz auf der Grundlage der „Güterverbindung" zu codifizieren"* des Gerichtsrats Eugen von *Beaulieu-Marconnay*, welches er für den elften Deutschen Juristentag 1873 erstellte.[1052] Neben der Frage der Vereinheitlichung widmete sich *Beaulieu-Marconnay* dem Bedürfnis eines ausgefeilten Güterrechts. Das zersplitterte Güterrecht führe nicht nur dazu, dass insbesondere bei der Auflösung der Ehe Rechtsprobleme aufträten;[1053] auch die regionalen Gesetzgebungen litten an einer allenfalls mittelmäßigen wissenschaftlichen Fortbildung der Beteiligten. Der juristische Fortschritt sei außerdem dadurch gehemmt, dass wissenschaftliche Literatur kaum existiere und auch die Rechtsprechung nicht über den Tellerrand des regionalen Rechts hinaussehe.[1054]

Hinsichtlich der Ausgestaltung eines einheitlichen Güterrechts stellte *Beaulieu-Marconnay* drei Lösungsvorschläge vor. Zunächst betrachtete er das Regionalsystem des preußischen Landrechts und kritisierte, dass die Regionalrechte in Preußen bekanntermaßen nur sehr langsam Fortschritte machten. Am Beispiel der Provinz Westfalen, welche erst 1860 ein Gesetz über die Gütergemeinschaft erhalten habe, obwohl die Rechtszustände lange Zeit

---

1051 Vgl.: HKK/*Mayenburg*, Eheliches Güterrecht III, S. 728.

1052 *Amt der ständigen Deputation*, Verhandlungen des Elften Deutschen Juristentages 1873, Band 1, S. 46–73.

1053 *Amt der ständigen Deputation*, Verhandlungen des Elften Deutschen Juristentages 1873, Band 1, S. 55.

1054 *Amt der ständigen Deputation*, Verhandlungen des Elften Deutschen Juristentages 1873, Band 1, S. 58.

kaum tragbar gewesen seien,[1055] werde deutlich, dass auf der Grundlage eines subsidiären Gesetzesrechts eine Rationalisierung der Rechtszustände nicht erreichbar sei.[1056] Anschließend erwog *Beaulieu-Marconnay* eine gespaltene Lösung,[1057] wonach die Gütergemeinschaft in den Gebieten, in welchen sie derzeit herrschte, in der entsprechenden Ausgestaltung beibehalten werden sollten und im Übrigen eine vereinheitlichte Gütertrennung anzuwenden sei. Allerdings lehnte er auch diesen Weg umgehend als nicht mehr zeitgemäß ab und verwies dabei auf die Entwicklungen und die Bedeutung der Frauenrechte. Das sich in den Städten entwickelnde System der Gütergemeinschaft, wo die Bedeutung des beweglichen Vermögens wuchs, führe zu einer zunehmenden Abhängigkeit verheirateter Frauen. Das Recht des Ehemannes am Vermögen der Frau erstarke und erstrecke sich sogar bis auf ihre Immobilien. Das habe zur Folge, dass sich die Gläubiger des Mannes an dem Vermögen der Frau befriedigten.[1058] *Beaulieu-Marconnay* erklärte, dass damit die Gütergemeinschaft, welche nach Ansicht vieler das ideale Wesen der Ehe widerspiegele, die untergeordnete Stellung der verheirateten Frau entscheidend mitgestaltet habe. Die Rolle der Frau habe sich jedoch vollkommen geändert, eine Geschlechtsvormundschaft könne nicht mehr bestehen und die Frau sei als Rechtssubjekt anerkannt.[1059] Die Reste dieses früheren Unterordnungsverhältnisses müssten bei einer neuen Gesetzgebung verschwinden. Für *Beaulieu-Marconnay* war eindeutig, dass *„die Gütergemeinschaft weder principiell berechtigt [sei], noch bilde[t] sie eine praktisch brauchbare Grundlage*

1055 *Amt der ständigen Deputation*, Verhandlungen des Elften Deutschen Juristentages 1873, Band 1, S. 60: Vgl. *Welter*, Handbuch der ehelichen Gütergemeinschaft in Westphalen, 1861: *„In den vier Appellationsgerichtsbezirken Münster, Paderborn, Hamm und Arnsberg [gab es] nicht weniger als 23 Bezirke, in welchen die Gütergemeinschaft mit geringeren oder größeren Besonderheiten, [...] dass W.[elter] eine gesonderte Darstellung des Rechts nothwendig findet, ungerechnet noch die Localstatuten einer nicht geringen Anzahl von Städten*".

1056 *Amt der ständigen Deputation*, Verhandlungen des Elften Deutschen Juristentages 1873, Band 1, S. 60 f.

1057 *Amt der ständigen Deputation*, Verhandlungen des Elften Deutschen Juristentages 1873, Band 1, S. 61 f.

1058 *Amt der ständigen Deputation*, Verhandlungen des Elften Deutschen Juristentages 1873, Band 1, S. 61.

1059 *Amt der ständigen Deputation*, Verhandlungen des Elften Deutschen Juristentages 1873, Band 1, S. 63.

für die moderne Gesetzgebung". Nach diesem Ausschlussverfahren entschied sich *Beaulieu-Marconnay* für die Einführung der „*Gütereinheit*"[1060]. Da es indes auch die „*unabweisliche Aufgabe*" des Gesetzgebers sei, die Ausübung altgewohnter Sitten vertretbar zu ermöglichen, müsse die Gütergemeinschaft den Eheleuten weiterhin über ehevertragliche Regelungen zugänglich sein. Aus diesem Grund seien auch die Grundzüge der Gütergemeinschaft zu regeln.[1061]

Das Gutachten *Beaulieu-Marconnays* war insofern für das anstehende Gesetzgebungsverfahren bemerkenswert, da es bereits die Eckpfeiler des späteren BGB anzeichnete. Er sprach sich für die Notwendigkeit einer einheitlichen Kodifikation und gegen das Regionalsystem aus. Daneben entschied er sich zudem für den gesetzlichen Güterstand der Verwaltungsgemeinschaft und dachte die Regelung von Wahlgüterständen an. Bemerkenswert ist überdies *Beaulieu-Marconnays* Kritik der Gütergemeinschaft, da sie auf der untergeordneten Stellung der Ehefrau aufbaue und die Rolle der Gütergemeinschaft als Instrument weiblicher Unterdrückung identifiziere. Obwohl die Ausführungen *Beaulieu-Marconnays* nicht nur auf Zustimmung stießen und weitere Referenten zu dem Thema andere Lösungsvorschläge vorstellten, sprach sich keiner der Teilnehmer des elften DJT nachdrücklich gegen eine gesetzliche Neuregelung des ehelichen Güterrechts aus. Damit wurde das „*Ob*" einer Kodifizierung hinter sich gelassen und es stellte sich von nun an die Frage der konkreten Ausgestaltung.

3. Der 12. Deutsche Juristentag 1874/75: Die Vorstellung der Güterrechtsysteme

Im Jahr 1875 hatte nicht nur die erste Kommission ihre Arbeit zur Kodifikation eines Bürgerlichen Gesetzbuches begonnen, auch auf dem 12. DJT von 1874/75 wurden vier Gutachten zur Neugestaltung des ehelichen Güterrechts von Richard *Schröder*, Ludwig Heinrich *Euler*, Paul *von Roth* und Alfred *Agricola* vorgestellt, welche den Grundstein der Diskurse rund um das ideale deutsche Güterrecht bildeten.[1062]

1060 *Amt der ständigen Deputation*, Verhandlungen des Elften Deutschen Juristentages 1873, Band 1, S. 61, 70 f.; Die „*Gütereinheit*" war eine Form der Verwaltungsgemeinschaft.

1061 *Amt der ständigen Deputation*, Verhandlungen des Elften Deutschen Juristentages 1873, Band 1, S. 71.

1062 Gutachten Richard *Schröder*, Ist es wünschenswerth und ausführbar, das eheliche Güterrecht für ganz Deutschland durch ein einheitliches Gesetz zu codifizieren,

a. Die Gutachter und die Unterordnung der weiblichen Bedürfnisse

Besondere Beachtung verdient dabei das einleitende Gutachten Richard *Schröders*. Der Rechtshistoriker arbeitete seit 1874 ebenfalls an einem Gutachten für die erste Kommission im Rahmen des Gesetzgebungsprozesses.[1063] In seinem Gutachten für den 12. DJT wandte er sich entschieden gegen eine einheitliche Kodifizierung des ehelichen Güterrechts.[1064] Er stützte sich dabei auf eigene empirische Studien, die ergäben, dass in Deutschland kein bestimmtes Güterrecht dominiere.[1065] Aus diesem Grund sprach er sich gegen ein gesetzlich vorbestimmtes Güterrecht im Rahmen einer Vereinheitlichung aus und benannte keinen Favoriten, insbesondere auch, da keines der Systeme „*materiell einen bedeutenden Vorzug vor den anderen*" besitze.[1066] Vielmehr habe er beobachtet, wie sich die besten Juristen in dieser Angelegenheit uneinig seien und jeweils mechanisch das ihrem Herkunftsgebiet am nächsten stehende Recht befürworteten.[1067]

Der Vorfrage der Vereinheitlichung, welche auch in den weiteren Gutachten des 12. DJT bearbeitet wurde, soll im weiteren Verlauf nur noch

---

und auf welcher Grundlage?, in: *Amt der ständigen Deputation*, Verhandlungen des Zwölften Deutschen Juristentages 1874, Band 1, S. 29–40; Gutachten Ludwig Heinrich *Euler*, Welches der in Deutschland herrschenden ehelichen Güterrechtssysteme eignet sich zur Verallgemeinerung in Deutschland?, in: *Amt der ständigen Deputation*, Verhandlungen des Zwölften Deutschen Juristentages 1874, Band 1, S. 41–45; Gutachten Paul *von Roth*, Ist es ausführbar, das eheliche Güterrecht durch ein einheitliches Gesetz in ganz Deutschland zu codifizieren?, in: *Amt der ständigen Deputation*, Verhandlungen des Zwölften Deutschen Juristentages 1875, Band 2, S. 276–284; Gutachten von Alfred *Agricola*, Ist es wünschenswerth und ausführbar, das eheliche Güterrecht für ganz Deutschland durch ein einheitliches Gesetz zu codifizieren, und auf welcher Grundlage?, in: *Amt der ständigen Deputation*, Verhandlungen des Zwölften Deutschen Juristentages 1875, Band 2, S. 285–328.

1063 *Schmid*, Die Entstehung, S. 45.

1064 *Amt der ständigen Deputation*, Verhandlungen des Zwölften Deutschen Juristentages 1874, Band 1, S. 40.

1065 *Amt der ständigen Deputation*, Verhandlungen des Zwölften Deutschen Juristentages 1874, Band 1, S. 38 f.: Die Partikulare Gütergemeinschaft galt für 13,62 Millionen Einwohner, die allgemeine Gütergemeinschaft für 11,27 Millionen Einwohner und die Verwaltungsgemeinschaft für 11,42 Millionen Einwohner. Der Rest von etwa 4,69 Millionen Einwohnern war nicht eindeutig zuzuordnen.

1066 *Amt der ständigen Deputation*, Verhandlungen des Zwölften Deutschen Juristentages 1874, Band 1, S. 38.

1067 *Amt der ständigen Deputation*, ebenda.

untergeordnete Aufmerksamkeit geschenkt werden. Während Paul *von Roth* an partikularen Traditionen festhalten wollte, indem die Hauptgruppen des jeweiligen Territoriums separate Regelungen erfahren sollten,[1068] befürworteten Ludwig Heinrich *Euler* und Alfred *Agricola* eine Vereinheitlichung des Güterrechts. Für *Euler* waren dabei praktische Gesichtspunkte maßgeblich, da der Flickenteppich des Güterrechts aufgrund der steigenden Bewegungsfreiheit im Deutschen Reich hinderlich sei.[1069] *Agricola* hingegen sah zwar nur für ein Drittel des Reiches tatsächlich ein Bedürfnis nach Vereinheitlichung, favorisierte jedoch eine Neuordnung des Rechts, um einen harmonischen „*Rechtsorganismus*" zu erschaffen.[1070] Die Gutachter bevorzugten im Übrigen unterschiedliche Güterrechtssysteme.

In seinem nur fünf Seiten umfassenden Gutachten mit dem Titel „*Welches der in Deutschland herrschenden ehelichen Güterrechtssysteme eignet sich zur Verallgemeinerung in Deutschland?*", schloss sich der hessische Jurist und Historiker Ludwig Heinrich *Euler* den Ausführungen *Beaulieu-Marconnays* und damit der „*Güterverbindung*" als Form der Verwaltungsgemeinschaft, unter gleichzeitiger Schaffung vertraglicher Wahlgüterstände, an.[1071]

Als weiterer Gutachter kritisierte der Rechtsprofessor *Roth* die statistische Vorgehensweise *Schröders*. Letzterer habe die geltenden Güterrechtssysteme nicht nachvollziehbar klassifiziert und auch die Annahme einer homogenen Verteilung in den größeren Territorien sei verfehlt.[1072] Darüber hinaus sprach sich *Roth* gegen die Verwaltungsgemeinschaft aus und stellte die Gütergemeinschaft als historisch deutsches System vor.[1073] Diese habe sich

---

1068 *Amt der ständigen Deputation*, Verhandlungen des Zwölften Deutschen Juristentages 1875, Band 2, S 282 ff.

1069 *Amt der ständigen Deputation*, Verhandlungen des Zwölften Deutschen Juristentages 1874, Band 1, S. 41.

1070 *Amt der ständigen Deputation*, Verhandlungen des Zwölften Deutschen Juristentages 1875, Band 2, S. 290 f.

1071 *Amt der ständigen Deputation*, Verhandlungen des Zwölften Deutschen Juristentages 1874, Band 1, S. 42: *Beaulieu-Marconnay* nannte eine Form der Verwaltungsgemeinschaft zwar „*Gütereinheit*", *Euler* bezog sich jedoch mit der „*Güterverbindung*" konkret auf dessen Gutachten; *Amt der ständigen Deputation*, Verhandlungen des Zwölften Deutschen Juristentages 1874, Band 1, S. 44 f.

1072 *Amt der ständigen Deputation*, Verhandlungen des Zwölften Deutschen Juristentages 1875, Band 2, S. 276 f.

1073 *Amt der ständigen Deputation*, Verhandlungen des Zwölften Deutschen Juristentages 1875, Band 2, S. 280 f.

für zwei Drittel des Deutschen Reiches aus dem Stammesrecht des Mittelalters entwickelt. Die Einwendungen seiner Kollegen gegen die Gütergemeinschaft, wie etwa die ausschließliche Dispositionsbefugnis des Ehemannes über das gesamte Vermögen der Eheleute, bezögen sich „*größtentheils auf Gestaltungen, welche dem Institut ursprünglich fremd sind, und welche zu beseitigen, Aufgabe der Gesetzgebung sein wird*".[1074] Dennoch sah er in der zahlenmäßigen Überlegenheit der Gütergemeinschaft keine Veranlassung, diese auf Gesamtdeutschland auszubreiten. Vielmehr schlug er vor, separate Kodifizierungen der allgemeinen und partikularen Gütergemeinschaft sowie Verwaltungsgemeinschaft vorzunehmen und diese nach „*Sitte und Übung*" in den jeweiligen Gebieten, in denen eines der Systeme vorherrsche, anzuwenden.[1075]

Das umfangreichste der Gutachten des 12. DJT zum Güterrecht stammte aus der Feder Alfred *Agricolas*. Der Richter baute seine Suche auf der historischen Rechtsschule auf, wonach auf dem Gebiet des Zivilrechts eine Kodifikation „*auf Findung, nicht Erfindung des Rechts*" beruhen müsse.[1076] Die Rechtsfindung beruhe auf einer Untersuchung der bestehenden Güterstände, um auf diese Weise das „*Gewissen des Volks, nach dem Stande der ganzen religiösen und ethischen, socialen und culturlichen Entwicklung desselben*" zu bestimmen.[1077] Er machte es sich zur Aufgabe, einen Volkswillen zur Neuregelung des Eherechts zu ermitteln. Seine historische Analyse konnte jedoch kein eindeutig vorherrschendes System ausmachen. Er erklärte, dass Tendenzen hin zu einer Vereinheitlichung sich nur regional, jedoch nicht im gesamten Reichsgebiet auswirkten. *Agricola* erklärte, dass „*die Einheitlichkeit der zu codifizierenden Güterordnung nur dann möglich, zugleich aber geboten [sei], wenn unter den dermaligen ehelichen Güterrechten in Form und Wesen diese Einheit schon gegenwärtig*" bestehe.[1078] Aufgrund dieses Ergebnisses glaubte *Agricola* – der

---

[1074] *Amt der ständigen Deputation*, Verhandlungen des Zwölften Deutschen Juristentages 1875, Band 2, S. 280.

[1075] *Amt der ständigen Deputation*, Verhandlungen des Zwölften Deutschen Juristentages 1875, Band 2, S. 282–284.

[1076] *Amt der ständigen Deputation*, Verhandlungen des Zwölften Deutschen Juristentages 1875, Band 2, S. 294; *Stierstorfer*, Das erste einheitliche deutsche Güterrecht, S. 47; HKK/*Mayenburg*, Eheliches Güterrecht III, S. 735.

[1077] *Amt der ständigen Deputation*, Verhandlungen des Zwölften Deutschen Juristentages 1875, Band 2, S. 294.

[1078] *Amt der ständigen Deputation*, Verhandlungen des Zwölften Deutschen Juristentages 1875, Band 2, S. 300.

das Familienrecht als dispositives Innenrecht der Eheleute betrachtete, welches eine homogene Anwendung ohnehin kaum möglich mache und die Öffentlichkeit und Dritte nur minimal tangiere[1079] – dass grundsätzlich kein Bedürfnis des Volkes nach einem einheitlichen Zivilrechtssystem vorhanden sei.[1080] Die Ausnahme bilde jedoch das Güterrecht, dessen Rechtszustand *„so ein buntes Gewirre [...] [sei], daß es vor den Augen flimmert“*. Nach längerer Betrachtung könne man eine grobe Einteilung in die Verwaltungsgemeinschaft sowie allgemeine und partikulare Gütergemeinschaft erkennen. Das römische Dotalsystem wolle er außenvorlassen, da es im deutschen Rechtsbewusstsein ein Fremdkörper geblieben sei.[1081] Betrachte man nun die Verwaltungsgemeinschaft und die Ausformungen der Gütergemeinschaft, ließen sich einige Übereinstimmungen feststellen.[1082] Im Gegensatz zum römischen Dotalrecht wirke sich die Heirat auf das gesamte Vermögen der Ehegatten, beziehungsweise für die Dauer der Ehe zumindest auf das Vermögen der Ehefrau, aus. Auch das Rechte- und Pflichtenverhältnis der Ehegatten zueinander verändere sich gleichförmig und dem Ehemann komme regelmäßig als Oberhaupt die Vertretung der Frau und des *„ganzen Hauses“*, ganz im Sinne der ehelichen Vormundschaft, zu. Außerdem bildeten die Eheleute eine *„Genossenschaft“*, welche eine gewisse Gleichheit der Ehepartner mit den Grundsätzen der Gemeinschaft vereine. *Agricola* fasste zusammen, dass aus diesen Elementen *„jede deutsch-rechtliche Güterordnung componiert“* sei.[1083] Allein die Gewichtung besagter Komponenten falle unterschiedlich aus. Während der Schwerpunkt der Verwaltungsgemeinschaft auf den Verwaltungsbefugnissen des Ehemannes liege, werde die Gütergemeinschaft von den zentralen Gedanken der Genossenschaft getragen.[1084] Diese Rechtsinstitute

---

1079 *Amt der ständigen Deputation*, Verhandlungen des Zwölften Deutschen Juristentages 1875, Band 2, S. 299.

1080 *Amt der ständigen Deputation*, Verhandlungen des Zwölften Deutschen Juristentages 1875, Band 2, S. 300.

1081 *Amt der ständigen Deputation*, Verhandlungen des Zwölften Deutschen Juristentages 1875, Band 2, S. 301 f.

1082 *Amt der ständigen Deputation*, Verhandlungen des Zwölften Deutschen Juristentages 1875, Band 2, S. 302.

1083 *Amt der ständigen Deputation*, Verhandlungen des Zwölften Deutschen Juristentages 1875, Band 2, S. 302.

1084 *Amt der ständigen Deputation*, Verhandlungen des Zwölften Deutschen Juristentages 1875, Band 2, S. 303.

umschrieben die natürlichen Zustände innerhalb der Gesellschaft derart getreu, dass diese wiederum ein wesentlicher Teil derselben geworden seien, welche man dem Volk nicht nehmen dürfe. Eine Homogenisierung könne daher erreicht werden, indem man die partikularen Ausformungen der Gütergemeinschaft, wie die Mobiliar- und Errungenschaftsgemeinschaft, in ein harmonisches System zusammenführe und auch die Verwaltungs- und allgemeine Gütergemeinschaft vereinheitliche.[1085] *Agricola* schloss sein Gutachten mit detaillierten Regelungsvorstellungen zu den jeweiligen Systemen. Er übertrug die Entscheidung, in welchen Regionen welches System zur Anwendung gelangen sollte, auf die Landesgesetzgebung, um die territorialen Rechtsbesonderheiten angemessen zu berücksichtigen.[1086] Bei dem Entwurf der Verwaltungsgemeinschaft bedachte *Agricola* die erwerbstätige Ehefrau, indem er alles, was die Frau durch ihre Arbeit und Tätigkeit erwarb, zumindest nicht dem Eigentum des Mannes zuordnete.[1087] Dennoch schien der Erwerb der Ehefrau nicht ihr vorbehalten zu sein, sondern für die Dauer der Ehe der Verwaltung des Mannes zu unterliegen[1088] – damit wirkte sich diese Einordnung nur im Fall der Auflösung der Gemeinschaft aus.[1089] Im Rahmen der Gütergemeinschaft maß *Agricola* der Arbeitskraft der Frau hingegen keine derartige Bedeutung zu, dass er eine Sonderregelung schuf.[1090] Der Lösungsvorschlag *Agricolas* unterstützte zwar die Bestrebungen nach einheitlichen Regelungen im Rahmen des Güterrechts, sperrte sich jedoch gegen eine reichsweite Gleichförmigkeit.

Allen Gutachten war gemein, dass eine Kodifizierung des Güterrechts für erforderlich erachtet wurde, die sich nicht bloß in einem gesetzlichen Güterstand erschöpfte, sondern auch die übrigen Systeme berücksichtigte und regelte. Die

---

1085 *Amt der ständigen Deputation*, Verhandlungen des Zwölften Deutschen Juristentages 1875, Band 2, S. 311–319.

1086 *Amt der ständigen Deputation*, Verhandlungen des Zwölften Deutschen Juristentages 1875, Band 2, S. 319–326.

1087 *Amt der ständigen Deputation*, Verhandlungen des Zwölften Deutschen Juristentages 1875, Band 2, S. 321.

1088 *Amt der ständigen Deputation*, Verhandlungen des Zwölften Deutschen Juristentages 1875, Band 2, S. 319 f.

1089 *Amt der ständigen Deputation*, Verhandlungen des Zwölften Deutschen Juristentages 1875, Band 2, S. 321.

1090 *Amt der ständigen Deputation*, Verhandlungen des Zwölften Deutschen Juristentages 1875, Band 2, S. 321–325.

Gutachter konzentrierten sich bei ihren Rechtsentwürfen auf die Ermittlung eines urdeutschen Rechtsbewusstseins. Sie ließen dabei sowohl die Forderungen der Frauenbewegung zu diesem Themenkreis als auch die gesellschaftlichen Umbrüche unberücksichtigt und orientierten sich vornehmlich an dem historisch gewachsenen und patriarchalischen Gefüge des bestehenden Güterrechts. Auch *Agricola*, der anders als seine Kollegen ein konkretes Güterrechtssystem entwarf und die Wechselwirkung zwischen den gesellschaftlichen Strukturen der Ehe und dem geltenden Güterrecht erkannte, vernachlässigte das zeitgenössische Aufbegehren der Frauen und die Veränderungen von Wirtschaft und Gesellschaft. Er widmete zwar im Rahmen der Verwaltungsgemeinschaft der Arbeitskraft der Ehefrau eine Sonderregelung, diese führte jedoch zu keiner neuen Unabhängigkeit der Frau – wie so oft konnte sie von ihren erwirtschafteten Arbeitsprodukten erst mit der Auflösung der Gemeinschaft profitieren, sofern nach einer ungehemmten Verwaltung des Mannes noch Teile dieses Vermögenstammes vorhanden wären.

b. Die Rechte der Frau: Der Diskurs verliert sich in der Haftung der Ehefrau

Eine nähere Auseinandersetzung mit den vorangestellten Gutachten erfolgte am 26. August 1875 unter der Führung des Berichterstatters und Gutachters Richard *Schröder*.[1091] Er leitete die Sitzung des 12. DJT damit ein, von seinem umfangreichen Gutachten des Vorjahres[1092] abzuweichen. Er gab das Regionalsystem auf und befürwortete nun eine einheitliche Lösung. Der Grund für diesen Meinungswechsel lag wohl in seiner andauernden und intensiven Auseinandersetzung mit der Materie als Gutachter der ersten Kommission sowie den veränderten Anhängerquoten der Mitglieder des DJT.[1093] *Schröder* sah bei der Vorstellung seiner Einheitslösung vor, dass die Eheleute bei der Wahl eines gesetzlich geregelten Güterstandes nicht auf Eheverträge angewiesen sein sollten, sondern durch eine Erklärung vor dem Standesbeamten von ihrem Wahlrecht Gebrauch machen könnten.[1094] Entschieden sich die

---

[1091] *Amt der ständigen Deputation*, Verhandlungen des Zwölften Deutschen Juristentages 1875, Band 3, S. 33–47.

[1092] Siehe unten, S. 270.

[1093] HKK/*Mayenburg*, Eheliches Güterrecht III, S. 737.

[1094] *Amt der ständigen Deputation*, Verhandlungen des Zwölften Deutschen Juristentages 1875, Band 3, S. 43.

Eheleute dennoch für einen Ehevertrag, so sollte dieser nur Außenwirkung entfalten, wenn er in einem entsprechenden öffentlichen Register eingetragen wäre.[1095] Die zu kodifizierenden Güterstände waren *Schröder* zufolge die Verwaltungsgemeinschaft, die allgemeine Gütergemeinschaft sowie die Errungenschafts- und beschränkte Mobiliargemeinschaft. Was die vorrangige Geltung eines der Güterstände betraf, so zeigte er sich zurückhaltend. Er betonte jedoch, dass die Verwaltungsgemeinschaft in einer Form, in welcher eine vollständige Gütertrennung mit umfassenden Nutzungsrechten des Ehemannes einherging, aufgrund der Nähe zur Geschlechtsvormundschaft eine Konzeption der Vergangenheit sei.[1096] Entsprechend seinem Auftrag im Rahmen der ersten Kommission des BGB[1097] liebäugelte er jedoch insbesondere mit der partikularen Gütergemeinschaft.[1098]

Das Pendant zu *Schröder* bildete der zweite Referent der Sitzung, der Handelsgerichtspräses Siegfried *Albrecht* aus Hamburg.[1099] Er nahm den Auftrag als Koreferent zum Thema des Güterrechts an, da *„das eheliche Güterrecht doch nicht so ganz außerhalb der Competenz eines Handelsrichters liegt, als es auf den ersten Blick scheinen möchte"*,[1100] da im Rahmen der Diskussion um das Güterrecht sich die Schuldenhaftung als *„Kardinalsfrage"* herauskristallisiert habe, genauer, inwieweit das Vermögen der verheirateten Frau für die Schulden des Mannes haften solle. Bei einer Kodifikation habe man die *„Wahl zwischen der Gütergemeinschaft und der Verwaltungsgemeinschaft, beide mit Modificationen […]"*.[1101] Der allgemeinen Gütergemeinschaft liege zwar der richtige Grundgedanke zugrunde, wonach die Eheleute *„in ihren*

1095 *Amt der ständigen Deputation*, Verhandlungen des Zwölften Deutschen Juristentages 1875, Band 3, S. 44.

1096 *Amt der ständigen Deputation*, Verhandlungen des Zwölften Deutschen Juristentages 1875, Band 3, S. 46.

1097 Im Rahmen seiner Arbeit für die erste Kommission war *Schröder* damit beauftragt, ein eheliches Güterrecht auf Basis der partikulären Gütergemeinschaft zu entwerfen.

1098 *Amt der ständigen Deputation*, Verhandlungen des Zwölften Deutschen Juristentages 1875, Band 3, S. 47.

1099 *Amt der ständigen Deputation*, Verhandlungen des Zwölften Deutschen Juristentages 1875, Band 3, S. 47–58.

1100 *Amt der ständigen Deputation*, Verhandlungen des Zwölften Deutschen Juristentages 1875, Band 3, S. 47 f.

1101 *Amt der ständigen Deputation*, Verhandlungen des Zwölften Deutschen Juristentages 1875, Band 3, S. 56.

vermögensrechtlichen Beziehungen als Genossen gelten", das System leide jedoch an diversen Mängeln. Dazu zähle unter anderem, dass die Auflösung der Ehe nach Quoten infolge der Entstehung von Miteigentum in einigen Fällen zu unvertretbaren Ergebnissen führe.[1102] Strebe man eine Gesetzgebung auf Grundlage der allgemeinen Gütergemeinschaft an, so seien Abänderungen zwingend erforderlich.[1103] *Albrecht* favorisierte die Verwaltungsgemeinschaft. Diese habe sich zwar aus der Geschlechtsvormundschaft entwickelt, sei jedoch durchaus „*ehrenhaft*", da das Vermögen der Frau unangetastet bleibe und den Ehemann Garantiepflichten träfen. In diesem Fall sei der Rechtsverkehr zudem nicht mit Ängsten um die Schuldenhaftung belastet. Gingen die Gläubiger stets von einer Verwaltungsgemeinschaft aus, so gereiche es ihnen nicht zum Nachteil, wenn der Ehemann doch im System der Gütergemeinschaft lebe und demnach eine größere Vermögensmasse zur Haftung zur Verfügung stünde.[1104] Reduzierten die Eheleute vertraglich das Haftungsvermögen, so sei, entgegen dem Vorschlag *Schröders*, die Lösung jedoch nicht ein öffentliches Register, denn er wolle „*nicht der Mann sein, dem bei Eröffnung der Ehe dieses öffentliche Zeugnis ausgestellt [werde], daß die Frau ihm kein volles Vertrauen schenkt*"[1105]. Aus Gesichtspunkten des Gläubigerschutzes trat *Albrecht* für eine Mithaftung des weiblichen Ehevermögens bei Verpflichtungen des Ehemannes ein und stellte sich damit gegen die herrschende Meinung.[1106]

In der anschließenden Diskussion wurde schnell deutlich, dass ein an die preußische Gesetzgebung angelehntes Regionalsystem keine Mehrheit finden würde.[1107] Die Verwaltungsgemeinschaft führte als gesetzlicher Güterstand, vor den diversen Ausformungen der Gütergemeinschaft, die geplante Neukonzeption an. Durch das Referat *Albrechts* angestoßen, geriet

---

1102 *Amt der ständigen Deputation*, Verhandlungen des Zwölften Deutschen Juristentages 1875, Band 3, S. 50 f.

1103 *Amt der ständigen Deputation*, Verhandlungen des Zwölften Deutschen Juristentages 1875, Band 3, S. 51.

1104 *Amt der ständigen Deputation*, Verhandlungen des Zwölften Deutschen Juristentages 1875, Band 3, S. 55 f.

1105 *Amt der ständigen Deputation*, Verhandlungen des Zwölften Deutschen Juristentages 1875, Band 3, S. 57.

1106 *Amt der ständigen Deputation*, Verhandlungen des Zwölften Deutschen Juristentages 1875, Band 3, S. 53 ff.

1107 *Amt der ständigen Deputation*, Verhandlungen des Zwölften Deutschen Juristentages 1875, Band 3, S. 304.

auch die Haftung der Ehefrau in den Fokus der anwesenden Juristen. Die von *Albrecht* vorgeschlagene Mithaftung der Ehefrau im Rahmen der Verwaltungsgemeinschaft konnte neben *Schröder* auch andere Vertreter der Gütergemeinschaft von einer entsprechend modifizierten Verwaltungsgemeinschaft überzeugen.[1108] Auf diese Weise gewann *Albrechts* Vorschlag die Mehrheit der Stimmen und auch sein Koreferent zeigte sich mit dem Lösungsansatz einverstanden.[1109]

Damit wandten sich die Mitglieder des 12. DJT vom Regionalsystem ab und machten die Verwaltungsgemeinschaft zum Herzstück des ehelichen Güterrechts. Obwohl die Verwaltungsgemeinschaft vielfach aufgrund ihrer Nähe zur Geschlechtsvormundschaft als nicht mehr zeitgemäß bemängelt wurde, gelangte die Mehrzahl der Juristen zu der Überzeugung, dass diese sich hinreichend von ihren veralteten Strukturen gelöst habe. Auffallend ist, dass die Kritik der Verwaltungsgemeinschaft, welche in einer überholten Geschlechterstellung wurzelte, zu keinen konkreten Modifikationen zugunsten der Frau führte. Demgegenüber führte die Frage der Haftung der Ehefrau zugunsten des Rechtsverkehrs zu rechtlichen Anpassungen, die auch breit diskutiert wurden.

4. Der 13. Deutsche Juristentag 1876: Die Entwicklung der Wahlgüterstände

Nachdem sich die Mitglieder des DJTs im Vorjahr für eine Einheitslösung mit der Verwaltungsgemeinschaft als gesetzlichem Güterstand entschieden, blieb noch die Frage potenzieller Wahlgüterstände und ehevertraglicher Abweichungsbefugnisse offen. Um diese Problemstellung drehte sich der 13. DJT von 1876.

Eingeleitet wurde diese Gesetzgebungsfrage von dem Kammer-Präsidenten des Straßburger Landgerichts Julius *Peterson* und dessen Gutachten mit dem Untersuchungsauftrag *„Ist es wünschenswerth, in einem gemeinsamen bürgerlichen Gesetzbuch für Deutschland neben dem einheitlichen System des ehelichen Güterrechts noch subsidiäre Systeme für*

1108 *Amt der ständigen Deputation*, Verhandlungen des Zwölften Deutschen Juristentages 1875, Band 3, S. 304 ff.

1109 *Amt der ständigen Deputation*, Verhandlungen des Zwölften Deutschen Juristentages 1875, Band 3, S. 305 f.

die Privatautonomie aufzustellen?"[1110] Für *Peterson* war es ein *„öffentliches Geheimnis"*, welches ihm von verschiedenen Seiten zugetragen worden sei, dass die Kommission des Zivilgesetzbuchs die Verwaltungsgemeinschaft zur Basis des ehelichen Güterrechts erklären wolle,[1111] weshalb er sein Gutachten unter dieser Prämisse erstellt habe. Er war der Ansicht, dass die für die Verwaltungsgemeinschaft aufgestellten Grundsätze nicht genügten, um daraus die Struktur einer vertragsmäßigen Gütergemeinschaft ableiten zu können. Die beiden Güterstände seien ihrer *„Natur nach so verschieden"* und auf die jeweils anderen Verhältnisse nicht übertragbar, weshalb subsidiäre Güterstände ebenfalls zu regeln seien.[1112] *Peterson* betonte, dass durch die Regelung verschiedener Güterstände nicht die Entwicklung eines einheitlichen Rechtsbewusstseins verhindert werde. Vollständig homogene Rechtszustände könne sich ohnehin niemand versprechen, der an den Eckpfeiler der Vertragsfreiheit glaube. Außerdem sei es im Zusammenhang mit dem ehelichen Güterrecht nur natürlich, dass den enorm verschiedenen Verhältnissen der Ehegatten auch verschiedene Güterrechtssysteme offen stünden.[1113]

Der für das Thema der subsidiären Güterrechtssysteme zuständige Ausschuss ernannte den ehemaligen Gutachter Siegfried *Albrecht* zum Berichterstatter.[1114] *Albrecht* begegnete dem Gutachten *Petersons* nicht wohlwollend und fokussierte sich, was wohl auch seiner Position als Handelsgerichtspräses geschuldet war, erneut auf die Aspekte des Gläubigerschutzes. Diese erlaubten hinsichtlich der Vertretungsbefugnisse des Ehemannes und der Haftung des Vermögens der Ehefrau eine Einschränkung der Vertragsfreiheit der Eheleute.[1115] Man

---

[1110] *Amt der ständigen Deputation*, Verhandlungen des Dreizehnten Deutschen Juristentages 1876, Band 1, S. 3–12.

[1111] *Amt der ständigen Deputation*, Verhandlungen des Dreizehnten Deutschen Juristentages 1876, Band 2, S. 93.

[1112] *Amt der ständigen Deputation*, Verhandlungen des Dreizehnten Deutschen Juristentages 1876, Band 1, S. 6.

[1113] *Amt der ständigen Deputation*, Verhandlungen des Dreizehnten Deutschen Juristentages 1876, Band 1, S. 9.

[1114] Erste Sitzung der ersten und zweiten Abtheilung am 28. August 1876, *Amt der ständigen Deputation*, Verhandlungen des Dreizehnten Deutschen Juristentages 1876, Band 2, S. 65–104.

[1115] *Amt der ständigen Deputation*, Verhandlungen des Dreizehnten Deutschen Juristentages 1876, Band 2, S. 71 ff.

müsse im Güterrecht zwischen dem Innenverhältnis der Eheleute und der den Rechtsverkehr betreffenden Außenwirkung unterscheiden. Denn ein öffentliches Register, welches Auskunft über die jeweiligen Zustände innerhalb der Ehe gebe, sei nicht tragbar und käme einer *„Interdiction"* gleich. *Albrecht* forderte daher erneut, dass das Ehepaar seine Angelegenheiten innerhalb der Ehe frei regelt, im Außenverhältnis jedoch stets das Gesetz gälte.[1116] Außerdem trat er für eine umfangreichere Einschränkung der Befugnisse der Ehefrau im Rahmen der allgemeinen Gütergemeinschaft ein, sofern ein Handelsbetrieb vorhanden sei. Er begründete dies mit einer fehlenden Geschäftskunde der Frau, welche meist *„gar nichts"* von der Vermögensverwaltung verstehe.[1117] Die Selbstverständlichkeit, mit der sich *Albrecht* einer oberflächlichen und verallgemeinernden Begründung bediente, um eine Benachteiligung der Ehefrau zu rechtfertigen, verdeutlicht, dass die Frauen im Zuge der Gleichstellungsbestrebungen im Eherecht nicht nur mit juristischen Feinheiten zu kämpfen hatten, sondern auch mit degradierenden gesellschaftlichen Klischees.

Neben *Albrecht* kam auch der Justizrat Hermann *Mecke* als Referent zu Wort.[1118] Dieser schloss sich seinem Vorredner hinsichtlich der Einschränkung der Privatautonomie der Eheleute zugunsten dritter Vermögensinteressen und des Gläubigerschutzes an. Aufgrund *Meckes* Erfahrungen mit dem Rheinischen Recht und dem Code Civil verneine er ein subsidiäres System und empfehle indes die *„Einführung von Normativ-Bestimmungen für Eheverträge, Vorschriften über deren gehörige Veröffentlichungen und Eintritt des gesetzlichen Güterrechts im Falle der Zuwiderhandlung"*.[1119] Die Bereitstellung von Wahlgüterständen habe im Bereich des französischen Rechts enorme Anwendungsprobleme aufgezeigt.[1120] *Mecke* war der Überzeugung, dass das deutsche Volk über kein bestimmtes Rechtsbewusstsein verfüge, welches *„gerade dieses oder jenes System forderte"*, so dass subsidiäre Güterstände gar nicht erforderlich seien.

1116 *Amt der ständigen Deputation*, Verhandlungen des Dreizehnten Deutschen Juristentages 1876, Band 2, S. 74.

1117 *Amt der ständigen Deputation*, Verhandlungen des Dreizehnten Deutschen Juristentages 1876, Band 2, S. 76.

1118 *Amt der ständigen Deputation*, Verhandlungen des Dreizehnten Deutschen Juristentages 1876, Band 2, S. 79–83.

1119 *Amt der ständigen Deputation*, Verhandlungen des Dreizehnten Deutschen Juristentages 1876, Band 2, S. 79.

1120 *Amt der ständigen Deputation*, Verhandlungen des Dreizehnten Deutschen Juristentages 1876, Band 2, S. 82.

Er erklärte, da man sich mittlerweile für eine Einheitslösung entschieden habe, könne man auch annehmen, dass die Vertreter des Regionalsystems wohl kaum über den Umweg der Wahlgüterstände an den regionalen Besonderheiten festhalten wollten.[1121]

Das Gutachten *Petersens* stieß jedoch nicht nur auf Ablehnung. Die Idee der Wahlgüterstände fand namhaften Zuspruch durch die Professoren Heinrich *Brunner* und Richard *Schröder*. Sie stellten folgenden gemeinsamen Antrag: „*Es ist nothwendig, in einem gemeinsamen bürgerlichen Gesetzbuche für ganz Deutschland neben dem Systeme des gesetzlichen Güterrechts die übrigen Hauptsysteme des deutschen ehelichen Güterrechts zur Ergänzung genereller Eheverträge dispositiv zu normieren. […]*".[1122] *Brunner* gewichtete die Vermögensinteressen Dritter, entgegen den beiden Koreferenten *Albrecht* und *Mecke*, dahingehend, dass die Vertragsfreiheit der Eheleute keine übermäßige Einschränkung erfahren sollte. *Brunner* habe zwar Verständnis dafür, dass Abweichungen, welche die Rechte Dritter gefährdeten, verboten sein sollten, jedoch sei nicht nachvollziehbar, welche „*Interessen Dritter*" dies genau wären. Dieser Ausdruck sei derart schwammig, dass „*in einem Paraghraphen des Gesetzbuches derselbe entschieden nicht zu gebrauchen wäre*".[1123] Eine strukturelle Grundfrage des Eherechts solle nicht von Aspekten des Gläubigerschutzes bestimmt werden.[1124] Vielmehr sei bei einer Kodifizierung darauf zu achten, den Abschluss von Eheverträgen zu erleichtern.[1125] *Schröder* fügte den Ausführungen *Brunners* noch hinzu, dass das deutsche Volk sehr wohl über ein besonderes Rechtsbewusstsein verfüge. Er untermauerte dies anhand des Beispiels Württembergs. Dort habe eine statistische Übersicht der Eheverträge ergeben, dass in den älteren württembergischen Provinzen, in welchen traditionell aufgrund des württembergischen Landrechts die Errungenschaftsgemeinschaft anwendbar war, dies zum Großteil immer noch

---

1121 *Amt der ständigen Deputation*, ebenda.

1122 *Amt der ständigen Deputation*, Verhandlungen des Dreizehnten Deutschen Juristentages 1876, Band 2, S. 83–93.

1123 *Amt der ständigen Deputation*, Verhandlungen des Dreizehnten Deutschen Juristentages 1876, Band 2, S. 88.

1124 *Amt der ständigen Deputation*, Verhandlungen des Dreizehnten Deutschen Juristentages 1876, Band 2, S. 87 f.

1125 *Amt der ständigen Deputation*, Verhandlungen des Dreizehnten Deutschen Juristentages 1876, Band 2, S. 88.

der Fall sei. In den Provinzen hingegen, die erst seit Beginn des 19. Jahrhunderts zu Württemberg gezählt wurden und in denen hauptsächlich die allgemeine Gütergemeinschaft Anwendung gefunden habe, dominiere diese durch vertragliche Regelungen bis heute.[1126] Auch wenn dieses Rechtsbewusstsein nicht auf das gesamte Reich übertragbar sei, war *Schröder* davon überzeugt, dass man es schon *„dieser halben Million Württemberger“* schuldig sei, *„die Möglichkeit [zu] gewähren, auch fernerhin das, was sie für nothwendig halten, das, was ihnen als das Heiligthum der Ehe erscheint, vertragsmäßig festzuhalten“*. Diese Ausführungen *Schröders* wurden im Saal mit Bravo-Rufen begrüßt.[1127]

Die anschließende Diskussion spaltete die Sitzung in zwei Flügel. Ein Teil schloss sich den Ausführungen *Albrechts* an und sprach sich für ein einheitliches Güterrecht mit nur beschränkten Regelungen zu den Wahlgüterständen aus. Dem gegenüber standen die Anhänger *Schröders* und *Brunners*, welche unter Zuhilfenahme von Eheverträgen und konkretisierten Wahlgüterständen der Bandbreite des deutschen Güterrechts gerecht werden wollten. Damit wurde der rechtliche Diskurs auf das scheinbare Spannungsverhältnis zwischen Rechtseinheit und Vertragsfreiheit zusammengekürzt, um politische Agenden voranzutreiben. Die Befürworter der rechtspolitischen Interessen rund um die Marschrichtung *Albrechts*, die als Anhänger der Verwaltungsgemeinschaft an diesem System festhalten wollten, waren vornehmlich städtisch und wirtschaftsbürgerlich geprägt und geografisch sächsischen und preußischen Ursprungs.[1128] Die Unterstützer *Schröders* und *Brunners* hingegen konnten den süddeutschen Territorien zugeordnet werden, welche die Rechtsvielfalt ihrer Gebiete zu bewahren versuchten.[1129] In der anschließenden Abstimmung konnte sich der Ansatz *Schröders* und *Brunners* mit einer knappen Mehrheit durchsetzen. Im Zuge der Kodifizierung der Wahlgüterstände sollte der Gläubigerschutz durch die Errichtung von Eheregistern Berücksichtigung finden.[1130]

1126 *Amt der ständigen Deputation*, Verhandlungen des Dreizehnten Deutschen Juristentages 1876, Band 2, S. 92 f.

1127 *Amt der ständigen Deputation*, Verhandlungen des Dreizehnten Deutschen Juristentages 1876, Band 2, S. 93.

1128 HKK/*Mayenburg*, Eheliches Güterrecht III, S. 742.

1129 HKK/*Mayenburg*, ebenda.

1130 *Amt der ständigen Deputation*, Verhandlungen des Dreizehnten Deutschen Juristentages 1876, Band 2, S. 137.

Auf den Gesetzgebungsprozess, welcher bereits im Vorjahr begonnen hatte, wirkte sich diese Entscheidung des DJT nicht aus. Das Ergebnis der Sitzung war jedoch dennoch beachtlich, da es Mehrheitsverhältnisse der anwesenden Juristen festhielt. Dabei ist eine Einflussnahme des *„öffentlichen Geheimnisses*“, nämlich dass die Kommission des BGB sich bereits für den gesetzlichen Güterstand der Verwaltungsgemeinschaft entschieden hatte, bei der Bewertung der Mehrheitsverhältnisse nicht zu vernachlässigen.

5. Zusammenfassung: Die Grundsteinlegung des Güterrechts auf den Juristentagen

Obwohl die Beschlüsse des DJT von dem Gesetzgebungsprozess der Kommission überholt wurden, sollten die dort getroffenen Grundentscheidungen nah an die späteren Regelungen des BGB herankommen, welche den gesetzlichen Güterstand der Verwaltungsgemeinschaft durch Wahlgüterstände ergänzten.

Der Ausgangspunkt der Bestimmung eines idealen Güterrechts bildete die Suche nach einem historisch urdeutschen Güterrechtssystem, indem versucht wurde, aus dem Flickenteppich des deutschen Eherechts ein einheitliches Rechtsbewusstsein herauszuarbeiten. Der DJT wählte schnell die Verwaltungsgemeinschaft zum gesetzlichen Güterstand, auch wenn die endgültige Entscheidung wohl durch die Entschlüsse der Gesetzeskommission beeinflusst wurde. Obwohl diese teilweise aufgrund ihrer Nähe zur nicht mehr zeitgemäßen Geschlechtsvormundschaft kritisiert wurde, entschied sich der Mehrzahl der Mitglieder für die Verwaltungsgemeinschaft, da sie sich ausreichend von den veralteten Strukturen gelöst habe. Ein Indiz für die Missachtung der Rechtsstellung der verheirateten Frau waren die fehlenden Lösungsvorschläge der Beteiligten, um die Verwaltungsgemeinschaft gänzlich von der Geschlechtsvormundschaft zu lösen. Die Benachteiligung der Ehefrau wurde bloß oberflächlich kritisiert. Demgegenüber wurden Fragen der Schuldenhaftung und des Gläubigerschutzes eingehend diskutiert, um den Schutz dritter Vermögensinteressen durch die vermögensrechtlichen Beziehungen der Eheleute zu gewährleisten, und konkrete Modifikationen ausgearbeitet. Damit widmete der DJT einen großen Teil seiner Ressourcen der Gestaltung des Außenverhältnisses der Ehe. Diese Einbeziehung wirtschaftlicher Aspekte führte nicht zu einer güterrechtlichen Besserstellung der Ehefrau. Die im Namen des Gläubigerschutzes beschlossene Mithaftung der Ehefrau im Rahmen der Verwaltungsgemeinschaft sowie die Unabänderlichkeit der Verwaltungsbefugnisse des Ehemannes benachteiligten die Ehefrau vielmehr.

Insgesamt nahmen die Mitglieder des DJT bei ihrer Suche nach einer rechtlichen Volksüberzeugung – wobei Uneinigkeit bestand, ob das deutsche Volk überhaupt über ein entsprechend rechtlich abbildbares Bewusstsein verfügte – die wirtschaftlichen und gesellschaftlichen Umbrüche der Zeit zwar wahr, rückte jedoch nicht die Autorität der Ehefrau in den Fokus der Diskussionen. Entsprechend wurde auch der neuen wirtschaftlichen Bedeutung der weiblichen Arbeitskraft und deren Einfluss auf die finanziellen Strukturen der Familie keine besondere Aufmerksamkeit geschenkt. Dieses Versäumnis erstreckte sich auch auf die weiteren Aspekte der Stellung der Ehefrau. Im Zuge der Diskussionen um die Einschränkung weiblicher Rechtspositionen begnügten sich die Beteiligten mit oberflächlichen und lapidaren Argumenten, die selten über das Wesen der Ehe, der natürlichen Stellung des Mannes als Oberhaupt der Familie oder der generellen Unerfahrenheit der Frau hinausgingen. Derart flache Argumentationen waren untypisch für die juristische Arbeit der damaligen Zeit und stellten die anwesenden Juristen wohl nur zufrieden, da sie weiblichen Stimmen und Gegenargumenten kein Gehör schenkten. Darüber hinaus ist der rechtspolitische Einfluss auf die Findung eines gesamtdeutschen Güterrechts nicht zu unterschätzen.

II. Der Gesetzgebungsprozess: Die Entwicklung eines einheitlichen Güterrechts

Gottlieb *Planck*, der als Bearbeiter des Familienrechts der ersten Kommission zum BGB, Verfasser des Vorentwurfes und der Motive und schließlich auch Generalreferent der zweiten Kommission als Vater des neuen Familienrechts gilt, betrachtete die Regelungen des neuen Eherechts des BGB als „*Segen*" für die Frauen. Aufgrund seiner Vorarbeit würden den Frauen Rechte eingeräumt, welche „*in vielen Beziehungen für sie außerordentlich viel günstiger [sind], als das bisherige Recht*".[1131]

Ob und wie diese Bewertung *Plancks* sich an den praktischen Auswirkungen des neuen Familienrechts messen ließ, soll im Folgenden untersucht werden. Dabei soll der persönlichen und vermögensrechtlichen Abhängigkeit der Ehefrau, dem Fortbestand des Mundiums und der ehelichen Gewalt des

1131 *Planck*, Vortrag zum Besten des Göttinger Frauenvereins, S. 30.

Ehemannes besondere Aufmerksamkeit geschenkt werden. Bei der Gestaltung des Ehe- und Güterrechts soll neben der grundlegenden Vermögens- und Befugnisverteilung insbesondere die Behandlung der weiblichen Arbeitskraft herausgearbeitet werden.

1. Die Vorkommission von 1874

Mit der Reichsgründung im September 1871 vereinigte sich die Gesetzgebungskompetenz für das gesamte Zivilrecht unter einem Dach. Im Februar des Folgejahres betraute der Bundesrat eine Kommission aus fünf Juristen, unter der Leitung des späteren Justizministers Hermann von *Schelling*, mit der Erstellung eines Gutachtens über die Vorgehensweise zur Ausarbeitung eines deutschen Bürgerlichen Gesetzbuches.[1132] Die Vorkommission legte das Gutachten nach insgesamt 14 Sitzungen bereits Mitte April 1874 vor und unterstrich darin ihre Bedenken, das zersplitterte Güterrecht überhaupt vereinheitlichen zu können.[1133] Von der Größe eines solchen Projekts abgeschreckt und um den Zuständen des Deutschen Reiches zu entsprechen,[1134] unterbreitete die Vorkommission den Vorschlag, nur ausgewählte Güterrechtssysteme eingehender zu regeln, welche in den deutschen Einzelstaaten entsprechend des dort dominierenden Güterstands Anwendung finden sollten.[1135] Es bestand Einigkeit, dass es sich bei einem deutschen BGB um einen gesamtdeutschen eigenständigen Katalog handeln sollte und nicht bloß um eine Ergänzung bestehender Kodifikationen.[1136] Der Bundesrat leitete das Gutachten umgehend an den Justizausschuss zur Durchsicht und Prüfung weiter, welcher es am 09. Juni 1874 annahm und um eigene Vorschläge erweiterte. Kurz darauf akzeptierte der Bundesrat beide Gutachten.[1137]

Damit konnte sich der Gesetzgeber zu Beginn des Gesetzgebungsprozesses noch nicht von dem Regionalsystem lösen, legte jedoch den Grundstein der

---

1132 *Schmid*, Die Entstehung, S. 42 f.

1133 Gutachten der Vorkommission vom 15.04.1874, in: *Jakobs/Schubert*, Die Beratung des BGB, S. 175; *Sellschopp*, Weg zum Revokationsrecht, S. 53.

1134 Drucksache des Bundesrates Nr. 53, abgedruckt bei Henning *Rassow*, Die Verhandlungen der Kommission zur Ausarbeitung eines Bürgerlichen Gesetzbuchs für Deutschland, in: *Gruchot*, 21. Jg. (1877), S. 167, 191, zitiert nach: *Schubert*, Besitz, S. 15.

1135 *Jakobs/Schubert*, Die Beratung des BGB, S. 175.

1136 *Schubert*, Besitz, S. 16.

1137 *Schubert*, Besitz, S. 13.

Rechtsvereinheitlichung und einer gesamtdeutschen Lösung. Feinarbeiten, wie die Anpassung der Rechtsquellen sowie Wahl und Ausarbeitung des materiellen Rechts, wurden der Hauptkommission überlassen. Die Vorkommission schlug zur Bewältigung des Kodifizierungsprojekts die Erstellung einer Kommission, bestehend aus neun Juristen aus Theorie und Praxis, vor. Davon sollten fünf Mitglieder als Redaktoren die einzelnen Teilentwürfe des Gesetzestextes erarbeiten, bevor diese im Anschluss der Kommission vorgestellt und erneut gemeinsam bearbeitet, sodann von einem übergeordneten Referenten zusammengefügt und in weiteren Lesungen ergänzt und angepasst werden sollten.[1138]

2. Die Arbeit der ersten Kommission

Der Bundesratsausschuss schloss sich dem Vorschlag der Vorkommission bezüglich des Verfahrens und der Arbeitsweise einer Gesetzgebungskommission zum Großteil an. Allein die Anzahl der Kommissionmitglieder erhöhte sich auf elf Persönlichkeiten aus Rechtswissenschaft und Praxis, welche der Ausschuss am 02. Juli 1874 wählte. Dazu zählte unter anderem Heinrich Eduard *Pape*, als Vorsitzender und Gottlieb Karl Georg *Planck* als Redaktor des Familienrechts.[1139] Die erste Kommission war im Übrigen ausgewogen besetzt. Neben sechs Richtern, drei Beamten und zwei Hochschulprofessoren waren auch alle größeren Territorien und Rechtssysteme repräsentiert.[1140] Im September 1874 begannen die Gesetzgebungsarbeiten der ersten Kommission. Das Gutachten des Redaktors des Familienrechts Gottlieb *Planck* steht dabei im Vordergrund dieser Arbeit. Neben *Planck* wurde auch Richard *Schröder*, im Rahmen einer Redaktorenkonferenz im November 1874, mit dem Gesetzesentwurf einer partikulären Gütergemeinschaft beauftragt. Die personelle Zusammensetzung der ersten Kommission sollte sich auch in den Gesetzgebungsarbeiten widerspiegeln. So wurde *Planck* unterstellt, ein wenig kreativer Gesetzgeber zu sein und auch der Vorsitzende der Kommission, Dr. Heinrich Eduard *Pape*, schien seine Aufgabe, *„mit*

1138 *Schubert*, Besitz, S. 16.

1139 *Staudinger*, Kommentar, Buch 1, Einleitung zum BGB, Rn. 77 f.; *Jahnel*, Kurzbiographien der Verfasser, in: Horst Heinrich Jakobs, Werner Schubert (Hg.), Die Beratung des Bürgerlichen Gesetzbuchs: Materialien zur Entstehungsgeschichte des BGB: Einführung, Biographien, Materialien, Berlin/New York 1978, S. 72 ff. S. 72 ff.

1140 *Schubert*, Besitz, S. 19.

weiser Vorsicht zu verfahren und vor gefährlichen Neuerungen sich zu hüten“, verinnerlicht zu haben.[1141]

a. Der Entwurf Richard *Schröders* und die Kritik am Mundium

Im Jahr 1874 war Richard *Schröder* als Gutachter, der sich noch auf dem 12. DJT des gleichen Jahres gegen einen gesetzlichen Güterstand aussprach, nicht die offensichtliche Wahl für den Entwurf einer partikularen Gütergemeinschaft. Die Entscheidung der Redaktoren verdankte *Schröder* wohl neben seinem Ruf auch seinen immensen Kenntnissen des Güterrechts, welche er durch die Arbeiten an seinem bemerkenswerten Werk über die Geschichte des Güterrechts erlangte.[1142] *Schröder* stellte sein Gutachten zur partikularen Gütergemeinschaft im Juli 1875 vor und verwies eingangs erneut auf seine mühsam erarbeiteten Statistiken, welche er bereits seinen Kollegen auf dem DJT 1874 präsentiert hatte.[1143] Er betonte, dass seine Entscheidung für das Regionalsystem zu jener Zeit, aufgrund der gesammelten Daten, äußerst knapp gewesen sei.[1144] Während die Verwaltungsgemeinschaft im Rahmen des 12. DJT noch Eingang in seinen Kodifikationsvorschlag fand, lehnte er nun ihre Eignung als gesetzlichen Güterstand ab. Sie verstoße zu schwerwiegend gegen das Rechtsbewusstsein vieler Regionen.[1145] Außerdem sei das mit ihr zusammenhängende Mundium mit dem veränderten Rechtsbewusstsein, welches in den Eheleuten grundsätzlich „*gleichberechtige Genossen*“ sehe und dem Ehemann im Rahmen der Gemeinschaft nur eine begrenzte Leitung in Vertretung zugestehe, nicht mehr vereinbar.[1146] Um den ihm erteilten Gutachterauftrag, den Entwurf einer partikularen Gütergemeinschaft, zu erfüllen, fügte *Schröder* die Errungenschaftsgemeinschaft und Fahrnisgemeinschaft als deren Haupttypen zu einem einzigen System zusammen. Dieses bezeichnete er als „*Errungenschaftsgemeinschaft mit beschränkter Mobiliargemeinschaft*“ und komplettierte seine Arbeit mit einem entsprechenden Gesetzesentwurf samt

---

1141 *Pape* in einem Bericht an den Reichskanzler 1879, zitiert nach: *Schubert*, Zur Entstehungsgeschichte, in: *Jakobs/Schubert*, Die Beratungen des BGB, S. 42.

1142 HKK/*Mayenburg*, Eheliches Güterrecht III, S. 745 f.

1143 Schubert, Familienrecht III, S. 864.

1144 Schubert, Familienrecht III, S. 866.

1145 Schubert, ebenda.

1146 Schubert, Familienrecht III, S. 866.

Motiven[1147]. Er sah vor, dass das von den Ehegatten während der Ehe durch gemeinsame oder gesonderte Tätigkeit erworbene Vermögen in die eheliche Errungenschaft[1148] und damit das „*Sammtgut*" der Ehegatten fallen sollte.[1149] Die Verwaltung des Sammtgutes sowie des Sondergutes der Frau sollte ausschließlich dem Mann zustehen.[1150] Schließlich sollten Rechtsgeschäfte der Frau mit Dritten der Genehmigung des Mannes bedürfen.[1151]

Damit entwarf *Schröder* trotz seiner Kritik an der Verwaltungsgemeinschaft seinerseits ein System, in welchem die verheiratete Frau entsprechend dem Wesen der Geschlechtsvormundschaft in enger Abhängigkeit zu ihrem Ehemann stand und dieser ihre persönlichen und finanziellen Geschicke lenkte. Mit einem solchen Mittelweg versprach sich *Schröder*, die Befürworter der beiden verbundenen Systeme zu überzeugen und darüber hinaus auch die Anhänger der allgemeinen Gütergemeinschaft und Verwaltungsgemeinschaft für sich zu gewinnen.[1152] Dieses ehrgeizige Ziel konnte *Schröder* nicht erreichen. Stattdessen geriet sein Vorschlag bereits einen Monat nach seiner Vorstellung aufgrund der sich überschlagenden Ereignisse in Vergessenheit. Als die Kommission im Oktober desselben Jahres zusammentrat, fokussierte diese sich auf das Vorhaben Gottlieb *Plancks*.

b. Die Vorarbeit: Entscheidungen über das Wesentliche

Bevor sich *Planck* an den Entwurf eines Familienrechts machte, bedurfte es der Klärung einiger Vorentscheidungen durch die Kommission. Aus diesem Grund brachte *Planck* im Vorfeld seines ersten Gesetzesentwurfes 1880 verschiedene Anträge in die Sitzungen der ersten Kommission ein.

aa. DAS GESETZLICHE GÜTERRECHT: DIE SICHERUNG DES MANNES ALS FAMILIENOBERHAUPT

Im Rahmen der Beratung der ersten Kommission am 20. Oktober 1875 nutzte *Planck* den folgenden Antrag, um das Meinungsspektrum der Mitglieder auszuloten: „*1.) Das gesetzliche Güterrecht ist einheitlich für ganz Deutschland*

1147 Schubert, Familienrecht III, S. 867, 869–901.
1148 Schubert, Familienrecht III, S. 870, § 6 Nr. 2.
1149 Schubert, Familienrecht III, S. 869, § 5.
1150 Schubert, Familienrecht III, S. 871, § 13.
1151 Schubert, Familienrecht III, S. 872, § 19.
1152 Schubert, Familienrecht III, S. 867.

festzustellen. 2.) Bei Feststellung desselben ist das System der Verwaltungsgemeinschaft zugrunde zu legen. 3.) Neben dem gesetzlichen Güterrechte sind in dem Gesetzbuch die Grundsätze festzustellen, welche zur Anwendung kommen, wenn die Gatten vertragsmäßig verabreden, in allgemeiner Gütergemeinschaft oder Errungenschaftsgemeinschaft leben zu wollen.“[1153]

Damit entsprach sein Antrag im Kern dem Mehrheitsbeschluss des 12. DJT und schenkte *Schröders* Ergebnissen und Entwurf einer partikularen Gütergemeinschaft wenig Beachtung.[1154] *Planck* sah zwei Lösungswege für die Kodifizierung des Güterrechts. Man könnte entweder, entsprechend dem regional geltenden Recht, verschiedene Güterrechtsysteme nebeneinanderstellen, oder man bestimmte eines als gesetzlich anwendbar, sofern die Eheleute vertraglich nichts anderes vereinbarten. *Planck* wertete die Gutachten und Diskurse der Juristentage dahingehend aus, dass „*die Aufstellung eines gesetzlichen ehelichen Güterrechts in Deutschland an sich das Wünschenswerthere*“ sei.[1155] Die bisher unterschiedliche territoriale Ausgestaltung des Eherechts beruhe keineswegs auf der Verschiedenheit der tatsächlichen Verhältnisse, weshalb eine gesamtdeutsche Regelung auch keine „*Schädigung des gesunden Volkslebens und des Rechtsbewusstseins*“ sei – vielmehr sei auch innerhalb des Güterrechts die Rechtseinheit zu fördern.[1156] Andere Länder wie Frankreich hätten zudem gezeigt, dass ein solcher Systemwechsel von der Praxis problemlos zu stemmen sei.[1157]

Bei der Wahl des gesetzlichen Güterstandes schloss *Planck* das römische Dotalrecht schnell als mit dem deutschen Rechtscharakter einer Ehegestaltung unvereinbar aus, da traditionsgemäß beide Ehegatten zu den Lasten der Ehe beitrügen.[1158]

Planck baute die Suche nach dem idealen deutschen Güterrecht auf den dafür benötigten Regelungsinhalten auf. Ausgangspunkt müsse neben der generellen Lastenverteilung der Ehe das Entscheidungsrecht des Mannes bei der Verwaltung und Verwendung der ehelichen Mittel sein.[1159] Der nächste

1153 Vorlage Nr. 11/1876 von *Planck*, in: *Jakobs/Schubert*, Beratung Familienrecht I, S. 366.
1154 *Jakobs/Schubert*, Beratung Familienrecht I, S. 367.
1155 *Jakobs/Schubert*, ebenda.
1156 *Jakobs/Schubert*, Beratung Familienrecht I, S. 367.
1157 *Jakobs/Schubert*, Beratung Familienrecht I, S. 367 f.
1158 *Jakobs/Schubert*, Beratung Familienrecht I, S. 368.
1159 *Jakobs/Schubert*, ebenda.

Punkt betraf die Geschäftsfähigkeit der Frau. Die Rechtsentwicklung laufe, unabhängig von einem spezifischen Güterstand, auf die dringende Gewährung der Geschäftsfähigkeit der verheirateten Frau hinaus. Im Rahmen aller Güterrechtssysteme müsse jedoch gleichzeitig geregelt werden, dass die Frau ohne Zustimmung ihres Mannes zu Verfügungen über das Gesamtgut und des *„ihr der eheherrlichen Verwaltung unterworfenes Sondergut regelmäßig nur zu Haushaltszwecken“* befugt sein sollte.[1160] Darüber hinaus dürften die Gläubiger einer zustimmungslos handelnden Ehefrau nicht in das gemeinsame Ehevermögen vollstrecken können. Vertraglich könne sich die Ehefrau Sondergut vorbehalten, wobei die Außenwirkung einer solchen Vereinbarung jedoch *„freilich“* zu beschränken wäre.[1161]

Nachdem *Planck* die Ansprüche an ein gesetzliches Güterrecht skizziert hatte, suchte er auf zweiter Ebene das Güterrechtssystem mit den meisten Übereinstimmungen. Nacheinander schloss er die allgemeine Gütergemeinschaft und Errungenschaftsgemeinschaft als ungeeignet aus. Erstere führe unter der Zusammenführung der Güter unter der Herrschaft des Ehemannes dazu, dass die Ehefrau in den *„practischen wesentlichsten Beziehungen rechtlich willenlos“* gemacht würde. Jegliche Versuche dieser Ungerechtigkeit in Form von Rechtsmitteln, wie etwa bei einer Missverwaltung des Mannes, entgegenzusteuern, seien meist nutzlos und nicht geeignet diese aufzuwiegen. Was die Errungenschaftsgemeinschaft betraf, so träten bei der Auflösung der Ehe im Falle eines negativen Saldos Probleme auf, die stets zu Ungerechtigkeiten für einen der Ehepartner führten. Darüber hinaus sei die Haftung der Eheleute im Außenverhältnis verzwickt und könne nur durch die Schaffung verworrener Vermögensmassen gelöst werden.[1162] Eine Kombination der verschiedenen Ausformungen der partikularen Gütergemeinschaft, wie es *Schröder* in seinem Gutachten vorschlug, kam für *Planck* ebenfalls nicht in Frage, da diese nicht dazu geeignet sei, die Mängel der Errungenschaftsgemeinschaft zu beseitigen.[1163]

Damit entschied sich *Planck* schließlich für den gesetzlichen Güterstand der Verwaltungsgemeinschaft, da diese über klare Regelungen verfüge und

---

1160 *Jakobs/Schubert*, Beratung Familienrecht I, S. 368.

1161 *Jakobs/Schubert*, ebenda.

1162 *Jakobs/Schubert*, Beratung Familienrecht I, S. 369 f.

1163 *Jakobs/Schubert*, Beratung Familienrecht I, S. 371.

die Rechte und Pflichten der Ehegatten gerecht verteile. Die ehelichen Lasten würden mithilfe des Vermögens und der Arbeitsleistung beider Eheleute bestritten, indem diese Werte dem Ehemann zur freien Disposition zugewiesen und zu dessen Eigentum würden. Daher treffe ihn andererseits auch allein die Verpflichtung *„für die Bestreitung der ehelichen Lasten zu sorgen“*.[1164] Das Gesetz verleihe dem Mann zwar eine Überlegenheit, er trage im Gegenzug jedoch auch die Gefahr eines negativen Saldos, welches mit seinem persönlichen Vermögen aufzuwiegen sei. Dieses Ergebnis sei nur gerecht, denn *„nach dem regelmäßigen Lauf der Dinge [...] [sei] doch vorzugweise der Mann der erwerbende Theil, während die Frau nur indirekt dabei hilft“*. Entsprechend sei es auch vom Ehemann abhängig, *„ob von dem Ertrage des beiderseitigen Vermögens und der beiderseitigen Arbeit etwas übrig bleibt oder nicht“*.[1165]

Um den Bedarf der Ehefrau auch nach der Auflösung der Ehe gedeckt zu wissen, wollte *Planck* nicht etwa das Familienrecht anpassen, sondern das Erbrecht entsprechend modifizieren. Daneben sollten bereits während der Ehe die Teile des Sondervermögens der Frau, welchen ein dauerhafter Vermögenswert zukam, wozu vor allem Immobilien zählten, dem Verfügungsrecht des Ehemannes entzogen sein.[1166] Die beweglichen Güter der Ehefrau, welche ihr nicht vorbehalten waren, sollten hingegen den Gläubigern des Ehemannes als Haftungsmasse dienen. Ein Vorzugsrecht der Ehefrau am Vermögen des Ehemannes gegenüber Dritten lehnte *Planck* indes aufgrund der Vereinigung der Vermögenswerte beider Ehepartner als sittenwidrig ab.[1167]

Planck begründete seine Wahl des gesetzlichen Güterstandes der Verwaltungsgemeinschaft auch damit, dass ein Großteil der Ehepaare ohnehin bereits unter einem System der Gütertrennung verheiratet sei und dieses der Praxis weniger Schwierigkeiten bereite als die systemähnliche Errungenschaftsgemeinschaft.[1168] Darüber hinaus sei die Verwaltungsgemeinschaft weniger täuschungsanfällig als die allgemeine Gütergemeinschaft.[1169] Um den Fortbestand veralteter Güterrechte durch ehevertragliche Regelungen zu verhindern, sollten zudem ein Verbot früherer Güterrechtssysteme eingeführt

---

[1164] *Jakobs/Schubert*, ebenda.
[1165] *Jakobs/Schubert*, Beratung Familienrecht I, S. 371.
[1166] *Jakobs/Schubert*, Beratung Familienrecht I, S. 371 f.
[1167] *Jakobs/Schubert*, Beratung Familienrecht I, S. 372 f.
[1168] *Jakobs/Schubert*, Beratung Familienrecht I, S. 373.
[1169] *Jakobs/Schubert*, ebenda.

und die Wahlgüterstände in Form der allgemeinen Gütergemeinschaft und Errungenschaftsgemeinschaft geregelt werden.[1170] Die Anträge *Plancks* wurden in der Sitzung vom 20. Oktober 1875, trotz einiger Unstimmigkeiten, mit großer Mehrheit von der Kommission angenommen.[1171]

bb. DER ASPEKT DER HAFTUNG DER EHEFRAU

Ein umstrittener Punkt, wie bereits aus den Diskussionen der Deutschen Juristentage ersichtlich, war der Gläubigerschutz und die damit zusammenhängende Haftung der Ehefrau für die Schulden des Ehemannes. In der Sitzung der ersten Kommission vom 27. September 1876 stellte *Planck* diesbezüglich folgenden Antrag, um die Uneinigkeiten der Beteiligten zu identifizieren: „*Die Frau haftet nicht für die Schulden des Mannes. Soweit dem Manne ein Recht zur Veräußerung des Vermögens der Frau gesetzlich eingeräumt wird, bildet dieses Recht keinen Gegenstand der Zwangsvollstreckung für die Gläubiger des Mannes. Die Frau steht mit ihrem Anspruche auf Restitution ihres in die Verwaltung des Mannes gelangten Vermögens bezw. auf Ersatz für den nicht mehr vorhandenen oder verschlechterten Theil desselben hinter den übrigen Gläubigern des Mannes nicht zurück.*“[1172] Durch die Haftungsbeschränkung der Ehefrau widersprach sein Antrag nicht nur seinen eigenen Äußerungen von der Sitzung des Oktobers des Vorjahres zur Haftungsfrage im Rahmen der Verwaltungsgemeinschaft, sondern richtete sich auch gegen den Konsens der Deutschen Juristentage[1173] und entfachte damit eine hitzige Diskussion.

Bereits bei der Schaffung der preußischen Konkursordnung im Jahr 1855[1174] wurde die Haftung der Ehefrau bei einer Vollstreckung aufgrund der Schulden des Ehemannes kontrovers debattiert und führte dazu, dass der durch die Verordnung vom 07. April 1838[1175] gewährte Schutz bei der Vollstreckung in das Separatvermögen der Ehefrau untergraben wurde. Die Spannungen im Rahmen der Konkursordnung offenbarten, dass die Tendenz

---

1170 *Jakobs/Schubert*, Beratung Familienrecht I, S. 373 f.

1171 *Jakobs/Schubert*, Beratung Familienrecht I, S. 375.

1172 *Jakobs/Schubert*, ebenda.

1173 Den Argumenten *Albrechts* folgend sprach sich der 12. Deutsche Juristentag 1875 für eine Haftung der Ehefrau aus; siehe unten, S. 277 f.

1174 Preußische Konkurs-Ordnung vom 08. Mai 1855, PrGS 1855, S. 321.

1175 Verordnung über die Rechte der Ehefrau auf ihre eingebrachten Mobilien gegen die Gläubiger des Mannes vom 07. April 1838, PrGS 1838, S. 255 f.

wuchs, den Zugriff der Gläubiger auf das Gut der Ehefrau zu erleichtern.[1176] Dieser Entwicklungslinie lagen neben Aspekten des Handelsverkehrs insbesondere rechtspolitisches Kalkül zugrunde. Durch eine entsprechende Haftungsverteilung näherte sich die Verwaltungsgemeinschaft der allgemeinen Gütergemeinschaft an und man versprach sich, so die Anhänger der Letzteren für sich zu gewinnen.[1177] *Planck* stellte sich mit seinem Antrag gegen diesen Trend. Die Basis seiner eingehenden Begründung bildete die Natur der Verwaltungsgemeinschaft. Diese sei im Kern eine Gütertrennung, welche durch eine Haftung der Ehefrau im Außenverhältnis aufgehoben würde und allein zwischen den Eheleuten fortbestünde. Die Wandlung der Verwaltungsgemeinschaft in eine faktische Gütergemeinschaft könne mit den Gründen des Gläubigerschutzes nicht aufgewogen und gerechtfertigt werden.[1178] Immerhin wisse ein Vertragspartner des verheirateten Mannes, dass zukünftig der gesetzliche Güterstand der Verwaltungsgemeinschaft gelte, und könne sich entsprechend über die Vermögensverhältnisse des Ehemannes informieren.[1179] Damit sei auch den Gerechtigkeitsaspekten der Ehe genüge getan, denn werde die Ehefrau nicht an den Gewinnen der Ehe beteiligt, müsse Gleiches für die Defizite gelten. Ihr das Haftungsrisiko des Ehemannes aufzuerlegen sei äußerst fragwürdig, da die eingebrachten Mobilien meist ihre bedeutendsten oder gar einzigen relevanten Vermögensgüter seien.[1180]

Widerstand gegen *Plancks* Ausführungen regte sich unter anderem in Form des Kommissionsmitglieds Bernhard *Windscheid*, der das Vermögen der Frau zumindest solchen Schulden zugänglich machen wollte, die im Interesse der Ehe eingegangen wurden. *Windscheid* scheiterte jedoch mit diesem differenzierenden Ansatz, unter anderem wohl auch, weil eine Abgrenzung zu den übrigen Verpflichtungen des Ehemannes praktisch kaum handhabbar schien.[1181]

Damit wurde *Plancks* Antrag in der sechsten Sitzung der Kommission unter der Bedingung angenommen, dass parallele Regelungen zum Gläubigerschutz untersucht und errichtet werden sollten.[1182]

1176 HKK/*Mayenburg*, Eheliches Güterrecht III, S. 705–707.
1177 HKK/*Mayenburg*, Eheliches Güterrecht III, S. 750.
1178 Schubert, Familienrecht III, S. 967 f.
1179 Schubert, Familienrecht III, S. 968.
1180 Schubert, ebenda.
1181 *Jakobs/Schubert*, Beratung Familienrecht I, S. 376.
1182 *Jakobs/Schubert*, Beratung Familienrecht I, S. 377 f.

cc. DIE GESCHÄFTSFÄHIGKEIT DER EHEFRAU UND IHRE VEREINBARKEIT MIT DER FINANZIELLEN VORRECHTSSTELLUNG DES EHEMANNES

Des Weiteren machte *Planck* die Geschäftsfähigkeit der Ehefrau zum Thema der Ersten Kommission. Er stellte der Kommission folgenden Antrag vor: „*1.) Die Geschäftsfähigkeit einer Frau wird dadurch, daß sie Ehefrau ist, nicht beschränkt. 2.) Eine Ehefrau kann ohne Genehmigung ihres Ehemannes über die zu ihrem eingebrachten Vermögen gehörigen Gegenstände nicht verfügen und findet wegen der von ihr ohne solche Genehmigung während der Ehe eingegangenen Schulden die Zwangsvollstreckung in das eingebrachte Vermögen nicht statt.*“[1183]

Der erste Teil des Antrags wurde dahingehend verstanden, dass die Frau durch die Heirat keine Entmündigung erfahren solle. In der kurzen Diskussion darüber wurde ein deutlicher Wille zur Annahme deutlich, da Einigkeit bestand, dass die Ehe „*an sich*“ keine Geschlechtsvormundschaft mehr begründet solle.[1184] *Planck* betonte weiter, dass auch die Güterstände prinzipiell zu keiner Beschränkung der weiblichen Geschäftsfähigkeit führen sollten. Die umfassende Geschäftsfähigkeit der Ehefrau wurde dennoch vielfach abgelehnt und Forderungen nach einer beschränkenden Wirkung des gesetzlichen Güterrechts wurden laut. Insbesondere ein unabhängiger Abschluss von Dienstverträgen sollte der Ehefrau nicht möglich sein, da der Mann immerhin ein Anrecht auf die häuslichen Dienste der Frau habe.[1185] In der sechsten Sitzung der Kommission wurde festgehalten, dass auch *Planck* sich mündlich dahingehend geäußert habe, dass die Ehefrau „*die freie Verfügung über ihre Person nicht habe*“. Obwohl nach dieser Bemerkung *Plancks* darauf hingewiesen wurde, dass der erste Teil des Antrags zu erheblichen Rechtsänderungen in weiten Teilen Deutschlands führe, weshalb dringend zu regeln sei, dass die Ehefrau in der Regel nicht geschäftsfähig sei, wurde der Vorschlag *Plancks* knapp angenommen.[1186]

Auch der zweite Teil von *Plancks* Anfrage wurde von der Kommission eingehend beraten. Für viele Kommissionsmitglieder ging der Antrag nicht weit genug. Sie forderten, dass mehr geschehen müsse, als die Verfügungen

---

1183 *Jakobs/Schubert*, Beratung Familienrecht I, S. 376; Siebte Sitzung der Kommission vom 28. September 1876.

1184 Schubert, Familienrecht III, S. 1053 ff.; *Jakobs/Schubert*, Beratung Familienrecht I, S. 377 f.

1185 *Jakobs/Schubert*, Beratung Familienrecht I, S. 377.

1186 *Jakobs/Schubert*, Beratung Familienrecht I, S. 378.

der Ehefrau über ihr eingebrachtes Vermögen ohne eine Genehmigung des Ehemannes für unwirksam zu erklären. Denn ohne weitergehende Rechtsfolgen könne die verheiratete Frau sich dazu veranlasst sehen, Verpflichtungen einzugehen, für welche sie sodann nicht geradestehen müsse. Dadurch würden Ehefrauen regelrecht dazu verführt, sich ohne das Wissen ihres Mannes zu verschulden.[1187] Dieser Hinweis traf auf hohe Resonanz, weshalb *Plancks* Vorschlag zwar mit acht zu drei Stimmen angenommen, jedoch um einen nur scheinbar geringen Zusatz ergänzt wurde: „*Eine Frau kann ohne Genehmigung ihres Ehemannes über die zu ihrem eingebrachten Vermögen gehörigen Gegenstände nicht verfügen, dergestalt und also, daß sowohl die Veräußerung, als auch der obligatorische Vertrag nichtig sind.*“[1188] Durch diese durchschlagende Nichtigkeit von Verpflichtungs- und Verfügungsgeschäft wurde die Ehefrau faktisch auf die gleiche Stufe mit einem beschränkten Geschäftsfähigem gestellt.[1189]

Die sich scheinbar widersprechenden Begründungen und Teilanträge *Plancks* bildeten trotz allem den Grundstein für die Stärkung der Geschäftsfähigkeit der Ehefrau, auch wenn die weitere rechtliche Ausgestaltung des Güterrechts faktisch zu vielfältigen Einschränkungen führen sollte.[1190] Damit waren 1876 die wichtigsten Vorfragen zur Neugestaltung des Familienrechts geklärt und die Beratungen der ersten Kommission abgeschlossen. Der Weg für den ersten Entwurf eines einheitlichen Eherechts war geebnet.

c. *Plancks* Entwurf von 1880 und seine Zugeständnisse an den Erwerb der Ehefrau

Nach dem Abschluss der Arbeiten der ersten Kommission begann *Planck*, unter Mithilfe seines Assistenten Theodor *Braun*, mit der Ausarbeitung eines Entwurfes zum Familienrecht. Dieses Projekt war für *Planck* besonders kräftezehrend, da er bereits seit 1873 erblindet war.[1191] Darüber hinaus entschied er sich für eine besonders komplexe Vorgehensweise, indem er sich nicht mit einer gegenwärtigen Bedarfsermittlung begnügte, sondern die Konzeption

---

1187 *Jakobs/Schubert*, Beratung Familienrecht I, S. 377, Fn. 8, Nr. 3.

1188 *Jakobs/Schubert*, Beratung Familienrecht I, S. 378.

1189 HKK/*Mayenburg*, Eheliches Güterrecht III, S. 752.

1190 *Buchholz*, Das BGB und die Frauen, S. 674.

1191 *Coester*, Planck, in: Fritz Loos (Hg.): Rechtswissenschaft in Göttingen. Göttinger Juristen aus 250 Jahren, 1897, S. 299–315, 307; *Schmid*, Die Entstehung, S. 68; *Jakobs/Schubert*, Die Beratung des BGB, XIII–XV.

eines neuen Familienrechts auf eine detaillierte historische Analyse der zahlreichen bestehenden Güterrechte aufbaute.[1192] *Planck* gelang es, seinen Entwurf 1880 vorzulegen.[1193] Der Teilentwurf des Familienrechts[1194] mit 575 Paragrafen folgte dem Einheitssystem und war in drei Abschnitte gegliedert: Die Ehe, das Recht der Abkömmlinge und die Vormundschaft. Er entsprach damit bereits der späteren Struktur des vierten Buchs des Bürgerlichen Gesetzbuches. Den Schwerpunkt dieser Arbeit bildet das Recht der Ehe, insbesondere die darin enthaltenen 158 Paragrafen zum Güterrecht. Im Folgenden liegt das Augenmerk auf die den Lohn und die Arbeitstätigkeit der verheirateten Frau betreffenden Regelungen. Dazu zählen neben der Geschäftsfähigkeit der Ehefrau und den übergeordneten Befugnissen des Ehemannes auch die vermögensrechtlichen Regelungen des gesetzlichen Güterstandes und der Wahlgüterstände. Das Kernstück der Betrachtung soll die Behandlung des Arbeitserwerbs der Ehefrau als Vorbehaltsgut im Rahmen der gesetzlichen Verwaltungsgemeinschaft sein.

aa. DIE ALLGEMEINEN EHEWIRKUNGEN UND DIE FORMALE UNABHÄNGIGKEIT DER FRAU

Die Wirkungen der Ehe wurden im zweiten Titel des Familienrechts geregelt. Neben dem persönlichen Verhältnis und Pflichtenkatalog der Ehegatten normierte *Planck* auch die Grundsätze zum Abschluss von Rechtsgeschäften der Ehefrau und entsprechende Vertretungsregeln. Voranstellend legte § 67 *Entwurf-P*[1195] fest, dass dem Mann als Oberhaupt der Ehe das Entscheidungsrecht in den das gemeinschaftliche eheliche Leben betreffenden Angelegenheiten zustand. Die Frau war demgegenüber grundsätzlich zur Folgeleistung verpflichtet, es sei denn, die Entscheidungen stellten einen Missbrauch des ehemännlichen Rechts dar. Damit bestätigte *Planck* bewusst die Stellung

---

1192 *Schmid*, Die Entstehung, S. 68.

1193 Schubert/*Plank*, Familienrecht I, S. 5–130.

1194 Fortan als *Entwurf-P* bezeichnet.

1195 § 67 *Entwurf-P*: *Der Ehemann ist das Haupt der Ehe. Ihm steht die Entscheidung in allen das gemeinschaftliche eheliche Leben betreffenden Angelegenheiten zu. Insbesondere bestimmt er Wohnort und Wohnung.*

Die Ehefrau ist der Entscheidung des Ehemannes Folge zu leisten nicht verpflichtet, wenn sich dieselbe als ein mit der rechten ehelichen Gesinnung unvereinbarer Mißbrauch des ehemännlichen Rechts darstellt.

des Mannes in der ehelichen Gemeinschaft.[1196] *Planck* betonte indessen, dass die Frau nicht mehr unter der Gewalt des Mannes stehe, vielmehr seien beide Ehegatten berechtigt und verpflichtet, „*zu einer dem Wesen der Ehe entsprechenden Gestaltung des gemeinschaftlichen Lebens mitzuwirken*“. Allein bei Meinungsverschiedenheiten müsse die Stimme eines Partners entscheidend sein und „*nach der natürlichen Ordnung der Verhältnisse*“ sei dies diejenige des Mannes.[1197] Die Frau hingegen traf, der Stellung der Hausfrau entsprechend und vorbehaltlich des Entscheidungsrechts des Ehemannes, nach § 69 *Entwurf-P*[1198] das Recht und die Pflicht, dem gemeinschaftlichen Hauswesen vorzustehen.[1199] *Planck* hob hervor, dass dies nicht wie üblicherweise eine bloße Verpflichtung der Frau darstelle; vielmehr sei es ihr Recht, „*im Innern des Hauses zu walten und dem gemeinschaftlichen Hauswesen vorzustehen*“.[1200] Darüber hinaus war sie zur Mithilfe im Geschäft des Mannes verpflichtet. Mit der Position als Haushaltsvorstehende kollidierte jedoch eine Berufstätigkeit der Ehefrau. *Planck* betonte, dass im Einzelfall beurteilt werden müsse, ob ein selbstständiger Arbeitserwerb durch die verheiratete Frau gegen die ihr obliegenden Pflichten verstoße.[1201] Abwägungskriterium sei neben den wirtschaftlichen Verhältnissen der Ehegatten auch die Erwerbsart der Frau. Oftmals sei allerdings hinzunehmen, dass der „*eigentliche Beruf der Hausfrau*“ durch Tätigkeiten außerhalb des Hauses einigermaßen leide, um der Familie eine Existenzgrundlage zu gewährleisten.[1202] Die Entscheidungsgewalt solle jedoch auch hier beim Ehemann verbleiben. Er müsse ihr den Betrieb eines Gewerbes verweigern können, „*wenn er sie mit dem ehelichen Gemeinschaftsleben und dem der Frau darin obliegenden Beruf unvereinbar findet*“. Umgekehrt könne er sie jedoch nicht zur Aufnahme eines solchen zwingen.[1203] Damit teilten die Regelungen über die persönlichen Verhältnisse der Ehegatten dem Paar grundsätzlich ihre altbekannten Rollen und Wirkungsräume zu.

1196 Schubert/*Plank*, Familienrecht I, S. 403.
1197 Schubert/*Plank*, ebenda.
1198 § 69 *Entwurf-P*: *Die Ehefrau ist dem gemeinschaftlichen Hauswesen, unbeschadet des dem Ehemanne nach § 67 zustehenden Rechts, vorzustehen berechtigt und verpflichtet.*
Zu häuslichen Arbeiten und zur Hülfeleistung im Geschäfte des Ehemannes ist sie, soweit dies standesmäßig üblich, verpflichtet.
1199 Schubert/*Plank*, Familienrecht I, S. 412.
1200 Schubert/*Plank*, ebenda.
1201 Schubert/*Plank*, Familienrecht I, S. 413.
1202 Schubert/*Plank*, ebenda.
1203 Schubert/*Plank*, Familienrecht I, S. 413.

Die Geschäftsfähigkeit der Ehefrau wurde im Rahmen der allgemeinen Ehewirkungen durch § 71 *Entwurf-P*[1204] dahingehend eingeschränkt, dass sie zum Abschluss von Rechtsgeschäften, durch welche sie sich zu einer persönlichen Dienstleistung verpflichtete, der Genehmigung des Ehemannes bedurfte. Rechtsgeschäfte ohne eine entsprechende Genehmigung unterlagen der allerinigen Anfechtung des Ehemannes. Bei der Abfassung dieser Regelung bewältigte *Planck* die Frage, inwiefern persönliche Dienstleistungen der Ehefrau für Dritte mit ihren ehelichen Pflichten zu vereinbaren waren. Er war der Ansicht, dass Dienstverhältnisse, welche das persönliche Zusammenleben des Ehepaares unmöglich machten, grundsätzlich unzulässig seien. Sporadische Arbeiten für Dritte hingegen, abhängig von den Umständen des Einzelfalles, seien regelmäßig unbedenklich.[1205] Dennoch sei zum Schutz der ehelichen Gemeinschaft und den Rechten des Mannes bei der Eingehung persönlicher Dienstverhältnisse ein genereller Genehmigungsvorbehalt erforderlich.[1206] *Planck* wiederholte den, in der Sitzung der ersten Kommission vom 27. und 28. September 1876 beschlossenen, Grundsatz, wonach die Geschäftsfähigkeit der Frau durch die Eingehung der Ehe nicht beschränkt werde.[1207] Dies sei mit dem Genehmigungsvorbehalt des Ehemannes vereinbar, denn die Ehefrau selbst sei nicht dazu berechtigt, sich ihren persönlichen ehelichen Verpflichtungen zu entziehen, weshalb sie auch nicht dazu befugt sein könne, einen Dritten durch die Eingehung eines Dienstverhältnisses zu einer entsprechenden Pflichtverletzung zu berechtigen.[1208]

Damit die Frau ihre Rolle als Haushaltsvorstehende erfüllen konnte, gewährte ihr § 73 *Entwurf-P*[1209] im Rahmen ihres häuslichen Wirkungskreises,

---

1204 § 71 *Entwurf-P: Die Ehefrau bedarf zu Rechtsgeschäften, durch welche sie sich zu einer persönlichen Dienstleistung verpflichtet, der Genehmigung des Ehemannes.*

Die Genehmigung ist nicht erforderlich, wenn die Einholung derselben wegen längerer Abwesenheit oder Krankheit des Ehemannes nicht erfolgen kann oder derselbe unter Vormundschaft steht.

Rechtsgeschäfte der vorbezeichneten Art, welche der erforderlichen Genehmigung des Ehemannes entbehren, sind anfechtbar. […].

1205 Schubert/*Plank*, Familienrecht I, S. 414.

1206 Schubert/*Plank*, Familienrecht I, S. 417.

1207 Schubert/*Plank*, ebenda.

1208 Schubert/*Plank*, Familienrecht I, S. 418.

1209 § 73 *Entwurf-P: Die Ehefrau ist innerhalb ihres häuslichen Wirkungskreises Rechtshandlungen Namens des Ehemannes vorzunehmen und thatsächlich über dessen Vermögen zu verfügen berechtigt. […].*

Rechtshandlungen im Namen ihres Ehemannes vorzunehmen und auf diese Weise über dessen Vermögen und das gemeinsame Ehegut zu verfügen. Diese Rechtsgeschäfte galten als vertretungsweise im Namen des Ehemannes abgeschlossen. Der Ehemann hatte die Möglichkeit, diese Befugnisse seiner Frau einzuschränken oder ihr zu entziehen, sofern sie die ihr obliegenden Pflichten gröblich verletzte und dadurch das Vermögen des Mannes gefährdete. Eine entsprechende Beschränkung sollte jedoch nur Außenwirkung entfalten, sofern diese ordnungsgemäß öffentlich bekannt gemacht wurde. Nahm der Ehemann dieses Kontrollrecht indes missbräuchlich wahr, konnte die Ehefrau gerichtlich die Aufhebung der Beschränkung und Entziehung beantragen. *Planck* betonte, dass die Regelung dieser, von alters her anerkannten, Schlüsselgewalt der Frau trotz der grundsätzlichen Geschäftsfähigkeit der Ehefrau einer gesetzlichen Regelung bedurfte, wenn diese Verfügungen über das Ehegut tätigen wollte. Der Kern dieses Vertretungsrechts sei notwendigerweise zu normieren gewesen, da grundsätzlich der Mann zu Tragung der Haushaltlasten verpflichtet sei, die Frau als Vorstehende des Haushaltes jedoch tatsächlich viele der täglichen Geschäfte tätigte.[1210]

bb. DIE VERWALTUNGSGEMEINSCHAFT UND DIE SONDERSTELLUNG DES ARBEITSERWERBS DER EHEFRAU

Im Bereich des ehelichen Güterrechts behandelte *Planck* zunächst die bedeutende Frage, ob und inwieweit ein gesetzlicher Güterstand eingeführt werden sollte. In der allgemeinen Begründung des Gesetzesentwurfes trat er leidenschaftlich für eine Vereinheitlichung des Güterrechts ein. Es sei die Aufgabe des Gesetzgebers, in einem derart zersplitterten Rechtsgebiet wie Deutschland ein einheitliches Recht wiederzugewinnen. Um dem „*Streben und Bedürfnis nach einheitlicher Gestaltung des Rechts*“ gerecht zu werden, müsse der Gesetzgeber „*in der That in gewissem Sinne neues Recht schaffen und den Versuch wagen, aus der Vielgestaltigkeit des bestehenden Rechts diejenigen Rechtssätze auszuwählen, welche unter Berücksichtigung aller Verhältnisse am meisten zur Geltung in ganz Deutschland geeignet erschein[en]*“[1211]. Diese Anforderungen an einen gesetzlichen Güterstand sah *Planck* in dem Güterstand der „*Verwaltung und Nutznießung*“, gemeinhin als Verwaltungsgemeinschaft bezeichnet, vereint.

[1210] Schubert/*Plank*, Familienrecht I, S. 432.
[1211] Schubert, Familienrecht I, XL f.

Denn die „*Herstellung eines einheitlichen Rechts für ganz Deutschland*" sei „*am leichtesten auf dem Boden desjenigen Systems zu bewerkstelligen, welches am wenigsten tief eingreift*".[1212]

Im Rahmen der Vermögensverhältnisse der Ehegatten wurde zunächst neben der Unterhaltspflicht des Ehemannes,[1213] auch im Falle von dessen Vermögenslosigkeit oder Erwerbsunfähigkeit, eine Unterhaltspflicht der Ehefrau[1214] dargelegt. Außerdem wurde die vom Güterstand unabhängige Haftung der Eheleute in § 76 *Entwurf-P*[1215] auf die eigenübliche Sorgfalt beschränkt. Dieser allgemeine Grundsatz ergebe sich *Planck* zufolge aus der Natur des ehelichen Verhältnisses und der daraus resultierenden vermögensrechtlichen Verbindung des Ehepaares.[1216] Der Ehefrau wurde in § 77 *Entwurf-P*[1217] die Beweislast für die Herkunft der Gegenstände auferlegt, um ihr Vermögen vor den Gläubigern des Ehemannes im Falle eines Konkurses zu schützen. Der Nachweis oblag der Ehefrau sowohl hinsichtlich der Gegenstände aus dem Ehegut als auch hinsichtlich ihres vorbehaltenen Vermögens und anderweitiger Güter.[1218]

Der gesetzliche Güterstand der Verwaltungsgemeinschaft sah vor, dass mit der Heirat grundsätzlich das gesamte Vermögen der Frau, ausgenommen der Gegenstände zum ausschließlich persönlichen Gebrauch, in das sogenannte Ehegut fiel, welches gemäß § 78 *Entwurf-P*[1219] der Nutznießung und Verwaltung des Ehemannes unterlag. Ausgenommen vom gemeinsamen

---

1212 Schubert/*Plank*, Familienrecht I, S. 323.

1213 § 74 *Entwurf-P: Der Ehemann ist der Ehefrau den seiner Lebensstellung, seinem Vermögen und seiner Erwerbsthätigkeit entsprechenden Unterhalt in der durch die eheliche Lebensgemeinschaft gebotenen Weise zu gewähren verpflichtet. […].*

1214 § 75 *Entwurf-P.*

1215 § 76 *Entwurf-P: Soweit durch die Ehe vermögensrechtliche Verpflichtungen unter den Gatten begründet werden, haften dieselben dabei einander nur für Anwendung derjenigen Aufmerksamkeit, welche sie in eigenen Angelegenheiten anzuwenden pflegen.[…].*

1216 Schubert/*Plank*, Familienrecht I, S. 654 f.

1217 § 77 Entwurf-P: […], *rücksichtlich deren die Ehefrau nicht beweist, daß sie dieselben entweder vor Eingehung der Ehe oder während derselben nicht mit Mitteln des Gemeinschuldners erworben habe. […].*

1218 *Schubert*, Familienrecht 1, S. 656.

1219 § 78 *Entwurf-P: Das Vermögen der Ehefrau ist, soweit nicht nach Maßgabe der folgenden Bestimmungen eine Ausnahme stattfindet, der ehelichen Nutznießung und Verwaltung des Ehemannes unterworfen (Ehegut).*

Alles Vermögen der Ehefrau gilt bis zum Verweise des Gegentheils als Ehegut.

Ehegut war zudem das Vorbehaltsgut. *Planck* wehrte sich dagegen, die Vorrechtsstellung des Ehemannes am Ehegut und Person der Frau als *„eheliche Vormundschaft"* zu bezeichnen.[1220] Der Ausdruck *„Vormundschaft"* impliziere, dass die Frau aus rechtlichen oder tatsächlichen Gründen außerstande sei, für sich selbst zu sorgen und daher einen Vormund als Vertreter benötige. Bei der Ehefrau bestehe indessen kein Bedürfnis fremder Fürsorge, sie sei durchaus in der Lage, ihre Angelegenheiten selbst zu regeln[1221]. Er betonte, dass *„lediglich in Folge des durch die Ehe begründeten Verhältnisses und der dem Manne darin zukommenden Stellung […] ihm die fraglichen Rechte über das Vermögen der Frau eingeräumt, und die Beschränkung des Verfügungsrechts der Ehefrau nicht der Grund, sondern die Folge jener Rechte [sei]"*.[1222] Passender sei daher der Ausdruck *„eheherrliche Gewalt"* oder *„eheherrliches Recht"*.[1223]

Im Rahmen der Verwertung und des Nutzens der weiblichen Arbeitskraft war die Einordnung ihrer Arbeitsprodukte unter das Vorbehaltsgut oder Ehegut von entscheidender Bedeutung. *Planck* qualifizierte als Vorbehaltsgut, was entweder durch einen Ehevertrag oder bei der Zuwendungen eines Dritten dazu erklärt wurde;[1224] was die Ehefrau durch Erbschaft oder Vermächtnis erwarb, wenn der Ehemann diese ausschlug oder was die Ehefrau durch Rechtsgeschäft erwarb, wenn der Ehemann diesbezüglich seine Genehmigung verweigerte;[1225] was die Ehefrau während einer zeitweisen Trennung von Tisch und Bett von dem Mann oder Dritten zum eigenen Unterhalt erhielt[1226] sowie Surrogate aus dem Vorbehaltsgut.[1227] Eine Sonderbehandlung der Arbeitskraft der Ehefrau fand sich in § 82 und § 83 *Entwurf-P*: *„§ 82 Entwurf-P: Vorbehaltsgut wird ferner, was die Ehefrau in einem von ihr selbstständig betriebenen Erwerbsgeschäfte oder sonst durch ihre Arbeit erwirbt, sofern dieselbe nicht unter die Bestimmung des zweiten Absatzes des § 69*

[1220] Schubert/*Plank*, Familienrecht I, S. 658.
[1221] Schubert/*Plank*, ebenda.
[1222] Schubert/*Plank*, Familienrecht I, S. 658.
[1223] Schubert/*Plank*, ebenda.
[1224] § 80 *Entwurf-P.*
[1225] § 81 *Entwurf-P.*
[1226] § 84 *Entwurf-P.*
[1227] § 85 *Entwurf-P: Vorbehaltsgut wird ferner, was die Ehefrau auf Grund eines zu ihrem Vorbehaltsgut gehörigen Rechts oder als Ersatz für die Zerstörung, Beschädigung oder Entziehung eines dazu gehörigen Gegenstandes oder durch Rechtshandlung erwirbt, welche sie behufs Verwaltung ihres vorbehaltenen Vermögens vorgenommen hat.*

fällt. § 83 Entwurf-P: Vorbehaltsgut ist ferner dasjenige Vermögen, welches in einem der Ehefrau bei dem Beginne der ehelichen Nutznießung und Verwaltung zustehenden und von ihr mit Genehmigung des Ehemannes selbstständig fortgesetzten Erwerbsgeschäfte begriffen oder ihr von dem Ehemanne zu dem selbstständigen Betriebe eines Erwerbsgeschäfts später überlassen wird. [...]."

Die Hervorhebung der erwerbstätigen Ehefrau unterstrich deren wachsende Bedeutung innerhalb der Gesellschaft und des Familienlebens. *Planck* ordnete den persönlichen Arbeitserwerb der verheirateten Frau dem Vorbehaltsgut zu und entzog ihn damit der Verwaltung und Nutznießung des Ehemannes. Er wich damit von der historischen Gestalt der Verwaltungsgemeinschaft, welche den Erwerb der Ehefrau dem Ehegut zuwies und der Verwaltung des Ehemannes unterwarf, da sich der Arbeitskreis der Frau traditionell auf den Haushalt beschränkte, ab. *Planck* hingegen differenzierte zwischen der Arbeit der Frau, welche sie im Geschäft des Mannes oder im Rahmen des gemeinsamen Haushalts leistete und derjenigen, welche sie durch eigene Kunst und Gewerbe außer Haus leistete. Diese Unterscheidung hatte sich bereits in einigen deutschen Kodifikationen, wie dem Preußischen Landrecht[1228] und sächsischen BGB[1229], durchgesetzt.[1230] Damit war die Erweiterung des Vorbehaltsguts auf den selbstständigen Arbeitserwerb der Frau grundsätzlich nicht neu. Indem die außerhäusliche Erwerbstätigkeit der Frau eine explizite Regelung erfuhr, wurde der Entwurf jedoch den Umständen einer industriellen Familie gerecht und verdeutlichte *Plancks* Bemühungen, die ehelichen Lasten angemessenen zu verteilen. *Planck* unterstrich auf diese Weise seine Absicht, dem Mann materiell nicht mehr das Recht am Erwerb der Frau zuzusprechen. Die Frau sei zwar als Vorstehende des Hauswesens gesetzlich dazu verpflichtet, häusliche Arbeiten und Mithilfe im Geschäft ihres Mannes zu leisten und was sie in diesem Aufgabenbereich erwirtschaftete, müsse dem Mann in gleicher Weise zufallen wie von anderen in seinem Haus oder Geschäft tätigen Gehilfen.[1231] *Planck* erkannte jedoch, dass daneben in den Reihen der arbeitenden Klassen eine selbstständige Tätigkeit der Frau

---

[1228] ALR II 1§ 211 iVm. §§ 219, 200; Koch/*Förster*, ALR für die Preußischen Staaten III, S. 519.

[1229] § 1668 sächs. BGB.

[1230] Schubert/*Plank*, Familienrecht I, S. 538.

[1231] Schubert/*Plank*, Familienrecht I, S. 539.

zur Erhaltung der Familie und Lebensgrundlage dringend erforderlich war. Für Arbeiten dieser Art führte der historische Grundsatz jedoch zu ungerechten und unbilligen Benachteiligungen der Frau[1232]. Diese Unbilligkeit ergäbe sich nicht daraus, dass der Arbeitserwerb zur Bestreitung der ehelichen Lasten verwendet würde, denn immerhin sei dies regelmäßig der Grund der Tätigkeitsaufnahme. Vielmehr liege die Unbilligkeit darin, dass *„obwohl die Frau über ihre rechtliche Verpflichtung hinaus arbeite[t] und selbstständig [erwarb], doch nicht ihr Wille, sondern der des Mannes über die Verwendung des Erworbenen entscheiden"* sollte.[1233] Beide Ehegatten treffe die Pflicht, im Umfang ihrer Kräfte gemeinschaftlich zu den ehelichen Lasten beizutragen. Im Rahmen der Verwaltungsgemeinschaft seien aus Gesichtspunkten der Zweckmäßigkeit dem Ehemann allein diese Rechte und Pflichten zugewiesen. Dies habe zur Folge, dass für eine gerechte Ausgestaltung des ehelichen Pflichtenkatalogs die Beitragspflicht der Frau wiederum begrenzt werden müsse.[1234] Die Begrenzung dieser weiblichen Pflicht ergebe sich hinsichtlich ihres Arbeitserwerbs umso mehr, da das eingebrachte Vermögen der Frau bereits der Verwaltung und Nutznießung des Mannes zur Unterstützung der Haushaltskosten unterworfen sei. Dabei bilde sich die natürliche Grenze *„von selbst daraus, wie weit die Frau zur Arbeit und Thätigkeit verpflichtet"* sei.[1235]

Auf das Vorbehaltsgut fanden im Übrigen die Vorschriften über die Gütertrennung Anwendung.[1236] Dadurch wurden insbesondere der Beitrag zu den Haushaltskosten mittels des Vorbehaltsguts der Frau, die Überlassung der Verwaltung des Vorbehaltsguts an den Ehemann und die Wirkung von Rechtshandlungen, die Dritte in dem Vertrauen vornahmen, dass dem Ehemann die Verwaltung und Nutznießung am Vermögen der Frau zukam,

---

[1232] Schubert/*Plank*, ebenda.

[1233] Schubert/*Plank*, Familienrecht I, S. 539.

[1234] Schubert/*Plank*, ebenda.

[1235] Schubert/*Plank*, Familienrecht I, S. 540.

[1236] § 86 *Entwurf-P: In Ansehung des Vorbehaltsguts finden die Vorschriften der §§ 136–140 über das bei Trennung der Güter stattfindende Verhältnis entsprechende Anwendung.*

Bei Bemessung des von der Ehefrau nach Maßgabe des § 137 aus den Aufkünften ihres vorbehaltenen Vermögens und dem Ertrage eines von ihr selbstständig betriebenen Erwerbsgeschäfts zu leistenden Betrages sind neben dem Unterhalte der Gatten und der gemeinschaftlichen Abkömmlinge auf die Lasten der ehelichen Nutznießung und Verwaltung mitzuberücksichtigen.

geregelt. Der Verweis auf § 138 *Entwurf-P*[1237] verdeutlichte, dass die Befugnisse der Ehefrau disponibel waren und eine Übertragung auf den Ehemann nicht dem Wesen der Ehe zuwiderliefe.

Die eheliche Nutznießung am Ehegut regelte *Planck* hauptsächlich, indem er auf die Nießbrauchsvorschriften des geplanten Sachenrechts verwies.[1238] Diese Entscheidung wurde kritisiert, da dadurch die Mitwirkung der Frau erforderlich sei, sofern der Mann Teile ihres Mobiliarvermögens veräußern wolle. Dieses Zustimmungserfordernis stand in direktem Widerspruch zu der, vielfach von den Germanisten geforderten, ehelichen Geschlechtsvormundschaft.[1239] *Planck* orientierte sich bei dieser Form der *usufructus maritalis* neben dem gemeinen Recht auch an den Regelungen des sächsischen BGB.[1240] Die Reichweite der ehemännlichen Verwaltung am Ehegut regelte *Planck* eingehend. Durch das Erfordernis einer Zustimmung seitens der Ehefrau war der Ehemann nur bei einer geringen Anzahl von Geschäften in seinem Verwaltungsrecht gehemmt. Rechtshandlungen der Frau am Ehegut hingegen waren nur wirksam, wenn der Mann diese genehmigte.[1241] Die Ehefrau konnte zwar die gerichtliche Aufhebung der ehelichen Nutznießung und Verwaltung verlangen, jedoch in nur sehr eingeschränkten Fällen.[1242]

Die in der siebten Sitzung der ersten Kommission vom 28.09.1876 beschlossene doppelte Nichtigkeit von Verpflichtungs- und Verfügungsgeschäft,

---

1237 § 138 *Entwurf-P: Wenn die Ehefrau dem Ehemann die Verwaltung ihres Vermögens oder eines Theils desselben überläßt und dabei über den Umfang der dem Ehemanne eingeräumten Befugnisse eine Bestimmung nicht getroffen wird, so ist derselbe berechtigt, die Aufkünfte des betreffenden Vermögens. Soweit dieselben nicht bei ordnungsmaßiger Verwaltung zu der Bestreitung der darauf beruhenden Lasten verwandt werden müssen, nach freiem Ermessen und ohne zur Rechnungslegung darüber verpflichtet zu sein, zu verwenden.*

1238 § 87 *Entwurf-P: Auf die dem Ehemanne kraft der ehelichen Nutznießung zustehenden Rechte finden die Bestimmungen über den Nießbrauch insoweit entsprechende Anwendung, als sich nicht aus den nachstehenden Vorschriften Abweichungen ergeben.*

1239 *Schmid*, Die Entstehung, S. 71 f.

1240 § 1655 sächsisches BGB; *Schmid*, Die Entstehung, S. 72.

1241 § 96 *Entwurf-P: Rechtshandlungen der Ehefrau haben nur dann rechtliche Wirksamkeit für das Ehegut, wenn der Ehemann sie genehmigt hat.*

Rechtshandlungen der Ehefrau, welche eine Verfügung über das Ehegut enthalten oder auf Begründung der Verpflichtung zu einer solchen Verfügung gerichtet sind, gelten als unter der Bedingung vorgenommen, daß der Ehemann seine Genehmigung ertheile. Eine entgegenstehende Verabredung oder Erklärung ist nichtig.

1242 § 126 *Entwurf-P.*

durch welche die Ehefrau bei Rechtshandlungen über ihr eingebrachtes Vermögen faktisch mit beschränkt Geschäftsfähigen gleichgestellt wurde, wurde durch den Entwurf *Plancks* etwas abgeschwächt. Er entschied sich gegen eine entsprechende durchschlagende Nichtigkeit und ersatzweise für eine Anfechtbarkeit durch den Ehemann.[1243]

cc. DIE WAHLGÜTERSTÄNDE UND DEREN EINFLUSS AUF DEN ARBEITSERWERB DER EHEFRAU

Im Weiteren erfuhr das Güterrecht eine Vereinheitlichung, indem die eheliche Vertragsfreiheit durch die gesetzliche Konkretisierung von vier Wahlgüterständen gelenkt wurde. Gemäß § 133 *Entwurf-P*[1244] konnten die Ehegatten zudem die durch das Gesetz bestimmten Wirkungen der Ehe durch Ehevertrag nur insoweit modifizieren, als dies mit dem Wesen der Ehe vereinbar war. Was als Wesen der Ehe zu verstehen sei, regelte *Planck* im Gegensatz zum Code Civil[1245] jedoch nicht, sondern überließ die Anwendung der Wissenschaft und Praxis.[1246] Eine erklärende Aufzählung hielt er nicht für zweckmäßig, „*weil eine erschöpfende aller unzulässigen Vertragsbestimmungen offenbar unmöglich, die Hervorhebung einzelner aber leicht zu Mißdeutungen Anlaß geben kann*".[1247] Grundsätzlich führe das Wesen der Ehe dazu, dass Änderungen über das persönliche Verhältnis der Ehegatten, die Rechtsgeschäfte und Vertretung sowie die Grundsätze der vermögensrechtlichen Beziehungen (§§ 66–75 *Entwurf-P*) unzulässig seien, da diese Bestimmungen die wesentliche Konsequenz der ehelichen Verbindung seien.[1248] Jedoch schloss er einzelne Modifikationen dieser Vorschriften nicht absolut aus. Beispielsweise sei eine vertragliche Vereinbarung, die begrenzte und näher bestimmte, dass eine Ehefrau zu gewissen Rechtsgeschäften fähig wäre, durch welche sie sich zu persönlichen Dienstleistungen verpflichtete, obwohl sie gemäß § 71

[1243] Schubert/*Plank*, Familienrecht I, S. 5–130, § 71 III–V, Begründung; *Schubert*, ebenda, S. 131–1175, 417–428.

[1244] § 133 *Entwurf-P*: *Die Ehegatten können die durch das Gesetz bestimmten Wirkungen der Ehe auf ihr Verhältnis zueinander durch Ehevertrag insoweit ausschließen, ändern oder näher bestimmen, als dies mit dem Wesen der Ehe vereinbar ist.*

[1245] Vgl. Art. 1387 ff. CC.

[1246] Schubert/*Plank*, Familienrecht I, S. 746.

[1247] Schubert/*Plank*, Familienrecht I, S. 755.

[1248] *Schubert*, ebenda.

Entwurf-P der Genehmigung des Ehemannes bedurfte, regelmäßig zulässig. Ein gänzlicher Ausschluss der Anwendbarkeit dieser Bestimmungen wäre mit dem Wesen der Ehe jedoch nicht vereinbar.[1249] Auch eine vertragliche Änderung der Grundsätze über die persönlichen Verhältnisse der Ehegatten (§§ 66–70 *Entwurf-P*), welche insbesondere die Stellung des Ehemannes als Familienoberhaupt und dessen Entscheidungsrecht umfasste, wäre mit dem Wesen der Ehe unvereinbar, allein Konkretisierungen seien zulässig.[1250] Außerdem solle die Vertragsfreiheit der Ehegatten nicht die Rechte Dritter tangieren. Die Ehegatten könnten vertraglich nur ihr Verhältnis zueinander regeln, jedoch nicht über die Rechte Außenstehender disponieren. Aus diesem Grund könnten gesetzliche Vorschriften, durch welche sich die Wirkungen der Ehe auf das Rechtsverhältnis zu dritten Personen erstreckten – dazu zählten insbesondere die Gläubiger der Eheleute[1251] – nicht geändert werden.[1252]

Planck wollte zudem den Abschluss von Eheverträgen erleichtern. Aus diesem Grund sollten ehevertragliche Regelungen nicht nur vor einem Notar,[1253] sondern auch durch die Bezugnahme auf einen der kodifizierten Güterstände und einer beiderseitigen Erklärung der Brautleute vor einem Standesbeamten möglich sein.[1254] Bei den Wahlgüterständen entschied sich *Planck* für die Gütertrennung, die allgemeine Gütergemeinschaft, die Errungenschaftsgemeinschaft sowie die „*Gemeinschaft des beweglichen Vermögens und der Errungenschaft*“.

Die Gütertrennung erfuhr mit nur fünf Paragrafen eine sparsame Regelung. Dennoch nutzte *Planck* die wenigen Normen, um die Autorität des Mannes auf vermögensrechtlicher Ebene zu sichern. Grundsätzlich traf zwar den Ehemann die Pflicht, für den Unterhalt seiner Familie zu sorgen,

---

1249 Schubert/*Plank*, Familienrecht I, S. 755.

1250 Schubert/*Plank*, Familienrecht I, S. 756.

1251 Beispielsweise § 77 *Entwurf-P.*

1252 Schubert/*Plank*, Familienrecht I, S. 756.

1253 § 135 Abs. 1 *Entwurf-P: Eheverträge müssen vor Gericht oder Notar in einer öffentlichen Urkunde errichtet werden.*

1254 § 135 Abs. 2 *Entwurf-P: Wird durch den Ehevertrag lediglich einer der in dem zweiten bis fünften Unterabschnitte dieses Titels geregelten Güterstände vereinbart, so kann die Errichtung auch durch Erklärung vor demjenigen Standesbeamten erfolgen, vor welchem die Ehe geschlossen wird.*

gleichzeitig konnte er die Frau gemäß § 137 *Entwurf-P*[1255] dazu auffordern, aus den Aufkünften ihres Vermögens und dem Ertrag eines von ihr selbstständig betriebenen Erwerbsgeschäfts einen angemessenen Beitrag zu dem standesmäßigen Unterhalt zu leisten. Damit unterstrich *Planck* seine Gewichtung der ehelichen Pflichten, wonach die Eheleute materiell die Lasten der Ehe gemeinschaftlich trugen. Im gesetzlichen Güterstand werde dieser Verteilung dadurch genüge getan, dass der Ehemann den Beitrag der Frau durch die eheliche Verwaltung und Nutznießung erhalte.[1256] Auch im Rahmen der Gütertrennung müsste er weiterhin als „*Haupt der ehelichen Gemeinschaft*" das gemeinschaftliche Leben organisieren können, was durch das Recht und die Pflicht zur Bestreitung des ehelichen Aufwandes ermöglicht werde.[1257] Anders als die Beitragspflicht der Ehefrau sei diese Verpflichtung auch von so zentraler Bedeutung, dass sie ehevertraglich nicht abbedungen werden könne.[1258] Obwohl die Frauenbewegung mehrheitlich die Gütertrennung favorisierte,[1259] ließ sich *Plancks* knappe Ausgestaltung kaum als Zugeständnis an die Frauenbewegung werten.[1260]

Eine ausführliche Regelung wurde der allgemeinen Gütergemeinschaft zuteil. Die Zusammenführung des Vermögens der Ehegatten verdeutlichte eine unbedingte Lebensgemeinschaft auf vermögensrechtlicher Ebene. *Planck* ordnete die Eigentumsverhältnisse klar.[1261] Mit einer einfachen Handhabung im Hinterkopf entschied er sich dafür, alle Vermögensgüter der Ehegatten als „*Sammtgut*" zusammenzufassen und in das Eigentum des Ehemannes zu stellen.[1262] Sich an einer stillen Gesellschaft des Handelsrechts

---

1255 § 137 *Entwurf-P: Die Ehefrau ist verpflichtet, dem Ehemanne aus den Aufkünften ihres Vermögens und dem Ertrage eines von ihr selbstständigen betriebenen Erwerbsgeschäftes einen angemessenen Beitrag zur Bestreitung des standesgemäßigen Unterhalts beider Gatten und der gemeinschaftlichen Abkömmlinge zu leisten. […].*

1256 Schubert/*Planck*, Familienrecht I, S. 776.

1257 Schubert/*Plank*, ebenda.

1258 Schubert/*Plank*, Familienrecht I, S. 776.

1259 Siehe oben, S. 342, S. 344, S. 400.

1260 So auch: HKK/*Mayenburg*, Eheliches Güterrecht III, S. 757; anderer Ansicht war *Schmid*, in: *Schmid*, Die Entstehung, S. 73.

1261 Schubert/*Plank*, Familienrecht I, S. 784 f.

1262 *§ 142 Entwurf-P: Durch die allgemeine Gütergemeinschaft wird alles Vermögen, welches beide Gatten beim Eintritt derselben haben oder während derselben erwerben, soweit es nicht Vorbehalts- oder Sondergut bleibt, nach Maßgabe der folgenden Bestimmungen zu einem*

orientierend,[1263] sollte das Gemeinschaftsverhältnis der Eheleute auf das Innenverhältnis der Ehe begrenzt sein und im Außenverhältnis allein durch den Ehemann aufgetreten werden.[1264] Damit wählte *Planck* eine Ausgestaltung der allgemeinen Gütergemeinschaft, die, entgegen einer ebenfalls verbreiteten Gleichordnung der Ehepartner, die hervorgehobene und autoritäre Stellung des Ehemannes betonte.

Aus Traditionsgründen entschloss sich *Planck* außerdem dazu, die Wahlgüterstände der Errungenschafts- und beschränkten Mobiliargemeinschaft zu normieren. Bei der knappen Regelung der Errungenschaftsgemeinschaft erfuhr diese kaum Neuerungen gegenüber ihrer bisherigen Geltung. Die beschränkte Mobiliargemeinschaft näherte *Planck* an die allgemeine Gütergemeinschaft an, indem er, mit der Ausnahme von fünf Paragrafen, auf deren Regeln verwies.[1265]

dd. ZUSAMMENFASSUNG UND FAZIT

Die Wahl und Gestaltung des idealen deutschen Güterrechts baute *Planck* auf einer historischen Analyse auf und schloss sich damit der grundsätzlichen Vorgehensweise auf dem Gebiet des Familienrechts an. Dies zeigte sich auch anhand der Grundsatzentscheidungen seines Entwurfs, da er sich kaum von den historischen Vorbildern löste und stets darum bemüht war, die Autorität des Ehemannes zu sichern. Insbesondere die Auswertung der Begründung des Entwurfes verdeutlicht, dass *Planck* sich vornehmlich am Programm der historischen Rechtsschule orientierte,[1266] er verwendete kaum juristische Sekundärliteratur oder anderweitige Spezialliteratur.[1267] Der Ehemann als Familienoberhaupt blieb damit Leitbild des ersten Entwurfes mit der Folge, dass die Rechtshandlungen der Ehefrau, obwohl deren

---

für die vermögensrechtlichen Zwecke beider Ehegatten bestimmten Vermögens (Sammtgut) vereinigt, welches im Eigenthum des Ehemannes steht, bei Auflösung der Gemeinschaft aber unter beiden Gatten getheilt wird.

1263 Schubert/*Plank*, Familienrecht I, S. 801.

1264 Schubert/*Plank*, Familienrecht I, S. 800 f.

1265 § 227 *Entwurf-P*: *Wenn die Ehegatten durch Vertrag bestimmt haben, daß unter ihnen eine Gemeinschaft des beweglichen Vermögens und der Errungenschaft stattfinden solle, so kommen die Bestimmungen dieses Titels unter* Nr. *III mit den in den §§ 228–232 enthaltenen Aenderungen zur Anwendung.*

1266 HKK/*Mayenburg*, Eheliches Güterrecht III, S. 759.

1267 *Schubert*, Einleitung, in: Schubert, Familienrecht I, XVI.

Geschäftsfähigkeit *Planck* zufolge durch das Güterrecht keine Einschränkungen erfahren sollte, dennoch vereinzelt unter einem Genehmigungsvorbehalt des Ehemannes standen. Seine Argumentation hinsichtlich der Abkehr von der Geschlechtsvormundschaft hin zur „*eheherrlichen Gewalt*“ wirkt vor diesem Hintergrund konstruiert. Bei der Gewichtung der Pflichtenverteilung der Eheleute erkannte *Planck* in dem selbstständigen Arbeitserwerb der Frau einen Faktor, welcher einer gesonderten Regelung bedurfte. Im Rahmen des Spannungsverhältnisses der ehelichen Pflichten der Frau im Haushalt und des Gewerbes des Ehemannes einerseits und dem selbstständigen Arbeitserwerb der verheirateten Frau andererseits gewichtete er ihre Rolle im Haus schwerer. Daher oblag die Entscheidung über einen angemessenen Pflichtenausgleich im Kollisionsfall sowie die generelle Regelung der Pflichtenverteilung weiterhin dem Ehemann.

Planck widmete sich jedoch auch den gesellschaftlichen Veränderungen des 19. Jahrhunderts und schenkte der steigenden Bedeutung der Frauenerwerbstätigkeit besondere Aufmerksamkeit, indem er neben den Lebensumständen der bürgerlichen Frau auch die der Arbeiterfamilien in seine Erwägungen einbezog. Er beabsichtigte, bei der Gestaltung der gesetzlichen Verwaltungsgemeinschaft die bisher unbillige Behandlung der Frau in den arbeitenden Klassen zu beseitigen. *Planck* entschied sich daher für eine Erweiterung des Vorbehaltsgutes auf den persönlichen Arbeitserwerb der Frau und stellte diese als Zugeständnis und enorme Besserstellung der arbeitenden Ehefrau dar, ging jedoch damit nicht über die Praxis des preußischen und sächsischen Rechts hinaus. Außerdem entwertete *Planck* dieses Zugeständnis an die neue Rolle der modernen Frau zugunsten der Herrschaftsstellung des Ehemannes, indem die Gestaltung des Vorbehaltsguts für die verheiratete Frau durch diverse rechtliche Beschränkungen wieder an Bedeutung verlor. Vor allem sind hier das generelle Genehmigungserfordernis und die Anfechtungsbefugnis des Ehemannes bei persönlichen Dienstleistungen der Frau zu nennen. Die Wechselwirkung dieser Vorschriften, durch welche der Ehemann dennoch über die Arbeitskraft seiner Frau disponieren konnte, war von *Planck* beabsichtigt.[1268] Er legte den Ehemännern, von denen viele in der Erweiterung des Vorbehaltsguts einen Angriff auf ihre Herrenrechte sahen, sogar nahe, die Einwilligung in das Arbeitsverhältnis der Frau davon

---

[1268] *Motive*, Band IV, Familienrecht, S. 175 f.

abhängig zu machen, dass ihr Erwerb ganz oder zum Teil in das Ehegut fiel.[1269] Außerdem beschwichtigte er seine Kritiker damit, dass der Erwerb der Frau ohnehin regelmäßig für die häusliche Wirtschaft verwendet oder dem Mann zu diesem Zweck überlassen würde.[1270] Ein weiterer Aspekt, welcher die finanzielle Selbstständigkeit der Frau hemmte, war, dass Ehefrauen in bäuerlichen Gegenden und Unternehmerehen traditionell ihrer Mithilfepflicht nachkamen und damit ihre Arbeit nicht in die vom Vorbehaltsgut geschützten Grenzen fiel. Darüber hinaus wurde die von *Planck* vielfach hervorgehobene Verfügungsfreiheit der Frau auch durch die, vom Ehemann einforderbare, Beitragspflicht zum Familienunterhalt begrenzt. Insbesondere in den unteren Gesellschaftsschichten konnte die Beitragspflicht den gesamten Erwerb der Frau aufbrauchen. Vor diesem Hintergrund erscheint die Erweiterung des Vorbehaltsguts vor allem symbolischer Natur, um die politischen Wogen rund um die Frauenbewegung zu glätten.[1271]

Im Rahmen des gesetzlichen Güterstandes stellten die weiblichen Befugnisse am Vorbehaltsgut die Ausnahme von der eheherrlichen Gewalt dar, welche *Planck* trotz der natürlichen Gleichberechtigung der Ehegatten aus Gesichtspunkten der Zweckmäßigkeit und Praxis für notwendig erachtete, um die vermögensrechtlichen Beziehungen der Ehegatten zu ordnen. Das von dem Entwurf vermittelte Frauenbild blieb damit hinter jenem der Aufklärung zurück.[1272]

Planck ist jedoch anzurechnen, dass er sich bei der Frage der Haftung der Ehefrau gegen den Trend eines vereinfachten Zugriffs auf das weibliche Vermögen stellte und so die Verwaltungsgemeinschaft nicht zu einer Gütergemeinschaft im Außenverhältnis verwässern ließ.

Planck selbst sollte in den Diskussionen um seinen Familienrechtsentwurf wiederholt dessen frauenfreundliche Anlage hervorheben. Außerdem betonte er, bei der Gestaltung des Vorbehaltsguts dem Drängen der Frauen nach mehr Selbstständigkeit nachgekommen zu sein.[1273] Das Genehmigungserfordernis des Ehemannes bei Dienstverträgen der Ehefrau unterstreicht, neben anderen Einschränkungen des Vorbehaltsguts, jedoch die bewusste Gestaltung

---

1269 Motive, Band IV, Familienrecht, S. 175 f.

1270 Motive, ebenda.

1271 HKK/*Mayenburg*, Eheliches Güterrecht III, S. 762.

1272 *Schmid*, Die Entstehung, S. 80.

1273 *Planck*, Vorentwürfe, S. 541.

dahingehend, den Ehemännern weiterhin ein Druckmittel zur vermögensrechtlichen Steuerung der Frau an die Hand zu geben. Trotz der Anerkennung der wirtschaftlichen Bedeutung der weiblichen Arbeitskraft sollte die Frau möglichst weiter auf ihren „*wahren*“ Bestimmungsort, den Haushalt, verwiesen werden können. Wollte sie diesen verlassen, wurde ihre Geschäftsfähigkeit beschränkt und ihr autonome Entscheidungen verwehrt. Diese Leitlinie zog sich auch durch die weiteren Bereiche des Güterrechts. Im Rahmen der allgemeinen Gütergemeinschaft wählte *Planck* beispielsweise eine Ausgestaltung, welche dem Ehemann ein Maximum an Befugnissen zugestand.

Insgesamt wies der Entwurf *Plancks* kaum kreative und neuartige Gesetzesgestaltungen auf. Bei der Bewertung von *Plancks* Ehe- und Güterrecht ist jedoch zu beachten, dass dieser sich an den Vorentscheidungen der ersten Kommission und der DJT orientierte, um im weiteren Verlauf des Gesetzgebungsverfahrens auf möglichst große Zustimmung zu stoßen und die Modifikationen seines Entwurfs gering zu halten. Er hatte bei der Gestaltung seines Entwurfs keineswegs freie Hand und konnte nicht allein seinen persönlichen Einschätzungen folgen. Dies wurde insbesondere durch die nachfolgende Kritik und die Ablehnungen innerhalb der Kommission und der Öffentlichkeit, rund um die Ausgestaltung der Rechte der Ehefrau, deutlich.

3. Der erste Gesetzesentwurf von 1887

Die Referenten der ersten Kommission beendeten die Arbeiten an sämtlichen Teilentwürfen bis 1882. Die Beratungen der Teilentwürfe durch die erste Kommission begannen umgehend, nahmen jedoch über sechs Jahre in Anspruch und waren erst im September 1887 abgeschlossen. Unter dem Vorsitz *Papes*, der sich nur schwer mit Neuerungen anfreunden konnte,[1274] kam es kaum zu materiellen Änderungen der Gesetzestexte. Die Beratungen der Teilentwürfe offenbarten einen, sich durch die gesamten Gesetzgebungsarbeiten durchziehenden, Mangel, nämlich die Missachtung der gesellschaftlichen und wirtschaftlichen Probleme der Zeit.[1275] Trotz der Einbeziehung diverser Änderungsanträge gründete der Gesetzesentwurf des

[1274] Dieses Verhalten attestierte der Redaktor *Windscheid* dem Vorsitzenden *Pape* in einem Brief an *Planck* im Jahr 1883: *Jakobs/Schubert*, Die Beratungen des BGB, S. 47.

[1275] *Schubert*, Besitz, S. 34.

Familienrechts von 1887 beinahe vollkommen auf dem Entwurf *Plancks.*[1276] Dies lag insbesondere an der positiven Resonanz der ersten Kommission auf das Güterrecht[1277] und daran, dass die Kommissionsmitglieder keine Änderungsantrage zu den wesentlichen Grundsätzen des Entwurfs stellten.[1278] Davon war auch *Plancks* Gestaltung der *ususfructus maritalis* betroffen, obwohl die Vorberatungen der Kommission diese Fragestellung noch nicht näher behandelt hatten. Die Kommission behandelte größtenteils sprachliche und systematische Änderungen, denen *Planck* oftmals durch eigene Änderungsanträge nachkam.[1279] Der erste Entwurf des Bundesrates wurde am 31. Januar 1888 veröffentlicht und mit einem Aufruf nach Kritik versehen.[1280]

4. Die Behandlung des ersten Entwurfes in der Wissenschaft und Praxis

Der Aufforderung zur Kritik und Stellungnahme im Vorwort des ersten Entwurfes kamen die Juristen der Zeit nur allzu gerne nach. Insbesondere das Güterrecht geriet in die Kritik, obwohl sich insgesamt negative und positive Resonanz die Waage hielten.[1281] Vorliegend soll sich insbesondere auf die ausführliche Begutachtung und Rügen der führenden Fachleute der Zeit konzentriert werden.

In dem Diskurs um das eheliche Güterrecht traten die schwelenden Streitigkeiten zwischen Germanisten und Romanisten vehement hervor. Während auch Romanisten die *Planck'schen* Regelungsvorstellungen kritisierten und teilweise umfassend abwiesen, kam die heftigste Kritik und Opposition von den Germanisten, allen voran durch Otto *von Gierke*. Das Eherecht war dabei der Streitplatz, bei dem die Polarität zwischen individualistischer und gemeinschaftlicher Rechtsgestaltung besonders zutage trat und den Germanisten die von ihnen wahrgenommene Anlehnung an

---

1276 *Schubert*, Einleitung, in: Schubert, Familienrecht I, XVI.

1277 *Frensdorff*, Gottlieb Planck, S. 321: Aufgrund der geheimen Beratungen der Kommission erzeugte *Plancks* Entwurf kein öffentliches Echo.

1278 Vgl. dazu die Protokolle der Kommissionssitzungen: *Jakobs/Schubert*, Familienrecht I, S. 378–399, 422–574, 613–324, 630–657, 670–768, 804–998, 1056–1123, 1141–1161, 1166–1189.

1279 Abänderungsanträge von *Planck* selbst, vgl. Schubert, Familienrecht III, S. 297–321.

1280 *Schmid*, Die Entstehung, S. 85.

1281 Vgl. HKK/*Mayenburg*, Eheliches Güterrecht III, S. 764, Fn. 712.

das römische Recht besonders negativ aufstieß. In diesem Zusammenhang ist die Kritik Otto *von Gierkes* unverzichtbar. Aber auch die Reaktionen und Gegenansätze von Richard *Schröder*, Karl Ferdinand *Brühl*, Otto *Bähr* und Carl *Bulling* sollen herangezogen werden, wobei sich auf ihre Einstellungen zur ehemännlichen Gewalt, der Wahl des gesetzlichen Güterstandes und Gestaltung des Vorbehaltsguts konzentriert werden soll.

a. Otto *von Gierke* – Der *„eifrigste Gegner“* und die Bedeutung der arbeitenden Ehefrau

Der deutsche Rechtshistoriker und Germanist Otto von *Gierke* galt als einer der schärfsten Kritiker des BGB-Entwurfs. Otto *Bähr* sah in ihm den *„hervorragendsten und eifrigsten Gegner des Entwurfs“*.[1282]

Gierke widmete seine Habilitation der Geschichte der deutschen Genossenschaften und beschäftigte sich auch lange Zeit danach weiter mit dem Genossenschaftsrecht.[1283] Dieser Genossenschaftsgedanke prägte seine Kritik des Familienrechts, welches seinen Erwartungen einer Privatrechtskodifikation von sozialer Verpflichtung, verknüpft mit Verbundenheit, germanistischer Rechtstradition und Volksnähe, nicht gerecht wurde.[1284] Die germanistische Rechtstradition bildete den Rahmen vieler seiner Erwägungen und führte zu einer steten Gegenüberstellung von germanistischen und romanistischen Grundsätzen, die ihn von einer Detailarbeit abhielten.[1285]

Plancks Entwurf des Familienrechts attestierte *Gierke* zwar juristischen Scharfsinn und eine ausgefeilte Technik, damit endete jedoch sein Lob.[1286] Er bemängelte, dass die Regelungen es nicht schafften, den Gemeinschaftsgedanken der ehelichen Vereinigung unter einem Dach zu reflektieren, vielmehr bildeten die Individuen der Verbindung die Basis des Entwurfs.[1287] Das Haus als rechtlicher Verband in Form einer Familie könne er in dem

[1282] *Bähr*, Zum Entwurfe eines bürgerlichen Gesetzbuchs, KritV, 1890, Bd. 13, S. 188–207, 189.
[1283] *Pfennig*, Die Kritik, S. 7 f.
[1284] *Lehmann*, Die Ehefrau, S. 168; Diese Grundhaltung äußerte Gierke im Rahmen seines Vortrages *„Die soziale Aufgabe des Privatrechts“* vor der juristischen Gesellschaft zu Wien am 05. April 1889.
[1285] *Lehmann*, Die Ehefrau, S. 168.
[1286] *Gierke*, Der Entwurf, S. 395.
[1287] *Gierke*, Der Entwurf, S. 393 f.

Entwurf nicht wiederfinden.[1288] Dieser Mangel setze sich auch im Güterrecht fort, wo *Gierke* vergeblich nach einer einheitlichen Verbindung suche, denn die Verwaltungsgemeinschaft sei im Kern ein System der Gütertrennung. Der gesetzliche Güterstand sei zwar *„urdeutsch"*, jedoch nicht mehr zeitgemäß, da er dem immer wichtiger werdenden beweglichen Vermögen keine ausreichende Aufmerksamkeit schenke. Aus diesem Grund habe sich die Verwaltungsgemeinschaft in vielen Teilen des deutschen Reichs auch an die Gütergemeinschaft angenähert.[1289] Außerdem ergebe sich die Eheherrschaft des Mannes auch nicht mehr aus einem einheitlichen Rechtssatz, wie zuvor aus dem ehelichen Mundium.[1290] Das Mundium habe zu einer Gemeinschaftlichkeit im Güterrecht geführt, die jedoch durch die nun vereinzelten und zerstückelten Rechtspositionen des Ehemannes nicht erreicht werden könne.[1291] Auch wenn im ehemännlichen Nießbrauch das Gerüst des Mundiums in Form der *ususfructus maritalis* weiterhin zu spüren sei, trete der Mann juristisch nicht mehr als Gemeinschaftshaupt auf.[1292] Dabei war *Gierke* der Überzeugung, dass es dem Interesse beider Ehegatten diene, wenn der Mann die Verwaltung und Organisation der gemeinsamen Güter in der Hand halte.[1293] *Gierkes* Verlangen nach der Aufnahme des Mundiums in das BGB war vor allem auf seinen germanistischen Personenbegriff[1294] zurückzuführen. Dieses Verständnis von einer teilbaren Persönlichkeit, welche nur die wesentlichen Aspekte beinhalten müsse, erlaubte ihm, die Forderungen der Frauenbewegung nach Gleichberechtigung und umfassender Geschäftsfähigkeit als unnötig zu vernachlässigen, von der höheren Gesamtpersönlichkeit der Frau auszusondern und auf den Ehemann zu übertragen.[1295]

Gierke sah die ehemännliche Gewalt im Rahmen der Verwaltungsgemeinschaft nicht ausreichend gesichert, demzufolge empfand er auch die Regelungen zum Vorbehaltsgut der Frau als gravierende Abwertung des

---

1288 *Gierke*, Der Entwurf, S. 394.

1289 *Gierke*, Das BGB und der Reichstag, S. 34.

1290 *Gierke*, Der Entwurf, S. 407.

1291 *Gierke*, Der Entwurf, S. 407 f.

1292 *Gierke*, Der Entwurf, S. 407.

1293 *Gierke*, Der Entwurf, S. 407.

1294 Zum Personenbegriff: *Gurwitsch*, Otto von Gierke, in: Logos Band XI, 1923, S. 86–132, S. 102; *Schikorski*, Auseinandersetzung um den Körperschaftsbegriff, S. 174 ff.

1295 *Gierke*, Das deutsche Genoßenschaftsrecht II, S. 36; *Schikorski*, Auseinandersetzung um den Körperschaftsbegriff, S: 177 ff.

Ehemannes.[1296] Insbesondere die Einordnung des persönlichen Erwerbs der Frau als Vorbehaltsgut, dessen Existenz er ohnehin aufgrund der Beschneidung des männlichen Verwaltungsrechts skeptisch gegenüberstand, sei untragbar, da dies endgültig die *„Einheit der Ehe“* *„zerreiß[e]“*.[1297] Mit dem Vorbehaltsgut müsste die Frau zudem grundsätzlich nicht zu den ehelichen Lasten beitragen, worin *Gierke* eine Ungerechtigkeit sah, welche er durch einen Vergleich mit der Hausarbeit der Ehefrau zu verdeutlichen versuchte: *„Allein welche Ungerechtigkeit liegt darin, dass die sich dem Hauswesen [...] widmende Frau keinen Pfennig zugleich für sich erarbeitet, die als Schriftstellerin, Sängerin, Händlerin u.s.w. thätige Frau umgekehrt von ihrem Erwerbe keinen Pfennig für den gemeinsamen Haushalt und die Erziehung der Kinder herzugeben braucht“*[1298]. Dieser Vergleich hinkte jedoch. Zum einen trug die Frau bereits durch ihr eingebrachtes Vermögen zu den ehelichen Lasten bei, dessen Überschuss zudem der Mann für sich selbst als Nießbraucher erwarb, zum anderen konnte der Mann die Erwerbstätigkeit seiner Frau durch den Genehmigungsvorbehalt steuern.

Gierke fand es zudem unpassend, dass die Frau zwar mit der Heirat geschäftsfähig bleiben sollte, ihr Handlungsspielraum jedoch durch zahlreiche Beschränkungen reduziert wurde. *Plancks* Konstruktion eines Systems aus *„Einwilligung und Genehmigung“* und *„relativer Gültigkeit von Rechtsgeschäften“* sei bloß zur *„Wahrung egoistischer Sonderinteressen“* geschaffen worden und könne den Verlust des, für die Verwaltungsgemeinschaft unverzichtbaren, ehemännlichen Mundiums nicht kompensieren.[1299]

Auch das Verwaltungsrecht des Ehemannes stelle keinen adäquaten Ersatz dar. Vielmehr entsprächen seine Befugnisse der Verwaltung und Nutznießung keiner Verbesserung seines Nutzungsrechts, sondern führten dazu, ihn als Verwalter eines fremden Vermögens quasi zu einem beauftragten Rechnungsführer der Frau zu degradieren. Dies liege neben dem ungenügenden Umfang des Verwaltungsrechts auch an der Tatsache, dass der Ehemann seiner Frau in zu großem Maße zur Rechenschaft verpflichtet sei.[1300] Auch *Plancks* Verweis auf die Ausnutzung der Wechselwirkung von

[1296] *Gierke*, Der Entwurf, S. 408.
[1297] *Gierke*, ebenda.
[1298] *Gierke*, Der Entwurf, S. 408.
[1299] *Gierke*, Der Entwurf, S. 412.
[1300] *Gierke*, Der Entwurf, S. 414.

§ 82 *Entwurf-P* und § 71 *Entwurf-P* zur Erhaltung der ehelichen Gewalt über die Arbeitskraft der Frau missfiel *Gierke* zutiefst. Die Ehemänner auf diesen Umweg zu vertrösten, verdeutliche nur, dass keine gesunde Eheordnung bestehe, wenn die Ehegatten darauf angewiesen seien, miteinander über ihre Befugnisse zu verhandeln und zu feilschen.[1301] *Gierkes* Resümee bezüglich des ersten Gesetzesentwurfs war deutlich: *„Von allen geltenden Rechten, welche die „Verwaltungsgemeinschaft" oder den „ehemännlichen Nießbrauch" zum Ausgangspunkt nehmen, hat keines in gleichem Maße die Ehe zerrissen, die Stellung des Mannes herabgewürdigt, der Frau geschäftliche und prozessuale Thätigkeit zugedacht, den Verkehr unter den Eheleuten in geschäftliche Formen gekleidet, das gegenseitige Mißtrauen und die ziffernmäßige Berechnung zum Prinzip erhoben, den ehelichen Zwist herausgefordert!"*[1302]

Im Zuge seines Gegenvorschlags zum ehelichen Güterrecht favorisierte *Gierke* die Gütergemeinschaft. Diese sei der nächste Schritt in der geschichtlichen Entwicklung des Güterrechts, da sie dessen Grundzüge am besten widerspiegele und in ihrer Einfachheit kaum zu übertreffen sei.[1303] *Gierkes* Gütergemeinschaft entsprach jedoch kaum der des Wahlgüterstandes des Gesetzesentwurfs, er verlieh dem Ehemann noch ausgiebigere Rechte am Gesamtvermögen, da nur ein autoritärer Ehemann den Charakter der Ehe als Gemeinschaft hervorheben könne. *Plancks* Vorlage hingegen fördere ein *„falsches Frauenbild"*, was vor allem vor dem Hintergrund des Erziehungscharakters des Gesetzes großen Schaden anrichten könne.[1304]

Die Grundlagen der Kritik *Gierkes* bauten auf einer germanistischen Dogmatik auf, die kaum Raum für Zweckmäßigkeitserwägungen ließ. Entgegen seinen Einwänden, dass dem Gesetzesentwurf eine klare Linie fehle und sich in Details verliere, fokussierte sich *Gierke* dermaßen auf die Durchsetzung einer deutschrechtlichen Systematik, dass er Einzelfragen wenig Beachtung schenkte. So wies sein Kollege *Bähr* im Rahmen von der Kritik *Gierkes* darauf hin, dass *„bei [der] Beurtheilung eines Gesetzbuches man nicht danach fragen [sollte], ob ein Satz, den er aufstellt, römischen oder*

1301 *Gierke*, Das deutsche Haus, in: ders., Aufsätze und kleinere Monographien, Band II, Hildesheim 2001, S. 643–658, 654; *Gierke*, Der Entwurf, S. 408.

1302 *Gierke*, Der Entwurf, S. 414.

1303 *Gierke*, Der Entwurf, S. 416 f.

1304 *Gierke*, Der Entwurf, S. 416; *Stierstorfer*, Das erste einheitliche deutsche Güterrecht, S. 374 f.

deutschen Ursprungs, sondern nur, ob er gerecht und praktisch brauchbar sei".[1305] Bei der Bewertung des Gesetzesentwurfs kam *Gierke* immer wieder auf den Gemeinschaftsgedanken als Ideal der Ehe zurück. Die Einheit der Gemeinschaft war für ihn nur durch eine umfassende Herrschaft des Ehemannes als Familienoberhaupt zu gewährleisten. Jede Rechtsgewährung der Ehefrau und Rechtsverkürzung des Ehemannes wertete er als Angriff auf die Einheit der Ehe. Vor diesem Hintergrund erschien eine Gesetzesreform, die auch die verheiratete Frau förderte, undenkbar.

b. Richard *Schröder*: Die Sicherung der Mobiliarrechte des Ehemannes

Auch Richard *Schröder*, der im Rahmen der DJT bereits bedeutende Gutachten zum Güterrecht verfasste,[1306] beschäftigte sich als Anhänger der germanistischen Richtung intensiv mit dem ersten Gesetzesentwurf. In seiner Arbeit zum Familienrecht von 1889 handelte er den Entwurf schrittweise mit Hinweisen auf Modifizierungen oder Streichungen ab.[1307] *Schröder* beanstandete, dass der gesetzliche Güterstand, entgegen den Behauptungen der vorgelegten Motive, keineswegs in einem deutschen Verständnis der Verwaltungsgemeinschaft wurzele. Die Ausformung der Verwaltung und Nutznießung des Ehemannes als *ususfructus maritalis* sei vielmehr römisch-rechtlichen Ursprungs, was kaum mit dem deutschrechtlichen Verständnis der Verwaltungsgemeinschaft in Einklang zu bringen sei. Der Gesetzesentwurf treibe damit zulasten der nationalen Rechtsauffassung ein undeutsches System voran.[1308]

Besonders kritisierte *Schröder* zudem die Rechtsstellung der Ehegatten. Die Position des Ehemannes sei in unangebrachter Weise abgewertet. Wie schon *Gierke* sah er den Ehemann zu einem Verwalter und Nutznießer „*zweiter Klasse*" degradiert.[1309] Die Darstellung des Mannes als Ausbeuter und Betrüger, vor dem die Frau geschützt werden müsse, missfiel *Schröder* zutiefst.[1310] Vor diesem Hintergrund hielt er auch die Verfügungsbeschränkungen des Mannes am beweglichen Vermögen der Frau für misslungen. Das

---

1305 *Bähr*, Zum Entwurfe eines bürgerlichen Gesetzbuchs, KritV, 1890, S. 188–207, 190 f.
1306 Siehe unten, S. 277 f.
1307 *Schröder*, Das Familiengüterrecht, S. 15.
1308 *Schröder*, ebenda.
1309 *Schröder*, Das Familiengüterrecht, S. 15.
1310 *Schröder*, Das Familiengüterrecht, S. 15.

Mobiliarveräußerungsrecht des Ehemannes sei schließlich Teil der meisten deutschen Güterrechtsysteme.[1311] Würde der Mann jedoch grundsätzlich eine Vollmacht der Frau benötigen, könnten schon kleine Unstimmigkeiten der Eheleute einen Prozess provozieren. Außerdem könne der Mann so in Notsituationen nicht zeitnah, etwa durch den Verkauf des weiblichen Schmuckes, Abhilfe schaffen.[1312] Für den Ehemann, der die ehelichen Lasten allein bestreite, käme es einer Erniedrigung gleich, wenn er erforderliche Verfügungen gegen seine widerspenstige Ehefrau klageweise durchsetzen müsse.[1313] Auch wenn *Schröder* die eheherrliche Vormundschaft grundsätzlich ablehnte,[1314] betonte er wiederholt, dass es der Grundpfeiler des Güterrechts sei, dass die Frau ihr Vermögen dem Mann in vollem Vertrauen getreu dem Motto *„wem ich meinen Leib gönne, dem gönne ich auch mein Gut“*[1315] hingebe.

Hinsichtlich der Rechtsstellung der Ehefrau hatte *Schröder* weniger zu bemängeln. Indem der Entwurf die ehemännliche Vormundschaft ablehne und die häusliche Gewalt des Mannes einschränke, sei es prinzipiell gelungen, die sozialen Anschauungen und Strukturen der Zeit nachzuzeichnen.[1316] Außerdem erkannte *Schröder* ein gewisses finanzielles Sicherungsbedürfnis der Frau an. Dies solle jedoch nicht durch eine Beschränkung der Rechte des Mannes am Mobiliarvermögen geschehen, sondern vielmehr durch eine vertragliche Festsetzung des Vorbehaltsguts.[1317]

Die Wahlgüterstände hielt *Schröder* im Wesentlichen für gelungen. Im Rahmen der allgemeinen Gütergemeinschaft sei zwar grundsätzlich die Festlegung eines Vorbehaltsguts möglich, dieses auf den selbstständigen Arbeitserwerb der Frau zu erstrecken sei jedoch mit dem Charakter der Gütergemeinschaft unvereinbar und damit richtigerweise von dem Entwurf, entgegen *Bährs* Vorschlag,[1318] nicht vorgesehen.[1319]

1311 *Schröder*, Das Familiengüterrecht, S. 16.
1312 *Schröder*, Das Familiengüterrecht, S. 18.
1313 *Schröder*, ebenda.
1314 *Schröder*, Das Familiengüterrecht, S. 26.
1315 *Schröder*, Gutachten zum 21. Juristentag, S. 167; Vgl.: Dieser Ausdruck ist ähnlich bei *Jastrow*, Das Recht der Frau, S. 37, zu finden.
1316 *Schröder*, Das Familiengüterrecht, S. 9 f.
1317 *Schröder*, Das Familiengüterrecht, S. 19.
1318 Siehe oben, S. 325.
1319 *Schröder*, Das Familiengüterrecht, S. 37 f.

Schröder war es besonders wichtig, im Rahmen des gesetzlichen Güterstandes das Mobiliarveräußerungsrecht des Ehemannes uneingeschränkt zu sichern. Diesem Anliegen widmete er 1890 daher auch ein Gutachten für den 21. DJT.[1320] Dennoch hielt er den Entwurf für eine adäquate Basis zur Erarbeitung eines einheitlichen gesamtdeutschen Gesetzbuches, dessen Verwirklichung er noch 1874 für kaum möglich hielt.

c. *Das Überdauern des Mundiums und dessen Vereinbarkeit mit dem Arbeitserwerb der Ehefrau*

Der Landgerichtsrat Karl Ferdinand *Brühl* beschäftigte sich im Rahmen seiner Auseinandersetzung mit dem Familienrecht auch eingehend mit der Rolle des Arbeitserwerbs der Ehefrau. Dessen Verwertung innerhalb der Verwaltungsgemeinschaft widmete er, gemeinsam mit der Herleitung der ehemännlichen Nutznießung, drei Veröffentlichungen zwischen 1888 und 1890.[1321] Diese intensive Auseinandersetzung mit der Arbeitskraft der Frau erlaubte es *Brühl*, die Auswirkungen des neuen Vorbehaltsguts auch aus anderen Blickwinkeln zu beurteilen. Dadurch entwickelte er in grundlegenden Regelungsbereichen von *Planck* abweichende Einschätzungen.

Zu Beginn seiner Überlegungen warf *Brühl* die Frage auf, wie das eheliche Nutznießungsrecht des Entwurfs zu bewerten sei. Dieses ergebe sich aus der Pflicht des Ehemannes zum Tragen der ehelichen Lasten, jedoch nicht aus seiner Person selbst. Dies bilde einen Kontrast zu den dinglichen Rechten oder Forderungsrechten, welche dem Inhaber direkt aufgrund seiner Stellung zustünden. *Brühl* schlussfolgerte daraus, dass es sich bei dem ehelichen Nutznießungsrecht nicht um ein entsprechendes Vermögensrecht handele und sich daher ein direkter Verweis auf die Regelungen des Nießbrauchs verbiete.[1322] Er sah darin eine Eigenständigkeit des Nutznießungsrechts,

---

[1320] Richard *Schröder*: *„Bedarf das System des gesetzlichen Güterstandes in dem Entwurfe des BGB einer grundsätzlichen Abänderung und in welche Richtung?“*, in: Verhandlungen des 21. Deutschen Juristentages, Band 1, Berlin 1890, S. 167–171.

[1321] *Brühl*, Die eheliche Nutznießung, AcP, 73. Bd, 1889, S. 408–428; *Brühl*, Bedarf das System des gesetzlichen Güterrechts in dem Entwurfe des BGBs einer grundsätzlichen Abänderung und in welche Richtung?, in: Verhandlungen des 21. Deutschen Juristentages. 1. Band, Berlin, 1890, S. 172–205; *Brühl*, Die Arbeit der Ehefrau, AcP, 73. Bd., 1889, S. 408 ff.

[1322] *Brühl*, Die eheliche Nutznießung, AcP, 73. Bd, 1889, S. 408–428, 408 f., 411.

welches nicht im Einklang mit den restlichen Überbleibseln der ehelichen Vormundschaft stehe: *„Der Hauptfehler des Entwurfs liegt darin, dass er das Ehegut zum unmittelbaren Objekt der ehemännlichen Rechte machen will, während der Ehemann unmittelbar nur Rechte an der Person der Ehefrau und erst durch diese hindurch, mittelbar, Rechte an dem Vermögen derselben [...] besitzt.“*[1323]

Im Zusammenhang mit der ehelichen Nutznießung befasste sich *Brühl* auch mit dem Arbeitserwerb der verheirateten Frau. Zentral sei dabei die Frage, ob und in welchem Umfang der Ehemann auf die Arbeit der Frau Einfluss nehmen können sollte.[1324] Im Rahmen seiner Überlegungen differenzierte er zwischen dem Arbeitserwerb und Arbeitsvermögen der Frau. Unter Letzterem verstand er die Arbeit der Frau und die darin wurzelnde autonome Herrschaft über die eigenen Kräfte, die Herrschaft über das eigene Selbst.[1325] Deshalb sei das Recht des Ehemannes am Arbeitsvermögen der Frau auf das minimal erforderliche Maß zu begrenzen. *Brühl* bemühte sich daher um eine Streichung von § 1277 des Entwurfs (§ 71 *Entwurf-P*), wonach die Ehefrau zur Erbringung persönlicher Dienstleistungen der Einwilligung des Mannes bedurfte. Diese Einschränkung der weiblichen Geschäftsfähigkeit sei unangebracht und müßig.[1326] Außerdem befürchtete er, dass das Anfechtungsrecht des Ehemannes eine Fülle von unerfreulichen Prozessen provoziere, in denen der Arbeitgeber der Frau Schadensersatz verlangen könne.[1327] *Brühl* ging zunächst sogar so weit, auch die Mithilfepflicht der Ehefrau im Geschäft des Ehemannes zu streichen, da dabei die besondere Stellung des Arbeitsvermögens der Frau nicht hinreichend berücksichtigt werde,[1328] da der deutschen Auffassung der Ehe zufolge das Geschäfts- und Berufsleben nicht von der ehelichen Gemeinschaft eingeschlossen sei.[1329] Das Recht des Mannes am Arbeitsvermögen der Frau müsse daher auf ihre Verpflichtungen im Rahmen des gemeinsamen Haushalts begrenzt sein.[1330]

1323 *Brühl*, Das System des gesetzlichen Güterrechts, S. 178.
1324 *Brühl*, Die Arbeit der Ehefrau, AcP, 73. Bd., 1889, S. 399 ff., S. 408.
1325 *Brühl*, Die Arbeit der Ehefrau, AcP, 73. Bd., 1889, S. 399 ff., S. 408 f.
1326 *Brühl*, Die Arbeit der Ehefrau, AcP, 73. Bd., 1889, S. 399 ff., S. 408.
1327 *Brühl*, Die Arbeit der Ehefrau, AcP, 73. Bd., 1889, S. 399 ff., S. 410.
1328 *Brühl*, Die Arbeit der Ehefrau, AcP, 73. Bd., 1889, S. 399 ff., S. 409.
1329 *Brühl*, Die Arbeit der Ehefrau, AcP, 73. Bd., 1889, S. 399 ff., S. 403.
1330 *Brühl*, Die Arbeit der Ehefrau, AcP, 73. Bd., 1889, S. 399 ff., S. 413.

Davon unterschied *Brühl* den Arbeitserwerb der Ehefrau und bewertete diesen vollkommen anders. Diesbezüglich sei es kaum zu rechtfertigen, den Erwerb der Frau den Befugnissen des Mannes durch die Zuordnung als Vorbehaltsgut vollumfänglich zu entziehen.[1331] Der dadurch allein den Ehemann treffende Druck zur Tragung der ehelichen Lasten sei verfehlt. Vielmehr müsse ein angemessener Anteil des Arbeitserwerbs der verheirateten Frau den ehelichen Lasten zugewiesen werden. Um dies zu erreichen, müsse die eheliche Nutznießung auf den weiblichen Arbeitserwerb erweitert werden. Für *Brühl* zeige sich, dass der Entwurf diesen Weg nur nicht gewählt habe, um nicht in das Modell der Errungenschaftsgemeinschaft abzurutschen.[1332] Er favorisierte jedoch die Errungenschaftsgemeinschaft, ähnlich wie *Bähr*, welche den Mann zum Alleineigentümer der Errungenschaften machte und bei der ein Ausgleich bei Beendigung der Ehe stattfand.[1333] Innerhalb der gesetzlichen Verwaltungsgemeinschaft finde zwischen den Eheleuten ein Interessenausgleich statt, der verfehlt von einer einheitlichen Verteilung von Arbeit und Vermögen zwischen den Geschlechtern ausginge. Tatsächlich sei es jedoch insbesondere bei Frauen üblich, dass deren Vermögensbestandteile in Form von Arbeitskraft und Kapitalvermögen regelmäßig in verschiedenen Bevölkerungsschichten unterschiedlich verteilt seien und selten zusammenträfen. Die von der Verwaltungsgemeinschaft gewählte Zuweisung des weiblichen Vermögens zur Erfüllung der ehelichen Lasten sei jedoch nur gerecht, wenn die Ehefrau ihre selbstständige Arbeit und Vermögen in einer Person vereine, was jedoch den Ausnahmefall darstelle.[1334] Arbeitende Frauen verfügten in der Regel über kein Kapitalvermögen, das einen Beitrag zu den ehelichen Lasten leiste.[1335]

Wie schon *Gierke* konnte auch *Brühl* die Wechselwirkung von § 82 *Entwurf-P* und § 71 *Entwurf-P* nicht gutheißen. Die Genehmigung des Ehemannes an die Bedingung zu knüpfen, dass die Frau ihm ihren Arbeitserwerb überlassen werde, liefe dadurch leer, dass die Ehefrau die selbstständige Arbeit gänzlich verweigern könne immerhin treffe sie diesbezüglich keine eheliche Verpflichtung.[1336]

1331 *Brühl*, Die Arbeit der Ehefrau, AcP, 73. Bd., 1889, S. 399 ff., S. 414.

1332 *Brühl*, Die Arbeit der Ehefrau, AcP, 73. Bd., 1889, S. 399 ff., S. 414 f.

1333 *Brühl*, Die Arbeit der Ehefrau, AcP, 73. Bd., 1889, S. 399 ff., S. 415.

1334 *Brühl*, Die Arbeit der Ehefrau, AcP, 73. Bd., 1889, S. 399 ff., S. 419.

1335 *Brühl*, Die Arbeit der Ehefrau, AcP, 73. Bd., 1889, S. 399 ff., S. 415.

1336 *Brühl*, Die Arbeit der Ehefrau, AcP, 73. Bd., 1889, S. 399 ff., S. 418.

Brühls Darlegungen zur ehelichen Nutznießung zielten darauf ab, eine *„Ehegewalt"* des Mannes zu offenbaren, die seiner Meinung nach bereits unbewusst im Entwurf angelegt sei, jedoch nicht ausdrücklich benannt würde. Eine begriffliche Abänderung habe genügt, um die *„Ehegewalt"* des Mannes im Entwurf zu sichern.[1337] *Brühl* erkannte in dem Entwurf ein Gewaltverhältnis, worin die Ehefrau hinter ihrem Mann zurückblieb und der Ehemann zum Herrscher des weiblichen Vermögens ernannt werde. Seine eigene Bewertung fiel dabei ambivalent aus. Er wertete das Einwilligungserfordernis des Ehemannes in ein Dienstverhältnis der Frau als unangebrachte Einschränkung ihrer Geschäftsfähigkeit, empfand die Errichtung eines Vorbehaltsguts, bestehend aus dem persönlichen Arbeitserwerb der Frau, demgegenüber indes als unangemessene Lastenverteilung zulasten des Ehemannes.

Als ein der Frauenbewegung nahestehender Jurist soll schließlich auch die Einschätzung Carl *Bullings* näher untersucht werden. Der Geheime Justizrat und Familienrichter wurde von Frauenrechtlerinnen als *„treuer Mitkämpfer"*[1338] ihrer Sache ausgezeichnet. In seinem Werk *„Die deutsche Frau und das bürgerliche Gesetzbuch"* von 1896 beurteilte er den Gesetzesentwurf allein bezüglich der Rechtsstellung der Frau. Im Gegensatz zu vielen seiner Kollegen sah *Bulling*, wie auch *Brühl*, das eheliche Mundium im ersten Entwurf des BGB überdauern.[1339] Auch wenn dieses nicht ausdrücklich niedergelegt sei, so habe der Gesetzgeber die Befugnisse des Ehemannes doch diesem veralteten Rechtskonstrukt entnommen, weshalb er prognostizierte, dass auch die Gerichte weiter daran festhalten würden.[1340] *Bulling* sah die eheherrliche Vormundschaft nicht mit der Ehe vereinbar, da diese die Gemeinschaft und Einheit des Paares durch Zwang herbeizuführen

---

1337 *Brühl*, Die Arbeit der Ehefrau, AcP, 73. Bd., 1889, S. 399 ff., S. 417.

1338 *Raschke*, An die deutschen Frauen, in: Die Frauenbewegung, 1896, S. 131.

1339 *Bulling*, Die deutsche Frau, S. 1.

1340 Vgl. *Lehmann*, Die Ehefrau, S. 236, Fn. 1192; *Bulling*, Die deutsche Frau, S. 2 f.: Diese Einschätzung stützte *Bulling* auf ein Urteil des Kammergerichts zum ALR vom 21.10.1858. Auch im ALR sei das eheliche Mundium nicht ausdrücklich zur Geltung gekommen, dennoch legte es das Kammergericht seiner Entscheidung zugrunde, als es das Handeln eines Ehemannes für straflos erklärte, der einen Brief seiner Frau geöffnet hatte. Es begründete seine Entscheidung damit, „[...] *daß der Ehemann befugt gewesen sei, den Brief zu öffnen, daß dies schon aus dem Rechts des Ehemannes als Hausherrn, insbesondere aber aus dem ihm vermöge der ehelichen Gewalt oder Vogteischaft über die Ehefrau zustehendem Rechte von selbst folge* [...]".

versuche.[1341] Insbesondere seine langjährige Tätigkeit als Familienrichter hätte ihm die Ungerechtigkeit dieses Instituts, welches dringend abzuschaffen sei, aufgezeigt.[1342]

Dem Konsens der Frauenbewegung folgend sah *Bulling* den idealen gesetzlichen Güterstand in der Gütertrennung,[1343] weshalb seine Kritik am Güterrecht entsprechend scharf ausfiel. *Bulling* bezog seine Verbesserungsvorschläge zwar auf die Fassung des zweiten Entwurfs von 1894, dennoch sollen diese hier behandelt werden. Bereits aus seinen allgemeinen Kritikpunkten wurde deutlich, dass er den Charakter des Eherechts und insbesondere den Bestand des ehelichen Mundiums anders beurteilte als seine Kollegen. *Bulling* forderte einen Güterstand, welcher der Ehe am meisten entspreche.[1344] Er beurteilte die Verwaltungsgemeinschaft als Mundiumsehe, denn der Mann bestimme über die Güter der Frau wie ein Vormund, weshalb er diese als idealen gesetzlichen Güterstand ausschloss. Die Ehegatten hätten die Pflicht, sich gegenseitig zu fördern, und um das eigene Vermögen zum Wohle des jeweils anderen einzusetzen müsse dies gemeinschaftlich geschehen. Um dieses Ziel zu erreichen, müsse jedoch jeder Partner auch über sein Vermögen verfügen können, weshalb die Gütertrennung die Basis des ehelichen Güterrechts bilden müsse. *Bulling* reflektierte, dass vieler seiner Kollegen ihn als von der *„Frauenbewegung infizirt"*[1345] betrachteten und daher seinen Ausführungen leider nur wenig Beachtung schenken würden. Womit er recht haben sollte.

d. Die Verwaltungsgemeinschaft und die zweckmäßige Ausnutzung der Ehefrau

Auch Praktiker kritisierten den Entwurf des Familienrechts, dazu zählte der ehemalige Reichsgerichtsrat Otto *Bähr*. Er ging in seiner Analyse des Gesetzesentwurfs sogar so weit, einen eigenen Gegenentwurf zu entwickeln. *Bähr*, der nicht nur dem Entwurf, sondern einer Kodifikation insgesamt kritisch gegenüberstand,[1346] hielt das Güterrecht für *„einen der mindest*

1341 *Bulling*, Die deutsche Frau, S. 5.
1342 *Bulling*, Die deutsche Frau, S. 6.
1343 *Bulling*, Die deutsche Frau, S. 36.
1344 *Bulling*, Die deutsche Frau, S. 111.
1345 *Bulling*, Die deutsche Frau, S. 112.
1346 Vgl. *Binder*, Otto Bähr, S. 143 f.: *Bähr* befürchtete, dass durch eine Kodifikation das wichtige und fruchtbare Studium des römischen Rechts in Lehre und Praxis keine

gelungenen" Teilstücke des BGB.[1347] Auch wenn diese Materie aufgrund der in Deutschland herrschenden Rechtslandschaft besonderen Regelungsschwierigkeiten unterliege und zugegebenermaßen mit großer Sorgfalt erarbeitet worden sei, so entbehre der Entwurf *„gerade in dieser für unser Volk das größte Interesse darbietenden Lehre jeder Anschaulichkeit*".[1348] Die Gesetzgebungstechnik sei durch häufige Wiederholungen und Verweise unübersichtlich und kaum zu handhaben.[1349] Außerdem fehle die Volkstümlichkeit des Entwurfs, da dieser sich in Sprache und Darstellung der Materie nur an Juristen wende, nicht jedoch an das deutsche Volk und dessen vorherrschendes Rechtsbewusstsein.[1350]

Bähr ernannte in seinem Gegenentwurf die Errungeschaftsgemeinschaft zum idealen Güterstand, da diese wesentlich gerechter sei als die Verwaltungsgemeinschaft.[1351] Zwar legten beide Systeme das eheliche Vermögen in die Hände des Ehemannes, die Ungerechtigkeit der Verwaltungsgemeinschaft ergebe sich jedoch daraus, dass bei der Auflösung der Ehe die Frau nicht vom Zuwachs des gemeinsamen Vermögens profitierte. Aus diesem Grund bezeichnete *Bähr* die Verwaltungsgemeinschaft als *„System des Mannesegoismus*".[1352] Der Vermögenszuwachs sei nicht mehr ausschließlich dem Ehemann zuzuordnen, denn in den *„geringeren Ständen*" sei es üblich, dass die Frau durch eigene Arbeit ihren Beitrag leiste.[1353] Aus den Motiven der Verwaltungsgemeinschaft las *Bähr* heraus, dass *„die Frau [...] für die Zwecke der Ehe möglichst ausgeschlachtet werden [solle]. Das allerdings scheint vom Standpunkt des Mannes sehr zweckmäßig.*"[1354] Neben dieser scharfen

---

Beachtung mehr fände und damit die Basis eines lebendigen Rechtsbewusstseins verschwinden könnte.

1347 *Bähr*, Das eheliche Güterrecht, ArchBürgR, 1889, S. 233–266, 233.

1348 *Bähr*, ebenda; *Bähr*, Beurtheilung, KritV, Bd. 11, Heft 3 u. 4, 1888, S. 2.

1349 *Bähr*, Das eheliche Güterrecht, ArchBürgR, 1889, S. 233–266, 233 ff.; *Bähr*, Zum Entwurfe eines bürgerlichen Gesetzbuchs, KritV, 1890, S. 188–207, 481, 530, 538 f.

1350 *Bähr*, Beurtheilung, KritV, 1888, S. 3 f.

1351 *Bähr*, Zum Entwurfe eines bürgerlichen Gesetzbuchs, KritV, 1890, S. 188–207, 481, 532 f.

1352 *Bähr*, Beurtheilung, KritV, 1888, S. 145.

1353 *Bähr*, Zum Entwurfe eines bürgerlichen Gesetzbuchs, KritV, 1890, S. 188–207, 481, 532 f.

1354 *Bähr*, Zum Entwurfe eines bürgerlichen Gesetzbuchs, KritV, 1890, S. 188–207, 481, 537.

Schlussfolgerung warf er den Gesetzgebern außerdem vor, im Rahmen der Verwaltungsgemeinschaft die egoistischen Bedürfnisse des Mannes als rationale und praktische Argumente heranzuziehen, während die Bedürfnisse und Argumente der Frauenbewegung lapidar abgewiesen würden und die Errungenschaftsgemeinschaft scheinbar bloß eingefügt wurde, um das weibliche Gemüt zu beruhigen.[1355]

Hervorzuheben ist außerdem *Bährs* Vorschlag, auch im Rahmen der Gütergemeinschaft das von der Frau mit *„ihrer Hände Arbeit"* erzielte Vermögen dem Vorbehaltsgut zuzuordnen.[1356] Trotz seiner eindringlichen Kritik zur Behandlung der Frau wollte *Bähr* die männliche Eheherrschaft nicht abschaffen. Allein die Zustimmung der Ehefrau sollte der Mann einholen müssen, wenn er mit ihrem eingebrachten Gut wirtschaftete.[1357] *Bährs* Hauptkritikpunkte richteten sich damit einerseits gegen den Umfang der männlichen Herrschaftsbefugnisse und die Art und Weise der Regelung des Güterrechts[1358] sowie andererseits gegen die scholastische Qualität der Begründungen der nicht mehr zeitgemäßen Sicherung der Autorität des Ehemannes.[1359]

Bähr komprimierte in seinem Gegenentwurf die 157 Regelungen des Kommissionsentwurfs zum Güterrecht auf 72 Bestimmungen.[1360] Darin hielt *Bähr* an dem bereits verworfenen Regionalsystem fest[1361] und unterstrich die Vertragsfreiheit der Eheleute bei der Wahl des Güterrechts. Eine Durchsetzung dieses Entwurfs hatte jedoch wenig Aussicht auf Erfolg. Obwohl der positive Effekt der Kürzungen sogar von *Planck* selbst eingeräumt wurde, wiege die dadurch eintretende Rechtsunsicherheit schwerer.[1362]

[1355] *Bähr*, Zum Entwurfe eines bürgerlichen Gesetzbuchs, KritV, 1890, S. 188–207, 481, 536.

[1356] *Bähr*, Beurtheilung, KritV, 1888, S. 152 f.

[1357] *Bähr*, Zum Entwurfe eines bürgerlichen Gesetzbuchs, KritV, 1890, S. 188–207, 481, 534.

[1358] *Bähr*, Zum Entwurfe eines bürgerlichen Gesetzbuchs, KritV, 1890, S. 188–207, 481, 538.

[1359] *Bähr*, Zum Entwurfe eines bürgerlichen Gesetzbuchs, KritV, 1890, S. 188–207, 481, 540.

[1360] *Schmid*, Die Entstehung, S. 104.

[1361] *Bähr*, Das eheliche Güterrecht, in: ArchBürgR, 1889, S. 233–266, 233, 239, § 5 des Entwurfs.

[1362] *Schmid*, Die Entstehung, S. 106.

Darüber hinaus waren die an der Gesetzgebung beteiligten Juristen der Diskussion um das Regionalsystem überdrüssig und sahen diese bereits 1876 beendet.[1363] Diese Einschätzung teilte *Bähr* wohl auch, da er schließlich in der Gesamtveröffentlichung seines Gegenentwurfs von 1892 und damit nur vier Jahre nach seiner heftigen Kritik die Verwaltungsgemeinschaft zum gesetzlichen Güterstand erklärte.[1364]

e. *Plancks* Verteidigung der Geschäftsfähigkeit der Ehefrau

Nachdem *Planck* die Gelegenheit hatte, die Kritik an seinem ersten Gesetzesentwurf zu sichten, publizierte er eine umfassende Stellungnahme zu den bemängelten Punkten und richtete sein Augenmerk dabei insbesondere auf den Tadel von *Gierke*, den er als *„entschiedensten und leidenschaftlichsten"* Herausforderer des Werkes auffasste.[1365]

Insbesondere die Ausgestaltung des ehemännlichen Verwaltungsrechts und die damit zusammenhängende Behandlung der Geschäftsfähigkeit der Ehefrau in Form von Einwilligungs- und Genehmigungsvorbehalten wurde von *Gierke* als zu unübersichtlich und als verwässerter Ersatz für das seiner Meinung nach unerlässliche Mundium kritisiert.[1366] *Planck* reagierte auf diese Bewertung mit einer leidenschaftlichen Verteidigung der Geschäftsfähigkeit der verheirateten Frau. Die Autonomie der Frau dürfe nicht weiter beschränkt werden, als es die Grundpfeiler des Zusammenlebens der Eheleute unbedingt erforderten. Ein System, welches der Frau ihre Selbstständigkeit entziehe und sie auf den Rang Minderjähriger herabwürdige, sei mit dem *„wahren Geiste des jetzigen deutschen Rechts"* nicht vereinbar.[1367] Außerdem merkte er an, dass *Gierkes* Anforderungen an das Familienrecht von inneren Widersprüchen geprägt seien. So sei bereits durch das Vorhandensein des Vorbehaltsguts keine durchgehende Beschränkung der Geschäftsfähigkeit der verheirateten Frau möglich.[1368] Mit der Entwicklung der Prozessfähigkeit der verheirateten

---

1363 *Lehmann*, Die Ehefrau, S. 63.

1364 *Bähr*, Gegenentwurf, S. 271; *Lehmann*, Die Ehefrau, S. 204 ff.

1365 *Planck*, Zur Kritik, AcP, 1889, S. 327–429, 327 f.

1366 *Gierke*, Der Entwurf, S. 403, 412: *Gierke* zufolge musste auch die Geschäftsfähigkeit der Ehefrau beschränkt werden. Zudem sei die Prozessfähigkeit der Ehefrau in der Zivilprozessordnung äußerst bedauerlich.

1367 *Planck*, Zur Kritik, AcP, 1889, S. 327–429, 350 f.

1368 *Planck*, Zur Kritik, AcP, 1889, S. 327–429, 351.

Frau, welche mit der Vertragsfähigkeit eng verknüpft sei, entbehrten die Forderungen *Gierkes* jeglicher Grundlage.[1369]

Auch im Rahmen des Ehegüterrechts, wobei sich *Gierke* für die allgemeine Gütergemeinschaft[1370] und *Bähr* sich für dessen Unterform der Errungenschaftsgemeinschaft als Gemeinschaft des Zugewinns[1371] aussprach, stellte *Planck* sich gegen seine Kritiker. Er wies darauf hin, dass *Gierkes* und *Bährs* Kritik an der Verwaltungsgemeinschaft fehl gehe, da die Wahl des gesetzlichen Güterstandes keine persönliche Präferenz sei. In diesem Fall hätte *Planck* sich ebenfalls für die allgemeine Gütergemeinschaft entschieden.[1372]

Auch der von *Gierke* bemängelte Verweis auf die Vorschriften des Nießbrauchs wurde von *Planck* verteidigt. Die Vorschriften eigneten sich für die Ausgestaltung des Nutzungsrechts des Ehemannes, wobei er auch hervorhob, dass *Gierke* den sachlichen Nachweis der Ungeeignetheit des Verweises schuldig bleibe.[1373] Auch *Gierkes* Anschuldigung, das Güterrecht sei durch die Beschränkung der Rechte des Ehemannes auf Misstrauen errichtet, wies *Planck* zurück.[1374] *Planck* sah keinen Nachteil darin, die Art und den Umfang der Rechte des Ehemannes möglichst genau zu bestimmen. Es sei verfehlt, eine Beschränkung der ehemännlichen Rechte auf Misstrauen zurückzuführen, denn die Begrenzung von Rechten, egal in welchem Regelungsbereich, wurzele nicht zwangsläufig in Misstrauen gegenüber dem Rechtsinhaber.[1375]

Insgesamt war für *Planck* die Kritik des ehelichen Güterrechts hinfällig. Betrachte man den Entwurf vorurteilslos, so müsse man anerkennen, dass *„den deutschrechtlichen Gedanken, nach welchem das eheliche Güterrecht einen Ausfluß des die Ehegatten verknüpfenden personenrechtlichen Bandes bildet, in allen seinen Theilen festgehalten hat und daß die Einwendungen gegen die juristische Form, in welcher dies geschehen, nur von dem Standpunkte eines engherzigen germanistischen Doctrinarismus aus begründet werden können*“.[1376]

1369 *Planck*, Zur Kritik, AcP, 1889, S. 327–429, 352.
1370 *Gierke*, Der Entwurf, AcP, 1889, S. 327–429, S. 417.
1371 *Bähr*, Beurtheilung, KritV, Band 11, Heft 3 und 4.,1888, S. 152 f.
1372 *Planck*, Zur Kritik, AcP, 1889, S. 327–429, 355.
1373 *Planck*, Zur Kritik, AcP, 1889, S. 327–429, 359.
1374 *Planck*, Zur Kritik, AcP, 1889, S. 327–429, 410.
1375 *Planck*, Zur Kritik, AcP, 1889, S. 327–429, 364.
1376 *Planck*, Zur Kritik, AcP, 1889, S. 327–429, 375.

5. Die Reaktion der Frauenbewegung auf den ersten Entwurf

Der erste Gesetzesentwurf blieb auch von der Frauenbewegung nicht unbemerkt. Die zunehmende Bedeutung der Frauenbewegung und ihre Einmischungen in Politik und Recht können im Rahmen des Gesetzgebungsprozesses nicht unberücksichtigt bleiben. In dem Beschluss der Generalversammlung von 1872 legte der Allgemeine Deutsche Frauenverein unter der Führung von Luise *Otto-Peters* fest, sich in höherem Maß der gesetzlichen Rechtsstellung der Frau zuzuwenden. Dennoch wurden konkrete Bemühungen, auch nachdem die Vorkommission die Arbeiten am BGB 1874 begann, zunächst nicht unternommen.[1377]

a. Luise *Otto-Peters* und der Allgemeine Deutsche Frauenverein

Die Mitglieder des ADF waren sich darüber im Klaren, dass für die Gleichstellung der Geschlechter die Regelungen des neuen Güterrechts wegweisend sein würden. Daher hatten sie es sich zur Aufgabe gemacht, die vermögensrechtliche Benachteiligung der verheirateten Frau durch Broschüren und Flugblätter in der Öffentlichkeit anzuprangern. Die weiblichen Mitglieder erkannten jedoch, dass die Gesetzgebungsarbeiten, auch weil Frauen bisher nicht zur juristischen Ausbildung zugelassen waren, für sie unbekanntes Terrain darstellten und eine Kontaktaufnahme mit den gesetzgebenden Organen in Form einer unprofessionellen und unausgereiften Petition nichts erreichen würde.[1378] Aus diesem Grund bat der Vorstand des ADF 1876 in einen Aufruf um die Mithilfe männlicher Juristen und die Sammlung weiblicher Lebensgeschichten, *„welche selbst unter den Gesetzen und deren Handhabung gelitten haben"*, um eine Petition an den Reichstag vorzubereiten.[1379] Auf Grundlage der erhaltenen Hilfe und gesammelten Geschichten wurde 1877 eine Petition an den Reichstag gefertigt, welche die erste ihrer Art der deutschen Frauenbewegung war.[1380] Darin wurde nicht nur der aktuelle Rechtszustand kritisiert, sondern es wurden auch

---

1377 *Otto-Peters*, Ein Rechenschaftsbericht, Neue Bahnen 1876, Nr. 14, S. 105 f.

1378 Allgemeiner Deutscher Frauenverein (Vorstand): Aufruf! von 1876, abgedruckt in: *Meder/Duncker/Czelk*, Rechtstellung der Frau, Nr. 1, S. 35 f.

1379 Allgemeiner Deutscher Frauenverein (Vorstand): Aufruf! von 1876, abgedruckt in: *Meder/Duncker/Czelk*, Rechtstellung der Frau, Nr. 1, S. 36.

1380 Allgemeiner Deutscher Frauenverein (Vorstand): ebenda.

konkrete Forderungen formuliert.[1381] Neben der Entfernung herabsetzender Stilelemente, wie etwa die Beschreibung der Frau als *„unfähig"* und ihre Gleichstellung mit Minderjährigen,[1382] forderten sie eine allgemeine Gleichstellung der Geschlechter[1383] und Umgestaltung des Güterrechts.[1384] Konkret sollte das Vermögen der verheirateten Frau ihr nicht mehr entzogen und der Verwaltung und Nutznießung des Mannes zugewiesen werden.[1385] Darüber hinaus sollte der persönliche Arbeitserwerb der Frau ihr selbst vorbehalten sein und nicht in die Hände des Mannes fallen.[1386] Außerdem sollten entsprechende Regelungen nicht erst über eine ehevertragliche Vereinbarung Anwendung finden, da eine entsprechende Bitte der Frau von dem Ehemann regelmäßig als Misstrauen aufgefasst werde und so kaum durchsetzbar sei.[1387]

Die Petition erreichte die zuständige Kommission zur Beratung des BGB. In den Motiven des BGB zum Güterrecht fand die Petition zwar Erwähnung, diese fiel jedoch sehr knapp und ohne inhaltliche Auseinandersetzung aus.[1388] Eine Gleichberechtigung der Geschlechter sei unabhängig davon, *„wie man über die prinzipielle Berechtigung dieses Standpunkts auch denken mag"*, nach einer Betrachtung der geschichtlichen Entwicklung des deutschen Rechts nicht möglich.[1389] Da die Petition keine klaren Regelungen und Vorschläge eines gleichberechtigten Güterrechtssystems beinhaltete, unterstellte der Gesetzgeber dem ADF die Einführung des römischen Dotalsystems, weshalb die gesamte Petition dem *„deutsche[n] Rechtsbewusstsein"* zuwiderlaufe.[1390]

Nach der Petition von 1877 waren bis zum ersten Entwurf des BGB keine weiteren Bemühungen der Frauenbewegung ersichtlich, durch Stellungnahmen oder Veröffentlichungen auf das Gesetzgebungsverfahren einzuwirken.[1391]

1381 Petition des Allgemeinen Deutschen Frauenvereins an den Reichstag, 1877, in: Meder/Duncker/Czelk (Hg.), Die Rechtsstellung der Frau um 1900. Eine kommentierte Quellensammlung, Nr. 2, Köln/Weimar/Wien 2010, S. 36–41.

1382 Petition des Allgemeinen Deutschen Frauenvereins an den Reichstag, 1877, S. 38.

1383 Petition des Allgemeinen Deutschen Frauenvereins an den Reichstag, 1877, S. 38 f.

1384 Petition des Allgemeinen Deutschen Frauenvereins an den Reichstag, 1877, S. 39.

1385 Petition des Allgemeinen Deutschen Frauenvereins an den Reichstag, 1877, ebenda.

1386 Petition des Allgemeinen Deutschen Frauenvereins an den Reichstag, 1877, ebenda.

1387 Petition des Allgemeinen Deutschen Frauenvereins an den Reichstag, 1877, S. 39 f.

1388 BGB-Motive IV, S. 143, in: *Mugdan*, Materialien IV, S. 79 f.

1389 BGB-Motive IV, ebenda.

1390 BGB-Motive IV, S. 143, in: *Mugdan*, Materialien IV, S. 79 f.

1391 *Lehmann*, Die Ehefrau, S. 98.

Der erste Entwurf des BGB von 1887 erregte bei der wachsenden bürgerlichen Frauenbewegung erneut Aufmerksamkeit, nahm jedoch in dem Bericht der Generalversammlung des ADF von 1889 keine prominente Stellung ein und wurde nur an dessen Ende kurz abgehandelt.[1392] Auch in der Zeitschrift *„Neue Bahnen"* des ADF, herausgegeben von *Otto-Peters* und Auguste *Schmidt*, wurde der Entwurf nur geringfügig behandelt. Die Auseinandersetzung beschränkte sich auf die Veröffentlichung des Gesetzestextes zum Familienrecht, mit einem Verweis auf die wichtigsten Motive des Gesetzgebers.[1393] Die Herausgeberinnen äußerten jedoch weder Kritik an den getroffenen Regelungen, noch bemühten sie sich um einen Gegenvorschlag. Die Kürze und Nüchternheit dieser Behandlung lässt vermuten, dass sich zu diesem Zeitpunkt nicht intensiv mit der Materie beschäftigt wurde. Diese Haltung lässt sich auch aus dem Vorwort *Otto-Peters* im Rahmen der Vorstellung des Entwurfes herauslesen. Darin sprach sie zwar davon, dass die Frauen, die immerhin die Hälfte der Bevölkerung bildeten, dem Entwurf hoffend und bangend entgegengesehen hätten, gleichzeitig zeigt sie jedoch eine gewisse Trägheit, indem sie erklärt, dass den Frauen seit ihrer letzten Petition von 1877, vor mehr als 12 Jahren, auch nichts anderes übriggeblieben wäre, als ruhig abzuwarten, wie die Gesetzgeber das Familienrecht näher ausgestalteten.[1394]

b. Marie *Stritt*

Die Frauenrechtlerin und zukünftige Präsidentin des Bundes Deutscher Frauenvereine, Marie *Stritt*, war von der Ausgestaltung des Eherechts und Wahl des gesetzlichen Güterstandes enttäuscht.[1395] Die wenigen und notgedrungenen Zugeständnisse aufgrund der nicht mehr zu ignorierender wirtschaftlicher Bedeutung der Frau könnten die weiterhin bestehende Unterordnung und partielle Rechtlosigkeit der Frau nicht kompensieren.[1396]

1392 *Otto-Peters*, Das erste Vierteljahrhundert, S. 77.

1393 „Neue Bahnen", Organ des Allgemeinen deutschen Frauenvereins, herausgegeben von Luise Otto-Peters und Auguste Schmidt, 1889, 24. Jahrgang, Nr. 2–16, S. 9.127.

1394 „Neue Bahnen", Organ des Allgemeinen deutschen Frauenvereins, herausgegeben von Luise Otto-Peters und Auguste Schmidt, 1889, 24. Jahrgang, Nr. 2, S. 9 f.

1395 *Stritt*, Rechtskämpfe, in: Helene Lange/Gertrud Bäumer (Hg.), Handbuch der Frauenbewegung. 2. Teil, Berlin 1901, S. 134–153, 135 f.

1396 *Stritt*, ebenda.

Außerdem sei erkennbar, dass die Petition des ADF keinerlei Beachtung im Rahmen der Erwägungen zum ersten Entwurf gefunden habe.[1397] Obwohl der Entwurf des Familienrechts insgesamt heiß diskutiert wurde, hob *Stritt* hervor, dass nur wenige Beteiligte die Benachteiligung der Frau angekreideten.[1398] Immerhin habe die Enttäuschung über die Behandlung der verheirateten Frau dazu geführt, den bürgerlichen Frauen den dringenden eigenständigen Handlungsbedarf vor Augen zu führen.[1399] Infolgedessen bildeten sich *„Komitees zur Untersuchung und Bearbeitung des IV. Buches Familienrecht des Entwurfes, der im Prinzip wohl die Gleichstellung des männlichen mit dem weiblichen Geschlecht vor dem Gesetz anerkannte, von diesem Prinzip aber, soweit die Ehefrau und Mutter in Betracht kam, überall abwich.“*[1400]

6. Zwischenfazit

Dem Rechtshistoriker Tilman *Repgen* gelang der Nachweis, dass die Arbeiten der ersten Kommission, wie auch viele der Entscheidungen *Plancks*, im Rahmen des Güterrechts politischen Ursprungs waren. Ziel war es den Rechtspartikularismus des Güterrechts und dessen Schaden für die expandierende Wirtschaft einzudämmen, da dieser in einer dynamischen und modernen Gesellschaft nicht mehr praktikabel sei.[1401] Dieses Motiv wirkte sich auch auf die Behandlung der weiblichen Eherechte aus. Die wirtschaftliche Rolle der Frau konnte nicht weiter ignoriert werden und beeinflusste die neue Gesetzgebung. Die dadurch erforderliche Neubewertung der Befugnisse der Ehefrau, welche mit einer Beschränkung der ehemännlichen Rechte einherging, stieß auf eine gemischte Resonanz.

Den Ausgangspunkt der Ausarbeitung des Entwurfs bildete die Suche nach einem urdeutschen Güterrecht und Rechtsbewusstsein. Die darüber entbrannten Streitigkeiten waren auch auf die gegensätzlichen Grundeinstellungen von Germanisten und Romanisten zurückzuführen. Insbesondere Germanisten griffen den Entwurf an und warfen ihm einen mangelnden deutschen Charakter vor, da er auf römischen Rechtsauffassungen basieren würde. Diese Kritik stützte sich vornehmlich auf die vermeintliche Vernachlässigung

---

1397 *Stritt*, Rechtskämpfe, S. 136.
1398 *Stritt*, ebenda.
1399 *Stritt*, Rechtskämpfe, S. 136 f.
1400 *Stritt*, ebenda.
1401 *Repgen*, Aufgabe des Privatrechts, S. 394 f.

des Gemeinschaftsgedankens der Ehe, welcher die Grundlage des deutschen Privatrechts bilde. Insbesondere *Gierke*, der als schärfster Kritiker des Entwurfs galt, machte diesen Vorwurf zur Basis seiner Analyse. Dabei wurde deutlich, dass für *Gierke* die eheliche Gemeinschaft mit der absoluten Herrschaft des Ehemannes in Form des Mundiums gleichzusetzen war. Jede Rechtsgewährung der Ehefrau und entsprechende Rechtsverkürzung des Ehemannes verstand er als Angriff auf die Einheit der Ehe. Auch *Schröder* war als Anhänger der germanistischen Richtung zunächst der Überzeugung, dass die Verwaltungsgemeinschaft nicht ihrer urdeutschen Gestaltung nachempfunden wurde. Dennoch sprach er sich für den Entwurf aus, dem es gelungen sei, durch die Beschränkung der häuslichen Gewalt die sozialen Strukturen der Zeit nachzuzeichnen. Er kritisierte zwar die Ausgestaltung des männlichen Nießbrauchs, war aber aus Praktikabilitätsgründen und aufgrund der unkomplizierten Einführung von der Verwaltungsgemeinschaft überzeugt.[1402]

Ein weiterer Streitpunkt war die Bewertung der neuen *„eheherrlichen Gewalt"*. Einige Juristen, wie *Gierke* und *Schröder*, sahen durch die Abschaffung des Mundiums den Ehemann zu einem Verwalter zweiter Klasse degradiert und darüber hinaus in die Rolle eines üblen Missetäters gedrängt. Während sich einige von den vermeintlichen Vorzügen der absoluten ehemännlichen Herrschaftsrechte kaum lösen konnten, bewerteten die Frauenbewegung und die ihr nahestehenden Juristen wie *Bulling* die neue Rollenverteilung der Eheleute keineswegs als zeitgemäße Anpassung. Vielmehr überdauere das Mundium in den neuen Regelungen des BGB und sei im Verwaltungsrecht des Ehemannes weiterhin spürbar. *Bulling* betrachtete die Verwaltungsgemeinschaft als Mundiumsehe, da der Ehemann über die Güter der Frau einem Vormund gleich bestimmen könne. Dabei betonte er, dass entgegen der Auffassung *Gierkes* das Mundium die Eheleute keineswegs zu einer Gemeinschaft vereinige, da die Basis einer Ehe nicht Zwang bilden könne. Auch *Brühl*, dessen Arbeiten sich um die Arbeitskraft der Ehefrau drehten, sah die Vormundschaft überdauern, da der Ehemann unmittelbar zum Herrscher des weiblichen Vermögens würde. Damit korrelierte ihm zufolge auch der Umgang mit der Geschäftsfähigkeit der Ehefrau. In diesem Zusammenhang sei das Einwilligungserfordernis des

---

[1402] *Schmid*, Die Entstehung, S. 89, Fn. 284.

Ehemannes zu den Dienstverhältnissen der Frau gänzlich zu streichen, da dadurch völlig unangebracht die Herrschaft über das weibliche Selbst geregelt würde.

Auch *Bähr* prangerte an, ein deutsches Rechtsbewusstsein im Entwurf des BGB zu vermissen. Er wurde sehr deutlich und bezeichnete die Verwaltungsgemeinschaft als *„System des Mannesegoismus"*, welches die Frau für die Zwecke der Ehe ausschlachte. Er warf den Gesetzgebern außerdem vor, in den Rechtsbegründungen die Bedürfnisse des Ehemannes als vernünftige und rationale Argumente heranzuziehen, während die Forderungen der Frauenbewegung und die Bedürfnisse der Frau als überspitzt und emotional abgetan wurden. Insbesondere diese letzte Erkenntnis *Bährs* zog sich wie ein roter Faden durch die Diskussionen rund um die Reform des Familienrechts. Damit einhergehend wurde vielfach oberflächlich mit dem *„Ideal"* oder *„Wesen der Ehe"* sowie der *„natürlichen Stellung der Frau"* argumentiert, wenn es darum ging, die Überordnung des Ehemannes zu rechtfertigen. Dazu passte auch, dass, obwohl sich viele der zeitgenössischen Juristen gegen das eheliche Mundium als nicht mehr zeitgemäß aussprachen, sie sich dennoch nicht von der Vormachtstellung des Ehemannes lösen konnten. Auch die neue Befugnisverteilung der Eheleute zum Schutz der Ehefrau schien einigen Beteiligten zu missfallen, da sie den Schutz vor trunksüchtigen oder ausbeutenden Ehemännern als persönlichen Angriff und Misstrauensvotum gegenüber dem männlichen Geschlecht auffassten. Damit war das Gesetzgebungsverfahren der rein männlichen Kommission von persönlichen Präferenzen durchzogen und emotional aufgeladen.

Insgesamt fielen die Reaktionen der deutschen Frauenbewegung und ihrer Führungsfiguren sehr zurückhaltend aus. Die kurzen und auch oberflächlichen Abhandlungen von *Otto-Peters* und *Stritt* verdeutlichen zwar, dass diese mit der Rechtsstellung der Frau im Rahmen des ersten Entwurfes nicht zufrieden waren, sie überließen die Kritik jedoch anderen – insbesondere den Männern der Rechtswissenschaft. Eine eigenständige und konkrete Beurteilung des Entwurfes und intensivere Beteiligung am Gesetzgebungsverfahren durch eigene Initiativen wurde zunächst nicht verfolgt. Vor allem wurde vernachlässigt, die Kritik und Frustration über den ersten Entwurf öffentlich sichtbar zu machen. Die Enttäuschung über diesen ersten Entwurf veranlasste jedoch die bürgerliche Frauenbewegung zur Selbsthilfe und leitete die notwendigen Untersuchungen und die Beschäftigung mit Rechtsfragen ein.

7. Die zweite Kommission von 1891–1895 und die Vernachlässigung der weiblichen Bedürfnisse

Eine vom Reichsjustizamt eingesetzte Vorkommission des BGB schenkte dem Themenkreis des Familienrechts keine Beachtung.[1403] Erst am 04. Dezember 1890 trat eine Kommission aus 22 Mitgliedern unter der Leitung *Plancks* zusammen. Diese bestand gleichermaßen aus Praktikern und Rechtswissenschaftlern und begann im April des Folgejahres mit der Überarbeitung des Familienrechtsentwurfs.[1404] Das Güterrecht sorgte erneut für zahlreiche Diskussionen, allein über die Rechtseinheit des Güterrechts waren sich die Mitglieder einig.[1405] Außerdem sollte an der von *Planck* gewählten Regelungstechnik aus gesetzlichem Güterstand und Wahlgüterständen festgehalten und die Verwaltungsgemeinschaft zum gesetzlichen Güterstand erhoben werden.[1406] Weitere Detailfragen sorgten jedoch für anhaltende Differenzen, weshalb im Juli 1893 eine Subkommission aus sieben Kommissionsmitgliedern mit der Klärung der entsprechenden Fragestellungen beauftragt wurde.[1407] Die auf diese Weise erarbeiteten Regelungen zur gesetzlichen „*Verwaltungsgemeinschaft*“[1408] und der Reichweite des männlichen Nutznießungsrechts am beweglichen Vermögen der Frau[1409] bildeten den zentralen Ausgangspunkt eines Gegenwurfs der Kommission.[1410]

a. Das Kernstück des Güterrechts: Die männliche Eheherrschaft

Die Entscheidung für die Ausgestaltung der männlichen Eheherrschaft in Form der *cura maritalis* war eine der meistdiskutierten Fragen des Gesetzgebungsverfahrens. Maßgeblich für den Schaffensprozess der Reglungen waren dabei insbesondere die Ergebnisse des 21. DJT von 1891, der die Frage „*Bedarf das System des gesetzlichen Güterstandes in dem Wurf des B.G.B. einer grundsätzlichen Abänderung und in welche Richtung?*“ auf die Tagesordnung

---

1403 *Jakobs/Schubert*, Die Beratung des BGB, S. 54; *Schmid*, Die Entstehung, S. 119 f.

1404 *Schmid*, Die Entstehung, S., 120–122.

1405 *Mugdan*, Materialien IV, S. 746 f.

1406 *Mugdan*, Materialien IV, S. 747.

1407 *Mugdan*, Materialien IV, S. 746.

1408 Diese Bezeichnung wurde von der Subkommission aufgrund ihres irreführenden Charakters nicht in den Gesetzestext aufgenommen.

1409 §§ 87–95 *Entwurf-P*; §§ 1292–1299 *Entwurf-I*.

1410 Die Protokolle der Subkommission sind zu finden bei: Prot. IV, S. 138–184.

setzte.[1411] Diese Problematik wurde durch Gutachten von Richard *Schröder* und Karl Ferdinand *Brühl* bearbeitet, deren Stellungnahmen zum ersten Entwurf bereits Aufsehen erregten.[1412] Beide kritisierten die Ausgestaltung des ehemännlichen Nutznießungsrechts und sprachen sich gegen die von Planck beabsichtigte, *ususfructus maritalis*[1413] und zugunsten der *cura maritalis*[1414] aus. Sowohl die Gutachten als auch die anschließende Debatte waren von einer anhaltenden Skepsis gegenüber der Verwaltungsgemeinschaft geprägt. Im Einklang mit der Kritik *Gierkes* wurde die Ausgestaltung des gesetzlichen Güterstandes als zu *„romanistisch"* empfunden und zudem eine stärkere Herrschaftsstellung des Mannes als Familienoberhaupt gefordert.[1415] Die Beteiligten erkannten jedoch, dass die bereits 1875 durch den DJT präferierte Verwaltungsgemeinschaft nicht wieder zu verdrängen sei.[1416] Damit lag der Fokus auf der Gestaltung der ehemännlichen Herrschaftsbefugnisse. *Brühl* ging in seinem Gutachten erneut auf den generellen Verweis auf die Regelungen des Nießbrauchs ein, welcher das ehemännliche *„Gesamtrechtsverhältnis"* der Verwaltung und Nutznießung fälschlicherweise aufspalte.[1417] Vorbild müsse das sächsische BGB sein, dem es gelungen sei, die Wirkung des ehelichen Mundiums zu dämpfen, dabei jedoch die Rechte des Ehemannes an dem Vermögen der Frau und ihrer Person selbst aufrecht zu erhalten.[1418]

Der Justizrat Professor Dr. *Brunner* beantragte: *„Das in dem Entwurf aufgestellte System des gesetzlichen Güterstandes bedarf, möge es nun gesetzliches*

[1411] *Amt der ständigen Deputation*, Verhandlungen des Einundzwanzigsten Deutschen Juristentages 1892, Band 3, S. 260–288.

[1412] Gutachten *Schröder* in: *Amt der ständigen Deputation*, Verhandlungen des Einundzwanzigsten Deutschen Juristentages 1892, Band 3, S. 167–171; Gutachten *Brühl* in: *Amt der ständigen Deputation*, Verhandlungen des Einundzwanzigsten Deutschen Juristentages 1892, Band 3, S. 172–205.

[1413] So bezeichnete man das eheliche Nießbrauchsrecht des Ehemannes am Vermögen der Ehefrau.

[1414] *Duncker*, Gleichheit und Ungleichheit, S. 986: *Cura maritalis* oder eheliche Geschlechtsvormundschaft war ein die Ehefrauen treffender Zwang, bestimmte Rechtshandlungen nur durch den Ehemann vornehmen zu können. Die Ehefrau war dabei unselbstständiger als eine ledige oder verwitwete Frau. Vorliegend betraf dies die privilegierte Nutzwaltung des Ehemannes.

[1415] HKK/*Mayenburg*, Eheliches Güterrecht III, S. 774 f.

[1416] So *Brühl* selbst in: *Brühl*, Die eheliche Nutznießung, AcP, 73. Bd, 1889, S. 408–428, 411.

[1417] *Brühl*, Die eheliche Nutznießung, AcP, 73. Bd, 1889, S. 408–428, 408, 412 f.

[1418] *Brühl*, Die eheliche Nutznießung, AcP, 73. Bd, 1889, S. 408–428, 408, 416.

Gütersystem bleiben oder nicht, einer grundsätzlichen Aenderung in der Richtung, daß das System des ehemännlichen Nießbrauchs in dem Sinne der deutschen ehelichen Verwaltungsgemeinschaft ausgestaltet wird".[1419] Diesem Antrag schloss sich der DJT an.

Die Diskussionen des DJT schlugen erneut auf das Gesetzgebungsverfahren durch. Die Subkommission konnte die erneute Kritik an einem pauschalen Verweis auf die Nießbrauchsvorschriften nicht mehr ignorieren und widmete sich daher den nicht unbegründeten Einwänden.[1420] Infolgedessen einigte sich die Subkommission mit der zweiten Kommission dahingehend, eine gesonderte Ausgestaltung der *cura maritalis* in den Regelungskatalog des Güterrechts einzufügen.[1421]

Die Subkommission beschäftigte sich sodann mit den Verfügungsrechten des Mannes am beweglichen Vermögen der Ehefrau, konkret, in welchem Umfang das ehemännliche Nutznießungsrecht ausgeweitet werden könnte.[1422] Im Rahmen dessen wurden zwei Anträge von germanistischen Kommissionsmitgliedern gestellt,[1423] die auf eine Erweiterung des Nutznießungsrechts des Ehemannes auf alle beweglichen Gegenstände der Frau abzielten. Die zweite Kommission lehnte die Vorschläge jedoch mit der Begründung ab, dass eine unbeschränkte Verfügungsgewalt des Mannes über das weibliche Vermögen im Interesse der Verkehrssicherheit nicht tragbar sei.[1424] Nichtsdestotrotz kam es zu einer Modifizierung der Nutznießungsrechte des Ehemannes. Sich an den Regelungen des Preußischen Allgemeinen Landrechts orientierend, wurden die Handlungsbefugnisse des Ehemannes über die Fahrnis der Ehefrau erneut erweitert.[1425] Die Begründung dieser Erweiterung war widersprüchlich und kaum überzeugend. Die Motive ließen erkennen, dass gerade bei verbrauchbaren beweglichen Gegenständen die besondere Schutzbedürftigkeit der Frau zur Beschränkung der Verfügungsbefugnisse des Mannes herangezogen wurde, da diese zum

1419 *Amt der ständigen Deputation*, Verhandlungen des Einundzwanzigsten Deutschen Juristentages 1892, Band 3, S. 287 f.
1420 *Mugdan*, Materialien IV, S. 754 f.
1421 *Schmid*, Die Entstehung, S. 126.
1422 *Mugdan*, Materialien IV, S. 756.
1423 *Schmid*, Die Entstehung, S. 126.
1424 *Mugdan*, Materialien IV, S. 150.
1425 Vgl. Schlussfolgerung von *Schmid*, in: ders., Die Entstehung, S. 127.

gemeinsamen Ehevermögen gehörenden Güter zum dauernden Gebrauch bestimmt seien.[1426] Diese Argumentation scheinbar vergessend, wurde im Rahmen der Erweiterung der Befugnisse des Ehemannes nun vorgebracht, dass die Fahrnis der Ehefrau in Form von Geld und beweglichen Sachen nicht zur langfristigen Nutzung gedacht sei und daher keinem besonderen Schutz unterliege.[1427] Daneben wurde das Verfügungsrecht auch auf weibliche Forderungen erweitert, indem der Ehemann über nicht verzinsliche Forderungen frei verfügen können sollte.[1428]

Neben den Verfügungsrechten des Ehemannes wurden kaum materielle Änderungen des Güterrechts durchgesetzt. Die Tragweite der Überarbeitungen brachte der ordentliche Professor des Römischen Rechts an der Universität Heidelberg und Mitglied der ersten Kommission *Windscheid* in einem Brief an *Planck* auf den Punkt: *„Es ist auffallend, wie wenig bisher sachlich geändert worden ist“*.[1429]

b. *Das neue Interesse der Frauen: Die rechtliche Ausgestaltung der Selbstständigkeit*

Während die Arbeiten am ersten Gesetzesentwurf kein wahrnehmbares Echo in den Reihen der Frauenbewegung erzeugten, waren ihnen entsprechende Versäumnisse im weiteren Verlauf des Gesetzgebungsprozesses nicht vorzuwerfen. Bereits vor der Veröffentlichung des zweiten Gesetzesentwurfes zeigte die Frauenbewegung sich kritisch gegenüber dem geplanten Güterrecht und der Rolle der Frau darin.

Eine zentrale Position in dieser Diskussion nahm die schweizerische Juristin Emilie *Kempin* ein, die später als juristische Beraterin federführend die Anträge-Pauli entwarf, womit es ihr als erster Juristin in der deutschen Geschichte gelang, eine Rechtsänderung zugunsten der Frau zu bewirken.[1430] Die promovierte Juristin leistete durch zahlreiche Veröffentlichungen einen qualifizierten Beitrag zu dem öffentlichen juristischen Diskurs. Während *Kempin* 1892 in einem informativen Beitrag des ADF die Geschäfts- und

---

1426 *Mugdan*, Materialien IV, S. 151.
1427 *Mugdan*, Materialien IV, S. 757.
1428 *Mugdan*, Materialien IV, S. 757.
1429 Brief von *Windscheid* an *Planck* am 10.12.1891, in: *Jabobs/Schubert*, Beratung Familienrecht I, Einführung, S. 60.
1430 Siehe oben, S. 345 f.

Prozessfähigkeit der verheirateten Frau noch lobend hervorhob,[1431] stand sie zwei Jahre später dem geplanten Güterrecht kritisch gegenüber. In einem Vortrag prangerte sie das weitreichende Verwaltungs- und Nutznießungsrecht des Ehemannes im Rahmen der Verwaltungsgemeinschaft an, da dieses die Handlungsfähigkeit der Frau derart einschränke, dass faktisch eine Art der Vormundschaft fortbestehe.[1432] Die Probleme des Güterrechts vertiefte sie in einem Beitrag zur Rechtsstellung der Ehefrau, worin sie den idealen Güterstand aus weiblicher Perspektive ermittelte.[1433] Die geplante Verwaltungsgemeinschaft, welche bloß die Illusion einer geschäftsfähigen Ehefrau vorspiegele, provoziere den Zerfall der ehelichen Gemeinschaft und sei als gesetzlicher Güterstand untauglich.[1434] Die Gütergemeinschaft berge aufgrund ihrer undurchschaubaren Regelungen sogar eine noch größere Gefahr für die finanziellen Interessen der Ehefrau.[1435] Damit bleibe nur die Gütertrennung, die für klare und übersichtliche Rechtsverhältnisse sorge.[1436] Diese Überlegungen *Kempins* wurden in Form einer Broschüre durch den ADF verbreitet. Sie schaffte es jedoch nicht, wie erhofft, eine breite Masse von Frauen zu empören und unter einem gemeinsamen Banner gegen das BGB zu vereinen. Dies lag wohl vor allem daran, dass die Broschüre sich mit ausdrücklicher Kritik zurückhielt, da *Kempin* davon überzeugt war, dass diese sich einem reflektierten Leser ohnehin regelrecht aufzwinge.[1437] Diese Einschätzung teilte auch Marie *Stritt*, die jedoch im Weiteren anmerkte, dass *Kempins* Schrift durch ihre trockene Leseart und verfehlte Schwerpunktsetzung auf überholte Gesetzestexte nicht geeignet war, den Frauenstandpunkt beherzt zu vertreten und die Leserinnen zu mobilisieren.[1438]

Dieser erst 1895 erschienene Beitrag *Kempins* wirkte sich, ebenso wie die weiteren Arbeiten der Frauenbewegung zu den Einzelheiten des Güterrechts, nicht mehr auf die Findung des gesetzlichen Güterrechtssystems aus, da dieses

---

1431 *Kempin*, Die Stellung der Frau, S. 99; *Lehmann*, Die Ehefrau, S. 252 f.

1432 *Kempin*, Die Ehefrau, S. 7.

1433 *Kempin*, Die Rechtsstellung der Frau, in: Gustav Dahms (Hg.), Der Existenzkampf der Frau im modernen Leben. Seine Ziele und Aussichten. Heft 5, Berlin 1895, S. 145–179.

1434 *Kempin*, Die Rechtsstellung der Frau, S. 162.

1435 *Kempin*, Die Rechtsstellung der Frau, S. 165.

1436 *Kempin*, Die Rechtsstellung der Frau, S. 167.

1437 *Kempin*, Die Rechtsstellung der Frau, Vorwort.

1438 *Stritt*, Rechtskämpfe, S.136.

bereits zu Beginn der Gesetzgebungsarbeiten der zweiten Kommission kaum noch verhandelbar war.

8. Der zweite Entwurf von 1895 und die scharfe Kritik der Frauenbewegung

Die Arbeiten der zweiten Kommission am vierten Buch des BGB fanden 1894 ihren Abschluss und wurden noch im gleichen Jahr veröffentlicht. In dieser Zeit konzentrierte sich die bürgerliche Frauenbewegung intensiv auf die Rechtsfragen rund um das geplante Familienrecht. Als die erste Generalversammlung des Bundes deutscher Frauenvereine Anfang 1895 in München zusammentrat, etablierte sich die Frage um die Rechtsstellung der Frau im BGB zum wichtigsten Programmpunkt der Versammlung.[1439] Um den Gesetzgeber zu erreichen, wurde eine entsprechende Petition 1896 dem Reichstag vorgelegt.[1440] Da die Petitionen der Frauenbewegung im Rahmen des ersten Gesetzentwurfs kaum Beachtung bei den Gesetzgebern fanden, wollte man sich jedoch nicht auf diese beschränken. Vielmehr sollte durch verstärkte Öffentlichkeitsarbeit der Druck auf die Entscheidungsträger des Gesetzgebungsverfahrens erhöht werden. Durch Vortragsreisen, die Veröffentlichung ihrer Forderungen und Petitionen auf Flugblättern sowie durch öffentliche Versammlungen versuchte man das Bewusstsein der Bevölkerung für die Ziele der Frauenbewegung zu öffnen. Die maßgeblichen Abhandlungen, die einer näheren Analyse bedürfen, waren „*Die Frau im neuen bürgerlichen Gesetzbuch*" von Marie *Raschke* und Sara *Proelß* sowie „*Das deutsche Recht und die deutschen Frauen*" von Marie *Raschke*.

a. „*Die Frau im neuen bürgerlichen Gesetzbuch*"

In der Arbeit „*Die Frau im neuen bürgerlichen Gesetzbuch*"[1441] beleuchteten *Raschke* und *Proelß* die einzelnen Paragrafen des Familienrechts des zweiten BGB-Entwurfs und stellten Vorschläge zur Änderung derselben vor. Die umfangreiche Broschüre wurde unter immensem Zeitdruck durch die Rechtskommission des Vereins „*Frauenwohl*" erarbeitet und sollte die Frauen

---

1439 *Stritt*, ebenda.

1440 *Stritt*, Rechtskämpfe, S. 142.

1441 Marie *Raschke*, Sara *Proelß*, „Die Frau im neuen bürgerlichen Gesetzbuch", in: *Meder/Duncker/Czelk*, Die Rechtsstellung der Frau, S. 690–731.

auf die drohenden Benachteiligungen der Kodifizierung aufmerksam machen und zu einem vereinten Protest rufen.[1442]

Der größte Kritikpunkt war die Stellung der Ehefrau. Diese verstanden die Verfasserinnen weiterhin unter der männlichen Vorherrschaft und Bevormundung.[1443] Darüber hinaus bewerteten sie das gesetzliche Güterrecht der Verwaltung und Nutznießung als „*Demütigung der Frau*",[1444] indem ihr das eigene Vermögen entrissen und, statt es vor dem Mann schützen, ihm zur freien Verfügung überlassen würde.[1445]

Genauere Vorstellungen zu der Ausgestaltung des Eherechts konnten den Änderungsvorschlägen der einzelnen Paragrafen entnommen werden. Die Verfasserinnen forderten im Rahmen der allgemeinen Ehewirkungen insbesondere eine komplette Streichung des Kündigungsrechts des Ehemannes,[1446] in § 1258 des *Entwurf-II*, da „*einer Frau das Recht einer von ihr in Person zu bewirkenden Leistung, zu der sie sich einem Dritten gegenüber verpflichtet hat, nicht verkürzt werden*" dürfe, „*am wenigsten dürfte der Mann des Rechtsverhältnis ohne Einhalt einer Kündigungsfrist kündigen*".[1447] Hinsichtlich des gesetzlichen Güterrechts machten *Raschke* und *Proelß* deutlich, dass es ein großes Unrecht sei, dem Mann die Verwaltung und Nutznießung am Vermögen der Frau zuzuweisen, während die Ehefrau derart in ihren Vermögensbefugnissen beschränkt sei, dass sie auf gleicher Stufe eines Entmündigten oder Schwachsinnigen stehe.[1448] Bei mangelnder Geschäftserfahrenheit der Frau sei es keineswegs notwendig, sie in ihrem Handeln zu beschränken, vielmehr sei es selbstverständlich, dass in einer „*harmonischen Ehe*" die Frau sich Rat bei ihrem erfahrenen Mann einholen könne.[1449] Daher müsse, auch aufgrund der Kosten und Vorbehalte vieler Eheleute gegenüber einem Ehevertrag, eine „*Gütertrennung mit eigener Verwaltung und Nutznießung des Vermögens eines*

1442 *Raschke/Proelß*, Die Frau im neuen bürgerlichen Gesetzbuch, in: Meder/Duncker/Czelk (Hg.), Die Rechtsstellung der Frau um 1900. Eine kommentierte Quellensammlung, Köln/Weimar/Wien 2010, S. 690–731, Vorwort.

1443 *Raschke/Proelß*, Die Frau im neuen bürgerlichen Gesetzbuch, S. 690.

1444 *Raschke/Proelß*, Die Frau im neuen bürgerlichen Gesetzbuch, S. 691.

1445 *Raschke/Proelß*, ebenda.

1446 Zu dessen Entwicklung im Rahmen der Anträge Pauli, siehe oben, S. 344 ff.

1447 *Raschke/Proelß*, Die Frau im neuen bürgerlichen Gesetzbuch, S. 700.

1448 *Raschke/Proelß*, Die Frau im neuen bürgerlichen Gesetzbuch, S. 701 f.

1449 *Raschke/Proelß*, Die Frau im neuen bürgerlichen Gesetzbuch, S. 702.

jeden Ehegatten gesetzliche Norm" sein.[1450] Dadurch hätten die Ehegatten gleichmäßig nach Maßgabe ihrer Einkünfte zu den Kosten des gemeinschaftlichen Haushaltes beizutragen.[1451]

Mit der Wahl der Gütertrennung zum gesetzlichen Güterstand bestand kein Bedürfnis nach einem Vorbehaltsgut der Ehefrau, weshalb dieses, wie auch die Regeln der Verwaltungsgemeinschaft, keine eingehende Analyse oder Modifizierung im Sinne der Verfasserinnen fand. Sie machen jedoch deutlich, dass sie mit dem gesetzlichen Güterrecht und der Ausgestaltung der Wahlgüterstände sehr unzufrieden waren und die Behandlung der Frau darin weit von ihrem vertretenen Standpunkt der vollkommenen Rechtsgleichheit der Geschlechter[1452] entfernt sei. Das Werk von *Raschke* und *Proelß* beinhaltete einen der umfangreichsten Gegenentwürfe zum Familienrecht des BGB und etablierte sich so zu einem der maßgeblichen Rechtstexte der Frauenbewegung,[1453] die weithin die Gütertrennung als gesetzlichen Güterstand forderte.

b. „Das deutsche Recht und die deutschen Frauen"

Auch an der Broschüre „*Das deutsche Recht und die deutschen Frauen*" des Rechtsschutzvereins für Frauen in Dresden von 1895 war, neben dessen Gründerinnen Marie *Stritt* und Adele *Gamper*, erneut Marie *Raschke* beteiligt.[1454] In diesem umfassenden Gegenentwurf vernachlässigten die Verfasserinnen bewusst den juristischen Standpunkt, da zwei Jahrzehnte „*höchster juristischer Weisheit*" erneut zu einem Gesetz geführt habe, das die Frau „*in die alte Sklavenstellung zwängen*" wolle.[1455] Von der eigenen Überzeugung von der Gleichwertigkeit der Geschlechter ausgehend, stand die Erreichung einer Gleichberechtigung in allen Lebensbereichen, insbesondere auch in der Ehe, im Fokus der Arbeit.[1456] Der Gegenentwurf zeigte sich in Form eines fortlaufenden Textes, dessen Vorstellung von der Gestaltung der Eheherrschaft neue Wege aufzeigte.

[1450] *Raschke/Proelß*, ebenda.
[1451] *Raschke/Proelß*, Die Frau im neuen bürgerlichen Gesetzbuch, S. 703.
[1452] *Raschke/Proelß*, Die Frau im neuen bürgerlichen Gesetzbuch, S. 705.
[1453] *Raschke/Proelß*, Die Frau im neuen bürgerlichen Gesetzbuch, S. 690.
[1454] *Raschke*, „Das deutsche Recht und die deutschen Frauen", in: Meder/Duncker/Czelk (Hg.), Die Rechtsstellung der Frau um 1900. Eine kommentierte Quellensammlung, Köln/Weimar/Wien 2010, S. 757–791.
[1455] *Raschke*, Das deutsche Recht, Vorwort III.
[1456] *Raschke*, Das deutsche Recht, Vorwort IV.

Die Verfasserinnen sahen vor, dass in allen das gemeinschaftliche eheliche Leben betreffenden Angelegenheiten ein gegenseitiges Übereinkommen entscheidend sei. Darüber hinaus bestimme derjenige Ehegatte, welcher die Hauptlast des gemeinsamen Unterhaltes trage, den Wohnort und die Wohnung, wenn nicht der andere Ehegatte durch seinen Beruf auf einen bestimmten Wohnort angewiesen sei.[1457] Auch wenn dies regelmäßig dem Ehemann das Entscheidungsrecht zuweise, könnte es auch zu einer Herrschaft der Frau führen. Außerdem solle die Ehefrau die Pflicht zur Haushaltsführung und Gewerbemithilfe nur treffen, sofern dies sich mit einem selbstständigen Erwerb und ihren Mutterpflichten vertrage.[1458] Damit widmeten sich *Raschke* und ihre Mitstreiterinnen bereits im Rahmen der allgemeinen Ehewirkungen der autonomen Verwendung der Arbeitskraft der Frau, weshalb auch das Kündigungsrecht des Ehemannes ersatzlos zu streichen sei.[1459]

Das gesetzliche Güterrecht der Verwaltung und Nutznießung bewertete *Raschke* als „*Quelle endloser Mißstände, die zersetzend auf das Glück der Familie*“ einwirke und eine „*unzeitgemäße und unwürdige Beschränkung des Rechtes der verheiratheten Frau*“ darstelle.[1460] Die Schutzmechanismen des Gesetzes seien unzureichend und darüber hinaus erleide jede Ehe, in der ein Ehegatte darauf angewiesen sei, den Klageweg zu beschreiten, einen „*unheilbaren Bruch*“.[1461] Um gar nicht erst auf gerichtliche Mittel angewiesen zu sein, müsse ein Güterrecht entworfen werden, in dem beide Ehegatten, wie jeder geistig gesunde und mündige Mensch, die Verfügungsgewalt über ihr Eigentum behielten.[1462] Dies könne nur durch eine Streichung der Verwaltungsgemeinschaft als gesetzlicher Güterstand erreicht werden. Ersatzweise solle nach dem Prinzip der Gütertrennung jeder Ehegatte sein Vermögen selbst und unbeschränkt verwalten können, wobei beiderseitige Unterhaltspflichten nach Maßgabe ihres Einkommens bestünden.[1463]

Diese Forderungen führten zu einem „*Entrüstungssturm in Juristenkreisen und der reaktionären Presse*“[1464], waren für die Ziele der Frauen und der

---

1457 *Raschke*, Das deutsche Recht, S. 765.
1458 *Raschke*, Das deutsche Recht, S. 766.
1459 *Raschke*, ebenda.
1460 *Raschke*, Das deutsche Recht, S. 769.
1461 *Raschke*, ebenda.
1462 *Raschke*, Das deutsche Recht, S. 770.
1463 *Raschke*, ebenda.
1464 *Stritt*, Rechtskämpfe, S. 142.

Verbreitung ihrer Anliegen jedoch nicht schädlich.[1465] Die engagierten Frauen waren sich bewusst, die Arbeiten der zweiten Kommission nicht mehr mitgestalten zu können, erhofften sich jedoch, die weitere Behandlung des Entwurfs im Reichstag zu beeinflussen.

9. Der Gang des Entwurfs durch den Reichstag

Der zweite Entwurf des BGB wurde am 22. Oktober 1895 an den Bundesrat weitergeleitet. Dort behandelte der Justizausschuss das eheliche Güterrecht nur stiefmütterlich und beschränkte sich auf die Besprechung von Grundsatzfragen.[1466] Aufgrund des politischen Drucks wurde das Gesetzgebungsverfahren schnell vorangetrieben und das ehelichte Güterrecht insgesamt angenommen. Das BGB wurde in Form eines dritten Entwurfs[1467] am 17. Januar 1896 dem Reichstag übergeben.[1468]

Auch die Beratungen im Reichstag standen unter politischem Druck und waren zwanzig Jahre nach dem ersten Zusammentreten der Vorkommission durch Eile gekennzeichnet. Die Beratungen befassten sich daher nicht mehr mit grundlegenden Entscheidungen des Entwurfs und waren nach nur knapp fünf Monaten beendet. Dennoch nahmen insbesondere die Debatten um das Güterrecht erneut Fahrt auf, da dieses Thema in der Öffentlichkeit, unter anderem durch die engagierte Arbeit der Frauenverbände, großes Interesse geweckt hatte. Im Folgenden sollen die für den Arbeitserwerb und die finanzielle Unabhängigkeit der verheirateten Frau maßgeblichen Änderungen und Diskussionsbeiträge bis zur Verabschiedung des BGB dargestellt und untersucht werden.

a. Die Anträge-Pauli: Die Änderung des Kündigungsrechts und Stärkung der weiblichen Geschäftsfähigkeit

Die Petitionen und Gegenentwürfe der Frauenbewegung fanden im Reichstag kaum Beachtung, weshalb Einwirkungen auf die Gesetzgebung und das Güterrecht kaum möglich waren. Dennoch gelang es Befürwortern der Frauenbewegung, einzelne Regelungen des BGB zugunsten der Frau zu beeinflussen. Eine der bedeutendsten Änderungen wurde nicht etwa von

---

1465 *Schmid*, Die Entstehung, in: Handbuch der Frauenbewegung. 2. Teil, *Lange/Bäumer* (Hg.), S. 132.

1466 *Schmid*, Die Entstehung, S. 133.

1467 *Schmid*, ebenda.

1468 *Riedel*, Gleiches Recht, S. 394.

den Sozialdemokraten, die „*in allen Punkten*“[1469] die Ziele der bürgerlichen Frauenbewegung teilten, sondern von der konservative Reichspartei initiiert. Obwohl die Sozialdemokraten sich in ihrem Parteiprogramm als Brüder der proletarischen Frauenbewegung verstanden,[1470] sahen sie im ehelichen Güterrecht nicht den richtigen Ort eines Klassenkampfes, bemühten sich aber dennoch um möglichst liberale Ergebnisse. Auch wenn sie für die gesetzliche Gütertrennung eintraten, waren sie sich bewusst, dass die Frage des Güterrechts in erster Linie die besitzenden Frauen betraf.[1471] Überraschenderweise lagen die Sozialdemokraten damit auf einer Linie mit der konservativen Reichspartei,[1472] ihre Auffassungen zum Güterrecht deckten sich ausnahmslos.[1473] Bereits am ersten Sitzungstag des Reichstages machte ein Abgeordneter der Reichspartei deutlich, dass man dem BGB nicht in seiner Gesamtheit zustimmen werde, ohne dass die „*wohlberechtigten Ansprüche der Frauen auf Verminderung ihrer Abhängigkeit und Erweiterung ihrer Rechte auf vermögensrechtlichem Gebiete*“ Beachtung fänden.[1474] Im Rahmen dieser Zielsetzung tat sich insbesondere der parlamentarischen Führer der Freikonservativen Partei und Fürsprecher der Frauenrechte in den unterschiedlichsten Rechtsgebieten, Freiherr *von Stumm-Halberg*, hervor. Er empfand das Verhalten der ihm nahestehenden Parteien, welche die gesetzliche Stellung der Frau verteidigten, und den Widerspruch des Entwurfes zwischen Sitte und Gesetz als „*tief beschämend*“.[1475] Die Behandlung der Ehefrau rufe die Ehegatten regelrecht zum Kampf gegeneinander auf und könne nur zur Zerrüttung der Ehe führen.[1476] Als Konservativer strebe *Stumm-Halberg* als Basis einer konfliktfreien Gesellschaft eine friedliche Ehe an, die durch die Beschwichtigung der bürgerlichen Frauenbewegung zu erreichen sei.[1477]

1469 *Stritt*, Rechtskämpfe, S. 143.

1470 Erfurter Programm, in: Programme der deutschen Sozialdemokratie (herausgegeben vom Bundessekretariat der Jungsozialisten), S. 78.

1471 *Bebel*, in: Stenografische Berichte, 2. und 3. Beratung, S. 565.

1472 *Duncker*, Gleichheit und Ungleichheit, S. 854.

1473 *Schmid*, Die Entstehung, S. 140, Vgl. Fn 554: Persönliche Angriffe *Bebels* auf Freiherrn von *Stumm-Halberg* in der dritten Lesung des BGB (vgl. *Bebel*, in: Stenografische Berichte, S. 860 ff.), sollten die den Sozialdemokraten peinliche Übereinstimmung mit der Reichspartei kaschieren.

1474 Ernst *Leuschner* vor dem Reichstag, 03.02.1896, in: *Mugdan*, Materialien I, S. 872.

1475 Freiherr von *Stumm-Halberg*, in: Stenographische Berichte, 2. und 3. Beratung, S. 557.

1476 Freiherr von *Stumm-Halberg*, S. 563.

1477 *Schmid*, Die Entstehung, S. 139.

Es gelang *Stumm-Halberg* 1896, die Fragen des Güterrechts durch einen 32 Einzelanträge umfassenden Gegenantrag erneut zu diskutieren und in einigen Punkten erfolgreich abzuwandeln. Seine Forderungen gingen dabei nicht so weit wie die Gegenentwürfe der Frauenbewegung oder die Anträge der Sozialdemokraten, waren jedoch im Gegensatz dazu erfolgreich. Aufgrund der weiteren Besonderheit, dass die *Anträge-Pauli* im Wesentlichen von einer Frau erarbeitet wurden, soll ihnen hier besondere Aufmerksamkeit geschenkt werden. Für ein besseres Verständnis der rechtlichen Stellung der Frau suchte *Stumm-Halberg* Unterstützung bei der schweizerischen Juristin Emilie *Kempin*, die 1896 eine Lehrtätigkeit zum Thema „*Deutsches Familienrecht nach dem Bürgerlichen Gesetzbuch*" aufgenommen hatte. Mit ihrer Wahl zu seiner juristischen Beraterin[1478] wurde deutlich, dass er zumindest indirekt in Kontakt mit der bürgerlichen Frauenbewegung stand.[1479] Im Rahmen dieser Zusammenarbeit formulierte *Kempin* die unter dem Namen *Pauli*[1480] gestellten, Anträge zum Familienrecht. Zu diesem Schluss kam auch die Reichstagskommission im Protokoll vom 07.05.1896: „*In Bezug auf diese sämtlichen Anträge [Anträge Pauli] bemerkte der Abgeordnete v. Stumm, daß sie als von ihm gestellte Anträge zu betrachten seien. Ausgearbeitet sind sie, wie allgemein angenommen wird, von dem als Rechtskonsulentin hier wohnenden Fräulein Dr. jur. Kempin.*"[1481] Die *Anträge-Pauli* wurden durch *Stumm-Halberg* vorgetragen und hartnäckig verteidigt. Als weitreichendste Änderung war die Einführung der Gütertrennung als gesetzlicher Güterstand vorgesehen, da das System der Verwaltungsgemeinschaft vor dem Hintergrund der sozioökonomischen Entwicklung und voranschreitenden Selbstständigkeit der Frau nicht tragbar sei.[1482] Das daraus resultierende Hörigkeitsverhältnis der Frau sei unter dem Deckmantel der Rechtstradition zur Verfolgung politischer Ziele zementiert worden.[1483] Um den Antrag zur Einsetzung der Gütertrennung bemühte sich *Stumm-Halberg* drei Mal. Er stellte ihn sowohl in der ersten und zweiten

---

1478 Vgl. *Berneike*, Die Frauenfrage ist Rechtsfrage, S. 88 (*Berneike* gibt für die Zusammenarbeit von *Kempin* und *Stumm-Halberg* keine Primärquelle an); vgl. auch *Repgen*, Aufgabe des Privatrechts, S. 375, Fn. 237, der wiederum auf *Berneike* Bezug nimmt.

1479 Vgl. Humboldt-Akademie Berlin, Lehrprogramm, I/1895/96, S. 20; IV/1896, S. 27; I/1897. S. 24, zit. nach: Vgl. *Berneike*, Die Frauenfrage ist Rechtsfrage, S. 88.

1480 Moritz *Pauli* war ein Publizist und Fraktionskollege von *Stumm-Halberg* im Reichstag.

1481 *Jakobs/Schubert*, Die Beratung des BGB, Familienrecht I, S. 348 f.

1482 Freiherr von *Stumm-Halberg*, in: Stenographische Berichte, 2. und 3. Beratung, S. 558.

1483 Vgl. *Schmid*, Die Entstehung, S. 141.

Lesung der XII. Kommission als auch im Plenum des Reichstages – jedes Mal wurde der Antrag abgelehnt.

Ein anderes Antragsziel war eine größere Unabhängigkeit der Ehefrau bei der Aufnahme einer selbstständigen Erwerbstätigkeit. Eine Modifikation des „*Kündigungsrechts*" des Ehemannes sollte den Frauen mehr finanzielle und persönliche Autonomie verleihen. Auch hier bedurfte es dreier Anläufe, diesmal jedoch von Erfolg gekrönt. *Stumm-Halberg* wendete sich in der Sitzung vom 07. Mai 1896 gegen den späteren § 1358 BGB und erklärte, dass die Fassung des Kündigungsrechts im dritten Entwurf des BGB die Frau der Willkür des Mannes ausliefere und damit den Frieden der Ehe bedrohe.[1484] Er stellte daraufhin den Antrag, § 1341 *Entwurf-III* durch folgenden Wortlaut zu ersetzen:

„*Die Ehefrau ist berechtigt, ohne Einwilligung des Mannes einen selbständigen Beruf oder Gewerbe zu betreiben und sich Dritten gegenüber zu einer von ihr in Person zu bewirkenden Leistung zu verpflichten. Erweist sich solche Thätigkeit der Ehefrau als eine Schädigung der ehelichen oder Familieninteressen, so kann ihr die Fortsetzung derselben auf Antrag des Mannes vom Vormundschaftsgericht untersagt werden. Auf Grund einer diesbezüglichen Verfügung des Vormundschaftsgerichtes ist der Mann berechtigt, das Rechtsverhältniß, durch welches seine Frau sich zu einer in Person zu bewirkenden Leistung verpflichtet hat, unter Einhaltung einer vom Vormundschaftsgericht zu bestimmenden Frist zu kündigen.*"[1485]

V. Mandry und *Planck* stellten sich gegen den Antrag. V. *Mandry* verwies darauf, dass die Rechtssicherheit hinreichend berücksichtigt werde, indem die Ehefrau sich zuvor an das Vormundschaftsgericht werden müsse. *Planck* zeigte sich insofern einsichtig, dass grundsätzlich über eine gerichtliche Genehmigung der Kündigung des Mannes nachgedacht werden könne. Nachdem jedoch auch weitere Abgeordnete in einer entsprechenden Änderung eine Gefährdung der Stellung des Mannes als Familienoberhaupt sahen und den Antrag beanstandeten, sprach sich die Mehrheit gegen *Stumm-Halbergs* aus. Auch ein vermittelnder Eventualantrag wurde in der Sitzung am Folgetag trotz erneuter Unterstützung der Sozialdemokraten abgelehnt.[1486]

Stumm-Halbergs Hartnäckigkeit war es zu verdanken, dass er in der zweiten Lesung am 06. Juni 1896 erneut einen Änderungsantrag stellte, der diesmal

---

1484 *Jakobs/Schubert*, Beratung Familienrecht I, S. 353 ff.

1485 *Meder/Duncker/Czelk*, Rechtsstellung der Frau, S. 984.

1486 *Meder/Duncker/Czelk*, Rechtsstellung der Frau, S. 984; *Meder/Duncker/Czelk*, Frauenrecht und Rechtsgeschichte, „Anträge-Pauli", S. 263.

einstimmig angenommen wurde. Das Kündigungsrecht des Ehemannes erfuhr folgende Modifizierung:

§ 1341 *Entwurf-III*	§ 1358 BGB
(1) Hat sich die Frau einem Dritten gegenüber zu einer in Person zu bewirkenden Leistung verpflichtet, so kann der Mann das Rechtsverhältnis ohne Einhaltung einer Kündigungsfrist kündigen, *es sei denn, daß er der Verpflichtung zugestimmt hat oder seine Zustimmung auf Antrag durch das Vormundschaftsgericht ersetzt wird.* (2) Das Vormundschaftsgericht kann die Zustimmung ersetzen, wenn der Mann durch Krankheit oder durch Abwesenheit an der Abgabe der Erklärung verhindert und mit dem Aufschube Gefahr verbunden ist oder wenn sich die Verweigerung der Zustimmung als Mißbrauch seines Rechts darstellt. (3) Die Zustimmung sowie die Kündigung kann nicht durch einen Vertreter des Mannes erfolgen; ist der Mann in der Geschäftsfähigkeit beschränkt, so bedarf er nicht der Zustimmung seines gesetzlichen Vertreters. (4) *Das Kündigungsrecht des Mannes ist ausgeschlossen, solange die häusliche Gemeinschaft nicht besteht.*	(1) Hat sich die Frau einem Dritten gegenüber zu einer von ihr in Person zu bewirkenden Leistung verpflichtet, so kann der Mann das Rechtsverhältniß ohne Einhaltung einer Kündigungsfrist kündigen, ***wenn er auf seinen Antrag von dem Vormundschaftsgerichte dazu ermächtigt worden ist. Das Vormundschaftsgericht hat die Ermächtigung zu ertheilen, we***nn sich ergiebt, daß die Thätigkeit der Frau die ehelichen Interessen beeinträchtigt. (2) Das Kündigungsrecht ist ausgeschlossen, wenn der Mann der Verpflichtung zugestimmt hat oder seine Zustimmung auf Antrag der Frau durch das Vormundschaftsgericht ersetzt worden ist. Das Vormundschaftsgericht kann die Zustimmung ersetzen, wenn der Mann durch Krankheit oder durch Abwesenheit an der Abgabe einer Erklärung verhindert und mit dem Aufschube Gefahr verbunden ist oder wenn sich die Verweigerung der Zustimmung als Mißbrauch seines Rechtes darstellt. Solange die häusliche Gemeinschaft aufgehoben ist, steht das Kündigungsrecht dem Manne nicht zu. (3) Die Zustimmung sowie die Kündigung kann nicht durch einen Vertreter des Mannes erfolgen; ist der Mann in der Geschäftsfähigkeit beschränkt, so bedarf er nicht der Zustimmung seines gesetzlichen Vertreters.

Indem der Ehemann für eine wirksame Kündigung an das Vormundschaftsgericht verwiesen und an die Beeinträchtigung der ehelichen Interessen geknüpft wurde, erfuhr die Ehefrau mehr Rechtssicherheit und der Mann konnte ihr Arbeitsverhältnis nicht willkürlich auflösen. Insgesamt können die *Anträge-Pauli* damit, obwohl sie nur zum Teil erfolgreich waren, als die bedeutendsten Anträge des Gesetzgebungsverfahrens zugunsten der Frau gewertet werden. Dies sogar in doppelter Hinsicht, da durch Emilie *Kempin* erstmals die juristischen Ausarbeitungen einer Frau die Gestaltung einer deutschen Kodifikation mitbestimmten.[1487] Die Rechte der Frau konnten durch die Neufassung des § 1358 BGB gestärkt werden, da es nun die Aufgabe des Mannes war, die Hürde der Beteiligung des Vormundschaftsgerichts zu meistern.

b. Die Maßnahmen und Gegenentwürfe der Frauenbewegung

Vor der Jahrhundertwende machten Teile der Frauenbewegung ihre konkreten Regelungsvorstellungen bezüglich möglicher Güterrechtssysteme publik. Dabei kamen bereits einige strukturell dem heutigen Verständnis der Zugewinngemeinschaft nahe[1488]. Um auf die Reichstagsdebatte einzuwirken, ließ der Berliner Verein Frauenwohl den Abgeordneten im Frühjahr 1896 *Bullings* Abhandlung „*Die deutsche Frau und das bürgerliche Gesetzbuch*“[1489] zukommen.[1490] Weitere bedeutende Gegenentwürfe waren dabei die bereits bearbeiteten Abhandlungen „*Die Frau im neuen bürgerlichen Gesetzbuch*“ von Marie *Raschke* und Sara *Proelß* sowie „*Das deutsche Recht und die deutschen Frauen*“ von Marie *Raschke*.

Der Gang des BGB durch den Reichstag war außerdem von diversen Aktionen und Maßnahmen der Frauenbewegung begleitet. So erarbeitete beispielsweise das Komitee Münchner Frauen zu Beginn des Jahres 1896 eine Resolution an den Reichstag, die mit über 25.000 Unterschriften zahlreiche Unterstützer und Unterstützerinnen fand.[1491] Auch auf der Generalversammlung des Bundes deutscher Frauenvereine in Kassel im Mai desselben Jahres rückte die Arbeit des Reichstags in den Fokus der anwesenden Frauen. Sie beschlossen, eine eigene Rechtskommission einzusetzen, welche sich den Vorschriften der Frauenfrage widmete. Darüber hinaus sollte die Öffentlichkeitsarbeit noch weiter intensiviert werden.[1492] Nachdem der Bund Deutscher Frauenvereine erfuhr, dass die Kommission des Reichstages bisher keine wesentlichen Änderungen des Eherechts vorgenommen hatte,

---

1487 *Meder/Duncker/Czelk*, Frauenrecht und Rechtsgeschichte, „Anträge-Pauli“, S. 263.
1488 *Lehmann*, Ehefrau, S. 116–122.
1489 Siehe unten, S. 323.
1490 *Meder/Duncker/Czelk*, Rechtsstellung der Frau, Kommentar, S. 997.
1491 *Stritt*, Rechtskämpfe, S. 142.
1492 *Stritt*, Rechtskämpfe, S. 144 f.

erarbeiteten sie als letzte Offensive 1896 erneut eine Petition. Die Petition samt Begleitschrift beinhaltete einen konkreten Gegenvorschlag zum ehelichen Güterrecht.[1493] Die Arbeiten daran begannen bereits im März des Vorjahres und waren auf einen Kraftakt der Vorsitzenden Auguste *Schmidt* und Henriette *Goldschmidt* zurückzuführen.[1494] Die Petition befand sich auf einer Linie mit den Gegenentwürfen *Raschkes* und *Proelßs* und prangerte die minderwertige Stellung der Frau an.[1495] Zudem erklärten die Beteiligten, dass die Verwaltungsgemeinschaft die Zerrüttung der Ehe heraufbeschwöre, da der Mann seine umfassenden Verwaltungsbefugnisse missbrauchen könne. Es sei vielmehr erstrebenswert, die Frau schon früh eigene Erfahrungen mit dem Umgang ihres Vermögens sammeln zu lassen, auf diese Weise könne sie es auch nach dem Ableben ihres Gemahls angemessen verwalten. Die Verfasserinnen teilten die Überzeugung ihrer Kolleginnen, dass allein die Gütertrennung zu einer gerechten Vermögens- und Befugnisverteilung zwischen den Ehegatten führe. Der gesetzliche Güterstand solle daher wie folgt formuliert werden: *„Bei Eingehung der Ehe behalten beide Ehegatten ihr Vermögen als Sondereigenthum, sofern nicht ein Ehevertrag ein anders bestimmt“*.[1496] Dieser Wortlaut war beinahe identisch mit den Ausarbeitungen *Raschkes* und *Proelßs*. Auffällig war außerdem, dass der Hausarbeit der Ehefrau ein Vermögenswert beigemessen wurde.[1497] Auf diese Weise sollten die rechtlichen Folgen der Gütertrennung für den Fall abgeschwächt werden, in dem eine mittellose Frau einen vermögenden Mann heiratete und sich im Laufe der Ehe nicht durch eine Arbeitstätigkeit eigenes Vermögen aufbaute, denn bei der Auflösung der Ehe stünde die Frau sonst weiterhin mittellos dar. Diese Petition ging jedoch, wie ihre Vorgänger, beinahe unbemerkt im Reichstag unter und konnte das Gesetzgebungsverfahren nicht mehr beeinflussen.

[1493] Bund Deutscher Frauenvereine: Petition und Begleitschrift betreffend das „Familienrecht“ in dem Entwurf des neuen bürgerlichen Gesetzbuchs für das Deutsche Reich, Leipzig, in: *Meder/Duncker/Czelk*, Rechtsstellung der Frau, S. 258–287.

[1494] *Meder/Duncker/Czelk*, Rechtsstellung der Frau, S. 258 f.

[1495] Bund Deutscher Frauenvereine, Petition, in: *Meder/Duncker/Czelk*, Rechtsstellung der Frau, S. 258–287, 266.

[1496] Bund Deutscher Frauenvereine, Petition, in: *Meder/Duncker/Czelk*, Rechtsstellung der Frau, S. 258–287, 267.

[1497] Bund Deutscher Frauenvereine, Petition, in: *Meder/Duncker/Czelk*, Rechtsstellung der Frau, S. 258–287, 268, als § 1326 II des Vorschlags.

In der Reichstagsdebatte um das Eherecht sorgte indes das Flugblatt „*Frauenlandsturm*" von Marie *Stritt* von 1896 für Wirbel.[1498] Mit den Worten „*Wie ein dunkler Schatten aus den dunkelsten Tages des Mittelalters ragt das Familienrecht des bürgerlichen Gesetzbuches in die Gegenwart hinein…*" leitete *Stritt* ihre Kritik am geplanten Eherecht ein und prangerte die minderwertige Stellung der Frau und die Ungerechtigkeiten des gewählten Güterrechts an.[1499] Das Flugblatt fand in den Debatten des Reichstags um das Güterrecht mehrfach Erwähnung und wurde sich beispielsweise von dem Abgeordneten Albert *Traeger* zu eigen gemacht, der sich um die Streichung des ehemännlichen Entscheidungsrechts bemühte.[1500] Andere Abgeordneten hingegen zerrissen die Schrift wütend.[1501] Einfluss auf die Fassung des BGB nahm das Flugblatt indes nicht.

Der letzte Vorstoß der bürgerlichen Frauenbewegung fand am 29. Juni 1896, dem Vorabend der dritten Lesung, statt. Im Berliner Konzerthaus schloss sich eine Protestversammlung zusammen. Als Rednerin machte unter großem Zuspruch *Stritt* ein letztes Mal auf die Missstände des geplanten Gesetzes aufmerksam.[1502] Jedoch blieb auch dieser Protest ohne Wirkung.

Es war deutlich zu erkennen, dass die verschiedenen Mitglieder der bürgerlichen Frauenbewegung ihre Hoffnungen auf eine vermögensrechtliche Unabhängigkeit der Frau auf die gleichen güterrechtlichen Grundlagen stützten. Ihre bedeutendsten Gegenvorschläge waren sowohl in ihrer Ausgestaltung als auch ihrer Begründung zum Großteil deckungsgleich. Gerechtigkeit zwischen den Geschlechtern sollte durch eine Gütertrennung erreicht werden. Die Bemühungen der Frauenbewegung waren jedoch vergeblich, insbesondere weil ihre Gegenvorschläge große Ähnlichkeiten zum römischen Dotalrecht aufwiesen, welches von der Mehrheit der am Gesetzgebungsverfahren beteiligten Rechtswissenschaftler früh aus ideologischen Gründen verworfen wurde. Darüber hinaus kamen die Anstrengungen zu einem Zeitpunkt, zu dem die Grundfragen des Güterrechts bereits entschieden waren und

---

[1498] *Stritt*, Frauenlandsturm, 1986, in: *Meder/Duncker/Czelk*, Rechtsstellung der Frau, S. 805–811.

[1499] *Stritt*, Frauenlandsturm, 1986, S. 805 f.

[1500] *Stritt*, Frauenlandsturm, 1986, S. 806.

[1501] *Riedel*, Gleiches Recht, S. 465 f.; *Cauer*, Unsere Volksvertretung, in: Die Frauenbewegung, 2. Jahrgang, Berlin 1896, Nr. 13, S. 125–126, 125.

[1502] *Stritt*, Rechtskämpfe, S. 145.

die Kommissionsmitglieder keine Grundsatzdiskussionen mehr zuließen. Damit hatte die bürgerliche Frauenbewegung ihr Zeitfenster einer möglichen Mitgestaltung des Eherechts wohl bereits in den 1880er-Jahren verpasst.

c. *Reichstagsdebatten: Die Behandlung der Frau und ihrer Arbeitskapazität*

Im Rahmen des Gesetzgebungsverfahrens stellte sich wiederholt die Frage, ob und in welchem Rahmen die Hoffnungen und Vorstellungen der Frauenbewegung durch die männlichen Gesetzgeber überhaupt Berücksichtigung fanden. Dem weiblichen Geschlecht war das Rechtsstudium lange Zeit vorenthalten – für rechtliche Expertisen waren sie auf verbündete Juristen angewiesen. Im Reichstag konnten sie sich nur durch Petitionen oder männliche Fürsprecher Gehör verschaffen. Neben den *Anträgen-Pauli*, die unter der Federführung *Kempins* entstanden, fand das Gedankengut der Frauenbewegung dennoch Eingang in die Debatten des Reichstags. Dessen Behandlung und Gewichtung soll im Folgenden für eine abschließende Bewertung der Berücksichtigung weiblicher Interessen untersucht werden.

In den Reichstagsdebatten wurden Änderungen des Familienrechts, welche mit den Zielen der Frauenbewegung übereinstimmten, von drei Gruppen initiiert. Dazu zählten die Sozialdemokraten unter dem Vorsitz August *Bebels*, der als bedeutendster sozialistischer Autor zur Frauenfrage galt und diese auch im Reichstag thematisierte.[1503] Daneben kämpfte auch der linksliberale Abgeordnete der Freisinnigen Volkspartei Albert *Traeger* für eine eheliche Gemeinschaft auf Grundlage der Gleichberechtigung.[1504] Schließlich waren auch die Beiträge Carl Friedrich v. *Stumm-Halbergs* maßgeblich, diese wurden jedoch bereits im Rahmen der *Anträge-Pauli* behandelt. Die umfassenden Materialien zum Familienrecht lassen erkennen, dass sich die Änderungsbestrebungen auf die männliche Eheherrschaft, insbesondere dessen Entscheidungsrecht, und das eheliche Güterrecht konzentrierten.

Die Reichstagsdebatten über die männliche Eheherrschaft und Stellung der Ehefrau spitzten sich am 25. Juni 1896 zu, der von der Frauenaktivistin Minna

---

1503 *Meder/Duncker/Czelk*, Die Rechtsstellung der Frau, S. 997.

1504 *Traeger*, Zweite Berathung im Plenum des Reichstages, 114. Sitzung am 25.06.1896, zu § 1337, in: *Meder/Duncker/Czelk*, Die Rechtsstellung der Frau, S. 1000–1006.

Cauer als *„Frauentag"* bezeichnet wurde.[1505] Zu diesem Zeitpunkt waren die Aktionsmaßnahmen der Frauenbewegung rund um das Gesetzgebungsverfahren in vollem Gang und Marie *Stritts* Broschüre *„Frauen-Landsturm"* lag den Abgeordneten vor. Diese reagierten auf die kritische und emotionale Schrift sehr unterschiedlich. Während einige sich interessiert zeigten, wurde sie anderenorts wütend zerrissen.[1506] In dieser aufgeheizten Stimmung initiierte ein Antrag der Sozialdemokraten eine umfassende und grundlegende Debatte um die übergeordnete Stellung des Ehemannes und deren Streichung aus dem geplanten Gesetzbuch. Der Sozialdemokrat Ignatz *Auer* beantragte:

> „§ 1337 [§ 1354 BGB v. 1896] zu fassen wie folgt: In allen das gemeinschaftliche eheliche Leben betreffenden Angelegenheiten sind beide Ehegatten gleichberechtigt. Bei Meinungsverschiedenheiten über den ehelichen Aufwand entscheidet derjenige Theil, aus dessen Vermögen die Ehelasten zum größten Theil bestritten werden. Jedoch darf die Entscheidung den anderen Gatten in seiner Erwerbsthätigkeit nicht schädigen. […]
>
> §§ 1338, 1340, 1341 [1356–1358 BGB v. 1896]: Haushaltsführung, Schlüsselgewalt, Kündigungsrecht des Mannes u.a. bei Arbeitsverträgen der Frau zu streichen […]."[1507]

Dieser Antrag war in Zielsetzung und Wortlaut dem Gegenentwurf *„Das deutsche Recht und die deutschen Frauen"* von *Raschke* aus dem Jahr 1895 sehr ähnlich. Die Einarbeitung der Erwerbstätigkeit in das eheliche Entscheidungsrecht und die Streichung des Kündigungsrechts verdeutlichte die herausragende Bedeutung der Arbeitskraft der Frau und deren Anerkennung durch die Sympathisanten der Frauenbewegung. In der anschließenden Reichstagsdebatte sprach sich der linksliberale Abgeordnete der Freisinnigen Volkspartei *Traeger* für die Streichung des Entscheidungsrechts aus, da er darin den Ursprung aller weiteren Beschränkungen der Ehefrau sah und ein derart „sentimentaler" Rechtssatz keinen Platz im BGB habe.[1508] Die Frauenbewegung könne bei der Ordnung der

---

1505 Minna *Cauer*, eine *„radikale"* Aktivistin in den Reihen der bürgerlichen Frauenbewegung verfolgte die Reichstagsdebatten vor Ort aufmerksam, vgl. *Cauer*, Volksvertretung, in: Die Frauenbewegung, 2. Jahrgang, Berlin 1896, Nr. 13, S. 125–126, 125.

1506 *Cauer*, Unsere Volksvertretung, in: Die Frauenbewegung, 2. Jahrgang, Berlin 1896, Nr. 13, S. 125–126, 125.

1507 *Meder/Duncker/Czelk*, Die Rechtsstellung der Frau, Kommentar, S. 997.

1508 *Traeger*, Zweite Berathung im Plenum des Reichstages, 114. Sitzung am Donnerstag, den 25. Juni 1896, in: *Meder/Duncker/Czelk*, Die Rechtsstellung der Frau, S. 1000.

Verhältnisse der Ehegatten, der sich trotz einigen Widerstandes auch eine große Zahl von Männern angeschlossen habe, nicht länger ignoriert werden.[1509] Auch wenn die Reichstagskommission bisher in einigen Punkten dem Verlangen der Frauen nachgekommen wäre, sei deutlich geworden, dass sie keineswegs Interesse daran habe, die weiteren Ziele und Wünsche zu verwirklichen. *Traeger* führte weiter aus, dass die Frauenbewegung daher mit den Kommissionsberatungen sehr unzufrieden gewesen sei. Ihre „*Uebertreibung*" in der Öffentlichkeitsarbeit müsse „*den von heiligem Eifer für ihre Sache durchglühten und in leidenschaftlicher Erregung befindlichen Damen*" nachgesehen werden und man dürfe sich dadurch nicht „*in dem wohlwollenden Entgegenkommen gegenüber dieser Bewegung beirren lassen*".[1510] Er erklärte weiter, dass die eheliche Vormundschaft im BGB weiterhin zu spüren sei.[1511] Diese Geschlechtsvormundschaft, im deutschen Recht „*ein eisernes Inventar*", habe sich aus der Rechtlosigkeit einer schwachen und hilflosen Frau entwickelt, die dem Mann unterlegen gewesen sei und der der Mann durch die Vormundschaft zu Hilfe gekommen sei.[1512] Ein Gesetz müsse jedoch auch zukünftigen Entwicklungen gerecht werden. Die Frau sei seitdem eine andere geworden und solche Vorsichtsmaßnahmen daher überflüssig. Dies habe der Reichstag auch verstanden, indem er die Frau grundsätzlich als Rechtssubjekt anerkenne.[1513] Wenn man jedoch die Frau als derart geschäftskundig verstehe, „*wozu denn überhaupt noch die übrigen Beschränkungen der Frau!*"[1514] Inzwischen fände man Frauen in allen Gebieten, und nicht selten sei es die Frau, die mit ihrem Vermögen, ihrem Erwerb und ihrer Tätigkeit die Lasten der Ehe bestreite.[1515] Wie solle man eine so moderne Frau unter die Gewalt ihres Ehemannes stellen?[1516] Daher gab *Traeger* den Frauen bei ihrer Forderung nach Gerechtigkeit,

---

1509 *Traeger*, ebenda.

1510 *Traeger*, Zweite Berathung im Plenum des Reichstages, 114. Sitzung am Donnerstag, den 25. Juni 1896, in: *Meder/Duncker/Czelk*, Die Rechtsstellung der Frau, S. 1001.

1511 *Traeger*, ebenda.

1512 *Traeger*, Zweite Berathung im Plenum des Reichstages, 114. Sitzung am Donnerstag, den 25. Juni 1896, in: *Meder/Duncker/Czelk*, Die Rechtsstellung der Frau, S. 1001.

1513 *Traeger*, Zweite Berathung im Plenum des Reichstages, 114. Sitzung am Donnerstag, den 25. Juni 1896, in: *Meder/Duncker/Czelk*, Die Rechtsstellung der Frau, S. 1002 f.

1514 *Traeger*, Zweite Berathung im Plenum des Reichstages, 114. Sitzung am Donnerstag, den 25. Juni 1896, in: *Meder/Duncker/Czelk*, Die Rechtsstellung der Frau, S. 1003.

1515 *Traeger*, ebenda.

1516 *Traeger*, Zweite Berathung im Plenum des Reichstages, 114. Sitzung am Donnerstag, den 25. Juni 1896, in: *Meder/Duncker/Czelk*, Die Rechtsstellung der Frau, S. 1003.

und nicht in Galanterie geflochtenen Ketten, vollkommen Recht.[1517] Diese Erkenntnis müsse sich auch auf das eheliche Güterrecht durchschlagen, indem man die Gleichberechtigung der Frau herstelle.[1518] Die Frauenbewegung könne nicht mehr zurückgedrängt werden und die moderne Frau könne nicht mehr mit historischen Bestimmungen gebunden werden.[1519]

Bebel war in der Diskussion um das eheliche Entscheidungsrecht zurückhaltender als *Traeger.*[1520] Da die *„Jurisprudenz ihrer Natur nach eine rückschauende Wissenschaft“* sei, könne das BGB keineswegs auch zukünftige Entwicklungen abdecken.[1521] Im Übrigen stimmte er jedoch mit *Traeger* überein.[1522] *Bebel* äußerte sein Bedauern dahingehend, dass es den Frauen verwehrt sei, als Teil des Reichstages mit über die sie betreffenden Fragen des Eherechts zu entscheiden, da er davon überzeugt sei, dass diese sämtliche Anträge der Sozialdemokraten unterstützen würden.[1523] Er war der Meinung, dass die Gleichberechtigung der Eheleute einen Niederschlag im Gesetz finden müsse und daher das Entscheidungsrecht in ehelichen Angelegenheiten, entsprechend *Auers* Antrag, beiden Ehegatten obliegen müsse. Bei der Frage der Gleichberechtigung ginge es nicht bloß um die Selbstständigkeit der Frau und deren *„Erhaltung als Lebewesen“*, sondern auch um ihre Rolle als Ehefrau und Mutter, in welcher sie die eheliche Gemeinschaft in gleiche Maße erhalte und unterstütze wie der Ehemann.[1524] *Bebel* wies darauf hin, dass viele Hunderttausende Frauen nicht selten durch ihre Erwerbstätigkeit den Hauptteil dieser Lasten trügen. Diesen neuen Verhältnissen müsse das Gesetz gerecht werden.[1525]

1517 *Traeger*, ebenda.

1518 *Traeger*, Zweite Berathung im Plenum des Reichstages, 114. Sitzung am Donnerstag, den 25. Juni 1896, in: *Meder/Duncker/Czelk*, Die Rechtsstellung der Frau, S. 1004.

1519 *Traeger*, ebenda.

1520 *Bebel*, Zweite Berathung im Plenum des Reichstages, 114. Sitzung am Donnerstag, den 25. Juni 1896, in: *Meder/Duncker/Czelk*, Die Rechtsstellung der Frau, S. 1006.

1521 *Bebel*, ebenda.

1522 *Bebel*, Zweite Berathung im Plenum des Reichstages, 114. Sitzung am Donnerstag, den 25. Juni 1896, in: *Meder/Duncker/Czelk*, Die Rechtsstellung der Frau, S. 1006.

1523 *Bebel*, Zweite Berathung im Plenum des Reichstages, 114. Sitzung am Donnerstag, den 25. Juni 1896, in: *Meder/Duncker/Czelk*, Die Rechtsstellung der Frau, S. 1007.

1524 *Bebel*, Zweite Berathung im Plenum des Reichstages, 114. Sitzung am Donnerstag, den 25. Juni 1896, in: *Meder/Duncker/Czelk*, Die Rechtsstellung der Frau, S. 1008.

1525 *Bebel*, ebenda.

Planck hingegen verteidigte das von ihm entworfene Entscheidungsrecht und Güterrecht der Verwaltung und Nutznießung. Er wies darauf hin, dass die Frau bereits eine erhebliche Besserstellung gegenüber älteren Rechtsordnungen erfahren habe. Immerhin sei ihre Geschäftsfähigkeit auf ganzer Linie mit der des Ehemannes gleichgestellt.[1526] Er sympathisiere zwar mit den Bestrebungen, der Frau zu noch mehr Rechten zu verhelfen, war jedoch der Überzeugung, dass „*in dieser Richtung alles getan [sei], was mit der gerechten Rücksicht auf andere Interessen vereinbar*" sei.[1527] Außerdem käme es den Frauen zugute, dass das ehemännliche Herrschaftsrecht kaum klageweise durchsetzbar sei.[1528] Das Entscheidungsrecht sei erforderlich, um Meinungsverschiedenheiten zu lösen. In diesen Fällen der Stimme des Mannes den Ausschlag zu geben, sei „*ein Gedanke, der der deutschen Auffassung und [...] auch der christlichen Auffassung*" entspreche.[1529] Darüber hinaus erfahre die Frau keine Benachteiligung, da das Entscheidungsrecht nur „*gleichgültige Angelegenheiten*" umfasse, die mit dem Wesen der Ehe in keinerlei Widerspruch stünden. Anderenfalls könne die Frau einen Missbrauch geltend machen.[1530] Diese Ausführungen *Plancks*, die nicht auf die vorangehend so oft erwähnte neue wirtschaftliche Rolle der Frau eingingen, wurden mit lebhaftem Beifalle quittiert.[1531] Der Antrag der Sozialdemokraten scheiterte.

Die Bemühungen der Frauenbewegung und ihrer Vertreter im Reichstag wurden darüber hinaus in einigen Debatten aufgegriffen. So wurde beispielsweise die Broschüre „*Frauen-Landsturm*" von *Stritt*[1532] mehrfach angesprochen.[1533] Zudem befassten sich diverse Debatten mit der Stellung der Frau und den inhaltlichen Zielen und Vorgehensweisen der Frauenbewegung. Im

---

[1526] *Planck*, Zweite Berathung im Plenum des Reichstages, 114. Sitzung am Donnerstag, den 25. Juni 1896, in: *Meder/Duncker/Czelk*, Die Rechtsstellung der Frau, S. 1011 f.
[1527] *Planck*, ebenda.
[1528] *Planck*, Zweite Berathung im Plenum des Reichstages, 114. Sitzung am Donnerstag, den 25. Juni 1896, in: *Meder/Duncker/Czelk*, Die Rechtsstellung der Frau, S. 1012.
[1529] *Planck*, Zweite Berathung im Plenum des Reichstages, 114. Sitzung am Donnerstag, den 25. Juni 1896, in: *Meder/Duncker/Czelk*, Die Rechtsstellung der Frau, S. 1012 f.
[1530] *Planck*, Zweite Berathung im Plenum des Reichstages, 114. Sitzung am Donnerstag, den 25. Juni 1896, in: *Meder/Duncker/Czelk*, Die Rechtsstellung der Frau, S. 1013 f.
[1531] *Planck*, Zweite Berathung im Plenum des Reichstages, 114. Sitzung am Donnerstag, den 25. Juni 1896, in: *Meder/Duncker/Czelk*, Die Rechtsstellung der Frau, S. 1014.
[1532] Siehe unten, S. 350.
[1533] *Meder/Duncker/Czelk, Die Rechtsstellung der Frau*, Kommentar, S. 997.

Ergebnis blieben jedoch die Bemühungen um eine bessere Stellung der Frau in den wesentlichen Punkten erfolglos, da keine parlamentarische Mehrheit für diese Anliegen gefunden werden konnte. Schließlich fällt auf, dass auch bei Sympathisanten der Frauenbewegung, wie *Traeger*, sich ein herablassender Tonfall in die gut gemeinten Äußerungen zur Frauenbewegung schlich. Die Unzufriedenheit und Empörung über die Regelungen zur Stellung der Frau wurden als emotionale Überreaktion der Frauenbewegung abgetan, während das vermeintlich stets logische und juristische Vorgehen der Gesetzgeber als überlegen hervorgehoben wurde. Zugeständnisse wurden als *„wohlwollendes Entgegenkommen“* verstanden.

d. Der Abschluss des Gesetzgebungsverfahrens

Die Diskussionen um das Güterrecht schafften es mit wenigen Ausnahmen nicht, grundlegende Verbesserungen der Stellung der Frau herbeizuführen. Die XII. Kommission präsentierte dem Reichstag am 12. Juni 1896 das Ergebnis ihrer Arbeiten. Im Rahmen der zweiten Lesung am 25. Juni 1896 schlossen sich allein die Sozialdemokraten dem Änderungsantrag der Reichspartei hin zu einer Gütertrennung an. Gleiches galt für einen Antrag auf Abschaffung des Entscheidungsrechts des Ehemannes in ehelichen Angelegenheiten, der neben den Sozialdemokraten und der Reichspartei bloß von der Freisinnigen Volkspartei und der Freisinnigen Vereinigung unterstützt und daher mit eindeutiger Mehrheit verworfen wurde.[1534] In der dritten und letzten Lesung am 30. Juni und 01. Juli 1896 fand keine erneute Diskussion über das Güterrecht statt. Der Reichstag stimmte dem Gesetz schließlich am 14. Juli 1896 ohne Korrekturen zu. Das BGB wurde nach seiner Ausfertigung am 24. August 1896 durch Kaiser Wilhelm II. veröffentlicht und trat am ersten Tag des neuen Jahrhunderts, dem 01. Januar 1900, in Kraft.[1535]

10. Fazit und Zusammenfassung

Das BGB durchlief die letzten Beratungen des Reichstags nach einem zwanzigjährigen Arbeitsprozess im Eiltempo. Neben politischem Druck war dies insbesondere auf den fehlenden Einsatz fortschrittlicher Parteien zur Umgestaltung des Güterrechts zurückführen und es gelang auch dem konservativen

---

1534 Stenografische Berichte, 2. und 3. Beratung, S. 553.

1535 *Riedel*, Gleiches Recht, S. 512.

Stumm-Halberg nicht, außerhalb der Reichspartei konservative Abgeordnete von einer frauenfreundlichen Anpassung des Eherechts zu überzeugen. Während sich einige mit der Option einer vertraglichen Gütertrennung begnügten, zeigten sich die Konservativen mit der weiterhin bestehenden Vorrangstellung des Ehemannes zufrieden. Damit war der Kampf der Sozialdemokraten und der Reichspartei um eine Gleichberechtigung der Geschlechter zum Scheitern verurteilt. Entsprechend fand sich die Basis des *Planck'schen* Entwurfs zum Großteil auch im BGB wieder. Bei der Rechtsgestaltung fällt auf, dass trotz der Anerkennung des sozioökonomischen Wandels die tatsächlichen Umstände der Zeit kaum Berücksichtigung fanden und stattdessen der Fokus auf der historischen Rechtsschule lag. Obwohl aufgrund der neuen wirtschaftlichen Bedeutung der Frau eine Rechtsanpassung für erforderlich erachtet wurde und darüber hinaus die Geschlechtsvormundschaft oftmals als nicht mehr zeitgemäß abgelehnt wurde, konnte man sich nicht von umfassenden Herrschaftsbefugnissen und Vorrechten des Ehemannes lösen. Formal erhielt die Ehefrau eine vollumfassende Geschäftsfähigkeit, dennoch waren sich viele Rechtswissenschaftler uneinig, inwieweit die eheliche Vormundschaft in den neuen Regelungen des BGB, insbesondere in der Verwaltungsgemeinschaft, überdauerte. Trotz der vermeintlich vielschichtigen Argumente der Gesetzgeber drehte sich die Ausgestaltung der Verwaltungsgemeinschaft im Wesentlichen um die Rolle der Frau unter gleichzeitiger Verteidigung der Stellung des Ehemannes als Oberhaupt der Familie. Die allgemeine Bedeutung dieser Frage führte zu mitunter heftigen Auseinandersetzungen im Rahmen der Gesetzgebungsarbeiten und offenbarte weit auseinanderliegende Standpunkte, die auch von der germanistischen und romanistischen Spaltung der Rechtswissenschaftler beeinflusst wurden. Die Ideen der Frauenbewegung auf Unabhängigkeit durch die Gütertrennung wurden insbesondere abgelehnt, da diese eine zu große Ähnlichkeit zu dem römischen Dotalrecht aufweise, welches als undeutsch abgetan wurde. Bei der Bewertung der weiblichen Interessen durch die Gesetzgeber wird deutlich, dass diese oftmals als emotional und radikal verurteilt wurden, während die männlichen Bedürfnisse als rational diskutiert und zur Basis des ehelichen Zusammenlebens erhoben wurden. An dem Beispiel der *Anträge-Pauli* durch *Kempin* ist zu erkennen, dass weibliche Positionen nur Geltung erhielten, wenn diese ruhig und kompromissbereit auftraten und sich den männlichen Machthabern gefällig zeigten. Auf dieser Grundlage taten sich im Wesentlichen zwei Gruppen hervor, die den Entwurf des BGB modifizieren wollten. Ein Lager, darunter viele Germanisten, bemühte sich um die Bewahrung des Status quo, indem den Rechten der Frau zwar vereinzelte Zugeständnisse eingeräumt wurden, an dem gesellschaftlich patriarchalischen Geschlechtermodell jedoch festgehalten wurde. Dies mündete insbesondere in dem Verlangen der Bewahrung des Mundiums oder zumindest der Normierung juristischer Instrumente vergleichbarer Rechtswirkung. In der Minderheit stand dem die Gruppe derjenigen gegenüber, die darum kämpften, eine Besserstellung der Ehefrau durch die Schaffung einer vermögensrechtlichen Selbstständigkeit und finanziellen Absicherung gegenüber dem Mann zu erreichen. Bei der Suche des idealen Güterstandes wurden zum Groß'teil die Methoden der historischen Rechtsschule herangezogen. Gerade ihre Anhänger bestärkten *Planck* in der materiell konservativen Ausgestaltung des Güterrechts und Aufrechterhaltung der ehemännlichen Herrschaftsstellung.[1536] Der mit dem Entwurf des Familienrechts beauftragte Redaktor *Planck* verstand sich als zwischen diesen Gruppen stehend, auch wenn er materiell den Verfechtern des Status quo zugerechnet werden kann. Dennoch zeigte sich dieser Zwiespalt des Redaktors in der Kompromisslösung der gesetzlichen Verwaltungsgemeinschaft, die entgegengesetzten Einflüssen entsprang, indem er die formale Gleichberechtigung der Frau unter paralleler Sicherung der männlichen Oberhauptsstellung zu regeln versuchte.

Die gesetzliche Verwaltungsgemeinschaft zog aufgrund der untergeordneten Stellung der Frau und der Befugnisverteilung am ehelichen Vermögen das anhaltende Missfallen der Frauenbewegung auf sich.[1537] Die Einflussnahme der Frauenbewegung auf das Gesetzgebungsverfahren war jedoch gering. Dies war auch darauf zurückzuführen, dass diese sich erst in den 1890er Jahren mit konkreten Gegenentwürfen und Petitionen hervortat, während sich bereits 1875 inoffiziell der gesetzliche Güterstand der Verwaltungsgemeinschaft durchsetzte. Aufgrund dieser Unzufriedenheit wurde schon früh nach der Verabschiedung des BGB vereinzelt ein

---

1536 Vgl.: *Kroj*, Abhängigkeit, S. 258: Die Interessen der Frauen fänden bei der Rechtsfindung kaum Beachtung, da das Augenmerk des Gesetzgebers auf die Vergangenheit gerichtet sei.

1537 *Weber*, Ehefrau und Mutter, S. 458 ff; *Stritt*, Rechtskämpfe, S. 145 ff; *Bulling*, Die deutsche Frau, S. 111 ff.

gesetzlicher Güterstand der Zugewinngemeinschaft verlangt.[1538] Die bürgerliche Frauenbewegung setzte sich weiterhin für die Gütertrennung ein.[1539]

III. Das Familienrecht des Bürgerlichen Gesetzbuchs vom 01. Januar 1900

Um die weibliche Arbeitskraft als Instrument der persönlichen Absicherung und Unabhängigkeit beurteilen zu können, muss neben dem Güterrecht auch ein Blick auf die allgemeinen Ehewirkungen und das neu geschaffene Kündigungsrecht des Ehemannes geworfen werden. Grundsätzlich beabsichtigte der Gesetzgeber, dass die Heirat die Geschäfts- und Prozessfähigkeit einer volljährigen Frau nicht beeinträchtigte. Der Ehemann war auch in Notsituationen nicht mehr dazu befugt, bei Rechtsgeschäften und Streitigkeiten als Vertreter der Frau aufzutreten. Ausnahmen davon fanden sich jedoch im Güterrecht, das in bedeutenden Fällen durch ein vermögensrechtliches Verwaltungsrecht des Ehemannes eine Beschneidung dieser Rechte vorsah.

1. Die allgemeinen Ehewirkungen

Das BGB legte zu Beginn des Familienrechts in dem Abschnitt über die „*Wirkungen der Ehe im Allgemeinen*“ diverse Rechte und Pflichten der Ehegatten nieder. Die Eheleute waren sich wechselseitig zur ehelichen Gemeinschaft verpflichtet. Dieser Verpflichtung musste im Missbrauchsfall jedoch keine Folge geleistet werden. Gleiches galt, wenn die Voraussetzungen der Scheidung vorlagen.[1540]

Zentral für das Verhältnis der Eheleute zueinander war das ehemännliche Bestimmungsrecht, welches in § 1354 I BGB verankert war.[1541] Damit wurde das Entscheidungsrecht des Ehemannes aus dem gemeinen Recht und einem Großteil der Partikulargesetze übernommen[1542] und knapp mit

---

[1538] *Berent*, Die Zugewinnstgemeinschaft, S. 17 ff.

[1539] *Stritt*, Rechtskämpfe, S. 148.

[1540] § 1353 BGB

[1541] § 1354 BGB: *Dem Manne steht die Entscheidung in allen das gemeinschaftliche eheliche Leben betreffende Angelegenheiten zu; er bestimmt insbesondere Wohnung und Wohnort. Die Frau ist nicht verpflichtet, der Entscheidung des Mannes Folge zu leisten, wenn sich die Entscheidung als Missbrauch seines Rechts darstellt.*

[1542] Vgl. *Staudinger/Engelmann*, Band IV, Familienrecht, § 1354 Anmerkung 1; *Mugdan*, Materialien IV, S. 59, 1197.

der *„natürliche(n) Ordnung der Verhältnisse“* begründet.[1543] Eine im Rahmen der ersten Lesung des Reichstags beantragte Entfernung der Regelung, da die intime Beziehung der Ehegatten durch diese starre Maxime keine angemessene Regelung erfahren könne und die Frau mit der Heirat nicht in ein Hörigkeitsverhältnis eintreten solle, wurde abgelehnt. Die Gesetzgeber hielten mit den altbekannten Argumenten, dass nur der Ehemann als Oberhaupt die Familie angemessen organisieren und zusammenhalten könne, an der Notwendigkeit des ehemännlichen Bestimmungsrechts fest.[1544] Auch in der zweiten Lesung am 25. Juni 1896 regte sich Widerstand gegen das Entscheidungsrecht in den Reihen der Sozialdemokraten und Linksliberalen.[1545] Neben einer Streichung wurden grundlegende Änderungen des Gesetzestextes, bis hin zu einem gleichberechtigten Bestimmungsrecht der Ehegatten, verlangt. Darüber hinaus wurde bemängelt, dass ein entsprechender Rechtssatz als Ausdruck von Sitte und Moral nicht in das BGB gehöre. Allerdings waren auch diese Änderungsbestrebungen erfolglos.[1546]

Eine weitere Vorschrift, die das persönliche Verhältnis der Ehegatten zueinander regelte, war § 1356 BGB. Die Ehefrau war berechtigt und verpflichtet, vorbehaltlich des Bestimmungsrechts des Ehemannes, das gemeinsame Hauswesen zu leiten. Zudem war sie sowohl zu Arbeiten im Hauswesen als auch im Geschäft des Ehemannes verpflichtet, soweit solche Tätigkeiten den Verhältnissen der Ehegatten entsprachen. Als Haushaltsvorsteherin umfasste dies insbesondere Tätigkeiten wie die Vorbereitung von Mahlzeiten, das Waschen der Wäsche und die Reinigung des gemeinsamen Heims.[1547] Durch die Korrelation mit dem Bestimmungsrecht des Ehemannes kam der Ehefrau grundsätzlich bloß eine *„beschränkt leitende Stellung“*[1548] zu. Jedoch wurde in der Literatur teilweise die Ansicht vertreten, dass der Ehemann, der sich Entscheidungen im Wirkungskreis der Ehefrau herausnahm, bei *„verständiger*

1543 *Mugdan*, Materialien IV, Anmerkung 3, S. 59, 1197.

1544 Kommissionsbericht bei: *Mugdan*, Materialien IV, Anmerkung 3, S. 1213.

1545 *Mugdan*, Materialien IV, S. 1304 ff.: Abgeordneter Albert *Traeger*, bürgerlich-linksliberal, Deutsche Fortschrittspartei; Abgeordneter Heinrich *Rickert*, linksliberal, Freisinnige Vereinigung; Abgeordneter August *Bebel*, Sozialdemokrat; Sigismund von *Dziembowskie-Pomian*, polnische Fraktion.

1546 *Mugdan*, Materialien IV, S. 1312 ff.

1547 Beispielhaft: *Enneccerus/Wolff*, Lehrbuch, § 31 V.

1548 *Enneccerus/Wolff*, ebenda.

Rechtshandhabung" die Voraussetzungen eines Missbrauchstatbestandes erfülle und daher die leitende Stellung der Ehefrau im Rahmen des Haushaltes kaum vom Bestimmungsrecht des Ehemannes beeinträchtigt werden könne.[1549] Insofern wirkte sich die Ausweitung der Haushaltsführungspflicht auf eine Berechtigung zur Haushaltsführung durch *Planck* positiv auf die Befugnisse der Ehefrau aus.

Bei der Erfüllung der Verpflichtung zu Arbeiten im Hauswesen und Geschäft des Ehemannes wurde der Ehefrau kein Gegenwert angerechnet. Der Arbeitskraft der Ehefrau wurde dennoch ein finanzieller Wert beigemessen, da dem Ehemann bei Verletzungen der Ehefrau durch Dritte ein persönlicher Ersatzanspruch gemäß § 845 BGB zustand.[1550] Obwohl ein entsprechender Ersatzanspruch nicht überraschend erscheint, unterstreicht er doch das traditionelle Eheverständnis, wonach der finanzielle Wert der Arbeitskraft der Ehefrau direkt dem Ehemann zugerechnet wurde. Was die Verpflichtung zur Mithilfe nach den „*Verhältnissen der Ehegatten*" betraf – eine frühere Fassung der Norm stellte noch auf den „*Stand des Ehemannes ab*"[1551] – so konnte der Ehemann auf die Tätigkeit seiner Frau Einfluss nehmen, zumal er im Zusammenspiel mit § 1354 I BGB über alle das gemeinschaftliche eheliche Leben betreffenden Angelegenheiten entschied, was insbesondere auch die Lebensumstände betraf. Eine Begrenzung erfuhren die Einwirkungsbefugnisse des Ehemannes nur in den Schranken des Missbrauchsgedankens des ehemännlichen Bestimmungsrechts, wenn beispielsweise der wohlhabende Ehemann „*aus Geiz oder um die Ehefrau zu erziehen*" die Einstellung eines Dienstmädchens ablehnte.[1552]

Ergänzend zu § 1356 BGB wurde in § 1357 BGB die eheliche Schlüsselgewalt geregelt. Diese war als gesetzliche Vertretungsmacht ausgestaltet. Von der Ehefrau vorgenommene Rechtsgeschäfte innerhalb des häuslichen Wirkungskreises galten als im Namen des Mannes vorgenommen. Der

---

1549 *Enneccerus/Wolff*, Lehrbuch, § 31 V.

1550 § 845 BGB: *Im Falle der Tödtung, der Verletzung des Körpers oder der Gesundheit sowie im Falle der Freiheitsentziehung hat der Ersatzpflichtige, wenn der Verletzte kraft Gesetzes einem Dritten zur Leistung von Diensten in dessen Hauswesen oder Gewerbe verpflichtet war, dem Dritten für die entgehenden Dienste durch Entrichtung einer Geldrente Ersatz zu leisten. Die Vorschriften des § 843 Abs. 2 bis 4 finden entsprechende Anwendung.*

1551 § 1275 II *Entwurf 1* BGB.

1552 *Enneccerus/Wolff*, Lehrbuch, Anmerkung 14, § 43 II.

Ehemann konnte dieses Recht der Frau beschränken oder ausschließen, sofern sich die Einschränkung nicht als Rechtsmissbrauch darstellte. Dritten gegenüber war eine Beschränkung nur wirksam, wenn die Rechtsänderung im Güterrechtsregister des zuständigen Amtsgerichts eingetragen oder dem Dritten bekannt war.[1553] Der *„häusliche Wirkungskreis"* war weiter zu verstehen als jener der Ehefrau als Leiterin des Hauswesens nach § 1356 BGB. Das Reichsgericht definierte ihn als alle *„den ehelichen Aufwand betreffenden Besorgungen, deren besondere Beschaffenheit nach der bestehenden Sitte auf eine Erledigung durch die Frau hinweist"*.[1554] Darunter fielen neben Besorgungen, wie dem Kauf von Kleidung für die Ehefrau selbst, auch Verpflichtungen die Erziehung der Kinder betreffend.[1555] Diese *„Verpflichtungsmacht"*[1556] der Ehefrau bildete ein starkes Gegengewicht zum Bestimmungsrecht des Ehemannes. Aus diesem Grund sah die eheliche Schlüsselgewalt die Beschränkung der Vertretungsbefugnisse der Ehefrau durch den Mann vor. Die Prüfung eines möglichen Missbrauchs durch den Ehemann oblag dem Vormundschaftsgericht und wurde wiederholt bejaht. Die Gerichte maßen dabei dem Umstand besondere Bedeutung zu, dass eine Bekanntmachung der Befugnisbeschränkung im öffentlichen Register sowohl das Ansehen als auch die Kreditfähigkeit der Ehefrau wesentlich störte. Eine rechtmäßige Beschränkung erfordere eine *„unwirtschaftliche Führung des Haushalts"* seitens der Ehefrau.[1557] Eine gerichtliche Kontrolle war nur eingeschränkt möglich, da eine Einschränkung durch den Ehemann selbstbestimmt erfolgen konnte und bis zur gerichtlichen Klärung des Missbrauchs bestehen blieb. Er konnte darüber hinaus zukünftig weitere Beschränkungen veranlassen.[1558]

Die allgemeinen Ehewirkungen zeichneten grundsätzlich das altbekannte Bild einer patriarchalischen Familie nach und konnten sich nur oberflächlich von der Vormachtstellung des Ehemannes lösen. So gewann

---

1553 Vgl. Verweis auf § 1435 BGB

1554 RGZ 61 (1906), 78, 80; Zustimmend: *Enneccerus/Wolff*, Lehrbuch, Anmerkung 14, § 43 II.

1555 *Enneccerus/Wolff*, Lehrbuch, Anmerkung 14, § 43 II.; *Erler*, Reichsgerichtsräte-Kommentar, § 1357 Fn. 3.

1556 Vgl. *Medicus*, Niedergang des ehemännlichen Bestimmungsrechts, in: Richard Helmholz/ Paul Mikat/ Jörg Müller (Hg.), Grundlagen des Rechts, Festschrift für Peter Landau zum 65. Geburtstag, Paderborn 2000, S. 1103–1117, 1106.

1557 Vgl.: OLGE 30, 37 (BayOLG); 39 (KG).

1558 *Enneccerus/Wolff*, Lehrbuch, Anmerkung 14, § 43 IV.

die Ehefrau zwar das Recht zur Haushaltsführung, dieses stand jedoch nicht nur hinter dem Bestimmungsrecht des Ehemannes zurück, sondern wurde auch von der weiterreichenden und altbekannten Regelung zur Schlüsselgewalt überlagert.

2. Die Geschäftsfähigkeit der Ehefrau

Wie von *Planck* bereits in seinem ersten Gesetzesentwurf vorgesehen, setzte sich die Geschäftsfähigkeit der Frau im BGB durch. Einschränkungen sollten auch nicht mehr durch die Eingehung der Ehe eintreten. Dies schien nur konsequent, nachdem bereits das Handelsgesetzbuch und die Gewerbeordnung die Geschäftsfähigkeit der Ehefrau anerkannten. Auch die Zivilprozessordnung ging von einer unbeschränkten Prozessfähigkeit der Frau aus. Aufgrund der Verflechtung von Prozess- und Geschäftsfähigkeit wäre eine anderslautende Regelung auch kaum zu rechtfertigen gewesen.

Die generelle Geschäftsfähigkeit der Frau wurde jedoch von einzelnen Regelungen zur Sicherung der ehemännlichen Autorität durchbrochen und ausgehebelt. Neben dem Kündigungsrecht des Ehemannes gemäß § 1358 BGB waren es insbesondere die Nießbrauchs- und Verwaltungsrechte des Ehemannes im Rahmen der gesetzlichen Verwaltungsgemeinschaft, welche die Geschäftsfähigkeit der Frau beinahe vollkommen aushöhlten.[1559] Dieser Umstand soll in den folgenden Teilen der Arbeit eingehend beleuchtet werden.

3. Das Kündigungsrecht und sein Missbrauch

Ein Einwilligungserfordernis des Ehemannes zum Abschluss von Verträgen und insbesondere der Eingehung von Dienstverhältnissen der Ehefrau kannte das BGB nicht mehr. Jedoch gewährte § 1358 BGB dem Ehemann ein Kündigungsrecht, welches gegenüber dem Arbeitgeber der Ehefrau[1560] und ohne Einhaltung der Kündigungsfrist geltend gemacht werden konnte. In diesem Hauptanwendungsfall musste der Ehemann vor dem zuständigen Vormundschaftsgericht darlegen, dass die Tätigkeit der Frau die ehelichen

---

1559 HKK/*Mayenburg*, Eheliche Güterrecht III, S. 786 ff.

1560 Vgl. *Schliephacke*, Das Kündigungsrecht des Ehemannes, § 4: Neben dem Dienstvertrag kam auch der Marktvertrag, Mäkler-, Agentur-, Kommissions-, Verwahrungs-, Gesellschafts- und Verlagsvertrag in Betracht.

Interessen beeinträchtige.[1561] Gelang es ihm, konnte er zur Kündigung gerichtlich ermächtigt werden. Diese Voraussetzung trug der gesetzlichen Verpflichtung der Frau zur Leitung des gemeinschaftlichen Hauswesens Rechnung.[1562] Das Kündigungsrecht war ausgeschlossen, sofern der Mann der Eingehung der Verpflichtung zugestimmt hatte oder seine Zustimmung bereits auf Antrag der Ehefrau durch das Vormundschaftsgericht ersetzt worden war. Das Vormundschaftsgericht konnte die Einwilligung des Ehemannes ersetzen, wenn der Ehemann zur Abgabe einer Willenserklärung nicht fähig oder erreichbar war oder wenn seine Ablehnung einem Rechtsmissbrauch entsprach. Das Kündigungsrecht wurde vom Gesetzgeber für notwendig erachtet, um als Sonderform das Entscheidungsrecht des Ehemannes umfassend zu sichern.[1563] Darüber hinaus bedürfe es einer solchen Regelung, um die Geschäftsfähigkeit der Ehefrau nicht vollkommen unkontrolliert zu lassen.[1564] Bis zur entsprechenden Fassung und Verabschiedung des Kündigungsrechts

---

1561 Vgl.: § 1358 BGB: *Hat sich die Frau einem Dritten gegenüber zu einer von ihr in Person zu bewirkenden Leistung verpflichtet, so kann der Mann das Rechtsverhältniß ohne Einhaltung einer Kündigungsfrist kündigen, wenn er auf seinen Antrag von dem Vormundschaftsgerichte dazu ermächtigt worden ist. Das Vormundschaftsgericht hat die Ermächtigung zu ertheilen, wenn sich ergiebt, daß die Thätigkeit der Frau die ehelichen Interessen beeinträchtigt.*

Das Kündigungsrecht ist ausgeschlossen, wenn der Mann der Verpflichtung zugestimmt hat oder seine Zustimmung auf Antrag der Frau durch das Vormundschaftsgericht ersetzt worden ist. Das Vormundschaftsgericht kann die Zustimmung ersetzen, wenn der Mann durch Krankheit oder durch Abwesenheit an der Abgabe einer Erklärung verhindert und mit dem Aufschube Gefahr verbunden ist oder wenn sich die Verweigerung der Zustimmung als Mißbrauch seines Rechtes darstellt. Solange die häusliche Gemeinschaft aufgehoben ist, steht das Kündigungsrecht dem Manne nicht zu.

Die Zustimmung sowie die Kündigung kann nicht durch einen Vertreter des Mannes erfolgen; ist der Mann in der Geschäftsfähigkeit beschränkt, so bedarf er nicht der Zustimmung seines gesetzlichen Vertreters.

1562 Vgl.: § 1356 BGB: *Die Frau ist, unbeschadet der Vorschriften des §. 1354, berechtigt und verpflichtet, das gemeinschaftliche Hauswesen zu leiten. Zu Arbeiten im Hauswesen und im Geschäfte des Mannes ist die Frau verpflichtet, soweit eine solche Thätigkeit nach den Verhältnissen, in denen die Ehegatten leben, üblich ist.*

1563 Vgl.: § 1354 BGB: *Dem Manne steht die Entscheidung in allen das gemeinschaftliche eheliche Leben betreffenden Angelegenheiten zu; er bestimmt insbesondere Wohnort und Wohnung. Die Frau ist nicht verpflichtet, der Entscheidung des Mannes Folge zu leisten, wenn sich die Entscheidung als Mißbrauch seines Rechtes darstellt.*; Motive, Band IV, Familienrecht, S. 110.

1564 *Motive*, ebenda.

fiel es dem Reichstag schwer, sich von dem Entwurf *Plancks* zu lösen. Dies gelang schließlich der Initiative *Halberg-Stumms* im Zuge der Anträge-Pauli, unter der Federführung *Kempins.*[1565]

Die Abkehr von einem generellen Einwilligungserfordernis und die Ausweitung der Geschäftsfähigkeit der Ehefrau konnte grundsätzlich als Fortschritt der Frauenrechte gewertet werden. Auch die Einholung einer Ermächtigung des Vormundschaftsgerichts vor der Ausübung des Kündigungsrechts versprach einen gewissen Schutz vor einer willkürlichen Entscheidung des Ehemannes. Im Rahmen der Anwendung der Norm stellte sich jedoch die Frage, wie die Gerichte die Voraussetzung der Beeinträchtigung der ehelichen Interessen bewerten und eine entsprechende Darlegung seitens des Ehemannes fordern würden, um nicht den Missbrauch des Kündigungsrechts herauszufordern.[1566] Dabei war fraglich, ob ein rein männlich besetztes Vormundschaftsgericht, welches die Beeinträchtigung der ehelichen Interessen zu konkretisieren habe, nicht stets zugunsten des Ehemannes entscheiden würde. Eine Befürchtung, die Marianne *Weber* umtrieb, die darum bangte, dass ein solches Gericht kaum zu objektiven Entscheidungen fähig sei und bereits bloße Komfortaspekte des Ehemannes oder eine einfache Pflichtenkollision einer Mutter als Grund genügen lasse.[1567]

In der zeitgenössischen Literatur wurde § 1358 BGB für Frauen als entwürdigend und demütigend charakterisiert.[1568] Tatsächlich habe die Regelung oftmals dazu gedient, die Frau herabzusetzen, jedoch seien mitunter auch Zwecke verfolgt worden, die mit dem Willen der Frau in Einklang standen.[1569]

1565 Siehe unten, S. 345 f.

1566 Siehe oben, S. 366 f.

1567 *Weber*, Ehefrau und Mutter, S. 435.

1568 *Krüger* zu, § 1358 in: *Duncker*, Gleichheit und Ungleichheit, S. 858, Fn. 3861: *Krüger* verwies dazu auf *Dölle*, MDR 50, 391. An besagter Stelle der Monatszeitschrift für deutsches Recht äußerte sich der deutsche Jurist und Hochschullehrer Gustav *Boehmer* wie folgt: „*Es entspricht nicht der Selbstverantwortlichkeit der Frau und ihrer Stellung als gleichberechtigte Lebensgenossin, daß der Mann über ihren Kopf hinweg [...] in die von ihr eingegangenen Arbeitsverhältnisse eingreifen [...] kann. Das bedeutet eine unnötige Demütigung der Frau [...] Oft wird die drohende Kündigung zu nichts anderem führen, als daß die Frau sich ihr durch Aufhebung der häuslichen Gemeinschaft entzieht (§ 1358 II 3.).*“.

1569 *Duncker*, Gleichheit und Ungleichheit, S. 858.

Für die Wirkung der Regelungen war das Verständnis von der „*Beeinträchtigung der ehelichen Interessen*" von maßgeblicher Bedeutung. Während die Motive des BGB über deren genaue Auslegung schwiegen, etablierten sich in der Rechtsprechung als entscheidende Bezugspunkte die Sicherung der ehelichen Lebensgemeinschaft sowie die Verpflichtung der Ehefrau zur Führung des Hauswesens und der Gewerbehilfe.[1570] Die Reichstagskommission sprach zudem in diesem Zusammenhang bei Berufen, die den sozialen Verhältnissen der Familie zuwiderliefen, wie etwa Bühnenauftritten, davon, dass dem Ehemann ein Entscheidungsrecht zustehen müsse.[1571] Dementsprechend bejahte ein Gericht nur eineinhalb Jahre nach dem Erlass des BGB, dass der Ehemann dazu befugt sei, seiner Frau die Erlaubnis, auf einer Theaterbühne aufzutreten, zu entziehen.[1572] Tatsächlich waren die Voraussetzungen zur Einholung einer vormundschaftsgerichtlichen Ermächtigung und insbesondere dessen Durchsetzung jedoch hoch.

Bei der Durchsicht der zeitgenössischen Judikatur konnten nur wenige Entscheidungen zu § 1358 BGB gefunden werden. Damit stimmte die Auswertung zeitgenössischer Dissertationen[1573] und Kommentare überein, die nur vereinzelt Fälle der Rechtsanwendung anführten und sich stattdessen auf abstrakte Rechtsfragen des Kündigungsrechts konzentrierten.[1574] Die praktische Relevanz des Kündigungsrechts als ehemännliches Kontrollinstrument unter Zuhilfenahme des Vormundschaftsgerichts schien daher begrenzt. Vielmehr legte das zeitgenössische Material eine andere und unerwartete Missbrauchsgefahr nahe. Häufig habe der Ehemann das Kündigungsrecht im Einvernehmen mit seiner Frau dazu genutzt, sie aus einem ihr unliebsamen Berufsverhältnis zu lösen, damit sie einer günstigeren Arbeit nachgehen konnte.[1575] Als Beispiel soll der Fall einer Schauspielerin an der Dresdener

1570 Vgl. §§ 1353, 1356 BGB.

1571 *Bachem*, Bericht der Reichstags-Kommission, § 1341, S. 226.

1572 Seine-Tribunal 17. Juli 1901, in: PucheltsZ 35, 241, in: Jahrbuch der Entscheidungen auf dem Gebiete des Zivil-, Handels- und Prozeßrechts. Otto *Warneyer* (Hg.), 3. Jahrgang, 1900–1904.

1573 *Eichner*, Johannes: Das ehemännliche Kündigungsrecht nach § 1358 des Bürgerlichen Gesetzbuches, Borna/Leipzig 1907; *Lilienthal*, Franz von: Das Kündigungsrecht des Ehemannes aus § 1358 BGB, Breslau, 1908; *Schliephacke*, Das Kündigungsrecht des Ehemannes.

1574 Vgl. *Duncker*, Gleichheit und Ungleichheit, S. 860.

1575 *Schliephacke*, Das Kündigungsrecht des Ehemannes, § 7.

Hofbühne dienen.[1576] Die verheiratete Schauspielerin war dem Theater noch weitere vier Jahre verpflichtet, als ihr Ehemann, von dem sie bereits mehrere Jahre getrennt lebte, nach Berlin zog, wo sie eine Karriere anstrebte, um dort eine Kündigungsermächtigung des Vormundschaftsgerichts einzuholen. Diese wurde von dem Vormundschaftsgericht, das keine Kenntnis von den Einzelheiten des Falles hatte, erteilt und die Ehefrau konnte ihre Karriere von nun an am Deutschen Theater in Berlin vorantreiben.[1577] Damit zusammenhängend wurde darüber hinaus entschieden, dass gegen den Beschluss der Kündigungsermächtigung nur der Ehefrau, nicht jedoch einem Dritten, wie etwa dem benachteiligten Arbeitgeber, ein Beschwerderecht zustand.[1578] Zudem war das Kündigungsrecht des Ehemannes auf Verträge beschränkt, die während der Ehe geschlossen wurden. Bei einer vom Vormundschaftsgericht irrtümlich erteilten Ermächtigung eines vorehelichen Vertrages war die Ermächtigung und damit auch die Kündigung nichtig.[1579]

Darübber hinaus verwies die zeitgenössische Literatur wiederholt darauf, dass die Ehefrau durch eine Zusammenwirkung mit ihrem Arbeitgeber die ehemännliche Küdigung leerlaufen lassen konnte. Versuchte der Ehemann gegen den Willen der Frau eine Kündigung durchzusetzen, lag es am Arbeitgeber der Ehefrau, ihre Arbeitskraft weiter zu verwenden oder das Arbeitsverhältnis zu lösen. Praktisch bedeutete dies, dass bei einer Übereinkunft zwischen der Ehefrau und dem Arbeitgeber die Kündigung des Ehemannes nicht durchgriff und sie ihrer Beschäftigung weiter nachgehen konnte.[1580] Wie dieses Ergebnis rechtliche konstruiert wurde und ob dies tatsächlich vorkam, wurde jedoch nicht weiter beschrieben.

1576 Der Fokus der nachfolgenden Auseinandersetzungen mit dem Kündigungsrecht des Ehemannes beruhte auf dem Fall der verheirateten Schauspielerin Hermine *Koerner* von 1915.

1577 Vgl. Opet, DJZ 1915, 1215–1217.

1578 RG 30. November 1915, OLG. 33, 338 = RJA. 15, 90, in: Jahrbuch der Entscheidungen auf dem Gebiete des Zivil-, Handels- und Prozeßrechts. Otto *Warneyer* (Hg.),16. Jahrgang, 1918.

1579 *Schliephacke,* Das Kündigungsrecht des Ehemannes, § 7.

1580 Bestand eine Übereinkunft zwischen Ehefrau und Arbeitgeber griff die Kündigung des Ehemannes nicht und sie ging ihrer Beschäftigung weiter nach, Vgl.: *Dernburg*, Familienrecht, S. 124; *Hillgenberg*, Die persönliche Rechtsstellung der Ehefrau, S. 29; *Jastrow*, Das Recht der Frau, S. 25.

Schließlich hatte die Frau die Möglichkeit, dem Ehemann durch die einseitige Aufhebung der ehelichen Gemeinschaft das Kündigungsrecht zu entziehen.[1581] Diesen Ausweg zur Sicherung des eigenen Arbeitsverhältnisses und einer selbstständigen Lebensgrundlage fürchteten einige zeitgenössische Juristen.[1582] Unbeabsichtigt barg die Regelung damit das Potenzial in sich, nicht, wie geplant, durch die Bündelung organisatorischer Eheentscheidungen beim Ehemann die Harmonie zu fördern, sondern die Ehe zu destabilisieren. Ob dieser Weg zur Umgehung des Kündigungsrechts tatsächlich beschritten wurde, konnte jedoch nicht in Erfahrung gebracht werden.

Die endgültige Ausgestaltung und spätere Anwendung der Norm schien *Plancks* ursprünglichem Regelungsziel eines ehelichen Kontrollmechanismus entgegenzuwirken.[1583] Darüber, ob dieser Effekt durch die Änderung im Rahmen der Anträge-Pauli von Emilie *Kempin* beabsichtigt war, wurde seit dem Inkrafttreten des BGB bis heute spekuliert.[1584] Dem Kündigungsrecht des Ehemannes kam wenig praktische Bedeutung zu. Umsomehr, dass vermutet werden kann, dass in Familien im welchen der Ehemann von seinem Recht Gebrauch machen würde, die Ehefrau bereits von einer Arbeitsaufnahme absah. Gleichzeitig ist zu berücksichtigen, dass die Ehefrau gemeinsam mit ihrem Arbeitgeber sich gegen den Willen des Mannes stellen konnte, wodurch das Kündigungsrecht an Bedeutung verlor. Dennoch barg die Regelung das Potenzial in sich, die Ehemänner zu Sittenwächtern der Frauen zu erheben, da bei Berufen, die den sozialen Verhältnissen der Familie zuwiderliefen, ein Kündigungsrecht anerkannt war.

Die Ehefrau gewann, obwohl das Kündigungsrecht des Ehemannes stets über ihr schwebte und ihre Geschäftsfähigkeit eingrenzte, durch die Neuerungen des BGB insgesamt ein Stück Unabhängigkeit. Sie war nicht mehr auf eine generelle Einwilligung des Ehemannes zum Abschluss von Verträgen angewiesen und durch die strengen Voraussetzungen des

---

1581 Vgl. § 1358 II 3 BGB; OLG Sammlung 31, 398; Dresden 27. Februar 1915, SächsOLG. 36, 193 = ZBIFG. 16, 103, in: Jahrbuch der Entscheidungen auf dem Gebiete des Zivil-, Handels- und Prozeßrechts. Otto *Warneyer* (Hg.), 9. Jahrgang, 1916.

1582 Vgl. *Krüger* zu § 1358, in: *Duncker*, Gleichheit und Ungleichheit, S. 858, Fn. 3861: *Krüger* verwies dazu auf *Dölle*, MDR 50, 391.

1583 Siehe oben, S. 409.

1584 *Duncker*, Gleichheit und Ungleichheit, S. 856.

vormundschaftsgerichtlichen Ermächtigungsverfahrens war sie vor willkürlichen Entscheidungen des Ehemannes geschützt.

4. Die Verwaltungsgemeinschaft und das Schicksal des weiblichen Arbeitserwerbes

Die Gesetzgeber entschieden sich bei dem gesetzlichen Güterstand des BGB für die Verwaltungsgemeinschaft. Die allgemeinen Vorschriften machten die Verwaltung und Nutznießung des Ehemannes zur Basis des gesetzlichen Güterrechts und unterschieden bei dem Ehevermögen der Ehefrau zwischen dem eingebrachtem Gut und Vorbehaltsgut. Das eingebrachte Gut wurde mit der Heirat der Verwaltung und Nutznießung des Ehemannes unterworfen.[1585] Diese Befugnisse des Ehemannes erstreckten sich nicht auf das Vorbehaltsgut der Frau. Für das Schicksal des Arbeitserwerbs der Ehefrau war dessen Einordnung unter die verschiedenen Vermögensmassen der Ehe von zentraler Bedeutung.

a. Die gesetzlichen Auswirkungen

Der persönliche Nutzen und die Verfügung über den Erwerb der Ehefrau hing von der Zusammensetzung der ehelichen Vermögenskategorien ab. Dabei standen sich die Regelungen des § 1363 Abs. 2 BGB und § 1367 BGB gegenüber, die zwischen der Erwerbstätigkeit der Ehefrau innerhalb und außerhalb des Wirkungskreises der ehelichen Gemeinschaft unterschieden.

Für das eingebrachte Gut galt § 1363 Abs. 2 BGB: „*Zum eingebrachten Gute gehört auch das Vermögen, das die Frau während der Ehe erwirbt*“. Die Vorschrift bezog sich auf Tätigkeiten der Ehefrau im Hauswesen und Geschäft des Ehemannes und ordnete im Geltungsbereich des gemeinsamen Heims den Erwerb der Frau dem Ehemann als Oberhaupt der Gemeinschaft zu. Dem Ehemann standen am eingebrachten Gut als Teil des ehelichen Gesamtgutes umfassende Nießbrauchs- und Verwaltungsrechte zu, welche die Geschäftsfähigkeit und das Eigentum der Frau an ihrem eingebrachten Gut negierten.[1586] Die Früchte des eingebrachten Guts fielen in das Eigentum des Mannes. Die Beschränkungen der Verfügungsbefugnisse der verheirateten Frau durch die Nutzverwaltung des Ehemannes waren dem Minderjährigenrecht

1585 § 1363 BGB

1586 *Wieruszowski*, Handbuch des Eherechts II, S. 486.

nachempfunden. Dies hatte zur Folge, dass sie zur Verfügung über ihr eingebrachtes Gut einer ehemännlichen Einwilligung bedurfte.[1587] Anderenfalls waren Rechtshandlungen bis zur Genehmigung des Ehemannes schwebend unwirksam.[1588] Stets unwirksam waren einseitige Rechtsgeschäfte.[1589]

Indessen war für die finanzielle Unabhängigkeit der Ehefrau die Erweiterung des Vorbehaltsgut nach § 1367 BGB maßgeblich: „*Vorbehaltsgut ist, was die Frau durch ihre Arbeit oder durch den selbständigen Betrieb eines Erwerbsgeschäfts erwirbt*". Das BGB unterschied bei der Arbeitskraft der verheirateten Frau zwischen „*Arbeit*" und „*selbständige[m] Betrieb eines Erwerbsgeschäfts*" gemäß § 1367 BGB, Tätigkeiten im Hauswesen und im Geschäft des Ehemannes nach § 1356 BGB und dem selbstständigen Betrieb eines Erwerbsgeschäfts gemäß § 1405 BGB.

Im Folgenden wird die Regelung des § 1367 BGB dargestellt. Unter „*Arbeit*" verstand man eine persönliche körperliche oder geistige Tätigkeit, die auf die wirtschaftliche Ausnutzung einzelner oder mehrerer Erwerbsmöglichkeiten gerichtet und nicht mit der Absicht verbunden war, sie zu einer dauernden Gewinnquelle zu machen.[1590] Dazu zählten gelegentliche entgeltliche Dienstleistungen oder Handwerksarbeiten, welche die Ehefrau nicht für den Haushalt oder das Geschäft des Mannes anfertigte. Das „*Erwerbsgeschäft*" der Ehefrau im Sinne dier Vorschrift wurde weit aufgefasst, darunter fielen jede Tätigkeit im Betrieb eines Handelsgeschäfts, Gewerbes oder Handwerks sowie im unmittelbaren und mittelbaren Staats- und Privatdienst und zudem künstlerische, wissenschaftliche und mechanische Arbeiten.[1591] Ein „*selbständiges Erwerbsgeschäft*" gemäß § 1405 BGB war demgegenüber enger gefasst. Die Norm war auf Handelsgeschäfte zuschenitten, welche güterrechtlich vom

---

1587 § 1395 BGB

1588 § 1396 BGB

1589 § 1398 BGB

1590 Definition vgl. *Hörle*, Ehefrau im Betrieb eines Erwerbsgeschäfts, S. 14.

1591 *Hörle*, Ehefrau im Betrieb eines Erwerbsgeschäfts, S. 13, Fn. 1: Dazu zählten Handels- und Gewerbefrauen, Handlungs- und Gewerbegehilfinnen, Leiterinnen einer Schule oder anderen wirtschaftlichen Unternehmens, Gastwirtinnen, Gärtnerinnen, Handwerkerinnen, Hökerinnen, Werkmeisterinnen, Türsteherinnen, Fabrikarbeiterinnen, Hebammen, Wäscherinnen, Näherinnen, Dienstbotinnen, Tagelöhnerinnen, Krankenschwestern, Ärztinnen, Lehrerinnen, Zofen, Erzieherinnen, Künstlerinnen, Telegraphistinnen, gewerbsmäßiges Vermieten von Wohnraum im eigenen Heim.

Ehemann unabhängig waren und im Namen der Frau als Trägerin der Rechte und Pflichten betrieben wurden. Sie musste als tatsächliche Inhaberin entsprechend nach außen auftreten, indem sie beispielsweise das Geschäft in ihrem Namen im Handelsregister eingetragen hatte.[1592] Vor diesem Hintergrund und entsprechend der Absicht der Gesetzgeber fiel der klassische Fall einer verheirateten Fabrikarbeiterin oder Dienstbotin unter den Schutz von § 1367 BGB. Dienstverhältnisse fielen selbst dann unter § 1367 BGB, wenn der Mann der Ehefrau die Eingehung eines Dienstverhältnisses rechtmäßig untersagte oder eine Kündigung mit Ermächtigung des Vormundschaftsgerichts nach § 1358 BGB aussprach.[1593] Pensionen sowie Renten für Unfälle, Invalidität oder Alter und Krankengelder, welche die Ehefrau durch Arbeit oder ein Erwerbsgeschäft erwarb, wurden ebenfalls zum Vorbehaltsgut gezählt.[1594]

Der für den gesetzlichen Güterstand maßgebliche § 1367 BGB stellte „*Arbeit*" und den „*selbständigen Betrieb eines Erwerbsgeschäfts*" zur Konkretisierung des Vorbehaltsguts nebeneinander. Die zeitgenössische Literatur und Kommentierungen betonten, dass es auf die Art der Arbeit und des Berufs nicht ankam.[1595] Der Erwerb einer Künstlerin solle ebenso zum Vorbehaltsgut zählen wie jener einer Tagelöhnerin. Erforderlich war bloß, dass die Arbeit der Frau nicht unter ihre Pflicht der Gewerbemithilfe nach § 1356 BGB fiel. Der „*selbständige Betrieb eines Erwerbsgeschäfts*" sollte im Fall eines Handelsgeschäfts oder Gewerbes verdeutlichen, dass es nicht genügte, dass die Ehefrau die Inhaberin des Geschäfts war. Sie müsste es auch selbst, oder zumindest durch einen Bevollmächtigten oder Prokuristen und eigenem Vermögen, betreiben.[1596] Was im Rahmen eines Erwerbsgeschäfts als selbstständiger Erwerb einzustufen war, hing vom Einzelfall ab. Trinkgelder fielen regelmäßig unter den Erwerb nach § 1367 BGB. Demgegenüber war die Einordnung von Geschenken umstritten.[1597] Insgesamt fiel die Erweiterung des Vorbehaltsguts weit aus, wodurch die Arbeitsprodukte der verheirateten Frau aus den verschiedensten Tätigkeitsfeldern grundsätzlich unter den Schutz der Norm fielen.

1592 *Hörle*, Ehefrau im Betrieb eines Erwerbsgeschäfts, S. 13 f.
1593 *Planck*, BGB IV, § 1367, 2., S. 103.
1594 *Planck*, ebenda.
1595 Vgl.: *Planck*, BGB IV, § 1367, 2., S. 103.
1596 *Planck*, BGB IV, § 1367, 2., S. 103.
1597 *Planck*, ebenda.

Zur Regelung des Vorbehaltsguts verwies § 1371 BGB auf die Vorschriften der Gütertrennung, um so der Ehefrau in den Grenzen des Vorbehaltsguts finanzielle Selbstständigkeit zu gewähren und ihre Geschäftsfähigkeit zu bewahren.[1598] Die Ehefrau war Eigentümerin des Vorbehaltsguts. Die so gewonnene Verfügungsfreiheit über ihre Arbeitsprodukte wurde nur im Rahmen der ehelichen Beitragspflicht der Gütertrennung gemäß § 1427 BGB eingeschränkt. Danach musste die Ehefrau dem Mann einen angemessenen Beitrag aus *„dem Ertrag ihrer Arbeit oder eines von ihr selbstständig betriebenen Erwerbgeschäfts"* zur Bestreitung des ehelichen Aufwandes leisten. In Bezug auf die Verwaltungsgemeinschaft galt diese Verpflichtung jedoch nur, soweit der Mann nicht schon durch die Nutzungen des eingebrachten Gutes einen angemessenen Betrag erhielt. Auf diese Weise wurde dem Umstand, dass der Ehemann in den Genuss des eingebrachten Gutes kam, Rechnung getragen.

Was die Arbeitstätigkeit der Ehefrau im häuslichen Wirkungskreis betraf, so ließ das Gesetz die Frau nur in engen Ausnahmefällen von den Früchten ihrer Arbeit profitieren. Gewährte der Ehemann im Rahmen von § 1356 Abs. 2 BGB eine Gegenleistung, so wurde diese als Schenkung qualifiziert und fiel entsprechend § 1363 BGB wiederum in das eingebrachte Gut der Frau und unter die Verwaltung des Mannes. Alles, was sie als Gehilfin erwarb, fiel dem Mann direkt zu. Nur wenn die Ehefrau im Geschäft des Mannes über die Anforderungen der entgeltlosen Gewerbehilfe nach § 1356 Abs. 2 BGB hinaus arbeitete und der Ehemann dafür eine Gegenleistung gewährte, fiel diese in das Vorbehaltsgut der Frau.[1599]

Auch die Prozessfähigkeit der Ehefrau richtete sich vereinzelt nach dem Güterrecht. So konnte sie ihm Rahmen der Verwaltungsgemeinschaft gemäß § 1400 Abs. 2 BGB die zum eingebrachten Gut gehörenden Rechte klageweise nur mit der Zustimmung des Ehemannes geltend machen. Das Zustimmungserfordernis wurde als Ergänzung einer fremden Geschäftsfähigkeit verstanden, da dem Ehemann die Verwaltung am eingebrachten Gut zukam.[1600] Eine Klage ohne entsprechende Zustimmung

1598 §. 1371 BGB: *Auf das Vorbehaltsgut finden die bei der Gütertrennung für das Vermögen der Frau geltenden Vorschriften entsprechende Anwendung; die Frau hat jedoch einen Beitrag zur Bestreitung des ehelichen Aufwandes nur insoweit zu leisten, als der Mann nicht schon durch die Nutzungen des eingebrachten Gutes einen angemessenen Beitrag erhält.*

1599 *Schefold*, Über die Rechtsstellung, in: AcP., 1905, 97. Band, H. 1, S. 134–141, 135.

1600 *Schefold*, ebenda.

war abzuweisen. Nach allgemeiner Ansicht war in der Klagebegründung die Einwilligung des Ehemannes darzulegen.[1601] Dies scheint anlässlich der Nutzwaltung des Ehemannes vertretbar, der Ehemann hingegen bedurfte trotz des Alleineigentums der Ehefrau am einbrachten Gut hingegen keine Zustimmung für Klagen, die mit dem Vermögen der Frau in Zusammenhang standen.

b. Die gesellschaftlichen Folgen der Verwaltungsgemeinschaft und die Relevanz von Kontrollrechten

Die Auswirkungen des gesetzlichen Güterrechts des BGB, und inwieweit diese tatsächlich zu wahrnehmbaren Veränderungen führten, hing vorrangig von der gesellschaftlichen Stellung der verheirateten Frau ab. Die unterschiedlichen Folgen für die jeweiligen Gesellschaftsschichten ergaben sich aus den enorm variierenden Vermögensverhältnissen und Lebensumständen der Familien und wurden bereits wiederholt untersucht.[1602] Diese Arbeiten stützen sich weniger auf empirische Studien als auf die Untersuchung zeitgenössischer Diskussionen und Äußerungen, die Rückschlüsse auf die Gesellschaftsschichten und ihre Umstände zuließen.[1603] Bei der Einordnung der in den herangezogenen Materialien getätigten Äußerungen soll auch der geschichtliche Kontext berücksichtigt werden. Bei der Betrachtung der Folgen der Güterrechtsreform wird die deutsche Gesellschaft in Oberschicht, Mittelschicht und Arbeiterklasse aufgeteilt.

Mit der Oberschicht beginnend, wozu der Adel und das höhere Bürgertum zählten, sollen die Auswirkungen der Verwaltungsgemeinschaft und ihre praktische Relevanz für die verheiratete Frau beurteilt werden. In diesen Kreisen vermählten sich vermögende Männer regelmäßig mit nicht erwerbstätigen, jedoch vermögenden Frauen. Bei der Erfassung der Situation dieser Frauen verwies die Sekundärliteratur[1604] wiederholt auf eine Einschätzung Anton *Mengers*, wonach die Ehefrau kaum mehr als ein *„anmutiges Dekorationsstück“*

[1601] *Ullmann*, Einige Streitfragen, in: AcP. Band 92, H. ½, 1902, S. 288–318, 298.

[1602] *Grimme*, Entwicklungen, S. 105 f.; *Schmid*, Die Entstehung, S. 116 f.; *Dörner*, Industrialisierung und Familienrecht, S. 105 f., *Twellmann*, Frauenbewegung, S. 201.

[1603] *Menger*, Volksklassen, S. 46; *Kipp/Wolff*, Lehrbuch Familienrecht, S. 173 (§ 46 I 1 b); *Hachenburg*, Gesetzbuch, S. 382 f.

[1604] *Schmid*, Die Entstehung, S. 117; *Dörner*, Industrialisierung und Familienrecht, S. 105 f.; teilweise: *Grimme*, Entwicklungen, S. 106.

sei.[1605] Sie habe weder Anteil an dem Beruf ihres Ehemannes noch an der Haushaltsführung oder ihren Mutterpflichten, da dies von Angestellten niederer Volksklassen übernommen werde. Sie bringe häufig Vermögen in die Ehe ein, an welchem dem Ehemann die Verwaltungs- und Nutznießung zustehe, um die erheblichen Unterhaltskosten zu decken. Bei der Auflösung der Ehe habe sie auf das während der Ehe Erworbene *„naturgemäß keinen Anspruch"*, da sie *„ja immer nur konsumiert"* habe.[1606] Diese Einschätzung *Mengers* war jedoch nicht repräsentativ und kann aufgrund seiner politischen Zugehörigkeit zu den Sozialisten als Sondermeinung behandelt werden. Er maß den Wert eines Gesellschaftsmitglieds anhand seiner Arbeitsleistung und betrachtete dementsprechend tätigkeitslose Frauen der Oberschicht negativ.[1607] Dabei übersah er bei der Beurteilung der weiblichen „Klassenfeinde", dass entgegen seiner Einschätzung die Gemeinschaft gewöhnlich durch das eingebrachte Vermögen der Frau Vorteile erlangte, die der Frau im gesetzlichen Güterstand der Verwaltungsgemeinschaft unstatthaft entzogen wurden.[1608] Die Nutznießung des Ehemannes hatte zur Folge, dass eine Mehrung ihres Vermögens nicht möglich war, da alle Früchte auf den Mann übergingen. Auch an einer Mehrung des Eheguts in Form von Errungenschaften hatte die Ehefrau nicht teil. Eine wirtschaftliche Selbstständigkeit auf der Grundlage ihres eingebrachten Gutes war ihr damit verwehrt, der Weg über einen persönlichen Arbeitserwerb als Vorbehaltsgut war nicht Teil der Realität dieser Frauen. Trotz ihres Wohlstandes standen sie damit in wirtschaftlicher Abhängigkeit zu ihrem Ehemann. Allein die ihnen zugestandenen *„Kontrollrechte"* gewährten ihnen eine gewisse Einflussnahme, die jedoch nicht auf finanzielle Selbstständigkeit abzielte, sondern darauf, die Substanz ihres Vermögens in Notfällen zu bewahren.[1609] Was die Effektivität dieser Kontrollrechte anging, so litten diese an den gleichen Mängeln wie die Regelungen ihrer Rechtsvorgänger: Eine gerichtliche Durchsetzung war erst mit der Aufhebung des Güterstandes durchsetzbar und die Voraussetzungen der Kontrollrechte waren schwer zu erfüllen, sodass in den typischerweise

---

1605 *Menger*, Volksklassen, S. 47 f.

1606 *Menger*, ebenda.

1607 *Stierstorfer*, Das erste einheitliche deutsche Güterrecht, S. 396.

1608 Vgl. *Grimme*, Entwicklungen, S. 106.

1609 Annahme einer Verbesserung der Kontrollrechte der Ehefrau durch das BGB: *Hachenburg*, Gesetzbuch, S. 383 f.; *Grimme*, ebenda.

zeitkritischen Sachverhalten eine Vermögenssicherung bereits nicht mehr möglich war. Es war nicht die Erzeugung einer Verfügungsgerechtigtkeit, sondern die Substanzsicherung des weiblichen Vermögens bei massivem Fehlverhalten des Ehemannes.

Anders wirkten sich die Regelungen der Verwaltungsgemeinschaft auf die Mittelschicht aus. Deren Lebensumstände zeichneten sich im Vergleich zur Oberschicht durch eine niedrige finanzielle Ausstattung und abweichende Art der Berufsausübung des Ehemannes aus. Die Frauen dieser Schicht brachten in geringerem Umfang Vermögen in die Ehe ein, eine Mithilfe im Gewerbe des Ehemannes war verbreitet. Eine selbstständige Berufsausübung der Frau war hingegen auch bei finanziellen Engpässen der Familie unüblich. In dieser Gesellschaftsschicht wurde der Einfluss der Verwaltungsgemeinschaft auf die Ehefrau als besonders belastend wahrgenommen.[1610] Ihr eingebrachtes Gut war ihr in gleicher Weise entzogen und dem Mann zugewiesen wie den Frauen der Oberschicht. Ebenso wenig partizipierte sie an einer Vermögensmehrung, musste jedoch das Risiko der Verwaltung des Ehemannes tragen. Die außerordentliche Benachteiligung ergab sich aus der Verwertung ihrer Arbeitskraft. Diese wurde durch die Haushaltsführung und Mithilfe im Gewerbe des Ehemannes aufgebraucht. Einen Gegenwert erhielt sie für diese Bemühungen nicht, da sie damit bloß ihren ehelichen Pflichten des BGB nachkam.[1611] Vermögensvorteile, welche der Mann in seinem Gewerbe durch die Mithilfe der Frau erwirtschaftete, fielen ihm allein zu.[1612] Damit war ein Vermögenszuwachs auf Seiten der Ehefrau kaum denkbar. Auch im Scheidungsfall schied die Teilhabe an einer Vermögensmehrung aus.[1613] Allein indirekt in Form ihres Unterhaltsanspruches konnte sie nachträglich an einem mit ihrem Arbeitseinsatz aufgebauten Kapital teilhaben – sofern sie keine Schuld an der Scheidung traf.[1614] Der Anspruch auf Unterhalt wirkte sich indes erst nach der Ehe aus und war für die Erreichung einer Verfügungsgerechtigkeit

---

1610 *Grimme*, Entwicklungen, S. 106; *Schmid*, Die Entstehung, S. 117; *Menger*, Volksklassen, S. 47; *Dörner*, Industrialisierung und Familienrecht, S. 106.

1611 *Mehnert*, Entwicklungen, S. 15 f.

1612 *Twellmann*, Frauenbewegung, S. 201; *Grimme*, Entwicklungen, S. 106.

1613 *Malsbenden*, Stellung der Frau, S. 472.

1614 Vgl. Fallbeispiel bei: *Jastrow*, Das Recht der Frau, S. 146 f.; *Kempin*, Grenzlinien, in: JbGVV, 1897, 3. Heft, S. 51–77, 64 f.

und Partizipiation am eigenen Erwer für die Dauer der Ehe ohne Relevanz. Daneben ist der Druck des gesellschaftlichen Idealbildes der nichtarbeitenden Hausfrau nicht außer Acht zu lassen,[1615] welche einen Vermögensaufbau durch eigene Arbeitskraft regelmäßig ausschloss.

Andere Auswirkungen hatte die Verwaltungsgemeinschaft auf die Arbeiterklasse. Dies lag insbesondere an der Erweiterung des Vorbehaltsgutes auf dasjenige, was die Frau durch ihre Arbeit oder durch den selbstständigen Betrieb eines Erwerbsgeschäfts verdiente. Durch die andersartigen Lebensumstände einer Arbeiterfamilie führte der gesetzliche Güterstand nach verschiedenen Ansichten zu einer faktischen Gütertrennung.[1616] Dies war darauf zurückzuführen, dass bei einer typischen Arbeiterheirat kein beziehungsweise kaum Kapital vorhanden war. Zur Sicherung der Lebensgrundlage und aufgrund der geringen Löhne war es darüber hinaus notwendig, dass beide Ehegatten einer Tätigkeit nachgingen. Mangels Vermögens im Zeitpunkt der Eheschließung war selten eingebrachtes Vermögen der Frau vorhanden, eine Nutzwaltung des Ehemannes fand damit kaum statt. Vielmehr führte die Erwerbstätigkeit der Frau zu einer stetigen Schaffung von Vorbehaltsgut gemäß § 1367 BGB, an welchem dem Ehemann grundsätzlich keine Befugnisse zustanden und sich die Verwaltungsgemeinschaft damit an die Gütertrennung annäherte. Folglich stand der Arbeitserwerb der Ehefrau, der ihr einziges Vermögen darstellte, ihr grundsätzlich zur freien Verfügung.[1617] Aus rechtlicher Perspektive schien dies zu einer finanziellen Unabhängigkeit und Besserstellung der Frau zu führen. Diese Freiheit blieb jedoch, wie von *Planck* bei dem Entwurf der Regelung beabsichtigte,[1618] theoretischer Natur. Eine Vermögensmehrung, die die Frau für private Zwecke oder zur finanziellen Absicherung nutzen konnte, fand auf diese Weise nicht statt.[1619] Die finanzielle Grundsituation dieser Ehen führte vielmehr dazu, dass der

1615 *Beuys*, Familienleben, S. 435 ff.

1616 *Schröder*, Güterrecht Deutschlands, S. 17, Fn. 3; *Kipp/Wolff*, Lehrbuch Familienrecht, S. 172; *Endemann*, Lehrbuch II, S. 726, Fn. 28; siehe auch: *Grimme*, Entwicklungen, S. 105 f.

1617 *Grimme*, ebenda; *Dörner*, Industrialisierung und Familienrecht, S. 105 f.; *Schmid*, Die Entstehung, S. 117.

1618 *Planck*, Vorentwürfe, S. 540.

1619 *Grimme*, Entwicklungen, S. 105 f.; *Dörner*, Industrialisierung und Familienrecht, S. 105 f.; *Schmid*, Die Entstehung, S. 117; *Malsbenden*, Stellung der Frau, S. 74.

Arbeitserwerb der Frau umgehend in den Unterhalt der Familie floss. Die so gewonnene Verfügungsbefugnis der verheirateten Frau wurde daher oftmals als praktisch hinfällig beurteilt.[1620]

c. *Fazit und Wertung: Die innere Zerrissenheit der Verwaltungsgemeinschaft*

Planck bemühte sich, im Rahmen des Gesetzgebungsverfahrens einen *„richtigen Mittelweg“*[1621] zwischen den Meinungslagern zur Stellung der Ehefrau zu finden. Dies führte jedoch zu einem Ungleichgewicht innerhalb des gesetzlichen Güterstandes. Die gesetzliche Verwaltungsgemeinschaft, welche die Gleichberechtigung der Frau unter paralleler Sicherung der männlichen Herrschaftsstellung zu erreichen versuchte, führte aufgrund ihres inneren Widerspruchs indes zu Komplikationen und hatte wenig praktischen Mehrwert für die Verfügungsgerechtigkeit der verheirateten Frau.[1622] Die gespaltene Zielsetzung verdeutlichte insbesondere die Verteilung der Kompetenzen der Eheleute am eingebrachten Gut der Ehefrau. Um beiden Ehegatten gerecht zu werden, versuchte man sich an einer komplexen Unterscheidung zwischen den Verwaltungsrechten des Ehemannes und Kontrollbefugnissen der Ehefrau. Aller Bemühungen und dem Begründungsaufwand zum Trotz konnten die entgegengesetzten Interessen nicht ausgeglichen werden. Im Ergebnis war die Verwaltungsgemeinschaft vor allem von Kompetenzüberschneidungen sowie einer fehlenden Absicherung des weiblichen Ehevermögens und einem Mangel gleichwertiger weiblicher Entscheidungsbefugnisse gekennzeichnet.[1623] Dies war auch darauf zurückzuführen, dass neue Regelungsinhalte in alte Strukturen eingepasst wurden und sie in diesem Gefüge keine starke Wirkung entfalten konnten.

[1620] Dementsprechend *Grimme*, ebenda; *Dörner*, ebenda; *Schmid*, ebenda; *Martiny*, Integration, S. 61; vgl. *Planck*, Vorentwürfe I, S. 540: Tatsächlich ging *Planck* bereits bei dem Entwurf dieser Regelung von deren praktischer Bedeutungslosigkeit aus.

[1621] *Planck*, Zur Kritik, AcP, 1889, S. 327–429, 409.

[1622] So auch: *Weber*, Ehefrau und Mutter, S. 470 f.

[1623] *Grimme*, Entwicklungen, S. 88; *Dörner*, Industrialisierung und Familienrecht, S. 103: Beide Verfasser sahen in der Ausgestaltung der Verwaltungsgemeinschaft *Plancks* eine gelungene Vereinigung der Sicherung des Frauenvermögens mit einem Maximum an Dispositionsfreiheit des Ehemannes.

Es kann festgehalten werden, dass die Verwaltungsgemeinschaft im Kern eine ideale bürgerliche Gesellschaft abbildete,[1624] jedoch trotz der Erweiterung des Vorbehaltsguts gerade die bürgerlichen Frauen benachteiligte und in Abhängigkeit drängte. Denn insbesondere in der Mittelschicht führte die Verwaltungsgemeinschaft durch die besondere Behandlung der selbstständigen Tätigkeit der Frau zu einer Benachteiligung der Ehefrau, brachte dafür jedoch finanzielle Vorteile für die Ehemänner mit sich.[1625] An der potenziellen Freiheit, die sich aus der neuen Ausgestaltung des Vorbehaltsgutes ergab, konnten nur erwerbstätige Frauen außerhalb des Hauses teilhaben. Aus diesen unterschiedlichen Auswirkungen der Verwaltungsgemeinschaft las Marianne *Weber* heraus, dass die Gesetzgeber mit den Rechten des *„kleinen Mannes"* durchaus freigiebiger umgingen als mit jenen der Männer der oberen Gesellschaftsschichten: *„Man hat, recht charakteristischerweise, auch bei uns die Herrenrechte des „kleinen Mannes", dessen Frau erwirbt, weit bereitwilliger preisgegeben, als diejenige des Mannes der führenden Schichten, der eine Frau heiratet, die besitzt."*[1626] Jedoch hatte der Rechtsverlust zulasten des Ehemannes der Arbeiterklasse spiegelbildlich nur theoretisch einen Rechtsgewinn der Ehefrau zur Folge. Die Lebensumstände der Arbeiterfamilie führten vielmehr dazu, dass die Frau ihr erwirtschaftetes Vorbehaltsgut direkt für den Lebensunterhalt der Familie aufwenden musste. Ihre gewonnenen Verwaltungsbefugnisse blieben damit rein rechtlicher Natur.

Planck gelang es durch die Ausgestaltung der Verwaltungsgemeinschaft, trotz nominaler Zugeständnisse an die Rechte der Frau, in allen Gesellschaftsschichten der verheirateten Frau eine finanzielle Unabhängigkeit und Absicherung vorzuenthalten. Mit der Schaffung der *cura maritalis* wurden nicht nur die Germanisten versöhnt, sondern auch die Abkehr vom ehelichen Mundium durch eine weitrechende Absicherung der Autorität des Ehemannes abgefangen. Durch die Nutzwaltung des Ehemannes im Rahmen der Verwaltungsgemeinschaft wurden die Geschäftsfähigkeit und das Eigentum der Frau ausgehöhlt. Insbesondere die Verhältnisse der Arbeiterfamilien

1624 Vgl.: *Schmid*, Die Entstehung, S. 117 f.; *Dörner*, Industrialisierung und Familienrecht, S. 104 ff.

1625 Siehe unten, S. 374, S. 255.

1626 *Weber*, Ehefrau und Mutter, S. 468.

machten deutlich, dass die diffus als *„Güterverbindung"* bezeichnete Verwaltungsgemeinschaft tatsächlich eine Form der Gütertrennung abbildete. Die Eigentumstrennung der Ehegatten sollte durch die Eheherrschaft des Mannes und seine Nutznießungs- und Verwaltungsbefugnisse überbrückt werden, um als Gütergemeinschaft aufzutreten.[1627]

5. Die Wahlgüterstände und ihr Einfluss auf den Erwerb der verheirateten Frau

Den Ehegatten stand es gemäß § 1432 BGB frei, den gesetzlichen Güterstand aufzuheben oder zu ändern. Das BGB stellte dabei eine Reihe von Wahlgüterständen zur Auswahl. Dabei galt der Grundsatz der Vertragsfreiheit, die Eheleute konnten durch Ehevertrag von dem gesetzlichen Güterstand der Verwaltungsgemeinschaft abweichen. Die Verträge bedurften einer notariellen Form und konnten auch nach der Heirat geschlossen werden.[1628] Der Umfang der Vertragsfreiheit wurde nicht explizit dargelegt, Rechtsprechung und Literatur wendeten jedoch die Prinzipien der §§ 134, 138, 1488, 1519 BGB an.[1629] Dabei galt, dass ein einseitiger Verzicht des Ehemannes auf die Verwaltung und den Nießbrauch am eingebrachten Gut der Ehefrau, sofern dies überhaupt zulässig wäre, dieses nicht automatisch in Vorbehaltsgut umwandele.[1630] Dabei fungierte gemäß § 1436 BGB die Gütertrennung als Auffangtatbestand, sofern *„durch Ehevertrag die Verwaltung und Nutznießung des Mannes ausgeschlossen oder die allgemeine Gütergemeinschaft, die Errungenschaftsgemeinschaft oder die Fahrnißgemeinschaft aufgehoben"* wurde.

Das BGB entschied sich für die Wahlgüterstände der allgemeinen Gütergemeinschaft, Errungenschaftsgemeinschaft und Fahrnisgemeinschaft. Außerdem war auch die Gütertrennung geregelt.

[1627] Gutachten Ludwig Heinrich *Euler*, Welches der in Deutschland herrschenden ehelichen Güterrechtssysteme eignet sich zur Verallgemeinerung in Deutschland?, in: *Amt der ständigen Deputation*, Verhandlungen des Zwölften Deutschen Juristentages 1874, Band 1, S. 41–45, 44.

[1628] §§ 1432, 1343 BGB

[1629] Achilles/André/Greiff-*Uzner*, Bürgerliches Gesetzbuch, § 1432, Anm. 1; *KG KJG 20, 292.*

[1630] Vgl. RG 57, 81 ff.; JW 04, 183 Nr. 33.

a. Die Formen der Güterverbindung

Die allgemeine Gütergemeinschaft erfuhr eine eingehende Regelung in §§ 1437–1518 BGB. Das Vermögen der Eheleute wurde zu einem Gesamtgut in Form einer Gesamthandsgemeinschaft zusammengeschlossen.[1631] Infolgedessen konnten die Eheleute bestimmte Güter durch Ausschluss vom Gesamtgut zu Vorbehaltsgut erklären.[1632] Das Gesamtgut unterlag der Verwaltung und Verfügungshoheit des Ehemannes und folgte den Prinzipien der Verwaltungsgemeinschaft, wodurch seine Verfügungsbefugnisse gemäß §§ 1444–1446 BGB weitgehend frei waren. Eine Mitwirkung der Ehefrau benötigte er nur bei einer Verfügung über das gesamte Ehegut, Grundstücksgeschäften oder Schenkungen aus dem Gesamtgut, wodurch die Befugnisse des Ehemannes noch breiter ausfielen als im Rahmen des gesetzlichen Güterstandes. Hinzu trat noch eine enorm eingeschränkte Haftung des Ehemannes gegenüber der Ehefrau. Dieser hatte grundsätzlich nicht für Verwaltungsfehler einzustehen, es sei denn er handelte mit Benachteiligungsabsicht oder überging eine erforderliche Zustimmung der Frau.[1633] Das Gesamtgut haftete grundsätzlich für die Verbindlichkeiten beider Eheleute gemäß §§ 1460–1462 BGB, wonach unter anderem der Ehemann den Rechtsgeschäften der Frau zuzustimmen hatte. Sofern der Erwerb der Ehefrau nicht vertraglich als Vorbehaltsgut qualifiziert wurde, fiel dieser im Rahmen der allgemeinen Gütergemeinschaft in das Gesamtgut und damit unter die Verwaltungsherrschaft des Ehemannes.

Als weiterer Wahlgüterstand wurde die Errungenschaftsgemeinschaft in §§ 1519–1548 BGB geregelt. Gemeinsames Gesamtgut wurde nur, was die Eheleute während der Ehe erwarben. Getrennt davon war das in die Ehe eingebrachte Gut, wozu auch Erbschaften und Schenkungen zählten.[1634] Außerdem konnte sich die Ehefrau gemäß § 1526 BGB durch eine entsprechende Erklärung im Ehevertrag Vermögen vorbehalten. Als Vorbehaltsgut galten auch Erwerbungen nach §§ 1369, 1370 BGB. Die Errungenschaftsgemeinschaft unterschied damit zwischen bis zu vier Vermögensmassen und vereinigte durch die Bildung eines Gesamtgutes die Grundsätze der Gütergemeinschaft

---

1631 Achilles/André/Greiff-*Uzner*, Bürgerliches Gesetzbuch, vor § 1437, S. 665.

1632 §§ 1440, 1441 BGB

1633 § 1456 BGB

1634 §§ 1520–1524 BGB

mit den Prinzipien der Verwaltungsgemeinschaft, darüber hinaus wurde zwischen eingebrachten und vorbehaltenen Gütern unterschieden. Dementsprechend wurde im Rahmen dieses nur 30 Normen umfassenden Güterstandes mit zahlreichen Verweisungen gearbeitet. Durch den Verweis auf §§ 1442 ff. BGB in § 1519 Abs. 2 BGB, erhielt der Ehemann umfassende Verwaltungs- und Verfügungsrechte am Gesamtgut. Gleiches galt für das eingebrachte Gut durch den Verweis auf §§ 1373 ff. BGB in § 1525 Abs. 2 BGB. Da die Vorschriften der Errungenschaftsgemeinschaft nicht auf § 1367 BGB verwiesen, zählte der persönliche Verdienst der Ehefrau grundsätzlich zum Gesamtgut.

Der dritte Wahlgüterstand war die Fahrnisgemeinschaft in §§ 1549–1557 BGB. Das gesamte Vermögen der Ehegatten, welches vor der Heirat oder im Laufe der Ehe anfiel, wurde gemeinsames Vermögen. Ausgenommen hiervon waren allein Immobilien, die ein Ehegatte in die Ehe einbrachte oder während der Ehe unentgeltlich oder durch einen Erbfall erlangte.[1635] Damit verstand sich die Fahrnisgemeinschaft als Unterfall der allgemeinen Gütergemeinschaft, auf deren Regelungen auch § 1549 BGB vorbehaltlich der §§ 1550–1557 BGB verwies. Relevant war hier insbesondere § 1555 BGB, welcher Vorbehaltsgut des Ehemannes ausschloss. Der Lohn der Frau teilte das gleiche Schicksal wie im Rahmen der allgemeinen Gütergemeinschaft und unterstand damit der Hoheit des Ehemannes.

b. *Die Gütertrennung*

Schließlich wurde die Gütertrennung in §§ 1426–1431 BGB geregelt. Diese trat ein, wenn die Verwaltung und Nutznießung des Ehemannes aufgrund § 1364 BGB [1636] ausblieb oder dieselbe infolge der §§ 1418–1420 BGB, etwa durch Klage der Frau auf die Aufhebung der Verwaltung und Nutznießung oder den Tod des Ehemannes, endete. Im Fall der Gütertrennung hatte der Mann den ehelichen Aufwand zu tragen. Die Frau hatte jedoch einen angemessenen Betrag aus den Einkünften ihres Vermögens und dem Ertrag ihrer Arbeit beizusteuern. Diesen Beitrag konnte die Frau zurückhalten,

---

[1635] § 1551 BGB

[1636] § 1364 BGB: *Die Verwaltung und Nutznießung des Mannes tritt nicht ein, wenn er die Ehe mit einer in der Geschäftsfähigkeit beschränkten Frau ohne Einwilligung ihres gesetzlichen Vertreters eingeht.*

sofern eine Gefährdung des ehemännlichen Unterhalts zu befürchten war. Der Eintritt der Gütertrennung war Dritten gegenüber nur wirksam, wenn diese ihnen positiv bekannt war oder im Güterrechtsregister des zuständigen Amtsgerichts eingetragen war.

c. *Die Bedeutung für den persönlichen Arbeitserwerb*

Betrachtet man die Wahlgüterstände des BGB im Hinblick auf die Einschränkung weiblicher Befugnisse zugunsten umfangreicher Verwaltungsrechte des Ehemannes im Allgemeinen und die Behandlung des persönlichen Arbeitserwerbs der verheirateten Frau im Besonderen, so regelte die gesetzliche Verwaltungsgemeinschaft ein vergleichsweise frauenfreundliches Modell. Nur im Rahmen der Verwaltungsgemeinschaft bildete der Erwerb der Frau durch § 1367 BGB einen Teil des Vorbehaltsguts und war somit der männlichen Verwaltungsautonomie entzogen. Zwar stand es der Ehefrau offen, im Zuge eines Ehevertrages ihren Arbeitsverdienst gesondert zu regeln, die Wahlgüterstände wiesen in ihrer gesetzlichen Ausgestaltung den Arbeitsverdienst der Ehefrau jedoch dem Herrschaftsbereich des Ehemannes zu. Durch diese restriktiven Wahlgüterstände wird deutlich, dass ein Ehevertrag, der pauschal auf eine der gesetzlichen Regelungen verwies, kaum Vorteile für die erwersbtätige Ehefrau mit sich brachte. Um finanzielle und persönliche Freiheiten zu gewährleisten, war eine individuelle Ausgestaltung des Ehevertrages unter konkreter Mitwirkung der Ehefrau notwendig. Dies erforderte neben einer Kenntnis der rechtlichen Möglichkeiten auch Durchsetzungsvermögen. Vor diesem Hintergrund wirkte sich die fehlende Aufnahme der Gütertrennung in den Katalog der Wahlgüterstände besonders negativ auf eine vermögende oder tüchtige Ehefrau aus. Dabei kann zusätzlich davon ausgegangen werden, dass entsprechende Individualregelungen selten waren, da in den Gesellschaftsschichten, in denen Eheverträge üblich waren, wiederum eine arbeitende Ehefrau die Ausnahme darstellte.

6. Die Handelsfrau – eine Chance auf Unabhängigkeit

Eine rechtliche Sonderstellung hatten die Handelsfrauen inne. Durch ihre umfassende Teilnahme am Rechtsverkehr sah sich das Handelsrecht gezwungen, Sonderregelungen zu den familienrechtlichen Bestimmungen zu finden. Während das ADHGB noch ein Einwilligungserfordernis der Ehemänner vorsah, erfuhren verheiratete Handelsfrauen durch das HGB vom 10. Mai

1897[1637] eine Gleichstellung mit ihren männlichen Berufskollegen. Die bisherigen Sonderregelungen zu den Handelsfrauen[1638] wurden ersatzlos gestrichen. Die freiheitlichen Regelungen des Handelsgesetzbuches kollidierten mit den neuen Regelungen des BGB über die Eheherrschaft gemäß §§ 1354, 1356, 1358 BGB. Insbesondere das Einwilligungserfordernis des Ehemannes nach § 1405 BGB barg Konfliktpotenzial. In diesem Abschnitt soll das Zusammenspiel eines Handelsbetriebs der Ehefrau mit dem Eherecht und dem gesetzlichen Güterstand der Verwaltungsgemeinschaft dargestellt werden.

a. Die allgemeinen Regelungen des BGB

Grundsätzlich regelte das BGB in § 1405 BGB [1639] als Vorschrift der Verwaltungsgemeinschaft[1640] den Sonderfall der Handelsfrau. Danach bedurfte die Ehefrau zum selbstständigen Betrieb eines Erwerbgeschäfts die Einwilligung des Ehemannes. Dies war dem Umstand geschuldet, dass ein Unternehmen der Ehefrau als eine das gemeinsame Leben der Ehegatten betreffenden Angelegenheit gemäß § 1354 BGB gewertet wurde und damit dem Entscheidungsrecht des Ehemannes unterlag. Als Erwerbsgeschäft galt jedes Unternehmen, welches eine ständige Einnahmequelle bilden sollte und dies nach außen erkennen ließ.[1641] Dabei wurde das Erwerbsgeschäft der Ehefrau im güterrechtlichen Verständnis weit aufgefasst. Darunter fiel ferner jede Tätigkeit im Betrieb eines Handelsgeschäfts, in Gewerbe und Handwerk, ferner künstlerische, wissenschaftliche und mechanische Arbeiten sowie Tätigkeiten

---

1637 Deutsches Reichsgesetzblatt Band 1897, Nr. 23, S. 219–436.

1638 Art. 6–9 ADHGB.

1639 § 1405 BGB: *Ertheilt der Mann der Frau die Einwilligung zum selbständigen Betrieb eines Erwerbsgeschäfts, so ist seine Zustimmung zu solchen Rechtsgeschäften und Rechtsstreitigkeiten nicht erforderlich, die der Geschäftsbetrieb mit sich bringt. Einseitige Rechtsgeschäfte, die sich auf das Erwerbsgeschäft beziehen, sind der Frau gegenüber vorzunehmen.*

Der Einwilligung des Mannes in den Geschäftsbetrieb steht es gleich, wenn die Frau mit Wissen und ohne Einspruch des Mannes das Erwerbsgeschäft betreibt.

Dritten gegenüber ist ein Einspruch und der Widerruf der Einwilligung nur nach Maßgabe des § 1435 wirksam.

1640 § 1405 BGB galt für die Verwaltungsgemeinschaft. Im Wahlgüterstand der allgemeinen Gütergemeinschaft verwies § 1452 BGB auf § 1405 BGB; Im Rahmen der Errungenschaftsgemeinschaft §§ 1519 Abs. 2 und 1525 Abs. 2 BGB; Im Rahmen der Fahrnißgemeinschaft §§ 1549 und 1550 Abs. 2 BGB

1641 *Wieruszowski*, Handbuch des Eherechts II, Abt. 2, § 13 III; RG 38, 20 ROHG. 14, 118; 22, 303.

im unmittelbaren und mittelbaren Staats- und Privatdienst.[1642] Selbstständig im Sinne der Vorschrift war der Betrieb jedoch erst, wenn er vom Ehemann güterrechtlich unabhängig war und im Namen der Frau, als Trägerin der Rechte und Pflichten des Betriebs, erfolgte. Sie musste als Inhaberin nach außen auftreten, indem sie beispielsweise das Geschäft in ihrem Namen im Handelsregister eintragen ließ. Eine gesonderte Zustimmung des Ehemannes zu Rechtsgeschäften und Rechtsstreitigkeiten, die der Geschäftsbetrieb mit sich brachte, war nicht erforderlich. Welche Rechtsgeschäfte und Rechtsstreitigkeiten in den Wirkungskreis des Erwerbsgeschäftes fielen bestimmte sich nach der allgemeinen Verkehrsanschauung unter Beachtung von Art, Umfang und Inhalt des Betriebs. Im Zweifel wurde vermutet, dass von ihr vorgenommene Rechtsgeschäfte, ebenso wie Neben- und Zusatzgeschäfte, zum Betrieb ihres Handels zählten.[1643]

Das einzige Hindernis war damit das Einwilligungserfordernis des Ehemannes gemäß §1405 BGB. Einer Einwilligung stand es gleich, wenn das Geschäft mit dem Wissen und ohne den Einspruch des Mannes betrieben wurde. Als güterrechtliche Vorschrift war diese von den allgemeinen Ehewirkungen unabhängig und hatte keine Auswirkung auf die Haushaltsführungspflicht der Ehefrau und die Pflicht zur Mithilfe im Gewerbe des Mannes.[1644] Die Einwilligung des Ehemannes konnte weder von dem zuständigen Vormundschaftsgericht noch dem Prozessgericht ersetzt werden. Selbst im Fall einer ungerechtfertigten und böswilligen Verweigerung stand der Ehefrau grundsätzlich kein Rechtsmittel zur Verfügung.[1645]

Damit konnte die verheiratete Frau nur durch indirekte Winkelzüge die selbstständige Aufnahme eines Erwerbgeschäfts erreichen. Sie konnte versuchen, gemäß §§ 1910, 1911 BGB die Anordnung einer Pflegschaft zu erlangen, um so die Einwilligung durch einen Pfleger zu erwirken. Außerdem konnte sie, wenn durch die verweigerte Einwilligung des Mannes zu befürchten war, dass ihre Rechte am eingebrachten Gut auf gefährdende Weise verletzt würden, klageweise die Aufhebung der Verwaltung und Nutznießung

1642 *Hörle*, Ehefrau im Betrieb eines Erwerbsgeschäfts, S. 13, Fn. 1.

1643 Vgl. § 322 Abs.1 HGB und § 323 Abs. 2 HGB

1644 *Hörle*, Ehefrau im Betrieb eines Erwerbsgeschäfts, S. 23 f.

1645 *Hörle*, Ehefrau im Betrieb eines Erwerbsgeschäfts, S. 25; *Gumbert*, Erwerbsfrau, S. 30; *Bestgen*, Rechtsstellung einer Ehefrau, S. 17; *Düringen/Hachenburg*, HGB, S. 10.

anstreben[1646]. Eine Klage auf Ehescheidung[1647] war nur zu begründen, wenn der Ehemann durch eine unbegründete Verweigerung vorsätzlich eine zum Unterhalt der Familie unentbehrliche Erwerbsquelle schädigte und sich einer rücksichtlosen Verhaltensweise schuldig machte.[1648] Damit standen der Ehefrau nur drastische Vorgehensweisen zur Umgehung der Einwilligung zur Verfügung. Inwieweit diese tatsächlich genutzt wurden oder bloß juristische Theorie waren, kann nicht nachvollzogen werden.

Der Ehemann konnte jederzeit seine Einwilligung widerrufen oder, wenn das Erwerbsgeschäft ohne dessen Einwilligung geführt wurde, widersprechen.[1649] Dies war formlos und ohne Angabe von Gründen möglich, musste jedoch den gesamten Erwerbsbetrieb betreffen. Gegen einzelne Rechtsgeschäfte oder Rechtsstreitigkeiten konnte der Ehemann auf diese Weise nicht vorgehen.[1650] Als güterrechtliche Regelung war es möglich, diese Befugnis des Ehemannes ehevertraglich auszuschließen.[1651] Durch einen Widerruf wurde das Erwerbsgeschäft selbst nicht berührt, die Ehefrau blieb Inhaberin desselben. Der Ehemann konnte so weder die Einstellung und Schließung des Betriebs erwirken noch die Verwaltung darüber übernehmen.[1652] Um Außenwirkung zu entfalten, musste der Widerspruch in das Güterrechtsregister eingetragen werden.[1653] Daneben war es dem Ehemann aufgrund seines Bestimmungsrechts aus § 1354 BGB möglich, der Frau den Betrieb eines selbstständigen Erwerbgeschäfts zu verbieten, wenn dieser das eheliche Leben beeinträchtigte. Darin wurde teilweise eine Vernachlässigung der weiblichen Pflichten aus §§ 1353, 1354, 1356 und 1357 BGB, sowie eine Gefährdung ihrer Gesundheit gesehen. Ein Grund war zudem, wenn der Betrieb des Handelsgeschäfts sich nicht mit der sozialen Stellung des

1646 Vgl. §§ 1418 Nr. 1, 1391, 1426 BGB; alternativ: Aufhebung der Errungenschaftsgemeinschaft nach § 1542 Abs. 1 BGB; *Hörle*, Ehefrau im Betrieb eines Erwerbsgeschäfts, S. 25; *Gumbert*, Erwerbsfrau, S. 30; *Bestgen*, Rechtsstellung einer Ehefrau, S. 17; *Düringen/Hachenburg*, HGB, S. 10.

1647 Nach § 1568 BGB

1648 *Hörle*, Ehefrau im Betrieb eines Erwerbsgeschäfts, S. 25.

1649 Vgl. § 1405 Abs. 3 BGB

1650 *Hörle*, Ehefrau im Betrieb eines Erwerbsgeschäfts, S. 28 f.

1651 *Hörle*, Ehefrau im Betrieb eines Erwerbsgeschäfts, S. 29; *Wieruszowski*, Handbuch des Eherechts II, § 13 A. 95; *Düringer/Hachenburg*, HGB, I 10.

1652 Vgl. RG 59, 25 ff.

1653 Art. 4 des Einführungsgesetzes zum HGB.

Ehemannes vertrug oder gegen die guten Sitten verstieß.[1654] Führte eine verheiratete Frau ein selbstständiges Erwerbsgeschäft ohne die Einwilligung des Ehemannes, konnte der Ehemann die zum eingebrachten Gut zählenden und in den Geschäftsbetrieb eingebundenen Gegenstände in Besitz nehmen.[1655]

Der Ehemann konnte gegenüber seiner handeltreibenden Frau außerdem eine Klage auf Herstellung des ehelichen Lebens anstreben. Ein entsprechendes Urteil war jedoch nicht vollstreckbar und damit nicht geeignet die Frau zur Einstellung ihres Gewerbes zu zwingen.[1656] Als *ultima ratio* blieb dem Ehemann damit die Scheidung. Zur Bejahung eines Scheidungsgrundes musste der Mann jedoch begründen, weshalb das Handelsgeschäft seiner Frau ihre ehelichen Pflichten verletzte.[1657] Dazu war neben der selbstständigen Berufstätigkeit der Frau das Hinzukommen weiterer ungewöhnlicher Begleiterscheinungen, wie etwa die Verwahrlosung des Haushaltes oder eine enorme Missachtung der Kindererziehung, erforderlich.[1658]

b. *Die güterrechtlichen Auswirkungen*

Auch das Güterrecht wirkte sich auf den selbstständigen Geschäftsbetrieb der Ehefrau aus. Für die folgende Betrachtung ist der gesetzliche Güterstand der Verwaltungsgemeinschaft und die vermögensrechtliche Einteilung in eingebrachtes Gut und Vorbehaltsgut maßgeblich. Für den Geschäftsbetrieb und dessen Umsatz war außerdem von Bedeutung, aus welchen Vermögensmassen sich das Betriebsvermögen speiste. Wirtschaftete die verheiratete Frau im Rahmen ihres Handels ausschließlich mit ihrem Vorbehaltsgut, so fiel ihr Erwerb gemäß §§ 1367, 1370 BGB in das Vorbehaltsgut und war damit den Einwirkungsbefugnissen des Ehemannes entzogen.[1659] Ausnahmsweise

---

1654 *Hörle*, Ehefrau im Betrieb eines Erwerbsgeschäfts, S. 32.

1655 § 1373 BGB: *Der Mann ist berechtigt, die zum eingebrachten Gute gehörenden Sachen in Besitz zu nehmen.*

1656 § 888 Abs. 2 ZPO; Vgl. *Hörle*, Ehefrau im Betrieb eines Erwerbsgeschäfts, S. 32.

1657 § 1568 BGB

1658 Vgl. Palandt/*Lauterbach*, BGB, 1951, § 43 Ehegesetz (Nachfolgenorm von § 1568 BGB, Nr. 13: Die Kasuistik der Rechtsanwendung lässt nicht erkennen, dass der Wille des Ehemannes allein bereits für die Annahme einer schweren Eheverfehlung ausreichte.

1659 Vgl. § 1370 BGB: *Vorbehaltsgut ist, was die Frau auf Grund eines zu ihrem Vorbehaltsgute gehörenden Rechtes oder als Ersatz für die Zerstörung, Beschädigung oder Entziehung eines zu dem Vorbehaltsgute gehörenden Gegenstandes oder durch ein Rechtsgeschäft erwirbt, das sich auf das Vorbehaltsgut bezieht.*

galt dann auch der Betrieb selbst als Teil des Vorbehaltsguts.[1660] Sobald das Geschäft indes auch mit eingebrachtem Gut betrieben wurde, galt zwar der Erwerb der Ehefrau als Vorbehaltsgut, nicht jedoch das Geschäft selbst und das darin enthaltene Betriebsvermögen.[1661] Diese wurden vielmehr in ihrer Gesamtheit eingebrachtes Gut. Eine durch die Reichstagskommission angedachte Erweiterung des Vorbehaltsgutes auf alle *„zur Ausübung des Berufes oder Gewerbes der Frau dienenden Gegenstände"* wurde in § 1366 BGB auf *„Arbeitsgeräthe"* beschränkt.[1662] Dessen ungeachtet wurde auch Erwerb, der auf eingebrachtes Gut zurückzuführen war, unabhängig von einer Einwilligung des Ehemannes, zu Vorbehaltsgut.[1663] Dazu zählten nicht nur der Reingewinn, sondern auch die mit dem Betrieb zusammenhängenden Einkünfte und Gegenstände. Gleiches galt für Renten- und Pensionsansprüche.[1664] Die herrschende Meinung empfand es als unbillig, den Verdienst der Ehefrau aus selbstständiger Tätigkeit dem Ehemann zuzuordnen, da die Ehefrau bereits über ihre rechtliche Verpflichtung hinaus arbeitete und der Ehemann daher nicht entscheiden solle, in welcher Weise ihr Erwerb der Gemeinschaft oder ihm allein diene.[1665] *Planck* prognostizierte aufgrund dieser Rechtsfolge eine Vielzahl ehevertraglicher Gütertrennungen, um so die vermögensrechtliche Zuordnung der Verwaltungsgemeinschaft zu umgehen.[1666]

Als Teil des Vorbehaltsguts stand dem Ehemann kein Herausgabeanspruch am Geschäftserwerb zu. Jedoch war die Ehefrau gemäß § 1371 BGB dazu verpflichtet, einen *„Beitrag zur Bestreitung des ehelichen Aufwandes"* zu leisten, sofern der *„Mann nicht schon durch die Nutzungen des eingebrachten Gutes einen angemessenen Beitrag erhält"*. Wurde das Erwerbsgeschäft nicht selbstständig betrieben, fiel der Erwerb gemäß § 1364 BGB in das eingebrachte Gut und unter die Kontrolle des Ehemannes. In diesem Fall stand

---

1660 *Hörle*, Ehefrau im Betrieb eines Erwerbsgeschäfts, S. 33 ff.

1661 RG 28. Juni 1915, 4. Zivilsenat, RGZ 87, 100 = JW 1915, 1008; *Hörle*, Ehefrau im Betrieb eines Erwerbsgeschäfts, S. 45.

1662 *Hörle*, Ehefrau im Betrieb eines Erwerbsgeschäfts, S. 45, Fn. 2.: Der Charakter von § 1366 BGB als Ausnahmevorschrift sprach für eine enge Auslegung des Begriffs *„Arbeitsgeräthe"*.

1663 *Hörle*, Ehefrau im Betrieb eines Erwerbsgeschäfts, S. 75.

1664 *Hörle*, ebenda.

1665 *Planck*, BGB IV, § 1367, 1., S. 103.

1666 *Planck*, ebenda.

der Gewinn als Nutzung des Geschäftsganzen ebenfalls dem Mann gemäß § 1383 BGB[1667] zu.[1668]

Darüber hinaus war zu berücksichtigen, dass an den Teilen des Geschäftsvermögens, welche eingebrachtes Gut darstellten, dem Ehemann grundsätzlich weiterhin die gesetzliche Verwaltung und Nutznießung zustand.[1669] Dies schien jedoch mit § 1405 BGB unvereinbar und führte zu einer Kollision der Verwaltungsrechte der Ehepartner, die unterschiedlich aufgelöst wurde. Der Rechtsprofessor Konrad *Cosack* war der Ansicht, dass dem Ehemann zwar die Verwaltung des weiblichen Geschäftsvermögens zugewiesen, diese jedoch derjenigen der Ehefrau als Betreiberin des Geschäfts untergeordnet sei, sodass der Ehemann seine Verwaltungsrechte nicht gegen den Willen der Frau ausüben könne.[1670] Eine weitere Argumentation zugunsten der verheirateten Handelsfrau wertete die Einwilligung des Ehemannes in den Geschäftsbetrieb der Frau als Verpflichtung, seine Verwaltungsbefugnisse nicht wahrzunehmen, sofern diese den ordnungsgemäßen Betrieb der Frau schädigten.[1671] Außerdem wurde die Einwilligung des Ehemannes in das Erwerbsgeschäft teilweise sogar als Verzicht auf seine Verwaltungsrechte gewertet.[1672] Die herrschende Meinung hingegen folgte diesen frauenfreundlichen Auslegungen nicht und gestand dem Ehemann weiterhin die Verwaltung an den eingebrachten Gütern des Geschäftsvermögens zu.[1673]

Betrieb die Ehefrau bereits im Zeitpunkt der Eheschließung ein Geschäft, wurde der bereits erwirtschaftete Erwerb eingebrachtes Gut. In diesem Fall entschied das OLG Hamburg 1917, dass das Geschäft selbst nicht ohne

---

1667 § 1383 BGB: *Der Mann erwirbt die Nutzungen des eingebrachten Gutes in derselben Weise und in demselben Umfange wie ein Nießbraucher.*

1668 *Hörle*, Ehefrau im Betrieb eines Erwerbsgeschäfts, S. 79.

1669 Ohne die Mitwirkung der Ehefrau war der Ehemann unter anderem gesetzlich dazu befugt, das Inventar in Besitz zu nehmen (§ 1373 BGB), über Bargeld und verbrauchbare Güter wie das Warenlager und zur Verarbeitung bestimmte Grundstoffe zu verfügen (§§ 1376 Ziff. 1, 1377 Abs. 1 BGB), und verbrauchbare Sachen, die kein Geld waren zu verbrauchen oder zu veräußern (§ 1377 Abs. 3 BGB).

1670 *Cosack*, Bürgerliches Recht II, § 298.

1671 *Schefold*, Das selbständige Erwerbsgeschäft der Ehefrau, in: AcP, 1901, Band 91, S. 142–154, 154.

1672 *Ullmann*, Die Ehefrau als Gesellschafterin, in: JW 02, S. 49–57, 49 ff.

1673 Vgl. *Hörle*, Ehefrau im Betrieb eines Erwerbsgeschäfts, S. 48 f.

Weiteres in das Vorbehaltsgut falle, sondern an sich zum eingebrachten Gut zähle. Die Begründung stützte sich auf § 1367 BGB, der nur den Erwerb aus einem während der Ehe betriebenen Geschäft umfasste.[1674] Darüber hinaus sollte dem Ehemann indes auch an diesem Handelsgewerbe weder Nießbrauch noch Verwaltung zustehen. Gleiches galt für die zum Betrieb zählenden Gebrauchsgegenstände.[1675] Der Erwerb im Laufe der Ehe wurde wieder Vorbehaltsgut.

Der gemeinsame Betrieb eines Gewerbes durch die Eheleute war stets nachteilig für die Ehefrau. Der Abschluss eines entgeltlichen Vertragsverhältnisses zwischen den Eheleuten und die Formung einer Gesellschaft unter Ehegatten verstieß trotz der vielschichtigen Rechtsfolgen nicht gegen das Wesen der Ehe oder die guten Sitten.[1676] Dabei stellte der Mann die Frau jedoch nur in Ausnahmefällen an, da die Ehefrau ohnehin die unentgeltliche Pflicht zur Gewerbehilfe traf. Der umgekehrte Fall hob dabei die ungleiche Pflichtenverteilung zulasten der Ehefrau besonders hervor. Denn betrieb die Ehefrau mit ihrem vorbehaltenen Vermögen ein Gewerbe und stellte ihren Mann an, wertete die herrschende Meinung eine unentgeltliche Leistung des Ehemannes als Verstoß gegen die güterrechtlichen Grundsätze. In diesem Fall seien nicht nur die Basis der ehemännlichen Verwaltung, sondern auch die vermögensrechtlichen Grundpfeiler verletzt, da die Erträge des Erwerbsgeschäfts nicht dem Gesamtgut, sondern dem Vorbehaltsgut der Frau zugutekämen und durch den Verdienstausfall des Ehemannes untragbare Nachteile für das Gesamtgut einträten.[1677]

c. Die Behandlung in der Rechtswissenschaft

Das Spannungsfeld zwischen den Aufgaben der Ehefrau und Handelsfrau bearbeiteten nach der Verabschiedung des BGB eine Fülle von Dissertationen, welche jedoch größtenteils sowohl die wirtschaftliche Lage der Handelsfrauen als auch die zeitgenössischen juristischen Forderungen der Frauenbewegung

---

[1674] Hamburg 1. Juli 1916, HansGZ 1917, S. 8 = OLG 34, 249.

[1675] Posen 28. April 1915, OLG. 31, 170 = PosMSchr. 1915, 81.

[1676] Vgl. *Biberfeld*, in Hirths Annalen, 1904, Anm. 4 Nr. 2, S. 173; Preußisches Oberverwaltungsgericht in Steuersachen, PrOVGSt. 24, 102; *Planck*, BGB, 3 zu § 1356; RG 50, 51 ff.

[1677] *Hörle*, Ehefrau im Betrieb eines Erwerbsgeschäfts, S. 79.

unberücksichtigt ließen.[1678] Tiefgreifendere Untersuchungen als seine Kollegen unternahm dabei der Jurist Georg *Hörle*, weshalb die Gedanken und Schlussfolgerungen seiner Dissertation näher dargelegt werden sollen. Er wertete die weiblichen Interessen als vorrangig gegenüber den ehemännlichen Verwaltungsrechten. Für *Hörle* war insbesondere das nach herrschender Meinung fortbestehende Verwaltungsrecht des Ehemannes am Betriebsvermögen, welches aus eingebrachtem Gut bestand, unhaltbar.[1679] Er bemängelte, dass nicht ausreichend berücksichtigt werde, dass die Frau Eigentümerin ihrer eingebrachten Güter blieb. Der Ehemann erhalte zwar ein Besitzergreifungsrecht, dies habe jedoch nicht zur Folge, dass er die Güter der Frau gegen ihren Willen an sich nehmen könne. Verweigere die Frau die Einräumung des Besitzes, so sei der Ehemann auf eine Besitzeinräumungsklage gemäß § 1373 BGB angewiesen. Störe er ihren Besitz dennoch, so handele er widerrechtlich und die Frau könne eine Besitzstörungsklage gemäß § 862 BGB anstreben. Erst wenn der Mann den Besitz tatsächlich innehabe, sei es durch den Willen der Frau oder aufgrund eines Gerichtsurteils, sei er der rechtmäßige unmittelbare Besitzer, der Frau verblieb der mittelbare Besitz. Dabei sei der Besitz des Mannes auch bloß Verwaltungs- und Nutzbesitz, der Eigenbesitzer sei weiterhin die Ehefrau. Daher sei es inakzeptabel, wenn der Ehemann mit den Gütern als ihm gehörend verfahre.[1680] Gestehe der Ehemann seinen Verwaltungsbesitz an den eingebrachten Gütern seiner Frau zum selbstständigen Betrieb eines Erwerbsgeschäfts zu, so erringe sie den unmittelbaren Besitz und ihr Besitzschutz gemäß § 862 BGB lebe auf. Durch die Einwilligung im Sinne von § 1405 BGB sei der selbstständige Erwerbsbetrieb nicht nur aus dem Wirkungskreis der gemeinsamen ehelichen Angelegenheiten ausgegliedert, die Ehefrau sei auch von den güterrechtlichen

---

1678 Vgl. *Duncker*, Gleichheit und Ungleichheit, S. 875, Fn. 3918: Themenähnliche und themengleiche Dissertationen und verwandte Schriften zwischen 1900 und 1924 (in zeitlicher Folge) u.a.: Gumbert (1900); Pitsch (1900); Hoffmann (1901); Baron (1902); Bestgen (1902, unter kurzer Einbeziehung geschichtlicher Grundlagen); Bruckner (1903); Dücker (1903); Simons (1903); Friderichs (1904); Hörle (1907); Wagner (1907); Simon (1908); K. Braun (1910); Oehlert (1910); Kästner (1910); Schiffmann (1910); Beck (1912); Benckendorff (1912); Morgenstern (1912); Grünefeld (1913); Patz (1913); Michalski (1914); Dietze (1916); Polthier (1917); O. Lehmann (1920); Osterloh (1922); Holle (1923); List (1924); Steeb (1924).

1679 *Hörle*, Ehefrau im Betrieb eines Erwerbsgeschäfts, S. 49.

1680 *Hörle*, Ehefrau im Betrieb eines Erwerbsgeschäfts, S. 48 f.

Befugnissen des Ehemannes an ihrem eingebrachten Vermögen frei.[1681] *Hörle* zufolge sei die Aufhebung dieser Befugnisse die notwendige Folge aus der Einwilligung des Ehemannes. Grundsätzlich sei die Verfügungsfähigkeit der Frau über ihre eingebrachten Güter nur verkürzt, um dem Mann spiegelbildliche Befugnisse einzuräumen und auf diese Weise einseitige Rechtshandlungen der Frau zu unterbinden, die das eingebrachte Gut beträfen. Indem jedoch ein Teil des Eingebrachten in den Betrieb der Ehefrau floss und die verheiratete Frau in dessen Grenzen selbstständige Rechtshandlungen vornehmen könne, entfalle dieses Schutzbedürfnis des Ehemannes. Mithin fehle es an dem rechtlichen Grund zur Wahrnehmung und Ausübung der männlichen Verwaltungsrechte.[1682] Das Recht des Mannes belaufe sich in diesem Bereich gemäß § 1372 BGB allein auf die Feststellung des Bestandes und Zustands des eingebrachten Gutes.[1683]

Diese Argumentation *Hörles* ist überzeugend. Es gelang ihm, die übergeordneten Interessen und Pflichten der Eheleute in einen angemessenen Ausgleich zu bringen und gleichzeitig die juristischen Konsequenzen detailliert darzulegen. Bestünden die Vorrechte des Ehemannes am eingebrachten Gut der Ehefrau auch im Wirkungskreis ihres selbstständigen Erwerbsgeschäfts fort, wäre die Einwilligung im Sinne von § 1405 BGB rechtlich bedeutungslos und rein symbolischer Natur. Die durch die Einwilligung entstehenden Befugnisse der Ehefrau, Rechtsgeschäfte und Rechtsstreitigkeiten ohne die Zustimmung ihres Ehemannes vornehmen zu können, könnten in diesem Fall nicht wahrgenommen werden. Eine Einwirkungsmöglichkeit des Ehemannes bestünde außerdem weiterhin fort. Darüber hinaus hatte der Ehemann eine ausreichende Kontrolle über die Geschäftstätigkeiten seiner Frau, da er seine Einwilligung stets widerrufen konnte.

Einen weiteren Einblick in die juristischen und wirtschaftlichen Aspekte der Debatte um die Handelsfrauen liefert der Beitrag von Dr. Adolf *Hinsberg* in „*Die Frauenbewegung*“ von 1897, der als mit der Frauenbewegung sympathisierender Jurist die Neuerungen des HGB untersuchte.[1684] Durch die Streichung der Sondernormen zu den Handelsfrauen und der darin liegenden

---

[1681] *Hörle*, Ehefrau im Betrieb eines Erwerbsgeschäfts, S. 49.
[1682] *Hörle*, Ehefrau im Betrieb eines Erwerbsgeschäfts, S. 50.
[1683] *Hörle*, ebenda.
[1684] *Hinsberg*, Die Frauen, in: Die Frauenbewegung 1897, S. 25–27.

Botschaft, diese nicht mehr als Sonderfall einzustufen, äußere sich zunächst eine „*selbstverständliche Gleichberechtigung*". An deren Stelle trete nun jedoch § 1354 Abs. 1 BGB, der dem Mann die Entscheidungsgewalt in allen das gemeinschaftliche eheliche Leben betreffenden Angelegenheiten über trage. Zwar seien die Konsequenzen der Regelung nicht so drastisch wie jene der Vorgängernorm in Art. 7 ADHGB, da das Entscheidungsrecht des Ehemannes nur gemeinsame Angelegenheiten betreffe und die Frau im Falle eines Missbrauchs nicht Folge leisten müsse. Dennoch befürchtete *Hinsberg*, dass die Gerichte einem klagenden Ehemann von vornherein recht gäben, wenn er behauptete, das Geschäft seiner Frau nehme zu viel Zeit in Anspruch und sie vernachlässige infolgedessen ihre häuslichen Pflichten.[1685] Damit eine verheiratete Handelsfrau ausreichend geschützt sei und einem Gewerbe nachgehen könne, legte er den Frauen daher einen Ehevertrag nahe, in dem bestenfalls eine Gütertrennung vereinbart sei, damit die Ehefrau frei sei und weder ihr Vermögen noch ihre Entscheidungen dem Willen des Mannes unterworfen wären.[1686]

Für *Hinsberg* war die Anwendung von § 1354 BGB auf den Geschäftsbetrieb der Ehefrau, die als Handelsfrau regelmäßig ebenso geschäftsgewandt und praktisch erfahren sei wie ihr Mann, nichts als eine „*Schablonisierung*" und „*willkürliche Degradierung*" und daher „*doppelt verkehrt*".[1687]

Das Handelsrecht legte der Ehefrau damit zur Erlangung der Handelsfrau-Eigenschaft keine Steine mehr in den Weg. Diese waren nun jedoch im Güterrecht des BGB zu finden. Die verheiratete Handelsfrau musste sich eine selbstständige Arbeitsweise und begrenzte Einwirkungs- und Kontrollmöglichkeiten des Ehemannes weiterhin erkämpfen.

d. Bewertung und Fazit

Auch die Handelsfrauen standen an der Schwelle des 20. Jahrhunderts, trotz der Streichung der Geschlechterdifferenzierung des HGB, weiterhin vor personen- und vermögensrechtlichen Hindernissen. Während die Ehefrau, welche in einem Dienstverhältnis stand, durch das gerichtlich kontrollierte Kündigungsrecht des Ehemannes in ihrer Geschäftsfähigkeit

1685 *Hinsberg*, Die Frauen, in: Die Frauenbewegung 1897, S. 25–27, 26.
1686 *Hinsberg*, Die Frauen, in: Die Frauenbewegung 1897, S. 25–27, 26 f.
1687 *Hinsberg*, Die Frauen, in: Die Frauenbewegung 1897, S. 25–27, S. 27.

beschnitten war, war die verheiratete Handelsfrau durch das Güterrecht des BGB einer noch drastischeren Beschränkung unterworfen. Zum Betrieb eines Handelsgeschäfts stand die Ehefrau weiterhin unter einem generellen Einwilligungsvorbehalt des Ehemannes, der in allen Güterständen zu beachten war. Erteilte der Ehemann seine Einwilligung, konnte die Frau im Umfang des Geschäftsbetriebs rechtsgeschäftlich tätig werden. Weigerte sich der Ehemann hingegen, standen der Ehefrau keine Rechtsmittel zur Überwindung der Verweigerung zur Verfügung, selbst wenn diese missbräuchlich war. Um diese Abhängigkeit zu umgehen, musste die Frau bereits im Ehevertrag eine generelle Einwilligung des Ehemannes vereinbaren oder eine Gütertrennung aushandeln. Eine Einwilligung auf andere Weise zu erhalten, war nur durch trickreiche juristische Umwege und in absoluten Ausnahmefällen möglich, welche den Umständen nach ohnehin eine Zerrüttung der Ehe nahelegten.

7. Rechtsmittel

Ein weiterer Aspekt der vermögensrechtlichen Absicherung der erwerbstätigen Ehefrau bildeten die ihr zur Verfügung stehenden Rechtsmittel. Im Folgenden soll eine Übersicht über die der Ehefrau zugänglichen Rechtsmittel und die Qualität dieser Maßnahmen zur Erlangung finanzieller Unabhängigkeit erstellt werden. Wobei der Fokus auf den Möglichkeiten im Rahmen der Verwaltungsgemeinschaft liegt. Zunächst ist festzuhalten, dass die Kontrollmechanismen des BGB, welche der Ehefrau zur Erhaltung ihres Eigentums und eingebrachten Vermögens zur Verfügung standen, ihrem Wesen nach nicht auf die Rückerlangung der eigenen Verwaltungsbefugnisse abzielten, sondern vielmehr auf die Bewahrung ihrer Vermögensmassen. Den Ausgangspunkt der Rechtsmittel bildete grundsätzlich die ordnungsgemäße Verwaltung des Ehemannes, welche die Handlungsweisen eines tüchtigen und sorgsamen Wirtschafters voraussetzte.[1688] Der Schutz des Arbeitserwerbs der verheirateten Frau ergab sich unmittelbar aus der Einordnung als Vorbehaltsvermögen infolge § 1367 BGB. Die übrigen Rechtsmittel betrafen das eingebrachte Vermögen, wobei diese auf vermögende Frauen zugeschnitten waren.

[1688] Vgl. § 1374 BGB; *Wolf*, Das Bürgerliche Gesetzbuch, S. 320.

Den Ehemann traf die Pflicht, den Wert verbrauchbarer Sachen, die er für sich im Zuge seiner Nutzwaltung veräußerte oder verbrauchte, zu ersetzen.[1689] Grundsätzlich traf ihn diese Verpflichtung jedoch erst mit der Beendigung der Verwaltung und Nutznießung.[1690]

Damit die Ehefrau sicherstellen konnte, dass die Hausgemeinschaft auch von ihrem eingebrachten Vermögen profitierte, konnte sie gemäß § 1389 Abs. 2 BGB verlangen, dass der Mann den tatsächlich erzielten Reinertrag des eingebrachten Gutes, erforderlichenfalls und ohne Rücksicht auf anderweitige Verpflichtungen des Ehemannes, für den Unterhalt der Familie aufbrachte.[1691]

Zum Schutz ihres eingebrachten Eigentums hatte die Ehefrau darüber hinaus gemäß § 1391 BGB die Möglichkeit, eine Sicherheitsleistung des Mannes zu verlangen, wenn dessen Verhalten die Besorgnis begründete, die Rechte der Frau in einer das eingebrachte Gut erheblich gefährdenden Weise zu verletzten oder ihren Anspruch auf Wertersatz ihrer verbrauchbaren Sachen bedrohte. Ob der Mann mit böser Absicht oder aufgrund Fahrlässigkeit, Unerfahrenheit oder Unfähigkeit zur ordnungsgemäßen Verwaltung handelte, war dabei unerheblich.[1692] Die Klage richtete sich auf die Anordnung eines dinglichen Arrestes oder den Erlass einer einstweiligen Verfügung.[1693] Kam es der Ehefrau auf die Rückgabe ihres eingebrachten Gutes an, war sie auf die gerichtliche Aufhebung der Verwaltung und Nutznießung gemäß §§ 1418 ff. BGB angewiesen, sofern der Ehemann durch sein Verhalten das eingebrachte Gut gefährdete[1694] oder seine Unterhaltsverpflichtung verletzte und dies auch in Zukunft zu befürchten war. Außerdem endeten die Verwaltung und Nutznießung, wenn der Konkurs über das Vermögen des Mannes eröffnet wurde.[1695] War die Klage erfolgreich, hatte der Ehemann das eingebrachte Gut herauszugeben und der Ehefrau über die Verwaltung Rechenschaft abzulegen.[1696] Die Herausgabe hatte in dem Umfang zum Zeitpunkt der

---

1689 § 1377 Abs. 2 BGB

1690 *Wolf*, Das Bürgerliche Gesetzbuch, S. 320.

1691 *Wolf*, Das Bürgerliche Gesetzbuch, S. 323.

1692 *Wolf*, ebenda; BayOLG. Recht 04, 315.

1693 *Wolf*, Das Bürgerliche Gesetzbuch, S. 323.

1694 Vgl. Voraussetzungen nach § 1391 BGB

1695 § 1419 BGB

1696 *Wolf*, Das Bürgerliche Gesetzbuch, S. 328; § 1421 BGB

Rechtshängigkeit zu erfolgen.[1697] Außerdem konnte die Ehefrau die Aufhebung der Verwaltung und Nutznießung im Ausnahmefall zur Aufnahme eines Handelsgeschäfts verlangen, wenn die verweigerte Einwilligung des Mannes zur Handelsaufnahme die Rechte der Ehefrau an ihrem eingebrachten Gut auf gefährdende Weise verletzte.[1698] Eine Klage auf Ehescheidung[1699] war nur zu begründen, wenn der Ehemann durch eine unbegründete Verweigerung vorsätzlich eine zum Unterhalt der Familie unentbehrliche Erwerbsquelle schädigte und sich so einer dem ehelichen Wesen widersprechenden, rücksichtslosen Verhaltensweise schuldig machte.[1700]

Die der Ehefrau zugestandenen „*Kontrollrechte*" gewährten ihr zwar eine gewisse Einflussnahme, zielten jedoch nicht auf finanzielle Selbstständigkeit ab, sondern sollten allein die Substanz ihres Vermögens in Notfällen bewahren.[1701] Die Effektivität dieser Rechtsmittel litt an den gleichen Mängeln wie die Regelungen ihrer Rechtsvorgänger: Die Durchsetzung des erkämpften Rechtsmittels war oftmals erst mit der Aufhebung des Güterstandes möglich.[1702] Zudem waren die Voraussetzungen der Kontrollrechte anspruchsvoll, sodass in den typischerweise zeitkritischen Sachverhalten eine Vermögenssicherung bereits nicht mehr möglich war, da auch das Vermögen des Ehemannes unter seiner unsachgemäßen Verwaltung litt und damit eine Restitution ausschied.

8. Die Reaktionen der Frauenbewegung auf das Bürgerliche Gesetzbuch

Die Vorsitzende des Allgemeinen Deutschen Frauenvereins und Mitbegründerin der deutschen Frauenbewegung Louise *Otto-Peters* verstarb kurz vor dem Ende der Gesetzgebungsarbeiten. Als ihre Nachfolgerinnen meldeten sich Auguste *Schmidt* und Helena *Lange* zum BGB zu Wort. Auch der Bund Deutscher Frauenvereine, unter dem Engagement von Marie *Raschke*, Marie

---

1697 *Wolf*, Das Bürgerliche Gesetzbuch, S. 328; § 1422 BGB

1698 Vgl. §§ 1418 Nr. 1, 1391, 1426 BGB, oder Aufhebung der Errungenschaftsgemeinschaft gemäß § 1542 Abs. 1 BGB; *Hörle*, Ehefrau im Betrieb eines Erwerbsgeschäfts, S. 25; *Gumbert*, Erwerbsfrau, S. 30; *Bestgen*, Rechtsstellung einer Ehefrau, S. 17; *Düringen/Hachenburg*, HGB, S. 10.

1699 Gemäß § 1568 BGB

1700 *Hörle*, Ehefrau im Betrieb eines Erwerbsgeschäfts, S. 25.

1701 Annahme einer Verbesserung: *Hachenburg*, Gesetzbuch, S. 383 f.; *Grimme*, Entwicklungen, S. 106.

1702 Vgl. § 1394 BGB

Stritt und Minna *Cauer*, beschäftigten sich intensiv mit dem Familienrecht des BGB. Daneben sollen auch die Analysen Emilie *Kempins* und Marianne *Webers* näher beleuchtet werden.

a. Die Enttäuschung der bürgerlichen Frauenbewegung

Die Juristin Marie *Raschke* äußerte sich 1896 wiederholt in Minna *Cauers* Zeitschrift „*Die Frauenbewegung*" zum ehelichen Güterrecht. Sie favorisierte den gesetzlichen Güterstand der Gütertrennung und setzte sich mit den Argumenten der Gesetzgeber gegen diesen auseinander.[1703] Sie hielt am Ideal der Gütertrennung auch zukünftig fest und veröffentliche daher 1902 ein Rechtsbuch mitsamt Musterverträgen, welche neben der Vereinbarung der Gütertrennung auch die Ausbedingung von Vorbehaltsgut im Rahmen der Verwaltungsgemeinschaft beinhaltete und interessierten Frauen als Vorlage dienen sollte.[1704]

Die Vertreterin des Allgemeinen Deutschen Frauenvereins, Helene *Lange*, war in ihrer Kritik weniger zurückhaltend und prangerte das BGB als „*Jahrtausende altes Unrecht*" an.[1705] Sie verurteilte es als Schande für das Land, dass der Mann die rechtliche Befugnis habe, das „*Gut seiner Frau*" in der „*liederlichsten Weise mit Prostituierten durchzubringen*".[1706] Sie war davon überzeugt, dass die Regelungen des Familienrechts das Gerüst der Ehe zerrütteten, indem sie die finanzielle Absicherung der Familie zugunsten der Vormachtstellung des Mannes gefährdeten. Dieses Ungleichgewicht erwachse allein aus dem Egoismus der männlichen Gesetzgeber.[1707] *Lange* war von den Reformen des BGB maßlos enttäuscht und sprach dem Gesetz das Potenzial, den Grundstein für die Gleichberechtigung der Geschlechter zu legen, ab.

Die Kritik der deutschen Juristin und Aktivistin der bürgerlich-radikalen Frauenbewegung Anita *Augsburg* fiel noch drastischer aus. Sie sprach dem BGB das Privileg ab, als „*Recht*" verstanden zu werden. In „*Die Frauenbewegung*" ließ sie sich in der Reihe „*Die Frau und das Recht*" darüber aus, dass sich das Familienrecht vor allem durch Willkür auszeichne und im Widerspruch zu

---

1703 *Raschke*, Das eheliche Güterrecht, in: Die Frauenbewegung, 1896, S 33 f., 158 f.

1704 *Raschke/Rosenfeld*, Das Eherecht, S. 133–139.

1705 *Lange*, Das Bürgerliche Gesetzbuch, in: Dies. Kampfzeiten. Aufsätze und Reden aus vier Jahreszeiten. Band 1, Berlin 1928, S. 177.

1706 *Lange*, ebenda.

1707 *Lange*, ebenda.

allgemeinen Rechtsprinzipien stehe.[1708] Dieser Widerspruch ergebe sich durch die Beschränkungen der Frau mit Eingehung der Ehe. Diese seien beliebig, ohne System und kollidierten mit der unbedingten Anerkennung der Frau als Rechtssubjekt.[1709] Auch die Rechte der Ehemänner am Vermögen der Frau im Rahmen der Verwaltungsgemeinschaft seien nicht tragbar. Den für sie eigentlichen Zweck des Güterrechts, nämlich eine ausgewogene Vermögensordnung, welche das Vermögen beider Ehegatten schütze, erreiche das gesetzliche Güterrecht nicht.[1710]

b. Emilie Kempins *zurückhaltende Kritik*

Die Juristin Emilie *Kempin*, die als juristische Beraterin federführend im Rahmen der Anträge-Pauli tätig war und der es damit als erster Juristin der deutschen Geschichte gelang, eine Rechtsänderung zugunsten der Ehefrau zu bewirken, wurde aufgrund ihrer Leistungen für die Frauenrechte von der bürgerlichen Frauenbewegung geachtet und zum Ehrenmitglied des Vereins „*Frauenwohl*" ernannt.[1711] Nach *Kempins* vergleichsweiser positiver Bewertung der Arbeiten zum BGB wurde sie jedoch zunehmend angefeindet.[1712]

Kempin veröffentlichte im Frühjahr 1896 eine Reihe von Beiträgen mit dem Titel „*Die Stellung der Frau im Entwurf des Bürgerlichen Gesetzbuches*".[1713] In den mehrere Zeitungsbeilagen umfassenden Ausführungen forderte sie eine umfassende Umgestaltung des Güterrechts. *Kempin* ging dabei bemüht leidenschaftslos vor, um keine direkte Konfrontation mit den Gegnern der Gleichberechtigungsbestrebungen zu provozieren. Dieses zurückhaltende Vorgehen war wohl nicht zuletzt der Zusammenarbeit mit männlichen Kollegen während der *Anträge-Pauli* geschuldet, die sich insbesondere aufgrund ihrer „*besonnenen*" Art zu ihr bekannten.[1714] Der Verwaltungsgemeinschaft gestand *Kempin* zu, dass sie am besten den Gemeinschaftsgedanken der

---

1708 *Augsburg*, Die Frau und das Recht, in: Die Frauenbewegung, 1986, S. 157.
1709 *Augsburg*, ebenda.
1710 *Augsburg*, Die Frau und das Recht, in: Die Frauenbewegung, 1986, S. 157.
1711 Vgl. Frauenwohl 1893, S. 41, zit. nach: *Berneike*, Die Frauenfrage ist Rechtsfrage, S. 89.
1712 Vgl. dazu *Berneike*, Die Frauenfrage ist Rechtsfrage, S. 89. f.
1713 *Raschke*, Elterliche Gewalt, in: Die Frauenbewegung, 1896, Nr. 7, S. 67–69, 69.
1714 So stand beispielsweise *Jastrow* der Frauenbewegung kritisch gegenüber, nahm *Kempin* von dieser Kritik jedoch aufgrund ihrer besonnenen Art aus, Vgl. *Jastrow*, Das Recht der Frau, S. 38.

Ehe widerspiegele, ohne dabei das Vermögen der Ehegatten unauflösbar zu vermischen, und daher theoretisch eine *„schöne Mitte"* sei.[1715] In ihrer praktischen Regelung offenbare die Verwaltungsgemeinschaft jedoch einen unüberbrückbaren Widerspruch zur Geschäftsfähigkeit der verheirateten Frau, die ihr in vollem Maße zuerkannt sei. Mit der Heirat verliere die Frau die Befugnis rechtskräftigen Handelns, um diese auf den Mann zu übertragen. Darin liege eine Beschränkung der Geschäftsfähigkeit und dieses *„ideale System der Praxis"* führe zu absurden Folgen: *„Die Neuzeit erfordert volle Geschäftsfähigkeit der Ehefrau, demnach wird jede Beschränkung derselben aufgehoben. Als gesetzlicher Güterstand gilt die Verwaltungsgemeinschaft. Sie erfordert durchaus Beschränkungen der Geschäftsfähigkeit der Ehefrau, demnach wird die Ehefrau in ihrer Geschäftsfähigkeit beschränkt."*[1716]

Eine noch größere Gefahr entfalte die Verwaltungsgemeinschaft *Kempin* zufolge jedoch hinsichtlich des Vermögens der Frau. Die Haftungstatbestände des Ehemannes, welche das Gesetzbuch zur Sicherung des weiblichen Eheguts vorsah, seien *„stumpf"* und *„nichts als eine schöne Illusion"*. Dem Missbrauch der ehemännlichen Befugnisse könnten sie kaum vorbeugen und seien in der Praxis nicht fruchtbar zu machen, wenn der Mann bereits das gesamte Ehegut verschwendet habe.[1717] Darüber hinaus bedrohe die Verwaltungsgemeinschaft den *„ehelichen Frieden"*, da jegliches Bemühen der Ehefrau zur Sicherung ihres Vermögens zwangsläufig von ihrem Gatten als *„Mißtrauensvotum"* wahrgenommen werde.[1718] Es sei daher erforderlich, ein gesetzliches Güterrecht zu errichten, dass sowohl den Frieden der Gemeinschaft wahre als auch das Vermögen der Frau ausreichend schütze. Dies sei umso wichtiger, da keine Verlobte eine ehevertragliche Besserstellung ihrer vermögensrechtlichen Befugnisse erreichen könne, ohne die gesamte Heirat zu gefährden.[1719] Den idealen Ausgleich der Interessenbereiche sah *Kempin* in einer Unabhängigkeit der Güter, der Gütertrennung. In ihrer reinen Form sei die Gütertrennung die schlüssige Folge des Gleichstellungsgedankens.[1720]

1715 *Kempin*, Die Stellung der Frau. 1. Beilage zur Post, 25. März 1896.
1716 *Kempin*, ebenda.
1717 *Kempin*, Die Stellung der Frau. 1. Beilage zur Post, 25. März 1896.
1718 *Kempin*, ebenda.
1719 *Kempin*, Die Stellung der Frau. 1. Beilage zur Post, 09. April, 1896.
1720 *Kempin*, Die Stellung der Frau. 1. Beilage zur Post, 25. März 1896.

Obwohl *Kempin* grundsätzlich an einem reinen System der Gütertrennung als *„das der Selbstständigkeit der Frau einzig dienliche System"* festhielt,[1721] beschäftigte sie sich auch mit einer Beteiligung der Frau an der Errungenschaft. Sie gestand dem Gesetzgeber zu, dass nicht abzusehen sei, *„ob diese Selbstständigkeit von der Mehrzahl der Frauen gewünscht wird"*.[1722] Eines von *Kempins* Modellen, die *„nachträgliche Errungenschaftsbeteiligung"*, welches sie anlässlich eines Vortrages am 11. Juni 1897 vor dem *„evangelisch-socialen Kongress"* in Leipzig vorstellte, entsprach in seinen Grundzügen bereits derart der heutigen Zugewinngemeinschaft, dass *Kempin* wohl die Erste war, die die Zugewinngemeinschaft umriss und der Öffentlichkeit vorstellte.[1723] Im Kern baute *Kempin* ihre Arbeiten auf der Prämisse auf, dass für die Geschlechter unterschiedliche Ausgangspunkte und Sachverhalte galten und erkannte dabei, dass in einer absoluten Gleichbehandlung nicht zwangsläufig Gerechtigkeit zu finden sei.[1724] Immerhin sei das Familienbild, in dem die Frau den Haushalt führe und der Mann allein mit seinem Einkommen die Gemeinschaft versorge, weiterhin vorhanden.[1725]

c. *Marianne* Weber *und die eheliche Tradition*

Marianne *Weber* setzte sich mit dem Familienrecht des BGB intensiv auseinander. In ihrem 1907 erschienen Werk *„Ehefrau und Mutter"* ging sie ausführlich auf die Vorschriften der Verwaltungsgemeinschaft ein und berücksichtigte dabei neben dem Entwurf *Plancks* auch die Modifizierungen und Anpassungen des Gesetzgebungsprozesses.

Den wesentlichen Mangel des Güterrechts sah *Weber* in der fehlenden Beteiligung der Ehefrau am Zuwachs des Eheguts.[1726] Diese Ungerechtigkeit werde insbesondere dadurch deutlich, dass eine verwitwete Frau einen Teil des Vermögens erhalte, im Scheidungsfall jedoch leer ausgehe.[1727] Erforderlich

---

[1721] *Kempin*, Grenzlinien, JbGVV, 1897, 3. Heft, S. 60.
[1722] *Kempin*, ebenda.
[1723] *Kempin*, Grenzlinien, JbGVV, 1897, 3. Heft, S. 50; Vgl. *Lehmann*, Die Ehefrau, S. 121, 136.
[1724] *Kempin*, Die Stellung der Frau. 1. Beilage zur Post
[1725] *Kempin*, ebenda.
[1726] *Weber*, Ehefrau und Mutter, S. 475.
[1727] *Weber*, Ehefrau und Mutter, S. 475 f.

sei daher eine Anpassung der Scheidungsfolgen,[1728] indem die Frau an dem auch durch ihre Arbeit erwirtschafteten Vermögenswachstum teilhabe.[1729] Von dieser Beteiligung in Form einer hälftigen Quote sollten nicht nur Frauen profitieren, die im Rahmen ihrer Mithilfepflicht im Unternehmen des Mannes arbeiteten, sondern auch diejenigen, die exklusiv als Hausfrau tätig waren.[1730]

Weber empfahl eine gesellschaftsartige Errungenschaftsbildung mit Gütertrennung, da diese zu gerechten Ergebnissen führe.[1731] Dabei sollte die Errungenschaft das gesetzliche Gesamtgut bilden, an welchem den Eheleuten die gleichen Verfügungsrechte zustehen sollten und sie im Falle der Auflösung gleiche Anteile beanspruchen konnten.[1732] Die Anteile sollten sich aus dem *„Reingewinn"* zusammensetzen. Darunter verstand *Weber* das Vermögen, welches nach der Begleichung aller Haushaltskosten im weiteren Sinne übrigblieb.[1733]

Der Behandlung der weiblichen Arbeitskraft im Rahmen der Verwaltungsgemeinschaft widmete sich *Weber* gesondert. Die Erweiterung des Vorbehaltsguts auf den Arbeitserwerb der Frau durch *Planck* trage den Umständen des modernen Wirtschaftslebens Rechnung und bilde den Ausgangspunkt für die vermögensrechtliche Freiheit der Frau.[1734] Sie betonte jedoch, dass diese neue Regelung nur für einen Bruchteil der Frauen, nämlich für diejenigen, die einer Erwerbstätigkeit nachgingen, zu einer Verbesserung führe. Vermögende Frauen, die gänzlich auf einen selbstständigen Erwerb verzichteten, oder Frauen des Mittelstandes, die bereits durch ihre Arbeit im Haushalt und Geschäft des Ehemannes ausgelastet wären, seien weiterhin auf die Freigiebigkeit ihrer Gatten angewiesen.[1735]

Weber zufolge öffne der Frau ihre Geschäftsfähigkeit grundsätzlich das Tor zu mehr Selbstständigkeit.[1736] Auch das Kündigungsrecht des Ehemannes

---

1728 *Weber*, Ehefrau und Mutter, S. 476.
1729 *Weber*, Ehefrau und Mutter, S. 488.
1730 *Weber*, Ehefrau und Mutter, S. 488 f.
1731 *Weber*, Ehefrau und Mutter, S. 492.
1732 *Weber*, ebenda.
1733 *Weber*, Ehefrau und Mutter, S. 494.
1734 *Weber*, Ehefrau und Mutter, S. 467.
1735 *Weber*, Ehefrau und Mutter, S. 468.
1736 *Weber*, Ehefrau und Mutter, S. 434 f.

gemäß § 1358 BGB bewertete sie zunächst als Fortschritt gegenüber dem souveränen Einwilligungserfordernis des Ehemannes. Sie sah darin eine Abkehr von dem patriarchalischen Grundsatz, dass der Wirkungskreis der Frau allein auf das Haus beschränkt sei. Sie betonte allerdings, dass es zu einer ausgewogenen Fassung des Kündigungsrechts erst durch die *Anträge-Pauli* gekommen sei und die Regelung zuvor *„ein böser Rückfall in ungeschwächten Patriarchalismus [gewesen sei], der das Prinzip der eheweiblichen Geschäftsfähigkeit gänzlich durchlöcherte“*.[1737] *Weber* sah das Kündigungsrecht als geeignetes Instrument, die gesetzliche Arbeits- und Pflichtenverteilung der Ehegatten zu sichern.[1738] Dennoch befürchtete sie, dass die Entscheidungen eines männlich besetzten Vormundschaftsgerichts einen einseitigen Blickwinkel auf die Frage der Beeinträchtigung der ehelichen Interessen haben könnte. Konkretisierungen durch die Judikative liefen damit Gefahr, hierfür bereits reine Bequemlichkeitsaspekte des Mannes bezüglich der Haushaltsführung oder eine einfache Pflichtenkollision der Mutter genügen zu lassen.[1739]

Weber erkannte weiter, dass eine Gütertrennung nur bereits vermögenden oder erwerbstätigen Frauen eine Chance auf Selbstständigkeit versprach. Für vermögenslose Frauen oder Hausfrauen ergebe sich so keine Unabhängigkeit. Um diese Ungerechtigkeit zu beseitigen, sah *Weber* vor, die Arbeit der Hausfrauen, welche für die Familie wirtschaftlich unentbehrlich waren, durch einen Bruchteil des Lohnes des Mannes in Höhe von 10 % zu *„entlohnen“*.[1740]

Insgesamt brachte *Weber* die nicht zu bezwingende eheliche Tradition des ehemännlichen Bestimmungsrechts als *„Patriarchalismus“*[1741] und *„Autoritätsprinzip“*[1742] auf den Punkt. Ihr gelang es, die maßgeblichen Aspekte des Gesetzgebungsprozesses zu identifizieren: *„Für den allgemeinen Charakter des Gesetzbuchs war […] maßgebend der dynamisch-militärische Charakter des deutschen Staatswesens, die zur Zeit des Beginns der Beratung noch geringe Bedeutung der deutschen Frauenbewegung, und der Respekt welchen die Erfolge Bismarck's dem deutschen Bürgertum vor allem „Autoritäten“ und in diesem „Männlichen“ beigebracht hatten. Daneben die Machtstellung, welche gerade zur*

1737 *Weber*, Ehefrau und Mutter, S. 434.

1738 *Weber*, ebenda.

1739 *Weber*, Ehefrau und Mutter, S. 435.

1740 *Weber*, Ehefrau und Mutter, S. 487 f.

1741 *Weber*, Ehefrau und Mutter, S. 498.

1742 *Weber*, Ehefrau und Mutter, S. 501.

Zeit der Verabschiedung des Gesetzes reaktionäre Parteien, wie namentliche das Zentrum, in Reichstag einnahmen und endlich der gewaltige Einfluß, welche gerade in Deutschland die Gedankengänge der „historischen Schule" auf die Anschauung der Fachjuristen geübt hatten".[1743] Diese Motive ließen sich auf das Güterrecht übertragen und entsprachen, mit Ausnahme des *„dynamisch-militärischen Charakters"*, auch der bereits bekannten Kritik des Familienrechts.

In ihren Ausführungen zum Güterrecht und der Arbeitskraft der Frau erkannte *Weber* den Einfluss der sich ändernden Idealbilder auf das Gesetzgebungsverfahren. Nichtsdestotrotz konnten die Gesetzgeber sich nicht von traditionellen Grundwerten lösen und auch *Weber* konnte sich nicht gänzlich von deren Einfluss befreien. Das ideale Frauenbild der Zeit war tief im Bewusstsein und Wertesystem der für Gleichberechtigung kämpfenden *Weber* verankert und offenbarte sich neben der positiven Bewertung des Kündigungsrechts auch in ihrer Sorge um das Familien- und Eheleben bei einer Pflichtenvernachlässigung durch die Ehefrau. *Weber* selbst identifizierte den psychologischen Faktor des durch die idealen Geschlechterverhältnisse und patriarchalischen Grundsätze entstehenden Drucks auf die betroffenen Frauen als regelmäßig zu groß, um die neu erlangten Freiheiten zu nutzen.[1744] Diese Bedenken *Webers* waren gerechtfertigt, denn es gelang auch ihr selbst nicht, im Zuge ihrer eigenen Heirat einen für sie günstigen Ehevertrag auszuhandeln.[1745]

IV. Fazit

Bei der Betrachtung des ehelichen Güterrechts und dessen Entwicklung im 19. Jahrhundert trat die Beibehaltung patriarchalischer Ehestrukturen mit dem Verweis auf die deutsche Rechtstradition deutlich hervor. An diesen Grundsätzen konnten weder die Aufklärung noch der sozioökonomische Wandel im Kielwasser der industriellen Revolution rütteln. Die vorliegende Auseinandersetzung macht deutlich, dass sich trotz der scheinbar vielschichtigen Argumente die Regelungenbemühungen des Familienrechts und der Verwaltungsgemeinschaft im Wesentlichen auf die Behandlung der Frau unter Beachtung der Autorität des Ehemannes konzentrierten. Obwohl grundsätzlich die neue Stellung der Frau und ihre Geschäftsfähigkeit auf

---

1743 *Weber*, Ehefrau und Mutter, S. 411 f.

1744 *Weber*, Ehefrau und Mutter, S. 497.

1745 Siehe unten, S. 111.

ihre neue wirtschaftliche Rolle im Zuge des sozioökonomischen Wandels zurückzuführen waren, versäumten die Gesetzgeber, die Lebensumstände verheirateter Frauen angemessen zu berücksichtigen. Die Befugnisse der Ehefrau wurden nur in dem Maße der neuen Gesellschaftsordnung und wirtschaftlichen Bedeutung der Frau erweitert, die unbedingt erforderlich waren. Dieser sozioökonomische Zwang war jedoch nicht stark genug, das eheliche Güterrecht von der Vormachtstellung des Ehemannes zu befreien. Die ehemännliche Autorität wurde in dem gesetzlichen Güterstand der Verwaltungsgemeinschaft durch die Nutznießung aufrechterhalten. Der Verwaltungsgemeinschaft gelang damit den Sprung vom Preußischen Allgemeinen Landrecht und sächsischem BGB bis in das BGB des 20. Jahrhunderts. Die in ihr enthaltende Rechtstradition wurde durch den Einfluss des Naturrechts formal um das Mundium gekürzt. Die Wahl der Verwaltungsgemeinschaft zum gesetzlichen Güterstand lag auch an der Flexibilität dieses Systems, das eine Sicherung des weiblichen Vermögens ermöglichte, ohne dabei die Autorität des Ehemannes und dessen Stellung als Familienoberhaupt zu überlagern. Dessen Wahrung hatten die Gesetzgeber bei der Ausgestaltung des Familienrechts stets im Blick und die Richtigkeit und Notwendigkeit dieser übergeordneten Stellung kaum angezweifelt. Dem Ehemann kam so weiterhin eine Vorrangstellung zu, die ihm die Gewalt über das Vermögen und die Person der Ehefrau verlieh.

Die im 19. Jahrhundert erstarkende Frauenbewegung begehrte zwar gegen ein patriarchalisch geprägtes Eherecht auf, stand damit jedoch fast allein. Im Reichstag sprachen sich auf einer Linie mit der bürgerlichen Frauenbewegung nur die Sozialdemokraten und Mitglieder der Reichspartei gegen die Verankerung dieser Prinzipien im BGB aus. Es sollte noch bis 1953 dauern, bis das eheliche Güterrecht die Herrschaft des Mannes aufgab und mit der Zugewinngemeinschaft ein System zur gesetzlichen Maxime machte, welches dem naturrechtlichen Gleichheitsgrundsatz entsprach.

Die Geschäftsfähigkeit und damit die Unabhängigkeit der Ehefrau wurde durch das BGB zwar formal anerkannt, verlor jedoch durch die Aushöhlung ihres Eigentums, das Nießbrauchs- und Verwaltungsrecht des Ehemannes im Rahmen des gesetzlichen Güterstandes an Bedeutung. Dass die Geschäftsfähigkeit der Ehefrau in einigen Bereichen zumundest unter Vorbehalt stand, zeigt die Existenz des Kündigungsrechts. Tatsächlich näherten sich die Befugnisse der verheirateten Frau denjenigen der beschränkt

Geschäftsfähigen an. Der Gesetzgeber betonte, dass die Regelungen des Güterrechts keineswegs die Geschäftsfähigkeit der verheirateten Frau beschränkten, sondern nur deren Verfügungsfähigkeit beträfen.[1746] Dieser Argumentation kann sich jedoch nicht angeschlossen werden. Die Befugnisse der vermeintlich geschäftsfähigen Ehefrau wurden durch die Beratungen der zweiten Kommission im Zuge des zweiten Gesetzesentwurfs, durch den Wechsel von der *ususfructus maritalis* hin zur *cura maritalis*, noch weiter ausgehöhlt. Durch die Erweiterung des Handlungsspielraums des Mannes auf die Fahrnis der Ehefrau näherte der Gesetzgeber sich wieder dem Preußischen Allgemeinen Landrecht an. Auf diese Weise sollte der germanistische Widerstand im Zuge des Gesetzgebungsverfahrens befriedet werden, ohne von den bereits bestehenden Grundsätzen des Güterrechts abweichen zu müssen. Dieses Eingeständnis wurde jedoch nicht durchgehend als Rückschritt für die Stellung der Frau betrachtet.[1747] Der Kommission zufolge benachteiligte die Ausweitung der männlichen Verfügungsgewalt die Ehefrau kaum, da auch die Vorschriften über den Nießbrauch ihr nur unzureichenden Schutz böten.[1748] Unabhängig von den tatsächlichen Auswirkungen, verdeutlichte diese Änderung nicht nur die Bereitschaft der Kommission, die Belange der Frauen zugunsten taktischer Erwägungen zu opfern, sondern auch die generelle Missachtung, mit welcher der Stellung der Frau begegnet wurde. Darüber hinaus wurde die *cura maritalis* – von der viele der Meinung waren, sie schaffe es, die im Kern einer Gütertrennung entsprechende Verwaltungsgemeinschaft zu einer Einheit verschmelzen zu lassen – von den der Frauenbewegung nahestehenden Vertreter, als Konfliktpunkt ehelicher Zerrüttung gewertet. Diese unterschiedliche Bewertung rechtlicher Grundentscheidungen erstreckte sich auf viele Regelungspunkte des BGB. So polarisierte auch die Frage, ob die formale Anerkennung geschäftsfähiger Ehefrauen die Strukturen des ehelichen Mundiums tatsächlich beseitigte oder ob die weibliche Geschäftsfähigkeit entgegen den Beteuerungen der Gesetzgeber durch das Güterrecht eingeschränkt wurde.

Der Arbeits- und Geschäftsverdienst der verheirateten Frau erhielt durch die güterrechtlichen Regelungen des BGB eine Sonderbehandlung. Im

---

1746 *Wolf*, Das Bürgerliche Gesetzbuch, S. 323.

1747 *Schmid*, Die Entstehung, S. 126 f.

1748 *Repgen*, Aufgabe des Privatrechts, S, 450.

Rahmen der Verwaltungsgemeinschaft wurde das Vorbehaltsgut erweitert und umfasste auch den Arbeitserwerb der Ehefrau. Damit war dieser dem Zugriff des Ehemannes entzogen und der Frau zur Verfügung zugeordnet. Diese Einordnung erstreckte sich im Gegensatz zu Frankreich nicht auf die Wahlgüterstände. Im Rahmen der Gütergemeinschaft fiel das Vermögen grundsätzlich in das vom Ehemann verwaltete Gesamtgut, nur zusätzliche vertragliche Regelungen konnten den Lohn der Ehefrau ihr vorbehalten. Ähnliches galt für die Errungenschaftsgemeinschaft und die Fahrnisgemeinschaft. Auch die Kontrollinstrumente des BGB stärkten die finanzielle Unabhängigkeit und Verfügungsfreiheit der Ehefrau nicht und die Haftungstatbestände des Ehemannes bezeichnete *Kempin* zu Recht als *„schöne Illusion“*. Auf dieser Grundlage bildete das Vorbehaltsgut den Ausgangspunkt der vermögensrechtlichen Freiheit der Ehefrau.

Der rote Faden des Familienrechts war die fehlende Einflussnahme der Frauenbewegung auf das Gesetzgebungsverfahren. Weder in der Rechtswissenschaft noch in der Praxis war eine weibliche Beteiligung an der Meinungsentwicklung ersichtlich. Die Bemühungen des Allgemeinen Deutschen Frauenvereins, durch Petitionen dem Reichstag eine andere Sicht auf das Eherecht zu ermöglichen, wurden unbeachtet abgewiesen.[1749] Im Wesentlichen fand die rechtliche Behandlung der Frauenfrage ohne Beteiligung der Frauen statt. Entsprechend enttäuscht zeigten sie sich von der Endfassung des BGB. Der ideale Güterstand der Frauenbewegung blieb die Gütertrennung. Dabei erkannten im weiteren Rahmen der fortschreitenden Diskussion insbesondere *Kempin* und *Weber*, dass dies zwar die paritätischste Wahl war, jedoch bei vielen Frauen keinesfalls zu gerechten Ergebnissen führen würde. Diese Wahl, welche auch von den französischen Frauen bevorzugt wurde, beruhte auf dem Umstand, dass die Gütertrennung an sich ein formal gleichberechtigtes System bildete und so die Unabhängigkeit der Partner sicherte. Da Hausfrauenarbeit keinen finanziellen Gegenwert innehatte, wuchs unter dem System der Gütertrennung das Vermögen der Eheleute in einem Haushalt mit traditioneller Rollenverteilung jedoch sehr unterschiedlich. Um gerechte Ergebnisse zu erreichen und die Frau gegen eine Vermögenslosigkeit im Trennungsfall abzusichern, *wäre die Frau an de*m ehelichen Vermögenszuwachs zu beteiligen.

1749 *Buchholz*, Das BGB und die Frauen, S. 675.

Deutschland und Frankreich – Resümee des persönlichen Arbeitserwerbs verheirateter Frauen im Vergleich

Die deutschen und französischen Gesetzgebungsarbeiten, welche auch den Arbeitserwerb der verheirateten Frau betrafen, bauten auf ähnlichen gesellschaftlichen Ausgangsituationen auf. Die Bedeutung des Bürgertums wuchs, wobei dessen Ideale auch auf juristischer Ebene aufgegriffen wurden. Trotz des sozioökonomischen Umbruchs blieben die Frauenbewegung und der Sozialismus zunächst in beiden Ländern politische Randerscheinungen.

Die Erwerbstätigkeit verheirateter Frauen als Instrument finanzieller Unabhängigkeit im Rahmen der jeweiligen Familienrechts- und Güterrechtssysteme Deutschlands und Frankreichs bildet den Kern des Vergleichs dieser Arbeit. Den Spagat zwischen der neuen wirtschaftlichen Bedeutung der berufstätigen Ehefrau und die Verteidigung der ehemännlichen Autorität bewältigten die Länder durch unterschiedliche Ausgestaltungen des Eherechts, die jedoch zu praktisch ähnlichen Ergebnissen führten.

1. Kapitel: Die Beteiligung der Frauen an den Gesetzgebungen und deren Auswirkungen

Ab der Mitte des 19. Jahrhunderts erkannten zentrale Figuren der Frauenbewegung Deutschlands und Frankreichs, wie *Otto-Peters* und *Schmahl*, dass für die Erreichung ihrer Ziele und Stärkung der Stellung der Frau dringend eine Anpassung des Familienrechts und ein Mitspracherecht an den juristischen Diskursen der Zeit erforderlich waren. Dabei waren diese Führerinnen der bürgerlichen Frauenbewegung der Überzeugung, dass sie, um Gehör bei den männlichen Gesetzgebern zu finden, ihre Forderungen auf konkrete

Rechtssätze begrenzen mussten.[1750] Unterdessen hemmte die öffentliche Wahrnehmung die Vorhaben dieser Frauen, da durch innere Spaltungen der Frauenbewegung diese Bestrebungen und Vorgehensweisen nicht nur durch radikalere Schwesternvereine verurteilt, sondern der Feminismus insgesamt kritisch betrachtet wurde.[1751] Die entscheidenden Gesetzesreformen, welche den persönlichen Arbeitserwerb der Frau betrafen, entwickelten sich in beiden Nationen unter ähnlichen gesellschaftlichen und politischen Bedingungen. Die Gesetzgeber begegneten den Ideen und Forderungen der Frauenbewegungen größtenteils ablehnend, weshalb nur Impulse einzelner Frauen, die als vernünftig und gemäßigt wahrgenommen wurden und zudem bereit waren, Kompromisse einzugehen, die Gesetzgebungsarbeiten beeinflussten.[1752]

Während in Frankreich die Regelungsfrage des Erwerbs der verheirateten Frau durch die Frauenrechtlerin Jeanne *Schmahl* als Führerin der *Avant-Courrière* mit dem Ziel eines konkreten Gesetzeserlasses vorangetrieben wurde konnte die deutsche bürgerliche Frauenbewegung zu Beginn der Gesetzgebungsarbeiten des BGB weder mit konkreten Regelungsvorstellungen noch ausgeprägter Öffentlichkeitsarbeit auf den rechtlichen Diskurs einwirken.[1753] Die erste Hürde der Frauenbewegung bestand bereits darin, mit juristisch qualifizierten Vorschlägen zur Gesetzesdiskussion beizutragen, da Frauen der Zugang zum Rechtsstudium lange Zeit verwehrt war. Insbesondere in Deutschland, wo sich die Beteiligten bereits im Rahmen der Vorarbeiten der 1870er Jahre auf einen gesetzlichen Güterstand festlegten, waren die Frauenvereine zur Bewältigung der juristischen Aspekte der Frauenfrage auf die Unterstützung männlicher Verbündeter angewiesen.[1754] In Frankreich wurde das Gesetzgebungsverfahren um das *Loi au libre salaire* erst in den 1890er Jahren angestoßen, weshalb eine der zu dieser Zeit ersten französischen Juristinnen, Jeanne *Chauvin*, bereits einen entsprechenden Regelungsvorschlag im Interesse der *Avant-Courrière* beisteuern konnte.[1755]

Beiden Ländern war gemein, dass die Gesetzgeber dem neuen Interesse der Frauen an der Gesetzgebung und der Verbreitung des Feminismus skeptisch

---

[1750] Siehe unten, S. 143 f., 147, 148.
[1751] Siehe unten, S. 141, 147, 148.
[1752] Vgl. unten, S. 143, 155, 161, 345.
[1753] Siehe unten, S. 143, 330 f., 335.
[1754] Siehe unten, S. 329.
[1755] Siehe unten, S. 150 ff.

gegenüberstanden. Die Regelungsvorstellungen der Frauenbewegung, die an der altbekannten und bequemen ehemännlichen Autorität rüttelten, wurden als radikal, emotional und unvernünftig abgetan. Die Gesetzgeber schenkten ihre Aufmerksamkeit dementsprechend nur den wenigen Frauen, die neben moderaten Forderungen die Unterstützung männlicher Sympathisanten suchten und durch diese auftraten. Damit die weiblichen Vorhaben in den Diskussionen der Gesetzgebungsorgane wahrgenommen wurden, war eine Zusammenarbeit und Kompromissbereitschaft mit deren männlichen Mitgliedern erforderlich. Dennoch war zu beobachten, dass die Gesetzgeber Grundsatzdiskussionen um die Stellung der Frau regelmäßig ablehnten, sich gegenüber konkreten juristischen Forderungen jedoch empfänglicher zeigten.[1756]

In Frankreich gelang es *Schmahl* durch ihre zielgerichtete und zurückhaltende Art den Senator Léopold *Goirand* von der Wichtigkeit einer freien Verfügungsbefugnis der Ehefrau über ihre Arbeitsprodukte zu überzeugen und auf diese Weise das Gesetzgebungsverfahren des *Loi au libre salaire de la femme mariée* anzuregen. Durch diese Wahrnehmung ihrer Person erreichte es *Schmahl*, an den Diskussionen der *SEL* rund um die Gesetzesreform beteiligt zu werden. In Zuge dessen wurden ihre Wortbeiträge willkommen geheißen und eingehend behandelt.[1757] Allerdings wurde sowohl bei der Vorstellung ihrer Person als auch bei Bezugnahmen auf ihre Forderungen stets darauf verwiesen, dass ein Dialog mit *Schmahl* als Frau insbesondere aufgrund ihrer vernünftigen und gemäßigten Art möglich sei. Auch eine weitere wichtige Etappe der Gesetzgebungsarbeiten war auf einen weiblichen Impuls zurückzuführen. Der Wechsel des *ordre public*, angeregt durch den Abgeordneten *Faure*, wurde von den Darlegungen Mme. *Pégards* inspiriert. Letztendlich wurde dem Einfluss *Schmahls* auf das Gesetz vom 13. Juli 1907 eine derart enorme Bedeutung beigemessen, dass das Gesetz auch als „*Loi Schmahl*“ bezeichnet wurde.[1758]

Auf deutscher Seite war die Beeinflussung der Gestaltung des Familienrechts durch die Frauenbewegung auf einzelne Anstöße beschränkt. Neben den

---

1756 Siehe unten, S. 143 f., 147, 148.

1757 Siehe unten, S. 168, 161.

1758 So bezeichnet in der ersten Veröffentlichung des Gesetzes in der von Jane *Misme* gegründeten Zeitschrift *La Française* vom 28. Juli 1907; Weiter so dargestellt in: *Wegener*, Medical Women, in: Jill Rudd, Val Gough (Hg.), Charlotte Perkins Gilman: Optimist Reformer, Iowa 1999, S. 45–73, 69; *Hause*, Feminism of the Belle Epoque, S. 55.

allgemeinen Forderungen der bürgerlichen Frauenvereine fanden auch umfassende Petitionen mit konkreten Änderungsvorschlägen zum BGB kaum Beachtung. Teilweise wurde ihnen sogar mit Empörung begegnet. Die fehlende Beachtung der Petitionen war unterdessen auch darauf zurückzuführen, dass diese erst zu einem Zeitpunkt dem Reichstag vorgelegt wurden, zu dem die Grundfragen des Familienrechts bereits entschieden waren.[1759] Außerdem forderten die Petitionen übereinstimmend einen gesetzlichen Güterstand der Gütertrennung und vernachlässigten daher die Ausarbeitung einer den Frauen zuträglichen Modifikation der Verwaltungsgemeinschaft, wodurch ihre Arbeiten für die grundlegend andere Vorgehensweise der Gesetzgeber hinfällig waren.[1760] Als Ausnahmefall gelang es jedoch Emilie *Kempin*, im Zuge der *Anträge-Pauli* als erster Frau auf eine deutsche Gesetzgebung einzuwirken. Wie bei *Schmahl* war auch in diesem Fall eine Beteiligung möglich, da *Kempin* den Reichstagsabgeordneten *Stumm-Halberg* durch ihre gemäßigte Art von ihren Qualitäten als juristische Beraterin überzeugen konnte und auf diese Weise ihre Formulierungen in das Gesetzesverfahren einflossen. Durch ihre erfolgreiche Modifikation des Kündigungsrechts erwies sie den erwerbstätigen Ehefrauen einen enormen Dienst.[1761]

Es kann festgehalten werden, dass es in den Gesetzgebungsverfahren dieser Arbeit nur vereinzelten Frauen, oftmals durch die Mithilfe männlicher Gesetzgebungsvertreter, gelang, mithilfe konkreter juristischer Zielsetzungen sowie zurückhaltender Forderungen und Vorgehensweisen einzelne Interessen der Frauenbewegung in die jeweiligen Gesetzesarbeiten einfließen zu lassen.

2. Kapitel: Die das Gesetzgebungsverfahren beeinflussenden Faktoren und Vorgehensweisen

Bei der rechtswissenschaftlichen Behandlung und dem Umgang mit dem Lohn der verheirateten Frau ging man in Deutschland und Frankreich unterschiedliche Wege. Während sich die französischen Gesetzgeber für eine den Code Civil ergänzende gesetzliche Sonderregelung entschieden, war in

---

1759 Siehe unten, S. 349 f.
1760 Siehe unten, S. 348 f.
1761 Siehe unten, S. 347.

Deutschland die Materie in das Familienrecht der ersten gesamtdeutschen Zivilrechtskodifikation eingebettet und das Interesse der Rechtswissenschaftler und Öffentlichkeit an der Regelungsmaterie entsprechend größer. Dies verdeutlicht neben der Dauer der jeweiligen Gesetzgebungsverfahren auch die Menge und Qualität der betreffenden Beiträge.

Ein entscheidendes Motiv im Rahmen der Kodifikation des BGB war die Beseitigung der Rechtszersplitterung, von der das Güterrecht besonders betroffen war, während in Frankreich bei dem Erlass des *Loi au libre salaire* bereits seit über einem Jahrhundert eine nationale Zivilrechtskodifikation in Form des Code Civil bestand. Die Gegner der deutschen Vereinheitlichung des Eherechts waren von der regionalen Verankerung des Güterrechts überzeugt und befürchteten die Zerstörung des Rechtsbewusstseins der Bevölkerung. Empirische Studien konnten lokale Vorlieben jedoch kaum bestätigen, weshalb sich die Gesetzgeber langsam von der Annahme eines aus dem Volk entspringenden Rechts lösten.[1762] Trotz der neu gewonnenen Überzeugung, bei der Ausarbeitung des BGB über eine reine Rechtsfindung hinauszugehen und selbst Recht schaffen zu können, dienten die altbekannten Güterrechtssysteme weiterhin zur Orientierung. Diese sollten nun jedoch an den Bedürfnissen der Zeit ausgerichtet werden. *Plancks* Wahl der Verwaltungsgemeinschaft wurde in diesem Sinne sowohl als Kompromiss zwischen den germanistischen Traditionen und sozioökonomischen Bedürfnissen des späten 19. Jahrhunderts als auch zwischen der althergebrachten ehelichen Vormundschaft und den Forderungen der Frauenbewegung nach Emanzipation verstanden.[1763] Diese war im Kern eine Gütertrennung, weshalb die Ausgestaltung der männlichen Eheherrschaft, mit deren Hilfe eine Gemeinschaft erzeugt werden sollte, die Mehrheit der Germanisten versöhnte, von besonderer Bedeutung war.[1764]

Im Rahmen des deutschen Gesetzgebungsverfahrens wurde der sozioökonomische Wandel und die neue wirtschaftliche Bedeutung der erwerbstätigen

---

1762 *Amt der ständigen Deputation*, Verhandlungen des Zwölften Deutschen Juristentages 1874, Band 1, S. 38 f.: Die Partikulare Gütergemeinschaft galt für 13,62 Millionen Einwohner, die allgemeine Gütergemeinschaft für 11,27 Millionen Einwohner und die Verwaltungsgemeinschaft für 11,42 Millionen Einwohner. Der Rest von etwa 4,69 Millionen Einwohnern war nicht eindeutig zuzuordnen; siehe unten, S. 275, 309.

1763 Siehe unten, S. 328, 332, 404.

1764 Siehe unten, S. 294, 315, 404.

Frau grundsätzlich anerkannt und bildete die Basis der Diskussionen um die Stellung der Frau. Für die Gesetzgeber war eine beschränkte Geschäftsfähigkeit der Frau nicht mehr zeitgemäß und insbesondere *Planck* betonte, dass die Heirat keine Auswirkungen auf die Anerkennung der Frau als Rechtssubjekt habe. Obwohl das BGB dem persönlichen Arbeitserwerb in zweifacher Weise Rechnung trug, nämlich sowohl durch das Kündigungsrecht als auch die Erweiterung des Vorbehaltsgutes, waren es gerade diese Regelungen, welche die Geschäftsfähigkeit der Ehefrau aushöhlten und die Inhaltsleere von *Plancks* Zusicherung verdeutlichten.[1765] Die Argumente der Gesetzgebung rund um die Beschneidung der Stellung der Frau beschränkten sich im Wesentlichen auf pauschale Floskeln wie die „*Natur der Frau*" oder das bürgerliche Eheverständnis und blieben damit qualitativ weit hinter den juristischen Diskursen der Zeit zurück. Insbesondere durch die gesetzliche Verankerung einer bürgerlichen Ehekonzeption wurde das Bild eines erwerbenden Ehemannes und der helfenden Ehefrau verteidigt. Dieses Konzept lief dem sozioökonomischen Wandel und der neuen Bedeutung der erwerbstätigen Ehefrau zuwider und führte dazu, dass der gesetzliche Güterstand der Verwaltungsgemeinschaft im Kern weiterhin auf die wirtschaftliche Förderung des ehemännlichen Erwerbs durch die Unterstützung der Ehefrau hinauslief.[1766] Sowohl die Vorarbeit der Deutschen Juristentage als auch die Detailfragen späterer Lesungen des Reichstages waren von einem Kräftemessen zwischen Germanisten und Romanisten, tiefgreifenden Analysen und Empirik zu einem deutschen Rechtsbewusstsein gekennzeichnet – unterdessen gab man sich hinsichtlich der Stellung der Frau mit altbekannten Floskeln zufrieden.[1767] Die Prioritäten der Gesetzgeber waren darüber hinaus daran erkennbar, dass das Herzstück jedes Diskurses um einen potenziellen Güterstand die Sicherung und Ausgestaltung der männlichen Autorität bildete. Im Rahmen der Ausgestaltung des Güterrechts und der allgemeinen Ehewirkungen wurden die neuen Befugnisse der Ehefrau stets der Eheherrschaft des Mannes gegenübergestellt – und sodann mit einem Hinweis auf die traditionelle Verteilung der ehelichen Rechte und Pflichten dem Ehemann untergeordnet. Sowohl bei der Ausgestaltung des

[1765] Siehe unten, S. 364 ff., 404.
[1766] Siehe unten, S. 378 ff.
[1767] Vgl. unten, S. 171, 299, 374, 354.

Kündigungsrechts als auch des Vorbehaltsgutes wurden weder weibliche Erfahrungsberichte und Regelungswünsche noch anderweitige Praxisberichte berücksichtigt.[1768] Die Missachtung weiblicher Lebensumstände und Beiträge der Frauenbewegung zog sich durch das gesamte Gesetzgebungsverfahren des BGB.

Die Schaffung des *Loi au libre salaire* stellte die französischen Gesetzgeber vor die Aufgabe, den *„freien Lohn"* der verheirateten Frau auf einem Güterrechtssystem zu errichten, welches die Herrschaftsstellung des Ehemannes in noch größerem Maße sicherte als die Regelungen ihres deutschen Nachbarn. Die *puissance maritale* bildete das Fundament des Eherechts des Code Civil und war als *ordre public* abgesichert. Die Erarbeitung eines den Code Civil ergänzenden Gesetzes, welches der verheirateten Frau ein finanzielles Mitbestimmungsrecht an ihrem persönlichen Arbeitserwerb verlieh, gestaltete sich entsprechend kompliziert. Das von Jeanne *Schmahl* initiierte *Loi au libre salaire* besaß zwar das Potential, die Geschäftsfähigkeit der Ehefrau herzustellen, stattdessen hielt es jedoch an der *incapacité* der verheirateten Frau fest. Während in Deutschland die Frauenbewegung im Rahmen des Gesetzgebungsverfahrens kaum Beachtung fand, wurde der Prozess zur Regelung des persönlichen Arbeitserwerbs der Ehefrau von der *Avant-Courrière* angestoßen.[1769] Das lange Ruhen der Gesetzgebungsarbeiten verdeutlicht jedoch, dass kein generelles Interesse an der Materie bestand, sondern für den Abschluss des Projekts die Besetzung des Repräsentantenhauses durch einzelne Verbündete der Frauenbewegung ausschlaggebend war. Parallel zum Deutschen Juristentag bereitete die *Société D'Études législatives* unter der Führung *Saleilles* die wesentlichen Vorfragen der Gesetzgebungsarbeiten auf und legte den Grundstein der anschließenden Kodifikation. Anders als in Deutschland wurden dabei die Interessen der bürgerlichen Frauenbewegung durch die Beteiligung Jeanne *Schmahls* berücksichtigt. Ihre Beiträge wurden offen zur Diskussion gestellt und vielfach zustimmend entgegengenommen.[1770] Darüber hinaus wurden Studien und Erfahrungsberichte der Praxis eingeholt, um die Handhabung der Arbeitgeber und Ehefrauen mit dem weiblichen Arbeitserwerb nachzuvollziehen und entsprechende Schutzmechanismen zu

---

1768 Vgl. unten, S. 349, 354.
1769 Siehe unten, S. 154 ff.
1770 Siehe unten, S. 168, 177, 184.

entwickeln. Obwohl die französischen Gesetzgeber das praktische Bedürfnis einer gesetzlichen Regelung verneinten, da die Ehemänner ohnehin nicht von ihrem Anspruch auf den Lohn der Frau Gebrauch machten, sei eine Normierung erforderlich, um endlich „*Moral und Recht in Einklang zu bringen*" und die schlechte Behandlung der erwerbstätigen Ehefrau durch den Code Civil zu beseitigen.[1771] Im Zuge der anschließenden Ausarbeitungen wurde jedoch, wie in Deutschland, deutlich, dass die Gesetzgeber zwar die fehlende Verfügungsbefugnis der Ehefrau über ihren Lohn als ungerecht empfanden und eine Reform begrüßten, gleichzeitig das zentrale Element der Diskurse jedoch die Furcht vor einem Machtverlust des Ehemannes bildete. Insbesondere die Eingliederung des *Loi au libre salaire* in die französische Rechtstradition der *communauté*, welche eine Kürzung der Autorität des Ehemannes gegenüber der Frau und ihres Vermögens grundsätzlich ausschloss, hemmte zusätzlich die Entstehung umfassender weiblicher Befugnisse. Vor diesem Hintergrund war insbesondere die Schaffung des neuen *ordre public* durch die Nichtigkeit vom Gesetz abweichender Ehevertragsvereinbarungen bemerkenswert und wurde durch die zeitgenössischen Rechtswissenschaftler sehr unterschiedlich bewertet.[1772] Einige sahen darin den ersten Schritt hin zu einer Reihe von Gesetzgebungen, welche die männliche Autorität begrenzen und so die Ehe zu einer „*wahren Gemeinschaft*" im Sinne einer gleichberechtigten Partnerschaft führen könnten. Demgegenüber wurde der *ordre public* indes auch als absolut unnötig empfunden, da der Ehemann ohnehin kaum von seinem Vorrecht aus Art. 219 CC Gebrauch mache und auch seine Rechte am Vermögen der Ehefrau selten missbrauche. Größtenteils wurde dem geänderten *ordre public* ein nur symbolischer Charakter beigemessen, da die Kenntnis von der Reform es kaum bis in die Mitte der Gesellschaft schaffen würde.[1773]

Im Rahmen der Diskussionen des persönlichen Arbeitserwerbs der verheirateten Frau äußerten die beteiligten Männer beider Nationen wiederholt ihr Missfallen darüber, dass die Diskurse und Regelungsvorstellungen den Ehemann in die Rolle eines Trunkenboldes und Übeltäters drängten. Persönliche Befindlichkeiten dieser Art zogen sich wie ein roter Faden durch die Diskurse um die Stellung der Frau und äußerten sich in Deutschland

[1771] Siehe unten, S. 412.
[1772] Siehe unten, S. 200 ff.
[1773] Siehe unten, S. 229 ff., 237 ff., 258 f.

und Frankreich insbesondere durch die oberflächliche Argumentation zur Absicherung der ehemännlichen, und damit eigenen, Herrschaftsrechte. Die Grundentscheidungen und juristischen Umsetzungen zur Stellung der Ehefrau fielen in Deutschland und Frankreich sehr unterschiedlich aus. Dies lag auch an den Bezugsrahmen der Gesetzgeber, da die französischen Gesetzgeber dem unverändert patriarchalen Code Civil gerecht werden mussten, während die deutschen Gesetzgeber an einen gesetzlichen Güterstand anknüpften, der dem Wesen nach eine Gütertrennung darstellte. Kennzeichnend für die Gesetzgebung beider Nationen war der Versuch der Gesetzgeber, die Verfügungsbefugnisse der verheirateten Frau an ihrem persönlichen Arbeitserwerb mit der Autorität des Ehemannes in Einklang zu bringen, ohne dessen Rechte als Familienoberhaupt drastisch zu beschneiden.[1774]

3. Kapitel: Die Geschäftsfähigkeit der Ehefrau und die allgemeinen Ehewirkungen

Sowohl das BGB als auch der Code Civil verfügten über einen Pflichtenkatalog der Eheleute, der die traditionelle Rollenverteilung der Ehe konkretisierte. Dabei unterschieden sich die Gesetzbücher jedoch erheblich in der Art und Weise, in welcher sie die Stellung der Ehefrau regelten. Die Gesetzgeber behandelten insbesondere die Frage, ob der sozioökonomische Wandel eine Geschäftsfähigkeit der Ehefrau erforderte, grundverschieden.[1775]

Die allgemeinen Ehewirkungen beider Nationen lassen erkennen, dass der angestammte Platz der Frau weiterhin im Haus verstanden wurde. Der Code Civil hob die übergeordnete Stellung des Ehemannes hervor, indem der Ehefrau eine generelle Gehorsamspflicht auferlegt wurde.[1776] Die ehemännliche Autorität wurde jedoch vor allem durch die *incapacité* der Ehefrau zementiert, wodurch sie ohne eine Genehmigung des Mannes weder vor Gericht auftreten noch rechtsgeschäftlich tätig werden konnte.[1777] Das BGB räumte dem Mann ebenfalls eine Vormachtstellung gegenüber der Ehefrau ein. Ihm

1774 Vgl. unten, S 136, 155 ff., 208 f., 262 f., 365 f.

1775 Siehe unten, S. 211 ff., 364 ff.

1776 Art. 213, 214 CC.

1777 Art. 215, 217 CC.

kam das Entscheidungsrecht in den Angelegenheiten des ehelichen Lebens zu, was ihn auch zur Bestimmung des Wohnortes berechtigte.[1778] Indes war die Ehefrau im Missbrauchsfall nicht zur Folgeleistung verpflichtet. Darüber hinaus räumte das BGB der verheirateten Frau, entgegen dem Code Civil, nicht nur bloß die Pflicht, sondern auch ein Recht zur Haushaltsführung ein, wodurch der Ehefrau in Haushaltsangelegenheiten eine begrenzte Entscheidungshoheit zukam. Beide Nationen festigten diesen Wirkungskreis der Ehefrau durch die Schlüsselgewalt bzw. das *mandat tacite.*[1779]

Der wohl größte Unterschied zwischen den Regelungen des Code Civil und des BGB war, dass Letzteres die verheiratete Ehefrau grundsätzlich als Rechtssubjekt anerkannte.[1780] Dabei bildete gerade die Geschäftsfähigkeit der Ehefrau den Ausgangspunkt ihrer selbstständigen Erwerbstätigkeit, wodurch sie in ein Dienstverhältnis ohne die Mitwirkung des Mannes eintreten konnte. Mit dem Code Civil und dem BGB standen sich vollkommen gegensätzliche Ansätze zum Umgang mit der Geschäftsfähigkeit der verheirateten Frau gegenüber. Währen der Code Civil an der grundsätzlichen *incapacité* der Ehefrau festhielt und diese nur im notwendigen Rahmen öffnete, erkannte des BGB die Geschäftsfähigkeit der verheirateten Frau grundsätzlich an, schränkte sie jedoch praktisch im Interesse der Ehe wieder ein.[1781] Im Wesentlichen standen sich damit bei einer Berufsaufnahme der Ehefrau das französische Einwilligungserfordernis und das deutsche Kündigungsrecht des Ehemannes gegenüber. Dabei identifizierten die Gesetzgeber eine Erwerbstätigkeit der Ehefrau in beiden Rechtssystemen als besonderen Streitpunkt der Ehegatten, der einer besonderen Regelung bedurfte. Dies war insbesondere darauf zurückzuführen, dass der natürliche Platz der Frau weiterhin im Haus, als treusorgende Ehefrau und Mutter, verstanden wurde. Mit diesem gesetzlich verankerten Pflichtenkatalog kollidierte jedoch der Alltag einer berufstätigen Ehefrau, die zwangsläufig ihre häuslichen Pflichten hintanstellte. Um diese Kollision aufzulösen, entschieden sich die Gesetzgeber des BGB, dem Ehemann gemäß § 1358 BGB ein Kündigungsrecht zu verleihen. Er konnte die Beschäftigung der Ehefrau ohne die Einhaltung einer Kündigungsfrist

---

[1778] § 1354 Abs. 1 BGB

[1779] § 1356 BGB

[1780] Siehe unten, S. 364 ff.

[1781] Zur Uneinigkeit darüber, ob die Geschäftsfähigkeit tatsächlich eingeschränkt wurde oder bloß einzelne Befugnisse der Ehefrauen, siehe unter anderem unten, S. 295, 320.

auflösen, sofern die Tätigkeit die ehelichen Interessen beeinträchtigte und das Vormundschaftsgericht seinem Antrag stattgab. Das Kündigungsrecht, welches sich zwar aus ALR II 1 § 196 PrALR entwickelte, stellte eine neue Regelung auf deutschem Rechtsgebiet dar. Es handelte sich dabei um eine Ausgestaltung des Entscheidungsrechts des Ehemannes und sollte ihm dabei helfen, die Bedürfnisse der ehelichen Lebensgemeinschaft zu organisieren. Abgesehen vom ALR kannte das deutsche Recht keine gleichartige Regelung, da aufgrund der verbreiteten beschränkten Geschäftsfähigkeit der Ehefrau eine entsprechende Sonderregelung nicht notwendig war.[1782] Da das BGB die Geschäftsfähigkeit der verheirateten Frau grundsätzlich anerkannte, wurde zur Sicherung der *„eheherrlichen Gewalt“* das Kündigungsrecht erarbeitet. Die Entschärfung des § 1358 BGB, verdankte die verheiratete Frau einer Modifikation des *Planck*'schen Entwurfs durch die *Anträge-Pauli* unter der Federführung *Kempins*. Infolge der Neufassung des Kündigungsrechts kam es zu einer komplizierten Anwendbarkeit der Norm, welche dem Regelungsziel zuwiderlief. Ob diese Wirkung einer kaum funktionalen Regelung von *Kempin* beabsichtigt war, darüber wird bis heute spekuliert.[1783] Die Auswertung der zeitgenössischen Judikatur zeigte jedoch ohnehin eine nur untergeordnete praktische Bedeutung der Vorschrift, über die sich die Ehefrau gemeinsam mit ihrem Arbeitgeber zudem hinwegsetzen konnte.

Die grundsätzliche *incapacité* der verheirateten Frau im Wirkungskreis des Code Civil durchbrachen die Regelungen des *Loi au libre salaire*. Die Geschäftsunfähigkeit wurde bei der Schaffung des Code Civil im Interesse des Haushaltes konstruiert und über 100 Jahre lang nur zur Wahrnehmung ihrer Haushaltsführungspflicht durch das *mandat tacite* überwunden.[1784] Rechtswissenschaftler wie *Saleilles* untersuchten nach dem Erlass des *Loi au libre salaire* am 13. Juli 1907, wie sich dessen Regelungen auf die *incapacité* der Ehefrauen auswirkten. Es bildete sich schnell ein Konsens dahingehend,[1785]

1782 *Motive*, Band IV, Familienrecht, IV, S. 110–113.

1783 Vgl. *Duncker*, Gleichheit und Ungleichheit, S. 856.

1784 Siehe unten, S. 71.

1785 *Saleilles*, Le principe du libre salaire, in: *Rousseau*, Bulletin de la Société d'Études Législatives 1907, S. 563–595, S. 568; *Saleilles* bezog sich mit dieser Bemerkung auf einen Bericht *Tissiers*, der eine ähnliche Rechtskonstruktion bereits 1901 der Société d'Etudes législatives vorschlug, vgl. *Rousseau*, Bulletin de la Société d'Études Législatives, 1902, S. 44 f., 137 ff.

dass diese Unfähigkeit nicht durch die neue Gesetzgebung aufgegeben wurde, sondern vielmehr durch ein *mandat légal*, die Geschäftsfähigkeit der Ehefrau im Geltungsbereich der *biens réservés*, wiederbelebt werde. Dabei handele es sich um ein gesetzliches Mandat, welches mit den Vorrechten Ehemannes aus Art. 1388 und Art. 1421 CC, die grundsätzlich nicht zur Disposition standen, korreliere. Diese Auslegung entspreche der französischen Rechtstradition, da die Reform nicht die Verantwortung über die Gemeinschaft verlagern oder ihr gewisse Vermögenswerte vorenthalten wolle. Das bedeutete, dass die Arbeitsaufnahme der Ehefrau weiterhin unter dem Einwilligungsvorbehalt des Ehemannes stand.[1786]

Dem gleichen System folgte die Prozessführungsbefugnis der verheirateten Frau im jeweiligen Kodifizierungsgebiet. Während in Deutschland diese bereits durch die ZPO anerkannt war und nur aufgrund güterrechtlicher Regelungen vereinzelte Einschränkungen erfuhr, sah der Code Civil eine Prozessführungsbefugnis der Ehefrau grundsätzlich nicht vor. Jedoch eröffnete Art. 6 LLS der Ehefrau die Möglichkeit, in allen Streitigkeiten, welche die durch das Gesetz gewährten Rechte betraf, ohne Genehmigung des Mannes Klage zu erheben.[1787]

Bei dem Vergleich der jeweiligen Regelungsmodalitäten und ihrer Rechtsfolgen wird deutlich, dass das deutsche BGB mit der Anerkennung der Geschäftsfähigkeit der Ehefrau einen Schritt in Richtung Gleichberechtigung ging, dem die Regelungen des Code Civil durch die Aufrechterhaltung der *incapacité* und Aufrechterhaltung der *puissance maritale* nicht folgen konnten. Während Deutschland damit der verheirateten Frau die Möglichkeit einer freien Arbeitsaufnahme ermöglichte, schützte das *Loi au libre salaire* nur die Frauen, die von ihrem Ehemann zu einer Erwerbstätigkeit berechtigt wurden oder deren Familie aufgrund ihrer finanziellen Umstände auf eine Erwerbstätigkeit der Ehefrau nicht verzichten konnte[1788]. Dieses Ergebnis verdeutlicht die Kontinuität der Vorschriften des Code Civil zum vorrevolutionären Recht, welches den Frauenerwerb als Regelungsfaktor nicht berücksichtigt hatte. Dagegen folgte das Eherecht des BGB dem Modell einer industrialisierten bürgerlichen Gesellschaft. Diese Konsequenz erstaunt

---

[1786] Siehe unten, S. 26, 69 ff., 168 f.

[1787] Siehe unten, S. 212, 219 f., 222 f.

[1788] Siehe unten, S. 258, 157, vgl. S. 374 ff.

umso mehr, da im Rahmen der deutschen Gesetzgebungsarbeiten sowohl die Erfahrungen und Lebensumstände erwerbstätiger Ehefrauen als auch ihre Regelungsvorstellungen, im Vergleich zu den Beratungen der französischen Rechtswissenschaft und Gesetzgeber, kaum Beachtung fanden.

4. Kapitel: Biens réservés vs. Vorbehaltsgut

Die bedeutendsten Regelungen zur finanziellen Unabhängigkeit der erwerbstätigen Ehefrau waren sowohl in Deutschland als auch in Frankreich güterrechtlicher Natur. Die neue Bedeutung der Frau als Wirtschaftsfaktor spiegelte sich in den Gesetzestexten wider, indem beide Nationen Sonderregelungen zum Arbeitserwerb der verheirateten Frau schufen. Dabei standen sich die gesetzlichen Güterstände der Verwaltungsgemeinschaft und der *communauté légale* als Form der Fahrnisgemeinschaft gegenüber. Für die Verfügungsmöglichkeiten der verheirateten Frau waren neben der vermögensrechtlichen Einordnung ihrer persönlichen Arbeitsprodukte auch die Rechte der Ehegatten an den entsprechenden Vermögensmassen maßgeblich.[1789]

Die Besonderheit der *communauté légale* war der Ausschluss unbeweglichen Vermögens aus der *communauté*, sofern dieses nicht zu den Errungenschaften zählte. Dies hatte zur Folge, dass Ehegatten, die über kein unbewegliches Vermögen verfügten, tatsächlich in einer allgemeinen Gütergemeinschaft lebten. Es entstanden drei Vermögensmassen: die gemeinschaftlichen Güter der *communauté* und die *biens personnels* des jeweiligen Ehegatten. Zum gemeinschaftlichen Vermögen gehörten alle Mobilien, über die die Eheleute im Zeitpunkt der Heirat verfügten, sowie alle Mobilien, Einkünfte, Früchte, Zinsen und Immobilien, die sie während der Ehe erwarben. Der persönliche Arbeitserwerb der verheirateten Frau fiel damit in die *communauté*. Dieses gemeinsame Ehevermögen unterlag der unabhängigen Verwaltung und dem Nießbrauch des Ehemannes.[1790] Das Verwaltungsrecht des Ehemannes war derart umfassend, dass es auch das persönliche Vermögen der Frau einschloss. Damit hatte die Frau keine Möglichkeit, für die Dauer der Ehe über ihren Arbeitserwerb zu verfügen oder persönlich davon zu profitieren. Dies änderte sich erst mit dem *Loi au libre salaire* und dessen Einführung der

---

1789 Siehe unten, S. 370 f., 387 f., 219 ff., 215 f.

1790 Siehe unten, S. 212 ff.

biens réservés. Als eine Art des Vorbehaltsguts wurde es unabhängig vom jeweiligen Güterstand in das Güterrechtssystem der Eheleute eingegliedert, um den persönlichen Arbeitserwerb der verheirateten Frauen zu schützen.[1791]

Das deutsche BGB entschied sich für den gesetzlichen Güterstand der Verwaltungsgemeinschaft und unterschied neben dem Gesamtgut der Ehegatten, welches sich aus dem eingebrachten Gut der Eheleute zusammensetzte, das Vorbehaltsgut der Ehefrau. Es handelte sich im Wesentlichen um eine Gütertrennung, die nur durch die Herrschaftsbefugnisse des Ehemannes zu einer Gemeinschaft zusammengefasst wurde. Obwohl die Ehefrau das Eigentum an ihrem eingebrachten Gut behielt, stand dieses mit der Eheschließung unter der Nutzwaltung des Ehemannes. Ohne die Mitwirkung des Ehemannes waren Verfügungsmöglichkeiten ihrerseits damit ausgeschlossen. Obwohl der Gesetzgeber wiederholt betonte, die Geschäftsfähigkeit der Ehefrau bleibe durch die Eheschließung unangetastet, hatte die ehemännliche Gewalt und vermögensrechtliche Einordnung der Verwaltungsgemeinschaft eine umfassende Aushöhlung der Geschäftsfähigkeit zur Folge. Um jedoch dem Umstand Rechnung zu tragen, dass eine erwerbstätige Ehefrau über den Pflichtenkatalog des BGB hinaus zu den Haushaltslasten beitrug, entschied die Gesetzgeber, den Umfang des Vorbehaltsguts zukünftig auf den persönlichen Arbeitserwerb der Ehefrau zu erweitern. Damit konnte die Ehefrau über ihren Lohn als Teil des Vorbehaltsguts grundsätzlich frei im Sinne ihrer Geschäftsfähigkeit verfügen. Diese Sonderbehandlung galt indes allein im Rahmen der Verwaltungsgemeinschaft gemäß § 1367 BGB und erstreckte sich nicht auf die Wahlgüterstände.[1792]

Die Handhabung und Bedeutung der *biens réservés* und des Vorbehaltsguts waren neben Faktoren wie der Reichweite der weiblichen Sonderbefugnisse und den konkreten Regelungsmodalitäten vor allem von der wirtschaftlichen und familiären Realität der Zeit abhängig.[1793] Beiden Tatbeständen war gemein, dass sie die neuen und vielfältigen Erscheinungsformen der weiblichen Erwerbstätigkeit umfassend schützten. Aus diesem Grund waren neben Dienstverhältnissen auch sonstige Erwerbschancen, wie Gelegenheitstätigkeiten sowie Gewinne aus Handelsgeschäften und Gewerbebetrieben, erfasst. Die Gesetzgeber beider

---

[1791] Siehe unten, S. 212 ff.

[1792] Siehe unten, S. 371 ff.

[1793] Siehe unten, S. 374, S. 255.

Nationen stimmten darin überein, dass es keinen Unterschied mache, auf welche Art und Weise die Ehefrau außer Hause tätig war, um den Ehemann bei der Bestreitung der Haushaltskosten zu unterstützen.[1794]

Ein erster Unterschied zwischen den Sondervermögen bestand darin, dass sich das erweiterte Vorbehaltsgut der Ehefrau nur im Rahmen der Verwaltungsgemeinschaft auswirkte, während von den Vorteilen der *biens réservés* die verheiratete Frau unabhängig vom jeweiligen Güterstand profitierte.[1795]

Die Gesetzgeber entschieden sich übereinstimmend dafür, als Bezugspunkt der weiblichen Befugnisse im Rahmen des Vorbehaltsguts und der *biens réservés* die Gütertrennung beziehungsweise *séparation des biens* zu wählen. Während das BGB damit auf den Güterstand der Gütertrennung gemäß §§ 1427–1431 BGB Bezug nahm, verwies das *Loi au libre salaire* auf die Regelungen zur Trennung von Tisch und Bett gemäß Art. 1449 CC. Die unmittelbare Rechtsfolge war in beiden Fällen gleich, die Ehefrau erhielt die Verwaltung über besagtes Gut. Dabei gingen die durch das französische Gesetz gewährten Rechte sogar über jene nach Art. 1449 CC hinaus, da gemäß Art. 1 Abs. 2 LLS die Ehefrau mit ihrem Arbeitserwerb zusätzlich Immobilien erwerben und veräußern konnte. Damit war der Befugnisumfang der Regelungen grundsätzlich ebenbürtig.[1796]

Während der Verweis des BGB auf die Regelung der Gütertrennung auch eine Eigentumstrennung mit sich brachte, waren die eigentumsrechtlichen Folgen des *Loi au libre salaire* umstritten. Die herrschende Meinung betrachtete die *biens réservés* im gesetzlichen Güterstand der *communauté* zwar als ein gesondertes Vermögen – dieses sei jedoch weit davon entfernt mit dem persönlichen Vermögen der in *séparation des biens* lebenden Ehefrau gleichgestellt zu werden.[1797] Denn neben der Zweckbestimmung des Art. 2 LLS entsprächen auch die übrigen Regelungen, genauer der Entzug der Verfügungsbefugnisse und die Auflösung der Gemeinschaft, nicht den Rechten einer in *séparation des biens* lebenden Frau.[1798] Vielmehr handele es sich bei den *biens réservés* um ein kleines Sondervermögen als Teil der *communauté*, welches infolge eines

---

1794 Siehe unten, S. 212 f., 219 ff., 299 f., 383 ff., 374 ff.

1795 Siehe unten, S. 212 ff.

1796 Siehe unten, S. 383 ff., 212 f.

1797 *Saleilles*, Le principe du libre salaire, in: *Rousseau*, Bulletin de la Société d'Études Législatives 1907, S. 563–595, S. 575 f.

1798 Siehe unten, S. 212, S. 225 ff., S. 234 f.

mandat légale der Verwaltung der Ehefrau zugewiesen sei. So entstehe eine Gemeinschaft mit zwei Verwaltern, denen jeweils klar umrissene Vermögensmassen zugeordnet seien. Neben dem Wortlaut und systematischen Erwägungen war diese vermögensrechtliche Einordnung vor allem auf den Unwillen eines beachtlichen Teils der französischen Gesetzgeber zurückzuführen, von dem traditionellen französischen System der *communauté* derart abzuweichen, dass dabei die Herrschaftsbefugnisse des Ehemannes über das zwingend erforderliche Maß hinaus beschnitten wurden. Obwohl die *biens réservés* einen Machtentzug des Mannes mit sich brachten, sträubte man sich dagegen, die *commune*, welche zuvor alleiniges Hoheitsgebiet des Ehemannes darstellte, um dieses Sondervermögen zu kürzen. Diese unterschiedliche vermögens- und eigentumsrechtliche Zuordnung der Gesetzgeber wirkte sich für die Dauer der Ehe indes kaum aus, da die Sonderbefugnisse der Ehefrau nicht aus ihrer Eigentumsstellung erwuchsen, sondern aus ihren Verwaltungsbefugnissen an den jeweiligen Vermögensmassen. Die Einordnung war jedoch sowohl im Fall der Auflösung der Gemeinschaft als auch hinsichtlich der konkreten Kontrollrechte des Ehemannes, die ihm das *Loi au libre salaire* hinsichtlich der *biens réservés* als Teil der *commune* großzügig eingeräumte, von Bedeutung.[1799]

Von besonderer Bedeutung für die weiblichen Verwaltungsbefugnisse und die Chance auf finanzielle Unabhängigkeit war darüber hinaus die Frage, ob sich das Vorbehaltsgut und die *biens réservés* auch auf die mit dem Lohn der Frau gewonnenen Surrogate und Ersparnisse erstreckten.

Gemäß § 1370 BGB zählte zum Vorbehaltsgut, was die Frau aufgrund eines zu ihrem Vorbehaltsgut gehörenden Rechts oder damit zusammenhängenden Rechtsgeschäfts erwarb, oder als Ersatz für die Zerstörung, Beschädigung oder Entziehung eines zum Vorbehaltsgut zählenden Gegenstandes erlangte. Die Surrogation basierte auf der Annahme, dass der Ehefrau die Verwaltung und Nutznießung des Vorbehaltsgutes in vollem Umfang und mit umfassender wirtschaftlicher Bewegungsfreiheit zustand.[1800] Neben den Ersparnissen waren davon insbesondere gezogene Früchte sowie Kapital und Mietzinsen umfasst.[1801] Bei einem rechtsgeschäftlichen Erwerb genügte es, wenn ein wirtschaftlicher Zusammenhang zwischen den Geschäften bestand. Eine

---

1799 Siehe unten, S. 218 ff.

1800 *Staudinger/Engelmann*, Band IV, Familienrecht, S. 104.

1801 *Wolf*, Das Bürgerliche Gesetzbuch, S. 319.

rechtliche Verbindung war nicht erforderlich, ein sachlicher Zusammenhang des Rechtsgeschäfts mit dem Vorbehaltsgut war ausreichend, wobei die Umstände des Einzelfalls ausschlaggebend waren.[1802]

Im Zuge der Gestaltung der *biens réservés* diskutierten die Beteiligten hitzig darüber, ob und inwieweit sich deren Schutz auf das wirtschaftliche Handeln der Ehefrau erstrecken sollte. Nach langwierigen Diskursen setzte sich die Ansicht durch, wonach sich die freie Verfügung über die persönlichen Arbeitsprodukte hinaus auch auf Surrogate und Ersparnisse erstrecken sollte. Entgegen der Regelung des Art. 217 CC eröffnete Art. 1 LLS der verheirateten Frau die Möglichkeit, im Umfang der *biens réservés* auch Wertpapiere und Immobilien zu erwerben und diese ohne Genehmigung ihres Ehemannes wieder veräußern zu können. Damit verfügte sie im Rahmen der *biens réservés* über ähnlich weitreichende Verwaltungsbefugnisse wie der Ehemann als Familienoberhaupt.[1803]

Eine Einschränkung dieser Befugnisse fand jedoch in doppelter Weise statt, indem die *biens réservés* im Rahmen der Beitragspflicht zu den Haushaltskosten einer Zweckbestimmung unterlagen und darüber hinaus durch die Missbrauchskontrolle des Ehemannes beschnitten wurden. Eine weitere Begrenzung ergab sich zudem aus der Regelung zur Beweis- und Nachweispflicht der *biens reservés*, die forderte, dass die Frau durch ein taugliches Beweismittel nachwies, einem von ihrem Ehemann getrennten Beruf nachzugehen.[1804] Obwohl die Beweisführung der verheirateten Frau bereits im Rahmen des Gesetzgebungsverfahrens erleichtert wurde, indem man von einer doppelten Beweisführungspflicht, welche auch die Herkunft des Vermögens umfasste, absah, führte diese formale Bestimmung des *Loi au libre salaire* zu einer weiteren Herabsetzung der weiblichen Verfügungsbefugnisse. Um den Anforderungen des Rechtsverkehrs gerecht zu werden, benötigte die Ehefrau oftmals eine Bestätigung des Ehemannes selbst, wodurch dieser weiterhin das weibliche Verfügungsrecht kontrollieren konnte.[1805]

1802 *Staudinger/Engelmann*, Band IV, Familienrecht, S. 105.

1803 Siehe unten, S. 212 ff.

1804 Siehe unten, S. 211, 216 f.

1805 *Bermond*, Libre salaire, S. 214; *Adam*, Note sur l'application de la loi française du 13 juillet 1907, BulSocCom 1909, S. 280–285, 280 ff.; *Grinberg*, La Loi de 1907 est-elle appliquée?, in: *La Française*, 18.01.1930, S. 1; *Grinberg*, L'application de la loi, in: *La Française*, 22.03.1930, S. 14.

Das BGB entschied sich demgegenüber bei der Ausgestaltung des Vorbehaltsgutes dafür, die Ehefrau ganz im Sinne ihrer Geschäftsfähigkeit umfassenden Handlungsbefugnissen auszustatten. In Ansehung der Geschäftsfähigkeit der verheirateten Frau war zudem kein Herkunftsbeweis hinsichtlich des eingesetzten Vermögens zu führen. Gesetzlich wurde ihr die freie und unkontrollierte Teilnahme am Rechtsverkehr durch die Verfügung über ihr Vorbehaltsgut verliehen.[1806]

Obwohl der Ausgangspunkt in Frankreich nicht die Würdigung gleichberechtigter und fähiger Ehegatten bildete, sondern die Diskussionen um die erwerbstätige Ehefrau unter dem Aspekt der Kompensation des zusätzlichen Arbeitsaufwandes einer außer Haus tätigen Ehefrau standen, glichen sich die Fundamente der güterrechtlichen Gesetzesschöpfungen. Hinsichtlich des Umfangs und der Reichweite der Verwaltungsbefugnisse selbst entschieden sich die nationalen Gesetzgeber für ähnliche Wirkungen. Die Ausgestaltung der Verwaltungsbefugnisse der jeweiligen Sondervermögen barg das Potenzial zur Teilnahme am Rechtsverkehr über die Schlüsselgewalt und das *mandat tacite* hinaus.[1807] Im Falle eines finanziellen Überschusses konnte die Ehefrau diesen sogar für Dinge der des persönlichen Bedarfs, oder zumindest für das Überleben der Familie, aufwenden. Dieser Chance nahmen jedoch ergänzende Sonderregelungen die praktische Wirksamkeit. Die schwächere rechtliche Durchschlagskraft der *biens réservés* gegenüber dem Vorbehaltsgut war vor allem auf die weiteren Ausgestaltungen des *Loi au libre salaire* und Ausstrahlwirkung der strengen *puissance maritale* des Code Civil zurückzuführen. Insgesamt blieb die Ehefrau in einer finanziellen Abhängigkeit zu ihrem Ehemann und konnte daher auch kaum die Ehe verlassen.[1808]

5. Kapitel: Die Kontrollrechte des Ehemannes an den biens réservés und dem Vorbehaltsgut

Für die praktische Wirkung der Befugnisse der *biens réservés* und des Vorbehaltsguts stellte sich auf zweiter Ebene die Frage, inwieweit der Ehemann

[1806] Siehe unten, S. 371 ff.

[1807] Vgl. unten, S. 212f., 364 f., 370 ff.

[1808] Vgl. unten, S. 262 ff.

durch Kontrollrechte diese Sonderrechte der verheirateten Frau aushöhlen und lenken konnte.

Das BGB sah grundsätzlich keine Kontrollrechte des Ehemannes am Vorbehaltsgut der Ehefrau vor. Ganz im Sinne ihrer Geschäftsfähigkeit sollte sie frei über ihren persönlichen Arbeitserwerb verfügen können. Diese Freiheit erfuhr jedoch gemäß §§ 1371 iVm. 1427 BGB eine Zweckbestimmung, da die Frau dem Ehemann einen angemessenen Beitrag aus den Einkünften ihres Vermögens und dem Ertrag ihrer Arbeit oder selbstständigen Erwerbsgeschäfts zur Tragung der Haushaltskosten zu leisten hatte. Im Rahmen der Verwaltungsgemeinschaft wurde die Beitragspflicht jedoch derart modifiziert, dass dieser nur nachzukommen war, sofern der Mann nicht schon durch seine Nutzungen am eingebrachten Gut einen angemessenen Beitrag erhielt. Die zwangsweise Durchsetzung der Beitragspflicht war indes die einzige Möglichkeit des Ehemannes, auf die neuen Verfügungsbefugnisse der Ehefrau einzuwirken. Da es sich dabei jedoch um eine Zweckbindung im Interesse der Lebensgrundlage der Familie handelte, entsprach die Beitragspflicht weniger einem Kontrollmittel des Ehemannes als der Verankerung eines Familienunterhalts.[1809]

Demgegenüber sah das *Loi au libre salaire* eine Missbrauchskontrolle des Ehemannes an den *biens réservés* vor. Bei Verschwendung, Unvorsichtigkeit und Misswirtschaft konnte der Ehemann der Frau ihre neugewonnenen Befugnisse ganz oder teilweise gerichtlich entziehen lassen. Die Gesetzgeber schufen das Rechtsmittel im Interesse des Haushalts. Die Missbrauchskontrolle beschränkte den Geltungsbereich des *Loi au libre salaire* nicht unbedeutend und verdeutlichte dabei, dass die neuen Befugnisse der Ehefrau, entgegen dem Titel des Gesetzes, nicht frei waren, sondern dem Haushaltsinteresse dienten – dies galt umso mehr, da neben der Missbrauchskontrolle auch eine Beitragspflicht der Ehefrau zu den Haushaltskosten geregelt wurde.[1810] Die weiten Regelungsmodalitäten des Missbrauchstatbestandes waren darüber hinaus für willkürliche Einwirkungen des Ehemannes anfällig, selbst wenn die Frau größtenteils im Haushaltsinteresse handelte. Auf diese Weise wurde das *mandat légale*, welches die *incapacité* der Ehefrau durchbrach, wiederum begrenzt. Diese Stufenregelungen aus Erweiterung und Begrenzung weiblicher Selbstständigkeit verdeutlichten die Zielsetzung des Gesetzgebers, der

---

[1809] Siehe unten, S. 373 f.

[1810] Siehe unten, S. 218 f.

Ehefrau zwar die Befriedigung der Bedürfnisse des Haushaltes zu ermöglichen, ohne dabei jedoch eine Gleichstellung der Eheleute und die Unabhängigkeit der Ehefrau zu fördern. Vor diesem Hintergrund prallte die Kritik an den Missbrauchsvoraussetzungen im Zuge des Gesetzgebungsverfahrens, insbesondere deren zu weite Fassung und alleinige Adressierung der Frau, an den Gesetzgebern ab. Auch die Überschneidung der Voraussetzungen der Beitragspflicht und Missbrauchskontrolle, wodurch dem Ehemann zwei Kontrollmittel über den Arbeitserwerb der Ehefrau mit sehr unterschiedlichen Rechtsfolgen zustanden, verdeutlichten, dass der Ehefrau ihre neuen Freiheiten durch das *Loi au libre salaire* nur unter Vorbehalt verliehen wurden.[1811]

Als unbeabsichtigtes Kontrollinstrument der Praxis und des Rechtsverkehrs erwies sich zudem die Nachweispflicht der Ehefrau. Indem die Anwendung des Gesetzes von formellen Beweismitteln abhängig war, welche der Frau für jede einzelne Rechtshandlung kaum zugänglich waren, nutzte die Praxis die Regelung, um sich den unliebsamen Rechtsfolgen der Reform zu entziehen und an dem Genehmigungserfordernis des Ehemannes festzuhalten.[1812]

Auch wenn die Missbrauchskontrolle der *femme mariée* unter einem gerichtlichen Vorbehalt stand, erfasste die vage und weite Fassung des *Loi au libre salaire* unzählige Sachverhalte, die letztendlich vom Ermessen des Richters abhängig waren. Damit waren die Befugnisse der verheirateten Frau sowohl den Interessen des Haushaltes als auch des Ehemannes untergeordnet und konnten nicht ihr volles Potenzial entfalten. Daneben schränkte die Nachweispflicht den rechtsgeschäftlichen Wirkungskreis der verheirateten Frau zusätzlich ein.[1813]

6. Kapitel: Die Vereinbarkeit der weiblichen Beitragspflicht mit der ehelichen Pflichtenverteilung – ein gerechter Ausgleich?

Sowohl das BGB als auch der Code Civil beinhalteten einen die Eheleute betreffenden Pflichtenkatalog. Dieser folgte dem Leitsatz, besondere Verpflichtungen eines einzelnen Ehegatten mit entsprechenden Rechten und

[1811] Siehe unten, S. 218 ff.
[1812] Siehe unten, S. 252 ff., 261 ff.
[1813] Siehe unten, S. 218 f., 261 f.

Befugnissen auszugleichen. Das Musterbeispiel dafür war die Autorität des Ehemannes als Familienoberhaupt, die mit der Verpflichtung zum Familienunterhalt und zum Tragen der Haushaltslasten eine besondere Verantwortung mit sich brachten.[1814]

Im Rahmen des BGB bedeutete der Verweis auf die Regelungen der Gütertrennung die Erlangung finanzieller Selbstständigkeit und Wahrung der Geschäftsfähigkeit der verheirateten Frau in den Grenzen des Vorbehaltsgutes. Die Ehefrau blieb Eigentümerin des Vorbehaltsguts. Ihre Verfügungsbefugnisse an ihrem persönlichen Arbeitsverdienst wurden nur durch die eheliche Beitragspflicht entsprechend den Reglungen der Gütertrennung gemäß § 1427 BGB eingeschränkt. Demnach musste die Ehefrau zur Bestreitung des ehelichen Aufwandes dem Mann als Familienoberhaupt einen angemessenen Beitrag aus *„dem Ertrag ihrer Arbeit oder eines von ihr selbstständig betriebenen Erwerbgeschäfts“* leisten.[1815] Im Rahmen der Verwaltungsgemeinschaft galt diese Verpflichtung jedoch nur, sofern der Mann nicht schon durch die Nutzung des von der Frau eingebrachten Guts einen angemessenen Betrag erhielt. Auf diese Weise wurde dem Umstand Rechnung getragen, dass der Ehemann bereits in den Genuss des eingebrachten Gutes kam, welches ihm gerade zur Bestreitung der gemeinsamen Haushaltskosten übertragen wurde. Das bedeutete insbesondere für Arbeiterfamilien, in denen die Frau regelmäßig kein Gut einbrachte, dass die Ehefrau eine umfassende Beitragspflicht und damit faktische Versorgungspflicht traf, welcher sie regelmäßig ohnehin zum Erhalt der Familie nachkam und den Grund der Erwerbsaufnahme darstellte. Vor diesem Hintergrund dienten die besondere Rechtsstellung des Ehemannes und die damit einhergehende Unterordnung der Frau, welche er aufgrund seiner Versorgerposition als Oberhaupt der Familie innehatte, der Sicherung und Begründung der männlichen Autorität.[1816] Aufgrund des Pflichtenkatalogs des allgemeinen Teils des Familienrechts traf die erwerbstätige Ehefrau damit eine Pflicht zur Haushaltsführung, eine Folgepflicht und die Verpflichtung zum Familienunterhalt. Die Überordnung des Ehemannes und dessen vorrangiges Entscheidungsrecht basierten damit primär auf pauschalen Formeln zur natürlichen Stellung des Ehemannes

---

1814 Siehe unten, S. 25, 64 f., 211 ff., 360 ff.

1815 Siehe unten, S. 373 ff.

1816 Siehe unten, S. 162, 208, 230, 308, 327, 364 f.

und der Notwendigkeit seiner alleinigen Organisation zur Schaffung eines Familienbundes. Ein angemessener Ausgleich der Rechte und Pflichten im Sinne gleichberechtigter Ehepartner ist nicht zu erkennen.[1817]

Den Beitrag zu den Haushaltskosten regelte parallel in Frankreich Art. 7 LLS. Entsprechend der Bedürfnisse des Haushaltes und der Möglichkeiten des Ehegatten konnte der jeweils andere den persönlichen Arbeitserwerb pfänden und sich zuweisen lassen. Die Ehegatten waren im Zuge dieser Regelung gleichgestellt. Die Schwierigkeit bestand darin, die weiten Voraussetzungen der Missbrauchskontrolle von jenen der Beitragspflicht abzugrenzen und in Einklang zu bringen. Denn unter ähnlichen Voraussetzungen konnte die Ehefrau ihre Befugnisse entweder im Rahmen der Missbrauchskontrolle verlieren oder gemäß Art. 7 LLS dazu verpflichtet werden, im Rahmen ihrer Möglichkeiten zu den gemeinsamen Haushaltskosten beizutragen. Dabei war Art. 7 LLS, welcher einen Teil der persönlichen Arbeitsprodukte der Frau den Haushaltsbedürfnissen zuordnete, ihre Befugnisse darüber hinaus jedoch nicht antastete, die eindeutig mildere Rechtsfolge. Einer Lösung der im Einzelfall schwierigen Anwendbarkeit der alternativen Artikel schenkten weder Rechtswissenschaft noch Praxis übermäßige Aufmerksamkeit.[1818] Die Vorbilder der jeweiligen Regelung stammten aus verschiedenen Rechtskreisen und dienten verschiedenen Konzeptionen, weshalb das *Loi au libre salaire* kein geschlossenes und kohärentes System bildete. Die Kollision der Vorschriften barg damit die Gefahr in sich, die Beitragspflicht der Ehefrau in der Missbrauchskontrolle und einem Befugnis-Entzug des Ehemannes aufgehen zu lassen. Vor diesem Hintergrund wurde die, über ihre ehelichen Pflichten hinausgehende, Erwerbstätigkeit der Ehefrau nicht mit der Erlangung ausgleichender Sonderbefugnisse entlohnt. Eine Kompensation ihrer besonderen Verantwortung als Miternährerin der Familie durch korrelierende Entscheidungsrechte oder abgesicherte Sonderbefugnisse, wie sie dem Ehemann als Oberhaupt der Familie zuteilwurden, fand nicht statt.[1819]

Das BGB stellte der Ehefrau eine Reihe von Unterhaltsansprüchen gegen den Ehemann zur Erhaltung der Familie zur Seite. Das *Loi au libre salaire* hingegen regelte die Beitragspflicht des Ehemannes unter den gleichen Voraussetzungen

---

[1817] Siehe unten, S. 310, 321 f., 400; vgl. unten S. 391.
[1818] Siehe unten, S. 218 f.
[1819] Vgl. unten, S. 209 ff.

wie jene der Ehefrau und gab ihr damit neben den Unterhaltsregelungen des Code Civil ein weiteres Rechtsmittel zur Hand. Dabei wiesen die französischen Regelungen im Vergleich zum BGB nicht darauf hin, im Rahmen der Beitragspflicht jene Vermögensvorteile zu berücksichtigen, die dem Ehemann bereits durch das eingebrachte Gut der Frau zuflossen. Inwieweit diese im Einzelfall durch den entscheidenden Richter bei der Bemessung des Unterhalts berücksichtigt wurden, konnte der Rechtsprechung nicht entnommen werden. Der Wortlaut der Regelungen war indes nachteilig für vermögende Frauen der Bürgerschicht, die ausnahmsweise einer Erwerbstätigkeit nachgingen. Der Ehemann profitierte nicht nur direkt aus dem eingebrachten Vermögen der Frau, er konnte sie darüber hinaus auch noch zu weiteren Beiträgen zu den Haushaltskosten auffordern.[1820]

Es ist festzuhalten, dass im Rahmen der französischen Gesetzgebung der Ausgleich zwischen den Rechten und Pflichten der Ehegatten noch weniger gelang als im BGB. Während der deutsche Gesetzgeber dem Ehemann grundsätzlich die Unterhaltspflicht der Familie auferlegte, verband der Code Civil die Gehorsams- und Folgepflicht der Ehefrau direkt mit der Verpflichtung des Ehemannes zur Versorgung der Frau. Dieses System aus Pflichten und kompensierenden Rechten geriet jedoch immer weiter aus dem Gleichgewicht, indem das *Loi au libre salaire* der Frau eine Beitragspflicht auferlegte, die den gesamten Erwerb der Frau umfassen konnte.[1821]

7. Kapitel: Die Handelsfrau und die marchande publique

Der *marchande publique* bzw. Handelsfrau wurde sowohl in Frankreich als auch im deutschen Reich bereits im Laufe des 19. Jahrhunderts eine rechtliche Sonderbehandlung zuteil. Durch ihre Teilnahme am Geschäftsverkehr, welche unabhängige Entscheidungen und wirksame Rechtshandlungen erforderte, waren ihr auch als verheiratete Frau größere Freiheiten eingeräumt. Die Erweiterung des Vorbehaltsgutes im Zuge der Arbeiten des BGB und der Erlass des *Loi au libre salaire* brachte weitere Veränderungen mit sich.[1822]

[1820] Siehe unten, S. 370 ff., insbesondere 373 f.
[1821] Siehe unten, S. 218.
[1822] Siehe unten, S. 310 ff., 401 ff.

Das französische Gesetz vom 13. Juli 1907 schützte, trotz des Einspruchs einiger Ökonomen, neben Ehefrauen in Dienstverhältnissen auch Händlerinnen und gewerbetreibende Frauen und umfasste damit auch Gewinne im Rahmen ihres Geschäfts. Die Neuerungen des *Loi au libre salaire* führten dazu, dass die Einschränkungen der Geschäftsfähigkeit und Vermögensbefugnisse der verheirateten *marchande public* im Licht des *Loi au libre salaire* zu betrachten waren. Dies hatte jedoch nicht zur Folge, dass das Ermächtigungserfordernis des Ehemannes gemäß Art. 4 *Code de Commerce* entfiel. Allerdings sollte ein Widerruf der Gewerbeführung nicht mehr willkürlich, sondern nur noch unter den strengeren Voraussetzungen des Art. 2 LLS möglich sein. Dadurch gewann die gewerbetreibende Ehefrau an Rechtssicherheit, auch wenn die Auslegung der Voraussetzungen vom Ermessen der Richter abhängig blieben. Der maßgebliche Faktor der finanziellen Unabhängigkeit der Ehefrau war jedoch die Schaffung der *biens réservés*. Damit hatte sie die Möglichkeit, Gewinne, welche auf ihrem wirtschaftlichen Geschick beruhten, für ihre Familie einzusetzen, einen Notgroschen aufzubauen oder einen Überschuss für persönliche Bedürfnisse zu verwenden.[1823]

Die Aussicht der deutschen Handelsfrau war an der Schwelle des 20. Jahrhunderts trotz der Streichung der Geschlechterdifferenzierungen im Rahmen der Neuregelung des HGB verhalten. Während die verheiratete Frau zur Aufnahme eines Dienstverhältnisses und anderen persönlich zu erbringenden Leistungen nur durch das gerichtlich kontrollierte Kündigungsrecht des Ehemannes in ihrer Geschäftsfähigkeit beschnitten war, galt für die Handelsfrau durch das Güterrecht des BGB eine drastischere Beschränkung. Strebte eine verheiratete Frau den Betrieb eines Handelsgeschäfts an, so stand dies gemäß § 1405 BGB weiterhin unter einem generellen Einwilligungsvorbehalt des Ehemannes.[1824] Die Mitwirkungspflicht des Ehemannes war auch im Rahmen der Wahlgüterstände zu beachten. Im Falle einer Einwilligung konnte die Frau im Umfang des Geschäftsbetriebs rechtsgeschäftlich tätig werden. Weigerte sich der Ehemann jedoch, seine Einwilligung zu erteilen, sah das Gesetz grundsätzlich keine Möglickeiten vor, die Verweigerung zu umgehen, selbst wenn diese missbräuchlich war. Diese Einschränkung konnte die verheiratete Handelsfrau nur im Wege der

---

[1823] Siehe unten, S. 219 ff.

[1824] Siehe unten, S. 383 ff.

Privatautonomie beseitigen, indem sie ehevertraglich eine entsprechende Einwilligung des Ehemannes regelte oder eine Gütertrennung vereinbarte. Die Einwilligung des Ehemannes anderweitig zu ersetzen war nur durch trickreiche juristische Winkelzüge und in absoluten Ausnahmefällen möglich, welche den Umständen nach ohnehin eine Zerrüttung der Ehe nahelegten.[1825]

Damit standen sowohl die *marchande publique* als auch die deutsche Handelsfrau weiterhin unter einem Einwilligungsvorbehalt des Ehemannes. Sie profitierten jeweils nur von den Befugnissen und vermögensrechtlichen Folgen der *biens réservés* und des Vorbehaltsguts. Diese waren jedoch rein finanzieller Natur und betrafen nicht die Freiheit zum Betrieb eines Handelsgeschäfts selbst. Diese erste Hürde hin zur Selbstständigkeit blieb damit weiterhin bestehen. Während sich dieses Hindernis nahtlos in die grundsätzliche *incapactité* der verheirateten Frau und in die *puissance maritale* des Code Civil einfügte, stand es in einem enormen Widerspruch zur Anerkennung der Geschäftsfähigkeit der verheirateten Frau im Zuge des BGB.

8. Kapitel: Die Anwendung und Auswirkungen der neuen Bestimmungen rund um den Arbeitserwerb der verheirateten Frau

Trotz des rechtlichen Potenzials der beiden Gesetzgebungen, die finanzielle Selbstständigkeit der verheirateten Frau durch den vermögensrechtlichen Schutz ihres Arbeitserwerbs zu fördern, scheiterte der praktische Erfolg der Gesetzesreformen an den Lebensumständen der Zeit und der Akzeptanz der Praxis.

In Deutschland waren die gesellschaftlichen Gesamtumstände der entscheidende hemmende Faktor. Die Bedeutung des erweiterten Vorbehaltsgutes auf einzelne Gesellschaftsschichten verdeutlicht, dass das Potenzial des BGB für die Verfügungsgerechtigkeit sich kaum im Alltag der Ehefrauen realisieren konnte.[1826] Zum einen führte der weibliche Befugnisgewinn aufgrund der finanziellen Lebensumstände der Familie zu keiner Änderung der weiblichen Verfügungsgewohnheiten, da die Ehefrau und Mutter der Arbeiterschicht

1825 Siehe unten, S. 394 ff.

1826 Siehe unten, S. 374 ff.

ohnehin häufig erwerbstätig war und ihr Verdienst weiterhin umgehend in den Unterhalt der Familie floss. Zum anderen wurde die Arbeitskraft der Ehefrau oftmals durch ihre Mithilfepflicht im Geschäft des Ehemannes vollständig aufgebraucht und in den Kreisen des vermögenden Bürgertums widersprach eine erwerbstätige Ehefrau dem gesellschaftlichen Idealbild. Damit konnte auch die verheiratete Frau des 20. Jahrhunderts die gesellschaftlichen Zwänge nur selten abstreifen, um die Neuerungen des BGB für sich zu nutzen.[1827]

Die Durchschlagskraft der Befugnisse der Ehefrau infolge der Schaffung der *biens réservés* durch das *Loi au libre salaire* litt neben den Lebensumständen der Zeit auch unter den weiteren Ergänzungen des Gesetzes. In Frankreich hemmten neben dem patriarchalischen Gesamtgerüst des Code Civil auch die gesetzeseigenen Kontrollmechanismen und Zweckbestimmungen sowie die Weigerung der Praxis, das *Loi au libre salaire* korrekt anzuwenden, die Auswirkungen der Gesetzesreform.

Was die Anwendungen der Gesetze anbelangte, war das BGB dem *Loi au libre salaire* um einiges voraus. Die Regelungen des BGB zum Arbeitserwerb der verheirateten Frau waren in Deutschland durch deren Aufnahme in das deutsche Zivil- und Familienrecht nicht zu ignorieren. Demgegenüber ignorierten Teile des Rechtsverkehrs, welche die neuen Regelungen als unliebsam empfanden, das *Loi au libre salaire* als knappe Sonderregelung neben dem Code Civil oder legten das Gesetz zu ihren Gunsten – und damit falsch – aus. Dieser Vorwand konnte oftmals nur durch das Einschalten juristischer Hilfe überwunden werden.[1828]

Die Rechtsmittel, welche den Ehefrauen in beiden Ländern zur Seite gestellt wurden, waren von einer gerichtlichen Geltendmachung abhängig und damit hauptsächlich den vermögenden Schichten zugänglich. Darüber hinaus zeichneten sie sich durch eine geringe Durchschlagskraft aus. In Frankreich war die verheiratete Frau auch auf die Rechtsmittel des Code Civil angewiesen, welche ebenfalls unter erheblichen Mängeln litten und daher wenig effektiv waren. Ähnlich gestaltete es sich im Rahmen des BGB, dessen Rechtsmittel sich auf den Schutz des eingebrachten Vermögens konzentrierten. Dabei betraf der Schutz des eingebrachten Vermögens ohnehin nur Ehefrauen der

---

1827 Siehe unten, S. 374 ff.

1828 Siehe unten, S. 255.

höheren bürgerlichen Schichten. Die der verheirateten Frau zugestandenen „Kontrollrechte" gewährten ihr zwar eine gewisse Einflussnahme, diese zielten jedoch nicht auf die Erlangung finanzieller Selbstständigkeit ab, sondern darauf, die Substanz des Vermögens in Notfällen zu erhalten.[1829] Was die Wirksamkeit dieser Rechtsmittel anging, so litten diese an den gleichen Schwächen wie jene ihrer Rechtsvorgänger: Eine gerichtliche Durchsetzung war erst mit der Aufhebung des Güterstandes möglich. Zudem lag die Hürde zur Erfüllung der Voraussetzungen der Kontrollrechte derart hoch, dass in den typischerweise zeitkritischen Sachverhalten eine Vermögenssicherung bereits nicht mehr möglich war.

9. Kapitel: Gesamtbetrachtung

Auf eine rechtliche Gleichstellung der Geschlechter mussten die Frauen Deutschlands und Frankreichs noch bis weit in das 20. Jahrhundert hinein warten. Das ehemännliche Bestimmungsrecht des BGB sollte materiell erst durch Art. 3 II und Art. 117 I GG am 01. April 1953 durch das neue Grundgesetz aufgehoben werden. Ein generelles Umdenken der Gesetzgeber schlug sich jedoch bereits im Programmsatz der Weimarer Reichsverfassung von 1919 nieder, die in Art. 119 I WRV bestimmte: *„Die Ehe steht als Grundlage der Familie […] unter dem besonderen Schutz der Verfassung. Sie beruht auf der Gleichberechtigung der beiden Geschlechter*". Dennoch kennzeichnete das BGB von 1900 den Beginn einer neuen Ära in Bezug auf die rechtliche und soziale Wahrnehmung der Familie und der Stellung der Frau. Obwohl das BGB keine grundlegenden Programmsätze der Frauenbewegung aufnahm, verbesserte sich die rechtliche Situation der verheirateten Frau.[1830] Neben ihrer Rolle als Ehefrau und Mutter begann man sie auch als Individuum wahrzunehmen. In Frankreich wurde erst 1937 die Geschäfts- und Prozessfähigkeit der Ehefrau anerkannt. Von der Unabänderbarkeit der Eheverträge wich der französische Gesetzgeber erst im Zuge der Eherechtsreform vom 13. Juli 1965 ab. Dabei wurde auch die *puissance maritale* des Ehemannes aufgehoben und fünf Jahre später schließlich die Rolle des Ehemannes als *„chef de famille"*

1829 Annahme einer Verbesserung: *Hachenburg*, Gesetzbuch, S. 383 f.; *Grimme*, Entwicklungen, S. 106.

1830 Siehe unten, S. 349 ff., 396 ff.

aus dem Code Civil gestrichen.[1831] Die Ehefrau konnte von nun an unabhängig einen Beruf ausüben und über ihr Vermögen ohne die Mitwirkung des Mannes verfügen. Nach einer weiteren Reform im Jahr 1975 wurde auch die Verpflichtung der Frau zur Hausarbeit beseitigt.[1832] Damit hinkte Frankreich auch im 20. Jahrhundert dem deutschen Gesetzgeber in Sachen Gleichberechtigung hinterher und Frauen erfuhren erst nach dem Zweiten Weltkrieg eine zivil- und öffentlich-rechtliche Gleichstellung.

Der gemeinsame Nenner der langwierigen und schleppenden Entwicklung der Gleichberechtigung der Ehepartner war die Befürchtung der Gesetzgeber, damit eine Lockerung des ohnehin schwächer werdenden Ehebandes herbeizuführen und die komfortable Position des Ehemannes als Oberhaupt der Familie zu gefährden.[1833] Der Ausschluss der Frauen von Gesetzgebungsarbeiten war einer bürgerlichen Geschlechterordnung geschuldet, welche die Ungleichheit der Geschlechter auf die Natur der Frau zurückführte. Das Interesse des Feminismus an Gesetz und Recht wurde als dem Wesen der Frau zuwiderlaufend abgelehnt. Der bestimmungsgemäße Ort der Frau blieb lange Zeit die Familie, weshalb der Kampf um eine politische Teilhabe bis in das 20. Jahrhundert anhielt.

Die Gleichstellung der Ehepartner wurde als das Ende der liebenden Vereinigung verstanden, auch weil die Männer sich vor einem ehelichen Machtverlust fürchteten. Diese Grundeinstellung spiegelt sich auch in den untersuchten Gesetzgebungen dieser Arbeit wider. Obwohl im Zuge des *Loi au libre salaire* die französischen Gesetzgeber ihren deutschen Kollegen dahingehend voraus waren, dass sie sich intensiv mit dem Alltag und den Umständen der erwerbstätigen Ehefrau auseinandersetzten und die Reform sogar eine Änderung des *ordre public* hervorbrachte, blieb das *Loi au libre salaire*, gemessen an der persönlichen und finanziellen Unabhängigkeit der verheirateten Frau, hinter den Wirkungen des deutschen BGB zurück.[1834] Den maßgeblichen Regelungen beider Nationen war gemein, dass sie zwar durch den Vorbehalt des persönlichen Arbeitserwerbs der Ehefrau ihre finanzielle Verfügungsfreiheit und Unabhängigkeit förderten, diese jedoch sodann

---

[1831] Gesetz Nr. 65–570 vom 13.07.1965; *Lincke*, Entwicklungslinien, S. 22 ff.

[1832] *Beese*, Das (zweite) andere Geschlecht, S. 28.

[1833] *Saleilles*, Le nouveau Code Civil Allemand, S. 1.

[1834] Vgl. unten, S. 210 f., 262 f., 360 ff., 403 f.

durch vielfältige Sonderregelungen wieder eingrenzten, um die männliche Autorität zu bewahren. So erkannte das BGB die verheiratete Frau zwar als Rechtssubjekt an, stellte sie sodann durch güterrechtliche Regelungen und das Kündigungsrecht jedoch wieder unter die Kontrolle des Ehemannes, um anschließend durch die Erweiterung des Vorbehaltsgutes ihren Arbeitserwerb erneut der Herrschaft des Mannes zu entziehen. Der Code Civil und das *Loi au libre salaire* hielten dagegen an der *incapacité* der Ehefrau fest, erteilten ihr jedoch ein *mandat légale* im Umfang der *biens réservés*, nur um ihre Befugnisse umgehend erneut unter die Kontrolle des Ehemannes zu stellen.[1835] Dieses stufenweise Vorgehen von Rechtsverleihungen und Einschränkungen führte im Ergebnis auf beiden Seiten zu Konstrukten, welche die Verfügungsbefugnisse der Ehefrau aufzehrten oder aufgrund weiterer Zweckbindungen im Interesse der Familie und den familiären Umständen der Zeit kaum zum Zuwachs von Handlungsspielräumen und vorbehaltenem Vermögen führten. Vor diesem Hintergrund ist der französischen Nationalversammlung zuzustimmen, die 1985 bei der Betrachtung des *Loi au libre salaire* erklärte, dass dieses zwar wohlgemeint war, die Schutzwirkungen des Gesetzes sich jedoch kaum entfalteten und damit zu einem „*lettre mort*" wurden.[1836]

Auch die Verwaltungsgemeinschaft des BGB, die unter anderem von *Planck* selbst als Kompromiss zwischen den Forderungen der Frauenbewegung und Regelungsvorstellungen der Rechtswissenschaft präsentiert wurde, überzeugt kaum als ein solcher Mittelweg, insbesondere da konkrete Forderungen der Frauenbewegung im Zuge des Gesetzgebungsverfahrens kaum sachlich diskutiert oder gar gänzlich ignoriert wurden. Ein Dialog zwischen der bürgerlichen Frauenbewegung und den Gesetzgebern fand nicht statt. Die Zugeständnisse zur Geschäftsfähigkeit und die Erweiterung des Vorbehaltsgutes der verheirateten Frau waren vor allem auf die neue Rolle der Frau als Wirtschaftsfaktor zurückzuführen und für den Alltag des Bürgertums letztendlich kaum von Bedeutung.[1837]

Damit waren die Regelungen der *biens réservés* und des Vorbehaltsguts zwar auf den ersten Blick ein rechtliches Zugeständnis, blieben jedoch

---

1835 Siehe unten, S. 215, 229 f., 236.

1836 Drucksache No. 2584 der französischen Nationalversammlung, exposé des motifs zum Gesetz vom 23.12.1985.

1837 Vgl. unten, S. 374 ff.

symbolischer Natur. Von der gesetzlichen Pflichtenverteilung der Eheleute bestätigt, blieben die persönlichen Bedürfnisse der Ehefrau hinter denen der Versorgungsgemeinschaft des Hauses und denen des Ehemannes nachrangig. Die Gesetzgeber beider Nationen entschieden sich für entsprechende Regelungen, obwohl sich deren Intentionen durchaus unterschieden. Die deutschen Gesetzgeber waren grundsätzlich an einer gleichberechtigten Stellung der Ehepartner interessiert, während die Schöpfer des *Loi au libre salaire* bloß auf eine Befugnis-Erweiterung der Ehefrau im Interesse der Gemeinschaft abzielten. Die ähnlichen Wirkungen der Gesetze waren dem Umstand geschuldet, dass das Kernstück beider Ausgestaltungen die Sicherung der ehelichen Autorität bildete und daher wenig Gestaltungsfreiraum ließ. Das *Loi au libre salaire* von 1907 war damit gleichzeitig ein Ausdruck der Bemühungen der Gesetzgeber zur Sicherung der patriarchalischen Ehe sowie der ersten und nüchternen Bestätigung der Frauenrechte auf dem Weg zur Geschlechtergleichstellung.[1838] Obwohl es hinter den Wirkungen des BGB zurückblieb, skizzierten die Einbeziehung der Frauen in eine Skala von sozialökonomischem Wert sowie rechtliche und parlamentarische Diskurse eine neue Wahrnehmung der Geschlechterdifferenz, die traditionelle Hierarchien herausforderte. Die von Senator *Gourju* eingeführte Formel der *„libre disposition"* rief subversiv nach weiblicher Autonomie in einem Regime, welches bis dato der verheirateten Frau eine individuelle Identität verweigerte. Die Formulierungen des *Loi au libre salaire* veranschaulichten die widersprüchlichen Auswirkungen durch die Ausbreitung des Feminismus in der Gesellschaft der *Belle Epoque*.[1839] Der Feminismus begleitete und förderte zwar einen klaren Mentalitätswandel der Gesellschaft, führte jedoch nicht dazu, dass die Gesetzgeber sich von einer Verankerung der männlichen Macht und gleichzeitigen *incapacité* der Frau lösten. Trotz seiner Grenzen markierte das Gesetz von 1907 den Beginn eines egalitären Prozesses in Frankreich, wobei jedoch die Gleichberechtigung im Sinne des Gesetzes keinesfalls die Emanzipation der Frau bedeutete. Die Faktoren für die fehlende Durchschlagskraft beider nationalen Gesetzesreformen waren vielfältig.

Als Ergebnis lässt sich festhalten, dass von einer Erlangung finanzieller Unabhängigkeit der verheirateten Frau sowohl im Deutschen Reich als

---

1838 Siehe unten, S. 177, 183 f., 200, 229 f., 237 ff., 255 ff.

1839 Siehe unten, S. 137, Vgl. unten, S. 262 f.

auch Frankreich nur in Ausnahmefällen gesprochen werden konnte und die Sicherung der männlichen Autorität im Mittelpunkt des gesetzlichen Diskurses stand. Dennoch erkannten sowohl das BGB als auch das *Loi au libre salaire* die neue Bedeutung der Arbeitskraft der verheirateten Frau für die Familie und Wirtschaft an und legten damit den Grundstein zukünftiger egalitärer Regelungen.

Literaturverzeichnis

Achilles, Alexander/*André*, Fritz/*Greiff*, Max (Hg.): Bürgerliches Gesetzbuch nebst Einführungsgesetz, 5. Aufl., 1906.

Adam, Léon: Note sur l'application de la loi française du 13 juillet 1907, relative au libre salaire de la femme mariée et la contribution des époux aux charges du ménage, in: Bulletin mensuel de la Société de législation comparée, Paris 1909, S. 280–285.

Adams, Jad: Women and the Vote: A World History, 2014.

Adler, Doris: Im „wahren Paradies der Weiber"? Naturrecht und rechtliche Wirklichkeit der Frauen im Preußischen Landrecht, in: Victoria Schmidt-Linsenhoff (Hg.): Sklavin oder Bürgerin? Französische Revolution und neue Weiblichkeit 1760–1830. Frankfurt a. M. 1989.

Aftalion, Albert: Les lois relatives à l'épargne de la femme mariée, leur importance pratique pour la protection de l'épouse dans le classes laborieuses, Paris 1898.

Agricola, Alfred: Ist es wünschenswerth und ausführbar, das eheliche Güterrecht für ganz Deutschland durch ein einheitliches Gesetz zu codifizieren und auf welcher Grundlage?, in: Schriftführer-Amt der ständigen Deputation (Hg.): Verhandlungen des zwölften Deutschen Juristentages, Bd. 2, Berlin 1874.

Allert, Tilman: Max und Marianne Weber. Die Gefährtenehe, in: Hubert Treiber/Karol Sauerland (Hg.), Heidelberg im Schnittpunkt intellektueller Kreise. Zur Topographie der „geistigen Geselligkeit" eines „Weltdorfes", Opladen 1995, S. 210–241.

Amt der ständigen Deputation (Hg.): Verhandlungen des Ersten Deutschen Juristentages, Berlin 1860.

– Verhandlungen des Dritten Deutschen Juristentages, Band 1, Berlin 1862.

– Verhandlungen des Elften Deutschen Juristentages, Band 1, Berlin 1873.

– Verhandlungen des Zwölften Deutschen Juristentages, Band 1, Berlin 1874.

– Verhandlungen des Zwölften Deutschen Juristentages, Band 2, Berlin 1875.

– Verhandlungen des Zwölften Deutschen Juristentages, Band 3, Berlin 1875.

– Verhandlungen des Dreizehnten Deutschen Juristentages, Band 1, Berlin 1876.

– Verhandlungen des Dreizehnten Deutschen Juristentages, Band 2, Berlin 1876.

– Verhandlungen des Einundzwanzigsten Deutschen Juristentages, Band 3, Berlin 1892.

Ariès, Philippe: L'enfant et la vie familiale sous l'Ancien Régime, Paris 1960.

Arndts von Arnesberg, Karl Ludwig: Lehrbuch der Pandekten, 3. Aufl., München 1859.

Aronius: „Im ehelichen Beistande" – Beitrag zur Stellung der Frau im Prozesse, in: J. A. Gruchot (Hg.), Gruchots Beiträge, Beiträge zur Erläuterung des deutschen Rechts, Hamm 1901, S. 253–267.

Ashauer, Günter: Die ökonomische und soziale Bedeutung der preußischen Sparkassen im 19. Jahrhundert, in: Bankhistorisches Archiv, Zeitschrift zur Bankengeschichte, 1998, S. 55–86.

Aubry, Charles/*Rau,* Charles-Frédéric: Cours de Droit Civil Français: d'après la méthode de Zachariae, Tome 5, 4. Edition, Straßburg 1872.

Aucoc, Léon/*Lyon-Caen,* Ch./*Planiol,* Marcel: Revue critique de la jurisprudence en matière civile, administrative, commerciale et criminelle. LVIe Année. Nouvelle série. tome XXXVI. Paris 1907.

Augsburg, Anita/*Heymann,* Lida Gustava: Erlebtes-Erschautes. Deutsche Frauen kämpfen für Freiheit, Recht und Frieden. 1850–1940, Margrid Twellmann (Hg.), Meisenheim 1972.

Augsburg, Anita: Die Frau und das Recht, in: Die Frauenbewegung, 2. Jg., Berlin 1896, H 18, S. 157–160, 167–168, 184–185, 200–203.

Avant-Courrière: Opinions et liste des journaux favorables aux revendications de l'Avant-Courrière, Massave 1895.

Ayass, Wolfgang/*Tennstedt,* Florian (Hg.): Quellensammlung zur Geschichte der deutschen Sozialpolitik 1876 bis 1914, begründet von Peter Rassow und Karl Erich Born, III. Abteilung, Ausbau und Differenzierung der Sozialpolitik seit Beginn des neuen Kurses (1890–1904), 6. Band: Die Praxis der Rentenversicherung und das Invalidenversicherungsgesetz von 1899, bearbeitet von Wolfang Ayass und Florian Tennstedt, Mainz 2014.

Babeau, Albert: La vie rurale dans l'ancienne France, 2. Aufl., Paris 1885.

– Les artisans et les domestiques d'autrefois, 2. Aufl., Paris 1886.

Bähr, Otto: Das eheliche Güterrecht des bürgerlichen Gesetzbuchs, in: Kohler/Ring (Hg.), Archiv für Bürgerliches Recht, Erster Band, Berlin 1889, S. 233–266.

– Gegenentwurf zu dem Entwurfe eines bürgerlichen Gesetzbuches für das deutsche Reich, Kassel 1892.

– Zum Entwurfe eines bürgerlichen Gesetzbuchs für das Deutsche Reich. 2. sociale Aufgabe des Privatrechts. Vortrag, gehalten am 5. April 1889 in der juristischen Gesellschaft zu Wien. Von Dr. Otto Gierke. Berlin, Julius Springer. 3. Entwurf eines bürgerlichen Gesetzbuchs und das deutsche Recht. Von Otto Gierke, Geheimer Justizrath und o.ö. Professor der Rechte an der Universität Berlin. Veränderte und vermehrte Ausgabe. Leipzig, in: Kritische Vierteljahresschrift für Gesetzgebung und Rechtwissenschaft. Band 13. München und Leipzig 1890, S. 188–207.

– Zur Beurtheilung des Entwurfs eines bürgerlichen Gesetzbuchs für das Deutsche Reich. Besonderer Abdruck aus der „Kritischen Vierteljahresschrift für Gesetzgebung und Rechtswissenschaft", Band 11, Heft 3 und 4., München 1888.

Bamberger, Gerald: Ehe- und Übergabeverträge in Hessen. Ein Überblick über Geschichte, Aufbau und Funktion. Marburger Beiträge zur Kulturforschung, Marburg 1998.

Barazetti, Caesar: Das Eherecht mit Ausschluss des ehelichen Vermögensrechts nach dem Code Napoléon und dem badischen Landrecht. Ein Lehr- und Handbuch. Hannover 1895.

Bard, Christine: Die Frauen in der französischen Gesellschaft des 20. Jahrhunderts, Köln/Weimar/Wien 2008.

Bartscher, Thomas: Artikel „Trucksystem", in: Gabler Wirtschaftslexikon, Springer Fachmedien Wiesbaden, 19. Aufl., Wiesbaden 2018.

Bascou-Bance, Paulette: La mémoire des femmes: anthologie, Elytis 2002.

Baudry-Lacantinerie, Gabriel: Précis de Droit Civil, 3. Vol., Tome 3, Larose 1900.

– Traité Théorique et Pratique de Droit Civil, ergänzt von Julien Bonnecase, Tome Troisième, Paris 1926.

Baudry-Lacantinerie, Gabriel/*Le Courtis*, J./ *Surville*, F.: Traité Théorie et Pratique de Droit Civil. Du Contrat de Mariage. Tome Deuxième, Paris 1898.

Baums, Theodor (Hg.): Entwurf eines allgemeinen Handelsgesetzbuches für Deutschland (1848/49), Text und Materialien, herausgegeben und mit einer Einführung von Theodor Baums, Heidelberg 1982.

Becker, Hans Jürgen: Die bayerische Rheinpfalz und das rheinische Recht, in: E. Wadle (Hg.), Philipp Jakob Siebenpfeiffer und seine Zeit im Blickfeld der Rechtsgeschichte, Sigmaringen 1991, S. 19 ff.

– Das Rheinische Recht und seine Bedeutung für die Rechtsentwicklung in Deutschland im 19. Jahrhundert, in: JUS 1985, S. 338 ff.

Beese, Simone: Das (zweite) andere Geschlecht – der Diskurs der „Frau“ im Wandel: Simone de Beauvoirs ‚Le deuxième sexe' in deutscher Erst- und Neuübersetzung, 2015.

Behaghel, Wilhelm: Das badische bürgerliche Recht und der Code Napoléon, 3. Aufl., Band 2, Tauberbischofsheim 1891.

– Der Ehevertrag nach französisch-badischem Rechte, Freiburg 1871.

Bell, Susan G./*Offen*, Karen M.: Women, the Family, and Freedom: 1880–1950, Stanford University Press 1983.

Berent, Margarete: Die Zugewinnstgemeinschaft der Ehegatten, Breslau 1915.

Berlier, Théophile: Présentation au corps législatif et exposé des motifs, 31. Januar 1804, in: P.A Fenet (Hg.), Recueil complet des travaux préparatoires du Code civil, Band XIII, Paris 1836.

Bermond, Pierre: Le libre salaire de la femme marieé, Paris 1910.

Berneike, Christiane: Die Frauenfrage ist Rechtsfrage. Die Juristinnen der deutschen Frauenbewegung und das Bürgerliche Gesetzbuch, Baden-Baden 1995.

Beseler, Georg: System des gemeinen deutschen Privatrechts, 4. Aufl., Berlin 1885.

Bestgen, Fritz: Rechtsstellung einer Ehefrau, welche selbstständig ein Erwerbsgeschäft betreibt, Halle 1902.

Beuys, Barbara: Familienleben in Deutschland, Neue Bilder aus der Vergangenheit, Hamburg 1980.

Bidelman, Patrick Kay: The Politics of French Feminism: Léon Richer and the Ligue Française pour le Droit des Femmes, 1882–1891, in: Historical Reflections/Réflexions Historiques. Vol. 3, No. 1, New York 1976, S. 93–120.

Binder, Birgit: Otto Bähr (1817–1895), Frankfurt am Main, Bern 1983.

Boistel, Alphonse: Précis de droit commercial, cours professé à la Faculté de droit de Paris, 1872–1879, Troisième Édition, Paris 1884.

Borchert, Manon: Marianne Weber, Portraitstudien zu Person und Werk, in: Stephan Buchholz (Hg.), Überlieferung, Bewahrung und Gestaltung in der rechtsgeschichtlichen Forschung, Paderborn 1993, S. 23-52.

Bornemann, Friedrich Wilhelm Ludwig: Systematische Darstellung des Preußischen Civilrechts mit Benutzung der Materialien des Allgemeinen Landrechts, Band V, 2. Verbesserte Ausgabe: Enthaltend das Familienrecht, Berlin 1845.

Brakeman, Lynne: Chronology of Women Worldwide: People, Places and Events that Shaped Women's History, 1997.

Brauneder, W.: Artikel „Schlüsselgewalt", in: Erler/Kaufmann (Hg.), Handwörterbuch zur deutschen Rechtsgeschichte, Band 4, S. 1446–1450, Berlin 1990.

Brisset, Jacqueline: L'adoption de la communauté comme le régime legal dans le Code Civil, Paris 1967.

Brühl, Karl Ferdinand: Bedarf das System des gesetzlichen Güterrechts in dem Entwurfe des BGBs einer grundsätzlichen Abänderung und in welcher Richtung?, in: Verhandlungen des 21. Deutschen Juristentages, 1. Band, Berlin 1890, S. 172–205.

– Die Arbeit der Ehefrau im Entwurf eines bürgerlichen Gesetzbuches für das Deutsche Reich, in: Archiv für Civilistische Praxis, 74. Band, Freiburg 1889, S. 399–421.

– Die eheliche Nutznießung im Entwurfe eines bürgerlichen Gesetzbuches für das Deutsche Reich, in: Archiv für Civilistische Praxis, 73. Band, Freiburg 1889, S. 408–428.

Brunel, J.: La femme mariée et les charges du ménage (Loi de le juillet 1907): Thèse pour le doctorat juristique, Montpellier 1910.

Brunner, Otto: Das „Ganze Haus" und die alteuropäische „Ökonomik", in: ders., Neue Wege der Verfassungs- und Sozialgeschichte, Göttingen 1956, S. 102 ff.

Buchholz, Stephan: Das Bürgerliche Gesetzbuch und die Frauen. Zur Kritik des Ehegüterrechts, in: Ute Gerhard (Hg.), Frauen in der Geschichte des Rechts. Von der frühen Neuzeit bis zur Gegenwart, München 1997, S. 670–682.

– Ehegüterrecht vor dem BGB: Ein Ehe- und Erbvertrag von 1893, in; Marion Ascheri, „Ins Wasser geworfene Ozeane durchquert“, Festschrift für K. W, Nörr, Köln 2003, S. 57–72.

Bulling, Carl: Die deutsche Frau und das bürgerliche Gesetzbuch, Berlin 1896.

Bürge, Alfons: Das französische Privatrecht im 19. Jahrhundert. Zwischen Tradition und Pandektenwissenschaft, Liberalismus und Etatismus, Frankfurt am Main 1991.

– Römisches Privatrecht. Rechtsgedanken und gesellschaftliche Verankerung. Eine Einführung, Darmstadt 1999.

Catala, Nicole: Le gouverment de la famille, in : Éditions du Juris Classeur, Le discours er le Code, Portalis, deux siècles après le Code Napoléon, Paris 2004, S. 227-234.

Cauer, Minna: Unsere Volksvertretung vom 19.–26. Juni 1896, in: Die Frauenbewegung, 2. Jahrgang, Berlin 1896, Nr. 13, S. 125–126.

Centre national des Caisses D'Épargne et de prévoyance: Journal des Caisses d'épargne: recueil mensuel de documents législatifs et administratifs, Pithiviers 1882–1991.

Chauvin, Jeanne: Proposition de Loi sur la capacité des femmes mariées de disposer du produit de leur travail ou de leur industrie personnel, in: Publications de l'Avant-Courrière, Paris 1893, S. 1–5.

Chenut, Helen: L'esprit antiféministe et la campagne pour le suffrage en France, 1880–1914, in: *Recherches féministes*, 2012, S. 37–53.

Clark, Linda L.: Women and Achievement in Nineteenth-Century Europe, Cambridge University Press, 2008 (zit.: *Clark*, Women and Achievement).

Coester, Michael: Gottlieb Planck (1824–1910). Ein Vater des neuen bürgerlichen Rechts, in: Fritz Loos (Hg.): Rechtswissenschaft in Göttingen. Göttinger Juristen aus 250 Jahren, 1997, S. 299–315.

Coing, Helmut: Helmut Coing, Die obersten Grundsätze des Rechts, Heidelberg 1947.

Conrad, Hermann: Preußen und das französische Recht in den Rheinlanden, in: Josef Wolffram/Adolf Klein (Hg.), Recht und Rechtspflege in den Rheinlanden, Festschrift zum 150jährigen Bestehen des OLG Köln, Köln 1969, S. 78–112.

Conseil National des Femmes Françaises: Conseil National des Femmes Françaises, Fondé à Paris, le 18 avril 1901, Quatrième Assemblée Générale, publiqué le 9 juillet 1907.

Cosack, Konrad: Lehrbuch des Deutschen bürgerlichen Rechts auf der Grundlage des Bürgerlichen Gesetzbuchs für das Deutsche Reich, Zweiter Band, 4. Aufl., Jena 1904.

Cova, Anne: La protection de la maternité sous la IIIe République (1870–1940), in: *Revue Dynamiques*, no.1, mars 2017, S. 1–5.

Cubain, R.: Traité des Droits des Femmes, en Matière Civile et Commerciale, Paris 1842.

Crome, Carl: Intensive und extensive Behandlung des französischen Zivilrechts, in: Rheinische Zeitschrift für Zivil- und Prozeßrecht des In- und Auslandes, Band 1, 1908, S. 6–12.

Damez, Albert: Le libre Salaire de la Femme mariée et le mouvement féministe, Paris 1903.

Debus, Günter: Geschichten aus unserem Dorf Gönnern: 1296–1996. Gönnern 1996.

Decker/Voßwinkel/Heinsius (Hg.): Entscheidungen des königlichen Obertribunals, 4. Folge, Band. 8, Berlin 1863.

Demolombe, Charles: Cours de Code Napoléon: Traité des servitudes ou services fonciers, tome 3, 31 vol., Paris 1874.

Deraismes, Maria: Ce que veulent les femmes: articles et conférences de 1869 à 1891, Syros 1980.

Dernburg, Heinrich: Das bürgerliche Recht des Deutschen Reichs und Preußens, Vierter Band, Deutsches Familienrecht, Halle 1903.

Dölemeyer, Barbara: Die Einführung und Geltung des Code Civil in Deutschland (1804–1814), in: Helmut Coing (Hg.), Handbuch der Quellen und Literatur zur neueren europäischen Privatrechtsgeschichte, Band 3, Teilband 2, München 1982, S. 1440 ff.

Dörner, Heinrich: Industrialisierung und Familienrecht. Die Auswirkungen des sozialen Wandels, dargestellt an den Familienmodellen des ALR, BGB und des französischen Code Civil. Berlin 1974.

Duncker, Arne: Gleichheit und Ungleichheit in der Ehe. Persönliche Stellung von Frau und Mann im Recht der ehelichen Lebensgemeinschaft. 1700–1914. Köln 2003.

Düringer, Adelbert/*Hachenburg*, Max: Das Handelsgesetzbuch vom 10. Mai 1897 (unter Ausschluß des Seerechts) auf der Grundlage des Bürgerlichen Gesetzbuchs, Teil 2, Mannheim 1899.

Duvergier, J. B.: Collection complète des lois, décrets, ordonnances, réglemens et avis du Conseil-D'État, Tome cinquantième, Année 1850, Paris 1850.

Eccius, M. E./*Förster*, Franz: Preußisches Privatrecht, Band 4, 7. Aufl., Berlin 1897.

Endemann, Friedrich: Lehrbuch des Bürgerlichen Rechts. Einführung in das Studium des Bürgerlichen Gesetzbuchs, Zweiter Band, Sachenrecht, Familienrecht, 6. Aufl., Berlin 1900.

Engelhaupt, Heinz: Die Einführung hessen-darmstädter Verwaltung im nördlichen Teil des Departements Donnersberg, Mainz 1971.

Engelmann, A.: Das Bürgerliche Recht Deutschlands mit Einschluss des Handels-, Wechsel- und Seerechts, 4. Aufl., Berlin 1906.

Enneccerus, Ludwig/*Lehmann*, H. O.: Das Bürgerliche Recht, Band 2, 2. Aufl., Marburg 1901.

Enneccerus, Ludwig/*Wolff*, Martin: Lehrbuch des Bürgerlichen Rechts II 2: Familienrecht, Marburg 1928.

Erler, Julius: Das Bürgerliche Gesetzbuch mit besonderer Berücksichtigung der Rechtsprechung des Reichsgerichts, Reichsgerichtsräte-Kommentar, Band IV, Familienrecht, Busch/Lobe/Michaelis (Hg.), Berlin, New York 1928.

Faber, Karl Georg: Die Rheinlande zwischen Restauration und Revolution, Probleme der rheinischen Geschichte von 1814 bis 1848 im Spiegel der zeitgenössischen Publizistik, Wiesbaden 1966.

Fait, Barbara: Arbeiterfrauen und -familien im System sozialer Sicherheit. Zur geschlechterpolitischen Dimension des „Bismarck'schen Arbeiterversicherung", in: Jahrbuch für Wirtschaftsgeschichte 1997/1, S. 171–205.

Fellner, Christoph: Die Reform der bayerischen Zivilrechtspflege von den ersten Anregungen des Landtags im Jahre 1819 bis zur Gründung des Deutschen Reiches, München 1986, S. 17 ff.

Fenet, Pierre-Antoine: Recueil complet des travaux préparatoires du Code civil, Band XIII, Paris 1836.

Fischer, Otto: Lehrbuch des preußischen Privatrechts, Berlin und Leipzig 1887.

Frensdorff, F.: Gottlieb Planck: deutscher Jurist und Politiker, Berlin 1914.

Frevert, Ute: Bürgerliche Meisterdenker und das Geschlechtsverhältnis. Konzepte, Erfahrungen, Visionen an der Wende vom 18. zum 19. Jahrhundert, in: dies. (Hg.), Bürgerinnen und Bürger: Geschlechterverhältnisse im 19. Jahrhundert, zwölf Beiträge, Göttingen 1988, S. 17–48.

Ganghofer, Roland /*Poughon*, Jean Michael: Le droit de la femme dans le Code civil et l'ALR, in: Barbara Dölemeyer/ Heinz Mohnhaupt (Hg.), 200 Jahre Allgemeines Landrecht für die preußischen Staaten, Frankfurt am Main 1995, S. 357–370.

Garden, Maurice: Mariages parisiens à la fin du XIXe siècle: une micro-analyse quantitative, in: Annales de démographie historique, 1998–1, Le mariage, règles et pratiques, S. 111–133.

Gerhard, Ute: Die Rechtsstellung der Frau in der bürgerlichen Gesellschaft des 19. Jahrhunderts. Frankreich und Deutschland im Vergleich, in: Jürgen Kocka (Hg.), Bürgertum im 19. Jahrhundert, Band III, Verbürgerlichung, Recht und Politik. Göttingen 1995, S. 167–196.

– Frauen in der Geschichte des Rechts: von der frühen Neuzeit bis zur Gegenwart, München 1997.

– Frauenbewegung und Feminismus. Eine Geschichte seit 1789, München 2009.

– Menschenrechte sind Frauenrechte: Alte Fragen und neue Ansätze feministischer Rechtskritik, in: L'Homme: Zeitschrift für Feministische Geschichtswissenschaft, Jg. 8, 1997, Nr. 1, S. 43–63.

– Unerhört: die Geschichte der deutschen Frauenbewegung, Hamburg 1990.

Gestrich, Andreas: Geschichte der Familie im 19. und 20. Jahrhundert (Enzyklopädie deutscher Geschichte 50), 3. Aufl., München 2013.

Geyer, Stefan: Den Code civil „richtiger" auslegen. Der zweite Zivilsenat des Reichsgerichts und das französische Zivilrecht, Frankfurt am Main 2009.

von Gierke, Otto: Das deutsche Haus und der Entwurf eines bürgerlichen Gesetzbuches (249. Sitzung der juristischen Gesellschaft vom 21. Juni 1800 in Charlottenburg), in: ders., Aufsätze und kleinere Monographien, Band II, Hildesheim 2001, S. 643–658.

– Das deutsche Genoßenschaftsrecht, Zweiter Band, Berlin 1873.

– Der Entwurf eines bürgerlichen Gesetzbuchs und das deutsche Recht, Leipzig 1889.

Giesa, Kai-Oliver: Eheverträge im Großherzogtum Baden in der 2. Hälfte des 19. Jahrhunderts. Normative Grundlagen und Vertragspraxis. Hamburg 2008.

Glasson, M.: Rapport sur le concours pour le prix du budget, in: Charles Morizot-Thibault, De L'Autorité maritale (étude critique du Code civil), Précédé d'un Rapport sur le concours pour le prix du budget (législation), Paris 1899.

Godding, Philippe: Les contrats de mariage dans la première moitié du 19ème siècle : Fidélité à la coutume ou adaptions sans réserve du Code Napoléon? in: Belgisch Tijdschrift voor Nieuwste Geschiedenis, 1983 1–2, S. 91–114.

Grether, Ludwig: Das Güterrecht der Eheleute im Großherzogthum Baden, Karlsruhe 1852.

Grimm, Dieter: Bürgerlichkeit im Recht, in: Jürgen Kocka (Hg.), Bürger und Bürgerlichkeit im 19. Jahrhundert, Göttingen 1987, S. 149–188.

Grimm, Jacob: Deutsche Rechtsaltertümer, 4. vermehrte Ausgabe, Band I, Leipzig 1922.

Grimme, Mark-Alexander: Die Entwicklungen der Emanzipation der Frau in der Familienrechtsgeschichte bis zum Gleichberechtigungsgesetz 1957. Unter besonderer Berücksichtigung der Entstehungsgeschichte des Bürgerlichen Gesetzbuches, Göttingen/Muhr am See, 2002.

Grinberg, Suzanne: La Loi de 1907 est-elle appliquée?, in: *La Française*, 18. Januar 1930, Massave 1930.

– L'application de la loi sur le libre salaire de la femme mariée, in: *La Française*, 22. März 1930, Massave 1930.

Grosjean, Georges: Chambre des Députés No. 2280, Huitième Législature, Session de 1905. Annexe au procès-verbal de la 2e séance du 27 février

1905. Proposition de Loi ayant pour objet la protection des gains et salaires de la femme mariée.

Guillouard, Louis: Traité Du Contrat de Mariage, Buch III, Titel V, Band III, Code Civil Artikel 1441 bis 1539, Edition 1885.

– Traité Du Contrat de Mariage, Buch III, Titel V, Band IV, Code Civil Artikel 1540 bis 1581, Edition 1896.

Gumbert, Arthur: Die Erwerbsfrau nach dem Rechte des BGB, Hannover 1900.

Gurwitsch, G.: Otto von Gierke als Rechtsphilosoph, in: Logos 11, 1923, S. 86–132.

Haack, Julia: Der vergällte Alltag. Zur Streitkultur im 18. Jahrhundert, Köln/Weimar/Wien 2008.

Hachenburg, Max: Das Badische Landrecht unter Berücksichtigung des Rheinischen Rechts. Annotiert nach der Rechtsprechung der deutschen Gerichte, Mannheim 1887.

– Das Bürgerliche Gesetzbuch für das Deutsche Reich. Vorträge gehalten in den Jahren 1896/97, Mannheim 1900.

Haerendel, Ulrike: Die Anfänge der gesetzlichen Rentenversicherung in Deutschland. Die Invaliditäts- und Altersversicherung von 1889 im Spannungsfeld von Reichsverwaltung, Bundesrat und Parlament, Speyer 2001.

Hagenmüller, Karl Fr.: Der Bankbetrieb, Lehrbuch und Aufgabensammlung, bearbeitet von Dipl.-Hdl. Gerhard Diepen, Wiesbaden 1978.

Halpérin, Jean-Louis: Art. Code Civil, in: Albrecht Cordes u.a. (Hg.), Handwörterbuch zur deutschen Rechtsgeschichte (HRG), 2. Aufl. 2004 ff., Band I, Lieferung 4, Spalte 861–866.

– Histoire du droit privé français depuis 1804, Paris 2012.

– Saleilles (Raymond), in: Fabienne Orsi/Judith Rochfeld/Marie Cornu-Volatron (Hg.): Dictionnaire des biens communs, Paris 2017.

Hardach, Gerd: Optionen der Altersvorsorge im 19. und 20. Jahrhundert in Deutschland, in: Zeitschrift für Unternehmensgeschichte, Nr. I/2003, 48. Jahrgang.

Harke, Jan Dirk: Römisches Recht. Von der klassischen Zeit bis hin zu den modernen Kodifikationen, 2. Auflage, München 2016.

Hartwich, Esther: Der Deutsche Juristentag von 1860 bis 1878 um Rahmen des Wechselverhältnisses von Nationalbildung und Recht, 2006.

Hause, Steven C./*Waelti-Walters*, Jennifer: Feminism oft the Belle Epoque. A historical and literary anthology. Lincoln und London 1994.

Hausen, Karin: Die Polarisierung der Geschlechtscharaktere – Eine Spiegelung der Dissoziation von Erwerbs- und Familienleben, in: Werner Conze (Hg.), Sozialgeschichte der Familie in der Neuzeit Europas, Stuttgart 1976, S. 363–393.

Hausmaninger, Herbert/*Selb*, Walter: Römisches Privatrecht. 9. Ausgabe, Weimar 2001.

Héricourt, Jenny P. d': La Femme affranchie, Paris 1860.

Herlyn, Ulf/*Scheller*, Gitta/*Tessin*, Wulf: Neue Lebensstile in der Arbeiterschaft? Eine empirische Untersuchung in zwei Industrieländern, Opladen 1994.

Hervé, Florence: Französische Frauen. Die Entwicklung des Feminismus in Frankreich, in: Via Regia, Blätter für internationale kulturelle Kommunikation, 1995, Heft 24.

Heusler, Andreas: Institutionen des Deutschen Privatrechts, Band II, Leipzig 1886.

Hillgenberg, Karl: Bedürfen die die persönliche Rechtsstellung der Ehefrau in ihrer Eigenschaft als Gattin und Mutter behandelnden Bestimmungen des BGB für das Deutsche Reich einer Umgestaltung im Sinne der modernen Frauenbewegung? Leipzig 1917.

Hinsberg, Adolf: Die Frauen und der Entwurf des Handelsgesetzbuches, in: Die Frauenbewegung 1897, S. 25–27.

Hirth, Georg: Annalen des Deutschen Reiches für Gesetzgebung, Verwaltung und Volkswirtschaft: staatsrechtl., volkswirtschaftl. u. statistisches Jahrbuch, München/Berlin/Leipzig 1904.

Hohls, Rüdiger: Arbeit und Verdienst, Entwicklung und Struktur des Arbeitseinkommens im Deutschen Reich und in der Bundesrepublik (1885–1985), Berlin 1991.

Hörle, Georg: Die Stellung der Ehefrau im Betrieb eines Erwerbsgeschäfts nach dem Bürgerlichen Gesetzbuch, Leipzig 1907.

Huth, Karl: Wirtschafts- und Sozialgeschichte des Landkreises Biedenkopf, 1800–1866. Kreisausschuss des Landkreises Biedenkopf (Hg.), Biedenkopf 1962.

Imbert, P.: La protection des gains et salaires de la femme mariée, Paris 1902.

Jahnel, Rosemarie: Kurzbiographien der Verfasser des Bürgerlichen Gesetzbuchs, in: Horst Heinrich Jakobs, Werner Schubert (Hg.), Die Beratung des Bürgerlichen Gesetzbuchs: Materialien zur Entstehungsgeschichte des BGB: Einführung, Biographien, Materialien, Berlin, New York 1978, S. 72 ff.

Jakobs, Horst Heinrich/*Schubert*, Werner: Die Beratung des Bürgerlichen Gesetzbuchs, Familienrecht I, §§ 1297–1563, 1987, Reprint 2015.

Jakobs, Horst Heinrich/*Schubert*, Werner: Die Beratung des Bürgerlichen Gesetzbuchs. Materialien zur Entstehungsgeschichte des BGB: Einführung, Biographien, Materialien, Berlin, New York 1978.

Jastrow, Hermann: Das Recht der Frau nach dem Bürgerlichen Gesetzbuch, Berlin 1897.

Jolly, Jean: Dictionnaire des parlementaires français; notices biographiques sur les ministres, députés et sénateurs français de 1889 à 1940. Veröffentlicht unter der Leitung von Jean Jolly, Archivar des Assemblée nationale. 8 Bände, Paris 1977.

Jörs, Paul/*Kunkel*, Wolfgang/*Wenger*, Leopold: Römisches Recht: Römisches Privatrecht. Abriss des Römischen Zivilprozessrechts, Heidelberg 1978.

Kaelble, Hartmut/*Volkmann*, Heinrich: Streiks und Einkommensverteilung im späten Kaiserreich, in: Jürgen Bergmann/Jürgen Brockstedt/Hartmut Kaelble/Hermann-Josef Rupieper/Peter Steinbach/Heinrich Volkmann, Arbeit, Mobilität, Partizipation, Protest. gesellschaftlicher Wandel in Deutschland im 19. und 20. Jahrhundert, 1986, S. 159–198.

Kaser, Max: Römisches Privatrecht. Ein Studienbuch. 16. Aufl., München 1992.

Kempin, Emilie: Die Ehefrau im künftigen Privatrecht der Schweiz, Zürich 1894.

– Die Rechtsstellung der Frau, in: Gustav Dahms (Hg.), Der Existenzkampf der Frau im modernen Leben. Seine Ziele und Aussichten. Heft 5, Berlin 1895, S. 145–179.

– Die Stellung der Frau nach den zur Zeit in Deutschland gültigen Gesetzes-Bestimmungen sowie nach dem Entwurf eines bürgerlichen

Gesetzbuches für das Deutsche Reich. Herausgegeben von dem Allgemeinen Deutschen Frauenverein, Leipzig 1892.

– Grenzlinien der Frauenbewegung, in: Jahrbuch für Gesetzgebung, Verwaltung und Volkswirtschaft im Deutschen Reich, 21. Jahrgang, Drittes Heft, Leipzig 1897, S. 51–77.

Kipp, Theodor/*Wolff*, Martin: Lehrbuch des Bürgerlichen Rechts. Zweiter Band, zweite Abteilung: Das Familienrecht, Zweite Bearbeitung, Marburg 1914.

Kleinheyer, Gerd/*Schröder*, Jan: Deutsche und Europäische Juristen aus neuen Jahrhunderten. 6. Auflage, Heidelberg 2017.

Knapp, Ulla: Frauenarbeit in Deutschland zwischen 1850 und 1933, Teil 1, in: Historical Social Research 8 (1983), Nr. 4, S. 42–82.

Koch, Christian Friedrich: Allgemeines deutsches Handelsgesetzbuch. Herausgegeben mit Kommentar in Anmerkungen von Dr. C. F. Koch, Berlin 1863.

– Allgemeines Landrecht für die Preußischen Staaten: unter Weglassung der aufgehobenen Vorschriften und Einschaltung der jüngeren noch geltenden Bestimmungen / herausgegeben mit Kommentar in Anmerkungen von C. F. Koch, nach des Verfassers Tode bearbeitet von Franz Förster, R. Johow, P. Hinschius, A. Achilles, A. Dalcke; Band 3, Berlin 1875, 5. Ausgabe.

Kocka, Jürgen (Hg.): Bürger und Bürgerlichkeit im 19. Jahrhundert, Göttingen 1987.

Kohler, Josef: Einführung, in: Rheinische Zeitschrift für Zivil- und Prozeßrecht I, 1909, S. 1 ff.

Koller, Adolf: Die Gewerbeordnung für den Norddeutschen Bund vom 21. Juni 1869, aus den amtlichen Materialien ausführlich erläutert, 2. Aufl., Berlin 1870.

König, R.: Familie und Autorität. Der deutsche Vater im Jahre 1955, in: ders., Materialien zur Soziologie der Familie, Köln 1974, S. 214–230.

Kositzki, Andrea: Das öffentlich-rechtliche Kreditgewerbe. Eine empirische Analyse zur Struktureffizienz und Unternehmensgröße im Sparkassensektor, Wiesbaden 2004.

Kroj, Karina: Die Abhängigkeit der Frau in Eherechtsnormen des Mittelalters und der Neuzeit als Ausdruck eines gesellschaftlichen

Leitbilds von Ehe und Familie. Zugleich eine Untersuchung zu den Realisierungschancen des zivilrechtlichen Gleichheitsgrundsatzes, Frankfurt am Main 1988.

Landmann, Robert A. von/*Rasp*, Karl von: Kommentar zum Invalidenversicherungsgesetz vom 13. Juli 1899, 2. Aufl., vollständig neubearbeitet von Josef Graßmann, München 1901.

Landmann: Arbeiterschutzgesetzgebung (Deutschland), in: J. Conrad, L. Elster, W. Lexis u.a. (Hg.), Handwörterbuch der Staatswissenschaften, Band I, 1909, S. 593–634.

Landsberg, Ernst: Das rheinische Recht und die rheinische Gerichtsverfassung, in: Joseph Hansen (Hg.), Die Rheinprovinz 1815–1915, hundert Jahre preußische Herrschaft am Rhein, Bonn 1917, S. 149 ff.

– Die Gutachten der rheinischen Immediat-Justiz-Kommission und der Kampf um die rheinische Rechts- und Gerichtsverfassung 1814 bis 1819, Bonn 1914.

Lange, Gustave/*Duvergier* J.-B.: Collection complète des Lois, Décrets, Ordonnances, Règlements et Avis du Conseil D'État, Tome cent septième, Année 1907, Paris 1907.

Lange, Helene: Das Bürgerliche Gesetzbuch und die Frauen, in: dies. Kampfzeiten. Aufsätze und Reden aus vier Jahrzehnten, Band 1, Berlin 1928.

Larenz, Karl: Allgemeiner Teil des Deutschen Bürgerlichen Gesetzbuches, 9. Aufl., München 2004.

Lehmann, Jens: Die Ehefrau und ihr Vermögen. Reformforderungen der bürgerlichen Frauenbewegung zum Ehegüterrecht um 1900, Köln 2006.

Léon, Pierre: Les nouvelles élites, in: Braudel/Labrousse (Hg.), Histoire économique et sociale de la France, Band II: Des derniers temps de l'âge seigneurial aux préludes de l'âge industriel (1660–1789), Paris 1970, S. 601–649.

Lévy, J.-Ph./*Castaldo*, A.: Histoire du droit civil, Paris 2002.

Lincke, Dieter: Entwicklungslinien im französischen gesetzlichen Güterrecht, Bielefeld 1961.

Locré, Jean-Guillaume: La législation civile, commerciale et criminelle de la France, ou Commentaire et complément des codes français, Paris 1827–1832, Band 31.

Ludyga, Hannes: Die obrigkeitlichen Verehelichungsbeschränkungen als Mittel der Armenfürsorge im 18. Jahrhundert, in: Hans-Georg Hermann (Hg.), Von den leges barbarorum bis zum ius barbarum des Nationalsozialismus. Festschrift für Hermann Nelsen zum 70. Geburtstag, Köln 2008, S. 132–140.

Lyon-Caen, Charles/*Renault*, L.: Manuel de Droit Commercial, Troisième Édition, Paris 1894.

Maetschke, Matthias: Recht, Wettbewerb und Industrialisierung. Die rechtlichen Rahmenbedingungen der Industrialisierung in Preußen und Deutschland (1807 bis 1873), in: Matthias Maetschke/ David von Mayenburg/ Mathias Schmoeckel (Hg.), Das Recht der industriellen Revolution, Tübingen 2013, S. 17–69.

Malafosse, Paul /*De Ourliac*, J.: Histoire Du Droit Prive, Tome III: Le Droit Familial Broché, Paris 1968.

Malaurie, Philippe/*Aynès*, Laurent: Cours de droit civil. Ouvrage couronné par l'Académie des sciences morales et politiques Prox Dupin Aîne, Tome VII, Les régimes matrimoniaux, Paris 1992.

Malchus, Carl August: Sparcassen in Europa, Heidelberg und Leipzig 1838, Neudruck (mit einer Einführung von Manfred Pix und Josef Wisocki) Stuttgart 1994.

Maleville, Jaques de: Analyse raisonnée de la discussion du Code Civil au Conseil d'Etat, Band 1, Paris 1805.

Malsbenden, Petra: Die rechtliche Stellung der Frau im ehelichen Güterrecht vom ALR zum BGB, Frankfurt am Main 1991.

Marrasi, Armand: Assemblée Nationale. Séance du mercredi 7 mars, in: Gazette nationale, ou Le Moniteur universel, No. 67, 8. März 1848, S. 4–7.

Martiny, Martin: Integration oder Konfrontation? Studien zur Geschichte der sozialdemokratischen Rechts- und Verfassungspolitik, Bonn/Bad Godesberg 1976.

Mayenburg, David von: §§ 1363–1557. Eheliches Güterrecht (III). Das 19. Jahrhundert, in: Mathias Schmoeckel/Joachim Rückert/Reinhard Zimmermann (Hg.): Historisch-kritischer Kommentar zum BGB. Band IV. Familienrecht, §§ 1297–1921. Tübingen 2018, S. 639–790.

Mayer, Anton: Leitfaden für das Studium des badischen Landrechts mit Einschluss des Handelsrechts, Freiburg 1849.

Mayntz, Renate: Die moderne Familie, Stuttgart 1955.

McMillan, James: France and Women, 1789–1914: Gender, Society and Politics, Routledge 2000.

Meder, Stephan/*Duncker*, Arne/ *Czelk*, Andrea: Die Rechtsstellung der Frau um 1900. Eine kommentierte Quellensammlung, Köln/Weimar/Wien 2010.

Meder, Stephan/*Duncker*, Arne/*Czelk*, Andrea: Frauenrecht und Rechtsgeschichte, Köln 2006.

Medicus, Dieter: Der Niedergang des ehemännlichen Bestimmungsrechts, in: Richard Helmholz/ Paul Mikat/ Jörg Müller (Hg.), Grundlagen des Rechts, Festschrift für Peter Landau zum 65. Geburtstag, Paderborn 2000, S. 1103–1117.

Mehnert, Sabine Uta: Entwicklungen im gesetzlichen Güterrecht und im Ehegattenunterhaltsrecht unter dem Aspekt der Gleichberechtigung der Geschlechter (ein Vergleich der rechtsgeschichtlichen Entwicklung in den beiden deutschen Staaten bis zum Jahre 1965), Berlin 2002.

Menger, Anton: Das bürgerliche Recht und die besitzlosen Volksklassen, Eine Kritik des Entwurfs eines Bürgerlichen Gesetzbuches für das Deutsche Reich, Tübingen 1890.

Metz, Annie: Jeanne Schmahl et la loi sur le libre salaire de la femme. Extrait du Bulletin *Archives du féminisme*, no 13, Dezember 2007.

Ministère des postes et des télégraphes: Direction de la Caisse Nationale D'Épargne, Instruction No. 24, Paris 1884.

Mitteis, Ludwig: Bemerkungen zum ehelichen Güterrecht, nach dem Entwurf eines bürgerlichen Gesetzbuches für das Deutsche Reich, in: Zeitschrift für das Privat- und öffentliche Recht der Gegenwart, Band 16 (1889), S. 545–616.

Moride, Pierre: Des modifications apportées par la loi du 13 Juillet 1907 (relative au libre salaire de la femme mariée) au régime de la communauté légale, Paris 1908.

Motive zu dem Entwurfe eines Bürgerlichen Gesetzbuches für das Deutsche Reich, Band IV, Familienrecht, zweite Aufl., Berlin 1896.

Mugdan, Benno: Die gesammten Materialien zum Bürgerlichen Gesetzbuch für das Deutsche Reich, Band I, Einführungsgesetz und Allgemeiner Theil, Neudruck der Ausgabe Berlin 1899, Aalen 1979.

– Die gesammten Materialien zum Bürgerlichen Gesetzbuch für das Deutsche Reich, Band IV, Familienrecht, Neudruck der Ausgabe Berlin 1899, Aalen 1979.

Müller-Freienfels, Wolfram: Equality of Husband and Wife, in: The international and Comparative Law Quarterly 1959, S. 249–267.

– Zur Diskussion um die systematische Einordnung des Familienrechts, Teil I, in: RabelsZ 37 (1973), 609–659.

Nave-Herz, Rosemarie: Die Geschichte der Frauenbewegung in Deutschland, Wiesbaden 1994.

Neidhardt, Friedhelm: Die Familie in Deutschland – Gesellschaftliche Stellung, Struktur und Funktion, Opladen 1971.

– Familie und Wirtschaftsstruktur – Autorität und Familie-Soziologische Lehrbeispiele, Opladen 1965.

Niort, Jean-François: Homo Civilis. Contribution à l'histoire du Code Civil français. Tome I, Marseille 2004.

– Homo Civilis. Contribution à l'histoire du Code Civil français. Tome II, Marseille 2004.

Ogris, Werner, Art. Geschäftsfähigkeit, in: Erler, Adalbert/Kaufmann, Ekkerhard (Hg.), Handwörterbuch zur deutschen Rechtsgeschichte (Vol. 1–5), Tl. 1 S. Sp. 1594–1596, Berlin 1971.

Oldfield, Sybil: International Woman Suffrage. Ius Suffragii 1913–1920. Volume IV, October 1918–September 1920, London/New York 2003.

Opitz-Belakhal, Claudia: "Die vergessenen Töchter der Revolution": Frauen und Frauenrechte im revolutionären Frankreich 1789–1795, in: Grubitzsch, Helga/Cyrus, Hannelore/Haarbusch, Elke (Hg.), Grenzgängerinnen, Revolutionäre Frauen im 18. und 19. Jahrhundert: Weibliche Wirklichkeit und männliche Phantasien (Geschichtsdidaktik. Studien, Materialien), Düsseldorf 1985, S. 287–312.

Otto-Peters, Luise: Das Recht der Frauen auf Erwerb: Blicke auf das Frauenleben der Gegenwart. Mit einem Vorwort von Joseph Heinrichs, Hamburg 1866.

– Ein Rechenschaftsbericht des allgemeinen deutschen Frauenvereins, in: Neue Bahnen, 11. Jahrgang, Leipzig 1876, Nr. 14, S. 105–108.

– Einige Deutsche Gesetz-Paragraphen über die Stellung der Frau, Leipzig 1876.

Palandt/Otto (Berg.): Bürgerliches Gesetzbuch. 9. Aufl., München/Berlin 1951.

Paletschek, Sylvia: Adelige und bürgerliche Frauen (1770–1870), in: Elisabeth Fehrenbach (Hg.), Adel und Bürgertum in Deutschland 1770–1848: Kolloquium zum Thema „Adel und Bürgertum in Deutschland 1770–1848“ vom 6. bis 9. Juli 1992 im Historischen Kolleg gehalten, München 1994, S. 159–185.

Petition des Allgemeinen Deutschen Frauenvereins an den Reichstag, 1877, in: Meder, Stephan/Duncker, Arne/Czelk, Andrea (Hg.), Die Rechtsstellung der Frau um 1900. Eine kommentierte Quellensammlung, Nr. 2, Köln/Weimar/Wien 2010, S. 36–41.

Pfennig, Christian-Matthias: Die Kritik Otto von Gierkes am ersten Entwurf eines bürgerlichen Gesetzbuches, Göttingen 1997.

Planck, Gottlieb: Bürgerliches Gesetzbuch nebst Einführungsgesetzen, erläutert von Dr. G. Planck, Wirklicher Geheimer Rath und ordentlicher Honorarprofessor an der Universität Göttingen, Vierter Band, Familienrecht, Erste und zweite Aufl., Berlin 1901.

– Die rechtliche Stellung der Frau nach dem bürgerlichen Gesetzbuche, Vortrag zum Besten des Göttinger Frauenvereins, Göttingen 1899.

– Die Vorentwürfe der Redaktoren zum BGB, Familienrecht, Teil 1, Eingehung und Wirkung der Ehe, Eheverträge, Berlin 1983.

– Zur Kritik des Entwurfes eines bürgerlichen Gesetzbuches für das deutsche Reich, in: Archiv für Civilistische Praxis, 75. Band, Freiburg i.B. 1889, S. 327–429.

Planiol, Marcel/*Ripert*, Georges: Traité élémentaire du droit civil. Conforme au programme officiel des facultés de droit. Deuxième édition. Tome III, Paris 1901.

Pont, Paul/*Hélie*, Faustin/*Aucoc*, Léon/*Giraud*, Ch. et al.: Revue critique de la législation et de jurisprudence, Paris 1882.

Pothier, Robert, Joseph: Traité de la communauté, auquel on a joint un traité de la puissance du mari sur la personne et les biens de la femme, Paris 1806.

Pouillet, Eugène: Traité Théorique et Pratique de la Propriété Littéraire et Artistique et du Droit de Représentation, 2. Aufl., Paris 1901.

Puchelt, Sigismund: Zeitschrift für französisches Civilrecht. Sammlung von civilrechtlichen Entscheidungen der französischen und belgischen

Gerichte mit Erläuterungen und Literaturberichten, in: Kritische Vierteljahresschrift für Gesetzgebung und Rechtswissenschaft II, 1869, S. 617–622.

Rabaa, Annika: Die Ehe als Rechtsinstitut im Badischen Landrecht von 1810. Unter besonderer Berücksichtigung der gesellschaftlichen Entwicklungen im 19. Jahrhundert. 2011.

Ramm, Thilo: Familienrecht, Band I, Recht der Ehe, München 1984.

Ranieri, Filippo: 200 Jahre Code Civil, in: Schubert/Schmoeckel (Hg.), 200 Jahre Code Civil, Die napoleonische Kodifikation in Deutschland und Europa, Bonn 2005, S. 85–126.

Raschke, Marie /*Rosenfeld*, Kurt: Das Eherecht, Berlin 1902.

Raschke, Marie: An die deutschen Frauen, in: Die Frauenbewegung, 2. Jahrgang, Berlin 1896, S. 131.

– Die elterliche Gewalt, in: Die Frauenbewegung, 2. Jahrgang, Berlin 1896, Nr. 7, S. 67–69.

– Das eheliche Güterrecht, in: Die Frauenbewegung, 1896, S 33 f., 158 f.

– Rechtsschutzverein für Frauen in Dresden: Das deutsche Recht und die deutschen Frauen. Kritische Beleuchtung des Entwurfs eines bürgerlichen Gesetzbuchs, in: Meder, Stephan/Duncker, Arne/Czelk, Andrea (Hg.), Die Rechtsstellung der Frau um 1900. Eine kommentierte Quellensammlung, Köln/Weimar/Wien 2010, S. 757–791.

Raschke, Marie/*Proelß*, Sera: Die Frau im neuen bürgerlichen Gesetzbuch, in: Meder, Stephan/Duncker, Arne/Czelk, Andrea (Hg.), Die Rechtsstellung der Frau um 1900. Eine kommentierte Quellensammlung, Köln/Weimar/Wien 2010, S. 690–731.

[Reichstag] (Hg.): Bericht der Reichstags-Kommission über den Entwurf eines Bürgerlichen Gesetzbuches und Einführungsgesetzes nebst einer Zusammenstellung der Kommissionsbeschlüsse, Berichterstatter: Abgeordnete Dr. Enneccerus, Dr. v. Buchka, Dr. Bachem, Schroeder, Berlin, 1896; vgl. auch: Stenographische Berichte über die Verhandlungen des Deutschen Reichstages, IX. Legislaturperiode, IV. Session 1895/97, Band 3: Anlagen, Berlin 1896, Aktenstück Nr. 440–440d, S. 1935–2193.

Rehbein, Hugo: Die Entscheidungen des vormaligen Preussischen Ober-Tribunals auf den Gebieten des Civilrechts, Band 4, Berlin 1895.

Repgen, Tilman: Die soziale Aufgabe des Privatrechts. Eine Grundfrage in Wissenschaft und Kodifikation am Ende des 19. Jahrhunderts, Tübingen 2001.

Revisor: Motive zu dem vom Revisor vorgelegten Entwurf des ALR, Theil II, Titel 1, als Manuskript gedruckt, Berlin 1830.

Riedel, Tanja-Carina: Gleiches Recht für Frau und Mann: Die bürgerliche Frauenbewegung und die Entstehung des BGB, 2008.

Robine, Michel: Les archives notariales, complément des registres paroissiaux. Étude de la distribution statistique du délai entre contrat de mariage et mariage aux XVIIe, XVIIIe et XIXe siècles, dans un village du Bazadais, in: Annales de démographie historique, S. 59–97, 1974.

*Rochefor*d, Florence: À propos de la libre-disposition du salaire de la femme mariée, les ambiguités d'une loi (1907), in: Clio, Femmes, Genre, Histoire, 7, 2005.

– La prostituée et l'ouvrière. Approches protestante et catholique du féminisme sous la Troisième République, in: Françoise Lautman, Ni Eve ni Marie. Luttes et incertitudes des héritières de la Bible, Genève 1998.

Rocheford, Florence/*Klejman*, Laurence: L'Égalité en marche. Le féminisme sous la Troisième République, Paris 1989.

Ropion, Roland: Un grand patron de presse d'origine tourangelle: Léon Bailby (1867–1954), in: Bulletin de la Société archéologique de Touraine, 2007, S. 271–275.

Rosenbaum, Heidi: Proletarische Familien. Arbeiterfamilien und Arbeiterväter im frühen 20. Jahrhundert zwischen traditioneller, sozialdemokratischer und kleinbürgerlicher Orientierung, Frankfurt am Main 1991.

Roth, Günther: Max Webers deutsch-englische Familiengeschichte 1800–1950. Mit Briefen und Dokumenten, Tübingen 2001.

Roth, Paul von/*Meibom*, Victor von: Kurhessisches Privatrecht, Band 1, Marburg 1858.

Roth, Paul von: System des Deutschen Privatrechts, 2. Teil, Tübingen 1881.

Rousseau, Arthur (Hg.): Bulletin de la Société D'Études Législatives. Rapport es comptes rendus des Séances Travaux relatifs aux questions étudiées par la Société. Première Année 1901–1902, Paris 1902.

– Bulletin de la Société D'Études Législatives. Rapport es comptes rendus des Séances Travaux relatifs aux questions étudiées par la Société. Sixième Année 1907, Paris 1907.

Roy, Paul: Le libre salaire de la femme mariée et l'obligation pour chaque époux de contribuer aux charges du ménage. Commentaire de la loi du 13 juillet 1907, in: ders. (Hg.), Supplément à tous les codes: Bulletin des lois usuelles, décrets, arrêtés, circulaires, etc. Se référant et s'adaptant à tous les codes, recueil mensuel, September-October 1907, No. 9–40.

Runde, Christian Ludwig: Deutsches eheliches Güterrecht, Oldenburg 1841.

Saleilles, Raymond: La condition juridique de la femme dans le nouveau code civil allemand (1), XXe congrès annuel de la Société d'Économie Sociale et des Unions de la Paix Sociale. Sous la présidence de M. Piou, député sur la condition de la femme, Extrait de la Réforme Sociale, Paris 1901.

– Le principe du libre salaire de la femme mariée érigé en règle d'ordre public, in: *Rousseau,* Arthur (Hg.), Bulletin de la Société D'Études Législatives 1907, Paris 1907, S. 563–595.

Salomon, Max: Der Begriff der Gerechtigkeit bei Aristoteles nebst einem Anhang über den Begriff des Tauschgeschäftes, 1937.

Schefold: Das selbständige Erwerbsgeschäft der Ehefrau, in: Archiv für civilistische Praxis, 91. Band, H. 1, 1901, S. 142–154.

– Über die Rechtsstellung des Mannes bei der Verwaltung des eingebrachten Guts. BGB §§ 1373–1380, in: Archiv für civilistische Praxis, 96. Band, H. 1, 1905, S. 134–141.

Schiener, Anna: Die städtische Sparkasse Amberg im 19. Jahrhundert, Erlangen-Nürnberg 2005.

Schikorski, Felix: Die Auseinandersetzung um den Körperschaftsbegriff in der Rechtslehre des 19. Jahrhunderts, 1979.

Schliephacke, Paul: Das Kündigungsrecht des Ehemannes aus § 1358 BGB und sein Mißbrauch, Halle, 1924.

Schmahl, Jeanne: L'Avant-Courrière: Aux législateurs français, Paris 1894.

Schmid, Klaus: Die Entstehung der güterrechtlichen Vorschriften im Bürgerlichen Gesetzbuch. Unter besonderer Berücksichtigung der sozialen Stellung der Frau. Berlin 1990.

Schmidt, Bernhard Gottlob: Vorlesungen über das in dem Königreiche Sachsen geltende Privatrecht. Nachdruck der Ausgabe aus Leipzig 1869, Band 2, Frankfurt am Main 1988.

Schmidt, Fritz: Vergleichung der ehemännlichen Verwaltung und Nutznießung bei dem gesetzlichen Güterstande des bürgerlichen Gesetzbuches mit der deutsch-rechtlichen Gewere zu rechter Vormundschaft, Prenzlau 1901.

Schmidt, L.E.W.: Das preußische Familienrecht nach dem allgemeinen Landrechte, Leipzig 1843.

Schmitt, S.: Die bürgerliche Sozialreformbewegung, in: J.B. Metzler (Hg.), Der Arbeiterinnenschutz im Deutschen Kaiserreich. Ergebnisse der Frauenforschung, Stuttgart 1995.

Schmitt-Wellbrock, Wolfgang: Freie Sparkassen und Regionalprinzip, zugleich ein Beitrag zur Rechtsstellung der Freien Sparkassen als freigemeinschaftliche Unternehmen, Berlin 1979.

Schröder, Richard: Das eheliche Güterrecht Deutschlands in der Vergangenheit, Gegenwart und Zukunft, Berlin 1875.

– Das Familiengüterrecht in dem Entwurfe eines Bürgerlichen Gesetzbuches für das Deutsche Reich, Berlin 1889.

– Geschichte des ehelichen Güterrechts in Deutschland. 1: Die Zeit der Volksrechte, Stettin/Danzig/Elbing 1863.

Schubert, Werner (Hg.): Die Vorlagen der Redaktoren für die erste Kommission zur Ausarbeitung des Entwurfs eines Bürgerlichen Gesetzbuches, Familienrecht. Teil I. Eingehung und Wirkungen der Ehe, Eheverträge, Berlin/New York 1983.

– Die Vorlagen der Redaktoren für die erste Kommission zur Ausarbeitung des Entwurfs eines Bürgerlichen Gesetzbuches, Familienrecht. Teil III. Anlagen und Abänderungsanträge zum Familienrechtsenwurf. Freiwillige Gerichtsbarkeit, Familienrechtliche Vorlagen 1875–1877, 1983.

– Gesetzesrevision (1825–1848). II. Abteilung: Öffentliches Recht, Zivilrecht, Zivilprozeßrecht, Band 5: Familienrecht I. Halbband, Vaduz 1985.

– Der Rheinische Provinziallandtag und der Kampf um die Beibehaltung des französisch-rheinischen Rechts (1826–1845), in.

R. Schulze (Hg.), Französisches Zivilrecht im 19. Jahrhundert, Schriften zur Europäischen Rechts- und Verfassungsgeschichte, Band 12, Berlin 1994, S. 123 ff.

– Die Entstehung der Vorschriften des BGB über Besitz und Eigentumsübertragung. Ein Beitrag zur Entstehungsgeschichte des BGB, Berlin 1966.

Schulte-Nölke, Hans/*Strack*, Birgit: Rheinisches Recht – Forschungsgegenstand und Forschungsstand, in: Reiner Schulze (Hg.), Rheinisches Recht und Europäische Rechtsgeschichte, Berlin 1998, S. 21–36.

Schulze, Reiner (Hg.): Rheinisches Recht und Europäische Rechtsgeschichte. Berlin 1998.

Schwab, Dieter: Grundlagen und Gestalt der staatlichen Ehegesetzgebung in der Neuzeit bis zum Beginn des 19. Jahrhunderts, Bielefeld 1967.

Seligo/Kuhlmeyer/Wilke (Hg.): Die Präjudizien des Geheimen Ober-Tribunals seit ihrer Einführung im Jahre 1832 bis zum Schlusse des Jahres 1848, Berlin 1849.

Sellschopp, Till Meno: Der Weg zum Revokationsrecht der Ehegatten nach § 1368 BGB. Zugleich ein Beitrag zur Geschichte des ehelichen Güterrechts. Frankfurt am Main 2009.

Sibeth, Uwe: Eherecht und Staatsbildung. Ehegesetzgebung und Eherechtsprechung in der Landgrafschaft Hessen (-Kassel) in der frühen Neuzeit. Darmstadt/Marburg 1994.

Siebenhaar, Eduard/*Siegmann*, Georg: Commentar zu dem bürgerlichen Gesetzbuche für das Königreich Sachsen und zu der damit in Verbindung stehenden Publicationsverordnung vom 2. Januar 1863. 3 Bde., Leipzig 1864/1865.

Siebenhaar, Eduard: Lehrbuch des Sächsischen Privatrechts, Leipzig 1872.

Société Anonyme du Recueil Sirey: Lois annotées, ou: Lois, décrets, ordonnances, avis de conseil d'Etat avec Notes, par A. Corette, Paris 1842.

Sorge, Christoph: Die Hörigkeit der Ehefrau. Entstehungsgeschichte und Entwicklungslinien von Art 213 Code civil 1804 sowie Kritik der französischen Frauenbewegung, in: Stephan Meder/Christoph-Eric Mecke (Hg.): Reformforderungen zum Familienrecht international. Bd. 1: Westeuropa und die USA (1830–1914), Köln u. a. 2015, S. 126–187.

Sourdois, Jean: Les droits de la femme mariée sur les produits de son travail et la loi du 13 Juillet 1907, Revue trimestrielle de Droit civil, 1907.

Stabel, Anton von: Institutionen des französischen Civilrechts: Code Napoléon, Mannheim 1871.

Staudinger, J. von: Kommentar zum Bürgerlichen Gesetzbuch mit Einführungsgesetzen und Nebengesetzen, BGB-Synopse 1896–2000 (Gesamtausgabe des Bürgerlichen Gesetzbuches von seiner Verkündung 1896 bis 2000 mit sämtlichen Änderungen im vollen Wortlaut mit synoptischer Darstellung), Berlin 1999.

– Kommentar zum Bürgerlichen Gesetzbuch mit Einführungsgesetzen und Nebengesetzen, 13. Bearbeitung, Berlin 1995.

– J. von Staudinger's Kommentar zum Bürgerlichen Gesetzbuch und den Einführungsgesetzen, IV. Band, Familienrecht, erläutert von Dr. Theodor Engelmann, 2. Aufl., München 1905.

Stenographische Berichte, Zweite und Dritte Berathung des Entwurfs eines Bürgerlichen Gesetzbuches im Reichstage, Berlin 1896.

Stierstorfer, Sabine: Das erste einheitliche deutsche Güterrecht: der Entwurf der Verwaltungsgemeinschaft für das BGB 1900 und seine Diskussion in der Rechtswissenschaft, Berlin 2010.

Stobbe, Otto: Handbuch des Deutschen Privatrechts, Band 4, 3. Aufl. von H. O. Lehmann, Berlin 1900.

Stora-Lamarre, Annie: De la morale à la légitimité. La loi du 24 juillet 1889 ou la déchéance de la puissance paternelle, in: *Archives Aquitaines de la Recherche sociale*, no. spécial, S. 29–40, Paris 1990.

Striethorst, Theodor (Hg.): Archiv für Rechtsfälle aus der Praxis Rechtsanwälte des Königlichen Preußischen Obertribunals, 1851–1880, Band 11, Berlin 1856.

– Archiv für Rechtsfälle, die zur Entscheidung des Königlichen Ober-Tribunals gelangt sind. Herausgegeben und redigiert von Theodor Striethorst, Kammergerichts-Rath. Des Ganzen 43. Band, Berlin 1862.

– Archiv für Rechtsfälle, die zur Entscheidung des Königlichen Ober-Tribunals gelangt sind. Herausgegeben und redigiert von Theodor Striethorst, Kammergerichts-Rath. Des Ganzen 44. Band, Berlin 1862.

– Archiv für Rechtsfälle, die zur Entscheidung des Königlichen Ober-Tribunals gelangt sind. Herausgegeben und redigiert von Theodor

Striethorst, Kammergerichts-Rath. Des Ganzen 86. Band, Berlin 1873.

Stritt, Marie: Rechtskämpfe, in: Helene Lange/Gertrud Bäumer (Hg.), Handbuch der Frauenbewegung. 2. Teil, Berlin 1901, S. 134–153.

Süersen, Elisabeth: Die Frau im deutschen Reichs- und Landesstaatsdienst, Mannheim/Berlin/Leipzig 1920.

Sumner Maine, Henry: Ancient Law. Its connection with the early history of society and its relation to modern ideas, London 1961.

Tardif, Adolphe: Histoire des sources du droit français: origines romaines. Paris 1890.

Thieme, Hans: Die deutsche historische Rechtsschule Savignys und ihre ausländischen Jünger, Acte. Facult. Jurid. Univ. Comenianae, Bratislava, 1968; neu abgedruckt in: ders. Ideengeschichte und Rechtsgeschichte. Gesammelte Schriften von Hans Thieme, Köln/Wien 1996, Band 2.

Tilse, Gunther: Die Stellung der Frau als Beamtin nach der Reichsverfassung vom 11.08.1919, Rostock 1930.

Tissier, Albert: Le Code Civil et les classes ouvrières: extrait du livre du centenaire du code civil, Paris 1904.

Thireau, Jean-Louis: Pothier et la doctrine française des XVIe et XVIIe siècles. In: J. Monéger (Hrsg.): Robert-Joseph Pothier, d'hier à aujourd'hui, Paris, 2001, S. 35–54.

Tolédano, A. D.: La vie de la famille sous la Restauration et la Monarchie du juillet, Paris 1943.

Twellmann, Magrit: Die Deutsche Frauenbewegung, ihre Anfänge und erste Entwicklung 1843–1889, Band 1, Meisenheim am Glan 1972.

Ullmann: Die Ehefrau als Gesellschafterin einer offenen Handelsgesellschaft, in: Juristische Wochenschrift, 1902, S. 49–57.

Ullmann: Einige Streitfragen aus dem Gebiet des gesetzlichen ehelichen Güterrechts, in: Archiv für die civilistische Praxis, 92. Band, Halbband, 1902, S. 288–318.

Valéry, Jules: Les femmes commerçantes et la loi du 13 juillet 1907 relative au libre salaire de la femme mariée et la contribution des époux aux charges du ménage, in: M. E. Thaller (Hg.), Annales de droit commercial et industriel. Français, étranger et international, vingt et unième année, Paris 1907.

Viollet, Paul: Histoire du Droit Civil Français: Accompagnée de Notions de Droit Canonique, 2. Edition, Paris 1893.

Vogel, Ursula: Gleichheit und Herrschaft in der ehelichen Vertragsgesellschaft – Widersprüche der Aufklärung, in: Ute Gerhard (Hg.), Frauen in der Geschichte des Rechts, von der frühen Neuzeit bis zur Gegenwart, München 1997, S. 265–292.

Völderndorff und Waradein, Otto von: Entwurf eines Gesetzes über das eheliche Güterrecht auf Grund der bayerischen Statutenrechte, Erlangen 1867.

Voltaire, François-Marie Arouet: Dictionnaire philosophique, 1785.

Wächter, Carl Georg von: Pandekten, Band 1, Leipzig 1880, Band 2, Leipzig 1881.

Wagner, Wolfgang: Geltungsbereiche ausländischer Kodifikationen im Deutschen Reich vor Inkrafttreten des BGB, in: Ius Commune (14), 1987, S. 206 ff.

Wallat, C.: Der erste internationale Frauenkongress, in: Stephan Meder, Christoph-Eric Mecke (Hg.), Reformforderungen zum Familienrecht international, Band 1: Westeuropa und die USA (1830–1914), Köln 2015.

Wanjeck, Ewald: Preußisches und Deutsches Civilrecht, Berlin 1897.

Weber, Marianne: Ehefrau und Mutter in der Rechtsentwicklung, Tübingen 1907.

Wegener, Frederick: „What a Comfort a Woman Doctor Is!“: Medical Women in the Life and Writing of Charlotte Perkins Gilman, in: Jill Rudd, Val Gough (Hg.), Charlotte Perkins Gilman: Optimist Reformer, Iowa 1999, S. 45–73.

Weidner, Mandy: Die Beschäftigung von Frauen in der Bankwirtschaft am Beispiel der Bayerischen Hypotheken- und Wechsel-Bank AG von 1835 bis 1985 mit einem Ausblick auf die Bayerische Vereinsbank, in: Bankhistorisches Archiv, Band 31 (2005), S. 107–133.

Weil, Julius: Die Frauen im Recht. Juristische Unterhaltungen am Damentisch, in: Der Frauen-Anwalt, 2. Jg., Berlin 1872, Nr. 11, S. 407–419, 448–455.

Wieacker, Franz: Privatrechtsgeschichte der Neuzeit unter besonderer Berücksichtigung der deutschen Entwicklung, Göttingen 1952.

Wienfort, Monika: Max Weber und die Frauenemanzipation, in: Detlef Lehnert (Hg.), Max Weber 1864–1920: Politik – Theorie – Weggefährten, Köln 2016, S. 295–314.

– Verliebt, verlobt, verheiratet, Eine Geschichte der Ehe seit der Romantik. München 2014.

Wieruszowski, Alfred Ludwig: Handbuch des Eherechts, Band 2: Das eheliche Güterrecht, Düsseldorf 1904.

Windscheid, Bernhard: Lehrbuch des Pandektenrechts, Band 1–3, 9. Aufl. von Theodor Kipp, 2. Neudruck der Ausgabe Frankfurt am Main 1906, Aalen 1984.

Wolf, Benno: Das Bürgerliche Gesetzbuch unter Berücksichtigung der gesamten Rechtsprechung der oberen Gerichte des Deutschen Reichs, Handkommentar, 1908.

Wunder, Heide: „Er ist die Sonn‘, sie ist der Mond“. Frauen in der frühen Neuzeit, München 1992.

Wysocki, Josef: Untersuchungen zur Wirtschafts- und Sozialgeschichte der deutschen Sparkassen im 19. Jahrhundert, Stuttgart 1980.

Zancarini-Fournel, Michelle: Archéologie de la loi de 1892 en France, in: Leora Auslander/Michelle Zancarini-Fournel (Hg.), Différence des sexes et protection sociale (XIXe–XXe siècles), Paris 1995, S. 75–92.

www.ingramcontent.com/pod-product-compliance
Ingram Content Group UK Ltd.
Pitfield, Milton Keynes, MK11 3LW, UK
UKHW021923290926
8980IPUK00016B/1433

9 783631 938508